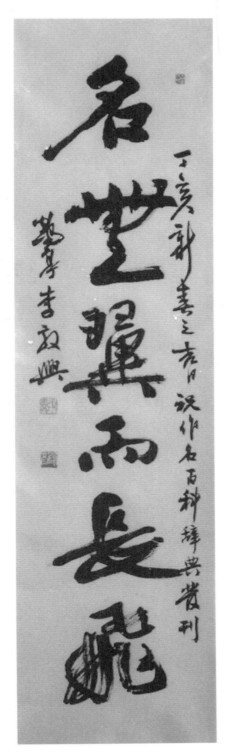

名無翼而長飛
書藝家 鶴亭 李敦興
35×135cm

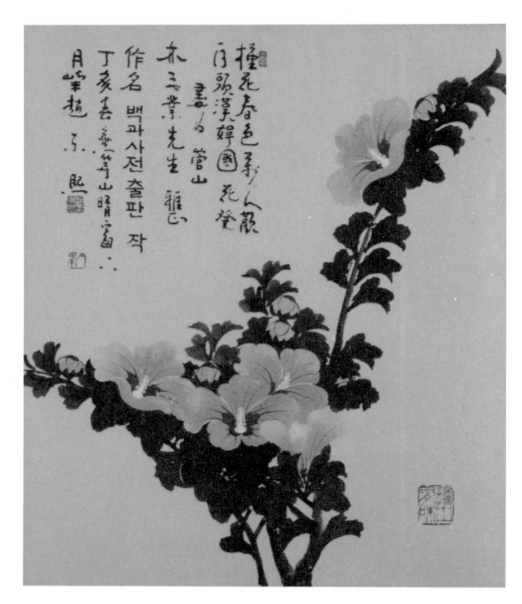

韓國畵家 月峰 趙東熙

45×37㎝

작명 백과사전

저자 임삼업

· 전라남도 나주 출생
· 광주상업고등학교 졸업
· 공군 병장 전역
· 전주 영생대학교 1년 수료
· 광주지방국세청 산하 세무서 근무(1967~1999년)
· 현재 一等 작명사주연구소 운영

전화 (062)431-0996
팩스 (062)361-9119
휴대폰 019-807-7324
홈페이지 http//www.aplusname.biz

작명 백과사전

1판 1쇄 인쇄일 | 2007년 12월 6일
1판 1쇄 발행일 | 2007년 12월 16일

발행처 | 삼한출판사
발행인 | 김충호
지은이 | 임삼업

신고 연월일 | 1975년 10월 18일
신고 번호 | 제305-1975-000001호

411-776 경기도 고양시 일산서구 일산동 1654번지
산들마을 304동 2001호

대표전화 (031) 921-0441
팩시밀리 (031) 925-2647

값 36,000원
ISBN 978-89-7460-125-6 03180

신비한 동양철학 · 81

작명 백과사전

林三業 編著 · 宋忠錫 監修

삼한

‖ 監修辭(감수사)

管山 林三業(원명: 炅桓 경환)을 광주희문학회 주역강의 때부터 교류하면서 그 성품을 보니, 남다른 예지와 사색과 탐구력을 天賦之性(천부지성)으로 이어받은 才士로서 耳順이 지났다고는 하나 활동적이며 진취적인 기상은 물론 현대적인 감각까지 지니고 있다.

서구적 교육을 받아 易學(역학)이라 하면 접근하기 어려운 학문임에도 대단한 열성을 가지고 공부하는 모습을 지켜보면서, 더욱 정진하기를 바라는 마음에서 작명분야의 특별한 著述(저술)이라 할 수 있는 "작명백과사전"의 監修(감수)를 흔쾌히 승낙하였다.

먼저 그 내용을 보니 4부와 부록으로 꾸며진 무려 700여 쪽으로 가히 작명에 있어, 백과사전이라 하여도 그 부피가 방대하여 손색이 없을 것같이 생각되었다.

제 1부 작명일반에는 작명의 4대 요소라 하는 음양, 음령오행, 삼원오행, 수리를 중점적으로 설명하고 있어, 설혹 초보자라 하여도 작명에 임할 수 있도록 도표화하여 이해와 활용에 편리하도록 하였다.
특히 작명의 전제가 되는 文字부분에 대한 다각적인 분류가 돋보이며, 더욱 "길격음오행의 한글이름" 8,650개와 姓字의 획수별 "길격수리구성조견표"는 유용한 자료로 보인다.

제 2부 선천명에서는 성명을 四柱와의 조화와 보완차원에서 필요한 기초이론을 설명하여 실제 적용함에 있어 편의를 제공하였으며, 아홉 가지 작명방법은 사주의 기국과 그 大中小를 파악하는데 이용할 사주 풀이법으로 숫자화 내지 문자화 된 것이 대부분이다.

굳이 어려운 사주命式(명식)으로 판단하지 않더라도 가능한 방안들이며 활용가치가 충분하다고 보여진다.

그 중 "역수사자평"은 오래전부터 전래되어온 것으로 사주와 大運(대운), 유년까지도 사언절구로 보는 법인데, 주역 64괘로 통변시켜 다양하게 활용할 수도 있는 좋은 자료이다.

제 3부 작명역상에서는 성명의 수리를 가지고 주역의 괘를 만들어 그 길흉을 단적으로 판단하는 것인데, 열한 가지 방법을 찾아내어 소개한 것은 학문적인 측면으로 봐서도 대단하다.

그 중 "선후천역상법"은 본인이 저자에게 넘겨준 것이며, 이는 하락이수를 주로 하고 六爻卜筮(육효복서)를 알며 주역을 두루 알아야 적중되는 차원이 높은 내용이다.

다소 난해할지 모르나 이것 역시 도표로 나타낸 부록의 "하락이수 유년괘효변화도"를 찾아보고, 그 풀이는 함께 수록된 "역상과 길흉", "384효사 단결"을 활용하면 하락이수 본문을 보지 않더라도 어느 정도 가능하리라 생각한다.

제 4부 제작명법에서는 열다섯 가지의 작명방법을 각각 요약하여 게재하느라고 힘쓴 흔적이 역력히 보인다. 그 노고에 치하를 아니 할 수 없을 정도이다.

그 중 "제갈무후작명결"은 제법 활용가치가 있어 적중률도 높으니 사용해봄직한 학문으로 생각이 든다.

말미의 **부록** 중 人名用(인명용) 한자 5,032자는 本人의 손을 거쳐 나간 것으로, 모든 한자에 빠짐없이 곡획수와 자원오행을 넣어, 어떠한 작명법에서도 수리와 오행으로 사용할 수 있도록 한 점이 책의 부피가 큰 만큼이나 값어치를 충분히 하고 있다.

이 **"작명백과사전"** 을 많은 사람이 읽고 그 내용들이 일상생활에 유용하게 쓰여서, 화가 되지 않고 복이 될 수 있는 길로 인도하는 학문이 되어야 할 것이다.

말은 올바른 핵심을 말해야 하는 것인데 話不投機一句多(화불투기일구다)하였으니 그렇지 않으면 한 마디 말도 많다는 이야기가 된다.

그리고 글로는 말을 못다 표현하고 말은 뜻을 못다 표현한다고 보면, 진실을 남이 쉽게 이해하도록 하기도 쉬운 일이 분명 아닌 것이다.

게다가 방대한 학문을 한 곳에 모아 두려니 더욱 더 어려울 것이므로, 저자가 처음 마음 먹었던 작명에 대한 백과사전의 역할을 계속하려면 더 연구하고 증보하는 노력이 경주되어야 할 것이다.

本書가 작명學계에 학술적 이정표로 등장할 것을 의심치 않으며, 먼저 현재 영업 중인 작명가들의 일독을 권하는 바이다.

또 일반 독자들도 필독의 철학서로 늘 들여다 볼 수 있도록 가까이 두었으면 좋겠다.

삼가 강호제현의 질책과 편달을 바라오며, 아울러 관산의 행운을 기원하는 바이다.

서기 2007년 10월 11일

知冠精舍에서   監修者 宋 忠 錫 識

‖ 책머리에

인간의 행복과 불행은 運命(운명)의 소산이요, 因果應報(인과응보)의 전개라 할수 있다.

姓名學(성명학)은 행운을 개척할 수 있는 靈科學(영과학)이며 또한 처세상 필수적인 지식이다. 더욱 대중화해서 濟世利人(제세이인)을 목적으로 하는 학문으로 발전해 나가야 한다.

이름은 한평생 날마다 반복해서 부르는 세상에서 가장 짧은 靈魂(영혼)의 소리다.

이름의 소리(音靈음령)와 전체적인 뜻, 그리고 개별적인 뜻(字意자의)을 담고 있는 문자 하나하나에는 강약과 온도가 있으며 色과 정신도 들어있으니 이런 다양한 기운들이 성명의 주인에게 끊임없이 영향을 미치게 되면, 그것들이 누적되어 인생항로에 당연히 변화가 생기게 되는 것이다.

자신에게 맞는 이름은 바로 祈願(기원)이며 祈禱(기도) 자체인데, 나쁜 이름은 악담이요, 咀呪(저주)가 되므로 이름의 좋고 나쁨에 따라서 운명에 미치는 영향력이란 뿌리고 거두는 이치만큼이나 自明(자명)하다 할 것이다.

사람이 인생을 살아가면서 정신적 물질적 주변환경과 평소 가지고 있는 가치관에 따라, 자신의 삶에 커다란 영향을 미치게 되는 것처럼 이름도 그러한 환경의 일부분이다.

나 자신은 천지자연의 靈妙(영묘)한 정기를 받아서 태어난 小天地(소천지)이며, 玄妙(현묘)한 哲理(철리)에 응해서 구성된 이름자는 평생토록 나의 앞길을 지배한다.

철리에 순종(附合, 順天)한 이름은 나 자신을 좋은 운명으로 이끌어 가고(順으로 興하고), 철리에 거슬리는(不附合, 逆天) 이름은 나쁜 운명으로 이끌어 간다는 것이다.(逆으로 亡한다)

이처럼 중요한 이름을 적당한 자의나 美辭麗句(미사려구)식의 단어만을 골라 형식적으로 짓는 경우가 의외로 많은데, 이와 같은 識者憂患(식자우환)은 절대로 범하지 말아야 할 것이다.

성명학설이 너무 다양한데다 또 학설마다 그 결론이 다르기도 하여, 도대체 누구의 말을 믿어야 할지 갈피를 잡지 못한다고 하니, 각인각색이고 백인백색이다.

이름은 하나인데 그 해석은 천차만별로 갈리고 있다고 불평들이다.

그러나 작명의 여러 技法(방법)들을 백과사전이라 이름하여 모아서 묶어놓았는데, 그것이 나름대로 학문적 근거를 지니고 있다면 그 숫자만을 많다고 하는 것은, 번거롭다는 생각이 먼저 머리를 감싸고 있다는 것 외에 다른 이유는 부적절한 것이다.

本書 **"작명백과사전"** 은 작명에 대하여 필요로 하는 부분을 찾아보는 사전으로 이용하면 된다.

좋은 이름을 짓는 것이 그렇게도 어려운 일이며 거기에 과연 고도의 지식과 학문이 필요한 것인가? 이름은 부르기 쉽고 거부감 없으며 기억하기 좋으면 된다고 생각하기 쉽다. 그도 전혀 틀린 말은 아니다.

그렇다고 無分別(무분별)하게 성명학의 기본원칙조차 무시하거나 크게 벗어나면 곤란하게 된다.

성명학은 결코 어렵지만은 않다고 할 수 있다.

관상이나 수상에 비하면 그렇고 더욱 사주와 견준다면 아주 간단하다.

이름 글자의 획수를 세어 그 字劃(자획)의 吉凶조견표를 대조하면 되는 방법도 있기 때문이다.

본서도 누구나 손쉽게 좋은 이름을 지을 수 있는 참고서로의 기능도 가지고 있다. **제 1부 작명일반**에서 陰陽(음양), 音五行(음오행), 數理(수리)만 어느 정도 익혀도 작명의 根幹(근간)은 갖춘 것이 된다. 그 외 삼원오행은 작명가들도 선택적으로 사용하는 오행이다.

그러나 더 전문적으로 깊이 연구하려 들면 命理學(명리학)이나 周易(주역)까지도 공부할 필요가 있겠지만, 일반 독자들의 경우는 당초부터 그럴 필요는 없는 것이다.

성명학은 貴愛(귀애)하는 자녀를 위한 행운의 지침서이다.

자녀의 앞날에 행운을 축복하고 스스로 안락과 행복과 장수를 희구하는 것은 누구나의 상정으로, 良名은 先天運(사주)을 보완 中和하여 避凶趨吉(피흉추길)하고 또 개조 개척하는 것이며, 惡名은 일생을 암담한 불행으로 유도하는 것이니 성명의 好惡(호악)은 일생의 행·불행을 좌우하는 중요한 관건임과 동시에, 좋은 이름을 지어 부르는 것은 운명개척의 唯一(유일)한 방법이기도 하다.

자녀의 命名(명명)은 부모의 책임이다.

사주팔자는 자기 마음대로 가질 수 없으니 선택의 자유가 있을 수 없으나, 좋은 이름의 선택은 노력여하에 따라 얼마든지 가능한 일이다.

바로 이것이 부모의 정성이요, 선택권이라 말하는 所以(소이)다.

부모가 자녀에게 많은 재산을 물려주려 말고, 바르고 좋은 이름을 지어주는 것이 더욱 중요하다는 것을 진정으로 이해하고 알아야 할 것이다.

良名을 撰定(찬정)하여 자녀의 앞날에 순조롭게 행운을 얻게 하는 것이 부모로서의 진심에 찬 慈愛(자애)이며, 자신도 행복할 뿐 아니라 부모에게 효도함으로 은혜에 보답하게 하는 순환의 이치가 되는 것이다.

지금 40세쯤 여자 著名人士(저명인사)의 TV 출연 때 자막을 보면 復姓(복성, 선우 독고 등)이 아닌데도 손정(孫鄭)○○, 강오(姜吳)○○ 같은 넉자이름을 가끔 볼 수 있는데, 자식이 부모의 合作(합작)이라 해서 부모의 성씨를 앞에 쓰고 뒤에 이름 두자를 넣어 쓰게 된 것이다.

한참 여성운동을 부산나게 전개하던 시절의 産物(산물)로, 요즘은 그런 사람이 그리 많지 않은 것으로 안다.

그도 그럴 것이 넉자이름인 사람이 한사람이나 두 사람이 만나게 되면, 여섯자 여덟자가 되니 그 다음은 어찌할 것인가?(현행법에서는 일곱자까지만 허용하고 있음)

그러한 발상이 兩性(양성)평등의 산술적인 개념에서 잘못 나왔겠지만, 최고의 문명국인 미국 여성들이 결혼하면 남편의 姓을 따르는 것도 그들의 풍속이고 관습이듯 우리에게도 나름의 역사성과 전통적인 미풍양속이 있다는 것을 알아야 한다.

비근한 예로 여자가 목욕탕에 갈 때 가방을 안 갖고 남자처럼 맨몸으로 가자는 여성운동을 벌였다가 얼마 못가서 살며시 有耶無耶(유야무야)된 것은, 탕안의 수건 비누 심지어는 쇠줄로 매달아놓은 오이가는 강판까지 모두 없어지기 때문이었다고 들었다.

그러한 短想(단상) 短見(단견)식으로 존엄한 인간의 姓名을 가볍고 편리하게만 여긴다면, 두고두고 안팎의 시비나 웃음거리에서 벗어나지 못할 것임은 불을 보듯 뻔하다.

과연 우리 부모들이 어린 생명체가 한평생 부르고 쓸 이름에 대해서는, 값비싼 명품 옷을 사 입을 때만큼의 관심과 신중함이라도 기울이고 있는지 한 번 되돌아 볼 필요가 있다.

중차대한 이름을 십분 이해하지 못하고 행여 즉흥적으로 또는 아이의 타고난 기질을 무시한 채, 어른의 주관대로만 맞추어 이름을 짓는 경우가 허다한데 그러면서도 아무런 죄책감도 없이들 살아가고 있으니 한심한 일이 아닐 수 없다. 심지어 이름 짓는 수고의 대가로 몇 만원도 아까워한다면, 도대체 자식을 위해 어디에다 財物(재물)을 쓰려고 하는지 모를 일이다.

다행히 근래에는 성명의 중요성을 인식하여 단순하고 미신적이라는 그릇된 사고에서 벗어나 그 哲理(철리)와 활용성을 존중하는 추세임은 참으로 다행한 일이 아닐 수 없다.

성명학이 더욱 발전하여 未知(미지)의 세계로 나아가는 길잡이가 되어, 과학적 학문과 나란히 하는 성숙한 사회과학으로 발전하기를 기대한다.

본서를 통하여 작명지식을 습득함으로 무늬뿐인 사이비에게 당하지 말 것이며, 자녀나 이웃의 이름을 실제로 작명 또는 解明(해명)하는데 십분 활용하여, 흠이 없는 좋은 이름을 부르고 쓰게 하여줌으로써 마음부터 행복한 인생을 살아가도록 도와주는 일에 모두 앞장서야 한다.

개인적으로 운세가 트일 때에는 더 한층 盛運(성운)으로 이끌어주고, 불운은 행운으로 전환하도록 삶 속에 녹아들어서 희망이 가득 찬 밝은 내일이 되도록 우리 모든 기성세대가 嚮導(향도)가 되어주자.

그렇게 해야 모든 국민이 법도에 맞는 좋은 이름만을 갖게 되어 우리 사회와 국가가 더 興旺(흥왕)할 수 있게 된다.

그리고 이 책이 실제 영업을 하고 있는 분이나, 성명학을 연구하는 후학들에게 도움이 되었으면 하는 바램이 크다.

워낙 박학비재하여 부족하고 문장마저 산만한 점이 많아 지도편달을 바라며, 아울러 해량하여 주기 바라는 마음이다.

끝으로 새로운 作名秘法인 **"선후천역상법"**을 후진에게 물려주고, 난수표같은 "하락이수 유년괘효변화도"의 게재를 허락하였음과, 일일이 감수까지 수고해준 지관 송충석 님에게 머리 숙여 감사를 드린다.

그리고 방대한 분량의 정서와 교정을 도맡아 준 고진숙 여사님의 노고에 감복하며 고마운 마음을 마음속에 담아둔다.

또 본서의 出刊(출간)을 書畵(서화)로 축하의 뜻을 주신 鶴亭(학정) 李敦興 月峰(월봉) 趙東熙 선생님께 고마운 마음을 전하고 싶다.

끝으로 拙著(졸저)의 出版(출판)을 허락해주신 삼한출판사 金沖鎬 사장님에게 감사하며 日益繁昌(일익번창)을 두손 모아 기원 드린다.

그외 고생하신 여러분께도 달리 보답하지 못하여 아쉽기만 하다.

丁亥年 觀月 丁丑日

木向堂에서　林 三 業 謹書

제2부. 先天名(사주)

제3부. 作名易象

부록

‖ 序論(서론)

　운명철학(易理철학)은 陰陽五行(음양오행)과 數를 기초로 한 宇宙의 원리를 인간에게 적용하여 인간운명의 길흉을 연구하는 학술이다.

　이는 우주와 인간의 理致(이치)가 同一하다고 보는 思考(사고)에 뿌리를 두고 있다.

　우주원리를 논한 太極說(태극설)은 그 기원이 음양오행에 있는 것인 바, 따라서 우주관을 관찰하여 우주 대자연을 파악하고, 그 속에서 인간관계를 探知(탐지)하여 가치를 究明(구명)함으로써 自我(자아)를 인식하게 되는 것이 운명철학의 眞意(진의) 또한 알 수 있는 것이다.

　그래서 성명을 자아의 延長(연장)이라고 하며 人格(인격)의 分身(분신)이라고도 한다.

　우주근원과 진화에 대하여는 철학적은 물론 과학적, 또는 종교적으로 각기 다른 우주관이 나오게 되는 것이며, 唯物論(유물론)과 唯心論(유심론), 그리고 實體論(실체론)이 존재하게 되고 태극설 또한 있어온 터이다.

　고대 희랍에서는 水 火 空氣(공기) 같은 물질을 우주의 근본이라 하였으며, 印度(인도)철학에서는 地 水 火 風을 만물생성의 元素(원소)라고 하였다.

　우리의 태극설에서는 태극은 무한이요, 태극은 生兩儀하고 양의가 生四象하고 사상은 生八卦하였으며, 음양이 陽變陰合(양변음합)하여 天一生水 天二生火 天三生木 天四生金 天五生土 生五行하였다.

　이와 같이 음양오행은 태극에서 生한 것이며, 水 火 木 金 土 오행을 우주 삼라만상의 본질(種質, 種別)이라고 보는 것이다.

　이러한 철리인 대자연과 中正을 바탕으로 한 易經(역경), 易學(역학)은 인간의 생존작용을 완수함에 있어 두 가지의 지식을 敎示(교시)하였다고 하는데, 하나는 공간적으로 심오하게 사물을 통찰함이요, 두 번째는 시간적으로 미래사를 先見(선견)하는 것이라고 볼 수 있다.

인간은 태어날 때 선천적으로 우주의 정기(天氣)를 받아서 나는데, 이 정기에 內有한 오기(五行氣)의 受氣(수기)가 생년월일시를 기점으로 해서 우주공간에 흐르는 음양오기를 어떻게 받고 태어났느냐,

그 순간 받아들인 우주성분과 惑星(혹성)이 어떤 정보를 가지고 있는지에 따라, 五氣(오기)의 강약 상생 상극 다과 등의 조화여부가 다르며 그 사람의 運命器局(운명기국)의 大中小 등이 정해지는데, 이를 선천명(先天受氣)이라고 한다.

운명철학의 大宗인 사주推命學(추명학)에서는 大運法(대운법)과 流年法(유년법)의 行運(행운)이 있는데, 이를 함께 활용함으로 그 진가를 발휘할 수 있는 것이므로 이를 後天受氣(후천수기)라고 말하는 것이다.

각 개성의 운명길흉은 선천수기와 후천수기의 배합 조화 작용여하에 따라 좌우되며 成敗(성패)의 결과가 결정된다고 보는 것이 일반적인 명리적 見解(견해)이다.

우주에는 그 정기가 항상 어느 곳에나 간섭하지 않는 곳이 없으며 命치 않는 데가 없는데, 그러한 기운의 오기를 선천수기인 선천명과 그에 부수되는 후천수기 간에 서로 연관작용을 하고 있는 것이며, 그 조화결합 여부에 따라 발생하는 因果(인과) 즉, 吉凶禍福(길흉화복)을 운명(속칭 四柱八字 사주팔자)이라고 말하고 있다.

인간은 精神(정신)과 肉體(육체)를 연계하는 靈的(영적)인 생명력(에너지)이 있으므로 생존하고 있다고 한다.

성명 또한 인간 靈(영)의 숙소로써 後存的(후존적) 수기라고 하는데, 呼名(호명)하면 그 개성의 정신을 충격하게 되니 정신을 통해 발생하는 생명력은 이어 육체를 충격하게 되며, 다시 육체적 에너지는 생명 에너지를 통해 정신에 도달하게 되고 활동 성사되므로 운기가 조성되는 것이다.

성명학은 음양오행의 원리에 高等數理(고등수리)를 기초로 한 운명(東洋) 철학이다.

일면 과학적 체험통계를 포함한 것이며, 특히 靈科學(영과학)의 일부까지도 내포한 形而上學(형이상학)이라 할 수도 있다.

모든 운명학술의 목적은 개성인간의 운명을 탐지하여, 그 범주 내에서 타고난 운명을 해결 또는 好轉(호전)케 하려는 것인데 성명학에서도 같다.

무엇보다도 현대는 必然性(필연성)보다 偶然性(우연성)이 인간운명을 지배함을 알게 되면서 이를 구명하려는 노력의 일환이기도 하다.

기실, 성명학은 기존의 오행과 易(역)의 이론들을 응용하면서 발전되어온 종합역학의 한 부류라고 볼 수 있다.

성명학에 五行論(오행론)이 채택된 배경은 사주(先天命受氣)를 보완하는 측면 때문이었다고 하는데, 바로 사주에 나타난 오행배합이 완벽할 수 없기 때문에 그에 따른 불완전한 부분을 후천적으로 보충 보완한다는 기능성을 갖고 있는 것이다.

그래서 姓名(이름)은 나를 대표하는 하나의 생명체이며 小宇宙(소우주)이다. 다시 말하면 이름은 생명처럼 소중한 것이기에, 나의 몸은 세상을 떠날지라도 세상과 더불어 영원무궁하게 남게 되는 것은 나의 이름이다.

그리고 하나의 생명 속에는 우주 구성요소인 음양과 오행, 그리고 수리, 음령과 易象(역상)이 있기 때문이라고 하고 있다.

이렇게 만들어진 성명운의 유도력은 후천적으로 가공 인수되는 후존적수기로써 조성 運化(운화)되는 작용력이 있다.

성명의 후존적수기는 선천명수기와 합류 병행하여 각자의 운화 功課(공과)를 이루는데, 선천수기의 운기력이 50%이면 후존적 수기의 운기력이 50%로써 100% 가 되는 것이다.

이와 같이 성명운 유도력의 작용은 인간 運路(운로)에 불가결의 조건이 되어 있을 뿐 아니라, 선천명운(宿命)의 범위 내에서 可變(가변) 조절의 기능을 충분히 할 수 있다.

그래서 呼名(호명)은 만물이 활동하는 운명의 유도력이 되는 것이며, 양명 길명에는 조화와 생육의 파장이 발산되어 운세를 良導(양도)하게 되지만, 흉명에는 파괴의 파장이 발산되어 꼭 凶運(흉운)이라 단정할 수는 없지만 이름에 합당한 어려운 운명의 지역으로 끌려간다(誘導暗示力유도암시력)는 것이다.

성명운의 유도력은 그 개성의 선천명 기국 범위 내에서 消長(소장)의 운화작용을 하는 것이기에, 선천명이 약간 흉하더라도 양도하면 비교적 호운으로 변화 享有(향유)할 수 있어, 어떻게 보면 인간은 숙명의 틀에서 벗어나지 못하면서도 그 본질의 범위 내에서는 가변될 수 있는 것이다.

그래서 자기의 언행과 處世(처세)에 따라 운명판단의 기초가 되는 오행까지도 언제든지 바뀔 수 있다는 假設(가설)도 가능하다.

한 예로는 朝鮮(조선)의 태조 李成桂(이성계)가 고려시대 寒微(한미)한 집안에서 태어난 것은 命이며, 천하를 잡고 조선을 창업한 것은 運이었다는 것이다.

어떻게 보면 이 얼마나 괴상한 靈神力(영신력)을 가졌다는 것인가?

그러기에 洋(양)의 東西(동서)를 불문하고 고대에서 현대에 이르기까지 운명에 관심을 가지지 않았던 사람은 없었다고 보는 것이다.

자신을 나타내고 자신을 대표하는 것인 이름(姓名)이다.

이름은 어떤 사람을 나타내는 하나의 부호이지만, 스스로 운명을 지배한다기보다는 주위 사람들이 그 이름을 부름으로써 이름에 대한 感性(감성)이 이름 소유자의 앞날에 영향을 미치게 된다.

이는 소리가 가장 원시 본능적으로 하게 되는 생명력의 존재표현 방식이라는 점과, 字音(자음) 字形(자형) 字意(자의) 등에 따른 聯想作用(연상작용)에 의해 영향력을 발휘한다는 것이다.

이러한 이름을 家宅(가택)에서의 대문, 사람에게는 衣服(의복)과 같다는 비유를 하기도 한다.

여기서 周易本文에서 다섯 가지 이름(名)에 대하여 말한 것을 소개한다.

當名(당명 開而當名－繫下6章)은 음양오행 수리에 합당한 과학적 이름을 말함이며, 稱名(칭명 其稱名也－上同)은 지위 학덕 인품에 따라 남들로부터 불리는 이름이고, 成名(성명 不足以成名－同5章)은 선행 공적 경륜에 의해 역사적으로 평가받는 이름이다.

반면에 辱名(욕명 名必辱－上同)은 부정 悖倫(패륜) 亂賊(난적)으로 욕된 이름이고, 乎名(호명 不成乎名－乾卦 文言初九)은 尊卑(존비) 평교 망인에 따라 각기 달리 불리어지는 이름을 말하고 있다. 조용히 吟味(음미)해볼 가치가 있는 내용들이다.

그리고 예로부터 부모의 이름자는 귀로는 들어도 입으로는 함부로 부르지 못하였으며(耳可得聞 口不可得音) 부득이 남 앞에서 말할 때는 某(모)자 某자로 높여 불렀고, 돌아가신 부모의 함자는 諱(휘) 某자 某자로 말하였을 뿐 아니라 스승과 웃어른에게도 이름을 피하고 雅號(아호)로써 대신하였던 예를 볼 수 있다.

한 가지 덧붙이자면 과거의 역사적인 인물 이름을 그대로 따서 지어주거나, 심지어 현존인물이나 동일가문에서 출세한 사람 이름을 거리낌 없이 따라 쓰는 일은 그 의도야 어찌 되었든 옳지 않은 일이다.

"大姓은 不兩하고 大名은 無又라−유명한 이름은 둘이 없고 또 다시 없느니라."는 말도 있거니와, 역사적으로 보더라도 유명한 이름의 인물이 두 사람 있는 예는 없었다.

그러한 일은 절대로 삼가야 하며, 자신의 운명을 스스로 개척해 나갈 수 있는 능력을 기르도록 하고 그에 알맞은 이름을 지어주어야 하는 것이다.

여기서 **字**에 대한 이야기를 하고 넘어가려고 한다.

字는 冠禮(관례) 때 家名(가명) 외에 붙여주는 成人(성인)으로서의 별명이다.

號(호) 諱(휘) 諡(시)와 함께 두 가지 이상의 이름을 갖는 풍속(復名俗)과 실제의 이름을 피하는 풍속(實名敬避俗)의 하나로, 실제의 이름을 공경한 나머지 부르기를 꺼리는데서 나왔다고 한다.

남자는 20세에 成年이 되는데 관례를 행하고 자를 지어 받았다.

자를 지을 때는 본인의 기호나 또는 윗사람이 본인의 德(덕)을 고려하여 붙였다고 하는데, 지금은 본명 외에 개명한 이름까지 말하고 있다.

<例> 成三問−謹甫　　李滉−景浩　　李珥−叔獻
　　　성삼문 근보　　이황 경호　　이이 숙헌

따라서 선천적 운명이 좋지 않더라도 좋은 이름으로써 그 운세를 호전시킬 수 있다는 뜻에서 성명학의 의의 또한 있는 것이다.

관상이나 수상은 나빠도 어쩔 수 없지만 이름이 나쁘면 개명할 수도 있으며, 걸림돌이 되는 戶籍(호적)이 부담스러워 본명을 고치지 않더라도 雅號(아호) 藝名(예명) 筆名(필명) pen−name 등을 끈기 있게 사용한다면 凶名으로 인한 惡運(악운)은 차츰 사라지고 이윽고 吉運(길운)으로 변하는 것이다.

다음,

성명학의 기원은 중국의 明太祖(명태조) 때 相字法(상자법)이 있어 성명에 의해 운명의 길흉을 판단하였다 하고, 또 明代(명대) 酉山(유산) 蔡九峰(채구봉)이 81數元圖(수원도)를 만들어 한자의 획수에 따른 길흉설명이나, 萬育吾(만육오)가 쓴 三命通會(삼명통회)에서 소리(發音)의 작용이 운세에 미치는 영향을 五音看命法(오음간명법) 부분에 적었다고 전한다.

그리고 宋代(송대) 邵康節(소강절)의 八卦作名法(팔괘작명법)에 의한 撰名(찬명)을 거쳐, 조선 宣祖(선조) 때 月汀(월정) 尹 壽先生(윤수선생)의 推理作名法(추리작명법)으로 이어져 왔다고 한다.

이름(姓名)에 대한 名言(명언)과 속담들을 보면 먼저 "人死遺名이요 虎死留皮라 ─호랑이는 죽어서 가죽을 남기고 사람은 죽어서 이름을 남긴다."는 말을 먼저 떠올린다.

인생은 백 년을 못 다하고 사라지지만 이름은 남아서 後世(후세)에 전해지는 것이니, 어찌 사람이 그 이름을 소홀히 취급할 수 있을 것인가?

경계의 뜻이 듬뿍 들어있는 말이다.

성명학과도 관련이 깊은 相通天門(상통천문)하고 下達地理(하달지리)하신 소강절선생은 사주팔자와 이름의 특성을 詩(시)로 남겼다.

<夫凡人生壽不壽는 只在生年月日時오, 夫凡人生榮不榮은 只在某云名字號라. 柱種禮而名爲用이요 体用俱得富具貴라.>

인간이 세상에 태어나 오래 살고 못 사는 것은 사주팔자에 매어 있고, 인생을 잘 살고 못 사는 것은 누구라는 이름자에 달려 있으며, 사주는 몸(体)이 되고 이름은 쓰임(用)이 되니 체와 용이 구비되므로 부귀와 영화를 누릴 수 있다는 뜻이다.

儒家(유가)에서는 "名体不離(명체불리) - 이름이 곧 몸이요 몸이 곧 이름이다." 라 하였다. 지구상에 어떤 부족은 3살까지는 이름을 지어주지 않는다고 한다. 사람은 이름이 없으면 사람으로 實體(실체)가 없는 것이나 마찬가지라는 믿음과 질병을 일으키는 악귀도 붙지 못한다고 한 것과 같다.

佛家(불가)에서는 "名詮其姓(명전기성) - 성에는 이름이 따른다."를 말하여 모두 성명의 가치성과 그 심원함을 인정하였으며, 孔子(공자)는 "先天其名(선천기명) - 하늘에서 이름을 준 것이다."이라 하고, 朱子(주자)도 "留名千秋(유명천추) - 이름은 역사에 남는다."라 하였다.

예수도 "귀한 자녀에게 재산과 논밭을 물려 주느니보다 좋은 이름과 건강을 주라."고 가르치고, 聖經(성경 전도서 7:1)에서도 "아름다운 이름이 보배로운 기름보다 낫다."고 하였다.

그 외 주의 이름을 찬양(찬송)하리라 등 이름에 관한 말씀은 사무엘라, 시편, 이사야, 에스켈 등에서 기록하고 있다.

차제에 **改名**(개명)에 대한 所見(소견)을 말하려고 한다.

이름은 만물에 命名(명명)되고 있음을 부인할 사람은 아무도 없을 것이다.

"天不生無祿之人이요 地不長無名之草라. - 하늘은 록 없는 사람을 내지 않고 땅도 이름 없는 풀을 기르지 않는다." 하였음도 같은 뜻이다.

형태를 가진 모든 사물은 물론, 추상의 관념 개념 思想(사상)까지도 이름이 있다.

유독 만물의 영장인 사람의 이름이야 더 말할 나위가 없이 큰 의미가 있는 것임은 물론, 대단히 중요한 것이기에 누구나 그러한 인식이 머리에 먼저 자리 잡고 있어야 한다.

한 때 文盲率(문맹률)이 높아서 이름에 들어가는 한자조차 아는 사람이 많지 않을 때도 있었고, 설혹 이름에 문자를 구사할 정도가 되는 學識(학식)이 있어도 作名技法(작명기법)을 모르고, 한자의 새김 정도쯤의 字意(자의)만으로 작명가(?) 행세를 하였으니 시쳇말로 識者憂患(식자우환)의 죄를 많이들 지은 것이지요.

거기에다 이름에 사주팔자를 넣어야 한다는 것은 요즘에는 상식이라 할 수 있는데, 그조차 유념하지 못하고 이름들을 지어 쓰고 있으니 이름을 다루고 있는 사람(작명가, 명리가, 성명학자, 術客(술객) 등 그 명칭이야 문제될 것 없음)에게 그 성명의 好惡(호악)을 물어보면 십중팔구 좋지 않다고 하는 것은 어찌 보면 당연한 일이다.

그래서 잘못되거나 좋지 않은 이름을 고쳐서 다시 쓰는 개명 이야기가 나오게 되는데, 죽을 먹을 팔자라도 이름을 잘 짓거나 잘 개명하면, 그 사람의 노력에 따라 작은 富者(부자)는 될 수 있다고 하였다.

사주(先天運)가 좋은 사람의 좋은 이름은 錦上添花格(금상첨화격)이 되지만, 사주가 나쁜 사람이 그나마 이름까지 나쁘다면 雪上加霜格(설상가상격)이 된다는 말이 이를 단적으로 표현하고 있다.

모든 有象(유상)은 數와 음양오행으로 조성되어 영동성 파장으로 구별 판단되며 조정할 수 있는 고유한 특성 또한 지니고 있는 것이다.

간혹 개명 한 다음 일약 부자가 되는 예도 있으나 이는 이름에서만 연유되었다고 보기 어렵고, 타고난 사주에 거대한 재운이 있으나 성명 유도력이 막혀있었던 것을 제거한 것이라고 보는 것이 더 타당할 것이다.

그래서 인간의 숙명은 본질의 범위 내에서 良名(양명)으로 개명하여 가변할 수 있는 것이다.

이름은 많이 불리어지고 사용됨으로 그 영향력을 발휘하는 것이기 때문에 개명을 하여 법적으로 호적까지 고치지 않더라도, 凶名(흉명)을 버리고 吉名을 얻어 쓰는 것이니 줄기차게 꾸준히 사용하는 동안 흉명으로 인한 악운은 점차 사라지고 이윽고 길운이 깃들게 된다고 하였다.

특히 사회생활이 왕성한 中壯年부터 말년까지는 선천운보다 후천운이라는 이름에서 발현되는 기운이 더욱 강하게 작용한다는 것이 합당한 인식으로 자리잡고 있다. 그래서 이름을 후천성 可變運(가변운)으로 보는 견해가 설득력이 있어 보인다.

잡담 같지만 실제 이야기꺼리들을 보면,

무슨 일이 생기거나 무슨 일을 하려 하거나 무슨 일이 잘못되어 간다면, 점집이나 철학원 같은 말하자면 아는 사람을 찾아가는 것은 人之常情(인지상정)이니 나무랄 일은 아니다.

이름을 보았더니(鑑名감명) "수리가 나쁘니 단명하다. 부부간에 사이가 안 좋고 생리사별 운이 있다. 이렇게 나쁜 이름을 계속해 쓰면 시집도 못가고 과부가 된다. 또 사업에 성공하기는커녕 쪽박 차기 일쑤다. 명예운이 없고 재운이 없다. 자식이 불효하고 자식덕이 없다. 심지어는 정신병자가 된다. 남편이나 아내가 바람피우고 첩을 두거나 샛서방질을 한다. 이번 달 안에 장남이 교통사고가 난다." 등 별의별 소리인지 말들을 하는 사람도 있는 모양이다.

그리고 "노골적으로 노력하여도 성사가 잘 안 되거나, 근심걱정으로 번민하고 있다거나, 질병과 가정불화로 고민하거나, 자녀의 불행으로 괴로워하거나, 출세와 사업의 성공을 원하는 사람은 감명 또는 개명을 해서 행운을 잡으라."는 등 마치 개척교회에서나 표방하는 宣敎(선교)문구와 같기도 하다.

이렇게 성명은 만병통치약인가?

이런 식으로 황당한 이야기를 함부로 해서 불안해하고, 더욱 그것에 매달리는 사람이 있다면 그것이 바로 惑世誣民(혹세무민)이 아니고 무엇이겠는가?

사람들은 자기에게 좋지 않다거나 어두운 이야기를 하면, 그것이 마약 같은 작용의 단초가 되는 줄도 모르고 솔깃하게 듣고, 오히려 그것을 깨우쳐 주려 하면 두려움을 갖기 마련이다.

성명 전문가라고 자처하는 사람도 감명하면서 함부로 말하지 않는데, 돈벌이에 급급한 잡화상 같이 무엇이나 다 본다는 실력도 없는 무늬뿐인 말쟁이도 있는 세상이고, 취미로 배운 사람이 우쭐해서 재미삼아 그러는지는 몰라도 성명만으로는 그런 국소적인 길흉을 알 수도 없으려니와, 전체적이고 종합적인 판단을 해야 하는데, 지엽적인 것을 지나치게 강조하면 주객이 전도되어 죽도 밥도 아닌 엉터리가 되는 것입니다.

예를 들면 돌팔이 의사가 메스를 들고 아무나 아무데나 수술하려는 것과 같은 것인데, 자신이 그런 시험에 빠져있는지 차분한 마음으로 주위를 둘러보아야 할 것이다.

그리고 사연도 가지가지 우여곡절을 거쳐 改名(개명)한 이름을 가지고 달리 감정을 받아볼라치면 "그 이름 잘 지었습니다." 라는 말을 듣기가 쉽지 않을 것이다. 감명법의 차이도 있고 素養(소양)에서도 차이가 나기 때문이지만, 學理的(학리적)인 면에서도 그렇고 자기주장을 앞세우는 성향이 누구에게나 있기 때문일 것이다. 가령, 물건을 사고 나서 딴 곳에 가서 물으면 "참 좋은 물건입니다." 라는 말을 듣지 못하는 것과 같다고 보면 된다.

더구나 같은 경쟁업체라면 그 물건의 단점을 들면 들었지, 좋다는 말을 듣기가 당초부터 구조적으로 어려울 것이라는 것도 뻔한 일이다.

비근한 예를 든다면 요즘 TV에 보험광고가 지나치게 많은데, 사고가 생기면 무슨 慈善事業(자선사업)을 한다든지 영리법인인 보험회사가 그냥 퍼주기만 하는 것이 本業(본업)인 양 떠들어대고, 너나없이 똑같은 보험의 특성을 가지고 자기 집은 유별나다는 式이니 점쟁이 골목에 높이 매달은 깃대 같다는 생각이 든다.

이렇게 답답하고 혹세무민이 판을 치는 世上(세상)이니 누구를 원망하고 누구를 탓만 할 수 있단 말인가요?

공연히 작명에 대한 사회적인 不信(불신)을 간접적으로 표출한 것인데 각설하고,

▶ 개명신청시

1) 개명신청의 관할법원은 주소지 또는 본적지 관할법원인데 선택하여 신청할 수 있다.

2) 개명신청이 기각되어도 몇 번이고 다시 신청할 수 있는데, 1심법원에서 기각되면 2심 3심에 항고할 수 있으나 심급이 올라가도 반전되기는 어렵기 때문에 항고를 하는 대신, 그 내용을 바꾸어 주소지를 옮기거나 하여 1심법원에 다시 신청하는 것이 바람직하다.

3) 개명신청에 필요한 서류는 개명허가신청서, 호적등본 주민등록등본, 신원증명서 병적증명서 재학증명서 재직증명서 등과 2인 이상 보증인의 인감증명서가 첨부된 인우보증서와 疏明資料(소명자료)이다.

4) 개명 신청사유의 예를 들면,
   - 심한 놀림을 받는 경우
     (예:이건달 李建達, 박공순 朴工順, 신경초 申敬草)
   - 한자식 이름을 한글 이름으로 바꿈
     (예:김일송 金一松-김한솔, 선석국 宣錫國-선한길)

- 일본식 이름을 바꿈
  (예:김신자 金信子, 이순자 李順子, 남태랑 南太郞)
- 특정 범죄자와 同名(동명)을 바꿈 (예:김대두, 고재봉, 박한상)
- 팔촌 이내 친척 중 동명을 바꿈
- 行列(항렬)에 혼동을 주어 바꿈
- 男子인데 女子 같거나 여자인데 남자 같은 이름 바꿈 등

그런데 아무리 개명사유가 정당하고 충분한 소명자료를 제시했다고 해도, 이미 당초의 이름이 사회적으로 많이 통용되어(나이 들어) 개명하였을 경우, 부작용이 크다고 인정되면 법원에서의 개명 決定(결정)을 받을 수가 없으므로 쉽게 생각할 수 없는 문제라고 접근해야 한다.

그러므로 개명신청은 취학 전 아동이나 초등학교 재학 시가 가장 유리하며 또 그런 업무지침이 하달되어 好意的(호의적)으로 처리한다고 듣고 있다.

그리고 成人(성인)의 경우에는 호적상의 이름보다 실제로 지금 쓰고 있는 이름이 훨씬 더 많이 알려져 소명자료가 충분할 때만 가능한 것이다.

소명자료를 충분히 갖추기 위해서는 개명해야 할 이름을 예금통장(지금은 실명제로 될지 모른다.) 진찰권 원고나 저술 시의 필명, 편지 간판 명함 등에서 꾸준히 사용한 후 개명신청을 내면 가능할 수 있다.

이런 것들은 어떤 경우에는 참고가 될 수 있으리라 생각한다.

개명의 歷史(역사)를 보면 다소 흥미롭다.

성경에는 성명의 중요성도 강조하였지만, 改名(개명)의 예가 많은데 2000년 쯤 되었으니 그 역사성을 인정하고 넘어가야 할 것 같다.

- 아브람 → 아브라함(창세기 17:5)

- 사래(아브라함의 아내) → 사라(창세기 17:15)

- 야곱 → 이스라엘(창세기 32:28)

- 베노니 → 베냐민(창세기 35:18)

- 시몬 → 베드로(요한복음 1:42)

그리고 불란서의 대혁명가 "나폴레옹 보나 파르트"는 "나폴레오네 부오나 파르테(첫소리의 끝이 처짐)"를 30세 때 당시 유명한 占星家(점성가)가 개명한 이름으로 우리의 뇌리 속에 불세출의 영웅으로 남아있다.

우리나라에서도 初代(초대) 대통령이신 李承晩(이승만) 박사의 초명은 李承龍(이승용)이었으며, 생존해있는 金大中(김대중) 선생은 金大仲(김대중 아마 큰아들은 아닌 모양)을 써오다가 불운한 중년에 개명한 이름이라고 한다.

그 외 상당한 명성을 지닌 분들도 많이 있을 테지만 蒐集(수집)하지 못한 아쉬움이 다소 있다. 다만 이 기회에 필자의 이름에 대해 적어 본다.

본명은 林秉雲(임병운)이었는데 1996년 그러니까 54세 때 법원의 허가를 얻어 林炅桓(임경환)으로 호적까지 바꾸었다. 그 때만 해도 이름에 대한 관심은 지대하였지만(子女 2명도 개명) 그에 대한 지식은 일천해서, 본서 36 가지 작명방법 중 하나인 어떤 명성 높은 작명가의 찬명과정을 거쳐서 다소 변형(이름자의 중복을 피하여)되거나 개조되어 올려진 것이다.

그런데 지금은 성명을 연구하는 단계가 되니 자신의 이름부터 돌아보는 것이 순서여서 "林三業(임삼업)"이라 다시 지어 간판으로 명함에 넣고 있다가, 마침 본서까지 著述(저술)하게 되니 筆名(필명)으로 쓰기에 이른 것이다.

본서의 기본적인 작명예로 들어 놓기도 하였으니, 독자 제현의 감명이 따로 있을 것으로 믿는다.

이렇게 개명분야를 따로 쓰는 것은 작명과 관련사항인데도 책 내용에 없을 뿐 아니라, 책에 넣는다면 그 부피에 싸여 눈에 잘 띄지도 않을 것 같아 여기에 적는 것이니 이해 바란다.

개명을 한다고 厄(액)을 피하고 당장 행운이 오거나, 병약한 사람이 건강해진다거나, 좋은 배우자를 만나고 좋은 직장을 얻는다거나, 나빴던 부부사이가 좋아지고 가정이 화목해지든가,

불효자가 효도하고 대인관계도 좋아지든가, 사업이 순조로워지고 집안까지 번창해지든가, 자식을 얻고 부자가 되고 장수하고, 시험에 낙방만 하던 자가 합격할 수 있다면 얼마나 좋겠는가?

그러나 꼭 그렇지는 않을 겁니다.

다만 그런 기대 속에서의 개명이다 보니, 자신에게서 그 원인을 찾아 고쳐나가는 노력이 병행될 때 현실로 나타날 수 있지 않을까 싶다.

맹선생은 실제 개명의 효과를 소개하였는데 筆者(필자)는 경험이 부족해서 부끄럽다.

"노처녀로 결혼을 포기하고 살았는데 어느 날 갑자기 인연이 생겨 괜찮은 사람에게 시집가고(대체로 많은 경험담), 정서불안이 심한 어린이인데 어느 날부터 신기하게 그 증세가 사라지고 점점 총명한 어린이로 변모하였으며, 조울증으로 치료 중인데 마음속에 평화가 몰려오고 긍정적이고 낙천적인 모습으로 변했고, 아주 오랫동안 별거상태였는데 거짓말처럼 남편으로부터 연락이 와 새로운 삶이 전개되었음을 보았으며, 거의 매일 부부싸움으로 이혼직전이었는데 어느 날 갑자기 연민의 정으로 바라보기 시작하였고, 확실한 병명도 없이 여기저기 안 아픈 데가 없었는데 정말 신기하게 질병의 고통에서 해방되었다"고 하였다.

그리고 강선생 것도 추가하면, "악한 마음이 선량한 마음으로 변하였다. 무능력했던 사람이 용기를 얻게 되었다. 불효자가 변하여 효도한다. 자손이 없는 자가 生子한다. 빈곤을 극복하여 발전하고 부귀한다. 번민하는 사람이 심신이 쾌락하게 된다. 家出이나 자살을 기도한 사람이 마음이 변하여 정신적 안정을 갖게 된다. 성질이 난폭하여 살생할 위험이 있는 사람이 自重(자중)하여 장래를 걱정하게 되었다"고 하고 있다.

개명의 效果(효과)는 1년 쯤 또는 2,3년이 지난 뒤부터 나타난다고 하는 사람이 많은 것으로 보아서, 당장 발현되지 않을 수 있다는 것은 개명한 이름을 얼마나 많이 쓰느냐하는 측면도 있겠고, 개명 전 이름의 영향력이 점차 衰退(쇠퇴)해가면서 개명한 이름이 힘을 받는데 시간이 다소 걸릴 것이기 때문이다.

그래서 개명한 이름을 시계, 숟가락, 반지 등에 새기기도 하고 새로운 이름을 끊임없이 부르는 소리를 일부러 녹음하여, 자주 듣도록 하는 방법도 그럴 듯하게 인식되고 있다.

그것은 영화배우 등 연예인의 경우 매스컴을 통해 널리 알려지고, 많은 사람 입에 오르내리기 때문에 이름(藝名예명)의 영향력이 큰 것을 생각하면 이해가 될 것이다.

이 개명분야의 서술은 독자들이 우선적으로 읽는데 두어 효용가치를 높일 수 있었으면 한다.

참고삼아 出産擇日(출산택일)에 대한 소견을 적어둔다.
출산택일은 제왕절개 등 인위적인 분만으로 출생시각을 따로 정하는 것을 말하는데, 출생이란 어머니 뱃속에서 탯줄을 통해 산소를 공급받던 아이가 탯줄을 끊어 스스로 허파로 호흡을 시작하는 것이다.

첫 호흡의 순간(四柱의 구성요소) 우주공간과 음양오행 기운이 흡입되어 체질 등 모든 인간적인 요소가 생성되며, 이를 통상 宿命(숙명)이나 운명 또는 四柱八字(사주팔자)라 하지 않는가.

인위적인 분만도 어김없는 인간의 운명적인 탄생임에는 틀림이 없다.

산모나 태아의 특별한 경우를 포함하여 제왕절개 출산의 경우 기왕이면 다홍치마라고 하지만 신중을 기해야 한다.

좋은 사주를 염두에 두면서 唐(당)사주식으로 비전문가를 통해 사주시간을 定한다면, 정상적인 順産(순산) 때의 운명(四柱)보다 좋지 못한 憂(우)를 범할 수 있다.

사주구성이 中和되고 균형을 이루면서 맑아야 立身出世(입신출세)하고 富貴功名(부귀공명)하는 쪽인데, 반대쪽의 고된 삶을 택할 수 있기 때문이다.

미리 실력있는 전문가를 알아두었다가 대처하면 좋을 듯 싶다.

사주는 도대체 몇 가지일까?

三元갑자　60갑자　月　　日　　時　　男女

$$3 \times 60 \times 12 \times 30 \times 13 \times 2 = 1,684,800$$

이렇게 계산하였지만 더 많은 숫자를 산출해내는 사람도 있다.

사주풀이는 수천년동안 통계자료를 근거로 태어난 사람(년월일시)을 主技能(주기능)으로, 음양오행의 조합법칙을 사용한 일종의 統計學問(통계학문)이라고도 한다.

똑같은 사주를 갖고 태어날 사람의 확률은 이와 같이 1,684,800분지의 1이라고 계산할 수 있으나, 태어난 사주를 時(시), 分(분)으로 세분화하면 같은 사주를 갖고 태어날 확률은 더 적어지게 될 것이다.

또한 자신이 태어난 주요환경, 부모운, 가족관계 등이 그 사람의 운명에 지대한 영향을 미치기 때문에 단순히 사주 여덟글자가 같다고 운명이 같을 수는 없다.

金泳三(김영삼) 전대통령과 똑같은 사주를 타고난 사람을 알아보았더니, 어느 시골에서 농사를 짓고 있더란 이야기는 유명한 逸話(일화)이다.

나쁜 사주는 이를 극복하기 위해 노력하면서 자신의 몸가짐을 조심스럽게 하고, 좋은 사주는 신중하며 용기있게 대처해 좋은 기회를 놓치지 말아야 것이다.

이상으로 冊에서 빠진 것들까지 넣어 序論(서론)으로 삼았으나, 너무 頭序(두서)가 없고 산만해서 짜증이 날 것 같아 미안스럽다.

‖ 일러두기

작명방법들을 망라하였다는 뜻에서 **백과사전**이란 이름을 붙이긴 하였지만, 온 세상의 온갖 방법을 찾아 넣지는 못하였기에 명칭에 부담을 느끼는 것조차 숨기지 않고 싶다.

다소 전문적으로 姓名學(성명학)에 접근하더라도 그 방법이 많을 것으로 짐작은 하였겠지만, 서른여섯 가지나 되는 상당한 숫자만큼은 의외일 것이며 또 이러한 시도는 처음이 아닌가 생각된다.

굳이 비슷한 것을 찾아낸다면 맹선생이 수년전에 서울시내 유명작명가 60여명을 찾아가, 어떤 식으로 작명하는지를 조사하고 분석하여 각자의 작명요소들에 대한 내용 등을 비교설명하고, 거기에 자신의 견해까지 곁들여 책을 펴낸 바 있다.

맹선생은 결론적으로 소위 작명의 4대 원칙만으로도 良名, 吉名이 충분히 가능하며, 그 검증에 있어서도 다른 방법이나 일부 요소를 가미한 것보다 적중률이 월등하게 높았기 때문에, 合目的性(합목적성) 普遍性(보편성) 合理性(합리성)에 부합하는 학문으로의 正格(정격)으로까지 평가하였다.

각 작명방법의 내부에 들어있는 要所(요소)들까지 나열하면 작명방법의 숫자는 늘어날 테고, 어떤 요소 또는 방법을 長點(장점)으로 여긴다든지 하여 달리 조합한다면 數學的(수학적)으로 계산해야 될 지도 모른다.

다만 여러 방법들을 두루 편렵하는 것으로 만족할 만한 기능적 측면도 있어, 어떠한 한 두 방법에 국한된 전문가에게도 소양쯤으로 여겨길 수 있다고 본다.

말이 나왔으니 辭典(사전)도 여러 가지여서 예를 들면, 중학생용 국어사전은 적지만 큰 우리말 사전은 엄청나고, 고등학생들이 보는 학생용 영한사전은 브리태니커에 비하면 족탈불급이 되고 만다.

아무튼 보통의 평범한 작명법에서부터 괴상하고 복잡한 방법까지 다양하지만, 자신의 文字(문자)에 대한 실력 등 학문적인 측면과 子女(자녀)의 이름을 직접 짓겠다는 등 學究的(학구적)인 측면 등에 따라 그 수준을 달리 해볼 수 있겠고, 여러 가지로 보아 합리적이고 合當(합당)한 방법을 시간이 걸리더라도 익히려는 사람도 있을 것이다.

　다음 "作名백과사전 體系表(체계표)"와 같이 일반화된 보통의 작명방법에 쓰이는 4대 원칙인 陰陽(음양), 音靈五行(음령오행), 數理수리(元亨利貞 원형이정), 三元五行(삼원오행)의 설명은 **제 1부의 作名一般(작명일반)**에서 충분히 나열하였으니, 그러한 원칙에 입각하여 작명에 그대로 활용하여도 맹선생 말마따나 손색이 없으며 큰 무리는 절대 아니다.
　그런데 경우에 따라서는 기본사항만으로 충분한 일을 전문적인 설명까지 精讀(정독)할 필요는 없다고 생각한다.

　성명학에서 가끔 논란의 대상이 되는 字意(자의)와 字劃(자획)의 우선시 문제가 있다.
　자의는 눈으로 보고 소리를 내보아 상념적으로 好惡(호악)을 대강 알 수 있는 것이기에, 字劃(자획)을 우선한다 해도 자의는 따라가듯 어느 정도 반영되니 자획의 수리적이고 체계적인 학문성을 높이 사야 할 것이다.

　그런데 數理(수리)는 이름을 주로 글씨로 쓰던 시대의 산물이며 한자로 이름을 쓸 때만 해당된다는 이론을 펴는 사람도 있다. 지금은 말로만 하는 이름인 것 같이 들리나 옛날이라고 글과 소리가 따로 백반을 아니었다.
　한 가지 일리 있는 말을 했다고 보는데 한글 이름에 수리를 붙이는 것은 81數理도 나올 수 없으려니와, 과거에도 있었던 것인지 한글 이름에 쓰는 것은 무리라고 是認(시인)하는 인상을 준다.

실은 필자의 이 책에서는 한글 수리를 한 번도 쓴 적이 없다.

太陽系(태양계)는 一陽(일양)이 중심이 되어 八陰(팔음)이 질서정연하게 寸毫(촌호)의 차이도 없이 球形(구형)으로 선회한다고 한다.

男子의 세포는 1陽電子(양전자) 47陰電子(음전자)이며 女子는 1양전자 48음전자이고, 모든 사물은 양전자1을 전제로 하여 水素(수소)는 2음전자, 金(금)은 79음전자 수은은 80음전자 라듐은 88음전자 우라늄은 92음전자로 이루어졌다고 한다.

그러니까 우주만물은 무엇이나 양전자를 중심으로 하고 회전하는 음전자 數의 다과에 따라 原子(원자)가 차별화되고(인간은 17개의 원소로 집합된 물체라고도 한다) 壽命(수명)과 형태 성능 등이 相違(상위)하게 되는 것이다.

이러한 우주의 대법칙으로 볼 때 우리 인간은 당연히 정신이 主(주)이고, 육체가 從(종)이 되는 동시에 성명이 주가 되고 자신이 종이 되어야 하는 이유이다.

이와 같이 物象一切(물상일체)는 음양과 체로 양자의 수리결합의 법칙에 의하여 생성변화하는 이치는 명백한 것이라고 이해한다면, 실제 작명에 있어 기본적인 음양과 수리에 의존한다고 해도, 이치에 벗어나지 않았다는 생각을 한다고 해서 시비의 대상이 될 수는 없다.

筆者는 고생이 되더라도 가능한 중요 작명요소들을 圖表化(도표화 圖式化 도식화))하려고 노력하였으며, 문제는 이러한 表 종류들을 정확히 찾아볼 줄 아는 것이 중요하고 거기에 집중할 필요가 있는 것이다.

그래서 성명 한자의 획수 하나 틀리는 것이 크게는 운명을 변화시킬 수 있는 일임을 알고, 조금도 실수를 하지 않고 法式(법식)에 맞는 撰名(찬명)을 하는 것이 제일 중요하다는 것을 절대 잊어서는 안된다.

다음 **제 2부 先天名**(선천명, 사주)에서는 앞에서도 누차 거론한 바와 같이 성명과 그 사람의 타고난 사주팔자가 부합 내지 조화되는 것이 바람직하다 하였는데, 그 사주를 보는 추명학은 굉장히 난해하고 복잡하므로 그 概論(개론) 정도만 설명할 수밖에 없어서, 가능한 간편한 수단으로 숫자나 도표 등을 활용하여 작명에 참고할 정도의 답을 알아낼 수 있도록 그 방법들을 제공하였다.

쉽게 말해 타고난 운명의 그릇이 크고 적음과 福(복)이 있거나 없는 것을 보는 것인데 다소 심심풀이감도 될 것 같다.

제 3부의 作名易象(작명역상)은 주역(사서삼경의 易經(역경))의 괘상 등으로 성명의 길흉을 판단하는 다소 차원이 높은 분야라고 볼 수 있는데, 사실 필자는 이 부분에 중점을 두었으며,

특히 작명방법16.의 선후천역상법은 지관 송충석 님에게서 師事(사사)를 받은 사람으로 세상에 처음 공개하는 새로운 作名秘法(작명비법)인 것이다.

初心者(초심자)는 쉽게 습득하기가 어려울 것 같으나 과정 따위가 복잡하면, 우선 괘를 짓는 것(作卦작괘)과 부록의 "하락이수 유년괘효 변화도"를 찾아볼 줄 알면 된다.

가령 ＜乾命＞ 癸丑生 김 영 호라면,

<table>
<tr><td></td><td>正</td><td></td><td></td><td>曲</td></tr>
<tr><td></td><td>8</td><td>金</td><td></td><td>8</td></tr>
<tr><td></td><td>5</td><td>永</td><td></td><td>8</td></tr>
<tr><td>23</td><td>18</td><td>鎬</td><td></td><td>22</td></tr>
<tr><td colspan="5"></td></tr>
<tr><td></td><td>31</td><td></td><td></td><td>38</td></tr>
<tr><td>平生卦
(선천괘)</td><td colspan="2">山水蒙卦</td><td colspan="2"></td></tr>
<tr><td>지 괘</td><td colspan="2">風水渙卦</td><td colspan="2"></td></tr>
<tr><td>후천괘</td><td colspan="2">水風井卦</td><td colspan="2"></td></tr>
<tr><td>호 괘</td><td colspan="2">地雷復卦</td><td colspan="2"></td></tr>
</table>

癸丑年生
원기화공 ： 坤·艮
반원기화공： 乾·兌
正對(배합)： 澤火革卦
反對(도전)： 水雷屯卦

- 먼저 문자의 획수 중 正劃(원획)은 작명한자에서 찾아, 부록의 인명용한자 획수부에서 金(649쪽) 永(644쪽) 鎬(701쪽)를 보고 각각 상단의 曲劃(곡획) 숫자를 기재하며 왼쪽 표와 같이 합계 貞格(정격)까지 기재한다.

- 다음 作卦(작괘)하는 방법은 왼쪽의 정획 合數(합수) 31을 8로 나누어 나머지를 上卦(상괘)로 삼고(38÷8=…7), 오른쪽의 곡획 합수 38을 8로 나누어 나머지를 下卦(하괘)로 삼는다.(38÷8=…6)
∴76은 山水蒙卦(산수몽괘)가 된다.
動爻(동효)는 왼쪽 정획의 名字 합수 23을 6으로 나누어 나머지 수가 된다.(23÷6=…5爻動)
∴숫자로 765가 되는데 계축생으로 陰年生(음년생)이니 음년이 되는데, 부록 "하락이수 유년 괘효 변화도" 553쪽 하단 왼편에 765가 있다. 음년에 뿔자를 대고 1세부터 87세까지의 숫자들을 보아 위 괘효도의 앞뒤에 있는 "역상과 길흉, 384효사 단결"을 보면 되는 것이다.
※숫자표시의 괘효는 271쪽의 64괘표 참조

제 4부의 **諸作名法**(작명방법)은 여러 가지 개별 작명방법인데 간단하게 한 쪽만으로 설명한 것도 있지만, 그 내용을 생략한 것도 있고 도식화된 것도 있긴 하지만 나름대로 요약하고 表(표)를 만들어, 가능한 하나의 방법으로 활용까지 염두에 두었다.

　그러나 필자의 한정된 머리와 재주가 그 뿐이어서 그 내용이 충실하지 못하고 개수만 늘려 진열만 하였다는 비난도 받을 만하다고 생각한다.

　그러나 한 가지 덧붙여 말할 것이 있다면,

　부록의 "길격음오행 한글이름 8,650개"와 성씨 획수별로 꾸민 "길격수리구성 조견표"의 활용에 수고를 아끼지 말라는 것이다.

　아무쪼록 本書(본서)가 성명학을 이해하고 驅使(구사)하는 데에 도움이 되기를 바라는 마음 간절할 뿐이다.

　아울러 本書(본서)의 작명방법 외의 색다른 방법을 所藏(소장)하고 계신다면, 필자로 하여금 연구하고 補正(보정)하는 기회를 주시기를 간곡히 바랍니다.

作名 _{백과} _{사전} 體系表
설흔여섯가지 이름짓는 방법

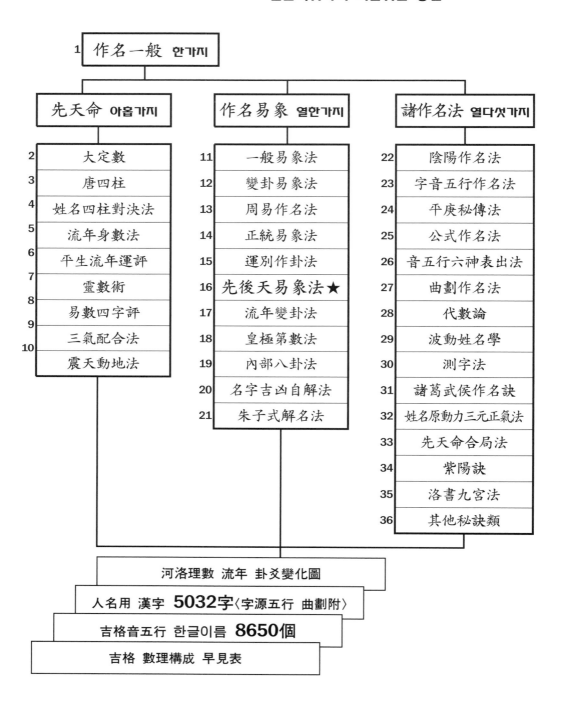

1 作名一般 한가지		

先天命 아홉가지	作名易象 열한가지	諸作名法 열다섯가지
2 大定數	11 一般易象法	22 陰陽作名法
3 唐四柱	12 變卦易象法	23 字音五行作名法
4 姓名四柱對決法	13 周易作名法	24 平庚秘傳法
5 流年身數法	14 正統易象法	25 公式作名法
6 平生流年運評	15 運別作卦法	26 音五行六神表出法
7 靈數術	16 先後天易象法★	27 曲劃作名法
8 易數四字評	17 流年變卦法	28 代數論
9 三氣配合法	18 皇極第數法	29 波動姓名學
10 震天動地法	19 內部八卦法	30 測字法
	20 名字吉凶自解法	31 諸葛武侯作名訣
	21 朱子式解名法	32 姓名原動力三元正氣法
		33 先天命合局法
		34 紫陽訣
		35 洛書九宮法
		36 其他秘訣類

河洛理數 流年 卦爻變化圖

人名用 漢字 5032字〈字源五行 曲劃附〉

吉格音五行 한글이름 8650個

吉格 數理構成 早見表

第1部

作名一般

1. 文字

姓名(이름)의 구성은 文字(글자)로 이루어진다.

먼저 문자의 선택이나 결정이 先行(선행)되어야 이름을 짓거나(作名) 이름을 풀이(解名)할 수 있는 것이다.

▌漢字(한자)

	부수(部首)	원획수	필획(筆劃)	필획수	예시
1	心	4획	忄	3획	性(9)
2	手	4획	扌	3획	投(8)
3	水	4획	氵	3획	池(7)
4	犬	4획	犭	3획	狗(9)
5	玉	5획	王	4획	琓(12)
6	示	5획	礻	4획	祥(11)
7	老	6획	耂	4획	考(8)
8	网	6획	罒	5획	罪(14)
9	肉	6획	月	4획	肝(9)
10	艸	6획	++	4획	花(10)
11	衣	6획	衤	5획	補(13)
12	辵	7획	辶	4획	週(15)
13	邑	7획	阝(右)	3획	郡(14)
14	阜	8획	阝(左)	3획	陳(16)

※ 原劃(원획)은 玉篇劃(옥편획)을 말하며 통상 姓名學上 사용하는 획수이다.

▶ 原劃法(원획법)

(根本劃數法　바른劃數法　易理字劃法　義劃法)

한자는 상형문자로 뜻글자이며 뜻글자에는 靈力(영력)이 살아 숨쉬고 있는 것이다. 한자는 뜻이 주가 되므로 원래의 글자에 含蓄(함축)되어 있는 數意(수의) 즉 한자 자체의 근본획수에 충실한 康熙字典(강희자전)의 원칙을 준수하며, 玉篇(옥편)에 적힌 원래의 부수로 획수를 계산한 방법으로 原字(원자)의 획수를 따라야 한다는 것이다. (半字 사용시 正字로 본다)

氵(水) 扌(手)는 變性(변성)된 것으로 보는 것이며 대개의 성명학자들이 사용하고 있는 방법(어떤 조사에서는 30명중 25명)이다.

※ 성씨중 王氏는 고유자획이므로 옥편의 玉边 5획 불구하고 4획으로 본다.

▶ 筆劃法(필획법)

(實劃法 書劃法 易象法)

실제로 글씨(文字)를 쓸 때의 획수를 말한다.

사용상 쓰는데로 획수를 정해야 한다는 것으로 특히 정통적인 周易의 易象을 作卦하는데 쓰이며, 한글에서 "ㅈ,ㅊ"을 "3,4"획으로 보기도 하지만 실제 쓰일 때 "ㅈ, ㅊ"을 "2,3"획으로 사용하는 것은 관용법(필획법)에 의한다고 하고 있다. 모든 한자는 실획을 사용하며 원획 곡획은 自己流(자기류)라 말하고 俗字(속자)도 마찬가지로 실획으로 하며 正字(정자)와는 무관하다는 사람도 있다.

▶ 漢字(한자)

문자는 원래 點(점)과 線(선)으로 구조된 형체로서 한자는 상형문자로 멀게는 4500년전 중국 황제시대부터 指事/象形/會意/形聲(諧聲)/轉注/假借라는 六書(六義)의 법칙에 준하여 취사, 정정, 통일 등의 과정을 거쳐 만들어졌으며 문자조성의 근본 字源(자원)은 문자의 영혼과 문자획수와 이법(理法)이 영의로서 含着(함착)되어 있으며, 천지자연의 이치에 의한 심오한 정신과 만고부동의 영의로서 형성되었다는 것이다. 특히 한자는 4500여년전 우리의 조상인 倍達國人(배달국인) 蒼頡(창힐)의 創製說(창제설)도 있다.

▌文字의 六書(六意) 法則(육서 육의 법칙)

- 指事(지사)   사물 동작을 가리킨다.(示), 모양을 본떠서 만들 수 없는 것.
  上 下 木 末 등
- 象形(상형)   형상(형체)를 나타낸다.(現),   川 水 魚 天 등
- 會意(회의)   마침(適合)한 뜻을 모은다.(聚), 두자 이상의 문자 결합
  (合成字, 造字) 信 議 등

- 諧聲(해성)　기롱지거리(詠諧회해)하는 소리(音聲)를 고른다.(調)
  　　　　　　　상형에 좋은 결합　　江 草 婆 圓 聞 등
- 轉注(전주)　굴리고(運轉) 옮기고(遷) 돌려서(回轉) 뜻새김(訓釋)을 기록한다.
  　　　　　　　(記)　老 考 逆 迎 達 등
- 假借(가차)　거짓(非眞, 假作)으로 빌어(借)온다.　　令 등

▌劃數比較의 實例(획수비교의 실례)

한자	새김 음	부수	획수		
			원획	실획	곡획
乙	새 을	乙	1	1	4
四	넉 사	口	4	5	7
玕	옥돌 간	玉	8	7	7
抒	펴낼 서	手	8	7	11
奎	별 규	大	9	9	9
躬	몸 궁	身	10	10	16
道	길 도	辵	16	13	15
導	이끌 도	寸	16	16	19
羅	비단 라	网	20	19	22
險	험할 험	阜	21	16	20

　이름을 짓는(作名) 데는 한자를 쓰고 있는데 한글을 倂記(병기)하고 있다. 한글이름만 짓는다면 말할 필요가 없을지 모르겠지만, 현실적으로 대부분 漢字에 의존하고 있으니 한자 실력이 상당해야 할 줄 안다.

　통계에 의하면 우리말은 한자어 70% 한글 24% 외래어 6%로 되어있다고 한다. 그리고 한자라 하더라도 일반이 알기 힘든 僻字(벽자)나 쓰기 어려운 難字(난자) 등은 피해야 한다는 것쯤은 상식적인 일이다.

　우리나라는 국어교육의 혼선으로 한글전용 또는 국한문혼용으로 오락가락하여, 어느 세대(가령 40대후반)는 한자를 더 모른다고 하니 이제는 우스운 일이 되고 있다. 지금 한글전용을 또다시 주장한다면 시대착오적 발상이라고 손가락질 받고도 남을 일이다.

우리를 비롯한 동북아시아 문화권인 동양3국 중국과 일본은 한자문화권에 속하며 종교적으로는 유교 불교권이다. 태생이 그러하거니와 특히 요즘 같은 국제화시대에 한자야말로 중요한 情報(정보)의 소통수단인데 문자적인 기초가 없으면 난감한 일이 아닐 수 없다.

필자가 생후 20개월 된 외손자 載燁君(재엽군)의 집 거실에 한글, 동물, 셈, 공부용 코팅紙(지)가 벽보처럼 여러 장 붙어 있었는데 그중에 그림과 함께 쓰여진 한자가 있었다.

一	二	三	四	五	六	七	八
九	十	日	月	天	地	山	川
田	石	雨	木	火	土	水	人
子	男	女	父	母	耳	目	口
手	足	大	小	上	中	下	左
右	白	靑	王	生	牛	犬	門

모두 48字이었다.

옛날과는 엄청 다른 세상이구나 하는 생각이 먼저 들었다. 요즘은 漢字를 이용하여 아이들에게 기억력을 겸한 두뇌 발달을 꾀한다고 들었으며, 그 효과가 다른 무엇보다도 좋다는 것이 입증되고 있다.(한자는 異義同音語 이의동음어임)

아마 현대식 影像(영상)이나 그래픽과도 관계되어 자라서 創意力(창의력)의 원천이 되기 때문일 것이다.

※ 數의 劃數(수의 획수)
一1 二2 三3 四4 五5 六6 七7 八8 九9 十10획 百6 千3 萬15 億15 兆6획이다.

再言(재언)하거니와 한자는 表音(표음)문자와는 다른 그 의의와 정신을 함유한 表意(표의)문자이므로 문자의 形劃(형획)에 사로잡혀서는 안된다. 위에서 七八九十의 문자는 모두 형획이 2획이나 그 문자의 의의는 7 8 9 10數의 영력을 발휘하며 각각의 고유의 진동 파장수를 보유하고 있는 것이다.

그런데 百(백) 千(천) 萬(만) 億(억)의 문자는 기본 숫자와는 그 성질이 달라서 그 자의는 多(다)를 표시하는 문자이므로 각각 6 3 15 15획으로 계산한다. 숫자 이외의 部首(부수 氵 ++ 扌등)에서의 원획(正劃)사용의 이치 또한 같은 것이다.

文字의 類型(문자의 유형)

姓名(이름)이 담고 있는 전체적인 뜻은 물론 한 자 한 자가 담고 있는 文字(글자)의 뜻은 이름의 精神(정신)이라 해도 과언이 아닐 뿐 아니라, 그 성명의 主人에게 끊임없이 영향력을 발휘하는 것이므로 성명의 문자 選定(선정)은 무엇보다도 선행되어야 하며 작명에 있어 중요한 요건이 되는 것이다.

일반적으로 이름은 부르기 좋고 듣기 좋을 뿐 아니라 의미가 모호하지 않고 확실하며, 자연스럽고 深遠優雅(심원우아)하고 雄大豪放(웅대호방)(여성은 경쾌명랑)하면서도 고상하고 전체적으로 조화를 이룰 수 있는 문자를 선택하여야 한다고 하겠다.

▶ 强形文字 (강형문자)

힘이 있고 씩씩해 보이는 글자형으로 왕성하고 强한 활동력을 나타낸다. 움직이기를 좋아하고 쉽게 달아오르는 한편 쉽게 식으며 교제에 능하다.
과단성, 활동력, 용기, 독립심, 강인함 등을 암시한다.

泰(태) 勇(용) 龍(용) 弘(홍) 光(광) 力(역) 成(성) 豪(호) 飛(비)
炎(염) 火(화) 克(극) 威(위) 馬(마) 男(남) 振(진) 義(의) 美(미)
奕(혁) 昶(창) 등

▶ 弱形文字(약형문자)

쓰러질 것 같이 불안하고 허전하며 약해보이는(字体의 하단이 허약) 글자형으로 이런 글자를 사용하면 運에서도 기반이 흔들리고 추진력이 없다. 지나치게 곧아 고려하는 부분이 부족하며, 피동적이고 의지가 약하며 결단력이 부족하다.

華(화) 斤(근) 羊(양) 小(소) 微(미) 干(간) 千(천) 帛(백) 平(평)
斗(두) 年(년) 市(시) 甲(갑) 申(신) 中(중) 幸(행) 科(과) 弓(궁)
戶(호) 柔(유) 退(퇴) 등

▶ 實形文字(실형문자)

안정적이고 튼튼하며 짜임새가 있어 빈틈이 없어 보이는 충만한 글자형을 말한다. 충실하고 의지가 굳어 불요불굴의 정신으로 만난을 두려워하지 않는 萬難克服(만난극복)하는 기백을 나타낸다. 부지런하고 보수적이나 다소 완고한 편이다.

益(익) 立(입) 玉(옥) 昌(창) 皇(황) 國(국) 周(주) 王(왕) 重(중)
廣(광) 鳳(봉) 樹(수) 基(기) 衡(형) 壹(일) 哲(철) 滿(만) 達(달)
蓮(연) 晉(진) 正(정) 秀(수) 煥(환) 承(승) 등

▶ 虛形文字(허형문자)

글자의 모양과 뜻이 空虛(공허)하거나 힘이 없어 텅 빈 것 같은 느낌이 드는 글자를 말한다. 담력이 없어 유약하고 우유부단하며 소극적이다. 판단력이 부족하고 통솔력이 없으며(不敵之象) 목표가 정확하지 못하고 우왕좌왕, 실천력이 부족하며 실패 등을 나타낸다.

芝(지) 細(세) 占(점) 門(문) 行(행) 方(방) 弓(궁) 入(입) 孔(공)
去(거) 流(유) 入(입) 戊(무) 虛(허) 弱(약) 空(공) 등

▶ 四維八德文字(사유팔덕문자)

禮義廉恥(예의염치)를 四維라 하고, 仁義禮智(인의예지) 忠信孝悌(충신효제)를 八德이라고 한다. 도덕적인 의미가 있으며 명랑과 호감을 암시한다.

禮(예) 義(의) 廉(염) 恥(치) 忠(충) 孝(효) 仁(인) 愛(애) 信(신)
和(화) 등

※ 四柱 왕성자는 不可選用

▶ 寒熱文字(한열문자)

자의에 관계없이 문자의 분위기가 따뜻하거나 찬 느낌을 주기도 한다.

글자가 지닌 고유의 특성을 파악하여 濁(탁)한 느낌, 메마른 느낌 쓸쓸하고 빈약한 느낌을 주는 것 등은 피하는 것이 좋다.

열氣(열기) 興(흥) 烈(열) 恒(항) 愛(애) 昌(창) 春(춘) 杓(표) 媛(원) 盛(성)
　　　　　　　　 惠(혜) 煥(환) 榮(영) 등

寒氣(한기) 銀(은) 澈(철) 眞(진) 淸(청) 純(순) 鎭(진) 등

▶ 卑俗文字(비속문자)

뜻이 비속하고 천박하여 혐오감을 주는 글자를 말한다. 이런 글자를 이름에 사용하면 천박, 구설, 시비, 관재, 살상, 이별, 소외감, 그늘진 생활 등의 곤고함을 겪는다.

乞(걸) 下(하) 奴(노) 卑(비) 垢(구) 足(족) 肉(육) 浴(욕) 灰(회)
穴(혈) 汚(오) 村(촌) 惡(악) 病(병) 妄(망) 姦(간) 淚(루) 沒(몰)
疾(질) 墓(묘) 腐(부) 凶(흉) 死(사) 尸(시) 屍(시) 敗(패) 亡(망)
犯(범) 厄(액) 災(재) 滅(멸) 仇(구) 殺(살) 傷(상) 貧(빈) 賤(천)
退(퇴) 刑(형) 落(락) 侵(침) 奪(탈) 劫(겁) 痛(통) 破(파) 廢(폐)
悲(비) 喪(상) 損(손) 衰(쇠) 囚(수) 殃(앙) 辱(욕) 憂(우) 怨(원)
淫(음) 泣(읍) 哭(곡) 雜(잡) 賊(적) 爭(쟁) 絶(절) 折(절) 弔(조)
罪(죄) 妾(첩) 蟲(충) 臭(취) 巫(무) 狂(광) 恨(한) 非(비) 陷(함)
害(해) 薄(박) 險(험) 昏(혼) 禍(화) 困(곤) 陰(음) 患(환) 弊(폐)
毀(훼) 忌(기) 醜(추) 怒(노) 苦(고) 低(저) 哀(애) 恥(치) 寓(우)
失(실) 罰(벌) 朽(후) 訟(송) 獄(옥) 神(신) 忘(망) 暗(암) 後(후)
變(변) 魔(마) 驚(경) 顚(전) 등

※ 성명에 있어 음령오행 수리오행 그리고 수리와 卦象(괘상)이 길하다 하여도 名字의 자의가 나쁘면 생명력을 잃어 불운을 초래한다고 하였다.

長子女 專用文字(장자녀 전용문자)

長子女만이 쓸 수 있는 글자인데, 형제와 쟁투 불화 반목 이별 養子(양자)등을 암시한다. 만일 장자녀 이외의 사람이 사용한다면 윗사람의 권위를 점유하게 되어, 長兄(장형)이 일찍 죽거나 멀리 떠나게 되는 등의 변화가 생겨자신이 장자 구실을 하게 된다고 하며, 반대로 사용하면 상대방의 발전에 방해가 되어 늦어진다고 한다.

天(천) 乾(건) 日(일) 東(동) 春(춘) 上(상) 大(대) 仁(인) 甲(갑)
子(자) 長(장) 新(신) 起(기) 孟(맹) 元(원) 宗(종) 泰(태) 始(시)
初(초) 先(선) 一(일) 외에도
壹(일) 太(태) 基(기) 明(명) 柱(주) 奭(석) 文(문) 伯(백) 寅(인)
靑(청) 高(고) 前(전) 首(수) 德(덕) 頭(두) 斗(두) 發(발) 秀(수)
承(승) 考(고) 完(완) 胤(윤) 甫(보) 碩(석) 允(윤) 朝(조) 主(주)
創(창) 弘(홍) 巨(거) 昆(곤) 等이 있다.

아울러 次子女에 한하여 사용문자는,
中(중) 仲(중) 次(차) 季(계) 亨(형) 南(남) 再(재) 小(소) 夏(하)
利(리) 貞(정) 信(신) 二~九(이~구) 短(단) 北(북) 西(서) 義(의)
終(종) 智(지) 且(차) 下(하) 地(지) 月(월) 庚(경) 等이 있다.

• 女子의 姓名(여자의 성명)

字意 자형 音에 있어 전체적으로 부드러운 맛이 있는
安 定 柔 順 蓄 厚 德 등의 文字가 좋다고 하며

그 외 여자다운 이름으로
妹 娥 娟 姸 婉 嬉 姬 芳 秀 英 桂 蓉 柳 杏 寶 珠 珍 榮 綠 素 紫 紅
雪 虹 鳳 燕 鶯 凰 錦 絹 線 寧 端 淑 雅 靜 慧 媛 등을 쓰며

지나치게 화려하거나 고귀한 뜻을 지닌
貞 春 美 秋 菊 梅 蘭 貴 聖 眞 花 愛 喜 天 香 등은 不用字(불용자)로
분류하고 있다.

▌不用文字(불용문자)

　불용문자는 뜻이 나쁘고 흉하거나 뜻은 나쁘지 않으나 흉한 작용을 한다는 글자로 山川草木, 鳥獸蟲魚(조수충어), 日月星神(일월성신), 神佛(신불), 보석과 패물, 물건이나 기구, 인체부위 등에 해당하는 글자는 피하는 것이다.(근거가 뚜렷치 않다고 극단적인 적용은 부인하는 사람도 상당하다.)

　그리고 무작정 고귀하고 유복한 吉祥(길상)의 뜻이 있는 過祝福字(과축복자)만 선호하여 고르는 것은, 달도 차면 기우는 법이며 너무 지나치게 좋으면 극과 극은 통하는 것처럼 凶한 암시가 도사리고 있다고 한다.

　1. 統計的(통계적)으로 비교적 쓰이고 있는 **不用文字**

　　甲 京 庚 光 九 國 菊 君 貴 吉
　　男 女 大 德 乭 童 冬 蘭 連 禮
　　龍 萬 梅 明 命 文 美 福 富 粉
　　四 山 石 仙 星 笑 松 壽 順 純
　　勝 心 實 岩 愛 烈 英 榮 完 玉
　　雲 月 雄 銀 義 仁 一 日 子 点
　　貞 靜 晶 竹 重 地 枝 昌 天 川
　　鐵 春 秋 忠 風 豊 夏 海 花 虎
　　孝 喜 등

　※ 제법 흔하게 쓰는 글자도 있으나 不用(不利)의 통례를 염두에 둘 필요가 있으며, 이름 2字 모두 해당된다면 姓名字 선택은 잘한 것이 못되고 사주의 偏枯者(편고자)에게는 사용가능하다는 말을 유념해야 한다. 더 많은 불용문자로 설명을 붙인 것도 있고 그 외 것도 있으나 제한적으로 수록한 것이다.

생년太歲別(태세별) 불용문자

生年	子	丑	寅	卯	辰	巳	午未	申	酉	戌	亥
불용 문자	午未 羊卯馬	駿午 馬未 羊	蛇巳 申猴 庚	龍辰 酉鷄	狗戌 卯兎	猪亥 寅虎	鼠子 丑午	寅虎 亥猪	兎卯 寅虎 戌狗	鷄酉 龜辰 龍	猴申 龜辰 巳蛇
	昨吾	味美	愼信	有由幼	術述	諧海	耆字祝蕾	仁引	苗妙	眞鎭	士師

生年	甲	乙	丙	丁	戊	己	庚	辛	壬	癸
불용문자	庚	辛	壬	癸	壬,甲	乙,癸	甲,丙	丁	丙,戊	己丁

※ 그 외에도 한자 部首(字邊자변)를 太歲干支에 따라 길흉을 말하기도 하였으나 너무 복잡할 뿐 아니라 실무적으로 잘 사용하지 않고 있어 생략한다.

2. 字意는 나쁘지 않으나 성명자로 **不用文字**

嫁 脚 肝 客 肩 姑 考 瓜 過 郊 躬 橘 嗜 內 腦
卵 糧 戀 鹿 累 吏 粒 麻 幕 買 慕 舞 墨 蜜 飯
房 拜 配 背 父 佛 肥 絲 産 裳 賞 色 船 笑 繡
脣 市 食 身 漁 餘 娛 育 衣 王 人 蝶 井 早 族
坐 贈 紙 質 窓 踐 礎 燭 寵 測 貝 肺 閑 合 項
享 好 虹 貨 皇 등 (가나다 順)

3. 잘못 선정된 **不適格 文字**(부적격 문자)

인명용 한자에 교육용 중·고등학교 常用(상용) 한자가 무조건 포함됨으로 인한 것임

假 駕 殼 諫 減 慨 坑 拒 劍 擊 犬 競 戒 枯 戈
怪 愧 狗 懼 屈 圈 窺 禁 欺 崎 斷 短 倒 盜 逃
刀 毒 獨 突 落 掠 裂 淚 漏 蠻 茫 盲 謀 妙 龐
背 伐 犯 憤 不 氷 詐 射 消 騷 愁 襲 濕 餓 崖
弱 抑 逆 艶 僞 誘 隱 弛 刃 姙 恣 刺 贓 葬 敵
戰 切 占 祭 憎 止 塵 戀 慝 慘 廠 悽 尖 銃 衝

齒 針 蟄 墮 濁 歎 脫 投 鬪 罷 片 爆 疲 避 虛
血 俠 澮 등 (가나다 順)

※ 앞서 卑俗(비속)문자와 함께 부적격한 문자로 인식하고 있는 것이다.
　　이러한 문자들은 부정적인 뜻이나 오물, 질병관련 글자도 포함되어 있으나 부
　　득이하게 쓸 경우는 반대의 뜻이 있는 不, 去, 無字(불 거 무자)를 붙인다고 한다.
　　그리고 어떤 작명가는 성명감정 체크리스트에 불용문자가 있는지 또 남여 구분
　　이 확실한지, 노년기에는 어울리는지 확인하고 있다.
　　이는 불용문자를 아무 생각없이 실수로 쓰는 경우를 염두에 두고 그런 것 같다.

▌한자의 選擇(선택 불사용)

- 備 賜 施 態 圓 豊 등
  풍만한 글자로 행동이 민첩하지 못하고 둔중하다.
- 平 卞 卜 小 于 子 天 七 등
  몸집이 작은 글자로 활력은 있으나 본성이 매우 약하다
- 芥 奇 年 申 卒 茅 早 竹 平 被 등
  긴 글자로 곧게 뻗을 수 있어도 굽힐 수 없고 나아갈 줄은 알아도 물러날
  줄 모르므로 참을성이 없다.
- 丘 企 四 山 生 也 女 正 丑 土 등
  짧은 글자로 추진력이 강하고 강박감이 있어서 귀인의 도움이 없다.

※전적으로 문자에 대한 이해 정도로 가볍게 보아 넘길 事案(사안)인 것 같다.

▶ **姓名專門家(성명전문가)들이 吉하여 선호한다는 文字**를 참고로 적어본다.

斗(두)　承(승)　濬(준)　哲(철)　基(기)

衡(형)　相(상)　煥(환)　勳(훈)　晢(석)

遇(우)　永(영)　立(립)　皇(황)　成(성)

弘(홍)　豪(호)　飛(비)　八(팔)　秀(수)

秉(병)　玉(옥)　昌(창)　國(국)　鳳(봉)

光(광)　泰(태)　龍(용)　義(의)　正(정) 등

※ 이상은 어떻게 보면 성명에 쓰일 한자와 익숙하도록 나열한 것이라고 볼 수 있는데, 옥편만 보면 될 것을 머리만 아프게 했다면 미안할 뿐이다.

그래도 동명 방지와 악명이나 비천한 이름을 쓰지 않게 하기 위한 충정도 있는 것이다.

그리고 획수가 너무 복잡하거나 비슷한 글자가 많아 잘못 읽기 쉽다거나 同字異音(동자이음:見견현,宅댁택,說설세열,識식지,葉엽섭,易이역,齊제재,辰진신 등)도 名字로는 적당치 않다.

▎天地順理(천지순리 天地勸衡천지권형)의 文字選擇(문자선택)

    姓字와 이름字의 비중을 보는 것인데 天大地小(천대지소)의 이치에 따라 성명의 姓(天)은 크고 이름(地)은 작아야 한다는 것이다.

    성자보다 名字(이름) 上字(첫자) 획수가 하나라도 적은 글자로 하고 名下字는 성자보다 획수가 많은 것이 옛날부터 잘된 이름이라 했다. 즉 하늘은 높고(많고) 땅은 낮은(작은) 것이 순리라는 것이다.

    성명의 姓은 天, 명하자는 地이니 地數(지수)가 天數(천수)보다 과다하면 天地反覆(천지반복)의 뜻으로 또 천지 同數(동수)는 충돌의 뜻이기에 不好하였다 한다.(예로 丁-權을 들었다)

    이는 성명학의 原理(원리)에 부합되기 어려우며 오늘날에는 거의 무시되고 있다.

    그리고 先祖(선조)들은 남자에게 좀 부드럽고 여성적으로, 여자는 좀 거칠고 사내답게 짓는 것도 貴(귀)한 자식 이름 짓는 지혜였다고 하니 陽中陰(양중음) 陰中陽(음중양)의 이치를 말한 것 같다.

伏羲先天八卦

文王后天八卦

▌字源五行(자원오행)

자원오행이라 하면 원래 글자의 원천이 되는 易理(역리)五行을 말하며 부수에 따른 오행과 字意(자의)에 따른 오행 등을 묶어서 말한다. 이러한 자원오행은 씨족의 돌림자로 쓰기 위한 목적 뿐 아니라 개개인의 四柱에 결여된 五行星을 채워주고 보완하기 위한 목적도 있는 것이다.

※ 字劃五行(자획오행 十二支地 구분)은 별개임.

[자변오행 및 部首(부수)에 따른 오행]

五行	字　邊 (部首)	例
木(목)	목(木) 초(++,艸) 화(禾) 생(生) 의(衣,衤) 죽(竹) 미(米) 사(糸) 각(角) 청(靑) 혈(頁) 풍(風) 향(香) 식(食) 마(麻) 서(黍) 용(龍)	林 朴 根 本 柱 李 植 杞 枸 東 杰 柳 校 權 등
火(화)	심(心,忄) 화(火,灬) 일(日) 목(目) 시(示) 견(見) 적(赤) 마(馬) 고(高) 조(鳥) 비(飛)	炅 性 炳 烈 炫 煥 熱 輝 熺 見 性 熙 등
土(토)	토(土) 기(己) 산(山) 우(牛) 혈(穴) 전(田) 석(石) 양(羊) 진(辰) 간(艮) 곡(谷) 리(里) 읍(邑, 阝) 부(阜, 阝) 황(黃)	圭 均 城 坤 美 培 堂 良 埈 郁 院 隆 등
金(금)	도(刀,刂) 과(戈) 백(白) 옥(玉) 패(貝) 신(辛) 유(酉) 금(金)	銀 鍊 錦 劉 錫 鎭 璟 玲 玟 珪 琳 등
水(수)	수(水) 구(口) 자(子) 여(女) 정(井) 월(月) 현(玄) 수(水,氵) 혈(血) 어(魚) 흑(黑)	江 河 沈 求 泳 泉 法 姮 喆 徹 淸 澤 浦 등

[자의에 따른 오행]

五行	例
木(목)	동(東), 록(綠), 룡(龍), 묘(卯), 강(康), 건(建), 걸(杰) 등
火(화)	형(亨), 홍(紅), 가(佳), 란(爛), 득(得), 률(律), 려(慮) 등
土(토)	강(岡), 견(堅), 경(京), 곤(坤), 곽(郭), 균(均), 봉(峯) 등
金(금)	호(皓), 상(尙), 현(現), 훈(訓), 돈(敎), 겸(兼) 등
水(수)	국(國), 기(氣), 길(吉), 랑(朗), 려(呂), 범(凡), 보(甫) 등

※ 작명시 발음오행을 따르다보면 어색한 이름이 많은데, 오히려 자원오행을 선택하면 발음도 좋고 세련미가 있는 경우가 많다. 예를 들면 音오행이 火인 경우 태(太, 兌, 泰)字뿐일 정도인데 세련되지 못하고 발음이 이상해진다.

[許容 略·俗字明細(허용 약·속자명세)]

·鑑(감) - 鑒 22	·柏(백) - 栢 10	·榮(영) - 栄 09	·草(초) - 艸 06
·岡(강) - 崗 11	·飜(번) - 翻 18	·叡(예) - 睿 14	·總(총) - 摠 15
·強(강) - 强 12	·幷(병) - 并 06	·鼇(오) - 鰲 22	·聰(총) - 聡 14
·個(개) - 箇 14	·竝(병) - 並 08	·鎔(용) - 熔 14	·蟲(충) - 虫 06
·蓋(개) - 盖 11	·寶(보) - 宝 08	·衞(위) - 衛 16	·沖(충) - 冲 06
·劍(검) - 劍 15	·峯(봉) - 峰 10	·彝(이) - 彜 16	·癡(치) - 痴 13
·傑(걸) - 杰 08	·祕(비) - 秘 10	·廿(입) - 卄 03	·漆(칠) - 柒 09
·杆(간) - 桿 11	·濱(빈) - 浜 11	·姊(자) - 姉 08	·橢(타) - 楕 13
·攷(고) - 考 08	·絲(사) - 糸 06	·潛(잠) - 潜 16	·豐(풍) - 豊 13
·館(관) - 舘 16	·牀(상) - 床 07	·牆(장) - 墻 16	·廈(하) - 厦 12
·廣(광) - 広 05	·敍(서) - 叙 09	·莊(장) - 庄 06	·學(학) - 学 08
·敎(교) - 教 11	·棲(서) - 栖 10	·點(점) - 点 09	·恆(항) - 恒 10
·國(국) - 国 08	·晟(성) - 晠 11	·靜(정) - 静 14	·顯(현) - 顕 18
·亙(긍) - 亘 06	·脩(수) - 修 10	·鐘(종) - 鍾 17	·惠(혜) - 恵 10
·秊(년) - 年 06	·壽(수) - 寿 07	·遒(주) - 逎 14	·畫(화) - 畵 13
·挐(나) - 拿 10	·豎(수) - 竪 13	·卽(즉) - 即 07	·闊(활) - 濶 18
·來(래) - 来 07	·穗(수) - 穂 15	·瑨(진) - 珸 15	·繪(회) - 絵 12
·禮(례) - 礼 05	·實(실) - 実 08	·眞(진) - 真 10	·效(효) - 効 08
·龍(룡) - 竜 10	·兒(아) - 児 07	·晉(진) - 晋 10	·後(후) - 后 06
·離(리) - 离 11	·亞(아) - 亜 07	·贊(찬) - 賛 15	·勳(훈) - 勲 15
·裏(리) - 裡 13	·巖(암) - 岩 08	·讚(찬) - 讃 22	·毀(훼) - 毁 13
·萬(만) - 万 03	·礙(애) - 碍 13	·篡(찬) - 簒 17	·憙(희) - 憘 16
·彌(미) - 弥 08	·餘(여) - 余 07	·慙(참) - 慚 15	
·裵(배) - 裴 14	·煙(연) - 烟 10	·冊(책) - 册 05	
·杯(배) - 盃 09	·艷(염) - 艶 19	·靑(청) - 青 08	

[不許 略·俗字明細(불허 약·속자명세)]

×假(가) – 仮 06	×對(대) – 対 07	×釋(석) – 釈 11	×醫(의) – 医 07
×價(가) – 価 08	×擣(도) – 擣 19	×聲(성) – 声 07	×貳(이) – 弍 06
×據(거) – 拠 08	×圖(도) – 図 07	×續(속) – 続 13	×滋(자) – 滋 13
×檢(검) – 検 12	×讀(독) – 読 14	×屬(속) – 属 12	×殘(잔) – 残 09
×輕(경) – 軽 12	×獨(독) – 独 09	×數(수) – 数 13	×雜(잡) – 雑 14
×經(경) – 経 11	×燈(등) – 灯 06	×濕(습) – 湿 12	×錢(전) – 銭 14
×徑(경) – 径 13	×亂(란) – 舌L 07	×乘(승) – 乗 09	×傳(전) – 伝 06
×繼(계) – 継 13	×覽(람) – 覧 17	×雙(쌍) – 双 04	×戰(전) – 戦 13
×關(관) – 関 14	×兩(량) – 両 06	×壓(압) – 圧 05	×淨(정) – 浄 09
×觀(관) – 観 14	×勵(려) – 励 07	×藥(약) – 薬 16	×濟(제) – 済 11
×鑛(광) – 鉱 13	×歷(력) – 歴 14	×讓(양) – 譲 20	×劑(제) – 剤 10
×區(구) – 区 04	×練(련) – 糸東 14	×嚴(엄) – 厳 17	×齊(제) – 斉 08
×舊(구) – 旧 05	×戀(련) – 恋 10	×與(여) – 与 03	×條(조) – 条 07
×驅(구) – 駆 14	×聯(련) – 聯 12	×譯(역) – 訳 11	×弔(조) – 吊 06
×龜(구) – 亀 11	×獵(렵) – 猟 11	×淵(연) – 渊 11	×從(종) – 従 10
×權(권) – 権 15	×勞(로) – 労 07	×營(영) – 営 12	×鑄(주) – 鋳 15
×勸(권) – 勧 13	×虜(로) – 虏 13	×譽(예) – 誉 13	×曾(증) – 曽 11
×廐(구) – 厩 13	×賴(뢰) – 頼 16	×藝(예) – 芸 07	×增(증) – 増 14
×氣(기) – 気 06	×樓(루) – 楼 11	×蘂(예) – 蕊 20	×證(증) – 証 12
×單(단) – 単 09	×滿(만) – 満 12	×冗(용) – 宂 05	×盡(진) – 尽 06
×團(단) – 団 06	×賣(매) – 売 07	×盌(완) – 碗 13	×刹(찰) – 刹 08
×擔(담) – 担 08	×發(발) – 発 09	×瘉(유) – 癒 18	×參(참) – 参 08
×斷(단) – 断 11	×變(변) – 変 09	×爲(위) – 為 09	×處(처) – 処 05
×當(당) – 当 06	×佛(불) – 仏 04	×應(응) – 応 07	×淺(천) – 浅 09
×黨(당) – 党 10	×辭(사) – 辞 13		×踐(천) – 践 12

×鐵(철) - 鉄 13	×醉(취) - 酔 11	×飆(표) - 飚 21	×逈(형) - 逈 13
×廳(청) - 庁 05	×齒(치) - 歯 12	×解(해) - 觧 12	×號(호) - 号 05
×體(체) - 体 07	×稱(칭) - 称 10	×獻(헌) - 南犬 13	×擴(확) - 拡 08
×遞(체) - 逓 10	×澤(택) - 沢 07	×險(험) - 険 11	×歡(환) - 歓 15
×觸(촉) - 触 13	×擇(택) - 択 07	×縣(현) - 県 09	×會(회) - 会 06
×冢(총) - 塚 13	×撑(탱) - 撑 16	×螢(형) - 蛍 11	×黑(흑) - 黒 11
×樞(추) - 枢 08	×廢(폐) - 廃 12	×荊(형) - 荊 12	×熙(희) - 熙 14

이상은 대법원 선정 인명용 한자에 포함되지 않은(허용되지 않은) 略俗字이다.

※ 앞에서 허용한 약속자를 성명에 사용할 경우 字劃(자획)의 산정은 실제 사용하는 약속자의 획수에 의하는 것이 타당하게 여겨진다.

세상이 변하여 성명한자를 법적으로 제한하는 마당에 약속자마저 인정하였는데, 약속자라 하여 원래 한자에 따른 原劃(원획)을 쓴다는 것은 모순이 될 수밖에 없는 것이다.

옛날에는 자기 이름 한자가 약속자를 두었다 하여 그렇게 쓰는 사람도 없었고, 편의상 남이 썼다는 정도였으니 원래 한자의 원획을 전적으로 사용했을 것으로 짐작된다.

중국에서 원래의 한자를 변형하여 簡体字(간체자)를 국가적으로 사용하고 있어 이름 字에도 통용되고 있을 것인데, 자획은 실제 간체자의 획수에 의할 것으로 생각한다.

吉格音五行(길격음오행)의 한글이름

姓을 제외한 이름(2字의 경우)의 音五行(발음, 음령오행)상 상생(상비 포함)하는 명단의 내역을 수록한다.

한글이름을 선택하는데 편리하도록 무려 8650개(金金 974개 등)의 이름을 선정한 것이니 작명할 때 유용하게 활용될 부분으로 여겨진다.

音五行	相生(상생)			相剋(상극)	
木	木木	木火	木水	木土	木金
火	火木	火火	火土	火金	火水
土	土火	土土	土金	土木	土水
金	金土	金金	金水	金木	金火
水	水木	水金	水水	水火	水土

그리고 외자이름의 경우에는 姓의 오행과 상생관계를 이루는 이름 1字를 선택하면 된다. 金氏姓은 木인데 木木 木火 木水가 상생이 되는 것이다.

※ 어렸을 때나 친한 사이에는 姓氏를 뺀 이름 두 글자를 부르기도 한다. 이름 두 글 자간에 子音의 順生(순생) 외에도 발음상 母音의 음양조화를 이루는 것이 유리한 변화를 가져다준다고까지 하는 사람도 있다.

陰性母音(음성모음, ㅓㅕㅜㅠㅡㅣ)으로 어둡고 약하게 나온 힘을 陽性母音(양성모 음, ㅏㅑㅗㅛ)으로 밝고 강하게 해주는 것이 음양의 조화라는 것이다.

木木

가겸 가균 각겸 각구 각규 각근 각기 간규 갑건 갑검 갑경 갑군 갑규 갑근 갑길
강건 강결 강겸 강국 강군 강권 강규 강균 강극 강근 강기 강길 거강 거겸 거관
거광 거균 거근 거길 건각 건갑 건겸 건경 건개 건광 건국 건군 건권 건규 건균
건극 건길 걸광 걸국 걸군 검경 검계 검관 검광 검규 계간 계갑 계건 계걸 계겸
계경 계곤 계관 계광 계근 계금 계길 격금 격관 격광 격국 격군 격권 격규 격근
격기 격길 견갑 견건 견겸 견관 견광 견국 견군 견권 견규 견금 경갑 경건 경결
경겸 경겹 경경 경관 경광 경구 경국 경군 경권 경규 경균 경극 경근 경금 경기
경길 계간 계간 계강 계검 계겸 계경 계광 계관 계국 계권 계근 계금 계길 고간
고강 고건 고걸 고겸 고경 고광 교국 고권 고균 고길 곤건 곤걸 공건 송검 공겸
공근 공길 과건 과검 곽규 곽길 관걸 관국 관규 관근 관길 광건 광걸 광겸 광구
광국 광군 광권 광규 광극 광근 광기 광길 교갑 교건 교검 교겸 교경 교광 교국
교근 교길 구건 구검 구결 구겸 구광 구근 구길 국갑 국강 국건 국겸 국관 국광
국근 국길 군결 군광 군근 군길 궁근 귀감 귀강 귀경 귀광 귀근 권건 권경 권광
권규 권국 권규 권국 권규 권균 권근 권길 규갑 규강 규건 규걸 규결 규겸 규경
규광 규극 규근 균결 균근 균기 균길 극규 극근 극금 극길 근각 근강 근개 근경
근구 근규 근국 근군 근규 근균 근기 근길 금가 금강 금경 금관 금국 금규 금근
금금 금길 긍겸 긍규 긍국 긍금 긍길 기갑 기강 기건 기검 기겸 기경 기광 기국
기군 기극 기금 길강 길건 길경 길광 길국 길군 길권 길규 길균 길근

木火

가나 가남 가낭 가냥 가녕 가님 가단 가돈 가득 가라 가란 가람 가류 가률 가름
가리 가린 가림 가태 가택 각돈 각록 각롱 각륜 각률 각리 각태 간나 간낭 간냥
간단 간돈 간동 간람 간령 간록 강륜 간태 갈녕 갈란 갈람 갈령 갈리 갈린 갈림
감낭 감록 갑님 갑란 갑례 갑록 강낭 강덕 강돈 강두 강득 강득 강락 강래 강렬
강렴 강례 강로 강록 강롱 강륜 강린 강림 강탁 강태 강택 거나 거녕 거란 거록
거륜 거태 거택 건내 건녀 건녕 건대 건덕 건도 건돈 건동 건두 건득 건락 건람

거륜 거태 거택 건내 건녀 건녕 건대 건덕 건도 건돈 건동 건두 건득 건락 건람
건래 건량 건려 건렬 건령 건록 건룡 건륜 건률 건륭 건탁 건태 건택 검난 검남
검년 검녕 검님 검단 검당 검덕 검돈 검동 검두 검득 검라 검락 검란 검랑 검래
검려 검렬 검령 검례 검록 검륜 검률 검태 검택 게님 게돈 게동 게령 게록 게륜
게리 게림 격돈 격록 견낭 견냥 견녕 견두 경난 경녕 경님 경단 경대 경덕 경도
경돈 경동 경두 경득 경락 경란 경래 경런 경렬 경렵 경록 경룡 경륜 경률 경리
경린 경림 경탁 경태 경택 계남 계님 계동 계령 계록 계륜 계리 계린 계림 계립
계태 계택 고당 공낭 공단 공록 공린 과리 관대 관덕 관동 관두 관득 관렬 관률
관태 관택 광남 광덕 광돈 광두 광득 광래 광렬 광렵 광록 광륜 광률 광린 광림
광립 광태 광택 교낙 교낭 교님 교란 교랑 교령 교리 교린 교림 교택 구태 구택
국노 국당 국돈 국래 국렬 국로 국륜 국률 국린 국태 군나 군낭 군냥 군대 군덕
군도 군동 군두 군득 군래 군렬 군록 군률 군태 군택 궁내 궁돈 궁렬 궁립 귀나
귀남 귀녀 귀녕 귀담 귀덕 귀돈 귀동 귀득 귀라 귀락 귀란 귀람 귀랑 귀래 귀량
귀려 귀련 귀령 귀록 귀룡 귀륜 귀리 귀림 귀립 귀태 귀택 권낭 권대 권도 권돈
권동 권두 권득 권람 권록 권률 권린 권탁 권태 권택 규나 규남 규낭 규대 규덕
규도 규돈 규동 규라 규락 규란 규람 규련 규렬 규렴 규령 규록 규리 규린 규림
규태 규택 균대 균덕 균도 균록 균태 균택 극노 극돈 극로 극록 극륜 극률 극태
근낭 근내 근녕 근대 근덕 근도 근돈 근두 근득 근래 근량 근렬 근령 근레 근록
근룡 금당 금덕 금돈 금동 금두 금락 금란 금랑 금래 금려 금련 금렬 금령 금례
금록 금룡 금륜 금률 금릉 금린 금립 금탁 금태 금택 긍대 긍돈 긍두 긍득
긍렬 긍록 긍륜 긍률 긍리 긍린 긍립 기나 기낭 기대 기덕 기도 기돈 기동 기득
기라 기락 기란 기람 기량 기련 기령 기륜 기림 기탁 기태 기택 길나 길난 길남
길랑 길녀 길내 길님 길당 길도 길두 길득 길란 길람 길래 길려 길련 길령 길록
길룡 길리 길림 길태 길택

木水

가매 가미 가배 가백 가범 가벽 가보 가비 가빈 가풍 각민 각배 각범 각평 간비
감모 감미 감백 감배 감보 감비 갑모 갑민 갑범 갑보 갑부 갑판 갑풍 갑필 강모
강묵 강미 강민 강배 강백 강범 강벽 강보 강복 강본 강부 강분 강비 강빈 강평
강포 강표 강필 거명 거목 거백 거범 거부 거평 거표 거필 건면 건명 건모 건목
건무 건묵 건문 건미 건민 건배 건백 건범 건벽 건보 건복 건본 건부 건비 건빈
건평 건표 건풍 건필 걸민 게명 게민 게범 게평 게표 게풍 견미 견민 견배 견백
견범 견보 견비 견빈 견표 견풍 견필 결백 결보 겸문 겸미 겸보 겸범 겸필 경면
경명 경모 경목 경무 경묵 경문 경미 경민 경배 경백 경범 경벽 경보 경복 경본
경비 경빈 경팔 경평 경포 경표 경필 계명 계민 계백 계범 계봉 계빈 계평 고명
고비 고평 고풍 곡매 곡빈 고빈 공명 공미 공민 공배 공비 공빈 공평 공필 과배
과비 곽범 곽필 관명 관목 관묵 관배 관범 관보 관표 관필 광만 광명 광묵 광무
광문 광미 광민 광배 광백 광범 광벽 광보 광비 광빈 광평 광표 광필 교명 교민
교범 교빈 교필 구민 구배 구범 구평 국만 국미 국민 국배 국번 국범 국보 국본
국부 국비 국빈 국평 국필 군명 군배 군백 군범 군보 군평 군표 군필 권명 권목
권무 권묵 권민 권배 권백 권범 권보 권부 권비 권평 권표 권필 귀명 귀민 귀배
귀백 귀범 귀벽 귀병 귀보 귀빈 귀평 귀풍 규만 규명 규문 규미 규민 규배 규백
규범 규병 규보 규복 규비 규빈 규평 규포 규풍 규필 균미 균배 균백 균범 균보
균필 극명 극민 극배 극범 극평 극필 근만 근면 근명 근목 근묵 근미 근민 근배
근백 근범 근벽 근보 근복 근부 근비 근빈 근평 근표 근풍 근필 금매 금명 금모
금묵 금미 금민 금발 금배 금백 금범 금보 금복 금본 금부 금비 금빈 금평 금표
금필 금명 긍모 긍묵 긍미 긍민 긍범 긍보 긍표 긍필 기명 기목 기몽 기문 기민
기배 기백 기범 기병 기보 기복 기붕 기빈 기필 기평 기표 기풍 기필 진명 길만
길명 길모 길몽 길묵 길문 길미 길민 길배 길백 길범 길보 길복 길부 길붕 길평
길표 길풍 쾌명 쾌민 쾌보

火木

나강 나건 나겸 나경 나권 나균 나근 나금 나길 낙건 낙걸 낙겸 낙경 낙곤 낙군
낙권 낙규 낙균 낙근 낙길 남경 남권 남규 남근 남길 남금 낭경 내강 내경 눈길
니강 니경 니금 다강 다건 다견 다겸 다경 다근 다금 단금 달경 대건 대걸 대겸
대경 대곤 대관 대광 대군 대국 대권 대규 대균 대극 대근 대기 대길 덕강 덕건
덕겸 덕경 덕곤 덕관 덕광 덕구 덕군 덕권 덕규 덕균 덕근 덕금 덕기 덕길 도강
도건 도겸 도경 도광 도권 도근 도길 돈강 돈건 돈걸 돈겸 돈광 돈국 돈권 돈규
돈극 돈근 돈길 동간 동갑 동강 동건 동걸 동겸 동경 동곤 동관 동광 동구 동국
동군 동권 동규 동균 동극 동근 동기 동길 두간 두강 두건 두걸 두견 두겸 두경
두곤 두관 두광 두권 두균 두근 두기 두길 득간 득강 득개 득건 득걸 득견 득겸
득경 득계 득곤 득관 득광 득구 득군 득권 득규 득균 득근 득금 득기 득길 라경
라휘 라희 란경 려경 태강 태간 태건 태겸 태경 태곤 태관 태광 태구 태국 태군
태권 태규 태근 태금 태길 택간 택강 택건 택겸 택경 택곤 택관 택광 택군 택권
택규 택균 택근 택금 택김

火火

나남 나낭 나녕 나니 나단 나돈 나동 나듣 나란 나람 나랑 나래 나량 나려 나련
나렴 나령 나례 나록 나롱 나룡 나루 나륜 나륭 나름 나리 나린 나림 낙낭 낙녕
낙돈 낙령 낙린 날란 날람 날랑 날래 날량 날려 날려 날련 날령 날례 날롱 날리
날린 날림 남낭 남단 남덕 남도 남돈 남동 남두 남득 남랑 남량 남려 남련 남렬
남령 남록 남룡 남륜 남률 남릉 남린 남림 남태 남택 낭란 낭남 낭녕 낭단 낭낭
낭두 낭랑 낙랑 낭련 낭림 내낭 내내 내단 내당 내동 내라 내람 내랑 내련 내령
내리 내린 내림 노단 노덕 노란 노람 노랑 노림 노태 노택 니나 니난 니남 니낭
니니 니단 니라 니란 니람 니랑 니령 니리 니림 다나 다난 다남 다낭 다니 다다
다달 다란 다람 다래 다련 다령 다례 다롱 다륜 다률 다림 단낭 단단 단란 단령
단녕 달난 달단 달담 달돈 달동 달란 달래 달량 달령 달례 달롱 달님 달림 대남
대덕 대돈 대동 대두 대득 대람 대렬 대로 대륜 대리 대림 덕남 덕녀 덕녕 덕대
덕돈 덕동 덕두 덕련 덕렬 덕령 덕륜 덕률 덕태 도란 도량 도련 도리 동덕 동렬

동령 동륜 동률 동태 동택 두남 두대 두돈 두동 두령 두록 두룡 두륜 두리 두린
두태 두택 득남 득녕 득담 득대 득돈 득동 득란 득람 득래 득량 득려 득련 득렬
득령 득례 득로 득록 득룡 득륜 득률 득륭 득린 득림 득로 득리 득린 득령 득례
득태 득택 라남 라니 라란 라라 라람 라랑 라령 라리 라림 래니 래란 려나 려남
려낭 려라 려란 려람 려랑 려량 려령 려리 려린 려림 렬녀 렬녕 렬란 렬람 렬려
렬련 렬래 령란 렬림 레니 례령 례린 례림 로란 록단 루나 루니 루라 루란 루람
루루 루리 루린 루림 류령 류리 류린 류림 륜덕 륜도 륜대 륜득 륜랑 륜래 륜량
륜련 륜렬 륜림 륜탁 륜태 륜택 률담 리나 리난 리남 리낭 리녕 리단 리라 리란
리람 리랑 리량 리령 리루 리리 리린 리님 리태 리택 린나 린남 린낭 린다 린단
린령 린림 탁돈 탁동 탁렬 탐나 탐녕 탐라 탐령 태나 태난 태남 태덕 태돈 태동
태두 태람 태랑 태렬 태린 택남 택녕 택덕 택도 택돈 택렬 택리 택린 택림

火土

나안 나애 나야 나양 나언 나연 나엽 나영 나옥 나올 나용 나우 나욱 나운 나웅
나원 나윤 나은 나을 나의 나임 나일 나한 나향 나헌 나혁 나협 나형 나혜 나홍
나훈 나원 나휘 나희 낙안 낙암 낙야 낙언 낙엄 낙열 낙영 낙용 낙운 낙원 낙윤
낙율 낙은 낙일 낙헌 낙현 낙협 낙형 낙호 낙환 낙훈 낙흠 낙희 난아 난야 난연
난영 난옥 난유 난유 난윤 난율 난은 난의 난이 난향 난혜 난홍 난휘 난희 남아
남연 남엽 남영 남옥 남용 남우 남욱 남웅 남윤 남율 남의 남이 남익 남임 남혁
남현 남협 남형 남로 남훈 남휘 남희 낭여 낭연 낭은 내영 내옥 내원 내은 내희
녕아 녕은 다안 다앵 다양 다연 다영 다예 다옥 다용 다운 다원 다은 다인 다임
다행 다향 다현 다혜 다흥 다훈 다휘 다흠 다희 단아 단야 단연 다녕 단옥 단월
단향 단혜 단홍 단휘 단희 달아 달애 달양 달엔 달영 달오 달용 달우 달욱 달욱
달원 달윤 달은 달의 달이 달언 달임 달하 달향 달현 달형 달혜 달호 달휘 달희
담영 대양 대엄 대업 대열 대영 대오 대란 대용 대우 대욱 대운 대웅 대원 대윤
대율 대융 대은 대응 대의 대익 대인 대일 대하 대헌 대혁 대현 대협 대형 대호
대홍 대화 대환 대효 대후 대훈 대훤 대휴 대흥 대흠 대희 덕아 덕암 덕양 덕언
덕엄 덕업 덕여 덕연 덕열 덕엽 덕영 덕완 덕용 덕우 덕운 덕웅 덕원 덕윤 덕율

덕용 덕은 덕의 덕이 덕안 덕일 덕하 덕한 덕행 덕향 덕헌 덕현 덕형 덕혜 덕호
덕홍 덕흔 덕흠 덕희 도암 도언 도엄 도업 도연 도열 도엽 도영 도옥 도용 도욱
도웅 도원 도은 도의 도익 도인 도일 도임 도하 도향 도헌 도혁 도현 도협 도형
도화 도환 도훈 도훤 도휘 도흠 도희 돈업 돈열 돈영 돈우 돈욱 돈웅 돈율 동아
동안 동암 동애 동언 동엄 동업 동연 동열 동엽 동영 동옥 동완 동우 동욱 동운
동원 동윤 동율 동은 동의 동이 동익 동인 동일 동하 동학 동한 동해 동헌 동혁
동현 동협 동형 동호 동화 동환 동호 동후 동훈 동훤 동휘 동휴 동흔 동흠 동희
두양 두업 두연 두열 두엽 두영 두옥 두완 두용 두욱 두웅 두원 두윤 두의 두이
두익 두인 두일 두임 두하 두학 두한 두항 두행 두헌 두혁 두현 두협 두형 두호
두홍 두환 두황 두호 두훈 두훤 두휘 두흠 두희 득안 득암 득야 득양 득언 득업
득여 득연 득열 득엽 득영 득완 득용 득우 득욱 득운 득웅 득원 득윤 득율 득은
득웅 득의 득이 득인 득일 득임 득하 득한 득행 득향 득헌 득현 극협 득혜 득호
득홍 득화 득환 득회 득효 득후 득훈 득훤 득휘 득흔 득흠 득희 라원 라은 라휘
라희 란아 란양 랑연 란영 란이 란휘 란희 랑아 랑이 랑희 려희 태언 태엄 태업
태열 태영 태완 태용 태우 태욱 태운 태웅 태원 태원 태율 태은 태을 태웅 태의
태익 태인 태임 태일 태하 태학 태한 태헌 태혁 태현 태협 태형 태호 태홍 태환
태호 태후 태훈 태휘 태홍 태흠 태휘 택업 택열 택영 택용 택우 택욱 택웅 택원
택윤 택율 택은 택인 택일 택임 택하 택한 택향 택헌 택현 택형 택호 택화 택환
택훈 택훤 택흔 택흠 택희

土火

아남 아낭 아녕 아담 아라 아란 아람 아랑 아련 아렴 아롱 아름 아리 아린 아림
안나 안내 안녕 안돈 안득 안렬 안태 안률 알람 애나 애낭 애니 애라 애란 애련
애령 애리 애린 애림 앵난 앵단 앵두 앵란 앵림 야람 야리 야림 양남 양대 양덕
양도 양두 양득 양락 양란 양래 양림 양탁 양태 양택 어녕 어동 어령 억동 억태
언난 언남 언렬 언령 여라 여람 여령 여리 여림 연도 연돈 연두 연림 연태 열태
영난 영단 영단 영담 영대 영덕 영도 영돈 영동 영두 영득 영란 영래 영렬 영록
영림 영택 영태 예란 예리 예림 옥난 옥단 옥돈 옥두 옥란 옥련 옥렬 옥태 완대

완덕 완률 완렬 완태 용남 용달 옹대 용덕 용도 용돈 용두 용득 용림 용태 용택
우남 우덕 우돈 우동 우람 우린 우림 우태 우택 욱렬 욱태 운나 운남 운대 운덕
운도 운량 운렬 운택 운대 웅렬 웅태 웅택 원남 원녕 원대 원덕 원도 원돈 원두
원득 원렬 원탁 원태 원택 유나 유남 유낭 유녕 유단 유덕 유동 유득 유라 유란
유리 유림 유태 유택 윤나 윤난 윤남 윤단 윤대 윤덕 윤도 윤돈 윤두 윤득 윤란
윤렬 윤림 윤태 윤택 은난 은남 은덕 은동 은두 은득 은란 은률 은림 은태 은택
의난 의남 의덕 의린 의림 이덕 이령 이란 이령 이림 이태 익난 익돈 익동 익렬
익태 인난 인낭 인녕 인덕 인도 인돈 인득 인렬 인태 일돈 일동 일두 일란 일랑
일렬 일률 일태 임택 하나 하남 하라 하람 하령 하륜 하리 하림 학덕 학도 학돈
학동 학두 학련 학렬 학륜 학률 학림 학태 한나 한덕 한도 한돈 한동 한두 한대
한렬 한률 한림 한태 한택 행난 행단 향난 향란 향림 헌대 헌덕 헌도 헌돈 헌두
헌렬 헌령 헌태 헌택 혁돈 혁동 현난 현녕 현대 현덕 현도 현돈 현동 현두 현득
현태 현택 형달 형대 형덕 형도 형돈 형두 형득 형렬 형률 형탁 형태 형택 혜난
혜남 혜낭 혜라 혜람 혜랑 혜련 혜령 혜리 혜린 혜림 호란 호람 호태 호택 홍대
홍덕 홍도 홍돈 홍림 홍태 홍택 후남 후태 후택 훈대 훈덕 훈도 훈돈 훈태 훈택
휘나 휘난 휘남 휘낭 휘림 희나 희난 희녕 희대 희덕 희도 희돈 희득 희라 희락
희란 희람 희량 희련 희렬 희령 희률 희리 희림 희태

土土

아양 아언 아연 아염 아영 아원 아윤 아은 아인 아일 아임 아헌 아현 아휘 아희
안아 안영 안옥 안욱 안이 안일 안호 안휘 안희 알은 알음 애야 애양 애연 애영
애은 애의 애이 애향 애휘 애희 앵아 야양 야언 야업 야영 야원 야은 야헌 야휘
야희 양암 양언 양엄 양업 양열 양엽 양완 양용 양우 양욱 양원 양운 양윤 양율
양은 양읍 양익 양인 양일 양임 양하 양학 양한 양헌 양혁 양협 양혜 양호 양홍
양환 양효 양후 양훈 양훤 양휘 양흠 양희 어영 어업 어용 어윤 어인 억우 언욱
언웅 언융 언하 언호 언화 언휘 언희 엄열 엄영 엄이 엄익 엄인 엄일 여안 여암
여애 여양 여염 여영 여옥 여은 여의 여이 여임 여향 여휘 여희 연아 연양 연영
연옥 연우 연욱 연의 연이 연일 연하 연향 연혜 연휘 연희 열엽 열영 열우 열욱

열웅 열호 열환 염아 염영 영아 영암 영애 영언 영업 영연 영예 영오 영오 영옥
영옥 영웅 영완 영용 영우 영욱 영운 영윤 영은 영의 영이 영익 영인 영일 영임
영하 영학 영한 영헌 영혁 영혜 영호 영홍 영화 영환 영회 영효 영후 영훈 영휘
영흠 영흡 영희 예양 예연 예영 예옥 예용 예우 예욱 예원 예윤 예은 예의 예이
예인 예임 예향 예화 예훤 예휘 예홍 예희 옥아 옥연 옥열 옥연 옥열 옥영 옥은
옥이 옥인 옥임 옥하 옥향 옥현 옥화 옥한 옥환 옥훈 옥훤 옥휘 옥희 완업 완열
완엽 완용 완우 완욱 완웅 완의 완일 완혁 완형 완호 완희 외양 외용 용아 용안
용언 용업 용열 용완 용우 용욱 용운 용웅 용원 용을 용은 용읍 용의 용이 용익
용인 용일 용임 용하 용학 용한 용해 용행 용헌 용혁 용현 용협 용혜 용호 용화
용확 용환 용후 용훈 용훤 용휘 용흔 용흠 용흡 용희 우암 우양 우업 우엽 우영
우예 우용 우욱 우웅 우원 우윤 우율 우은 우익 우인 우일 우임 우학 우행 우향
우헌 우협 우혁 우현 우형 우혜 우홍 우훤 우휘 우희 욱아 욱원 욱이 욱인 욱일
욱한 욱헌 욱현 욱협 욱형 욱환 욱훤 욱흠 욱휘 욱희 운아 운암 운양 운업 운열
운영 운엽 운용 운우 운욱 운웅 운읍 운이 운익 운일 운임 운하 운학 운향 운혁
운협 운형 운호 운핵 운호 운흡 운흠 운휘 운희 웅아 웅암 웅업 웅열 웅원 웅의
웅익 웅하 웅학 웅한 웅헌 웅혁 웅협 웅현 웅호 웅환 웅휘 웅흡 웅흠 웅휘 원아
원앙 원양 원억 원업 원열 원엽 원영 원오 원용 원우 원욱 원웅 원의 원이 원익
원일 원임 원학 원혁 원형 원호 원효 원후 원흠 원희 월아 월안 워령 월예 월우
월의 월이 월호 월희 위용 위웅 유양 유영 유용 유욱 유웅 유윤 유율 유은 유이
유인 유일 유한 유향 유혁 유휘 유희 윤아 윤암 윤애 윤생 윤양 윤업 윤여 윤연
윤열 윤염 윤엽 윤영 윤예 윤오 윤옥 윤용 윤우 윤욱 윤웅 윤원 윤위 윤은 윤읍
윤의 윤이 윤익 윤일 윤임 윤하 윤학 윤한 윤행 윤향 윤헌 윤혁 윤협 윤형 윤혜
윤호 윤홍 윤화 윤회 윤후 윤휘 윤흠 윤휘 율영 율은 율의 율이 율인 율임 율하
율휘 율희 융의 융우 융익 융희 은아 은안 은알 은암 은애 은생 은양 은연 은열
은엽 은영 은오 은옥 은용 은우 은욱 은웅 은윤 은율 은의 은이 은일 은임 은하
은학 은향 은혁 은협 은혜 은호 은홍 은화 은환 은효 은후 은휘 은희 의양 의영
의용 의욱 의웅 이암 이애 이언 이업 이년 이엽 이영 이용 이웅 이은 이인 이일
이임 이한 이혁 이현 이협 이형 이호 이화 이확 이환 이호 이훈 익양 익업 익연
익열 익용 익우 익원 익하 익한 익헌 익혁 익호 익환 익효 익후 익훈 익희 인아
인애 인업 인열 인영 인예 인오 인옥 인용 인우 인욱 인웅 인율 인읍 인의 인익

인일 인하 인학 인해 인향 인혁 인협 인혜 인호 인화 인확 인환 인회 인효 인후
인흠 인흡 인희 일암 일애 일언 일업 일열 일엽 일영 일완 일용 일우 일욱 일운
일웅 일위 일윤 일율 일융 일은 일의 일언 일하 일학 일한 일향 일헌 일혁 일현
일협 일형 일호 일화 일환 일훈 일훤 일휘 일흔 일흠 일희 하안 하야 하연 하영
하원 하윤 하율 하은 하웅 하익 하일 학열 학영 학용 학우 학원 학윤 학율 학익
학인 학일 학임 학현 학헌 학협 학호 학훈 학흠 학희 한아 한알 한얼 한열 한영
한오 한용 하우 한욱 한운 한웅 한유 한호 한휘 한희 할영 행아 행운 행하 향아
향영 향연 향인 향휘 향하 향희 헌아 헌양 헌영 헌우 헌욱 헌웅 헌읍 헌업 헌의
헌익 헌일 헌호 헌후 헌휘 헌희 혁용 혁우 혁윤 혁율 현욱 현웅 현윤 현율 현의
현이 현익 현일 현하 현학 현호 현화 현효 현후 현휘 현희 형열 형오 형완 형업
형용 형우 형욱 형운 형원 형윤 형율 형은 형읍 형익 형인 형일 형학 형한 형호
형환 형호 형후 형훈 혜향 혜연 혜영 혜용 혜욱 혜원 혜윤 혜은 혜인 혜향 호암
호야 호업 호연 호열 호영 호용 호욱 호웅 호원 호윤 호율 호은 호익 호인 호일
홍업 홍연 홍열 홍엽 홍영 홍용 홍우 홍욱 홍운 홍원 홍윤 홍율 홍은 홍읍 홍억
홍익 홍일 홍혁 홍현 홍헌 홍흠 홍희 화안 화영 화원 화은 화인 화일 환열 환엽
환영 환오 환욱 환용 환우 환욱 환윤 환익 환일 환호 환휘 효양 효업 효영 효웅
효원 효익 효인 효일 효임 효혜 후업 후열 후엽 후영 후익 후인 훈아 훈열 훈엽
훈용 훈욱 훈이 훈익 훈일 훈호 훈희 휘양 휘영 휘옥 휘용 휘우 희욱 휘원 휘윤
휘은 흥업 흥열 흥엽 흥완 흥용 흥우 흥원 흥윤 흥익 흥인 흥일 희안 희애 희야
희양 희언 희연 희열 희엽 희영 희예 희옥 희완 희용 희우 희욱 희운 희웅 희원
희윤 희율 희웅 희은 희익 희인 희일 희향 희현 희형 희혜 희호 희홍 희훈 희훤

土金

아선 아설 아섬 아성 아송 아시 아씨 아신 아심 아정 아지 아진 안석 안선 안설
안섭 안솔 안수 안순 안식 안실 안심 안자 안재 안제 안준 안중 안지 안직 안진
안찬 안철 안춘 알지 애선 애송 애수 애순 애자 애정 애주 애지 야선 야주 양석
양선 양섭 양성 양수 양숙 양순 양술 양식 양신 양실 양심 양자 양재 양정 양제
양종 어진 억산 억상 억석 억섭 억성 억식 억정 억종 억진 억찬 억철 언찬 언철

언춘 엄상 엄석 엄송 엄식 엄지 엄준 엄지 업준 여삼 여상 여선 여섭 여성 여송
여심 여정 여주 여준 여지 여진 여찬 여춘 연석 연섭 연성 연세 연송 연수 연숙
연순 연술 연식 연실 연심 연자 연정 연주 연준 연지 연직 연진 연집 연찬 연철
연춘 연칠 열상 열석 열섭 열성 열식 열자 열정 열제 열조 열준 열찬 열창 열지
염석 염전 염정 염준 염삭 연산 영삼 영상 영서 영석 영선 영섭 영성 영세 영송
영수 영숙 영순 영술 영승 영식 영신 영실 영심 영자 영작 영재 영전 영정 영제
영조 영종 영주 영죽 영준 영중 영지 영직 영진 영집 영차 영찬 영창 영천 영철
영춘 영치 영칠 예선 예성 예순 예자 예점 예주 예준 예중 예지 예진 예춘 오섭
오설 오성 오수 오식 오심 오정 오종 오준 오중 오진 오천 오철 오춘 오칠 옥산
옥상 옥석 옥선 옥섭 옥성 옥수 옥숙 옥순 옥식 옥실 옥심 옥자 옥장 옥재 옥점
옥정 옥제 옥주 옥준 옥진 옥찬 옥천 옥철 옥춘 옥칠 완상 완서 완석 완선 완섭
완송 완수 완순 완식 완실 완재 완정 완제 완주 완준 완중 완직 완진 완찬 완철
완춘 완칠 왕산 왕생 왕석 왕섭 왕성 왕순 왕식 왕재 왕제 왕준 왕철 외석 외선
외섭 외수 외순 외술 외조 용산 용삼 용상 용석 용선 용섭 용성 용수 용숙 용순
용술 용승 용식 용신 용실 용자 용작 용장 용재 용정 용제 용조 용주 용준 용중
용지 용직 용진 용진 용찬 용창 용채 용철 용춘 용치 용칠 우상 우생 우석 우선
우섭 우성 우송 우수 우숙 우순 우식 우신 우실 우심 우장 우재 우정 우제 우종
우준 우중 우직 우진 우찬 우창 우천 우철 우춘 우칠 울산 욱상 욱생 욱석 욱선
욱섭 욱성 욱세 욱승 욱식 욱신 욱재 욱정 욱제 욱종 욱준 욱중 욱진 욱찬 욱천
욱철 욱춘 욱칠 운삼 운상 운서 운석 운선 운설 운섭 운성 운세 운송 운수 운식
운실 운재 운정 운제 운종 운주 운지 운직 운진 운친 운준 운지 운진 운찬 운채
운철 운칠 웅삼 웅석 웅섭 웅식 웅재 웅준 웅진 웅찬 웅찬 웅철 원삼 원생 원석
원선 원섭 원성 원수 원술 원식 원실 원재 원정 원제 원조 원종 원주 원준 원중
원직 원진 원찬 원창 원철 원춘 유상 유삼 유석 유선 유섭 유성 유송 유수 유숙
유순 유식 유신 유실 유심 유자 유장 유점 유정 유종 유준 유중 유직 유진 유찬
유천 유철 유춘 유칠 육상 육섭 육성 육신 육재 육정 육진 육철 육칠 윤산 윤상
윤생 윤서 윤석 윤선 윤섭 윤성 윤송 윤수 윤순 윤시 윤식 윤실 윤심 윤자 윤재
윤점 윤정 윤제 윤조 윤종 운주 윤준 윤창 윤철 윤춘 윤칠 율산 율상 율석 율성
율송 율식 율재 율정 율제 율종 율준 율진 율찬 융식 융정 융조 은산 은상 은생
은서 은석 은선 은설 은섭 은성 은송 은솔 은수 은숙 은순 은식 은실 은심 은자

은장 은재 은점 은정 은조 은종 으누 은준 은지 은직 은진 은찬 은창 은철 은칠
을상 을석 을선 을섭 을성 을송 을수 을순 을식 을재 을정 을조 을종 을준 을직
을진 응삼 응상 응석 응섭 응수 응식 응조 응주 응준 응직 응찬 응창 응철 응칠
의석 의선 의송 의숙 의순 의정 의준 의진 이산 이상 이석 이선 이설 이섭 이성
이송 이수 이숙 이순 이승 이식 이재 이점 이정 이제 이주 이준 이진 이찬 이철
이춘 익산 익상 익생 익선 익섭 익성 익송 익수 익순 익승 익재 익정 익재 익정
익재 익조 익존 익종 익주 익준 익중 익지 익진 익찬 익천 익철 익춘 인산 인삼
인석 인선 인설 인섭 인성 인송 인수 인숙 인순 인식 인실 인자 인재 인정 인제
일정 인제 인종 인주 인준 인직 인찬 인창 인철 인춘 인칠 일산 일상 일석 일선
일섭 일성 일송 일수 일숙 일순 일승 일식 일심 일재 일정 일제 일조 일종 일주
일준 일충 일진 일찬 일창 일철 일춘 일칠 임상 임생 임석 임선 임설 임섭 임성
임수 임술 임실 임정 임주 임준 하상 하석 하성 하섭 하성 하수 하순 하자 하정
하준 하진 학산 학삼 학상 학석 학선 학성 학송 학수 학순 학술 학승 학식 학신
학재 학점 학정 학제 학조 학종 학준 학중 학진 학찬 학천 학철 학출 한상 한석
한선 한섬 한섭 한성 한세 한송 한수 한숙 한순 한술 한식 한실 한재 한정 한제
한조 한종 한주 한준 한중 한직 한진 한찬 한채 한철 한춘 하메 함조 함종 해성
해송 해순 해순 해실 해정 해조 해주 해준 해진 해찬 해창 해철 해춘 행선 행섭
행수 행자 행제 향선 향순 향심 향정 헌상 헌석 헌섭 헌성 헌수 헌식 헌재 헌정
헌제 헌조 헌주 헌준 헌진 헌철 혁상 혁성 혁재 혁종 혁준 혁중 혁진 현산 현상
현서 현석 현선 현섭 현성 현세 현송 현수 현숙 현순 현식 현재 현정 현제 현조
현종 현주 현준 현지 현진 현찬 현철 현출 현춘 현칠 형산 형상 형석 형선 형섭
형성 형수 형숙 형순 형식 형심 형자 형종 형준 형직 형진 형찬 형철 형춘 혜산
혜선 혜성 혜수 혜숙 혜순 혜자 혜점 혜종 혜주 혜준 혜지 혜진 혜철 호산 호상
호선 호석 호설 호섭 호성 호수 호숙 호순 호식 호실 호자 호재 호점 호정 호제
호준 호중 호진 호찬 호창 호천 호철 홍산 홍석 홍선 홍섭 홍성 홍순 홍식 홍자
홍채 홍정 홍제 홍조 홍종 홍주 홍준 홍직 홍진 홍찬 홍천 홍철 화석 화선 화수
화숙 화순 화식 화정 화준 효석 효선 효섭 효성 효순 효식 효실 효정 효준 효진
후석 후선 후섭 후성 후식 후정 훈석 훈상 훈성 훈숙 훈식 훈재 훈정 훈찬 휘산
휘선 휘성 휘재 휘정 휘준 휘진 홍삼 홍상 홍석 홍선 홍섭 홍성 홍수 홍순 홍식
홍자 홍재 홍제 홍조 홍종 홍주 홍준 홍직 홍찬 홍천 홍철 홍춘 희삼 희상 희석

희선 희설 희섭 희성 희송 희수 희숙 희순 희심 희자 희재 희점 희정 희주 희준
희진 희찬 희창 희천 희철 희준

金土

사안 사암 사야 사양 사억 사언 사엄 사연 사엽 사영 사옥 사완 사용 사욱 사운
사완 사웅 사원 사월 사윤 사율 사융 사은 사을 사응 사익 사인 사일 사임 사한
사향 사헌 사현 사협 사흥 사환 사훈 사훤 사휘 사흥 사흠 사희 삭암 삭언 삭연
삭열 삭염 삭엽 삭영 삭완 삭용 삭우 삭욱 삭운 삭웅 삭원 삭윤 삭율 삭융 삭은
삭의 삭이 삭인 삭일 삭임 삭한 삭향 삭헌 삭현 삭협 삭형 삭호 삭홍 삭환 삭훈
삭휴 삭희 산아 산애 산야 산여 산연 산열 산엽 산영 산용 산우 산욱 산운 산웅
산윤 산율 산융 산은 산익 산인 산일 산향 산호 산홍 산효 산휘 산희 삼연 삼열
삼웅 삼원 삼월 삼윤 삼인 삼헌 삼현 삼호 삼희 상아 상애 상언 상엄 상업 상연
상열 상염 상엽 상영 상오 상옥 상완 상용 상우 상욱 상운 상웅 상원 상위 상윤
상융 상은 상읍 상응 상이 상익 상인 상일 상임 상하 상학 상한 상향 상헌 상험
상혁 상현 상협 상호 상홍 상화 상환 상회 상효 상후 상훈 상훤 상휘 상휴 상흔
상흠 상흥 상희 쌍아 쌍애 쌍열 쌍엄 쌍업 쌍열 쌍엽 쌍완 쌍용 쌍우 쌍욱 쌍웅
쌍원 쌍윤 쌍은 쌍읍 쌍의 쌍익 쌍인 쌍일 쌍임 쌍한 쌍헌 쌍현 쌍협 쌍호 쌍홍
쌍화 쌍환 쌍회 쌍효 쌍후 쌍훈 쌍휘 쌍희 새안 새암 새양 새엄 새연 새염 새영
새옥 새웅 새원 새은 새의 새이 새익 새인 새일 새하 새한 새향 새헌 새현 새호
새홍 새화 새환 새훈 새훤 새휘 새희 생암 생윤 생은 생인 생한 생희 서안 서암
서야 서업 서연 서엽 서영 서옥 서완 서용 서웅 서원 서윤 서융 서은 서의 서이
서익 서인 서일 서임 서학 서한 서향 서헌 서혁 서현 서협 서호 서환 서효 서후
서훈 서휘 서흠 서희 석아 석암 석양 석언 석열 석영 석완 석용 석우 석웅 석원
석윤 석은 석의 석이 석익 석인 석일 석임 석하 석학 석한 석향 석헌 석혁 석현
석협 석형 석호 석홍 석확 석환 석효 석후 석훈 석휘 석휴 석흠 석희 선아 선애
선여 선열 선예 선오 선옥 선용 선우 선욱 선웅 선윤 선율 선의 선이 선익 선인
선일 선하 선학 선해 선행 선향 선혁 선현 선협 선혜 선호 선홍 선화 선확 선회
선효 선후 선훈 선훤 선휘 선휴 선흥 선희 설아 설안 설애 설야 설여 설연 설영

설예 설원 설의 설인 설현 설화 설훈 설휘 설희 섬영 섬아 섬휘 섬희 성아 성안

성암 성애 성언 성업 성여 성연 성열 성엽 성영 성오 성옥 성완 성용 성우 성욱

성운 성웅 성원 성윤 성은 성의 성이 성익 성일 성임 성하 성학 성한 성해 성향

성헌 성혁 성현 성형 성혜 성호 성홍 성화 성환 성효 성후 성훈 성휘 성휴 성희

세아 세양 세언 세엄 세업 세연 세열 세엽 세영 세옥 세완 세용 세우 세욱 세운

세웅 세원 세윤 세은 세웅 세의 세이 세익 세인 세일 세임 세하 혜학 세한 세향

세헌 세혁 세현 세협 세형 세호 세홍 세화 세환 세효 세훈 세휘 세흥 세흠 세희

소야 소양 소언 소연 소영 소옥 소용 소원 소윤 소은 소의 소이 소임 소인 소한

소향 소헌 소현 소혜 소휘 소희 수아 수안 수암 수야 수양 수억 수언 수업 수연

수열 수엽 수영 수오 수옥 수용 수완 수왕 수용 수우 수욱 수운 수웅 수원 수위

수유 수윤 수율 수융 수은 수을 수웅 수이 수익 수인 수일 수하 수학 수한 수항

수행 수향 수헌 수혁 수현 수협 수형 수혜 수호 수홍 수화 수확 수환 수황 수회

수획 수효 수후 수훈 수훤 수휘 수휴 수흥 수흔 수흠 수희 숙아 숙여 숙연 숙열

숙영 숙용 숙원 숙의 숙이 숙인 숙일 숙임 숙향 숙헌 숙현 숙휘 숙희 순아 순양

순업 순여 순연 순열 순엽 순영 순예 순오 순옥 순용 순우 순욱 순웅 순원 순의

순이 순일 순임 순하 순학 순행 순혁 순협 순호 순효 순후 순휴 순휘 순희 술영

술영 술용 술인 술임 술하 술향 술혜 술휘 술희 숭연 숭영 숭인 숭임 숭호 숭환

숭효 숭휘 숭희 슬아 슬애 슬영 슬예 슬원 슬이 슬하 슬향 슬혜 슬화 슬휘 슬희

승아 승안 승암 승애 승언 승엄 승업 승연 승열 승엽 승영 승옥 승완 승용 승우

승욱 승운 승웅 승원 승윤 승율 승은 승읍 승의 승이 승익 승인 승일 승하 승학

승한 승헌 승혁 승현 승혜 승호 승화 승회 승효 승후 승훈 승휘 승휴 승흠 승희

시암 시야 시언 시업 시연 시열 시엽 시영 시옥 시완 시용 시우 시욱 시운 시웅

시원 시윤 시율 시은 시웅 시익 시인 시일 시임 시하 시학 시한 시향 시헌 시혁

시현 시협 시형 시호 시홍 시화 시확 시환 시효 시후 시훈 시훤 시흥 시흔 시흠

시흥 식열 식엽 식영 식원 신암 신애 신여 신연 신열 신엽 신영 신웅 신우 신욱

신융 신율 신일 신익 신인 신하 신학 신해 신향 신혁 신현 신형 신혜 신흥 신효

신후 신희 실영 실웅 실희 심연 심영 심웅 심은 심희 자암 자야 자양 자언 자엄

자여 자연 자영 자옥 자용 자운 자웅 자원 자윤 자은 자을 자웅 자의 자이 자익

자인 자일 자임 자향 자헌 자혁 자훈 자휘 자흥 자회 자흠 잔영 잔의 잔이 잔휘

잔희 잠영 잠원 잠은 잠희 잠휘 장언 장업 장연 장열 장엽 장영 장오 장옥 장완

장용 장우 장욱 장운 장웅 장원 장윤 장율 장은 장의 장익 장인 장일 장임 장학

장한 장헌 장혁 장현 장협 장호 장환 장효 장후 장훈 장휘 장휴 장흔 장흠 장희
재안 재암 재양 재억 재언 재엄 재업 재연 재열 재엽 재영 재오 재옥 재완 재용
재우 재욱 재운 재웅 재원 재윤 재율 재융 재은 재을 재응 재의 재익 재인 재일
재임 재하 재학 재행 재향 재헌 재혁 재현 재협 재형 재호 재홍 재화 재환 재황
재회 재효 재후 재훈 재훤 재휘 재흥 재흠 재흥 재희 재힐 전열 전영 전용 전우
전욱 전운 전웅 전융 전일 전향 전호 점옥 점완 점용 점욱 점윤 점이 점환 점휘
점희 정아 정안 정암 정애 정언 정업 정연 정열 정엽 정영 정예 정오 정옥 정완
정용 정우 정욱 정운 정웅 정원 정윤 정율 정은 정의 정이 정익 정인 정일 정임
정하 정학 정한 정해 정행 정향 정헌 정혁 정현 정협 정형 정혜 정호 정홍 정화
정환 정회 정획 정효 정후 정훈 정휘 정휴 정흔 정흠 정희 제암 제열 제엽 제영
제용 제우 제욱 제운 제웅 제원 제윤 제은 제익 제인 제하 제향 제헌 제혁 제현
제협 조아 조안 조야 조엽 조영 조웅 조원 조은 조일 종아 종암 종안 종애 종언
종엄 종업 종열 종영 종오 종옥 종웅 종완 종용 종우 종욱 종운 종웅 종원 종윤
종율 종은 종읍 종의 종익 종인 종일 종임 종하 종학 종한 종해 종행 종헌 종혁
종현 종협 종혜 종호 종화 종확 종환 종획 종효 종후 종훈 종훤 종휘 종흔 종흠
종흡 종희 좌양 좌업 좌원 좌윤 주아 주안 주애 주야 주양 주억 주언 주업 주연
주열 주엽 주영 주옥 주완 주용 주욱 주웅 주원 주윤 주은 주이 주익 주인 주일
주임 주하 주한 주향 주헌 주혁 주현 주협 주형 주혜 주호 주홍 주화 주확 주환
주황 주회 주훈 주훤 주휘 주흥 주흔 주흠 주흥 주희 죽향 죽헌 죽현 준아 준안
준암 준애 준양 준억 준언 준엄 준업 준연 준열 준영 준오 준옥 준완 준용 준우
준욱 준웅 준원 준율 준융 준오 준옥 준완 준용 준우 준욱 준웅 준원 준율 준융
준은 준읍 준응 준의 준이 준익 준일 준하 준학 준한 준행 준향 준헌 준혁 준현
준협 준형 준혜 준호 준홍 준화 준확 준환 준회 준획 준효 준후 준휘 준휴 준흠
준희 중엄 중업 중열 중엽 중완 중우 중욱 중운 중웅 중원 중윤 중율 중익 중일
중하 중학 중한 중헌 중혁 중현 중협 중호 중화 중환 중효 중후 중훈 중훤 중휘
중흠 중희 지아 지안 지암 지애 지양 지언 지업 지연 지열 지엽 지영 지옥 지완
지용 지우 지욱 지운 지원 지웅 지윤 지율 지융 지은 지읍 지응 지익 지인 지일
지임 지하 지학 지한 지해 지행 지향 지헌 지혁 지현 지협 지형 지혜 지호 지홍
지화 지환 지황 지회 지효 지후 지훈 지훤 지흔 지흠 지흥 지희 지힐 직양 직언
직엽 직영 직운 직헌 직현 직후 직훈 진아 진안 진암 진언 진엄 진업 진연 진열
진염 진영 진예 진오 진옥 진완 진용 진우 진욱 진웅 지원 진윤 진율 진은 진읍

진웅 진의 진이 진익 진일 진하 진한 진향 진헌 진혁 진현 진협 진형 진혜 진휘
진흠 진흡 진희 차업 차열 차엽 차영 차용 차욱 차운 차웅 차원 차윤 차율 차융
차읍 차응 차의 차이 차임 차익 차인 차임 차향 차헌 차혁 차현 차협 차환 차훈
차훤 차휘 차흠 차희 찬언 찬엄 찬업 찬연 찬열 찬엽 찬영 찬오 찬옥 찬용 찬우
찬욱 찬웅 찬원 찬위 찬윤 찬율 찬의 찬이 찬익 찬일 찬임 찬혁 찬협 찬형 찬휘
찬희 참영 참희 창안 창암 창언 창엄 창업 창열 창엽 창영 창오 창옥 창용 창우
창욱 창웅 창원 창위 창윤 창율 창융 창은 창의 창이 창익 창인 창일 창임 창하
창학 창한 창헌 창혁 창현 창협 창호 창화 창환 창회 창효 창후 창훈 창휘 창흠
창희 채업 채연 채열 채엽 채영 채오 채옥 채완 채용 채우 채욱 채운 채웅 채원
채윤 채율 채은 채의 채이 채익 채인 채일 채임 채하 채학 채한 채향 채헌 채혁
채현 채협 채형 채호 채홍 채화 채학 채한 채향 채헌 채혁 채현 채협 채형 채호
채홍 채화 채환 채회 채효 채후 채훈 채훤 채휘 채흥 채흠 채흥 채희 천양 천언
천업 천열 천영 천용 천호 천우 천후 철안 철암 철양 철언 철영 철완 철용 철우
철욱 철운 철웅 철원 철윤 철융 철은 철의 철이 철익 철인 철한 철향 철헌 철혁
철현 철형 철호 철홍 철환 철효 철후 철훈 철훤 철희 청아 청암 청애 청염 청열
청옥 청완 청용 청우 청욱 청운 청웅 청원 청익 청인 청일 청학 청한 청혁 청현
청호 청확 청환 청후 청훈 청희 초아 초야 초영 초원 초은 초의 초이 초인 초임
초향 초혜 초휘 초희 추영 추엽 추희 춘아 춘애 춘업 춘엽 춘열 춘영 춘오 춘옥
춘용 춘우 춘욱 춘웅 춘원 춘월 춘은 춘의 춘이 춘익 춘일 춘임 춘하 춘학 춘향
춘혁 춘혜 춘호 춘화 춘회 춘효 춘후 춘휘 춘희 충업 충열 충엽 충오 충완 충용
충우 충원 충의 충익 충인 충일 충한 충헌 충혁 충현 충호 충환 충효 충후 충훈
충훤 충휘 충흠 충희 치언 치업 치열 치영 치완 치용 치우 치욱 치운 치원 치윤
치율 치은 치을 치응 치인 치일 치임 치헌 치혁 치현 치협 치형 치호 치홍 치환
치황 치훈 치휴 치흠 치흥 칠암 칠언 칠업 칠영 칠오 칠용 칠우 칠욱 칠웅 칠원
칠윤 칠웅 칠한 칠헌 칠혁 칠현 칠형 칠호 칠환 칠훈

金 金

사석 사선 서범 사성 사송 사숙 사식 사심 사준 사중 사진 산석 산성 삼석 삼선
삼섭 삼성 삼세 삼송 삼수 삼숙 삼순 삼술 삼식 삼재 삼정 삼제 삼조 삼종 삼주
삼준 삼중 삼직 삼진 삼찬 삼청 삼춘 상산 상서 상석 상선 상설 상섭 상성 상수
상숙 상순 상술 상습 상식 상신 상실 상재 상전 상점 상정 상제 상조 상존 상종
상주 상준 상중 상증 상지 상직 상진 상집 상찬 상채 상천 상철 상춘 상치 상친
상칠 쌍석 쌍선 쌍섭 쌍세 쌍수 쌍숙 쌍순 쌍술 쌍재 쌍제 쌍조 쌍주 쌍준 쌍직
쌍진 쌍찬 쌍철 쌍춘 쌍칠 새선 새섬 새순 새정 생석 생섭 생세 생순 새주 서선
서섭 서송 서숙 서순 서전 서정 서주 서준 서중 서진 석삼 석선 석송 석수 석순
석술 석식 석재 석전 석정 석제 석조 석종 석주 석준 석중 석진 석찬 석창 석채
석천 석철 석춘 석친 석칠 선석 선설 선섭 선성 선송 선숙 순순 선식 선실 선심
선자 선재 선점 선정 선제 선조 선종 선주 선준 선중 선지 선직 선진 선찬 선참
선채 선철 선춘 선칠 설산 설선 설송 설자 설종 설준 설지 설진 설찬 섬세 섬수
섬지 섬진 섭재 섭주 섭준 성산 성삼 성상 성석 성선 성섭 성세 성수 성숙 성순
성술 성식 성신 성실 성심 성자 서재 성전 성점 성정 성제 성조 성종 성주 성준
성중 성지 성직 성진 성집 성찬 성채 성천 성철 성춘 성치 성칠 세산 세석 세선
세섭 세성 세숙 세순 세점 세정 세종 세주 세준 세중 세직 세진 세찬 세창 세천
세철 세춘 세칠 소산 소선 소식 소자 소정 소진 소찬 선선 삼삼 섬섬 솔산 솔선
솔송 솔지 송산 송상 송석 송선 송섭 송송 송순 송실 송자 송재 송정 수숙 수승
수식 수신 수자 수잔 수재 수점 수정 수조 수존 수종 수준 수중 수증 수지 수진
수집 수찬 수창 수천 수철 수치 수친 수칠 숙산 숙선 숙순 숙신 숙자 숙재 숙점
숙정 숙조 숙종 숙주 숙준 숙진 숙집 숙찬 숙창 숙철 숙친 순상 순석 순선 순섭
순성 순세 순숙 순순 순식 순신 순실 순심 순자 순재 순점 순정 순제 순조 순종
순주 순지 순진 순찬 순창 순채 순철 순춘 순치 순칠 술재 술정 술진 승산 승삼
승상 승서 승석 승선 승설 승섭 승세 승수 승숙 승순 승식 승신 승실 승심 승자
승재 승점 승정 승제 승조 승종 승주 승준 승지 승직 승진 승집 승찬 승창 승채
승천 승철 승춘 승출 승친 승칠 시선 시섭 시송 시순 시습 시승 시실 시심 시자
시점 시정 시종 시준 시중 시직 시진 시찬 시창 시철 시춘 식산 식재 식진 신사
신석 신선 시술 신송 신수 신승 신식 신신 신실 신심 신자 신재 신정 신제 신조
신종 신주 신준 신중 신지 신직 신진 신찬 신창 신채 신철 신칠 심송 심순 심실

심심 심정 심진 심청 자상 자생 자선 자섭 자성 자송 자순 자심 자자 자진 자춘

장석 장선 장섭 장성 장솔 장수 장숙 장순 장술 장식 장심 장주 장준 장직 장진

장찬 장천 장철 장춘 장칠 재삼 재상 재석 재선 재섭 재성 재송 재숙 재순 재술

재승 재습 재승 재식 재실 재심 재전 재정 재조 재종 재주 재준 재중 재춘 재칠

전산 전상 전성 전수 전실 점상 점석 점선 점섭 점세 점수 점숙 점순 점승 점식

점자 점재 점제 점조 점주 점준 점중 점직 점찬 점춘 점칠 정산 정삼 정상 정석

정선 정섭 정성 정세 정송 정수 정숙 정순 정술 정식 정실 정심 정자 정재 정제

정조 정존 정종 정주 정준 정중 정직 정진 정집 정찬 정창 정채 정철 정춘 정칠

제상 제석 제선 제섭 제성 제숙 제순 제승 제식 제실 제정 제준 제중 제진 제창

제천 제철 제춘 제칠 조석 조섭 조성 조순 조승 조식 조실 조자 조정 조준 조중

조찬 조천 조춘 종산 종삼 종상 종생 종서 종석 종선 종설 종섭 종성 종세 종수

종숙 종순 종술 종승 종식 종신 종실 종자 종재 종정 종주 종준 종중 종증 종직

종진 종집 종찬 종창 종채 종천 종철 종추 종춘 종칠 좌순 좌준 주산 주삼 주상

주생 주서 주석 주선 주섭 주성 주수 주숙 주순 주습 주식 주신 주실 주심 주종

조준 주진 주찬 주창 주천 주철 주춘 주철 주칠 준삭 준산 준삼 준상 준생 준서

준석 준선 준섭 준성 준식 준실 준자 준재 준정 준제 준조 준종 준중 준지 준직

준집 준찬 준창 준채 준철 준칠 중산 중삼 중상 중서 중석 중섭 중성 중세 중수

중숙 중순 중습 중승 중식 중자 중장 중재 중정 중제 중종 중주 중직 중진 중찬

중천 중철 중추 중춘 중치 중친 지산 지상 지석 지선 지섭 지성 지송 지수 지숙

지순 지습 지식 지신 지실 지심 지정 지종 지준 지찬 지창 지철 지춘 지칠 직산

직상 직성 직수 직정 직제 직준 진산 진삼 진상 진서 진석 진선 진설 진섭 진재

진정 진제 진조 진종 진주 진준 진중 진찬 진천 진철 진춘 징석 징선 징섭 징수

징순 차삼 차상 차석 차선 차섭 차성 차수 차숙 차순 차승 차식 차심 차정 자종

자준 자친 찬상 찬생 찬서 찬석 찬선 찬섭 찬성 찬세 찬수 찬숙 찬순 찬술 찬시

찬식 찬실 찬재 찬정 찬제 찬종 찬주 찬준 찬중 찬직 찬진 찬집 참선 참설 참솔

창생 창서 창석 창선 창섭 창성 창세 창송 창수 창숙 창순 창식 창신 창재 창전

창정 창제 창조 창종 창주 창죽 창준 창중 창지 창직 창자 창집 창천 창철 창춘

창칠 채상 채선 채섭 채성 채송 채숙 채순 채정 채주 채주 채중 채진 채철 철산

철상 철석 철선 철섭 철성 철수 철순 철식 철재 철정 철조 철종 철주 철준 철중

철진 청산 청상 청석 청섭 청수 청순 청식 청재 청준 청진 초생 초선 초식 추산

추삼 추상 추선 추섭 추성 추식 추실 춘산 춘삼 춘상 춘생 춘서 춘석 춘선 춘설
춘섭 춘성 춘세 춘송 춘수 춘숙 춘습 춘식 춘실 춘심 춘자 춘재 춘정 춘제 춘주
춘지 춘직 춘진 출식 출재 출정 출제 출준 출진 치상 치선 치성 치송 치준 칠산
칠상 칠석 칠선 칠섭 칠성 칠식

金水

사백 사범 사부 사변 사필 삭미 삭민 산미 산보 삼문 삼보 삼만 상면 상명 상모
상목 상무 상묵 상문 상미 상민 상배 상백 상범 상벽 상병 상보 상복 상봉 상부
상빈 상판 상팔 상평 상표 상풍 상필 쌍무 쌍문 쌍미 쌍배 쌍백 쌍범 쌍벽 쌍보
쌍복 새복 새봉 새빈 서명 서미 서민 서범 서벽 서빈 서필 석명 석만 석모 석무
석문 석미 석민 석배 석백 석번 석범 석병 석보 석봉 석붕 석빈 석형 석풍
석필 선만 선매 선명 선모 선목 선무 선묵 선미 선민 선백 선범 선벽 선병 선보
선복 선본 선부 선비 선빈 선봉 선필 설미 설민 설배 설백 설범 설병 설봉 설부
설빈 설평 섬미 섬백 섬비 섬빈 섬부 성만 성면 성명 성모 성목 성평 세매 세명
세미 세범 세빈 소망 소명 소미 소민 소빈 솔매 솔명 솔미 솔민 솔배 솔범 솔비
솔빈 솔표 송매 송문 송미 송민 송배 송백 송범 송비 송빈 수만 수맹 수명 수몽
수문 수미 수민 수배 수백 수빈 수범 수별 수명 수보 수본 수봉 수부 수비 수빈
수판 수팔 수평 수필 숙미 숙민 숙배 숙번 숙범 순만 순명 순모 순몽 순미 순민
순배 순백 순범 순범 순벽 순보 순봉 순부 순분 순비 순빈 순평 순표 순풍 순필
술미 승만 승면 승명 승모 승목 승묵 승문 승미 승민 승배 승백 승범 승병 승보
승본 승비 승빈 승평 승필 시만 시명 시목 시몽 시묵 시문 시미 시민 시배 시범
시벽 시봉 시붕 시평 식만 식명 식모 식문 식배 신만 신명 신모 신목 신몽 신무
신묵 신미 신민 신배 신백 신범 신보 신봉 신평 신풍 실필 신표 실백 실범 심주
심준 자매 자명 자미 자민 자백 자범 자비 자평 잔미 잔별 잔비 장면 장명 장목
장무 장문 장미 장민 장배 장백 장범 장부 장표 장필 재만 재면 재명 재모 재목
재몽 재무 재묵 재문 재미 재민 재막 재백 재벌 재범 재복 재봉 재비 재빈 재평
재포 재표 재풍 재필 저평 전명 전배 전백 점미 전비 점비 정만 정명 정모 정목
정무 정묵 정문 정미 정민 정배 정백 정범 정보 정부 정비 정빈 정표 정필 제만

정무　정묵　정문　정미　정민　정배　정백　정범　정보　정부　정비　정빈　정표　정필　제만
제면　제명　제모　제묵　제문　제민　제범　종만　종면　종명　종모　종목　종무　종묵　종문
종미　종민　종배　종백　종범　종보　종비　종빈　종팔　종표　종필　좌명　좌백　좌범　좌평
주만　주명　주목　주몽　주미　주민　주백　주범　주봉　주팔　주평　주필　죽매　죽평　준만
준명　준모　준무　준미　준민　준배　준백　준범　준법　준벽　준병　준보　준복　준봉　준부
준팔　준평　준표　준필　중만　중명　중모　중무　중문　중미　중민　중배　중백　중빈　중범
중보　중평　중표　중필　증문　증민　증백　증범　증필　지만　지매　지명　지몽　지미　지민
지백　지범　지빈　지평　지풍　진만　진명　진모　진목　진묵　진문　진미　진민　진박　진배
진백　진범　진벽　진병　진보　진복　진봉　진팔　진평　진표　진풍　진필　징백　징범　차만
차명　차몽　차문　차민　차백　차범　차병　차복　차봉　차평　찬만　차명　차모　차목　차무
찬문　찬미　찬민　찬배　찬백　찬범　찬병　찬보　찬복　찬봉　찬빈　찬평　찬필　참미　참민
참백　참범　참비　참빈　참표　창만　창면　창명　창모　창목　창무　창묵　창문　창미　창민
창배　창백　창범　창벽　창보　창복　창빈　창필　채만　채명　채모　채몽　채묵　채문　채미
채민　채백　채범　채병　채복　채봉　채빈　채필　천만　천명　천모　천묵　천문　천백　천범
철만　철모　철문　철민　철범　청마　청만　청명　청목　청무　청묵　청문　청미　청민　청배
청백　청범　청풍　초미　초비　초빈　춘만　춘매　춘명　춘모　춘미　춘민　춘배　춘백　춘범
춘보　춘봉　춘풍　춘필　충모　충민　충배　충백　치만　치명　치문　치민　치백　치범　치봉

水木

만갑　만강　만개　만건　만결　만검　만겸　만경　만곤　만광　만구　만국　만군　만권　만규
만균　만극　만근　만금　만기　만길　말구　말국　말규　말근　말금　매강　매건　매경　매광
매근　매길　면경　면금　명각　명간　명갑　명건　명걸　명겸　명경　명계　명곤　명관　명광
명구　명국　명군　명권　명규　명균　명근　명금　명기　명길　몽건　몽걸　몽겸　몽구　몽규
몽균　몽근　몽금　몽기　몽길　무각　무간　무갑　무강　무건　무걸　무겸　무견　무경　무겸
무곤　무관　무광　무교　무국　무군　무권　무궐　무극　무근　무금　무긍　무길　묵근　묵길
문간　문갑　문강　문건　문걸　문검　문겸　문경　문곤　문관　문광　문구　문국　문권　문궐
문규　문극　문근　문금　문긍　문기　문길　미가　미감　미갑　미강　미견　미겸　미경　미광
미규　미근　미금　미길　민갑　민강　민건　민결　민겸　민경　민곤　민관　민광　민국　민군

민권 민규 민균 민극 민근 민금 민기 민길 방간 방갑 방건 방걸 방과 방관 방국
방길 배강 배건 배겸 배곤 배광 배국 배군 배권 배규 배극 배근 배금 배길 백강
백겸 백규 백근 백금 백기 백길 범걸 범관 범광 범구 범국 범규 범근 범기 범길
벽길 변걸 변경 별금 병각 병간 병갑 병걸 병경 병곤 병관 병교 병구 병국 병권
병규 병근 병기 병길 보가 보갑 보겸 보경 보관 보광 보국 보군 보권 보극 보금
보길 복겸 복경 복근 복금 복귀 복기 복길 부갑 부강 부건 부경 부곤 부광 부국
부군 부권 부극 부근 부길 비가 비감 비강 비경 비금 빈경 판간 판갑 판개 판건
판걸 판겸 판곤 판관 판광 판국 판권 판규 판근 판기 판길 평간 평건 평곤 평관
평구 평국 평군 평권 평규 평근 평기 평길 풍각 풍간 풍갑 풍관 풍광 풍구 풍국
풍권 풍규 풍근 풍기 풍길 필각 필간 필갑 필건 필겸 필경 필곤 필관 필광 필구
필국 필군 필권 필규 필근 필기

水金

마생 마석 마선 마성 마솔 마송 마숙 마순 마식 마신 마심 마점 마정 마종 마준
마직 마찬 마창 마천 마철 마청 마춘 마칠 막석 막선 막순 막실 막심 막점 막정
막종 막준 막직 막진 막찬 막철 막춘 막칠 만산 만삼 만상 만색 만생 만서 만석
만선 만설 만섭 만성 만세 만손 만솔 만송 만수 만숙 만순 만술 만습 만승 만식
만신 만실 만심 만자 만작 만장 만재 만점 만정 만제 만초 만종 만주 만준 만중
만직 만진 만집 만찬 만창 만채 만천 만철 만청 만추 만춘 만충 만치 만친 만칠
말산 말상 말생 말선 말석 말섭 말성 말송 말수 말숙 말순 말술 말식 말심 말자
말재 말전 말점 말정 말제 말종 말준 말중 말지 말직 말진 말찬 말채 말천 말철
말청 말추 말춘 말치 말친 매산 매삼 매상 매색 매석 매선 매섭 매섬 매성 매솔
매송 매숙 매순 매슬 매식 매실 매자 매작 매잔 매재 매전 매정 매종 매주 매준
매중 매찬 매창 매천 매철 매청 맹선 맹순 맹식 맹자 맹주 맹준 맹직 맹진 맹철
맹춘 맹칠 면석 면선 면섭 면성 면송 면수 면식 면실 면심 면정 면주 면준 면진
면찬 면창 면춘 명산 명삼 명상 명생 명석 명선 명섭 명성 명솔 명송 명수 명숙
명순 명슬 명승 명시 명식 명신 머일 명심 명자 명작 명잔 명잠 명장 명재 명전
명점 명정 명제 명조 명론 명종 명주 명준 명중 명지 명직 명진 명집 명찬 명창

명채 명천 명철 명춘 명치 명친 명칠 모삼 모산 모석 모선 모성 모숙 모순 모심
모정 모준 모찬 모칠 목산 목삼 목상 목생 목설 목성 목숙 목순 목식 목심 목점
목정 목진 목찬 목천 목철 목춘 목칠 몽수 몽숙 몽순 몽점 몽진 몽찬 몽철 몽춘
몽천 몽칠 묘산 묘상 묘생 묘선 묘섭 묘숙 묘순 묘식 묘심 묘점 묘정 묘준 묘진
묘찬 묘춘 묘칠 무삼 무상 무생 무석 무선 무섭 무성 무송 무수 무숙 무습 무식
무신 무실 무자 무장 무재 무전 무점 무정 무종 무준 무중 무직 무진 무질 무찬
무창 무철 무춘 무친 무칠 문산 문삼 문상 문새 문생 문석 문선 문섭 문성 문세
문송 문수 문숙 문순 문술 문습 문시 문식 문신 문실 문자 문작 문장 문재 문점
문정 문직 문진 문집 문차 문찬 문창 문철 문청 문춘 문치 문척 문친 문칠 미산
미삼 미상 미색 미석 미선 미설 미성 미소 미술 미송 미숙 미순 미슬 미승 미식
미실 미자 미잠 미장 미재 미전 미점 미정 미조 미종 미주 미준 미중 미지 미진
미춘 민산 민상 민새 민생 민서 민석 민선 민설 민섭 민성 민세 민소 민솔 민송
민수 민숙 민순 민슬 민승 민식 민실 민자 민장 민재 민점 민정 민제 민조 민종
민주 민준 민중 민지 민춘 민치 민칠 반새 반생 반석 반세 반솔 반정 방석 방순
배선 배성 배송 배숙 배정 배종 배준 배중 배진 배철 배춘 백산 백상 백선 백성
백설 백섭 백솔 백송 백순 백슬 백조 백준 백중 백진 백찬 백천 백춘 범상 범서
범석 범섭 범성 범솔 범송 범수 범숙 범순 범술 범식 범재 범정 범제 범종 범주
범준 범직 범진 범찬 범창 범철 범춘 벽산 벽선 벽섭 벽성 벽송 벽수 벽술 벽재
벽제 벽준 벽진 벽찬 벽춘 변준 변중 병산 병삼 병상 병서 병석 병선 병섭 병수
병숙 병순 병술 병식 병재 병정 병제 병조 병종 병주 병준 병지 병춘 보산 보상
보석 보선 보설 보섬 보섭 보성 보솔 보송 보숙 보순 보승 보슬 보식 보실 보심
보점 보정 보칠 복산 복석 복선 복슬 복식 복실 복자 복점 복진 복찬 복철 복춘
복치 복칠 봉상 봉서 봉석 봉선 봉섭 봉성 봉세 봉수 봉숙 봉순 봉식 봉실 봉자
봉재 봉직 봉진 봉집 봉찬 봉창 봉천 봉철 봉춘 봉칠 부설 부섭 부성 부송 부숙
부순 부슬 부식 부자 부종 부중 부찬 부춘 분선 분순 비산 비선 비솔 비송 판상
판서 판생 판석 판섭 판성 판세 판수 판숙 판순 판승 판식 판재 판정 판제 판조
판종 판주 판준 판중 판직 판진 판집 판춘 평산 평삼 평서 평석 평선 평설 평섭
평성 평수 평숙 평순 평술 평식 평재 평정 평직 평진 평찬 평창 평천 평철 풍산
풍생 풍성 풍순 풍자 풍재 풍직 필상 필석 필선 필섭 필송 필수 필숙 필순 필자
필재 필정 필종 필주 필준 필중 필직 필진

水水

만민 만배 만백 만표 만풍 만필 매민 면백 면범 명만 명모 명문 명미 명민 명박
명배 명백 명범 명보 명부 명비 명빈 명표 모민 모미 모범 모비 모필 목민 몽문
몽밀 몽범 묘민 무미 무민 무반 무배 무백 무범 무평 무필 묵범 문만 문명 문무
문미 문민 문배 문백 문범 문병 문보 문복 문부 문비 문빈 문평 문표 문필 미명
미모 미미 미민 미배 미백 미보 미빈 민무 민묵 민문 민미 민배 민백 민범 민보
민본 민부 민비 민평 민풍 민필 밀미 밀민 박무 박문 박미 박민 반배 반보 반비
방모 방미 방민 방배 방번 방부 배명 배민 배비 배빈 백마 백모 백무 백문 백민
백범 백보 백봉 범명 범모 범무 범묵 범문 범민 범배 범백 범보 범부 범비 범필
법모 법배 법평 벽모 벽문 벽민 변민 변범 변부 변필 병모 병무 병묵 병문 병민
병배 병백 병포 병필 보면 보명 보문 보미 보민 보배 보보 보비 보빈 복문 복미
복민 복만 복범 복비 복빈 복필 본배 본백 본비 본평 봉무 봉문 봉민 봉범 봉비
봉필 부마 부만 부명 부미 부빈 부배 부보 부비 부빈 분명 불미 불민 불비 불빈
비목 비배 비백 비범 비봉 비분 비비 비빈 판모 판목 판묵 판문 판백 판범 판보
판본 판봉 판부 팔문 팔민 팔범 팔본 편목 편묵 편배 편범 평만 평모 평문 평보
포명 포민 표민 풍만 풍모 풍빈 풍배 필모 필목 필묵 필문 필민 필배 필백 필범
필보 필본 필부

▌한글획수

子音	ㄱ 1획	ㄴ 1획	ㄷ 2획	ㄹ 3획	ㅁ 3획	ㅂ 4획(5)	ㅅ 2획
	ㅇ 1획(2)	ㅈ 2획(3)	ㅊ 3획(4)	ㅋ 2획	ㅌ 3획	ㅍ 4획(7)	ㅎ 3획(4)

자음의 획수는 한글학회의 입장과 같은 것이나, ㅈㅊ의 경우는 한글창제 당시와 현재 사용하는 획수가 다르기 때문이라는 의견을 가지고 있다. 후

ㅈㅊ의 ( )안의 획수 3 4는 오히려 더 많이 쓰이고 있기도 한 것이며, ㅇㅎ( )안의 획수 2 4를 쓰는 측에서는 ㅇ(2) ㅎ(4) 둘 다 태극과 음양도를 뜻하며 ㅁ候(후, 목구멍)는 평상시(体)는 1이나 사용할 때(用)는 2라는 것이다. 또 일부에서는 ㅂ(ㅂ)은 5획 ㅍ(ㅍ)은 7획이라는 이론을 전개하기도 하기에 적어둔다.

母音	ㅏ 2획	ㅑ 3획	ㅓ 2획	ㅕ 3획	ㅗ 2획	ㅛ 3획	ㅜ 2획	ㅠ 3획	ㅡ 1획	ㅣ 1획

영문자 획수

A 3획	B 3획	C 1획	D 2획	E 3획	F 3획	G 3획	H 3획	I 1획	J 1획	K 3획	L 1획	M 3획
N 3획	O 1획	P 2획	Q 2획	R 2획	S 1획	T 2획	U 1획	V 1획	W 2획	X 2획	Y 2획	Z 1획

※ 한글이름은 대부분 한 가지 의미(뜻)를 나타내고 있어 그 의미가 강한 대신 지극히 단순해서, 타고난 그 사람의 기운(운명)에 맞는 다양한 의미를 넣을 수 없다는 단점 내지 아쉬움이 있다. 심지어 四柱(사주)보완 의미와 음령오행과는 별개라고 주장한 사람도 있을 정도이다.

순우리말 이름이기에 일면 친근감이 있고 신선한 느낌을 주기도 하지만, 姓名이 지향하는 바램이나 기대를 충족하기에는 어휘가 부족한 것이 사실이다. 또 固有名詞(고유명사)로의 특성을 생각한다면 전국에 수백수천의 同名異人(동명이인)이 존재하는 것이 현실이 되고 있으며, 어른이 되었을 때를 생각하면 평생 부르고 쓸 이름으로 적당치 않은 점도 있는데, 굳이 한글로만 이름을 지을 양이더라도 漢字를 넣어, 우리말처럼 일상적으로 쓰는 부담 없는 한자글자를 찾는 노력을 기울인다면 길은 있지 않을까 생각한다.

▌한글 作名(작명)

전통적으로 한문자로 이름을 짓는 일은 당연하지만, 요즘은 한글字로 이름을 짓는 경우도 흔치 않은 것 같다.

한글이름의 작명방식도 한글이름의 글자 획수를 세어 음령오행과 수리오행 그리고 삼원오행 등을 한자방법과 같이 살펴서 작명하고 있으나, 특히 글자의 뜻(字意)에 중점을 두고 있는 것이 현실이다.

아래에 한글이름과 그 뜻풀이를 수록하였으니 유용하게 쓰였으면 한다.

이름	뜻풀이	이름	뜻풀이	이름	뜻풀이
가람	강을 말함	꽃길	꽃이 피어난 길	내림	조상대대로의 뜻
가람솔	강가의 소나무	꽃나	꽃처럼 이쁘게 태어남	너울	바다의 파도
가람별	강과 별	꽃내	꽃이 많이 핀 냇가	노들	노란 들판
갈매	가을의 갈매기	꽃님	꽃처럼 예쁜 님	노랑	색의 빛깔
개나리	꽃이름	꽃들	꽃이 많이 피어난 들	노마	남자의 뜻
고우나	곱게 태어났다	꽃뜰	꽃마당	노미	남자의 뜻
고우라	예뻐져라	꽃별	꽃과 하늘의 별	노을	저녁놀의 줄임
고우리	고운 마음으로 잘 자라라	꽃분	꽃과 화분	누리	세상
고운	곱다	꽃비	꽃과 비	누림	무엇을 누리다
고운이	고운 마음을 가진 사람	꽃새	꽃과 새	손	눈과 소나무
고을	동내의 뜻	꽃샘	꽃이 피어날 때 추위	늘봄	항상 봄과 같이
고이	예쁘게	꽃송	꽃송이의 줄인 말	다래	진달래의 줄임말
곱결	고운 살결	꽃슬	꽃의 암술과 숫술	다듬	다듬어 매만진다는 뜻
구슬	부석의 종류	꽃씨	꽃의 종자	다솔	잘 다듬은 소나무
굳센	힘이 세게	꽃잎	꽃의 잎	다해	정성을 다해서
굳셈	힘차다	나나	나고 또 태어난다의 줄임	단비	가물때의 비
그림	물체의 모양	나드리	강과 들의 줄임	달래	달빛의 냇물
그림새	그림과 같이 이쁜새	나라	피어나라	달샘	달과 샘의 뜻
금남	금처럼 빛나게	나래	날짐승의 날개	달예	달과 같이 예쁘다
금별	글처럼 밝은 별	나리	개나리꽃을 줄임	달해	달과 해
기쁜	기쁘다	나비	곤충의 이름	도란	도란도란 말한다
기쁨	즐겁다의 뜻	날개	새의 날개	도움	남을 돕는다는 뜻
기틀	중요한 골격	날래	날을터야 줄인말	두솔	두 소나무
길샘	길가의 샘물	날샘	빠르다는 뜻	둥실	물에 둥둥 뜬 모양

이름	뜻풀이	이름	뜻풀이	이름	뜻풀이
들메	들과 산	보라	빛깔의 명칭	소나	소담스럽게 태어나다
들샘	들과 샘물	보람미	보람있는 일	소라	바다의 조개 일종
라라	소리의 어울림의 뜻	보람	보람있는 일	솔개	소리개의 말(새)
란새	노란새의 줄임	보름	15일의 뜻	솔님	소나무처럼 푸르게
리라	어려운 일이 있어도 일어서라	보미	봄에 태어남 줄임	솔비	소나무 숲에 나리는 비
마루	산마루의 뜻(꼭대기)	보미나	보람차고 미덥게	솔셈	솔솔 물이 솟아난다
마리	머리(남의 우두머리)	보스라	보슬보슬 단비의 뜻	솔솔	바람이 부드럽게 부는 뜻
맑음	하늘이 맑다는 뜻	보슬	보람과 슬기	솔찬	소나무처럼 알찬
망울	꽃망울	봄내	봄날의 냇물	송나	송송이 피어난다의 뜻
맵시	예쁘다(몸매)	봄비	봄의 단비	송이	꽃송이의 줄임
먼동	날이 밝음	봄빛	봄의 아름다운 경치	수련	마음을 맑게 닦는다
모란	꽃의 이름	분이	꽃분의 약칭	스로	스스로의 줄임
모람	한군데로 몬다는 뜻	빛난	빛이 난다	스리	스스로 하리의 줄임
무리	많은 사람이 모임	빛남	빛이 난다의 말	슬기	매사의 일을 잘 처리한다
미라	미덥게 자라라	빛내	빛을 낸다	신나	기분이 좋다
미나	아름답게 태어나다	빤짝	반짝의 센말	싱글	싱글벙글이라는 뜻
미리	남보다 앞선다는 뜻	상글	방글거리는 모습	아름	아름답다
바다	바닷물의 뜻(넓다)	상냥	성질이 상냥하다	아롱	아롱아롱하다의 뜻
바위	큰 돌	새길	새로운 길	아리	아리답다
반짝	반짝 반짝의 줄임	새날	새로운 날	아주	매우 좋다의 뜻
방그레	입만 약간 움직여 웃는 것	새달	새로운 달	알라	알아라
방글	방글 방글의 줄임	새로	새롭게의 뜻	알음	안다의 뜻
방시레	방글 방글의 줄임	새롬	새로움의 뜻	양지	햇살 바른 곳
방시리	방글 방글의 줄임	새봄	새해 봄을 뜻함	어진	어질다
방울	방울을 단다의 줄임	새실	새마을	엄지	남의 웃사람이 되라
버들	개울가의 버드나무	새한	새로운 큰 나라	에리	예쁘다의 뜻
번개	우뢰	새힘	새로 나오는 힘	여라	문을 열어라
벙글	벙글 벙글의 줄임	샛별	새벽의 별	여울	물살이 빠르게 흐름
별나	별처럼 빛나	서글	서글서글하다의 줄임	여주	박과에 달린 덩굴
별내	별이 비친 냇물	세나	세 번째 태어남	열림	문이 열렸다
별님	별의 존칭	세라	힘이 세어라의 줄임	예나	예쁘게 났다
별님이	별의 존칭	세리	굳세게 살아가리	예니	예쁜이
보드래	여자의 이쁨을 뜻함	세찬	힘차게의 줄임	예란	예쁘게 자란
보들	보들보들의 줄임	세참	힘이 세고 야무지다	예리	예쁘게 피어난다

이름	뜻풀이	이름	뜻풀이	이름	뜻풀이
예솔	예쁜 소나무	찬샘	물이 가득찬 샘	한별	큰 별의 뜻
예슬	예쁘고 슬기롭게	찬솔	산에 소나무가 많다	한봄	깊은 봄
온솔	모든 소나무	철쭉	꽃의 이름	한비	풍성하게 내리는 비
우람	위엄이 있다	초롱	초롱초롱하다	한새	큰 새의 뜻
유리	유리처럼 맑게	큰길	넓은 길	한섬	바다의 큰 섬
으뜸	매사의 첫째	큰달	31일이 되는 달	한샘	큰 샘물
은나	은은히 피어나	큰돌	큰 바위	한솔	큰 소나무
은님	말없이 자라남	큰들	넓은 들	한슬	큰 슬기로운
은별	은빛나는 별처럼	큰별	하늘의 큰 별	한울	큰 울타리
은비	은실처럼 나리는 비	큰솔	큰 소나무	희나	티없이 하얀 아이
은빛	은색의 빛	티나	예쁘게 티가 난다	희라	티없이 희여라
이룸	뜻을 이루다	펴라	날개를 펴라	힘찬	힘차다, 기운 세다
이솔	이로운 소나무	포근	포근하다		
이슬	새벽에 나리는 이슬	피라	꽃처럼 피어나라		
장한	장하게	하나	숫자의 첫자		
재미	아기자기한 취미	한결	한층 더		
주리	준다의 뜻	한길	큰 길		
줄기	이어가는 맥	란나	넓은 나의 마음		
진나	진달래 나비	한내	큰 냇물의 뜻		
진아	진하고 아름답게	한들	넓은 들의 뜻		
차돌	단단한 돌	한밭	큰 밭의 뜻		
찬별	밤하늘에 가득찬 별	한범	큰 호랑이		

※ 순한글 이름인 경우 상생되는 이름이 많지 않아 같은 이름(同名異人)이 많은데 슬
기, 보람, 보라, 아름, 아람, 우람 등은 전국에 수백, 수천명이 된다고 한다.

▌行列字(항렬자, 돌림자)

씨족별로 족보를 보면 代(世)수를 서로 알기 위해 行列字(항렬자)를 쓰는 것인데, 이름 2字의 上下를 번갈아가며(祖上父下) 오행순서의 방법 등으로 미리 정하여진 항렬자를 名字(이름)에 넣는 것이다.

가문마다 특색이 있지만 오행순서 외에도 天干 또는 지지순이나 山川을 나타내는 문자나 五常(오상)의 순서를 따르기도 하고, 1~10數의 順이나 한글의 자음순도 있다. 장남 등 貴한 자식은 항렬자를 넣어 이름을 지어야 한다고도 하지만, 姓氏는 정해졌고 이름 2字 중에서 1字를 항렬자로 한다면 이름을 짓는데 어려움이 따르게 될 수밖에 없다.

다시 말하면 名上字는 이름의 심장에 해당하는데 돌림자로 미리 정해놓고 다리에 해당하는 名下字만 가지고 이름을 짓는 것은, 마치 노른자 없는 계란을 가지고 맛있는 요리를 부탁하는 것과 같다고 비유할 수 있을 것이다.

어떤 사람은 명하자가 항렬자이면 음오행이 상극이 되더라도 영향이 별로 없다고 하는데 이는 주격(형격)이 아니기에 다행이라는 것이다.

항렬자에 얽매어 한 인간생명의 귀중한 이름이 불행을 자초하게 되는 줄 알면서도, 무조건 신봉하는 자세를 견지한다면 시대가 달라진 것을 외면한 것이니 마땅히 비난받아야 될 일이다.

참고로 돌림자의 유래를 살펴보면, 혈족끼리의 대수(寸數촌수)관계를 알기 위하여 단순히 오행의 순서(木火土金水)에 맞춰 어느 한문자(木-東 植 根 余 등)라도 사용하여 오다가, 조선시대에 북방족과 倭族(왜족)의 침범이 빈번해지고 일가친척들의 거주지가 분산되면서, 자신들의 혈족을 찾기 힘들었기 때문에 대수관계를 명확히 파악하는 수단으로 돌림字를 고정화시켰던 것인데, 오늘에는 옛날처럼 종족이나 일가의 분산을 막고 집단 농경사회에서의 인적 질서를 위한 장치 정도는, 교통시설이나 교류 및 정보 소통수단의 발달로 당초의 목적쯤은 완전히 퇴색하게 되었다.

▌姓의 由來(유래)

삼국유사나 삼국사기에 의하면 고구려 시조 朱蒙(주몽)은 高氏, 백제의 시조 溫祚(온조)는 扶餘氏(부여씨) 그리고 신라에는 朴 昔 金 3姓이 있고 가야국의 首露王(수로왕)은 金氏라고 한다.

그러나 실제로 우리나라에서 姓을 사용하기 시작한 것은 중국문화의 영향을 받아, 고구려에서는 건국초기인 1세기 무렵 백제에서는 4세기 근초고왕 때, 신라에서는 6세기 眞興王(진흥왕) 때 부터라는 것이 일반적인 통설이다.

당시에는 대부분 왕실의 성을 따랐기 때문에 高氏(고구려) 餘氏(백제) 金氏(신라)가 가장 많았다고 한다. 이밖에 姓으로 고구려에는 乙 禮 松 憂 于 周 淵 明 臨 乙支 등 20여개, 백제에는 眞 解 沙 燕 苩 國 木 協의 8족등 20여개 신라에는 朴昔金 외에 李 崔 鄭 孫 薛 등 10여개가 있었다고 한다.

물론 이와 같은 姓은 일반 평민들이 모두 사용한 것은 아니었다. 姓을 가진 사람이 혈족의 시조가 됨으로서 고려 중엽부터는 평민들 사이에서도 일반화되다가, 조선조에 들어오면서 거의 모든 평민들에 의해 사용되었다고 한다.

그러나 일부 賤民(천민)들은 여전히 성을 갖지 못하다가 호적법의 시행에 따라 모두 혈통과 가계에 입각해 성을 갖게 되어 오늘에 이르게 된 것이다.

성의 數(수)는 동국여지승람에 277개 건국 후 인구조사에 의해 1960년에 258개, 1975년에 249, 1985년에 274개 2000년에 280개(새로 생긴성씨 25개, 4179본관)로 밝혀지고 있다.

▶ 姓의 分類(분류)

天降姓　　新羅의 朴昔金
土姓　　　李 崔 鄭 孫 裵 등 土着民에게 주어진 姓
來姓　　　中國姓 전수 모방, 고대 중국과 교류시 歸化(귀화)한 姓
賜姓　　　王으로부터 爵位(작위)의 下賜(하사) 형식으로 수여받은 姓
續姓　　　기타

②. 陰陽

　우주의 삼라만상은 모두 음양의 이치로 생성된 것인즉 모든 존재는 음양이 있고 따라서 성명학에도 이 음양이 배합되지 않을 수가 없는 것이다. 태초의 우주인 태극에서 음과 양이라는 분별상을 드러냈다.

　성명문자의 홀수(奇數. 1,3,5,7,9획 ○)를 陽數, 짝수(偶數. 2,4,6,8,10획 ●)를 陰數라 하며, 이의 조화여부로 비중은 크지 않지만(보통 5%以內이거나 문제삼지 않기도 함) 성명상의 길흉판단이 되고 있다.

　물론 음양이 섞여 공존해야 吉하다는 것이며, 성명 전부가 홀수(純陽, 太陽, 孤陽) 또는 짝수(純陰, 太陰, 孤陰)인 경우는 질병, 손재, 고독, 단명, 육친 또는 부부이별, 不具, 객사 등 액운이 닥쳐올 우려가 있다고 하는데, 한마디로 요약하면 성명의 효력을 다소 마이너스하는 요소로 이해하면 될 것 같다.

區分	吉例(길례)	凶例(흉례)		
內容	身體健康 幸福, 長壽	財難　發光　刑伐 短命　貧困　災禍	不具　冬死 短命	一時成功 漸次身體虛弱 不平不滿
陰陽	○　● ●　○ ○ ● ● ● ○ ○ ○ ● ● ────── ○ ○ ○ ○ ● ● ● ● ● ○ ● ●	○　　○ ●　　● ○ ○ ○ ● ● ● ○ ● ● ● ○ ○ ○ ○ ● ● ● ●	○ ● ○ ● ○ ● ○ ● ●	○ ○ ○ ○ ○ ○ ● ○ ● ● ○ ○

위 길례와 같이 음양이 조화(均衡)를 이루는 것이 좋은 것이 되어서, 음양이 일방적으로 순양이나 순음이 되면 좋지 않다는 것이다.

해방 후 名士중에 呂運亨 7 13 7 張德秀 11 15 7 申翼熙 5 17 13 金東仁 8 8 4 盧天命 16 4 8은 순 음양의 이름이었다.

또 양획뿐인 孤陽(고양)이라 하여 모친이나 아내 딸 등 여자쪽의 가족들과 인연이 좋지 않거나 문제가 생겨 근심하게 된다고 하고, 음획뿐인 孤陰(고음)은 남자쪽의 운세가 衰(쇠)하여 여운만 극왕하여 안팎이 바뀌므로 상서롭지 못한 일만 계속된다는 말도 있다.

그런데 굳이 陰이나 陽이 가운데 끼게 되는 것까지 거론한 것은 日本냄새도 나고 별 문제삼을 필요는 없는 우매한 소론이다.(□안은 통상의 길례 표시임)

※ 3字 성명인 경우 姓氏 획수가 짝수이면 끝글자에는 홀수인 획수의 한자를 염두에 두면 쉽다.(홀수이면 짝수)

음양을 작명에 활용함에 있어서 복잡하게 사주팔자가 양통팔자(모두 陽)이면 순음을, 음통팔자(모두 陰)이면 순양으로 한다거나, 金水 기운의 秋冬(추동), 木火 기운의 春夏(춘하)가 너무 강할 경우에는 상대적으로 전부 陽 또는 陰으로 하는 것이 오히려 음양이 잘 이루어진 것으로 보는 사람도 있다.

한 가지 더 첨언하자면 순양, 순음은 極吉極凶(극길극흉)의 양극으로 발현되기는 하지만 선천사주와 불합하면 극흉, 합국이면 대길로 化하는 상으로 보는 경우도 있다고 듣고 있다.

그리고 한글 모음을 발음 음양이라 하여 ㅏ,ㅑ,ㅗ,ㅛ는 陽, ㅓ,ㅕ,ㅜ,ㅠ,ㅡ,ㅣ는 陰으로 보아 姓부터 이름자끼리 양양음 등으로 배열되어야 한다고 하는 것은 작명요건이 별무한 순한글이름에서는 몰라도, 한자성명에까지 무슨 秘法(비법)인양 주창하는 정도가 되면 지나친 생각의 비약으로 볼 수밖에 없다.

▌字形陰陽(자형음양)

　　성명획수의 음양이 순양 또는 순음의 경우라면 字形(자형)으로 보는 음양을 활용하여 보완하는 방법도 생각해볼만한 일이다. 즉 문자가 종횡으로 갈라진 경우 陰(■ ■), 갈라지지 않은 경우 陽(■)으로 보아 조화를 이룬다면 음양이 부합된 것으로 볼 수 있다는 것이다.

　　예를 들어보자면 韓, 朴, 鄭, 旼, 銀, 根, 株, 鮮(한,박,정,민,은,근,주,선)은 陰에 속하는데, 성명이 이런 陰으로만 이루어진 경우를 크게 禁忌時(금기시)하고 있다. 그리고 文, 秀, 起, 石, 李, 玉, 民, 子, 金, 九(문,수,기,석,이,옥,민,자,김,구)는 陽에 속한 것들이다.

　　그런데 여기에서도 한글의 경우까지 들먹여 이, 자, 문, 은의 글자는 陰이며, 구, 김, 연, 한, 몽, 석, 조, 영, 숙, 건, 석, 록을 陽으로 본다는 것은 한글 자체가 발성기관의 모양을 본뜬 소리글자인데, 글자 모양까지 고려할 필요가 있는 것인지 蛇足(사족) 같지 않느냐는 생각이 든다.

　　한자이름이 종이든 횡이든 두 쪽으로 갈라지는 모양은 생기가 돌지 않고 魂(혼)이 담길 수 없어 빠져나가는 모양으로 바람직하지 않다.
　　특히 세로로 갈라진 이름(鍾 相 炫 培 卿 등)은 부부 형제 또는 父母 자식간 친구간에 등지는 일이 있게 된다고까지 하였다.

▶ 자형의 유형

□ 國 同 我 등	▯ 吉 圭 夏 등	▯▯ 鍾 油 培 등
⊟ 益 空 昌 등	▯▯▯ 湘 卿 衍 등	☰ 靈 苔 築 등
○ 婉 嬉 學 등	△ 生 必 允 등	▽ 甲 守 午 등
⊟ 賢 獎 醫 등	⊟ 窺 薇 등	⊔ 爕 戀 등

　　참고로 자형의 적당한 배열을 적어본다.

이보성(李甫誠) ⊟ □ ▯▯　　주현식(周賢植) □ ⊟ ▯▯　　우상주(禹湘宙) □ ▯▯▯ ⊟

※ 안팎으로 결합하여 생긴 한자(靈 등)는 이름의 발전을 막는다는 이유로 평범한 사람에게는 잘 쓰지 않는다.(圓 國은 法名에 많다)

▌宇宙 大自然(우주대자연)의 陰陽

태양의 圓周率(원주율)은 360度, 1回轉은 360日이다.

▶ **陰陽區分(음양구분)**

1年은 四季(춘하추동)이나 춘하는 陽, 추동은 陰

1季는 三月이니 前 1月半은 陽, 後 1月半은 陰

1月은 30日이니 선망 15日이 陽, 후망 15日이 陰

1日은 주야이니 晝(주)가 陽, 夜(야)가 陰

1日은 24時이니 午前이 陽, 午後가 陰

1夜는 前半夜(전반야)가 陽, 前半夜(후반야)가 陰

1時는 60分이니 前30分이 陽 後 30分이 陰

1分은 60秒이니 前 30秒가 陽, 後 30秒가 陰

1秒는 1呼吸(호흡)하는 사이이니 호가 陽, 흡이 陰

※ 인체상 前南後北(전남후북), 左東右西(좌동우서), 以西爲上(이서위상)이라 하였으니 언제나 나보다 어른되는 사람, 키가 큰사람, 혹은 훌륭한 사람이 나의 좌측에 선다. 또 祭祀(제사)의 집단이나 部隊(부대) 정돈할 때 右로 나란히 하는 것도 이 까닭이라 한다.

③. 音靈五行(音五行)

發音五行 소리五行 音響五行 呼聲五行 字音五行 字意五行 字形五行

　중국 음고의 四聲(사성) 五音(오음)에 준하여 宮商角徵羽(궁상각치우)의 오행으로
된 것이다.
　성명을 부를 때 소리되어지는 닿소리(子音, 입안에 닿아서 나는 소리)를 五行의 속
성으로 즉 인체의 구조에서 나오는 音의 감각으로 분류하여, 그 오행들이 生相(상생)
되는지 相剋(상극)되는지에 따라 성명풀이의 길흉을 추론하는 것이다.

作名
方法 1 ▌基本作名法(기본작명법)

　일반적인 작명법에는 陰陽, 音靈五行, 數理 그리고 三元五行 또는 三才五行만을 활용
한다. 앞으로 개별적인 설명을 통하여 성명학(作名)의 기반을 다져나가면 될 것이다.

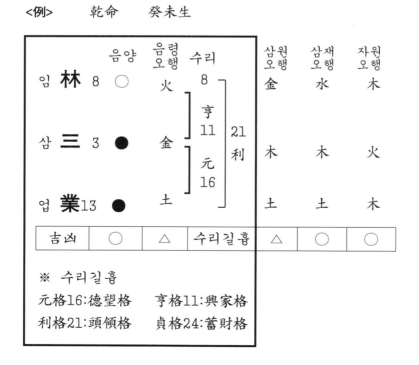

<例>　　乾命　　癸未生

		음양	음령오행	수리		삼원오행	삼재오행	자원오행
임	林 8	○	火	8	亨 11 21 利	金	水	木
삼	三 3	●	金	元 16		木	木	火
업	業 13	●	土			土	土	木

吉凶	○	△	수리길흉	△	○	○

※ 수리길흉
元格16:德望格　　亨格11:興家格
利格21:頭領格　　貞格24:蓄財格

音五行(음오행)

五行	木	火	土	金	水
音五行	ㄱㅋ	ㄴㄷㄹㅌ	ㅇㅎ	ㅅㅈㅊ	ㅁㅂㅍ
備考 行音 (五音)	牙音 (어금닛소리)	舌音 (혓소리)	喉音 (목구멍소리)	齒音 (잇소리)	脣音 (입술소리)
五音(樂)	角音	徵音	宮音	商音	羽音
結果 性能	有文, 貴賤	有權, 剛柔	有子, 貧富	有祿, 壽夭	有財, 智運
五味 五色	酸 靑(綠)	苦 赤	甘 黃	辛 白	鹹 黑
英語	CGKQ	DLNRT	AEHFIOUWXY	CXSZ	BFMPV

성명 한자에 내재한 靈的(영적)인 힘과 발음(소리)을 통한 靈(영)의 힘이 합치되어 하나의 呪文(주문)처럼 우리들 인간에게 영향력을 미치는 것이다.

※ 음령은 음성학적 측면을 주로하기 때문에 한글創製(창제)에서와 같이 "ㅇㅎ"은 水로 쓰되 土의 기운이 많이 들어 있음을 참작하여 사용하는 것이 합리적이라는 주장이 상당한 설득력을 가지고 있으나,
　실제로 그렇게 쓰는 사람은 많지 않은 것 같다.(日本에서는 水로 쓰고 있다하는 데 우리는 土가 정설인 것 같다)

洛書(낙서)의 後天文王八卦(후천문왕팔괘)와 같이 順數를 生하는 이치로 보면,
喉音(목구멍소리)水→牙音(어금닛소리)木→舌音(혓소리)火→脣音(입술소리)土를
　　　坎(北)　　→　　　震(東)　　　→　　離(南)　　　→ (中央)
通하여 上生下, 下生上은 吉하고 下剋上 上剋下는 불길하다.
　즉 上生下(下生上)은 순위의 상생으로 姓(성) 根(근), 이름 花實(화실)로 수리와 오행이 순생되어야 길명이다.

木得水伸, 火得木盛, 土得火堅, 金得土强, 水得金旺

上剋下(下剋上)은 순위의 상극으로 위에서 아래로 극하거나 아래에서 위로 극하는 것이니 제일 나쁘다.

木逢金 失氣, 火逢水 失勢, 土逢木 失令, 金逢火 失權, 水逢土 失力

다시 말하면 相生은 牙生舌 舌生喉 喉生齒 齒生脣 脣生牙이며
　　　　　相剋은 牙剋喉 喉剋脣 脣剋舌 舌剋齒 齒剋牙이다.

▌五行의 吉凶

● 相生配合(大吉)

金	金水木	金土火	金金水	金水水
	金土土	金金土	金土(金土金)	金水(金水金)
木	木火土	木水金	木木火	木火火
	木水水	木木水	木火(木火木)	木水(木水木)
水	水木火	水金土	水水木	水木木
	水金金	水水金	水金(水金水)	水木(水木水)
火	火土金	火木水	火火土	火土土
	火木木	火火木	火土(火土火)	火木(火木火)
土	土金水	土火木	土土金	土金金
	土火火	土土火	土金(土金土)	土火(土火土)

● 小吉配合(2生1剋)

木	木土火	木火水	木金水	木水火
火	火金土	火土金	火水木	火木土
土	土水金	土金火	土木火	土火金
金	金木水	金水土	金火土	金土水
水	水火木	水木金	水土金	水金木

● 小凶配合(1生2剋)

木	木火金	木土金	木金土	木水土
火	火土水	火金水	火木金	火木金
土	土金木	土水木	土木水	土火水
金	金水火	金木火	金火木	金土木
水	水木土	水火土	水土火	水金火

● 比和(土水小吉 木火水凶)

木木木	木과 木이 만나면 비화가 된다.	凶한 배합
火火火	火와 火가 만나면 비화가 된다.	凶한 배합
土土土	土와 土가 만나면 비화가 된다.	小吉한 배합
金金金	金과 金이 만나면 비화가 된다.	凶한 배합
水水水	水와 水가 만나면 비화가 된다.	小吉한 배합

※내용적으로 위험한 뜻이 있으므로 신중히 활용할 필요가 있다.

● 相剋配合(凶)

金	金木土	金火水	金金木	金木木
	金火火	金金火	金木(金木金)	金火(金火金)
木	木土水	木金火	木木土	木土土
	木金金	木木金	木土(木土木)	木金(木金木)
水	水火金	水土木	水水火	水火火
	水土土	水水土	水火(水火水)	水土(水土水)
火	火金木	火水土	火火金	火金金
	火水水	火火水	火金(火金火)	火水(火水火)
土	土水火	土木金	土土水	土水水
	土木木	土土木	土水(土水土)	土木(土木土)

▍音響五行(음향오행)의 生剋作用力(생극작용력)

木 木對木 동화되어 그 힘 점점 伸長
　　木對火 다소 힘이 소모되나 상당한 위력
　　木對土 반발해서 되레 그 힘을 증대
　　木對金 억압당하여 그 힘이 발휘되지 못함
　　木對水 특성이 증대되어 위력 더욱 왕성
火 火對木 특성이 더욱 증대하여 그 힘이 強해짐
　　火對火 동화되어 그 힘이 점점 증대
　　火對土 조화되어 그 힘 발휘하니 약간 감소됨
　　火對金 일시는 크게 반발하나 그 후 소모됨
　　火對水 특성이 제압당하니 無力해짐
土 土對木 그 특성이 억압당하여 힘이 발휘되지 못함
　　土對火 그 특성이 강화되어 대단히 증진 신장
　　土對土 비화되어 순조롭게 그 힘을 발휘함
　　土對金 다소 감소 소모되나 상당한 힘 有
　　土對水 상호 발휘해서 되레 그 힘이 소모 무력화함
金 金對木 일시적으로 그 힘이 강화되나 後에는 감소됨
　　金對火 그 특성이 제압되어 무력화됨
　　金對土 그 특성이 증대되어 위력을 충분히 발휘
　　金對金 同質(동질)로 반발하여 그 힘이 수축됨
　　金對水 약간 그 힘이 소모되나 순조롭다
水 水對木 그 특성이 다소 감소되나 순조롭게 발휘됨
　　水對火 대단히 강한 반발력이 生해 그 힘 소모함
　　水對土 그 특성이 제압당하여 무력화됨
　　水對金 특성이 더욱 증대되어 그 힘 강대해짐
　　水對水 동화되어 그 힘이 신장되나 변화함

※ 心身(뇌신경)에 파급 영향으로 심신의 조화 부조화는 자기 총체인격을 대표하는 성명에 具有(구유)된 그 음향파조의 성질과 수리영동력이 표리가 되어 작용하되, 인간운명의 진로에 대한 조화 부조화로 발현되어 명운에 크게 영향을 미치게 되는 것이다.

한글 字母音(자모음)의 發音五行表(발음오행표)

모음＼자음		木		火				水			金			土	
		ㄱ	ㅋ	ㄴ	ㄹ	ㄷ	ㅌ	ㅁ	ㅂ	ㅍ	ㅅ	ㅈ	ㅊ	ㅇ	ㅎ
木	ㅏ	가 木木	카 木木	나 火木	라 火木	다 火木	타 火木	마 土木	바 土木	파 土木	사 金木	자 金木	차 金木	아 水木	하 水木
	ㅑ	갸 木木	캬 木木	냐 火木	랴 火木	댜 火木	탸 火木	먀 土木	뱌 土木	퍄 土木	샤 金木	쟈 金木	챠 金木	야 水木	햐 水木
火	ㅓ	거 木火	커 木火	너 火火	러 火火	더 火火	터 火火	머 土火	버 土火	퍼 土火	서 金火	저 金火	처 金火	어 水火	허 水火
	ㅕ	겨 木火	켜 木火	녀 火火	려 火火	뎌 火火	텨 火火	며 土火	벼 土火	펴 土火	셔 金火	져 金火	쳐 金火	여 水火	혀 水火
土	ㅗ	고 木土	코 木土	노 火土	로 火土	도 火土	토 火土	모 土土	보 土土	포 土土	소 金土	조 金土	초 金土	오 水土	호 水土
	ㅛ	교 木土	쿄 木土	뇨 火土	료 火土	됴 火土	툐 火土	묘 土土	뵤 土土	표 土土	쇼 金土	죠 金土	쵸 金土	요 水土	효 水土
金	ㅜ	구 木金	쿠 木金	누 火金	루 火金	두 火金	투 火金	무 土金	부 土金	푸 土金	수 金金	주 金金	추 金金	우 水金	후 水金
	ㅠ	규 木金	큐 木金	뉴 火金	류 火金	듀 火金	튜 火金	뮤 土金	뷰 土金	퓨 土金	슈 金金	쥬 金金	츄 金金	유 水金	휴 水金
水	ㅡ	그 木水	크 木水	느 火水	르 火水	드 火水	트 火水	므 土水	브 土水	프 土水	스 金水	즈 金水	츠 金水	으 水水	흐 水水
	ㅣ	기 木水	키 木水	니 火水	리 火水	디 火水	티 火水	미 土水	비 土水	피 土水	시 金水	지 金水	치 金水	이 水水	히 水水

※ 한글의 제자원리로는 "ㅇㅎ"의 오행은 水이며 "ㅁㅂㅍ"의 오행은 土이다.

音靈五行吉凶表 (음령오행길흉표)

木木木	○	立身出世格	火木木	○	富貴安泰格	土木木	×	虛名無實格
木木火	○	立身出世格	火木火	○	龍逢得珠格	土木火	△	雲中之月格
木木土	△	苦難辛苦格	火木土	△	先苦後吉格	土木土	×	古木落葉格
木木金	×	苦難辛苦格	火木金	○	先苦後破格	土木金	×	小事難成格
木木水	○	成功發展格	火木水	○	自手成家格	土木水	×	有頭無尾格
木火木	○	春山花開格	火火木	○	日進月將格	土火木	○	日光春城格
木火火	○	古木逢春格	火火火	×	開花逢雨格	土火火	○	春日芳暢格
木火土	○	大志大業格	火火土	○	美麗江山格	土火土	○	立身出世格
木火金	×	平地風波格	火火金	×	有頭無尾格	土火金	×	苦難自成格
木火水	×	先富後貧格	火火水	×	平地風波격	土火水	×	進退兩難格
木土木	×	四顧無親格	火土木	×	先吉後苦格	土土木	×	先苦後敗格
木土火	×	骨肉相爭格	火土火	○	日興中天格	土土火	○	錦上添花格
木土土	×	速成速敗格	火土土	○	萬化芳暢格	土土土	△	一慶一苦格
木土金	×	敗家亡身格	火土金	○	花柳長春格	土土金	○	古園回春格
木土水	×	古木落葉格	火土水	×	大海片舟格	土土水	×	四顧無親格
木金木	×	骨肉相爭格	火金木	×	開花風亂格	土金木	×	鳳鶴傷翼格
木金火	×	獨生歎息格	火金火	×	無主空山格	土金火	×	骨肉相爭格
木金土	△	初失後得格	火金土	△	先苦後吉格	土金土	○	日光春風格
木金金	×	不知爭論格	火金金	×	四顧無親格	土金金	○	幽谷回春格
木金水	×	萬事不成格	火金水	×	開花無實格	土金水	○	錦上有紋格
木水木	○	富貴雙全格	火水木	×	意外災難格	土水木	×	勞而無功格
木水火	×	速成速敗格	火水火	×	秋風落葉格	土水火	×	風波折木格
木水土	×	早起成敗格	火水土	×	錦衣夜行格	土水土	×	敗家亡身格
木水金	○	魚變成龍格	火水金	×	雪上加霜格	土水金	×	先貧後苦格
木水水	○	大富大貴格	火水水	×	病難辛苦格	土水水	×	一場春夢格

※ 大凶 × 大吉 ○ 半吉 ▽

金木木	×	秋風落葉格	水木木	○	萬花芳暢格	
金木火	×	寒山空家格	水木火	○	立身揚名格	
金木土	×	心身過勞格	水木土	△	茫茫大海格	
金木金	×	流轉失敗格	水木金	×	一吉一凶格	
金木水	×	苦痛難免格	水木水	○	清風明月格	
金火木	×	欲求不滿格	水火木	×	病難辛苦格	
金火火	×	萬苦呻吟格	水火火	×	一葉片舟格	
金火土	○	立身揚名格	水火土	×	先貧後困格	
金火金	×	早起成敗格	水火金	×	心身波難格	
金火水	×	無主空山格	水火水	×	先無功德格	
金土木	×	平地風波格	水土木	×	風前燈火格	
金土火	○	古木逢春格	水土火	×	落馬失足格	
金土土	○	立身出世格	水土土	×	江上風波格	
金土金	○	意外得財格	水土金	△	先苦後安格	
金土水	×	災變災難格	水土水	×	病難辛苦格	
金金木	×	平生病苦格	水金木	×	暗夜行人格	
金金火	×	敗家亡身格	水金火	×	開花狂風格	
金金土	○	大志大業格	水金土	○	發展成功格	
金金金	×	孤獨災難格	水金金	○	順風順成格	
金金水	○	發展向上格	水金水	○	魚變成龍格	
金水木	○	發展成功格	水水木	○	萬景暢花格	
金水火	×	先無功德格	水水火	×	孤獨短命格	
金水土	×	不意災難格	水水土	×	百謀不成格	
金水金	○	富貴功名格	水水金	○	春日芳暢格	
金水水	○	發展便安格	水水水	×	平地風波格	

※ 大凶 ×　　大吉 ○　　半吉 ▽

▌語感(어감) 등

　　물건도 명칭에 따라 그 用途(용도)가 다른 법인데 요강이라고 하면 小便(소변)보고, 食器(식기)라고 하면 밥을 담듯이 이름의 여부가 그 사람이 귀하게 또는 천하게 되느냐가 달려 있는 것이다. 이는 작명의 역점방향으로 의미가 상통되어야 하며 이러한 자의도 흉하지 않아야 한다고 강조하고 있다. 어감 역시 이런 측면에서 자의와 함께 검토되어야 한다.

　　數理五行, 音靈五行, 元格, 亨格, 利格 貞格 등이 아무리 골고루 잘 갖추어져 있다 해도 혐오스런 느낌을 주는 이름은 피하는 것이 좋다.

　　예를 들면「姜敬花 강경화」란 이름은 간경화란 느낌이 들어 흉하고,「高生滿 고생만)」은 고생만 죽도록 한다는 느낌이 들어 좋지 않고「張基洙 장기수」는 장기 복역하는 죄인이란 느낌이 들어 흉하고,「曹鎭培 조진배」는 망가진 배라는 느낌이 들어 흉하고「玄相範 현상범」은 현상수배범이라는 느낌이 들어 흉하다. 이외에도 뜻이 불길하거나 어감이 혐오스런 이름은 길흉에 관계없이 피해야 될 줄 안다.

　　예를 더 들면 羅竹子 孫秉信 任信中 金致國 高生文 高滿斗 朱吉洙 李老馬 李任信 姜道範 金炳均 金世均 洪當武 具斗昌 孫健達 魯東泰 陸首官 등이 있다.

　　일반적인 言感(언감.四聲과 五音)을 간략히 논한다면 다음과 같다.

- **四聲**

　第1聲 陽平(平聲) : 春氣 － 音이 平調(평조)하고 低音(저음)이다.(→)
　第2聲 上聲　　　 : 夏氣 － 音이 猛烈(맹렬)하고 高音(고음)이다.(↗)
　第3聲 去聲　　　 : 秋氣 － 音이 分明(분명)하고 哀遠(애원)하다.(⌣)
　第4聲 陰平(入聲) : 冬氣 － 音이 短(단)하며 急收(급수)한다.(↘)

- **五音**

　木(角) － 高鳴(고명)하고 끝이 燥急(조급)하다
　火(徵) － 焦烈(초열)하여 餘音(여음)이 없다

土(宮) — 深厚(심후)하고 끝에 가서 雄壯(웅장)하다

金(商) — 和潤(화윤)하고 끝에 音響(음향)이 남는다

水(羽) — 圓急(원급)하고 끝이 流暢(유창)하다

그 성질을 논한다면 아래와 같다.

木(牙韻) — 堅實 思考 現想 自尊

火(舌韻) — 快闊 敏腕 活氣 旺盛

土(喉韻) — 溫厚 篤實 自重努力 剛柔兼備, 統帥的 氣質(모든 音聲의 母體)

金(齒韻) — 果斷 勇敢 忍耐 實力

水(脣韻) — 智謀 秀拔 臨機應變 淡白冷靜

▌音節美(음절미)등에 대한 유의사항

- 동일한 자음이나 모음의 중복을 피한다.

  姜健根(강건근) 柳類圭(유류규)

- 동일한 받침의 중복을 피한다.

  張香英(장향영) 羅歌喇(나가라)

- 文字(한문 한글)의 획수가 너무 많거나 너무 적은 경우는 字形도 복잡하게 보인다.
  (생소한 한자 포함)

  黃慧勳(황혜훈 12 15 16-43) 權鳳鶴(권봉학 22 14 21-57)

  李上美(이상미 7 3 9-19) 尹民子(윤민자 4 5 3-12)

- 동류인 초성은 피하는 것이 좋다.

  ㅅㅈㅊ(宋鍾哲 송종철) ㄴㄷㄹ(羅大烈 나대렬) ㅁㅂㅍ(馬富豊 마부풍)

- 외국식 이름이나, 姓字나 名上字와 동음자 사용도 피해야 한다.

  海龍(해룡) 學哲(학철), 趙美美(조미미) 沈深杰(심심걸)

- 종성(받침)이 모두 있으면 부르기 어렵고 단절감을 주어 피하는 것이 좋다. 그러니까 받침이 없거나 "ㄴㅇㄹ"등 여음이 남는 문자(有聲音)을 선택하는 방법도 있다. 姓氏에 받침(從音)이 없으면 적어도 이름 중 1字는 종성이 붙은 것이 좋고 성씨에 종성이 있으면 이름 2字 모두 종성이 붙은 것은 피한다.(2字中 1字는 종

성이 없는 것이 좋다)

옥(ㄱ) 남(ㅁ) 갑(ㅂ)   이미자-이민자 남경열-남경수

※ 발음상 先低後高(선저후고)가 先高後低(선고후저)보다 낮고 先濁後淸(선탁후청)이
先淸後濁(선청후탁)보다 좋다. 즉 소리가 먼저 높은 것보다 나중이 높은 것이 좋
고, 먼저 맑은 것보다 나중이 맑은 것이 좋다고 한다.

소리가 순평하게 들리되 끝에 韻(리듬)이 있는 듯이 들려야 한다는 것이다.

▌漢字姓氏(한자성씨)의 音

성씨중 실제로 발음할 때는 "ㄴ, ㅇ"인 경우 성명자에서는 "ㄹ"로 사용하는 것이
있어 유의하거나 감안하지 않으면 안 될 문자가 있다.(원음의 표출)

漢字	羅梁良呂廉盧魯柳劉陸李林	楊浪雷 庾兪汝
發音	나 양 양 여 염 노 노 유 유 육 이 임	량 랑 뢰 유 유 여
使用	라 량 량 려 렴 로 로 류 류 륙 리 림	량 랑 뢰 유 유 여

위의 경우 한자옥편의 문자에 대한 새김(音)에는 작명에서 사용하는 대로 표기(林
-수풀림 등)되어 있다.(자음색인에도 같다)

우리말에서는 단어의 첫소리에 "ㄹ"이 오는 것을 꺼리는 현상(頭音法則)이라는 것
이 있는데 북한 축구선수들의 멤버를 보면 "리"姓은 李氏인데 우리와 다르게 부르고
쓰고 있다. 한자는 중국어 발음을 우리말로 바꾼 것이니 성명학에서는 원의를 따라
쓰는 것이 맞다고 본다.

※ 頭音法則(두음법칙)

우리 국어에 있어 어두에 오는 자음이 특수한 제한을 받기 때문에 일어나는 변화
인데 ① "ㄹ"이 첫소리가 되는 것을 피하며 ② ㅑ ㅕ ㅖ ㅛ ㅠ ㅣ 등의 모음 앞에서
"ㄴ"이 첫소리가 되는 것을 피하고 ③ 둘 이상의 重子音(중자음)을 피하고 ④
"ㅇ"은 초성에서 음가가 없고 ⑤ 濁音(탁으)을 피하는 법칙이다.

<例> 예의 禮儀 ⇔ 혼례 婚禮　낙원 樂園 ⇔ 쾌락 快樂
　　비율 比率 ⇔ 확률 確率

어떤 사람은 두 가지 音을 감안하거나 음양오행학적인 측면에서 유익한 편으로 사용하는 경우도 보았으나, 정당성까지 비약하여 논쟁거리로 삼는다면 한량없지만 그럴 필요가 꼭 있는 것은 아닌 것 같다.

또 어떤 사람은 음오행의 비중을 낮게 보기도 하는데 이를 多樣性(다양성)으로 이해하면 된다.

또 성씨는 원래 한자인데 한글이름의 경우 김구슬과 金구슬은 표기만 다를 뿐 동일한데, 수리 하나만 보아도 음양부터 다르니 근본적으로 그 사람의 명운이 달라진다는 심각성이 존재함을 인정해야 한다.

文字(글자)의 원리적인 올바른 이해의 바탕 위에서 그 활용에 신중을 기하여야 한다. 그야말로 획수 하나하나가 길흉이 크게 다를 수 있기 때문이다.

우스갯소리로 비근한 예를 하나 들어본다.
李氏의 경우 영문으로 표기하는데 있어 지금은 "i"로 하고 있다. 예전에는 Lee, Ree로 썼으나, 외국어 표기법이 바뀌어 그런 것이니 기분이 나쁘다고 시비해도 아무 소용이 없으며 公的(공적)으로 안 된다니 할말이 더 있을 수 없다. Lee라고 쓰여진 여권을 갱신하면 i로 쓰여진 것을 받아서 내 것으로 지니고 그냥 사는 것이다. 대한민국이 국적인 사람은 모두 같은 것인데, 다만 본인이 달리 쓰는 것은 별개의 문제이다.

필자는 光州에 사는데 전에는 Kwang joo였는데 현재는 Gwang ju인 것이다.
또 이런 말끝에 나오는 이야기가 하나 있다.
全州李氏 "리" 文化柳氏 "류"　劉氏는 "유" 等인데 문중이나 종원에 따라 그렇게 쓰는 것은 자유이다. 그리고 국회에 전통성을 들어 청원을 내는 것도 그들 나름의 자유에 속하기는 하나, 공식적인 문서에는 법이 정한대로 할 수밖에 없는 것이라고 본다.

▌主從發音五行(주종발음오행)

성명자의 발음오행은 각 문자의 처음 닿소리(子音)의 음오행에 의한다.

그러나 우리 한글文字에는 글자에 따라 받침 닿소리가 있는데 이를 主音에 대한 종음으로 주종 모두의 발음오행을 연결해서 길흉을 보는 것이다.

(초성이 종성이 되고 종성이 다시 초성으로 되는 까닭은 하늘의 기운이 지구를 주류하면서 무궁한 사시운행을 있게 하여 우주가 영존하는 것과 같다고 한다.)

주음오행(單式法, 단식법이라 부르기도 한다)만 보는 것은 일본사람의 이름에는 받침이 거의 없는데 따른 일본식 작명법인 것이며, 이름을 부를 때 나오는 모든 소리를 판단의 대상으로 삼아야 한다는 주장이 있는 것이다. (특히 R씨의 파동 성명학)

<例>

相生	水	박	水木	相剋		
	金	정	金土			
相生	土	희	土0	相比		

相比	金	송	金土	相生		
	金	충	金土			
相比	金	석	金木	相生		

주종오행연결 길격

```
主  木  木  水  水  水
從  水  水  木  木  木
主  金  木  火  水  金
從  土  水  土  土  土
主  火  金  金  金  火
從  土  土  土  土  木
```

주종오행연결 흉격

```
主  木  土  金  火  水
從  水  土  土  水  木
主  土  木  木  火  土
從  土  土  土  土  土
主  木  木  土  水  木
從  木  木  木  土  土
```

※ 음령오행이 흉격이어도 천간오행(數理五行)이 상생격이면 무방하게 볼 수 있다 하였으며, 주음오행이 상극되어도 주종음오행의 연결이 상생이면 그 凶 정도가 70%는 해소된다(中吉) 하였다.(주음이 상극되어도 從音이 상생작용을 해준다면 무방하게 보기도 한다)

음오행 역시 수리와 마찬가지로 연결과 조합에 의의가 있는 것이므로 받침을 도외시한 단식법은 합당하지 않다는 것이다. 주음이 상생하거나 從音(종음)이 상호연결 상생되면 吉하나 주종 전부가 상극하면 불길하다. 또 가급적이면 姓字와 名上字의 음향이 火와 水, 火와 金, 水와 土는 피한다고 하였다.

그 외 다른 견해를 보면, 음오행의 배합에서 성자 음오행(천격부 구성 두음오행)과 名上字 음오행(인격부 구성 두음오행)의 상생 관계에 중점을 두고, 그 외는 상식적으로 판단하여 명랑하고 一方偏倚性(일방편기성)이 없도록 결정하면 된다는 주장에는, 3字 姓名의 경우 上에서 下로 혹은 下에서 上으로 순서대로 상생배합조차 불호라 한다고 하였다.

또 子音을 12支와 10干으로 구분하고 각각 大運數(대운수)까지 대입시켜 활용하기도 한다지만 연구에 감복할 따름이다.
(例   7寅甲3,   0 丑 未戌 5,   ㅂ ㅃ ㅍ 亥 癸 6 등)

▌作名要領(작명요령)

金氏 경우 木水에 이어 金이나 木이 온다. 끝자는 土를 生하는 火를 구한다.(순생)

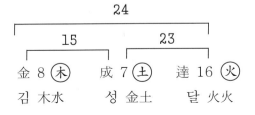

- 人格(인격) 15 安定(정수)과 厚德(후덕)   元格(원격) 23 功名(공명)과 榮達(영달)
  外格(외격) 24 자수성가   總格(총격) 31 智仁人勇(지인인용) 겸비 最길수
- 음양 ● ○ ● (8 7 16)
- 수리오행 – 木土火로 木土가 상극되나 크게 문제 삼지 않는다.

※ 음령오행의 조정 : 姓字와 名上字 名下字와의 주종간 상호 상생 견제하여, 오행역상에 나타나는 내역과 사주와 연결 조화시킨다.

┃음령오행과 疾病(질병)

(가정의 육친 관계에도 영향 – 활용)

　모든 생명 현상은 일정한 리듬을 가지고 있는데 이 생명의 리듬이 순조로우면 건강하고 자연스럽고, 리듬이 흐트러지고 깨지면 건강을 잃고 추악하게 되는 것이다. 이 音의 리듬이 성명의 주인에게 끼치는 영향은 크다.

　동양 古來(고래)의 음양오행설과 현대과학적 통계학이 종합되어 음령오행에 의한 성명의 질병론이 나온 것이다.

┃姓名五行 相剋 發生 病症(상극발생병증)

* 金剋木<木金木 金木金 木金金> 肝臟關係 – 神經器官病
  神經衰弱 頭痛 不眠症 肝臟症 膽症 疝症 黃疸 腦炎 近視眼 梅毒 膽石
  症 外傷痲痺 過勞

* 水剋火<水火水 水火火 火水火> 心臟關係 – 循環器官病
  心臟病 關節炎 神經痛 眼病 中風 脚氣 心炎 腦溢血 敗血症 기침 驚風
  風冷症 急症 凶疾

* 木剋土<木土木 土木土 土木木> 脾臟關係 – 消化器官病(단 人格木→地格土者는 무방)
  胃腸病 胃擴張 胃癌 胃酸過多 胃潰瘍 腦溢血 齒痛 瘡毒 食傷 피부병
  中毒

* 火剋金<火金火 金火金 火金金 火火金> 肺臟關係 – 呼吸器官病
  肺病 肺炎 大腸炎(以上 症은 19 20 30 수리 介在) 喘息 結核 氣管支炎
  近視眼 痔疾 손발상해 골절 蓄膿症 肋膜炎 疝症

* 土剋水<土水土 土土水 水土土> 腎臟關係 – 生殖器官病(특히 女性은 最凶의 配置)
  婦人病 近視眼 腦溢血 腎臟炎 膀胱炎 遺精 淋疾 耳病 腹病 精力弱

※ 金比金 – 外傷 打撲 吐血 流血(단 三才配置中 有土者는 無妨)

　水生木 – 排泄器官病 嘔吐 泄瀉 痢疾 등

火	金	姓
金	金	名
火	火	字

] 19
] 20

水	水	姓
金	水	名
火	金	字

] 19
] 20
30

→ 사지다리의
　불구자가 많다.

火	金	姓
金	金	名
火	火	字

] 19
] 20

→ 심장병 냉증

공	중	인
孔	仲	仁
木	金	土

土의 生을 받은 강한 金이 木을
直剋(직극)하여 간암으로 사망했다.
(木 – 肝)

이	현	구
李	鉉	九
火	土	木

土가 木에게 극을 당하여 위암으로
사망했다.(土 – 胃)

	11	28	24
1	10	18	6
	秦	鎬	吉
	金	土	木

木이 金에게 극을 당하여 발광했다.
(木 – 뇌 정신 신경)

▌主從發音五行(주종발음오행)의 질병

- 주종오행내에 직접간접으로 상극하면 극을 받는 오행에 속하는 인체의 질병에 걸리기 쉽다.(수리가 불리하면 그 작용력이 심하다)
- 주오행이 下에서 上으로 상생하거나 또는 上에서 下로 내리 상생하면 一平生을 통하여 중병에 걸리지 않고 장수할 수 있다. (단 수리운로가 극흉이 아니고 선천명과 조화해야 함) 주오행이 연결상생하여도 可하다.

水	姓
金	名
土	字

主五行이 下에서 上으로 상생(大吉格)
土生金 金生水

土	姓
金	名
水	字

主五行이 上에서 下로 상생(大吉格)
土生金 金生水

木水金土土火	姓名字

主五行이 연결상생한 것
下에서 上으로 火生土 土生金 金生水 水生木

▌姓名과 面貌(면모)

地格吉 暗示人 - 耳廓部가 豊美
人格이 良好數人 - 天庭部가 秀麗廣闊
外格이 良好數人 - 目部가 光彩有威하며 眉淸眼秀
總格이 良好數人 - 鼻降高肥하며 水星有氣하고 地閣이 豊滿

▶ 질병의 輕重(경중) 아는 법

姜氏(木+土)木이 강한 봄에 태어나서 ㄱ(木)이 들어가는 이름인 "경"(木+土)을 넣어 이름지어 여태까지 불리워졌다면, 木剋土로 土의 질병이 있을 것인데 生日이 戊, 己日에 해당된다면 더 가중되어 土의 질병인 위장병 소화불량 식욕부진 피부가 거칠거나 심하면 위암까지 진행될 수 있다.

五行(오행)과 疾病(질병)

五行	陰	陽	多	小
木	肝	膽	간염 담낭염 간경화	정신질환 간질 야맹증
火	心	三焦	협심증 고·저혈압	몽정 경기 야뇨증
土	脾	胃	위하수 위암 피부병	위경련 위염 변비
金	肺	大腸	천식 관절염 비후염	폐결핵 갑상선 이질
水	腎	膀胱	자궁병 신장염 방광염	성병 요통 자궁내막염

<例>

```
朴 박  6 水
俊 준 10 金
奭 석 15 金
```

끝소리인 받침글자 무시
(보통 音五行 적용시)

```
  ㅂ 水
朴 박 ㄱ 木    水生木○
                    金剋木×
  ㅈ 金
俊 준 ㄴ 火    火剋金×
                    火剋金×
  ㅅ 金
奭 석 ㄱ 木    金剋木×
```

첫소리뿐만 아니라 끝소리 음오행 또한 적용하여 作名에 신중
※ 姓만 빼고 모두 상극되니 大凶

4. 三元五行(天干五行)

三才五行 數理五行 十干五行 陰陽五行 四格五行

성명자의 획수에 따라 오행으로 분류하여 그 오행의 배합이 상생 상극인지에 따라 길흉을 판단하는 것이다.

數理五行(수리오행)		音靈五行(음령오행)	
1	木	ㄱ ㅋ	木
2			
3	火	ㄴ ㄷ	火
4		ㄹ ㅌ	
5	土	ㅇ ㅎ	土
6			
7	金	ㅅ ㅈ ㅊ	金
8			
9	水	ㅁ ㅂ ㅍ	水
10			
先天的(선천적) 상생원칙		後天的(후천적) 상생원칙	

▌天干五行 原理(천간오행 원리)

甲乙　丙丁　戊己　庚辛　壬癸
　木　　火　　土　　金　　水
1 2　3 4　5 6　7 8　9 10

※ 천간오행은 상생이 이상적이다. 천간오행의 상생이 어려우면 음령오행을 상생격으로 배치한다. 그리고 元亨利貞(원형이정) 四格(사격)의 수리는 모두 吉格(길격)으로 구성한다.

三元五行 吉凶 早見表(삼원오행 길흉조견표)

木木木 ○	火木木 ○	土木木 △	金木木 C	水木木 ○
木木火 △	火木火 ○	土木火 △	金木火 ×	水木火 C
木木土 △	火木土 ○	土木土 C	金木土 △	水木土 ○
木木金 △	火木金 △	土木金 C	金木金 ×	水木金 △
木木水 C	火木水 △	土木水 △	金木水 △	水木水 ○
木火木 ○	火火木 △	土火木 ○	金火木 △	水火木 △
木火火 △	火火火 △	土火火 C	金火火 △	水火火 △
木火土 △	火火土 ×	土火土 ○	金火土 △	水火土 △
木火金 △	火火金 ○	土火金 ∧	金火金 ×	水火金 ×
木火水 △	火火水 △	土火水 ∧	金火水 △	水火水 ×
木土木 △	火土木 △	土土木 C	金土木 △	水土木 ×
木土火 △	火土火 ○	土土火 ○	金土火 △	水土火 ∧
木土土 △	火土土 ○	土土土 ○	金土土 ○	水土土 ○
木土金 △	火土金 △	土土金 ○	金土金 ○	水土金 △
木土水 ×	火土水 △	土土水 ○	金土水 △	水土水 ×
木金木 ×	火金木 ×	土金木 C	金金木 ∧	水金木 △
木金火 ×	火金火 ×	土金火 ∧	金金火 C	水金火 ∧
木金土 △	火金土 △	土金土 ○	金金土 △	水金土 ○
木金金 △	火金金 △	土金金 C	金金金 ×	水金金 ○
木金水 △	火金水 △	土金水 △	金金水 △	水金水 △
木水木 △	火水木 ∧	土水木 C	金水木 △	水水木 △
木水火 ∧	火水火 △	土水火 ×	金水火 △	水水火 ×
木水土 ×	火水土 ×	土水土 C	金水土 △	水水土 △
木水金 △	火水金 C	土水金 △	金水金 C	水水金 △
木水水 △	火水水 △	土水水 C	金水水 ○	水水水 △

註 : 大凶 × 大吉 ○ 平吉 ▽ 小吉 C 小凶 ∧ 表示임

※ 삼원오행이 3개의 오행이긴 하나 그 내면에 음양의 대조관계에 따라서 厚簿强弱(후부강약)의 차이가 있으므로 九-九 九-十 九=九 九=十 九+九 十-十 十=九 十=十외 8종으로 세분할 수 있으나 이것을 독특한 요약법에 의해 125종으로 단축한 것이라 한다.

▌四格(元亨利貞)오행의 구성

1字姓1字名	1字姓 2字名	1字姓 3字名

金 8 —8(天,利)
     13(人,亨)
玉 5 —5(地,元)
 	
總13
貞格
	姜 9 ┐
	    ├16(人,亨)
	囧 7 ┘
	天(利)25
	   ┐
	   ├23(地,元)
	導 16 ┘
	總32
	貞格
		李 7 ┐
		    ├18(人,亨)
		梧 11
		天(利)18
		竹 6 ┐
		    ├28(地,元)
		堂 11 ┘
		總35
		貞格

2字姓1字名	2字姓 2字名	2字姓 3字名

諸 16 ┐31(天,利)
葛 15 ┤
     39(人,亨)
明 8 —8地(元)
 	
總39
貞格
	乙 1 ┐
	   ├5
	支 4 ┘ ┐9(人,亨)
	天(利)20
	文 4 ┐
	   ├19(地,元)
	德 15 ┘
	總24
	貞格
		南 9 ┐19
		宮 10 ┤
		     27(人,亨)
		松 8 天(利)34
		雪 11 ┐34(地,元)
		    ├15
		德 15 ┘
		總36
		貞格

▎三才五行(三才式 三元五行 삼재식 삼원오행)

삼재는 천인지 격을 말하고 삼원은 一元은 지격 二元은 인격 三元은 천격(외격)을 말하니 같은 것인데, 天 人 地 外 總格(총격)으로 5분류(5格 구분)하는 것은 元 亨 利 貞 4格과 대별되는 개념이라 볼 수 있다.

삼재오행에서의 1字姓에는 太極數(태극수) 1을 假成(가성 合成합성)한다(이를 假成數<가성수>, 虛數<허수>라 한다)

이는 일본인 熊崎健翁(구마자끼 겐오)가 4字로 구성된 일본인의 성명풀이를 위해 고안한 방법이라 하는데, 우리가 3字 성명의 姓字 위에 가성수 1을 넣는 式으로 우리 실정에 맞게, 보완 변형되어 아직까지도 쓰고 있는 사람이 많은 편이다. (어떤 통계로 는 서울 작명가의 30중 3名으로 10%-, 四格 23名 가성없는 四格 2名 가성 넣고 외 격 없는 四格 2名)

1은 數의 시작이요 만물의 시초로 无極(무극)과 태극을 나타내며 천지창조의 조물 주를 뜻한다고 한다. 1을 천수라 하는데 조물주가 인간을 만들었으므로 姓名3字에 천 수인 태극수를 가산하는 것인데, 易의 원리에 입각한 天人地 三才를 맞추기 위한 방 편이며 元會運世(원회운세)를 맞춘 것이라 하였다.

또 인격은 姓字와 名上字에서 나오고 지격은 名字의 합수에서 나오는데, 천격은 어 디에서 나오는가 姓字에 선천수 1을 보태어 나온다 하였다.

여기에서 천격수는 三才 배치에만 적용하고 그 수리의 길흉은 운명에 직접 영향이 없으므로 보지 않는 것이며, 지격수에 假成1數가 포함된 경우에도 三才 배치에만 적 용하고 가성이 들어가지 않은 지격수로 운명을 감정한다고 하였다. 이는 五格(天 人 地 外 總格)의 판단사항이다.

이와 같은 삼재오행이 그 원류를 수정보완한 것인지 발전한 것인지 다른 여러 유형 으로 변형 사용되고 있는 실정이다.

<例>

1字姓 2字名	1字姓 1字名	2字姓 2字名

가성 1 ⎤ 8 천격   가성 1 ⎤   天格   선 鮮17 ⎤ 20 天格
이 李 7 ⎦ ① (金)   이 李 7 ⎦ 8 (金)   우 于 3 ⎦ (水)
창 昌 8 ⎤ 15 인격   ⎤ 人格   진 珍10 ⎤ 13 人格
     ⎦ ② (土)   준 峻10 ⎦ 17 (金)   ⎦ (火)
민 民 5 ⎦ 13 지격   ⎤ 地格   경 京 8 ⎦ 18 地格
     ③ (火)   假成 1 ⎦ 11 (木)   (金)

삼재오행 : 金土火   삼재오행 : 金金木   삼원오행 : 水火金
④ 외격(6) 土   외격(2) 木   외격(25) 土
⑤ 내격(人外格) 土土   내격(人外) 金木   내격(人外) 火土
⑥ 총격(20) 水   총격(17) 金   총격(38) 金

※ 내격(內外運)은 대내외적인 환경 즉 사회운 등을 보며 인격과 지격으로 基礎運(기초운 초년), 천격과 인격으로 성공운 등을 본다는데 이러한 방법을 채택한다면 내용을 파악해야 할 것이다.

三才配合(삼재배합)의 吉凶
四格 吉數 三才凶 → 或 一 時 성사라도 종내불운
四格 凶數 三才吉 → 多少 免厄(면액) 小成(소성)
四格 吉數 三才吉 → 大成(대성) 幸福

三才의 靈動力(영동력)에 대한 아래 내용을 소개한다.

天格   출생~15세
人格   15~30세(유도력 17~37세)
    (主運)   弱動 1~8세   中動 8~21세   强動 21~36세
地格   출생~18세
    (前運)   약동 1~20세   중동 18~21세   강동 21~36세
外格   姓字 + 名下字   31~45세(유도력 27~47세)
    (副運)   강동 21~36세   중동 36~47세   약동 1~27세
總格   姓字 + 名字   46~60세(유도력 37~말년)
    (後運)   중동 8~36세   강동 36~말년   약동 1~8세

▎三才五行 吉凶 早見表(조견표)

木木木 ○	火木木 ○	土木木 △	金木木 ×	水木木 ○
木木火 ○	火木火 ○	土木火 △	金木火 ×	水木火 △
木木土 ○	火木土 ○	土木土 △	金木土 ∧	水木土 ○
木木金 ×	火木金 ×	土木金 ×	金木金 ∧	水木金 ∧
木木水 ×	火木水 ∧	土木水 ×	金木水 ∧	水木水 ×
木火木 ○	火火木 ○	土火木 ○	金火木 ×	水火木 ∧
木火火 △	火火火 △	土火火 △	金火火 ×	水火火 ×
木火土 ○	火火土 ×	土火土 ○	金火土 ×	水火土 ○
木火金 ×	火火金 ×	土火金 ×	金火金 ×	水火金 ×
木火水 ×	火火水 ×	土火水 ∧	金火水 ×	水火水 ×
木土木 ×	火土木 ∧	土土木 ∧	金土木 ∧	水土木 ∧
木土火 △	火土火 ○	土土火 ○	金土火 △	水土火 ∧
木土土 ∧	火土土 ○	土土土 ○	金土土 ○	水土土 ×
木土金 ×	火土金 ∧	土土金 ○	金土金 ○	水土金 ∧
木土水 ∧	火土水 ×	土土水 ×	金土水 ∧	水土水 ∧
木金木 ∧	火金木 ×	土金木 ×	金金木 ∧	水金木 ×
木金火 ×	火金火 ×	土金火 ∧	金金火 ×	水金火 ∧
木金土 ∧	火金土 ×	土金土 ○	金金土 ○	水金土 ○
木金金 ×	火金金 ×	土金金 ○	金金金 ×	水金金 ×
木金水 ×	火金水 ×	土金水 ×	金金水 ∧	水金水 ×
木水木 △	火水木 ∧	土水木 ×	金水木 ×	水水木 ∧
木水火 ∧	火水火 ×	土水火 ×	金水火 ∧	水水火 ×
木水土 ×	火水土 ∧	土水土 ∧	金水土 ∧	水水土 ∧
木水金 △	火水金 ∧	土水金 ×	金水金 ○	水水金 ×
木水水 △	火水水 ×	土水水 ∧	金水水 ∧	水水水 ∧

※ 大凶 × 大吉 ○ 中吉 ▽ 小凶(변괴운) ∧

성명 三才 配置 發生病原(삼재배치 발생병원)

天 人 地	靈 導(영도)　　일반 病症(병증)
木 火 水	신경과민
木 土 木	장기위병·발광, 신경쇠약, 폐병, 난치병
木 土 水	급성위병·뇌일혈, 심장마비, 급변
火 土 水	급성위병·뇌일혈, 심장마비, 급변
火 金 火	발광, 신경쇠약, 호흡기병
火 金 水	부상, 조난, 타상, 유혈
火 金 木	외상, 토혈, 조난
火 水 火	뇌일혈·심장마비, 자살, 급변
土 火 水	뇌일혈·심장마비, 자살, 급변
土 土 水	뇌일혈·심장마비, 자살, 급변, 위장병
土 水 土	뇌일혈·심장마비, 변사, 급변
土 水 水	외상, 조난, 살상
金 木 金	신경쇠약, 발광, 폐병, 난치구병, 근골병, 뇌병
金 火 金	신경쇠약, 발광, 호흡기병, 난치증
金 火 水	외상, 조난 살상
金 土 水	외상, 조난, 타상, 유혈
金 金 水	외상, 조난 타상, 살상, 유혈
水 火 土	맹목(盲目), 급변
水 火 水	뇌일혈·심장마비, 자살, 사변(死變)
水 土 水	급성위장병, 안병, 순환기급증, 급변
水 水 火	외상, 조난, 타상, 유혈
水 水 土	뇌일혈, 급성소화기증, 심장병, 급변, 몰락

우리 인간체에도 오체오관 오장육부로 나누며 각각 오행이 배치되어 있다.

五行	五臟	病　根　源(병근원)
木	肝臟	手足(수족), 간장, 머리, 담, 수족, 신경계, 혈관, 눈, 황달, 신경쇠약, 간질, 두통, 뇌염, 중풍, 허리, 정신계
火	心臟	面部(면부), 인후증, 소장, 치아, 빈혈증, 간질염, 가슴아리, 뇌신경, 눈, 뇌일혈, 중풍
土	脾臟	腰腹部(요복부), 위장, 피부, 윗병, 근육통, 신장병, 자궁병, 건망증, 치질
金	肺臟	흉부(胸部) 폐, 대장, 기관지염, 호흡기계병, 축농증, 뇌신경, 정신계병
水	腎臟	局部(국부), 신장염, 방광, 허리, 귀, 자궁병, 요도염, 각기병, 복부질환, 뇌일혈, 뇌병

▌身體上 部位(신체상 부위)

天干	甲	乙	丙	丁	戊	己	庚	辛	壬	癸
部位	肝臟 頭	膽 項	小腸 肩	心臟 心	胃臟 脇	脾臟 腸	大腸 臍	肺 股	膀胱 脛	腎臟 足

地支	子	丑	寅	卯	辰	巳	午	未	申	酉	戌	亥
部位	疝氣	肚腸	臂肢	目手	背腦	齒	心腹	脾腦	咳病	肺肝	背肺	頭肝

※ 여자의 경우 火火 − 자궁병　　火金 − 가정불리의 예가 많다고 한다.

　그리고 말띠 여자가 美(미) 明(명) 寶(보) 福(복) 字를 名上字로 쓰면 과부가 된 경우가 많았다고 한다.

三元五行의 構成(구성)

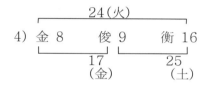

	김	준	형	
1)	金 8	俊 9	衡 16	金 水 土 ▽
	金①	水②	土③	

2) 金 8 ── 俊 9 ── 衡 16
　　　　└─ 17 ─┘└─ 25 ─┘
　　 金①　　 金②　　 土③　　　　金 金 土 ▽

※ 인격에 외격 또는 명격으로 성공운을, 인격만으로 성격과 운세를 보고 외격으로 배우자운을 본다.

　　　　　24 火①
3) 金 8 ── 俊 9 ── 衡 16
　　　　17 金②　 25 土③

火 金 土 ▽(四格式)

(丙戌生 － 土, 총격 33 － 火)

　　　　24(火)
4) 金 8 ── 俊 9 ── 衡 16
　　　　17　　　 25
　　　(金)　　　(土)

①土金(人・生)　○　　②火金(人・生)　×
③火土(外・生)
　∴① ○ ② × ③ ○ → ▽

※ 앞의 三才式과 모두 다섯 가지로 분류 가능하나 ①②③의 순서가 바뀌어도 三元(3가지)間의 五行이 상생된다면 吉한 배합으로 여기고 있다.

이러한 수리오행은 인정하지 않는 사람도 있으며 음령오행보다 중요하게 생각하지 않는 자도 있다. 그리고 삼원오행과 음령오행을 선택적으로 활용하기도 한다. 통계적으로 보면 아직은 三才式(삼재식) 삼원오행을 사용하는 역학자가 다소 많다고 한다.
　그것은 두 오행이 만족할 정도로 吉하게 작명되는 것이 어렵기 때문인 것 같다. 따라서 음령오행이 좋지 않으면 수리오행의 영향력이 반감되며, 수리오행이 나쁘더라도 음령오행이 좋은 경우에는 대체로 괜찮다는 것인가 보다.

5. 數理

수리는 글자(文字)의 획수에 따라 생기는 것이다.

모든 글자와 숫자에는 고유의 영력과 유도암시력이 살아 움직이고 있는 것인데, 숫자를 지니면 그 숫자가 발산하는 고유의 영향을 받게 된다는 것이다.

數는 우주 본질인 동시에 원소이기도 하다. 삼라만상은 다 음양(靈과 體) 원소의 결합에 의해 형성되는 것이며 그 음양 배합수 여하에 따라 형체 소질 능력이 다를 뿐인데, 그들 원소의 결합 交流(교류) 관련을 가짐으로서 의의가 있는 것이므로 성명의 수리 역시 各 姓名字(성명자) 획수의 합산으로 그 수리 영향력을 갈음할 수 있는 것이다.

글자가 정해져야 수리 또한 정해지므로 수리보다 자의가 우선되어야 한다는 주장이 심심치 않게 이어오고 있는 것 같다. 그러나 성명의 여러 要素(요소) 가운데 수리가 凶하면 먼저 제외시키는 것이 數理作名(수리작명)이며 대체로 지배적인 견해인 것은 숨길 수 없다.

수리조직은 기간운로를 유도할뿐만 아니라 신명과 환경에 영향을 크게 미치는 것인바 선천명(사주 先天器局)에 합당한 수리를 배치해야 함은 물론이다.

선천명이 약한 사람에게 길수라 하여 지나치게 왕성하거나 大吉한 구성으로 배합되었을 경우, 성명상의 극왕운이 개인의 운명상 버거운 짐(弱馬駝重格약마타중격)과 같은 작용을 함으로서 마침내 감당치 못하여 불길(凶)해진다는 것을 유념해야 한다.

즉 큰짐을 능히 질 수 있는 材木(재목)이 아님에도 그런 엄청난 외형적 혹을 얹어주면 그 무게에 압사당할 수 있는 이치와 같은 것이다.

예를 들면 일개 村夫(촌부)에 지나지 않은 命運(명운)의 사주인데, 이름은 諸葛孔明(제갈공명)에게나 어울릴 영웅격의 이름을 지어준다면 오히려 禍(화)가 되어 그 사람의 앞길을 험난하게 할 것이다.

거듭 말하거니와 선천적 능력의 大小 즉 주로 財運(재운)의 강약과 官運(관운)의 왕쇠를 참작하여 강대한 운명의 소유자 또는 기질이 약한 사람에 따라 각각 알맞은 수리와 자의의 작명을 해야 한다는 것이다.

예를 들면 33數(登龍格, 隆盛運)는 선천명에 龍氣(용기)가 왕성하여 길신일 경우에 한하여 배치 가능한 것이다.

대체로 형격(主運 人格)수리가 吉해야 하는데, 형격이 凶하고 정격이 吉하면 크게 명성을 떨치는 大人物일지라도 파란이 심하거나, 전반생이 凶하면 후반생이 吉하고 전반생이 吉하면 후반생이 부진한 것이다.

▌수리와 오행의 病藥(병약)

五行에 있어서 일반적으로 상생만을 길상으로 보는데, 화극금은 상극이지만 쇠로 鐘(종)이나 그릇을 만들려면 우선 쇠를 녹이지 않으면 안된다. 또 목극토 역시 상극이지만 나무는 흙속에 뿌리를 내리지 않으면 살 수가 없다.

나무를 기르는 것은 상생이지만 큰 나무를 잘라쓰는 것은 상극인 셈인데, 이와 같이 성명의 수리와 오행에서 病이라 할 수 있는 한두 가지 정도의 상극과 凶함은 오히려 대성케 할 수 있는 촉진제인 藥(약)이 될 수 있는 것이니, 상생만 고집해서는 안되는 측면이 있는 것이다. 그러므로 성명학상의 흉함을 극복할만한 의지력과 능력만 있다면 두려워할 필요가 조금도 없다 하겠다.

안정과 吉祥(길상) 原德(원덕)을 상징하는 6 13 16 35 등의 수리는 평생 무난하게 고생은 하지 않을지 모르나, 업적을 남기거나 큰일을 성취하지 못하므로 無事安逸(무사안일)하여 진취기상도 없는 것이다. 이런 이름에는 적극적이고 자립적인 7 17 18 29 33 등의 숫자를 한두 개쯤 섞어놓는 것이 좋다.

大自然(대자연)의 數

▸ **三天陽地(삼천양지)**

1, 3, 5 → 三天   2,4 → 陽地

1~5 → 生數, 太陽數 ,先天數, 陽 體   6~10 → 成數, 太陰數, 後天數, 陰 用

天數 25(1 3 5 7 9)陽數   地數 30(2 4 6 8 10)陰數   天地之數 55

$2 \times 2 = 4$ $3 \times 3 = 9$ $4 \times 4 = 16$ $5 \times 5 = 25$ $6 \times 6 = 36$

　　(四象)　　　　(九宮)　　　　(16方位)　　　　(河圖陽數合)　　(天干動數)

$7 \times 7 = 49$ $8 \times 8 = 64$ $9 \times 9 = 81$ $10 \times 10 = 100$

　　(天地度數)　　(64卦)　　　(81靈動數理)

$4 + 9 + 16 + 25 + 36 + 49 + 64 + 81 + 100 = 384$(周易의 爻數)

▸ **상대성 원리**

生(5)　　死(6)　　動(11)　　靜(16)　　合(6)　　分(4)

强(11)　　弱(10)　　進(12)　　退(10)　　原因(10)　　結果(20)

▸ **萬物(만물)의 수**

주역 上 下經 64卦,   陰爻 192   陽爻 192

192爻$\times 36 = 6912$策(乾之策)$+192$爻$\times 24 = 4608$策(坤之策) 合 11520策

192爻$\times 28 = 5376$策(少陽之策)$+192$爻$\times 32 = 6144$策(少陰之策) 合 11520策

四象數　　老陽數 $36 \div 4 = 9$　　　老陰數 $24 \div 4 = 6$

　　　　　少陽數 $28 \div 4 = 7$　　　少陰數 $32 \div 4 = 8$

▸ **自彊不息(자강불식)**

　　호흡 1分 18回
　　맥박 1分 72回) 90回$\times$60分$\times$24時=129600回 → 人間

1年 12月   1月 30日   1日 12時   1時 30分   1分 12秒   1秒 30絲

$(30 \times 12 = 360$ $360 \times 30 = 10800$ $10800 \times 12 = 129600$分→行年度數$)$

(元12會   1會 30運   1運 12世   1世 30年 = 元會運世 (소강절의 皇極經世說)

$(30 \times 12 = 360$ $360 \times 30 = 10800$ $10800 \times 12 = 129600$年 → 天行度數$)$

※ 모든 數의 중앙은 제왕수(皇帝數, 洪範數)인 5이지만 양수의 대표수 9, 음수의 대표수 6이다.

복희　용마(河圖) 38 27 49 16 (선천수) - 천지창조의 순서
문왕　신구(洛書) 492 357 816 (후천수) - 사물의 생성과정

<餘談>

▌雙春年(쌍춘년 2006年 丙戌年)

- 立春이 한해(음력)에 두 번 든 해
- 丙戌年(2006년) 음력(1. 1~12. 30)→
  양력 2006. 1. 29~2007. 2. 17사이 입춘(2월 4일) 2번 있음
- BC 221~2100까지 12回(1년 385일. 200년에 한번)
  ※ 음력은 평년 354일 정도, 윤년 383일 384일인데 385일은 아주 드물다.

- 특징(2006년 丙戌年)
  ① 吉하다 하여 결혼시기로 각광받음(吉年)
  ② 立春이 두 번, 날수가 많아 百年偕老(백년해로)할 수 있다는 의미까지 더해짐
  ③ 丁亥年 돼지띠 아기는 복이 많다는 속설까지 추가됨

- 만물이 소생하는 봄(結婚이미지와 맞음)이 두 번 든 해에 결혼하면 부부금슬 좋고 백년해로 하며 자손이 번성해 立身揚名(입신양명)한다는 것, 더욱 내년 丁亥年 돼지띠 자식은 복이 많다는 믿음 때문에 금년에 결혼하려고들 한다.
  단, 미리 合宮 후 결혼시에는 吉年이 되지 않는다고도 함.
  丙戌年에는 결혼은 물론 입사, 입학, 출산, 이사, 개업, 이장에도 吉하다고 상업적으로 접근하는 측면이 많으나, 이는 중국이나 홍콩에서의 광적인 흐름에 편승하고 있음이다.

- 亡春年(망춘년) → 24절기 중 立春이 없는 해
  결혼하면 상대적으로 자손보기 어렵고, 악운이 겹친다는 속설이 있다.
  작년 을유년(2005. 2. 9~2006. 1. 28)은 입춘이 없는 망춘년인데다 닭띠해(乙酉年)는 과부의 해라 하여 결혼을 피했다고 한다.

▍數의 暗示誘導力(암시유도력 靈意)

1~10數의 원리적 이치와 속성

數는 대자연 중에서 生한 것으로 천지음양과 오행에서 출생한 것이니, 천변만화의 암시가 내장되어 천지만유의 근원이 수에 있는 것이며 수는 곧 우주인 것이다.

1數 — 奇數 天數(1 3 7 9), 陽數 적극수(1 -4) 태극수 幼數(1-4)
　　　 始 收 聚의 靈意 집합 독립 단행 창조 신장 최고 발랄 부귀 남성적마음

2數 — 偶數 地數(2 4 6 8), 음양의 집합수, 최초 現象的 수
　　　 혼합 집산 분리 불철저 유약 불구 수동성 의존성 여성적 情(정)

3數 — 1의 伸長, 양수 1과 음수 2의 조화수, 만물 성형의 수 鼎足數
　　　 완성 다수 성취 성대 발전 안정 자연적 풍족 이지 권위 성공 부귀

4數 — 2의 伸長 분파형성의 수, 미정수 死數 嗣數(사수)
　　　 결합 파괴 쇠약 분산 변동 멸망 변란 역경 신고

5數 — 중간수 中幹변화수(生數에 가산 成數) 주체적인 수(五行 오장) 土德數
　　　 走動 진취 심신건전 중후원만 주체역할 自得명예 안정 성취

6數 — 음수의 두령수 음수의 更始數 老數(6-9) 소극수(6-9) 天德地祥의 樂數
　　　 (樂極이면 生悲)
　　　 收 合 續의 영의 기괴변태(변괴 등 극단적-26수 以上) 분리 파경

7數 — 破劫의 수, 5의 성수와 2의 파운합수로 양극단, 홀로서기 의미
　　　 頑迷(완미) 단행 만난돌파 건창 융성 출세 권위

8數 — 3+5의 합수 爲忠, 4+4 합수 爲奸(음양부조화) 양기운 생동
　　　 勇力 인내심 발달 천신만고 自取발전의 노력, 자수성가

9數 — 九宮, 3수의 積(신장) 양수의 終 기수의 최후수
　　　 智力 재능 財利 성취 활동과 궁박 고독 표류 은퇴 등의 이중적 意味

10數 — 기본수의 終極數(종극수) 陰極 零空(영공)의 數 흉수중 가장 忌數(기수)
　　　 萬事虛空(만사허공) 비애 참극 손실 소비 전복 파멸 암흑 종말

數理別 性格(수리별 성격)과 運勢(운세)

형격(人格)의 數는 그 사람의 성격 지능 사회진출운을 대표하는 가장 중요한 뜻을 가지며 수리의 핵심적 위치를 차지한다.

총획수가 10획을 넘는 경우 10을 제외한 1~10數로서 그 잠재성을 참작할 수 있는 것이다.

▶ **一數　甲木　陽　樹幹之象(수간지상)**

침착하고 이지적이며 사고력이 깊고 활동적이다. 부지런하고 검소하며 현실적으로 노력하는 형이다. 불요불굴의 기질과 자존심이 강하며 타산적이고 이기적인 면이 있지만 친화력이 잇다. 질투와 시기심이 있고 금전에 대한 집착이 강하다. 직업은 교육자, 종교인, 군인, 실업가, 지도자 등에 적합하다.

▶ **二數　乙木　陰　樹根之象(수근지상)**

인내심이 강하여 매사에 꾸준히 노력하는 형이다. 겉으로는 온화하나 속으로는 노기를 품고 있다. 금전욕이 집요하며 질투심이 강하고 고집이 있다. 직업은 사무직이나 기술직 노동직 등이 적합하다.

▶ **三數　丙火　陽　火炎之象(화염지상)**

활동력이 왕성하고 급진적이나 감정이 예민하다. 달식하며 쾌활하고 과단성과 명리심이 강하다. 인내심이 부족하고 격정적인 성격이라 쉽게 화를 낸다. 직업은 군인, 정치가, 실업가 등에 적합하다.

▶ **四數　丁火　陰　燻煙之象(훈연지상)**

겉으로는 온화하고 정숙한 것처럼 보이지만 내면은 급진적이고 폭발적이며 말재주가 좋다. 신중하고 온유하며 지혜가 깊고 수완이 좋지만 실천력이 부족하다. 마음에 번민이 있고 항상 불안하여 쉽게 뜨거워지고 쉽게 식는다. 직업은 종교계, 예술계, 학자 등으로 나가면 좋다.

▶ **五數　戊土　陽　滋養之象(자양지상)**

온순하고 동화력이 있으며 아량이 깊어 상하의 신망을 얻으나 반발심이 있다. 겉으로는 온화하나 속으로는 대단히 강정하고 질투가 있다. 자신감이 있고 정을 중요하게 생각하며 명예심도 강하다. 그러나 쉽게 친해지고 쉽게 멀어지는 결점이 있다. 직업은 군인, 정치가, 실업가, 기술직 등이 적합하다.

▶ **六數　己土　陰　硬地之象(경지지상)**

겉으로는 온화하고 침착하며 중후하나 속으로는 완고하고 강하다. 인내심이 강하고
보수적이며 마음을 드러내지 않는다. 의협심이 강한 반면 시기와 질투, 불복종심,
망상 등이 있지만 대체적으로 권위가 있고 행복이 후중하다. 직업은 군인, 기술직,
근로직 등이 좋다.

▶ **七數　庚金　陽　鍊鐵之象(연철지상)**

단련된 도검과 같은 기상을 갖고 있다. 불요불굴의 의지와 예리한 지혜를 겸비했지
만 독선적인 부분이 있다. 용감한 기백과 강한 인내력으로 만난을 두려워하지 않는
다. 자아가 지나치게 강하여 융통적이지 못하다. 쟁투를 좋아하여 비난을 자초하기
쉬우며 개성이 강하고 야심적이며 명예를 중요하게 여긴다. 직업은 군인, 정치가,
실업가, 기술직 등에 적합하다.

▶ **八數　辛金　陽　鑛石之象(광석지상)**

용기가 있어 진취적이고 정직하지만, 자존심이 지나치게 강하고 완고하여 동화력이
부족한 면도 있다. 불화쟁론하기 쉬우나 마음의 수양을 쌓으면 이성적으로 될 수
있다. 의지가 견고하여 뜻을 관철하지만 이기적이고 권세를 좋아한다. 직업은 군인
이나 기술직, 노동직 등에 적합하다.

▶ **九數　壬水　陽　河水之象(하수지상)**

흐르는 물처럼 활동력이 왕성하여 잠시도 정지하지 않는다. 재물과 명예를 좋아하
지만 지모와 재능이 잇고 담백한 성격이다. 그러나 한편으로는 격정적인 성격이라
쉽게 노하고 쉽게 풀리며, 불평불만과 방종으로 흐르기 쉽다. 직업은 예술가, 기술
직, 사업가, 상업 등이 좋다.

▶ **十數　癸水　陰　海水之象(해수지상)**

호수처럼 침체된 기상이며 지혜와 사고력이 깊다. 온순하지만 폭발하면 큰 바다에
거센 파도가 일어나는 격이다. 과단성과 실천력이 부족한 반면 사교적이며 인내력
과 재능이 있다. 권세를 좋아하고 재물을 축적한다. 이기적인 욕심과 색정을 조심해
야 하며 직업은 종교가, 예술가, 학자, 저술가, 연구직 등이 적합하다.

▌81數 吉凶表(남여구분)

획수	남자	여자	획수	남자	여자	획수	남자	여자
1	○	○	28	×	×	55	×	×
2	×	×	29	○	▽	56	×	×
3	○	○	30	×	×	57	○	○
4	×	×	31	○	○	58	▽	▽
5	○	○	32	○	○	59	×	×
6	○	○	33	○	▽	60	×	×
7	○	○	34	×	×	61	○	○
8	○	○	35	○	○	62	×	×
9	×	×	36	×	×	63	○	○
10	×	×	37	○	○	64	×	×
11	○	○	38	○	○	65	○	○
12	×	×	39	○	▽	66	×	×
13	○	○	40	×	×	67	○	○
14	×	×	41	○	○	68	○	○
15	○	○	42	×	×	69	×	×
16	○	○	43	×	×	70	×	×
17	○	○	44	×	×	71	▽	▽
18	○	○	45	○	○	72	×	×
19	×	×	46	×	×	73	▽	▽
20	×	×	47	○	○	74	×	×
21	○	▽	48	○	○	75	▽	▽
22	×	×	49	▽	▽	76	×	×
23	○	▽	50	×	×	77	▽	▽
24	○	○	51	×	×	78	▽	▽
25	○	○	52	○	○	79	×	×
26	▽	▽	53	×	×	80	×	×
27	×	×	54	×	×	81	○	○

※ 하도낙서에서 파생된 수리적 이치로 길흉을 추론하는데 81數를 사용하는 것임

吉한 數理			
합의수	의미	합의수	의미
1	기본·본질	29	명예·재물
3	생성·형성	31	대지·대업
5	능력·성취	32	횡재·요행
6	시작·저력	33	부귀·공명
7	독립·강건	35	안전·금융
8	발전·활동	37	인덕·개화
11	자립·갱생	38	입신·양명
13	지략·지모	39	안락·태평
15	통솔·지도	41	명예·성공
16	신임·덕망	45	광명·지혜
17	건강·창달	47	출세·재물
18	진취·발전	48	덕망·순풍
21	신망·정상	52	능력·권위
23	부귀·공명	58	자력·결실
24	입신·재물	61	충실·영화
25	순풍·안전		

不吉한 數理			
합의수	의미	합의수	의미
2	분리·분할	42	고행·수도
9	무용·궁핍	43	미궁·곤경
10	허무·공허	44	장애·방해
12	연약·실패	46	암흑·야행
14	좌절·이산	49	과욕·은퇴
19	고난·이별	50	불행·후퇴
20	허공·단명	53	부족·부실
22	중절·파멸	54	고생·낙심
27	중단·낙망	55	불성·포기
28	풍파·고독	56	부족·욕심
34	파멸·실패	59	불우·불만
36	시비·분쟁	60	암흑·고행
中間 程度의 數理			
4	미정·부정	40	무사·안일
26	의리·모험	51	일소·일노
30	일성·일패	57	노력·인내

▎女命(여명)

19 26 27 28 34 40數는 고독 파괴운으로 당초부터 나쁘다. 그리고 21 23 29 33 39數는 자체적으로는 길수리이나 (특히 主運, 頭領運두령운)으로 남성적 剛情(강정) 권위의 성격이 있다고 보나, 생이사별(寡婦運=독신, 독수공방, 혹 자신 사망) 혹은 단명하다하여 크게 기피하고 있는 것이 사실이다. 또 32數는 다른 수리와 부조화 시 色難(색난)의 우려가 있다 하였다.

그러나 요즈음은 교육과 교양에 따라 다를 뿐 아니라 사교적이며 활동적이라고 이해되고, 또 성공의 例와 부합하고 있어 해석을 달리할 필요가 있다고 생각한다. 대체로 외향적이며 억척스런 女丈夫(여장부)로 비춰지긴 한다.

그리고 23 33 39 수리는 男女불문하고 중복을 피해야 한다고 하니 유념할 필요가 있다.

그 외 8 15 17 수리는 다소 강한 작용을 한다고 하며 13 35는 賢母良妻(현모양처), 31 48은 배필운이 좋다하고 24 25는 애교 있고 사교적이다.

┃數理吉凶(수리길흉)의 二重性(이중성)

모든 수리는 복합적인 뜻을 지니고 있다. 완전하게 나쁜 수리도 없고 좋은 수리도 없다할 수 있다. 흉함 속에 길함이 들어있고 길함 속에 흉한 암시 또한 숨어들어 있어서 그 해석 판단은 상대적인 것이다.

▶ 吉數中 凶意

1數	완전 純粹(순수) 창시 부귀영화 두령
	고집 頑固(완고) 孤獨(고독)
3數	조화 발전 부귀공명 頭腦明晳(두뇌명석)
	輕率(경솔) 自己陶醉(도취) 과대한 자존심
5數	안정 성공 신망 장수 富有(부유)
	停滯(정체) 愚鈍(우둔) 고집
6數	권위 덕망 축재 자연의 恩惠(은혜) 父母의 蔭德(음덕)
	怠慢(태만) 好色(호색)

▶ 凶數中 吉意

9數	병약 단명 窮迫(궁박) 역경
	大業成就(대업성취) 예술적 재능
10數	불운 단명 종말 自暴自棄(자포자기)
	美貌(미모) 특수재능
14數	고독 離散(이산) 煩悶(번민) 葛藤(갈등)
	우수한 예술성과 감수성 의리透徹(투철)
27,28數	중도좌절 고독 불구 遭難 불화 强氣(강기)
	높은 이상과 氣槪(기개) 鬪爭巨物(투쟁거물)

※ 일반적으로 수리를 성명에 적용함에 있어 길수와 흉수를 확연히 구분해 놓고서, 그 뜻에만 피상적으로 얽매여 길수에 잠재하는 不正(부정)의 뜻과 흉수에 暗藏(암장)된 吉慶(길경)의 뜻에는 소홀히 하여 왔다.

그러나 세상 만물에는 완전한 것은 없다. 사실을 보다 건실하게 판단하기 위해서는 그 裏面(이면)의 내용을 인식하여 숨어있는 뜻과 뒤섞여 있는 길흉의 암시를 종합적으로 판단해야 한다는 것이다.

▌五行과 수리의 大小

　수리오행상 같은 수리의 오행이라도 대소강약이 있으며, 같은 오행이라도 대소강약이 존재한다는 蔡先生의 견해를 적어둔다.

　현대 과학적 원리도 그 근본은 수의 변화이고 律(율)의 변동에 지나지 않는다. 이 律度(율도)라는 것은 곧 수인 것이며 이러한 수는 만유변화의 기초가 되고 있는 것이다.
　수의 처음은 一이고 끝은 十이다. 그 이상의 數는 11이든 21이든 101이든 모두 1의 기본수로서 數意(수의)는 1에 있는 것이며, 20 50 100 등은 수의 공간을 말하는 것이다.

　여기서　1,2 木보다 11,12木이 더 크고(십단위가 커질수록)
　　　　　33 火는 陽火이니 강한 火요, 24火는 陰火이니 33보다 약한 火로
　　　　　알고 지나가자.

　오행의 剋生比冲(상생비충)을 大小 강약 彼我(피아) 上下 縱橫(종횡)으로 그 度를 상세히 관찰해야 한다. 木金의 경우 上에 있는 木을 下에 있는 金으로는 강한 극이 될 수 없으며, 오히려 木의 기를 더 활발하게 발휘할 수 있는 상대성 원리가 작용한다는 것이다.

　예를 들면 名上에 13火가 있는데 下에는 39水가 있을 경우에는 하강하는 氣를 가지고 있는 火라 하더라도 火가 수적으로 적으므로 39나 되는 水에게는 다소의 피해를 입게 된다. 그런데 上의 13火에 下에 19水는 해로운 것이 아니고 오히려 활발하게 발현되어 더욱 왕성하게 된다는 것이다.
　이는 주역의 64卦中에 天雷(천뢰 金木)는 无妄(무망)이요 雷天(뢰천 木金)은 大壯(대장)이라든가 水火旣濟(수화기제)나 火水未濟卦(수화미제괘) 등은 이 五行의 기를 세심하게 해석하고 있는 것이라 할 수 있다.

81數의 吉凶表(길흉표)

81數	象格	運數	~ 運	~ 之像	意味
1 ○	頭首格 春氣發動	基本數	始生頭首運 始頭運	君王玉座之像 三陽回春	만물시발 · 권세위력 부귀명예 · 행복건강
2 ×	分離格 夜陰黑雲	離散數	孤愁分離運 孤獨運	萬事分離之像 諸川分割	원기부족 · 추진력미약 가족불화 · 허송세월
3 ○	福壽格 大嶽巨岩	成形數	新生福壽運 福祿運	萬物始生之像 始生萬物	지모출중 · 성품영민 입신양명 · 부귀공명
4 ×	破滅格 雪上加霜	不定形 孤獨數	否定運 破壞運	東西各飛之像 東西各飛	자신감결여 · 심신허약 가정불우 · 고독행진
5 ○	成功格 正道無敵	完成數	成功運 名財運	萬物能生之像 能成萬物	지혜덕망 · 재물권세 사방명예 · 만인칭송
6 ○	豊厚格 秋風漸冷	蓄財數	繼成豊富運 德厚運	萬事順成之像 陰德始胎	덕망겸비 · 신념강직 만사감내 · 일취월장
7 ○	發達格 淘沙取金	獨立 運行數	獨立能成運 發展運	自力發展之像 剛健前進	의지강철 · 매사성취 자력성취 · 초지일관
8 ○	健暢格 掘井求泉	向上 發展數	開發健康運 剛成運	自力開發之像 自發自活	정신확고 · 의지관철 사회명망 · 상당지위
9 ×	窮迫格 一葉片舟	孤獨 滅亡數	窮迫運 時虧運	大木無用之像 大材無用	중도좌절 · 환경불우 부부갈등 · 근근연명
10 ×	短命格 壇上放馬	孤獨零 數	虛空運 歸空運	萬事虛無之像 萬盤虛無	유두무미 · 우유부단 육친무덕 · 처자상별
11 ○	興家格 渴馬得水	新軌軸 數	更新興家運 再興運	自力達成之像 自力更生	계획치밀 · 부귀안락 두뇌명철 · 부귀안락
12 ×	破壞格 飢鳥逢鷹	無理 困難數	薄弱窮乏運 孤愁運	軟弱軟骨之像 軟弱失意	정신무력 · 고독역경 연약부진 · 성공불능
13 ○	智達格 走馬紅塵	智謀才 略數	明理智達運 達通運	永久自明之像 久而自明	처세탁월 · 두뇌명철 선견지명 · 입신양명
14 ×	破壞格 秋堤楊柳	萬事不 如意數	離散運 破壞運	四散運逆之像 運屯四散	일시성공 · 가정파란 고독번뇌 · 부부상별
15 ○	壽福格 澤龍出海	立身功 名數	福壽運 福壽運	萬物統合之像 天地安全	부귀겸전 · 덕망구비 자립대성 · 만사여의

81數	象格	運數	～運	～之像	意味
16 ○	德望格 破屋重修	頭領數	德望運 裕財運	萬人有德之像 溫厚有德	아량넓음 · 큰뜻이룸 만사성취 · 오복초래
17 ○	剛健格 披雲見月	權威剛 直數	健暢運 勇進運	自力達成之像 健全暢達	포부원대 · 초지일관 만인존경 · 대업완성
18 ○	發達格 鍊石補天	堅忍不 拔數	發展開發運 隆昌運	進就一路之像 進取發展	다재다능 · 의지강철 대업완수 · 상당지위
19 ×	病惡格 石上栽松	內外不 和數	苦難運 病惡運	鳳凰傷翼之像 鳳鶴傷翼	육친무덕 · 고독병고 인연박약 · 중도실패
20 ×	短壽格 雪裏芙蓉	發展中 折數	虛妄短命運 空虛運	萬事虛無之像 萬事空虛	운기쇠퇴 · 심신허약 재화속출 · 조실부모
21 ○	頭領格 神劍化龍	頭領數	頭領運 自立運	衆人尊敬之像 萬人仰視	지모출중 · 대업완수 만인덕망 · 중인영도
22 ×	薄弱格 秋草逢霜	變則孤 獨數	薄弱中折運 短命運	古木落葉之像 秋風落葉	중도좌절 · 역경방황 가산탕진 · 처자상별
23 ○	隆昌格 靑雲名高	頭領數	革新隆昌運 旺盛運	更新暢達之像 開花萬發	세력충천 · 권세획득 공명영달 · 명리겸득
24 ○	蓄財格 乃績乃倉	忍耐數	立身蓄財運 蓄財運	財星照門之像 雨後開花	사업성공 · 명예획득 재물만창 · 노년안락
25 ○	健暢格 枯木逢春	確實英 敏數	安全平坦運 財祿運	無事平安之像 順風航海	부모유덕 · 행로평탄 만사형통 · 식록풍부
26 ×	變怪格 成君敗賊	變則數	英雄挫折運 晚達運	中途下車之像 平地風波	초년발전 · 중년좌절 가정불안 · 조난횡액
27 ×	中折格 岩上走馬	權威智謀 中折數	前進中斷運 大人運	落馬失足之像 落馬折骨	흥망파란 · 중도좌절 고독불구 · 노년곤고
28 ×	遭難格 狂風搖燭	孤獨零 數	風雲遭難運 風波運	一葉片舟之像 大海片舟	파란변동 · 재앙연속 자녀불운 · 가정파란
29 ○	壽福格 雲靜風虎	獨立堅 忍數	壽福成功運 亨福運	長壽幸福之像 新綠有實	무한발전 · 상당지위 대업달성 · 행복안락
30 ×	浮沈格 寒魚上灘	自力發 展數	一場春夢運 不安運	花無十日之像 無情歲月	일시성공 · 재물낭비 동분서주 · 만년고독

81數	象格	運數	～運	～之像	意味
31 ○	開拓格 金玉滿堂	堅忍努 力數	開拓自成運 興家運	自進自立之像 萬花芳暢	의지견실 · 처세원만 자손두각 · 태평세월
32 ○	僥倖格 牛眼盛草	僥行數	僥幸橫財運 旺盛運	意外壽福之像 緣水周遊	기초튼튼 · 지상행복 의외재물 · 노소공대
33 ○	旺盛格 枯苗得雨	旭日昇 天數	登龍昇天運 隆昌運	龍得逢雲之像 老龍得雲	일약발전 · 적기성공 천하통솔 · 세력충천
34 ×	破亂格 魚躍河上	變則孤 獨數	變動波亂運 變亂運	大海風波之像 平地風波	비애흉사 · 안팎고통 패가망신 · 자손허약
35 ○	平安格 缺月復圓	文學技 藝數	平和安定運 泰平運	無事安着之像 安過泰平	근면성실 · 초지일관 문예창달 · 일생평안
36 ×	波瀾格 枯井遇雨	內外不 和數	大人挫折運 波瀾運	骨肉相爭之像 骨肉相爭	파란곡절 · 수시변동 조난역경 · 정의무산
37 ○	秦功格 春入桃園	仁德數	仁德出世運 出世運	枯木生花之像 枯木生花	의지담대 · 난관해결 아량융화 · 대업성취
38 ○	文藝格 錦衣塗炭	名譽數	創意福祿運 學士運	立身揚名之像 立身揚名	두뇌영특 · 다재다능 문예창달 · 일사전념
39 ○	變化格 豹變成虎	權威智 謀數	泰極運 指揮運	東園逢春之像 開花迎春	전화위복 · 덕망구전 만사형통 · 재복풍부
40 ×	變化格 小舟入浪	兩岐數	變化無常運 空虛運	勞大功少之像 徒勞無功	덕망부족 · 비방대상 허욕발동 · 투기심리
41 ○	高名格 大旱甘霖	大頭領 數	公明正大運 濟衆運	名振四海之像 名振四海	인품준수 · 지모겸비 대업성공 · 선견지명
42 ×	失意格 雪中孤松	博達數	苦行運 受難運	意志衰弱之像 早節竹杖	정신쇠약 · 성격편향 발전지장 · 인내부족
43 ×	散財格 坐月觀天	兩岐數	飛散運 散財運	大海風浪之像 大海狂風	유명무실 · 재앙발발 정신박약 · 파란곡절
44 ×	破滅格 夏蟲入火	變則不 定形數	魔障波亂運 破滅運	平地風波之像 平地風波	과대망상 · 증년방황 노력수포 · 만사불성
45 ○	順調格 順水行舟	天地總 合數	自覺大成運 顯達運	夜月光明之像 明月光新	명예충청 · 대해순풍 만사통달 · 만민모범

81數	象格	運數	～運	～之像	意味
46 ×	悲哀格 夏扇逢火	變則零 數	不知運 悲愁運	深夜無月之像 暗行深夜	진로막연 · 결과허무 성격변태 · 독좌탄식
47 ○	展開格 龍得如意珠	異体同 心數	英雄出世運 得時運	開花結實之像 一握千金	만인신망 · 통솔저력 재물풍족 · 만사능숙
48 ○	榮達格 魚群下釣	智勇兼 備數	有德榮達運 榮達運	大海順風之像 雨順風調	사통팔달 · 안과태평 자손영달 · 백화만발
49 △	相半格 虎入荒山	片依變 則數	一進一退運 盛財運	吉凶相半之像 安逸自閑	초년발달 · 중년좌절 일시성공 · 일시패망
50 ×	成敗格 秋雁失侶	兩岐數	成敗不幸運 相半運	小成大敗之像 龍變成魚	성패굴곡 · 중년성공 말년패배 · 부부무정
51 ×	盛衰格 浮雲散月	大望成 就數	一吉一凶運 成敗運	一笑一怒之像 一笑一怒	변화무쌍 · 중도실패 점진쇠퇴 · 만년곤난
52 ○	躍進格 門前盈車	獨立自 營數	將帥躍進運 時乘運	密林白虎之像 威林白虎	무유창조 · 인격고매 대학자 · 대통치자
53 ×	障害格 朔月更虧	自力活 動數	不和障碍運 半吉運	高山難越之像 泰山難月	진로장애 · 일진일퇴 질병허다 · 재물빈곤
54 ×	破壞格 風霜下杜鵑花	孤獨數	苦難辛苦運 敗家運	落馬骨折之像 落馬折骨	용기부족 · 불화손실 성격완강 · 말년횡액
55 ×	反盛格 路入平坦	完成數	不忍不盛運 不安運	萬事不成之像 百事不成	발전부진 · 평생불만 갈등내포 · 의지박약
56 ×	破亡格 岩頭放馬	孤獨零 數	萬事不足運 財亡運	誇大妄想之像 小心膽大	소신나약 · 과욕패망 인덕부족 · 만사장애
57 ○	剛健格 雲散月出	忍耐努 力數	一努一得運 剛盛運	正心實得之像 一心成功	노력대가 · 성공영달 성패굴곡 · 인내성공
58 △	後福格 採薪逢虎	堅忍自 力數	自力自得運 後福運	雨後竹筍之像 雨後香花	노력성공 · 흥망교차 만년평안 · 인내성공
59 ×	逆難格 孤松棲鶴	卑怯退 嬰數	不遇難免運 大成運	意外波亂之像 意外失敗	인내부족 · 재능박약 도처악재 · 일생비탄
60 ×	不安格 船上騎馬	無方針 零數	暗黑不安運 災難運	盲人夜行之像 深夜行人	유두무미 · 진로장애 만사실패 · 재앙속출

81數	象格	運數	～運	～之像	意味
61 ○	名利格 天衢築馬	富貴榮 華數	榮華名利運 財利運	開花萬發之像 開花萬發	재능출중·재물풍부 부귀번영·자손영화
62 ×	莫莫格 驚魚依葉	孤獨零 數	孤獨寂莫運 衰退運	雪上加霜之像	인덕부족·내외불화 점진쇠퇴·근근연명
63 ○	發伸格 金盤堆呆	吉祥數	發展向上運 發展運	東園回春之像	목적달성·명예행복 만인칭송·상하신망
64 ×	滅離格 凍水行船	浮沈數	開花狂風運 衰滅運	入山修道之像	성격침울·이외재난 일가분산·운로불길
65 ○	繁榮格 花園說筵	完全無 缺數	大地平和運 興家運	滿花芳暢之像	금옥만당·만사여의 만인지상·부귀안락
66 ×	艱難格 逆水行舟	內外不 和數	希望屈折運 失燈運	進退兩難之像	진진태산·내외불평 재난빈번·신병곤고
67 ○	通達格 種竹成林	智謀數	人德天惠運 榮達運	帶木生火之像	사방인덕·선인은덕 처세원만·만사통달
68 ○	登明格 旱野逢雨	大智能 數	發明達成運 發明運	老人得杖之像	초지일관·근면성실 연구발명·대업성공
69 ×	窮迫格 破網求魚	波亂曲 折數	衰弱窮迫運 停止運	枯木風雪之像	만사부진·건강장애 가정불화·주유천하
70 ×	寂寞格 老鼠失穴	無爲無 能數	寂莫江山運 暗夜運	虛空寂莫之像	결실부족·인덕부족 유리객지·고독운명
71 △	堅實格 雪下行程	進取發 展數	魚龍共生運 後盛運	吉凶相半之像	진취기상·능력발휘 권세취득·의지견실
72 ×	相半格 掘井無水	大望中 折數	吉凶相半運 平吉運	大吉小凶之像	대업성공·소사난관 반생행복·반생불안
73 △	平福格 深谷栽花	忍耐努 力數	大凡亨通運 安過運	枯木回根之像	육친유덕·충직성실 근면노력·만사형통
74 ×	不遇格 門前掛口	無智無 能數	帆船無燈運 遇昧運	行船失路之像	전진암초·무지무능 무의도식·불시재앙
75 △	安吉格 波濤行舟	獨立自 營數	得利旺盛運 安康運	萬得萬成之像	명리겸득·일약진취 진취기상·만인신망

81數	象格	運數	~運	~之像	意味
76 ×	內外不利格 龍付馬尾	破産亡 家數	初得後失運 後盛運	坐不安席之像	초년고난·의지부족 중도좌절·노년빈곤
77 △	相半格 月入晦中	兩岐數	一成二敗運 悲哀運	萬事無形之像	초년안락·중년발전 노년불행·독좌탄식
78 △	相半格 夢中得實	向上發 展數	盡力無力運 後困運	日洛西山之像	기운쇠약·용기부족 성공부진·근근연명
79 ×	不伸格 魚登几上	困難欽 乏數	窮迫不信運 終末運	無翼飛落之像	여건부족·과대망상 정신미약·무용지인
80 ×	陰遁格 池魚入網	零位數	陰上雲影運 終止運	雪上加霜之像	기초불안·태산준령 진로막연·전산후수
81 ○	還喜格 井魚出海	大極數	還喜再來運 更喜運	幸上福添之像	지상행복·덕망중중 순풍순성·재복겸비

※ 象格(상격)의 상단(1數 두수격)은 一般化된 熊崎式(웅기식)이며 太極圖式(태극도식), 靈理式(영리식) 등을 나열하고, 사언절구의 의미를 끝의 영수에 대한 견해로 붙여 이해와 다양성을 추구하였다. 따라서 吉凶도 다소 다르게 표현되었으나 符號化(부호화, ○ ▽ ×) 표시는 번잡을 피하여 熊崎式위주로 定하였다.

81數가 넘는 경우 가령 82수이면 81를 뺀 1數와 같이 본다.
(90수이면 9수와 같다.)

▌중요수리 요약1(凶數인 경우 등 주로 해명시 활용)

아래사항은 南선생이 2000여명의 성명을 감정한 결과로 얻은 결론이라 하니 참고하기 바란다.

- 정치가 局量(국량)이 크고 담대하며 포용력이 있으며 역경에 굽히지 않는 투혼이 있다.
  17 26 27 28 數
- 예술가   예능인 特殊技術者(특수기술자)
  9 10 12 14 19 20 22 數
- 학자   두뇌의 명석이 가장 요구됨
  13 14 19 29 30 數
- 富者가 인생목표   15 16 24 29 31 數
- 妻德(처덕)   24 31 數
- 性的能力(성적능력)   21 27 數
- 短命(단명)   10 12 19 20 30 34數가 2개 以上   (胃腸病 - 10 20 22 30)
- 不意의 交通事故(교통사고)   17 18 19 27 28 數
  ※ 事故 災難(재난)의 암시가 짙은 27 28數에 17 18 19數 동반시 90%
- 最大凶數   34數 (위인열사에 가끔 有)
  ※ 34數에 28數가 겹치면 發狂   (火金 가세시 거의 100%)
- 美貌(미모) 10 12 22數 (薄幸 박행의 報償 보상)
  美男子   22數   미스코리아감   20數
- 天才   19 19 25 29 33 數
- 배짱   21 23 26數 (男 정력왕성 女 생계책임)
- 의지强 (事故 怪亡(괴망) 불화 형벌)   7 8 17 18 數
- 안정과 厚德(후덕)
  6 15 16 35數 (女子에게 바람직)   16數에 21 23數 동반하면 오입장이
- 慈善(자선)   41 數

▌중요수리 요약2

수리 영동력은 인격(형격, 주운, 성자+명상자)에 가장 크게 미치는 바, 일반적으로 중요시하는 것 몇 가지를 적는다.

3 5 6 11 13 15 16 21 23 24 25 31 32 37 - 순조 성공 번영, 행복
4 9 10 19 20 26 34 - 병약 불구 단명 처자생이별 고독 역경 사업실패
7 8 17 18 - 불화 논쟁 비난 공격 조난 형벌(단 건강)
2 11 14 22 27 28 - 가족緣薄(연박) 병약 사업부진

＜남자＞
1 11 21 31 41 - 사업성공 가정생활 행복
2 12 22 42 - 외유내강 약간고집 이성愛好 건강有難(유난)
3 13 23 33 - 급진 활동 권리와 명예애호 성공
4 14 34 44 - 외유내강 민완 웅변 허위가장성 병약 단명
5 15 25 35 45 - 온유 아량 有동정심 행복
9 10 19 20 27 28 34 - 고독 파괴 불행 ※ 改名必要(개명필요)

＜여자＞
7 8 17 18 25 27 28 29 - 성품과강 夫妻爭端(부터쟁단)
4 9 19 20 27 - 가정불화 의외재난수 태평해도 조만간心有(필유)
　　　　　　　　　　재화 불행 ※ 改名必要(개명필요)
9 - 부모 妻子(처자) 이별
28, 34 - 부부 생사이별

※ 개인적으로 吉名이라도 범사가 불여의시 병약 형액 조난 등 역경
　① 先天運 (사주) 불부합
　② 內外宮(내외궁)으로 볼 때 부인명 불운(자손궁 불길)

▮吉數理(길수리)

사격수리는 각기 독립해서 각각 해당하는 시기에만 영향력을 미치는 것이 아니며, 상호 연관하여 영향력을 주고받는다.

어떻게 선천적인 운명과 결합되었는지에 따라 다르며 吉凶풀이에서 흉수가 2개 이상 있으면 흉작용이 더욱 가중된다.

형격이 길수가 못되더라도 원격 정격이 좋으면 무관하다 하며, 겸하여 이격이 좋으면 행운으로 본다.

40歲 이후에 改名하는 경우에 있어서도 원격운이 단기간 유도 발휘되는 것이다.

● 吉數?

한자성명의 획수가 길수리가 아닌 경우 한글이름이 길수리가 되면 平常時에 한글이름을 주로 사용하면 좋다고 하는 사람도 있다.

또 평소에 필기구로 직접 쓰는 筆劃(필획)을 줄이거나 늘려서 길수리가 되도록 하면 좋다는 便法(편법)을 무슨 특별한 秘法(비법)인양 말하는 사람도 있다.

<例>

이 2	× 14	元	13 ○	이 2	
춘 7	× 9	亨	8 ○	춘 6	}실사용
풍 7	× 9	利	9 ×	풍 7	
합16	○ 16	貞	15 ○	합15	

※ 성명의 길흉판단은 성명 전체를 보고 개략적으로 종합판단하는 것으로 시기별로 운을 예측하거나 각격의 특성을 구분해내기는 어려운 일이기에, 함부로 맞거나 틀릴 때도 많은 그런 예측을 해서는 안 된다. 성명학은 숲을 말할 뿐(綜合) 나무를 말하는(分析) 데는 신중을 기해야 한다고 강조하는 사람도 있다.

■ 참고로 **外格에 따른 配偶者**(배우자)**의 성격**을 소개한다.

- 外格 1,2數

  吉數─침착하고 온순하며 수동적인 성격으로 가정을 알뜰하게 꾸려나간다.

  凶數─친절한 면은 있으나 아량이 좁고 신경질적이어서 번민하는 일이 자주 생긴다.

- 外格 3,4數

  吉數─명랑하고 가정생활도 원만하다. 그러나 허영심이 강하고 낭비가 많으며 감
  　　　정적으로 흐르기 쉽다. 다소 방종한 면도 있기 쉽다.

  凶數─곧잘 싫증을 느끼고 항상 새로운 자극을 찾는 성격이므로 가정적인 사람이
  　　　못된다.

- 外格 5,6數

  吉數─원만하고 친절한 성격이라 인내심이 강하고 도량도 넓다.

  凶壽─음침하고 고집이 세며 몰상식하고 체면을 모르는 사람이다.

- 外格 7,8數

  吉數─담백하고 철저한 성격으로 가사를 깨끗이 돌보는 사람이며 건강하고 낭비
  　　　가 없다.

  凶數─自我心(자아심)이 너무 강해 다루기 힘든 사람이다.

- 外格 9,10數

  吉數─음침한 성격이거나 속을 잘 알 수 없는 사람으로 병약하지 않으면 방탕에
  　　　흐르기 쉽다.

※ 적당치 않은 이름을 피하는 방법 예

　　어린아이 같은 이름(요즘 한글이름에 많다)

　　흔히 쓰는 이름─金花 淑子 順姬 貞子 鐵洙 등

　　글자쓰는 습관을 고려한다.

　　　林淌熙(임창희 : 필자의 차남 舊名) ─ 尙熙 相熙 相姬

　　　張明煜(장명욱) ─ 明旭　　姜藍舜(강남순) ─ 南順

　　　또 金蘭玉 ─ 玉蘭(바꿔 부르기 쉽다)　姬順 ─ 順姬　途弘 ─ 弘道　男英 ─ 英男

　　　申昌淳─昌順(남→여)　朴春華 ─春花(남→여)

█일반작명의 結言(결언)

이상 제 1부 작명일반에서의 文字 陰陽 音五行 三元五行 數理에서의 활용으로 김 先生은 아래와 같아야 좋은 이름이 될 수 있다고 하였다.

이를 결론 삼아 적는다.
① 부르기 좋고 듣기 좋으며 현대적 감각이 반영되어 세련미가 있다.
　　이름자를 써놓으면 필획이 고르고 맵시도 있으며 뜻이 좋고 미래지향적이　다.
　　자원오행의 사용으로 운기를 발동시킨다.(유난히 반짝이는 이름)
② 음양이 조화되어야 한다.
③ 발음이 좋고 정확해야 한다.
　　음령오행의 상생작용이 잘 되어야 한다.
④ 삼원오행의 상생이 바람직하다.
⑤ 元亨利貞(원형이정)의 수리구성이 잘 되어야 한다.

그 외 先天命(사주)와 관련하여
① 사주와 좋은 배합을 이루어 큰 에너지의 암시가 발생해야 한다.
② 사주팔자의 막힘없는 상생으로 순환이 잘 되어야 한다.
③ 부모 형제 자손 등의 육친관계가 吉해야 한다.

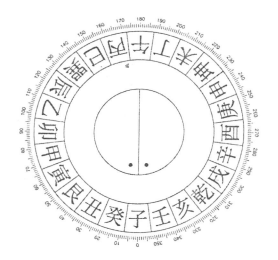

作名方法(작명방법) 예

1. 記念(기념)

朴閏生, 趙寅生, 柳秋生, 冬梅, 曉旦, 秋菊, 棗花, 曉明, 庚日, 來稀(출생시간)

金川生, 濟州, 路生, 金剛, 韓生, 京生, 宋忠南, 李忠慶(출생지)

金尹松, 金尹香, 鳳愛林, 學宙, 詠梅, 仁孫, 愛玉(부모, 祖孫이름)

2. 雙胎兒(쌍태아)

錦繡 江山, 維妙 維肖, 大雙 小雙, 明月 月明

3. 期待(기대)

富子, 金山, 萬有, 永富, 貴女, 俊欽, 國棟, 長壽, 壽山, 壽南, 永建,

功名, 永學, 文元, 知慧, 文杰, 文學

4. 美男美女(미남미녀)

善玉, 美蓮, 賢美, 美花, 香蘭, 粉女, 麗玉, 山玉, 雪梅, 順愛, 蓮花,

玉仙

5. 剛健廣大(강건광대)

廣日, 大石, 大中, 勇, 天日, 基虎, 大根, 長江, 猛成, 光國, 大洋, 雄天

6. 勸戒(권계)

李謹愼, 謹學, 塾慮, 再學, 愼思

7. 기타

男：孝俊, 仁吉, 正德, 慶賢, 學禮, 安寧, 一平, 學逸, 蓮生, 子盛, 子溝,

　　樂天, 我行, 遊樂, 龍吉, 成福, 文傑, 富升, 建業, 大發, 立功, 大名

女：靜女, 玉潔, 貞玉, 惠英, 成玉, 蓮淑, 福順, 貞淑

※한 번 읽고 지나갈 내용인 것 같기도 하다.

(한문이름으로 한글음은 생략)

▌數理에 의한 疾病(질병) 판단방법을 여기에 소개한다.

이는 인격과 지격수리가 흉할 때 그에 따른 질병이 발생한다는 것이다.

1획 혈관 간장 신경통 눈병 위장병 손발에 병이 온다.

2획 뼈 쑤시며 기관지 간장 왼쪽눈병 위장병 등이 온다.

3획 심장병 뇌신경 두통 눈병 폐병 종기 등의 병을 가지게 된다.

4획 심장병 뇌신경 두통 눈병 혈액 등의 질병을 가지게 된다.

5획 비장 위장염증 자궁병 오른손이나 왼쪽어깨병 피부병 무좀 등의 질병을
     가지게 된다.

6획 위궤양 비장 자궁병 오른 손 왼쪽발무좀, 발톱 등이 빠진다.

7획 뼈가 쑤시는 골병, 머리 아픈 혈압병, 폐병 피부병 오른발 아픈 병 등이 발생한다.

8획 치통이 나고 입병이 자주 나며 위장병과 오른쪽 복부병과 눈 코 등의 병이
     발생한다.

9획 신장 콩팥 등이 나빠지고 양기가 약해지며 복부병이나 귀가 나빠지는 병이
     발생한다.

10획 신장이 허약해져서 양기가 약해지고 여자는 자궁병이 발생하며 귀가 나빠진다.

※ 성명에 따라 길흉은 물론 질병까지도 波及(파급)된다는 것이다.

흉명을 양명으로 변경함으로써 그 근본 영성의 방향이 전환됨에 따라 어느 한도
내에서는 육체의 질병이 好轉(호전)될 수 있다고 한다.

그것은 本來 육체는 인간 영성에 從屬(종속)된 물질적 肉相(육상)이 인간영성이
유숙하고 있는, 본인 생명력의 律動(율동) 자체인 성명을 바꿈으로 영성이 전환되
어 곧 물질인 육상에 영향을 파급하는 원리로써 충분히 가능한 것이다.

▌吉格數理構成(길격수리구성) 조견표

- 성명의 한자(한글 포함)의 획수를 파악한 다음 그 수리의 길흉을 확인하는데, 4 격(元亨利貞)의 수리를 吉하게 배치하는 것이 작명의 본분이다.

먼저 수리를 염두에 두지 않고 작명을 한 다음에 길격수리인지를 확인한다면 4격 이 길수리로 구성되기란 쉽지 않을 것이기 때문이다.

많은 시간과 勞苦(노고)를 경주하여 헛수고가 된다면 실망만 클테고 이내 포기하는 경우도 흔치 않을 것이다.

길격수리의 구성표 범주 내에서 작명에 임한다면 이러한 시행착오는 줄일 수 있다 고 본다.

- 姓과 이름을 3字로 하여 먼저 숫자는 姓劃數(성획수) 두 번째 숫자는 이름字의 첫 자 마지막 숫자는 이름字의 끝자 획수인데, 만약 2字姓이라면 두자의 합수가 姓字 수리(예 鮮于 선우 20획)가 되며, 이름이 외자라면 제시된 조견표상의 길격 수리 가 운데 하나만 선택하여 적용하면 되는 것이다.(예 丁씨가 외자이름일 때 조견표상의 2,1,5 例에서 1이나 5중에서 택하여 2,1이나 2,5로 구성한다)

- 다만 여자의 성명에 있어서는 길수리로 구성되었다 하드라도 21, 23, 29, 33, 39 수리는 크게 不利하니 가능하면 사용하지 않는 것이 좋다고 하니 반드시 유념해 야 한다.

- 本 조견표는 4격과 삼원오행의 길격을 충족한 수리의 구성이다. 단 삼원오행의 구성은 이격(天格), 형격(人格), 원격(地格)순으로 수리의 오행을 적용하였으나 이는 수리길흉을 보는 데는 널리 사용되는 방법으로 알기 때문에 택한 것이며, 다른 삼원 오행의 방법을 쓰는 경우라면 다소 다를 수 있음을 말해둔다.

吉格 數理構成 早見表(길격 수리구성 조견표)

1획성	을 乙

성	1	1	1	1	1	1	1	1	1	1	1	1	1	1	1
명	2 5	2 14	2 15	2 22	4 12	5 2	5 10	5 12	6 1	6 10	6 17	7 10	7 16	10 5	10 6
성	1	1	1	1	1	1	1	1	1	1	1	1	1	1	1
명	10 7	10 14	10 22	12 4	12 5	12 20	14 2	15 2	16 7	17 6	17 12	17 20	20 4	20 5	20 12
성	1	1	1												
명	20 17	22 2	22 10												

2획성	내 도 복 우 입 정 乃 刀 卜 又 入 丁

성	2	2	2	2	2	2	2	2	2	2	2	2	2	2	2
명	1 4	1 5	1 14	1 15	1 22	3 3	3 13	4 1	4 9	4 11	4 19	5 1	5 6	5 11	5 16
성	2	2	2	2	2	2	2	2	2	2	2	2	2	2	2
명	6 5	6 9	6 15	6 23	9 4	9 6	9 14	9 22	11 4	11 5	11 22	13 3	13 16	13 22	14 1
성	2	2	2	2	2	2	2	2	2	2	2	2	2	2	2
명	14 9	14 15	14 19	14 23	15 1	15 6	15 14	15 16	16 13	16 15	16 19	16 21	16 23	19 4	19 14
성	2	2	2	2	2	2	2	2	2						
명	19 16	21 14	21 16	22 1	22 9	22 11	23 6	23 14	23 16						

3획성	간 궁 대 범 산 야 우 자 천 干 弓 大 凡 山 也 于 子 千

성	3	3	3	3	3	3	3	3	3	3	3	3	3	3	3
명	2 3	2 13	3 2	3 10	3 12	3 18	3 26	4 4	4 14	5 8	5 10	8 5	8 10	8 13	8 21
성	3	3	3	3	3	3	3	3	3	3	3	3	3	3	3
명	10 3	10 5	10 8	10 22	12 3	12 20	13 2	13 8	13 22	14 4	14 15	14 18	14 21	15 14	15 20
성	3	3	3	3	3	3	3	3	3	3	3	3	3	3	3
명	18 3	18 14	18 20	20 12	20 15	20 18	21 8	21 14	22 13	26 3					

4획성	개 공 공 구 근 금 두 둔 모 목 문 방 변 부 수 오 왕 우 원 介 孔 公 仇 斤 今 斗 屯 毛 木 文 方 卞 夫 水 午 王 牛 元 윤 윤 인 재 천 태 파 편 화 尹 允 仁 才 天 太 巴 片 化

성	4	4	4	4	4	4	4	4	4	4	4	4	4	4	4
명	1 2	1 12	1 20	2 1	2 9	2 11	2 19	3 4	3 14	4 3	4 7	4 9	4 13	4 17	4 21
성	4	4	4	4	4	4	4	4	4	4	4	4	4	4	4
명	7 4	7 14	9 2	9 4	9 12	9 20	11 2	11 12	11 14	11 20	12 1	12 9	12 13	12 17	12 19
성	4	4	4	4	4	4	4	4	4	4	4	4	4	4	4
명	12 21	13 4	13 12	13 20	14 3	14 7	14 11	14 17	14 19	14 21	17 4	17 12	17 14	17 20	19 2
성	4	4	4	4	4	4	4	4	4	4	4	4			
명	19 12	19 14	20 1	20 9	20 11	20 13	20 17	20 21	21 4	21 12	21 14	21 20			

5획성	감	공	구	무	백	북	비	빙	사	석	소	신	앙	영	옥	전	접	좌	태
	甘	功	丘	戊	白	北	丕	氷	史	石	召	申	央	永	玉	田	占	左	台
	평	포	피	현	홍	을지													
	平	包	皮	玄	弘	乙支													

성	5	5	5	5	5	5	5	5	5	5	5	5	5	5	5
명	1 2	1 10	1 12	2 6	2 11	2 16	3 8	3 10	6 2	6 10	6 12	6 18	8 3	8 8	8 10
성	5	5	5	5	5	5	5	5	5	5	5	5	5	5	5
명	8 16	8 24	10 1	10 3	10 6	10 8	11 2	12 1	12 6	12 12	12 17	12 20	13 20	16 2	16 8
성	5	5	5	5	5										
명	16 16	18 6	20 12	20 13	24 8										

6획성	곡	광	규	길	로	모	미	박	백	빙	서	선	안	앙	오	이	인	임	재
	曲	光	圭	吉	老	牟	米	朴	百	氷	西	先	安	仰	伍	伊	印	任	在
	전	주	후																
	全	朱	后																

성	6	6	6	6	6	6	6	6	6	6	6	6	6	6	6
명	1 10	1 17	2 5	2 9	2 15	2 23	5 2	5 10	5 12	5 18	5 26	7 10	7 11	7 18	7 25
성	6	6	6	6	6	6	6	6	6	6	6	6	6	6	6
명	9 2	9 9	9 23	10 1	10 5	10 7	10 15	10 19	10 23	11 7	11 12	11 18	12 5	12 11	12 17
성	6	6	6	6	6	6	6	6	6	6	6	6	6	6	6
명	12 19	12 23	15 2	15 10	15 17	15 18	17 1	17 12	17 15	17 18	18 5	18 7	18 11	18 15	18 17
성	6	6	6	6	6										
명	19 10	19 12	23 9	23 10	23 12										

7획성	강 江	군 君	두 杜	려 呂	리 李	리 利	보 甫	성 成	송 宋	신 辛	양 良	여 余	여 汝	연 延	오 吳	위 位	지 池	정 廷	차 車
	초 初	판 判	하 何	효 孝															

성	7	7	7	7	7	7	7	7	7	7	7	7	7	7	7
명	1 10	1 16	1 24	4 4	4 14	6 10	6 11	6 18	8 8	8 9	8 10	8 16	8 17	8 24	9 8
성	7	7	7	7	7	7	7	7	7	7	7	7	7	7	7
명	9 16	9 22	10 1	10 6	10 8	10 14	10 22	11 6	11 14	14 4	14 10	14 11	14 17	14 18	14 24
성	7	7	7	7	7	7	7	7	7	7	7	7	7	7	7
명	16 1	16 8	16 9	16 16	16 22	17 8	17 14	17 24	18 6	18 14	22 9	22 10	22 16	24 1	24 8
성	7	7													
명	24 14	24 17													

8획성	경 京	경 庚	계 季	공 空	구 具	기 奇	김 金	내 奈	림 林	맹 孟	명 明	문 門	방 房	봉 奉	사 社	사 舍	상 尙	석 昔	송 松
	승 承	승 昇	심 沈	악 岳	애 艾	야 夜	어 於	장 長	종 宗	주 周	창 昌	채 采	탁 卓	호 虎	화 和				

성	8	8	8	8	8	8	8	8	8	8	8	8	8	8	8
명	3 5	3 10	3 13	3 21	5 3	5 8	5 10	5 16	5 24	7 8	7 9	7 10	7 16	7 17	7 24
성	8	8	8	8	8	8	8	8	8	8	8	8	8	8	8
명	8 5	8 7	8 9	8 13	8 15	8 17	8 21	8 25	9 7	9 8	9 15	9 16	10 3	10 5	10 7
성	8	8	8	8	8	8	8	8	8	8	8	8	8	8	8
명	10	10	10	10	13	13	13	13	15	15	15	15	16	16	16

	13	15	21	27	3	8	10	16	8	9	10	16	5	7	9
성	8	8	8	8	8	8	8	8	8	8	8	8	8	8	8
명	16 13	16 15	16 17	16 21	17 7	17 8	17 16	21 3	21 8	21 10	21 16	23 16	24 15	25 8	27 10

| 9획성 | 강 姜 정 貞 | 기 紀 준 俊 | 남 南 초 肖 | 단 段 추 秋 | 류 柳 태 泰 | 사 思 파 波 | 삭 削 편 扁 | 선 宣 표 表 | 성 星 하 河 | 시 施 함 咸 | 시 柴 후 後 | 신 信 | 언 彦 | 영 泳 | 요 姚 | 요 要 | 우 禹 | 위 韋 | 유 俞 |

성	9	9	9	9	9	9	9	9	9	9	9	9	9	9	9
명	2 4	2 6	2 14	2 22	4 2	4 4	4 12	4 20	6 2	6 9	6 23	7 8	7 16	7 22	8 7
성	9	9	9	9	9	9	9	9	9	9	9	9	9	9	9
명	8 8	8 15	8 16	9 6	9 14	9 20	9 23	12 4	12 12	12 20	14 2	14 9	14 15	15 8	15 14
성	9	9	9	9	9	9	9	9	9	9	9	9	9	9	9
명	15 23	16 7	16 8	16 16	16 22	20 4	20 9	20 12	22 2	22 7	22 16	23 6	23 9	23 15	24 15

| 10획성 | 강 剛 예 芮 | 계 桂 옹 邕 | 고 高 원 袁 | 골 骨 원 原 | 공 貢 운 芸 | 구 俱 은 殷 | 궁 宮 조 曹 | 기 起 진 晋 | 당 唐 진 秦 | 마 馬 진 眞 | 반 般 창 倉 | 방 芳 하 夏 | 서 徐 홍 洪 | 석 席 화 花 | 소 素 환 桓 | 손 孫 후 候 | 수 洙 | 승 乘 | 시 時 |

성	10	10	10	10	10	10	10	10	10	10	10	10	10	10	10
명	1 5	1 6	1 7	1 14	1 22	3 3	3 5	3 8	3 22	5 1	5 3	5 6	5 8	6 1	6 5
성	10	10	10	10	10	10	10	10	10	10	10	10	10	10	10

명	6 7	6 15	6 19	6 23	7 1	7 6	7 8	7 14	7 22	8 3	8 5	8 7	8 13	8 15	8 21
성	10	10	10	10	10	10	10	10	10	10	10	10	10	10	10
명	8 23	11 14	13 8	13 22	14 1	14 7	14 11	14 15	14 21	14 23	15 6	15 8	15 14	15 22	15 23
성	10	10	10	10	10	10	10	10	10	10	10	10	10		
명	19 6	19 19	21 8	21 14	22 1	22 3	22 7	22 13	22 15	23 6	23 8	23 14	25 13		

11획성	강 康 이 異	견 堅 장 張	국 國 장 章	랑 浪 장 將	량 梁 조 曹	마 麻 주 珠	매 梅 최 崔	묘 苗 표 票	반 班 해 海	방 邦 허 許	범 范 호 扈	빈 彬 호 胡	상 常	설 偰	설 卨	어 魚	어 御	연 涓	위 尉

성	11	11	11	11	11	11	11	11	11	11	11	11	11	11	11
명	2 4	2 5	2 22	4 2	4 14	4 20	5 2	6 7	6 12	6 18	7 6	7 14	10 14	12 6	12 12
성	11	11	11	11	11	11	11	11	11	11	11	11			
명	13 24	14 4	14 7	14 10	18 6	20 4	20 21	20 27	21 20	22 2	24 13	27 20			

12획성	강 強 유 庚	경 景 일 壹	구 邱 저 邸	단 單 정 程	돈 敦 증 曾	동 童 지 智	민 閔 팽 彭	부 傅 풍 馮	삼 森 필 弼	선 善 하 賀	소 邵 황 黃	순 荀 동방 東方	순 淳 대실 大室	순 舜 소실 小室	순 順 이선 以先	승 勝	안 雁	요 堯	운 雲

성	12	12	12	12	12	12	12	12	12	12	12	12	12	12	12
명	1 4	1 5	1 12	1 20	3 3	3 20	4 1	4 9	4 13	4 17	4 19	4 21	5 1	5 6	5 12

성	12	12	12	12	12	12	121	12	12	12	12	12	12	12	12
명	5 20	6 5	6 11	6 17	6 19	6 23	9 4	9 12	9 20	9 26	11 6	11 12	12 1	12 5	12 9
성	12	12	12	12	12	12	12	12	12	12	12	12	12	12	12
명	12 11	12 13	12 17	12 21	12 23	13 4	13 12	13 20	17 4	17 6	17 12	17 20	19 4	19 6	19 20
성	12	12	12	12	12	12	12	12	12	12	12	12	12		
명	20 1	20 3	20 5	20 9	20 13	20 17	20 19	21 4	21 12	23 6	23 12	25 4	26 9		

13획 성	가 경 금 돈 렴 로 뢰 목 신 아 양 옹 우 욱 자 장 초 춘 탕
	賈 敬 琴 頓 廉 路 雷 睦 新 阿 楊 雍 虞 郁 慈 莊 楚 椿 湯
	사공 령고 망전 소봉
	司空 令孤 罔田 小峰

성	13	13	13	13	13	13	13	13	13	13	13	13	13	13	13
명	2 3	2 16	2 22	3 2	3 8	3 22	4 4	4 12	4 20	5 20	8 3	8 8	8 10	8 16	8 24
성	13	13	13	13	13	13	13	13	13	13	13	13	13	13	13
명	10 8	10 22	12 4	12 12	12 20	16 2	16 8	16 16	16 19	16 22	18 20	19 16	19 20	20 4	20 5
성	13	13	13	13	13	13	13	13							
명	20 12	20 18	20 19	22 2	22 3	22 10	22 16	24 8							

14획 성	개 견 국 기 단 련 배 봉 빈 석 신 실 영 온 자 제 조 채 화
	蓋 甄 菊 箕 端 連 裵 鳳 賓 碩 愼 實 榮 溫 慈 齊 趙 菜 華
	공손 서문
	公孫 西門

성	14	14	14	14	14	14	14	14	14	14	14	14	14	14	14
명	1 2	1 7	1 10	1 17	1 23	2 1	2 9	2 15	2 19	2 21	2 23	3 4	3 15	3 18	3 21
성	14	14	14	14	14	14	14	14	14	14	14	14	14	14	14
명	4 3	4 7	4 11	4 17	4 19	4 21	7 4	7 10	7 11	7 17	7 18	7 24	9 2	9 9	9 15
성	14	14	14	14	14	14	14	14	14	14	14	14	14	14	14
명	10 1	10 7	10 11	10 15	10 21	10 23	11 4	11 7	11 10	15 2	15 3	15 9	15 10	15 18	17 1
성	14	14	14	14	14	14	14	14	14	14	14	14	14	14	14
명	17 4	17 7	18 3	18 7	18 15	18 19	19 2	19 4	19 18	19 19	21 2	21 3	21 4	21 10	23 1
성	14	14	14												
명	23 2	23 10	24 7												

15획성	가 갈 경 곽 광 구 덕 동 량 로 루 류 만 만 묵 섭 탄 표 價 葛 慶 郭 廣 歐 德 董 樑 魯 樓 劉 萬 滿 墨 葉 彈 標 한 흥 사마 장곡 漢 興 司馬 長谷

성	15	15	15	15	15	15	15	15	15	15	15	15	15	15	15
명	1 2	1 16	1 22	2 1	2 6	2 14	2 16	2 22	3 14	3 20	6 2	6 10	6 17	6 18	8 8
성	15	15	15	15	15	15	15	15	15	15	15	15	15	15	15
명	8 9	8 10	8 16	9 8	9 14	9 23	10 6	10 8	10 14	10 22	10 23	14 2	14 3	14 9	14 10
성	15	15	15	15	15	15	15	15	15	15	15	15	15	15	15
명	14 18	14 23	16 1	16 2	16 8	16 16	16 17	17 6	17 16	17 20	18 6	18 14	20 3	20 17	22 1

성	15	15	15	15	15								
명	22 2	22 10	23 9	23 10	23 14								

16획성	강 개 곽 교 담 도 도 도 두 로 룡 륙 반 연 예 음 전 제 疆 蓋 霍 橋 潭 道 都 陶 頭 盧 龍 陸 潘 燕 豫 陰 錢 諸 진 황보 陳 皇甫

성	16	16	16	16	16	16	16	16	16	16	16	16	16	16	16
명	1 7	1 15	1 16	1 22	2 5	2 13	2 15	2 19	2 21	2 23	5 2	5 8	5 16	7 1	7 8
성	16	16	16	16	16	16	16	16	16	16	16	16	16	16	16
명	7 9	7 16	7 22	7 25	8 5	8 7	8 9	8 13	8 15	8 17	8 21	9 7	9 8	9 16	9 22
성	16	16	16	16	16	16	16	16	16	16	16	16	16	16	16
명	9 23	13 2	13 8	13 16	13 19	13 22	15 1	15 2	15 8	15 16	15 17	16 1	16 5	16 7	16 9
성	16	16	16	16	16	16	16	16	16	16	16	16	16	16	16
명	16 13	16 15	16 19	17 8	17 15	19 2	19 13	19 16	19 22	21 2	21 8	22 1	22 7	22 9	22 13
성	16	16	16	16											
명	22 19	23 2	23 9	25 7											

17획성	국 독 둔 사 상 상 선 손 양 양 연 위 장 종 채 촉 추 택 한 鞠 獨 遯 謝 嘗 霜 鮮 遜 陽 襄 蓮 蔚 蔣 鍾 蔡 燭 鄒 澤 韓

성	17	17	17	17	17	17	17	17	17	17	17	17	17	17	17

명	1 4	1 6	1 14	1 15	1 20	4 4	4 12	4 14	4 20	6 1	6 12	6 15	6 18	7 8	7 14
성	17	17	17	17	17	17	17	17	17	17	17	17	17	17	17
명	7 24	8 7	8 8	8 16	12 4	12 6	12 12	14 1	14 4	14 7	14 21	15 1	15 6	15 16	15 20
성	17	17	17	17	17	17	17	17	17						
명	16 1	16 8	16 15	18 6	20 1	20 4	20 15	21 14	24 7						

18획성	간 구 동 안 위 진 추 호 강절
	簡 瞿 董 顔 魏 鎭 鞦 鎬 綱切

성	18	18	18	18	18	18	18	18	18	18	18	18	18	18	18
명	3 3	3 14	3 20	5 6	6 5	6 7	6 11	6 15	6 17	6 23	7 6	7 14	11 6	13 20	14 3
성	18	18	18	18	18	18	18	18	18	18					
명	14 7	14 15	14 19	15 6	15 14	17 6	19 14	20 3	20 13	23 6					

19획성	감 강 관 담 방 벽 설 온 정 남궁 어금 재회
	鑑 疆 關 譚 龐 薜 薛 蘊 鄭 南宮 魚金 再會

성	19	19	19	19	19	19	19	19	19	19	19	19	19	19	19
명	2 4	2 14	2 16	4 2	4 12	4 14	6 10	6 12	10 6	10 19	12 4	12 6	12 20	13 16	13 20
성	19	19	19	19	19	19	19	19	19	19	19	19	19	19	19
명	14 2	14 4	14 14	14 18	14 19	16 2	16 13	16 16	16 22	18 14	18 20	19 10	19 14	19 20	20 12
성	19	19	19	19											
명	20 13	20 18	20 19	22 16											

20획 성	라 석 엄 선우 하후
	羅 釋 嚴 鮮于 夏候

성	20	20	20	20	20	20	20	20	20	20	20	20	20	20	20
명	1 4	1 12	1 17	3 12	3 15	3 18	4 1	4 9	4 11	4 13	4 17	4 21	5 12	5 13	5 27
성	20	20	20	20	20	20	20	20	20	20	20	20	20	20	20
명	9 4	9 9	9 12	11 4	11 21	12 1	12 3	12 5	12 9	12 13	12 17	12 19	13 4	13 5	13 12
성	20	20	20	20	20	20	20	20	20	20	20	20	20	20	20
명	13 18	13 19	15 3	15 17	17 1	17 4	17 12	17 15	17 21	18 3	18 13	18 19	19 12	19 13	19 18
성	20	20	20												
명	19 19	21 4	21 11												

21획 성	고 등 부 정 추 학
	顧 藤 負 鼎 鄹 鶴

성	21	21	21	21	21	21	21	21	21	21	21	21	21	21	21
명	2 4	2 6	2 9	2 14	2 16	3 8	3 14	3 24	4 2	4 4	4 12	4 14	4 20	6 2	6 10
성	21	21	21	21	21	21	21	21	21	21	21	21	21	21	21
명	6 11	6 12	6 18	8 3	8 8	8 9	8 10	8 16	9 2	9 8	9 18	10 6	10 8	10 14	10 17
성	21	21	21	21	21	21	21	21	21	21	21	21	21	21	21
명	11 6	11 16	11 20	12 4	12 6	12 12	14 2	14 3	14 4	14 10	14 17	16 2	16 8	16 11	17 10
성	21	21	21	21	21	21	21	21							
명	17 14	17 20	18 6	18 9	20 4	20 11	20 17	24 3							

22획 성	공 권 변 소 은 부 정 龔 權 邊 蘇 隱 負 鼎

성	22	22	22	22	22	22	22	22	22	22	22	22	22	22	22
명	1 2	1 10	1 15	1 16	2 1	2 9	2 11	2 13	2 15	2 21	2 23	3 10	3 13	7 9	7 10
성	22	22	22	22	22	22	22	22	22	22	22	22	22	22	22
명	7 16	9 2	9 7	9 16	9 26	10 1	10 3	10 7	10 13	10 15	10 25	11 2	13 2	13 3	13 10
성	22	22	22	22	22	22	22	22	22	22	22	22			
명	13 16	15 1	15 2	15 10	16 1	16 7	16 9	16 13	16 19	19 16	21 2	23 2			

23획 성	

25획 성	독고 獨孤

성	25	25	25	25	25	25	25	25	25	25	25	25	25	25	25
명	4 4	4 12	6 7	6 10	7 6	7 16	8 8	10 6	10 13	10 22	12 4	12 20	13 10	13 20	16 7
성	25	25	25	25											
명	16 16	20 12	20 13	22 10											

31획 성	제갈 諸葛

성	31	31	31	31	31	31	31	31	31	31	31	31	31	31	31
명	1 6	1 16	1 20	2 4	2 6	2 14	4 2	4 4	4 17	4 20	6 2	6 10	7 10	7 14	8 8
성	31	31	31	31	31	31	31	31	31	31	31	31			
명	10 6	10 7	14 2	14 7	16 1	16 16	16 21	17 4	17 20	20 1	20 4	20 17			

※ 金字는 姓에서만 김으로 인정되고 이름에서는 불인정(금으로 사용)

▌81數 靈動力(영동력, 暗示靈力)

▶ **運의 해설**

　　　　<例>　　　乾名　　　戊辰生

　　　金8　　　　　　　元(地格,名格) 초명부터 18세까지(前運)(1~15세)

利 11　　泳9　17 亨
(天)　　　　　　(人)　　　亨(人格,主格) 주로 18~36세　　(主運)(16~35세)

　　　　　　12 元
　　　　　　(地.)　　　利(天格,外格)　〃　28~50세　　(副運)(36~55세)

　　三3
　　20 貞
　　(總)　　　　貞(總格)　　　〃　40세이후　(後運)(56세~)

※ 각격이 의미하는 시기에는 영향력이 강하게 나타나지만 다른 시기에도 약간은 영향력이 發顯(발현)된다는 것을 잊어서는 안된다.
　　그러한 인식의 바탕에서 그러한지 통상 전체적으로 사격 모두 길수의 조합을 희망하는 경향이 지배적이다.
　　다시 말하면 모두 좋으면 발현시기를 염두에 둘 필요가 없어서인지 모른다.

▶ **格의 解說(해설)**

<序言>

대체로 천지간의 만물이 그 숙명은 行運(행운)의 수에 의하지 않는 것이 없는데 고대로부터 쓰여지고 있는 우리의 문자 속에도 수가 포함되었으며, 음양오행의 상생상극적인 신비한 조화력이 철학적으로 숨어있다.

이와 같은 神秘力(신비력)으로 사람들의 성명까지도 수를 통하여 해결, 吉凶禍福(길흉화복)을 판단할 수 있는데 그 的中力(적중력)이 또한 신비하게도 정확하다.

<活用法>

初年運 - 姓字와 名上字를 합한 총수
　　　　　 (姓字가 두字인 경우는 姓字 전부와 名上字의 합수임)
中年運 - 名字의 총획수 (이름이 1자 2자 3자간에 총수)
末年運 - 姓名字 전부를 합산하여 총합한 획수

▌八十一數 靈動力(영동력)

◇ 一頭領運 삼라만상의 기본수이고 최고로 좋은 수이며 부귀공명하고 일생에 안락하며 태평하여 장수하고 명예를 얻으며 말년에 이르러 더욱 좋은 수리이다.

　　一이면 春氣發動格(춘기발동격=즉 봄기운이 발동하는 격)이니 활동력이 강하여 뜻을 얻고 성공하며 재물과 富도 있으나 중년에 객지에서 풍상이 따르리라.

◇ 二分離運 파란과 분리, 불안, 동요, 고독, 병약, 조난, 불구가 되기 쉬운 이름이며 처자와 생리사별되고 심하면 단명하다. 그러니까 혼돈미정의 최악의 수리이다.

　　二면 夜陰黑雲格(야음흑운격=즉 밤이 어두운데 검정 구름마저 낀 격)이니 머리도 없고 꼬리도 없는 불길한 징조이다.

◇ 三福壽運 음양이 형성된 좋은 수요 최대의 경사와 복이 있고 지혜가 달통하고 영민하며 공명영달하고 건강장수하며 큰 사업을 성취하고 두령이 되며 어떤 일이든 성공되는 수리이다.

　　三이면 大嶽巨岩格(대악거암격=즉 커다란 산에 큰 바위 격)이니 官祿운이 있고 중년에 대성하며 군인이면 성취가 더욱 크리라.

◇ 四破滅運 파괴의 흉상을 지니며 불구, 불안, 멸망의 징조가 있다. 진퇴가 자유롭지 못하고 독립심이 결여되며 혹은 발광 등이 염려되고 세상에서 버림받은 수리이다.

　　四이면 雪上加霜格(설상가상격=즉 서리위에 눈까지 내린 격)이니 오른쪽으로 도망치자니 큰불이요 왼쪽으로 가자니 洪水라 단명하고 불길한 격이다.

◇ 五成功運 음양이 교감하여 화합이 완벽한 상이며 위대한 성공을 하는데 정신발달 신체건전 복록 장수 부귀영화 혹은 중흥조가 되고 가정을 재건하는 수리이다.

五이면 正道無敵格(정도무적격=즉 정도에는 적이 없는 격)이니 성질이 강직하여 재운에 인연이 적으나 관직으로 나아가서 대성하고 말 년을 안락하게 지내는 격이다.

◇ 六蓄財運 하늘과 땅에서 덕을 주어 경사와 복이 아주 풍성하며 가세가 성대하고 모든 보물이 집합되는데 왕성의 끝에는 슬픔이 따른다는 점만 알면 안락하게 되는 수리이다.

六이면 秋風漸冷格(추풍점냉격=즉 가을바람이 점차로 차가운 격)이니 일시는 마음먹었던 일이 성취되지만 오래가지 못한 격이다.

◇ 七發達運 독립심과 권위가 강한 반면에 동화력이 부족한 감도 있다. 일에 조리 있고 재능과 정력도 있으며 만난을 배제하고 성공하나 여자는 남성적이 되는 수리이다.

七이면 淘沙取金格(도사취금격=즉 모래를 이러서 금을 취하는 격)이니 권위가 강하고 의지가 준수하고 민첩하여 모든 어려움을 배제하고 반드시 성공을 얻는다. 매사를 근신하면 대길한 격이다.

◇ 八健暢運 의지가 철석 같고 진취의 기상이 뛰어나 천신만고도 헤쳐나서 목적을 관철하고 명예 보물을 지키고 인내로 성공을 한다.

단 조난을 조심해야하는 수리이다.

八이면 掘井求泉格(굴정구천격=즉 우물을 파서 샘물을 얻은 격)이니 철석같이 어렵더라도 마음껏 노력하면 뜻과 소망을 달성하는데 지나치게 강하고 함부로 나아간다면 반대로 결국 실패하는 격이다.

◇ 九窮極運 이익이 없고 공도 사라지며 공박에 빠져 역경, 단명, 비통, 참담의 의미가 있고 어릴 때 부모잃고 곤란, 병약, 불구, 조난, 빈곤, 형벌 등이 우려되는 最凶의 수리이다.

九이면 一葉片舟格(일엽편주격=즉 나무잎 같은 쪼각 배 격)이니 궁박하고 병난에 고독 과부요 재해가 있으며 육친은 생리사별이나 형벌 재난 화근 단명하여 가정이 파멸하는 격이다.

◇ 十短命運 끝장이요 공허, 냉암의 최흉수로 해지고 적막한데 귀신이 나오고 만사가 무력하며 장애가 많다.파산,빈곤,육친이별,조난,형벌이 있는데 만에 하나 만난을 헤치고 사선을 넘어 성공한 사람도 있는 수리이다.

十이면 壇上放馬格(단상방마격=즉 단위에다 말을 놓아둔 격)이니 실패하고 파란이 있으며 처자의 생리사별에 고독 과부가 아니면 病災 불구 형벌 재앙 失命되고 대흉하다.

◇ 十一興家運 음양이 서로 오듯이 천부의 행복을 누리고 매사가 순서 있게 발달하며 온건 착실하여 부귀번영하고 일가를 재기시키는 최대로 좋은 운을 지닌 수리이다.

十一이면 渴馬得水格(갈마득수격=즉 목마른 말이 물을 얻은 격)이니 온건하고 착실하며 순조롭게 발달하고 일가를 부흥시키며 부귀를 겸전하고 자손이 만당하는 격이다.

◇ 十二薄弱運 무리를 펴며 박약무력하다 안되는 것을 기획하다 실패보며 의외로 실수, 액난, 비운에 빠지고 심하면 단명하게 되는 고독, 역경, 병난의 수리이다.

十二이면 飢鳥逢鷹格(기조봉응격=즉 굶주린 새가 매를 만나는격)이니 박약한 의지로 여의치 않는 일이 적지 않고 일에는 무리가 항상 많으며 가족은 이산되거나 생리사별하며 질병에 고독이 서로 임하게 된다.

◇ 十三智達運.학예 재능이 풍부하고 지모와 지략이 있다. 어떠한 어려움이라도 교묘하게 잘 빠져나와 부귀행복을 누릴 좋은 계기를 만드는 특장이 있는 수리이다.

十三이면 走馬紅塵格(주마홍진격=즉 세상에서 말을 달리는 격)이니 학예는 만능이며 지혜와 계책은 힘이 있고 뜻하여 바라는 일은 반드시 성취하며 富貴하여 행운이 오며 명성을 높이 떨치고 자손이 창성하리라.

◇ 十四破壞運 파괴의 조짐이 있고 가족과 인연이 박하여 부모와 형제자매를 이별하든가 고독, 불여의, 번민, 위험, 조난이 따르고 심하면 단명도 우려되는 수리이다.

十四이면 秋堤楊柳格(추제양류격=즉 가을 제방에 버드나무 격)이니 가족의 연이 엷고 노력하나 공이 없으며 매사가 여의치를 않고 번민과 고뇌가 심하며 短命격인데 가정운도 파멸 패망된다.

◇ 十五福壽運 최대의 호운으로 복과 수가 원만하며 아량도 풍부하며 화

순온량하고 윗사람의 혜택을 받으며 덕과 녹이 많고 대업성취, 부귀 번영하는 최대길운의 수리이다.

十五이면 澤龍出海格(택룡출해격=즉 못에 있는 용이 바다로 나가는격)이니 객지에 나가서 크게 성공할 운이요 상하로 신망을 얻고 가정과 사람이 번성하고 창성하여 사업이 왕성하는 大吉格이다.

◇ 十六德望運 흉이 길로 변하는 상이요 두령으로 남위에 있고 풍후한 아량으로 신망을 받아 대중을 복종시키며 큰 사업의 성취, 부귀 발달 되며 특히 부인은 좋은 수리이다.

十六이면 破屋重修格(파옥중수격=즉 파괴된 집을 중수하는 격)이니 아량과 덕망이 있고 지위도 상등에 있으며 가히 만인을 통솔할 길운이다.

◇ 十七剛健運 권위와 박력은 자기 본위로 관철하므로 인화에는 부족한 감이 있다. 교만과 고집은 금물이다. 의지 견고하여 만난을 돌파하여 위대한 일을 하게 되고 건강에 좋은 수리로써 허약자에게는 더욱 좋다.

十七이면 披雲見月格(피운견월격=즉 구름 헤치고 달을 보는 격)이니 자아심이 강하여 만난을 돌파하여 반드시 성공을 얻지만 잠시는 異域에서 풍상도 있다.

◇ 十八發達運 철석같은 마음과 발달운에 권력과 지략도 있어 한번 세운 뜻은 견실하게 어려움을 헤쳐서 명리를 넓힌다. 포괄력과 완고함을 주의해야 하는 수이다.

十八이면 鍊石補天格(연석보천격=즉 제련된 돌로 하늘을 돕는 격)이니 권력과 지모가 발달하여 목적을 달성하고 명리를 넓히며 意思가 견고하여 만난을 배제하고 성공하는 격이다.

◇ 十九病惡運 재능이 있고 활동의 소질도 있으므로 대업을 일으키고 명리를 달성할 실력은 있는데 의외의 장애와 내외불화 困難등이 많아 병약, 폐질, 불구, 졸도, 고독, 과부의 비운에 빠지며 더 나아가서는 단명, 요절, 처자사별, 형벌, 살상의 난이 우려되는 수리이다.

十九이면 石上栽松格(석상재송격=즉 돌 위에 소나무를 심는 격)이니 지능으로 혹 성공은 얻으나 반면에 실패 멸망이 반드시 있고 가족과 생리사별에 병과 재난 형벌 화근이며 횡액으로 短命된다.

◇ 二十短命運 싹 잘라버리듯 단명하고 비운을 유도하는 대흉의 운명이며 재액, 조난, 不如意의 역경에 빠지고 폐질이나 부모처자를 이별하는 참담한 수리이다.

二十이면 雪裏芙蓉格(설리부용격=즉 눈 속의 연꽃 격)이니 액과 어려움 凶禍에 고독 과부 근심 슬픔과 괴로운 눈물이 심하고 형벌과 병환이 끊이지 않으며 불구가 되고 短命格이다.

◇ 二一頭領運 구름개고 달이 나오듯 만사를 형성하는 상이며 독립과 권위가 있고 두령으로 남의 위에서 존경받고 부귀영화를 누리나 단, 부인은 고독 고생이 있는 수리이다.

二十一이면 神劍化龍格(신검화룡격=즉 신검이 용으로 변하 격)이니 남자는 영웅으로 출세하나 단 여자는 만일 고독한 과부가 아니면 無子격이다.

◇ 二二薄弱運 백사불여의 중도 좌절되며 가을 풀이 서리를 맞은 상으로 곤란, 병약, 무기력, 고독, 위험, 역경과 불평에 빠지게 될 운세요 박약의 수리이다.

二十二이면 秋草逢霜格(추초봉상격=즉 가을 풀이 서리를 맞은 격)이니 실의에 역경으로 목적이 좌절되고 심신이 막히며 상해되고 형벌과 재화로 목숨을 잃고 고독 수심 病災로 불구되고 不運格이다.

◇ 二三隆昌運 위대하고 세가 충천하는 상이며 비천한 몸이 윗사람이 되어 흡사 개선장군이 되고 맹호가 날개를 달게 된 상이다. 공명영달하고 큰뜻 큰사업을 성취시키나 단, 여인은 고독 과부의 불평이 있는 수리이다.

二十三이면 靑雲名高格(청운명고격=즉 청운으로 이름이 높은 격)이니 욱일승천하여 혁혁하고 頭領運이다.(성명중에 23수가 중복되면 變死된다.) 단 여자이면 생리사별이나 無子된다.

◇ 二四蓄財運 경로에는 다소 어려움이 있으나 재략과 지모가 뛰어나서 큰 공을 세우고 금전을 모으며 말년이 좋고 자손에게 경사를 전하는 유일의 수리이다.

二十四이면 乃積乃倉格(내적내창격=즉 이에 쌓여 창고에 가득찬 격)이니 지혜가 빼어나며 무에서 유를 얻고 금은보화가 만당하고 재운이 왕성한 격이오, 관리로 성공한 뒤에 과하면 刑禍로 횡액을 당한다.

◇ 二五健昌運 자성이 영민하며 귀중한 재능도 있으나 다소 유약하며 언어에도 약간 모순이 생겨 사교나 사업상으로 지장이 초래된다. 큰 사업을 성취하여 성공하는 수리이다.

二十五이면 枯木逢春格(고목봉춘격=즉 마른나무가 봄을 만난 격)이니 타고난 성격이 영민하고 성공 발달하며 재물과 녹이 순조로우며 부귀로 현달하고 자손이 창성된다.

◇ 二六變怪運 파란만장의 영웅운이요 사선을 넘어서 성공하고 불세출의 위인, 괴력자가 여기서 나오지만 많이는 병난, 방탕, 고독, 배우자를 잃기 쉬운 수리이다.

二十六이면 成君敗賊格(성군패적격=즉 성공하면 임금이오, 실패되면 역적격)이니 일면은 영웅적인 수완이 있으나 혹은 성공하고 혹은 실패된 후로 병고도 있고 난리를 입는 격인데 만일 怪傑이나 영웅격의 인물이면 대귀한다.

◇ 二七中折運 자존심이 강하고 비난, 공격을 받아 실패하며 중도에 좌절되는 상이니 지략과 분투노력으로 명리를 넓혀도 불화, 형벌, 조난, 고독, 자살자가 나오는 수리이다.

二十七이면 岩上走馬格(암상주마격=즉 바위위로 말이 달리는 격)이니 분투노력이 있어 큰 성공을 획득한 뒤로 명망이 더욱 높으나 결국은 형벌과 재화로 변사되며 가정이 실패되는 격이다.

◇ 二八遭難運 일종의 호걸적인 상태에 있는데 파란변동이 많고 비난, 재액, 조우, 상해를 당하며, 혹은 부부이별 골육과 헤어지며 일생에 험악한 수리이다.

二十八이면 狂風搖燭格(광풍요촉격=즉 광풍이 촛불을 흔드는 격)이니 좋은 운이 지나면 사별되고 조난을 만나며 형벌에 재난이 많고 병도 더욱 심하며 매사 실패되고 자식이 없으며 橫死가 아니면 短命된다.

◇ 二九受福運 지략이 우수하고 공을 세우며 복을 받는 운이요 재력도 있고 활동력도 있으나 일면 불평과 부족을 느끼며 여인은 과부나 황망에 흐르기 쉬운 수리이다.

二十九이면 雲龍風虎格(운룡풍호격=즉 구름은 용을 따르고 바람은 범을 따르는격)이니 지모와 勇躍性이 있어 큰 뜻과 큰 사업을 성취하되 불평과 불만이 간간이 생길 것이나 침착하면 좋은 격이다.

◇ 三十浮沈運 선악을 정하기 어려우며 투기, 중이 되는 경우도 있고 즉 대성공하는 자도 있고, 실패의 밑바닥을 헤매는 사람도 있다. 대체로는 비운, 박약, 고독, 실의, 단명, 처자의 사별이 있다.

三十이면 寒魚上灘格(한어상탄격=즉 추위에 물고기가 여울로 오른격)이니 투기심이 있고 적은 재주나 큰 재주를 병용하여 간간히 성공하나 적은 파란이 있으므로 失敗格이다. 그러나 오행이 배합되면 좋다.

◇ 三一開拓運 지인용이 겸비하고 의지가 견고하여 굴절 없이 전진하여 큰 뜻 큰 사업을 성취하고 대중을 통솔하며 명예, 번영, 부귀. 행복에 이른다. 단, 부인은 쓰지 않는 것이 좋다.

三十一이면 金玉滿堂格(금옥만당격=즉 금과 옥이 집에 가득찬 격)이니 건전한 두령이 되고 점점 향상하여 부귀겸전에 명망이 사방에 가득하며 자손도 창성 된다.

◇ 三二僥倖運 물 묻은 손에 좁쌀이 붙듯 하며 윗사람의 도움이 두터워 파죽지세로 성공하며, 가문융창, 번영, 지상의 행복을 누린다. 다른 사람의 배려를 깊게 받고 있다.

三十二이면 牛眠盛草格(우면성초격=즉 소가 풍성한 풀에서 잠자는 격)이니 재록이 풍부하고 상하가 친히 화합하며 여러 사람의 부조로 대성하여 末年運은 百子千孫으로 郭汾陽(곽분양)의 부귀도 부럽지 않는 격이다.

◇ 三三旺盛運 봉황이 서로 모이고 형성이 확정된 상으로 권위와 지략도 있다. 굳세어서 흡사 욱일승천하는 위력이 있어 성운이 융창하고 명성이 천하에 펴지나 보통사람은 감당할 수 없으므로 윤락, 암흑, 극히 쇠퇴될 수 있다. 특히 부인은 가장 강열하므로 과부운이 된다.

三十三이면 枯苗得雨格(고묘득우격=즉 메마른 싹이 비를 얻은 격)이니 왕성한 頭目運이어서 가히 萬人을 살리는 吉祥格이나 단 여자는 비참하고 고독한 운이다.

◇ 三四破壞運 파멸 괴리의 운이 강하고 한번 흉이 오면 거듭 오며 대흉, 대곤란, 신고에 빠진다. 파란, 주저, 쇠패, 참담, 비통에 이르고 다른 조합에 따라 단명배우자 자녀의 사별, 형벌, 살벌, 발광, 패가망신수도 있다.

三十四이면 魚躍河上格(어약하상격=즉 물고기가 강하에서 뛰는 격)이니 파멸의 흉조에 고생과 병난으로 정신이 이상하며 무자되고 가정이 실패되며 단명할 격이다.

◇ 三五平安運 지혜와 능력이 있으나 권위의 세력이 부족하고 온화 양순한 반면 철저하지 못한 상이다. 문예 기술방면으로 발전하여 공을 이루고 큰일 큰 사업을 당하면 담력과 재간이 부족하다 기력을 일으키고 권위와 절의를 철저히 하며 세력을 보완하되 불철저한 바탕도 교정하여 가면은 평안하여지는 좋은 수이며 여인에

게는 특히 좋다.

三十五이면 缺月復圓格(결월부원격=즉 일그러진 달이 다시 망월이 된 격)이니 재지가 능히 통달하며 기술 실업으로 발달하고 의외로 성공하여 일생 安樂하는 吉祥格이다.

◇ 三六波爛運 영웅운이며 파란이 중첩되며 부침이 많은 상이다. 의협심과 정의가 두터워 자신을 버리고 인의를 취하니 일생 평안을 얻기 어렵고 신고 곤란이 많게 된다. 움직이면 움직일 때마다 파란이 생기고 큰 변동을 빚어 아주 쇠퇴의 늪으로 들어감을 암시하고 있다. 혹은 실패 윤락의 대흉이 오고 다른 운과의 조합에 따라서는 단명, 병약, 고독, 과부, 액난에 빠지게 된다.

三十六이면 枯井遇雨格(고정우우격=즉 매마른 샘이 비를 만난 격)이니 호협한 情과 파란으로 잠시 일시의 부귀는 있으나 결국 손상되어 액이 많고 큰 공도 한줌의 흙처럼 일그러진다.

◇ 三七奏功運 독립, 권위, 충실하여 비할 수 없는 공을 성취하고 사물에도 통달하고 화창하며 열성으로 여러 신망을 얻어 만난을 부수고 큰 사업을 성취하며 덕과 재능을 발휘하여 천부의 큰 행복을 누리고 평생에 부귀영화를 본다. 단, 일면 고립된 감이 없지 않으니 화순하는데 마음을 두라.

三十七이면 春入桃圓格(춘입도원격=즉 봄에 봉숭아 동산에 들어간 격)이니 충실하고 열성적이면 만사가 화창하고 재록과 권위도 있고 대지대업을 성취하며 장구히 끊이지 않는 격이다.

◇ 三八平凡運 큰 뜻 큰 사업에 대한 포부와 통솔력 권위 명망, 두령에 관한 재간이 모자라고 힘과 신망을 얻어도 목적을 관철하기는 어렵다. 평범, 박약, 무력의 상이다. 단 문학, 기술, 예술방면에는

발전될 힘이 있다.

三十八이면 錦衣塗炭格(금의도탄격=즉 비단옷 입고 도탄에 빠진 격)이니 뜻이 學藝에 있으며 成功運이 있으나 대중의 신임과 위력이 결핍되므로 결국성공이 없고 병고와 실패가 몸에 따르는 격이다.

◇ 三九平福長壽運 재난이 일변하면 평복으로 되어 비할 수 없이 귀중하게 되며 권위와, 장수 재물이 풍부하고 덕택도 사방에 미치며 재략이 전신에 가득 차서 부귀번영을 자손에 영원히 전하는 상이며 호령하나로 만인을 통솔하고 위세는 하늘을 누른다. 아울러 가장 귀중한 것 뒤에는 가장 비참한 악운이 감추어져 있어서 길흉이 종이의 겉과 속 같으므로 경솔하게 쓸 수 없는 수요 특히나 두령 운이므로 부인은 과부가 되기 쉽다.

三十九이면 豹變成虎格(표변성호격=즉 표범이 호랑이로 된 격)이니 부귀에 頭領運으로 장수하고 건강한 격인데 단 여자는 파탄되어 과부에 無子格이다.

◇ 四十吉凶相半運 지략도 풍부하고 담력도 남들보다 뛰어나지만 불순하고 덕망이 모자라서 비난과 공격을 받을 우려가 있으며 파란과 부침 그리고 길흉의 분기점에 있으므로 때로는 투기를 좋아하는 등 객기가 있어 다른 운과의 조직에 따라 형벌, 상해, 범죄를 낳고, 혹은 병약, 단명, 고독에 빠지고 움직여도 실패를 초래하며 진취하면 어려움이 생기고 물러나 있으면 겨우 안녕을 보전하는 수이다.

四十이면 小舟入浪格(소주입랑격=즉 적은 배가 파도로 들어간 격)이니 지략이 강하고 재간이 민첩하며 투기심도 강하고 많은데 혹은 소년 중년에 영달되어도 결국은 비명에 횡액이 있는 격이다.

◇ 四一高名運 순수한 양의 독특한 원소는 좋은 경사를 내포하고 담력과 재주 꾀가 겸비하며 유덕, 건전, 화순하여 대지대업을 가질 실력이 있고 이름 높고 부귀, 최대의 좋은 운을 감추고 있다.

四十一이면 大旱甘霖格(대한감림격=즉 큰 가뭄에 단비내린 격)이니 대지대업을 성취하고 부귀영화와 장수하며 이름이 사방에 떨치고 자손이 창성하는 격이다.

◇ 四二失意運 박학달통하고 재능과 기예가 좋아 다방면에 세상물정을 안 밖으로 통달하고 취미도 여럿이지만 한 가지도 깊게 통달하지 못한다. 대체로는 박약하여 여의치 못하고 자아의 생각이 모자라 적막, 비애의 상이다. 산만 실의 되기 쉬운 한결같은 뜻으로 전념하여 나아 가면은 어느 정도 성공을 할 수 있는데 그렇지 못할 경우 실패에 빠지게 된다. 개중에는 고독하고 병약자도 나오게 된다.

四十二이면 雪中孤松格(설중고송격=즉 눈 속에 외로운 소나무격)이니 적막하고 이산되어 비애와 실의 逆行이며 항상 자녀로 탄식하고 또한 病弱 고독한 운이다.

◇ 四三散財運 낡은 습관이나 폐단을 벗어나지 못하고 눈앞의 안일만을 취하며 박약, 산만의 상이 있다. 비온 뒤 꽃 같아 재능과 지혜의 발달도 있는데 의지력은 확고하지 못하고 모든 일을 수행하는데도 능통하지 못하여 외견으로는 행복한 것 같으나 내심은 곤란이 많다. 표면상으로 일이 성사된 것 같은데 이면으로는 파괴되고 있다. 특히 부인은 다른 운의 배합에 따라 황음에 빠지고 평생 완전하지 못하게 된다.

四十三이면 坐井觀天格(좌정관천격=즉 우물 속에 앉아 하늘을 보는 격)이니 인순고식하여(옛 버릇을 버리지 못함) 家財가 소실되고 실의로 파탄이오며 말년에 고생으로 失敗格이다.

◇ 四四破滅運 패가망신의 가장 흉한 징조가 있고 비운, 참담, 파괴, 난리의 뜻을 감추고 있다. 만사가 뜻과 같지 않아 실의, 역경, 번민, 노고가 많고 병난과 조난, 가족과의 생리사별, 불구, 폐질이 있으며 다른 운과의 조직에 따라서 발광 단명도 하게 된다. 단 불세출의 괴걸, 위인, 열사, 효자 열부, 대발명가 등이 종종 이의 운에서 나온다.

四十四이면 夏蟲入火格(하충입화격=즉 불나비가 불속에 달려든 격)이니 敗家亡身하고 가족과 生死別되며 발광에 불구와 급변 몰락으로 대흉하다.

◇ 四五順調運 순풍에 돛을 달아 놓은 것과 같은 상이며 경륜이 깊고 지략이 커서 대지대업을 이루고 만난을 잘 타개하여 능히 성공하여 부귀번영이 극에 이른다. 단 다른 운과의 조직에 따라서 조난이 생길 우려도 있다.

四十五이면 順水行舟格(순수행주격=즉 순탄한 물로 배가 가는 격)이니 경륜이 심원하고 뜻과 소망을 달성하며 자손이 창성하고 사업은 흥왕하며 명성이 멀리 퍼지는 길운이다.

◇ 四六悲哀運 보배를 싣는 배가 갈라지는 상으로 정력이 줄어들고 박약, 비애로 나아 가게 되어 곤난, 신고, 파괴가 많다 그러나 일종의 변괴적인 운이므로 개중에는 큰 어려움을 일찍 맛보고 끝나서 대성공을 하는 사람이 있으며 혹은 다른 운과의 조직에 따라서는 병신, 고독, 형벌, 단명에 빠지게 되는데 어쨌든 불행을 면하기 어려운 운명이다.

四十六이면 夏扇逢火格(하선봉화격=즉 여름 부채가 불을 만난 격)이니 정력이 결핍하여 漸漸 비참하고 병난과 고독 과부에 短命되고 아니면 호걸에 협객의 운이다.

◇ 四七展開運 꽃이 피어오르는 상과 같이 행복한 길조의 수리이고 천부의 행복을 누리게 된다. 다른 사람과 일치하여 큰일과 큰 사업을 성취하지만 진취하면 손해되고 물러나면 이익이 있다. 영원한 행복을 자손에게 전하는 좋은 운이다.

四十七이면 龍得如意珠格(용득여의주격=즉 용이 여의주를 얻은 격)이니 꽃피고 행복하며 천부의 吉慶이 長遠하여 큰 뜻과 큰 사업을 성취하며 金玉이 만당하고 자손도 창성된다.

◇ 四八榮達運 지략이 충만하고 재능도 있으며 유덕하다, 또한 경건하다는 의미도 있다. 다른 사람의 고문이나 상담역으로 위엄과 명망을 떨치는데 천성이 영민하여 공명영달하고 상서로운 수리이다.

四十八이면 魚群下釣格(어군하도격=즉 물고기 떼에 낚시를 던진 격)이니 지략이 강건하고 덕망이 멀리 퍼지며 이름은 사방에 높고 지위도 얻으며 부귀를 누리게 되는 격이다.

◇ 四九吉凶變化運 길흉이 안팎으로 한 장의 종이 속과 같으므로 길은 길로 변화되어 좋게 되고, 흉할 때는 흉으로 변하여 대흉하게 되므로 좋을때는 성공되지만 흉할때는 손실, 재해, 액난이 따르는데 많이는 일면 대흉한 속에서 한 편으로 좋은 경사도 내포하고 있게 된다. 어쨌든 간에 다른 운과의 배합에 따라서 행, 불행을 나눠서 볼 수 있지만 대개 흉화로 빠지게 된다.

四十九이면 虎入荒山格(호입황산격=즉 호랑이가 황량한 산으로

들어 간 격)이니 길흉이 상반하고 손실 위험이 많으며 병고가
중중하고 만일에 눈앞에 黑子가 있으면 희망한 일도 통달되는
격이다.

◇ 五十一成一敗運 일성일패의 상이 있는데 五수의 덕으로 한번은 진취
하여 큰 사업을 성취하고 부자로 왕성하지만 가득차면 파괴될
흉조도 있으므로 말년에 과도한 실패를 초래하여 자신이나 가정
을 멸망에 이르게 하고 다른 운이 흉을 가중시킬 때는 형벌, 살
상, 수심, 이별, 고독, 빈한에 빠지고 자주 큰재해가 이른다.

五十이면 秋雁失侶格(추인실려격=즉 가을 기러기가 짝을 잃은
격)이니 혹은 성취하고 혹은 실패되니 파란이 첩첩하고 투기심
으로 타락하고 失意되니 만년에 재액이 많게 되는 운이다.

◇ 五一一盛一衰運 일성일쇠의 상으로 한번은 성운 융창하여 아울러 명
리를 달성시키지만 운속에는 자연히 흉조를 내포하고 있으므로
만년에 부침이 생겨 쇠퇴의 운으로 고생과 실패에 이르기 쉽다,
다른 좋은 수와의 결합에 따라서는 대길하게 된다.

五十一이면 浮雲蔽月格(부운폐월격=즉 뜬구름이 달을 가린 격)
이니 한번은 성공하고 한번을 실패하니 일시는 명리를 달성하나
만년이 부침과 파란으로 고생 곤궁에 빠지고 실의에 빠지게 되
는 격이다.

◇ 五二躍進運 한번을 약진하여 펴지는 상으로 세력이 강대하고 무형에
서 유형을 창조하는 운이다. 선견지명이 있어 계획을 그르치는
일이 없고 달통한 안목은 능히 시세를 살필 줄 안다. 투기심도
풍부하면서 기략도 있으므로 어렵고 고통스런 속에서도 대지대
업을 관철시켜 功名利達하게 된다. 요컨대 선견지명으로 성공하
고 부귀영화를 누리게 되는 수리이다.

五十二이면 門前盈車格(문전영차격=즉 문전에 차가 가득한 격)이니 길다란 세력으로 약진하며 선견지명으로 투철하여 공명영달하고 한가하고 편안하는 격이다.

◇ 五三障害運 외견은 길상이니 복이 있는 것 같지만 내실은 장애, 재화가 많다. 많이는 전반생이 행복하여도 후반생은 불행에 빠지게 된다. 또한 후반생의 두터운 녹은 전반에 재액을 당했기 때문인데 단,主運 副運과 三才의 배치가 양호하여야 대길운이 되는 것이다.

五十三이면 朔月更虧格(삭월경휴격=즉 초승달도 다시 일그러진 격)이니 외견으로는 유복한 것 같으나 내용이 빈한하고 재앙과 복록이 서로 보이며 결국에는 실패하는 운이다.

◇ 五四破滅運 대 흉악을 암시하며 불행, 참절, 불화, 손실, 근심 고통이 빈번하고 패가망신, 혹은 불구, 폐질, 형벌, 단명, 횡사, 고독 등 逆難이 있다 전반생은 좋다.

五十四이면 風雷下杜鵑花格(춘기발동격=즉 바람불고 뇌성 치는데 진달래 꽃인격)이니 커다란 흉화와 서로 맞지 않아(齟齬) 집이 파괴되고 걸인의 격이다.

◇ 五五反盛運 성한것이 극치면 도리어 흉이 생기게 된다. 표면은 번성하게 보이나 내용은 재해가 속출하고 일에는 안심할 수가 없으며 신고, 액난, 이별, 産亡 등 재난이 많고 아울러 의지는 강하여 만난을 타개하고 이겨내며 견실하게 참아내어 서두르지 않으니 일에 당하여 성공할 수 있게 되는 길흉이 상반한 운격으로 박약하고 뜻이 약한 사람도 드디어 입신하게 된다. 이수는 역시 三才의 배치가 좋고 나쁨에 따라 길흉이 다르다.

五十五이면 路入平坦格(노입평탄격=즉 길이 평탄으로 들어간 격)이니 길흉이 상반하나 三才가 吉數를 포함하면 영화에 춤틈 되지만 만일 三才가 凶數로 되면 크게 상서롭지 못하다.

◇ 五六亡破運 실행하는 용기가 모자라서 진취의 기상이 결여되고 손실, 망신, 재액이 거듭오므로 말년이 최대로 흉악하게 되는 운격이다. 정력도 모자라므로 만사에 어그러지는 뜻이 많다.

五十六이면 巖頭放馬格(암두방마격=즉 바위 끝에 말을 놓아둔 격)이니 실천력이 없어 행사에는 용단성이 박약하므로 재액이 거듭 오고 쇠운으로 된다.

◇ 五七剛毅運 차가운 꾀꼬리가 봄밤에 우는 의미가 있고 본성이 굳세어 천부의 행복을 누리고 부귀영화를 이루게 된다. 단 생중에서 한 번은 커다란 어려움을 당하게 되는데 이 어려움을 넘기면 매사가 뜻과 같이 되고 상서로움이 이르며 번영하게 된다. 주운 부운으로 좋은 수리이고 대운에도 양호하여 최대의 길상으로 변하게 된다.

五十七이면 雲散月出格(운산월출격=즉 구름 흩어지고 달이 솟는 격)이니 타고난 천성이 강건하여 일찍부터 吉慶이 있으나 일차 큰액을 경과한 뒤로 번영을 달성하는 격이다.

◇ 五八浮沈運 부침이 많고 消長의 극치를 내포하고 있으므로 좋은 복이 있다가 커다란 실패와 크나큰 액이 뒤에 나타나게 된다. 집이 파산된 뒤에는 일어나고 부귀번영도 누리게 된다. 대체로는 말년에 행복과 경사를 누리게 된다.

五十八이면 採薪逢虎格(채신봉호격=즉 땔감 하려다 호랑이 만나는 격)이니 부침이 많고 일면 일도 많으며 재앙과 실패로 家財가 파산된 뒤로 다시 致富하는 격이다.

◇ 五九逆難運 인내심이나 용기가 결여되고 의지는 쇠퇴하여 일에 성취시킬 재능이 있더라도 손실과 액난, 파산, 실의, 역경으로 당연히 귀결하게 되어서 일생에 고생과 슬픔 속에서 끝나게 된다.

五十九이면 孤松棲鶴格(고송서학격=즉 외로운 소나무에 학이 깃든 격)이니 무슨 일이든 성취되지 않고 손실과 厄難에 일생 병고 있고 고생에 참담한 凶格이다.

◇ 六十動搖運 캄캄하고 어두워 동요하고 불안한 흉조이다. 목적을 정하지 못하고 좁은 길에 풍랑을 맡아 무모하고 계산 없이 기도하다 기업을 한번도 성취하지 못하고 실패, 고통, 슬픔에 극도로 빠지고 심하면 형벌, 살상, 병난, 단명에 이르게 된다.

六十이면 船上騎馬格(선상기마격=즉 배위에서 말은 타는 격)이니 刑傷에 病災가 많고 무모한 企圖로 좌절하며 困苦와 역경에 短命되고 불구나 孤獨格이다.

◇ 六一不和運 명리가 온건히 번영되며 부귀할 길조가 있으나 오만하고 불순하여 내외로 불화를 빚고 가정은 반목하며 형제는 담을 열어 놓은것 같은데 내용은 궁핍하다. 덕을 닦고 성질을 조심하되 항시 화순하고 간절하게 지켜가면 위와 같은 흉환이 미연에 방지되고 천부의 행복을 누리게 된다. 재물과 보배가 풍부하고 일생에 길상을 누리는데 총격에 있다면 대운이 양호하여져서 털끝만큼의 근심도 이르지 않게 된다. 점차로 무상의 대운으로 이르게 되는 것이다.

六十一이면 天衢策馬格(천구책마격=즉 넓은 거리에서 말을 채찍한 격)이니 명리에 부귀 영달되나 불순하고 오만하여 누구를 물론하고 반목과 불화되어 결국 화를 부른 격이다.

◇ 六二衰退運 내외불화하며 신용이 모자라고 소망을 달성하기 어려우며 점차로 쇠퇴하는 경지로 들어가게 되고 불시의 재액도 오게 되는데 일가가 쇠퇴되고 일신도 약하게 되어 점점 고생과 슬픔이 이르는 흉상이다.

六十二이면 驚魚依藻格(경어의조격=즉 놀랜 물고기가 마름을 의지한 격)이니 뜻과 소망은 오히려 풀리나 내외불화하고 불시의 재액이 날아오며 심신은 쇠퇴하고 困苦 실패된다.

◇ 六三發展運 만물이 비나 이슬의 혜택을 받아 피어나는 것과 같이 모든 일들이 자유스럽고 목적을 성취하며 다시는 우환이 오지를 않고 부귀번영을 자손에게 전하는 최대길경의 운이다.

六十三이면 金盤堆果格(금반퇴과격=즉 金쟁반에 과일이 담겨진 격)이니 목적을 달성하여 일생에 우환이나 疾苦가 드물고 자손이 창성하며 일신도 강건하고 복이 있는 격이다.

◇ 六四滅亡運 부침, 파괴, 멸망의 흉조가 있고 불시의 재난에 빠지거나 혹은 일가가 이산되고 만일에 병살이나 비명이 없다 해도 생애에 안정을 얻기 어려운 흉운이다.

六十四이면 凍水行船格(동수행선격=즉 얼음 물에 배가 가는 격)이니 병고와 횡액에 재액도 심히 많고 불시로 변을 만나며 가족의 연이 박하고 일생을 이별하는 격이다.

◇ 六五興隆運 하늘도 장원하고 땅도 오래가는 귀중한 최상의 운이요 만사가 뜻과 같이 실현되고 일생을 무사, 평안하게 행복을 누리며

가운융창 장수번영을 얻게 되고 영원히 길상을 전하게 된다.

六十五이면　花園設筵格(화원설연격=즉　화원에　연회석을　베푼
격)이니 장수하며 성운이요 만사가 순조롭게 발전하여 권위 명
성 재물 위엄의 네가지 덕이 겸비되는 격이다.

◇ 六六艱難運 진퇴가 자유롭지 못하고 내외불화하며 어려움을 견디어내
기 어렵다. 손실과 재액도 교대적으로 오므로 결국에 내 몸과 가
정을 멸망시키는 악운과　흉상도 있다.

六十六이면　逆水行舟格(역수행주격=즉 물을 거슬러서 배가 가는
격)이니 진퇴양난이며 재액과 병고 단명하여 생애에 편안을 얻
지 못하는 격

◇ 六七通達運 윗사람의 원조를 받아 모든 게 통달되고 만사에 지장 없
이 천부의 행운을 타서 능히 소망을 이루고 기운이 성대하여져
부귀영화도 오게 된다.

六十七이면　種竹成林格(종죽성림격=즉 대를 심어서 대숲을 이룬
격)이니 만사가 여의하고 형통하며 가운도 왕성하여 富貴榮華되
는 吉祥格이다.

◇ 六八昻進運 지혜와 생각은 주밀하고 지조는 견고하여 부지런하고 힘
써 실행하므로 발전, 앙진되는 상이다.　발명공부에 재능도 있고
능히 대중의 신의도 얻어 소망이 달성되고 명예도 안전한 좋은
운이다.

六十八이면　旱野逢雨格(한야봉우격=즉 가뭄 든 들에 비를 만난
격)이니 근면하게 힘써 행하며 발전력이 있고 발명 연구력도 확
실하여 진보되고 영달하는 격이다.

◇ 六九窮迫運 궁박, 막힘, 역경에 이르는 상이 있고 정신의 발달이 결여되어 질병과 재난이 교대로 온다. 불안과 동요의 흉운으로 단명하며 직업이 없고 불구, 폐질이나 혹은 사망되고 고통에 빠지게 된다.

六十九이면 破網求魚格(파망구어격=즉 망가진 그물로 물고기를 잡으려는 격)이니 실의와 역경에 病災와 횡액, 短命되며 처자와 생리사별하고 고독 불안한격

◇ 七十寂寞運 험악, 멸망의 상이 있고 일생이 참담하여 근심 고통이 끊이지 않고 공허 적막의 감이 있으며 불구, 형벌, 살상, 단명, 이별, 수심 등의 액난이 있거나 아니면 세상에서 쓸 수 없는 폐인이 된다.

七十이면 老鼠失穴格(노서실혈격=즉 늙은 쥐가 쥐구멍을 잃은 격)이니 공허하고 적막하며 형살이 있고 폐질 短命格이다.

◇ 七一吉凶相半運 자연의 길조를 머금고 있어 부귀영달을 얻게 되는데 내심으로 고생이 많고 실행이나 관철하려는 정신이 모자라 진취에 어려움을 견디며 용기도 결여되어 있으므로 실패하게 되고 길흉이 상반하는데 삼재가 좋으면 좋은 운이 된다.

七十一이면 雷下行程格(뇌하행정격=즉 벼락 치는데 길 떠나는 격)이니 부귀영달하려는 뜻이 강하나 고생뿐 성취가 없고 항상 번민이 많으며 가정에 풍파가 끊이지 않고 불행한 격이다.

◇ 七二吉凶相半運 어두운 구름에 달이 가려있는 상으로 쾌락과 궁핍이 겹치는 뜻이 있고 전반이 행복하면 후반은 비운을 면할 수가 없다. 외견으로는 좋으나 속 내용은 흉이 생기고 심하면 말년에 패

가망신하는 액을 만나게 된다.

七十二이면 掘井無水格(굴정무수격=즉 우물을 팠는데 물이 없는 격)이니 外富內貧하고 말년은 病災도 극심하며 패가망신하고 불행한 격이다.

◇ 七三平凡運 길흉이 상반하는 상으로 실행과 관철하는 용기가 적어 한갓 뜻만 높을 뿐 일을 성취시키지 못한다. 그러나 자연의 복은 있으므로 일생 편안하게 늙어가고 삼재의 좋음에 따라서 길조는 증가된다.

七十三이면 深谷栽花格(심곡재화격=즉 깊은 골짜기에 꽃을 심는 격)이니 志氣가 고상하나 실천력이 결핍되어 行事는 성취되지 않고 생업이 파산되며 밖으로는 豊盛하는데 속이 비어 있는 격.

◇ 七四不遇運 무기, 무능, 무식에 빠져 무위도식하고 세상에서 무용하게 된다. 또한 불시의 재액으로 여러 번 고생되고 역경에 빠져 생애의 불행을 한탄한다.

七十四이면 門前掛口格(문전괘구격=즉 남의 집 대문에 입을 매단 격)이니 무위도식하는 걸인의 명이며 세인이 조소하고 일생을 고생으로 불운하고 살았어도 죽은 것만 못하다.

◇ 七五吉凶相半運 자연히 부귀영화 되는 길상인데 그렇더라도 획책이 미숙하면 일이 성취되지 않으며 실패와 어그러지는 일이 초래되므로 물러나 지키면 행복과 길상을 보전하고 진취하면 재액과 실의에 빠지게 된다.

七十五이면 波濤行舟格(파도행주격=즉 파도 속에 배가 가는 격)이니 내면이 어긋나니 물러나 안정하면 좋고 진취하여 명리를 구하면 불행한 격이다.

◇ 七六離散運 내외가 불화하고 일가는 이산된 역운으로 흉하게 되고 산업실패로 집안이 기울게 된다. 일신을 망치는 비운으로 병약, 단명, 처자이별, 수심이 있다.

　　七十六이면　龍付馬尾格(용부마미격=즉　용이　말꼬리에　의탁한 격)이니 일가가 이산되고 재변이 거듭 오며 명예는 더럽혀지고 병고 禍亂이며 망신에 비참하다.

◇ 七七吉凶相半運 흉상중에 길조도 내포되어 대체로 윗사람이 이끌어주고 원조하여 중년에는 지장 없이 행복하게 되나 중년후로 재난에 빠지고 불행을 탄식하게 된다. 즉 전반이 흉할 때 후반은 도리어 길하다.

　　七十七이면　月入晦中格(월입회중격=즉　달이　그믐　속으로　들어간 격)이니 반평생은 행운이 있으나 중년이후로 십년간 곤궁하며 만년에 다시 일어나는 格

◇ 七八吉凶相半運 길흉이 상반하지만 흉이 다소 강하다. 원래가 지능도 있으므로 중년에 성공 발달되다가 중년후로는 점차로 쇠퇴하여 말년이 고생, 참담하게 된다. 삼재의 배합에 따라서는 吉祥으로 된다.

　　七十八이면　夢中得寶格(몽중득보격=즉　꿈속에　보배를　얻는　격) 이니 성공 영달의 운이 있으나 한갓 봄꿈이며 만년은 고생이 비길데 없는 不幸格이다.

◇ 七九不伸運 궁색하고 불신의 역경에서 정신을 차릴 수 없고 절조와

실행, 정력이 모자라 신용을 잃고 비난과 공격을 받는다. 세상에서 쓰지 않는 폐물로 여기지만 단, 신체는 건전하다.

七十九이면 魚登几上格(어등궤상격=즉 물고기 도마에 오른 격)이니 정력이 결핍하고 절의와 도덕심이 전무하며 행동이 사나워서 역경을 자초하여 일생이 肉身을 용납하지 못하는 격이다.

◇ 八十陰遁運 평생 곤란과 고생이 끊이지 않고 병마, 형벌, 단명 등의 흉운이 강하다 단, 일찍 은둔생활을 하면 안심하고 명예를 세워 재액을 면하고 행복하다.

八十이면 池魚入網格(지어입망격=즉 못의 고기가 그물에 갇힌 격)이니 평생이 불행하고 病災와 불구 빈궁하며 신세와 가정이 멸망되는 격이므로 가장 不祥스럽고 凶敗의 數이다.

◇ 八一還喜運 맨 끝의 수로써 원소의 一數에 돌아와 자연히 영의 힘이 왕성하며 행복이 많다. 좋은 상서와 융숭한 복이 거듭 오고 귀중한 운명이며 존귀한 영광으로 크게 유도하게 되어 대체로 一의 수와 동일하다.

八十一이면 井魚出海格(정어출해격=즉 우물안 고기가 바다로 나가는 격)이니 가장 극에 달한 수리로 元素의 一數에 돌아가므로 自然의 靈力이 왕성하고 吉運이 장구하게 결여됨이 없는 格이다.

第2部

先天命(四柱)

▌概論(개론)

　사주는 사람이 어머니로부터 분리되는 순간의 우주기운을 출생 年月日時(년월일시)로 구분, 60甲子(갑자)라는 부호를 붙여 표시한 것으로 연월일시 사주의 각주는 干支 2字씩 모두 8字이므로 四柱八字(사주팔자)라고 부른다.

四柱의 配屬例(배속례)

時柱	日柱	月柱	年柱
實	花	苗	根
冬	秋	夏	春
貞	利	亨	元
老年	壯年	靑年	幼年
側近(環境)	家庭(隣近)	社會(職場)	祖國(國家)
未來	當時	現實	過去
後孫	主體	家門	天時
2時間(緊)	1日(座)	30日(近)	365日(遠)
子女	配偶者	父母	祖上
56세~	36~55세	16~35세	出生~15세

▌사주를 定하는 요령

　원래는 年은 물론 月頭法(월두법)에 의한 月(年과 月은 節入日기준)과 時頭法(시두법) 등에 의하여 각주를 정하는 것이나, 대개는 만세력(년도별로 월과 일별의 달력으로 150년이상 수록된 책)에 의하여 年의 干支, 月의 干支, 日의 干支, 時의 干支를 찾아 적는다. (컴퓨터에 생년월일을 입력하여 얻는 방법이 보편화 되어 있다.)

　출생일의 간지(日辰) 옆에 10년단위로 사용되는 大運數(대운수)가 남녀로 구분되어 수록되어 있는데 통상 四柱命式(사주명식)의 작성시 활용된다.

　<例> 男 2라면 대운의 干支밑에 2세 立運 12세 1運式으로 10년단위씩 기재한다.

干	干	干	干	干	干	干
支	支	支	支	支	支	支
… 62	52	42	32	22	12	2
… 53-62세	43-52세	33-42세	23-32세	13-22세	3-12세	1-2세

사주 揃命學(추명학)은 음양오행의 학술로서 복잡다단하다.

선천적인 선천수기(생년월일시의 사주)만으로 일생운명의 전부를 추리할 수 없다는 이유로는, 인간에게 후천적으로 향유되어 外的으로 운명의 변화작용을 강력하게 하는 성명의 길흉波長(파장) 靈動力(영동력)이 있기 때문이다.

사주의 네 기둥이 굵든 가늘든 관계없이 썩지 않고 수명을 오랫동안 지속할려면, 그 위에 지붕이 건실하고 합당해야 하는데 바로 지붕이 곧 성명인 것이다.

사주가 동일한 사람이라도 운명이 다른 것은 다른 이유도 있겠지만 성명의 다름에서 이유를 찾을 수 있겠다. 良名(양명)을 선택 활용하면 본인의 前途(전도)와 運路(운로)를 주도할 수 있다는 점이 관상 사주 등의 諸運命學(제운명학)보다 근본적으로 우월한 특장이라 할 수 있다.

蔡先生은 사주만으로는 네 기둥만 세워놓은 건물이기에 미완성 건물이며 미완성 운명으로 거기에 지붕을 씌우므로 해서 건물이 완성되는 것이며, 人間 역시 태어나면 命名(명명)함으로써 인간의 구실을 다할 수 있는 것이 아니겠는가 라는 해석을 하였다.

그리하여 건물의 네 기둥이 지장이 없어야 그 건물이 보존되는 것이며 지붕이 불실하여 기둥이 파손되면 건물 내부도 손상되는 것과 같이, 인체를 대신하는 성명이 부실하면 그만큼 인간운명에도 불길한 현상이 발현된다는 것이 완고한 견해라고 강조하고 있다.

반면 松先生은 사람의 성격 등 선천적인 운세를 무시하는 것은 아니나 너무 거기에 구애되면, 성명학의 고유한 특색을 살리기 어려우니 사주와 별개로 독립적 입장에서 작명이나 鑑名(감명)을 하는 것이 바람직하다 하면서, 주로 수리에 의한 5運 (性氏 名格 天格 外格 總格)위주로 作名 및 감명을 하고 있음으로 足하다는 이론이다.

거기에 사주에 의한 大運數(대운수)의 作卦(작괘)로 운세를 논하고 인간사를 항목별로 설명함으로써 보충하고 있다는 것이다.

본장에서 열거한 작명방법은 성명과 밀접한 관련성을 지니고 있는 사주에 대하여 간략하게 보는 요령들을 요약 설명하고 있다.

■西紀 生年支(年齢別 太歲 연령별 태세) 早見表

년	0	1	2	3	4	5	6	7	8	9
1900	庚子	辛丑	壬寅	癸卯	甲辰	乙巳	丙午	丁未	戊申	己酉
1910	庚戌	辛亥	壬子	癸丑	甲寅	乙卯	丙辰	丁巳	戊午	己未
1920	庚申	辛酉	壬戌	癸亥	甲子	乙丑	丙寅	丁卯	戊辰	己巳
1930	庚午	辛未	壬申	癸酉	甲戌	乙亥	丙子	丁丑	戊寅	己卯
1940	庚辰	辛巳	壬午	癸未	甲申	乙酉	丙戌	丁亥	戊子	己丑
1950	庚寅	辛卯	壬辰	癸巳	甲午	乙未	丙申	丁酉	戊戌	己亥
1960	庚子	辛丑	壬寅	癸卯	甲辰	乙巳	丙午	丁未	戊申	己酉
1970	庚戌	辛亥	壬子	癸丑	甲寅	乙卯	丙辰	丁巳	戊午	己未
1980	庚申	辛酉	壬戌	癸亥	甲子	乙丑	丙寅	丁卯	戊辰	己巳
1990	庚午	辛未	壬申	癸酉	甲戌	乙亥	丙子	丁丑	戊寅	己卯
2000	庚辰	辛巳	壬午	癸未	甲申	乙酉	丙戌	丁亥	戊子	己丑
2010	庚寅	辛卯	壬辰	癸巳	甲午	乙未	丙申	丁酉	戊戌	己亥
2020	庚子	辛丑	壬寅	癸卯	甲辰	乙巳	丙午	丁未	戊申	己酉
2030	庚戌	辛亥	壬子	癸丑	甲寅	乙卯	丙辰	丁巳	戊午	己未
2040	庚申	辛酉	壬戌	癸亥	甲子	乙丑	丙寅	丁卯	戊辰	己巳

※ 生年干이 甲이면 무조건 서기년도의 수단위가 4(1904, 1944등)이다.
　생년太歲를 1세로 하여 다음 줄 밑이 11세 式으로 년령별 태세를 안다.
　癸未生(1940-4번째)의 경우 2줄 밑의 癸卯年(1964)은 21세가 되는 것이다.

┃各地方의 표준시와의 오차시간 조견표

誤差 ±30秒 정도

135°00기준 127°30기준	+34 +04	+33 +03	+33 +03	+32 +02	+31 +01	+30 +00	+30 +00	+28 -2	+26 -4	+24 -06	+23 -07	+22 -08
各 地方 時間	강화	인천	김포	서울	성남	이천	춘천	원주	속초	강릉	동해	울진
	서산	부천	광명	의정부	평택	청주	충주	제천	영주	속초	삼척	포항
※127°30′	태안	당진	안산	동두천	천안	대전	영동	합천	안동	태백	울산	영덕
1908~	영광	대천	예산	안양	공주	진천	함양	상주	대구	영천		경주
1912.1.1	무안	서천	부안	수원	논산	남원	산청	김천	봉화	양산	길주	
1954.3.21~	목포	군산	함평	온양	전주	진안	거창	진주	안동	부산		회령
1961.8.9	진도	고창	강진	부여	보성	고흥	하동	남해	창원	김해		청진
	제주	나주	해남	이리		순천	광양	삼천포	충무			
135°00′	서귀포	영암		정주			여수		마산	단천		
1912.1.1~		해남		광주		원산			진해			
1954.3.20	개성						흥남		북청			
1961.8.10~ 현재				강계					해산			

標準時(표준시)는 현재 우리가 사용하는 시간으로 經度(경도 東經동경) 135°기준 즉 일본 京都(경도)의 위치를 말하며 시간(통칭 일본시간이라 함)으로는 太陽이 이곳의 正南中시간이 正午(12시)가 되는 것이다. 따라서 한반도의 중심지인 大田은 경도가 달라 동경 127°30′(통칭 서울시간이라 함)인데, 이를 기준으로 하여 각 도시에 태양이 정남중하는 正午시간(自然時 또는 行政時라고 함)을 현재시간(표준시)과 비교한 차이 즉 오차를 출생시각의 정확을 기하는 사주에서는 필수적으로 가감 사용하는 것이 일반론이다.

그런데 다소 복잡하게 된 것은 1908년부터 135°와 127°30′을 왕래하면서 1961. 8. 10이후부터는 135°를 기준으로 현재까지 사용하고 있다는 점도 그렇고, 과거 몇 차례 섬머타임까지 있었으니 그 적용계산에 번거로움이 따르나 실제시간을 알아내는 일이니 신중을 기해야 될 줄 안다. 물론 미국 등지로 원정 출산의 경우에도 같은 이치로, 지구는 360°로 1시간에 15°씩 西에서 東으로 자전하고 있으므로 서쪽으로 1°떨어져 있으면 4分(60分÷15°)이 늦게 되는 것이다.

오행의 相生(상생)과 相剋(상극)

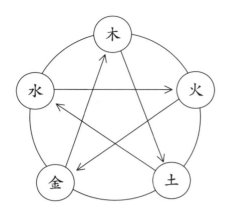

○은 상생 ☆는 상극

▶ **相生(상생)**

봄이 가면 여름이 오는 계절의 변화로 이해한다. 즉 다른 성분이 도와준다.

木生火 – 나무가 타서 불이 생긴다.
火生土 – 불에 탄 재가 흙이 된다.
土生金 – 모든 금속은 땅에서 캐낸다.
金生水 – 차거운 금속 표면에 물이 생긴다.
水生木 – 물은 초목을 자라게 한다.
※ 木→火→土→金→水→木…

▶ **相剋(상극)**

순서를 뒤엎고 강제로 뛰어넘는 힘의 충돌과 대결 양상이다.
즉 다른 성분이 방해한다.

木剋土 – 나무뿌리는 땅속깊이 뻗어나간다.(양분섭취)
土剋水 – 흙으로 둑을 쌓으면 물을 막아낸다.
水剋火 – 물은 불을 끌 수 있다.
火剋金 – 불은 금속을 녹여낸다.(용기제작)
金剋木 – 도끼날에 나무가 찍혀나간다.
※ 木↔土↔水↔火↔金↔木…

干支合(간지합)

干合 : 甲己合土 乙庚合金 丙辛合水 丁壬合木 戊癸合火
六合 : 子丑合土 寅亥合木 卯戌合火 辰酉合金 巳申合水 午未合不變
三合 : 申子辰合水 亥卯未合木 寅午戌合火 巳酉丑合金

사주에 있어 성명을 부합시키는데 다음의 沖殺(충살)과 神煞(신살) 정도는 활용하는 것이 좋다고 한다.

천간상충 (칠살)	甲↔庚	乙↔辛	丙↔庚	丁↔辛	戊↔壬
	己↔癸	丑↔未	丁↔癸	甲↔戊	乙↔己
지지상충	子↔午	丑↔未	寅↔申	卯↔酉	辰↔戌	巳↔亥
삼형살	寅↔巳↔申		丑↔戌↔未		子↔未		辰酉午亥自刑
원진살	子↔未	丑↔午	寅↔酉	卯↔申	辰↔亥	巳↔戌

▶ **중요神殺**

殺	寅卯辰	巳午未	申酉戌	亥子丑
孤辰(고진)	巳	申	亥	寅
寡宿(과숙)	丑	辰	未	戌

神殺 ＼ 年日支	申子辰	巳酉丑	寅午戌	亥卯未
劫殺(大殺)	巳	寅	亥	申
年殺(桃花殺)	酉	午	卯	子
亡身殺(破軍殺)	亥	申	巳	寅
驛馬殺(역마살)	寅	亥	申	巳
華蓋殺(화개살) (宗敎藝術)	辰	丑	戌	未

天乙貴人(천을기인)

천을귀인이란 최고의 吉神으로 귀인의 도움을 받는다하며 凶變爲吉(흉변위길)하며 百事 재앙을 제거한다. 마음이 正大(정대)하고 합을 좋아하니 혹 벼락출세도 잘하지만 刑殺(형살)이나 원진살에 해당하면 한평생 고생이 많다.

日干	甲	乙	丙	丁	戊	己	庚	辛	壬	癸
天乙	丑未	子申	酉亥	酉亥	丑未	子申	丑未	寅午	卯巳	卯巳

* 합록(建祿 官祿 天祿) 암록 양인 비인

자신의 氣를 강하게 하여주어 관직으로 성공한다 하며, 재물이 풍부하게 되어 운이 잘 열리고 부부간의 행복과 수명도 장수한다.

日干	甲	乙	丙	丁	戊	己	庚	辛	壬	癸
合祿	寅	卯	巳	午	巳	午	申	酉	亥	子
暗祿	亥	戌	申	未	申	未	丑	辰	亥	丑
羊刃	卯	辰	午	未	午	未	酉	戌	子	丑
飛刃	酉	戌	子	丑	子	丑	卯	辰	午	丑

※ 합록과 육합이 되는 暗碌(암록)도 유사한 福祿(복록)이 있다고 한다.
　양인은 살벌 횡포 잔인(무기, 교통사고死) 비인은 다소 약함

▌사주와 이름의 心性(심성)관계

● 사주에 ㉭이 피해를 당하고, 이름에서도 극하면
  인정이 없고 신경이 약해지며, 끈기가 없고, 심성이 예민하며, 짜증을 잘 낸다.

● 사주에 ㉫가 피해를 당하고, 이름에서도 극하면
  예의가 없고, 변덕이 심하며, 겁이 많고, 잘 놀라며, 소심하고, 심장이 약해 큰일을
  못한다.

● 사주에 ㉯가 피해를 당하고, 이름에서도 극하면
  신용이 없고, 근심과 걱정을 많이 하며, 불신하고, 실없는 소리를 잘하고, 소화가
  안 된다.

● 사주에 ㉮이 피해를 당하고, 이름에서도 극하면
  의리가 없고, 자격지심이 많으며, 우유부단하고, 공허감과 비애를 느낀다.

● 사주에 ㉰가 피해를 당하고, 이름에서도 극하면
  지혜가 없고, 공포감을 느끼고, 기획력이 없고, 생각이 어리석으며, 두려움 갖게
  된다.

六神(육신)

生我者父母(正印 偏印)　　　我生者子孫(食神 傷官)

剋我者官鬼(正官 偏官)　　　我剋者妻財(正財 偏財)　　　比和者兄弟(比肩 劫財)

區分＼通辯星 \ 日柱	甲日	乙日	丙日	丁日	戊日	己日	庚日	辛日	壬日	癸日
天干五陽五陰通變定盤 比肩	甲	乙	丙	丁	戊	己	庚	辛	壬	癸
劫財	乙	甲	丁	丙	己	戊	辛	庚	癸	壬
食神	丙	丁	戊	己	庚	辛	壬	癸	甲	乙
傷官	丁	丙	己	戊	辛	庚	癸	壬	乙	甲
偏財	戊	己	庚	辛	壬	癸	甲	乙	丙	丁
正財	己	戊	辛	庚	癸	壬	乙	甲	丁	丙
偏官	庚	辛	壬	癸	甲	乙	丙	丁	戊	己
正官	辛	庚	癸	壬	乙	甲	丁	丙	己	戊
偏印	壬	癸	甲	乙	丙	丁	戊	己	庚	辛
印綬	癸	壬	乙	甲	丁	丙	己	戊	辛	庚
地支正氣藏干十神通變盤 比肩	寅	卯	巳	午	辰戌	丑未	申	酉	亥	子
劫財	卯	寅	午	巳	丑未	辰戌	酉	申	子	亥
食神	巳	午	辰戌	丑未	申	酉	亥	子	寅	卯
傷官	午	巳	丑未	辰戌	酉	申	子	亥	卯	寅
偏財	辰戌	丑未	申	酉	亥	子	寅	卯	巳	午
正財	丑未	辰戌	酉	申	子	亥	卯	寅	午	巳
偏官	申	酉	亥	子	寅	卯	巳	午	辰戌	丑未
正官	酉	申	子	亥	卯	寅	午	巳	丑未	辰戌
偏印	亥	子	寅	卯	巳	午	辰戌	丑未	申	酉
印綬	子	亥	卯	寅	午	巳	丑未	辰戌	酉	申

比肩(비견) － 我와 五行이 같고 陰陽이 같은 것

劫財(겁재) － 我와 五行이 같고 陰陽이 다른 것

食神(식신) － 我가 生하는 것으로 陰陽이 같은 것

傷官(상관) － 我가 生하는 것으로 陰陽이 다른 것

正印(정인) － 我를 生하는 것으로 陰陽이 다른 것(印綬)

偏印(편인) － 我를 生하는 것으로 陰陽이 같은 것(到食)

正官(정관) － 我를 剋하는 것으로 陰陽이 다른 것

偏官(편관) － 我를 剋하는 것으로 陰陽이 같은 것(七殺)

正財(정재) － 我가 剋하는 것으로 陰陽이 다른 것

偏財(편재) － 我가 剋하는 것으로 陰陽이 같은 것

▌十神(십신)

比肩 권위강력 독립단행 만난배제 용감 매진 자존심강 興人불화 분가출양 혹 상
　　　배, 인성 공유하면 불리강, 편관 공유하면 유화안정, 比肩>劫財

劫財 기품이 도도해서 사람을 하천시경향 투기심 강하여 일확천금하려다 실패 수,
(敗財) 편인 공유면 凶, 정관 공유면 행복 득 대재, 공동 사업은 대단히 부적당, 多
　　　者(다자)는 남녀공히 喪配(상배) 剋子(극자) ⑨ 화류계여자 부인수

食神 의식주 풍유 재력윤택 심신 건화 장수하는 대길운 범사에 소극적 대사업은
　　　감당할 담력 부족감, 정의 도덕심 풍부하고 처덕 있다. 비견 공유면 행복 향
　　　수, 편인 공유면 능력 발현 못한다. 多者(다자)는 몸이 허약하다. 구걸신세數

傷官 자비심 있고 지모겸비 재능 불구하고 오해 받으며 다툼이 끊임없다. 印星 공
　　　유면 온화, 비겁 공유면 凶이 크다. 다자 ⑨ 불명예事 많거나 妻緣(처연)이
　　　박함이 많다. ⑨ 夫運(부운)을 극하거나 剋子(극자)함이 많다.

偏財 金運(금운)이 좋아 용역 축재되고 반면에 산재 역시 많다. 일단 성패가 다단
　　　한 다음 타향에서 성공함이 특징. 식상, 공유면 강동, 비견 공유면 평범해진
　　　다. 年月上 중복時 양부모 혹은 이복 있다. 다자 ⑨ 蓄妻(축처)함 많다, ⑨
　　　媤母(시모)나 시누이와 心努가 많다 아니면 병액조심

正財 정의 도덕심 강, 명예 신용 자산 번영을 맡아 건강 수복겸전을 의미하는 대
　　　길운, 특히 처자의 덕이 있는 것이 특징, 겁재 공유면 制伏(제복)되어 吉, 식
　　　신 공유면 길력 증대, 다자는 반파되는 징조 (財難, 酒色) 엄처시하

偏官 권위 협기 풍후하고 고집 강, 군인이면 성공하고 명예 높인다. 여자는 色 亡
(七殺) 身數(색망신수)이니 조심한다. 식신 공유면 대길복으로 변, 편재 공유면 폭력
　　　점강 多事多端(다사다단), 다자 ⑨ 권위 강하며 통솔자 ⑨ 남편외 情夫(정
　　　부), 정관 공유면 再嫁命(재가명)

正官	자비심 도덕심 강, 품위구비 부귀영화하는 대길수, 남자는 대중속에 대성함과 동시에 특히 현처를 만나 행복형수, 상관 공유면 상배 불명예事 많다. 재성 공유면 날로 왕성, 다자는 반파의 징조 있다. 관재 질병부절
偏印 (倒食, 梟神)	福壽(복수)를 손상 사불여의, 파재 병재 이별 단명 색난 등이 있다. 조실부모 상배 도난 등 비운을 불면한다. 또 학자 의사 예술가가 되면 성공하는 자 많다. 時上 편인은 無子, 편재 만나면 免害(면해)된다. 다자는 불건강 불행
正印 (印綬)	총명 학예발달의 특장 있다. 성정 평온 인의심 강, 군자풍속 구비 신망 높고 명예 드높인다. 가도 번영 일생안락을 얻는 대길수, 정관 공유면 날로 왕성, 정재 공유면 다소 減殺(감살), 月令(월령)에 유하면 태세엔 감왕, 다자는 剋母剋妻(극모극처) 無依(무의)

※五行別 性格(5행별 성격)

木 : 외면은 강하게 보이나 영리하기 때문에 사랑을 받는다.

火 : 사치와 낭비를 많이 한다.

土 : 외관은 온순 침착해 보이나 성급한 즉 成敗(성패)가 많고, 자존심이 강하여 타인을 불신하고 수하를 불문하고 의심이 많다.

金 : 집에 있거나 평상시에는 말이 없으나 사람과 사귀는 등 말을 시작하면 잘한다.

水 : 질투심과 허영심이 많으며 타인을 무시한다.

▌이름(名字)에 오행補完(보완)

반드시 사주에 맞는 이름을 지어야 한다고들 말하지만, 그리 쉽게 접근할 사안은 결코 아니다. 먼저 사주(선천명)을 분석하여 성명(후천명)에 들어갈 五行을 찾는데 있어 사주의 用神(용신)을 정해서 그 용신을 보강하는 글자의 오행을 넣는 방법 등 그 종류는 헤아릴 수 없이 많다고 보아야 할 것이다.

사주의 꽃이라 할 수 있는 용신에 능한 사람이야 문제가 없겠지만, 본서는 명리만을 다루는 책이 아닌만큼 일반 독자들의 수준에서 사용할 수 있는 정도의 大衆性(대중성)을 지닌 방법을 모색하여 소개하는 것도 고민거리이다.

그 다음은 이와 같이 얻어진 오행을 어떻게 이름에 넣을 것인가?

무엇보다도 성명자간에 전체적으로 조화를 이룬 가운데 여러 가지 수단이 모색될 수 있을 것이다.

1) 意補(의보 形補형보)

부수에 의한 것 - 木(格權極樑 등) 金(錦銅錄銀 등)

자변오행에 의한 것 - 灬(火-烈君熙然焦 등) ++(木-苗芽芝芳英 등)

자원오행에 의한 것 - 土(岡坤峯黃陸 등) 水(國冬北異坎 등)

以上은 부록의 한자별로 자원오행을 보는 것으로 해결될 수 있는 일이다. 무엇보다도 본서의 특장인 人名用 漢字(인명용 한자 劃數部 획수부)에서 개별한자(5032자)상단 ( )안의 오행을 引用(인용)하여 100% 활용이 가능하다. (이름字에 각각의 오행 보완도 가능)

2) 數補(수보 劃數획수)

성명 문자의 획수 오행에 의한다.

五行	木	火	土	金	水	비고
劃數	1,2	3,4	5,6	7,8	9,10	① 선천수(원획)
	3,8	2,7	5,10	4,9	1,6	② 낙서수(필획)

<例> 世 5 → ①土②土   李 7 → ①金②火   光 6 → ①土②水

家 9 → ①水②金   會12 → ①木②火   繕18 → ①金②木

※ 사주에서 어느 한쪽이 너무 왕성하면 직접적인 방법으로 억제(金旺時 水,火)하거나 또 어느 한 부분이 부족할 때 간접적인 방법으로 그것을 生한 母를 보완(火不足時 木-목이 왕성하면 火가 상생되니 화가 보완됨)할 수도 있다.

사주(선천명)에서 필요로 하는 기운(五行)에 해당하는 글자를 사용하여 성명과 사주를 부합시켜 전체적으로 상생 연결하여 조화의 작용을 하도록 하여야 하는데, 앞서 말한 자원오행과 획수 이외에도 음령오행을 대상으로 하기도 한다. 그리고 가능하면 사주의 年柱(년주)와 日柱(일주)에 상생 등 이로운 방향으로 하여야 한다는 것이다.

그리하여 사주의 虛(허)와 實(실)을 보완한 이름이야말로 '힘이 있으면서도 조화로운 이름'으로써 자신의 뇌파와 의식에 끊임없는 안정과 긍정적이고도 발전적인 자극을 주어 대인관계에서도 좋은 이미지로 호감을 주게 된다.

물론 사주의 缺陷(결함)을 성명으로 보완함으로써 운로가 開運(개운)되고 건강이 좋아지는 등 좋은 영향력을 가져다준다는 점은 이제는 다시 논할 필요 없는 명확한 기정사실이 되고 있다.

四柱의 五行

干支 \ 五行		木	火	土	金	水
天干	陽	甲	丙	戊	庚	壬
	陰	乙	丁	己	辛	癸
地支	陽	寅	巳	辰 戌	申	亥
	陰	卯	午	丑 未	酉	子

▶ **성명보완오행**

1) 不足五行(부족오행)

사주팔자를 오행으로 분류하여
① 없는 오행
② 신약사주에는 印星(인성)오행
③ 2개 이상 없으면 財·官星(관성)오행 우선
④ 오행이 모두 있으면 약한 오행

⑤ 신강사주 특히 비겁 2개 이상이면 洩(설)·剋(극)오행, 그도 없으면 극하는 兩오행

(甲乙寅卯時 1차 火土 2차 土金오행)을 보완한다.

2) 身旺 身弱(신왕 신약)

① 我身(아신)인 日干(일간) 기준하여 육신을 보아 비겁과 인성은 내편(月支는 2倍)이고, 나머지 식상 재성 관성은 상대방으로 보아 내편이 강하면 신왕, 약하면 신약으로 본다. 신왕하면 洩氣(설기)가 우선이나 剋制(극제)하여도 무방하며, 신약하면 生助(생조)해야 하므로 비겁이나 인성의 오행이 따라야 한다.(甲木多者 火金土 있으나 水가 없으면 身弱)

이는 신왕 → 식상 있으면 식상으로 하고, 재관성 있으면 재관성으로 하고
신약 → 관살이 왕하면 인성으로, 재성이 왕하면 비겁으로 한다는
것이다.

또 木旺이면 火, 火旺이면 土, 土旺이면 金, 金旺이면 水, 水旺이면 木五行이 되며 木多無水 金有時 火, 火多無木(간접 有木 포함 이하 같다)時 土, 土多無火時 金, 金多無土時 水, 水多無金時 木 五行을 보완한다.

<例>

時	日	月	年
癸	戊	辛	辛
未	戌	丑	巳

我 - 丑②戌未,巳 = 5
他 - 辛②癸 = 3   5:3 ∴신왕
土(戊)生 金(辛)으로 金五行 必要함

②

地位 \ 强弱	身旺(신왕)				身弱(신약)			
	最强	中强	强	弱化 爲强	强化 爲弱	弱	中弱	最弱
月支	○	○	○	×	○	×	×	×
日支	○	×	○	○	×	×	○	×
勢力	○	○	×	○	×	○	×	×

③

구분	時	日	月	年
天干	9 %	己身	9 %	4 %
地支	15	20 %	30 %	13 %

※ 40% 이상이면 신왕사주 단 40% 미만이라도 通根(통근) 삼합 육합 방합 지장간이 천간에 투출, 12운성의 장생 건록 관대면 신왕으로 간주한다.

④

月支 / 日干			木 甲,乙	火 丙,丁	土 戊,己	金 庚,辛	水 壬,癸
양력 봄 (2월 4,5일~ 5월 4,5일)	입춘~ 경칩~ 청명~	寅월 卯월	最强 ☆	小强 ○	弱 ■	最弱 ▲	弱 ■
	곡우~	辰월	衰 ●	小强 ○	◎ 强	小强 ○	弱 ■
양력 여름 (5월 5,6일~ 8월 6,7일)	입하~ 망종~ 소서~	巳월 午월	弱 ■	最强 ☆	最强 ☆	弱 ■	最弱 ▲
	대서~	未월	弱 ■	衰 ●	最强 ☆	小强 ○	最弱 ▲
양력 가을 (8월 7,8일~ 11월 6,7일)	입추~ 백로~ 한로~	申월 酉월	最弱 ▲	弱 ■	弱 ■	最强 ☆	小强 ○
	상강~	戌월	最弱 ▲	弱 ■	◎ 强	小强 ○	小强 ○
양력 겨울 (11월 7,8일~ 다음해 2월 3,4일)	입동~ 대설~ 소한~	亥월 子월	小强 ○	最弱 ▲	最弱 ▲	弱 ■	最强 ☆
	대한~	丑월	小强 ○	最弱 ▲	◎ 强	小强 ○	衰 ●

(註) 신왕 : 最强 强 小强

　　신약 : 衰 弱 最弱

　　土旺之節(토왕지절)

　　辰戌丑未(양력 1 4 7 10月)月中 各 18日(18×4=72)

　　즉 立 春夏秋冬의 節入日전 18日간으로 보면 된다.

　　(例) 立夏 5월 5,6일전 4월 17, 8일까지 18일간 : 辰月

3) 冬節出生(동절출생)

10,11,12월의 추운 계절에 出生한 사람으로 사주 내에 火가 없으면 火로 하거나, 金水로 꽁꽁 얼게 해서는 안 되므로 土 火 木의 五行으로 한다.

※오행의 보완시 오행의 속성상 母子와 같이 동류로 활용되는 것이 보통이다.

　　(木火, 火土, 土金, 金水, 水木)

<例>　　時　　日　　月　　年

　　　　丙　　戊　　戊　　庚　　　火五行 필요함

　　　　辰　　子　　子　　戌

4) 生年支別(생년지별) 오행

생년지(띠)에 따라 자원오행 또는 음령오행과의 길흉오행이다.

生年支 ＼ 吉凶	大吉	半吉半凶	大凶
寅卯生	木　火	金　土	水
巳亥生	火　土	水　金	木
辰戌丑未生	土　金	木　水	火
申酉生	金　水	火　木	土
亥子生	水　木	土　火	金

※반길반흉은 世應(세응)이나 세운과 선천운 조화에 따라 길흉이 좌우된다.

5) 父母四柱(부모사주)와 자녀의 성명관계

撰名(찬명, 신생아 작명 등) 시 부모의 사주를 물어보는데(대부분 父의 사주만 요구), 이는 부모사주까지 물어봐 이름을 짓는다는 신뢰를 의뢰자에게 심어주는 효과가 있다고 보나, 실제 적의 활용하는지 또 그 비중은 어느 정도인지 의심스럽기도 하다.

그 내용을 나름대로 간추려본다.

① 부모사주에서의 用·喜神(희신)을 극하는 오행(忌神)을 피한다.→부의 장애요인 부모의 용신을 자식으로 보는 견해와 일맥상통한다.
② 부모사주의 日干(기신, 아신)과 같은 오행(비견태왕)을 피한다.→부모爲强, 극자우려
③ 그리고 본서에서도 소개한 작명방법29.의 파동성명학에서는,
　　男子 : (父)의 자식은 正·편관이기 때문에
　　　　　부의 이름에 식상과 관성이 같이 있거나 관성이 없다거나(食剋官),
　　女子 : (母)의 자식은 正·편인이기 때문에
　　　　　모의 이름에 인성과 식상이 같이 있거나 식상이 없다면(인극식),
부모자식 사이에 해악이 된다고 볼 수 있으므로, 자식의 성명을 양명으로 찬명하는 것이 무엇보다도 중요하기 때문에, 자녀에게 해로운 기운이 작용하는 이름을 갖고 있는 부모는 상대적으로 개명해야 한다고 하였다.
그렇지 않으려면 부득이 자식의 이름에 식상과 관성을 넣어주거나, 이를 극제하는 음오행을 넣어주면 된다는 式으로 부모의 사주를 고려의 대상으로 삼는 것 같다.

사주를 면밀히 분석한 자세 하에서 위 방법들을 개별적 또는 종합적으로 활용할 수 있을 것이다(단 특수사주는 별도)

┃12運星(운성 長生法, 胞胎法, 生旺死絶法)

모든 생명은 씨(核)가 있어 그것이 눈을 뜨고 자라고 성숙하면 결국에는 병들어 죽게
된다. 10天干에 12地支가 어떤 작용을 하는가를 人事命理(인간일생)로 보는 것이다.

胞(絶)→胎→養→長生→沐浴→冠帶→官(建祿)→旺→衰→病→死→帶 (墓, 庫)

▶ **12運星 조견표**

구분	甲	乙	丙	丁	戊	己	庚	辛	壬	癸
生	亥	午	寅	酉	寅	酉	巳	子	申	卯
浴	子	巳	卯	申	卯	申	午	亥	酉	寅
帶	丑	辰	辰	未	辰	未	未	戌	戌	丑
官	寅	卯	巳	午	巳	午	申	酉	亥	子
旺	卯	寅	午	巳	午	巳	酉	申	子	亥
衰	辰	丑	未	辰	未	辰	戌	未	丑	戌
病	巳	子	申	卯	申	卯	亥	午	寅	酉
死	午	亥	酉	寅	酉	寅	子	巳	卯	申
藏	未	戌	戌	丑	戌	丑	丑	辰	辰	未
胞	申	酉	亥	子	亥	子	寅	卯	巳	午
胎	酉	申	子	亥	子	亥	卯	寅	午	巳
養	戌	未	丑	戌	丑	戌	辰	丑	未	辰

※ 吉凶(길흉)

　四貴 : 生 帶 祿 墓　　　四平 : 胎 養 旺 衰　　　四忌 : 死 絶 浴 病

　사주와 대운에 그리고 성격 직업 등 여러 가지로 쓰이며, 命宮(명궁)과 연계하
고 신살 등을 가미하는 등 용도가 대단히 많으나 그 설명은 생략한다.

▋旺相休囚死(왕상휴수사)

日主 등의 강약(旺衰)을 파악하여 그 길흉의 정도와 사물의 질을 판단하는데 활용한다.

활용방법

旺	比和者 (比劫)
相	生我者 (印星)
休	我生者 (食傷)
囚	我剋者 (財星)
死	剋我者 (官星)

日主 生節	木 甲 乙	火 丙 丁	土 戊 己	金 庚 辛	水 壬 癸
春(봄)	旺	相	死	囚	休
夏(여름)	休	旺	相	死	囚
四季(환절기)	囚	休	旺	相	死
秋(가을)	死	囚	休	旺	相
冬(겨울)	相	死	囚	休	旺

※ 日干이 출생한 계절과의 조후로 日干月支, 月干日支, 時間時支, 年干月支로 파악한다. 앞서의 12운성법에 비해 활용이 간편하고 정확성이 있어, 만병통치약(?)으로 쓰고 있는 12운성법의 맹신에 대한 대체수단이라는 주장도 있다.(자세한 설명은 생략함)

▌四柱의 格局 用神(격국 용신)

▶ 격국

격국은 사주의 그릇이며 틀이다.

격국은 사람에 있어 체질과도 같아서 체질에 따라 약효가 다른 것을 연상하면 된다. 즉 격국은 사주팔자의 작용을 규정하며 이에 따라 用神도 결정되는 것인데, 內外格(내외격)으로 나누며 변격인 외격에는 專旺格(전왕격) 從格(종격) 從火格(종화격) 등 제격이 있으나 설명은 생략한다.

다만 격을 찾는 방법을 보면,
① 月支의 지장간을 보아 正氣에 해당하는 천간이 사주천간에 나와 있는 것(月支와 같은 오행)
② 月支의 정기가 천간에 없으면 中氣(중기)나 餘氣(여기) 중 강한 것
③ 月支의 지장간이 천간에 하나도 없거나 다른 오행에 의해 破局되었으면 月支의 正氣(정기)이다.

▶ 용신

용신이란 한마디로 말하자면 사주에서 일간(我身, 己身)이 의지할 수 있는 것, 꼭 필요로 하는 것, 도움을 받는 것, 균형을 이룰 수 있는 것을 말한다.

용신은 성품 이상 능력 건강 재물 등 모든 것을 나에게 제공해주는 귀한 존재일 뿐 아니라 일생의 길흉화복을 측정하는 척도가 되므로, 용신이 뚜렷하고 根地(근지)가 튼튼해야 건강하고 매사가 순조로운 것이며 그렇지 않으면 상대적인 것이다.

그래서 용신을 똑바로 잡는 일이야말로 명리추명학을 운용하는 관건이 되지만, 많은 공부와 실전이 수반되어야 가능한 분야로 엄격히 말하면 누구나 자신할 수 있는 것은 아닌 것이다.

용신을 찾는 방법에는 抑扶(억부), 調候(조후), 病藥(병약), 專旺(전왕), 通關(통관)용신법이 있는데 이중 억부법이 80% 조후법이 15% 나머지 방법은 5% 정도로 보는 사람도 있다. 따라서 개념 정도만 간단히 설명하는 것으로 작명서에서의 기능으로 갈음한다.

① 抑扶用神法(억부용신법)

일간이 도움 받는 것이 너무 많아 신왕하면 剋制(극제)해주거나 洩氣(설기)시켜 주며, 일간이 극을 주고받는 것이 많아 신약하면 힘을 북돋아 도와주는 것을 용신으로 삼는 것이다. 예를 들어 甲木日主(日干)가 신약하면 도와주는 水(물)가 용신이며, 갑목일주가 신왕하면 극하는 庚金(경금)으로 삼거나 설기하는 丙火(병화)로 용신을 삼는 것이다.

② 調候用神法(조후용신법)

출생시기에 따른 계절의 寒濕燥熱(한습조열)을 살펴서 필요한 오행을 정하는 것이다. 겨울에는 추우니 따뜻한 것을, 여름에는 더우니 시원하게 해주어야 하고 건조하면 적셔주고 습하면 말려준다는 것인데 전체적인 사주팔자의 관계 속에서 결정해야 한다.

유득 겨울생(음력 10 11 12월)은 火(불)를 용신으로 하고, 여름생(음력 4 5 6월)은 水(물)를 용신으로 삼는 경우가 많다.

③ 病藥用神法(병약용신법)

신약사주이면 일주를 생해주는 오행을 용신으로 삼는데 그 오행을 극하는 오행이 사주내에 있으면 病神(병신)이라고 하고, 그 병신을 극제하는 오행을 藥神(약신)으로 삼는 방법이다. 즉 甲木이 용신인데 庚金이 병신·흉신이 되고 이를 (병신인 庚金)을 극하는 丁火가 있으면 약신이 되는 것이다.

④ 專旺用神法(전왕용신법)

사주상에 가장 많은(그 비중이 3분의 2 정도) 오행이 있으면 그 오행을 用神으로 삼는다. 대세를 거역하는 것은 자연의 이치를 거스르는 것이라는 근거로 나온 방법인데 사주구성이 드물 뿐 아니라 잘 쓰여지지 않고 있다.

⑤ 通關用神法(통관용신법)

사주상에 서로 극하는 두 가지 오행이 비슷한 세력을 갖고 있을 때 이를 疏通(소통)시켜 주는 것을 용신으로 삼는다. 즉 金木간에는 水, 木土간에는 火, 土水간에는 金, 水火간에는 木, 火金간에는 土가 둘 사이의 싸움을 말려주는 통관용신이 되는 것이다.

단편적이지만 선천운(사주)에 대한 대강을 적어보았지만, 그 명리적 원리는 深奧(심오)하고 극히 難解(난해)한 학문으로 복잡다단한 각종 변화를 통하여 길흉을 探看(탐간)하는 것이나, 일면 들여다보면 흉운에 대한 경고 정도의 효과뿐으로 하등의 대책이 없는 측면도 있다고 보는데, 후천적 위력을 지닌 성명운은 그 宿運(숙운)을 補救中和(보구중화)할 뿐 아니라 개변 개척하는 작용을 하므로, 양명을 찬정하면 필히 전환 행복하다고 보는 생각도 귀담아 들을 일이다.

▶ **日干別 自己進路(일간별 자기진로)**

日干/月支(甲木의 例)

分類5	(例) 甲乙日干	進路	價値(가치)	撰 名(찬명)
生我 (印星)	⁻子亥⁺月支 子-正常 亥-非正常	연구개발	실적 (冒險開拓)	탐구 모험 호기심에 어울리는 이름
我生 (食傷)	⁻巳午⁺月支 巳-非正常 午-正常	개인활동	외적활동 (素質發揮)	인상에 남는 이름(한번 들으면 외울 정도) 자격증 취득
我剋 (財星)	⁺辰戌丑未⁻月支 丑未-正常 辰戌-非正常	재물관리	재물금전 (經濟觀念)	재물이 넘치는 이름
剋我 (官星)	⁺申酉⁻月支 申-非正常 酉-正常	조직활동	명예권위	더불어 사는데 유리한 이름
比我 (比劫)	⁺寅卯⁻月支 寅-非正常 卯-正常	인간관계	대인관계 上 政治 中 同業 下 서비스업	개인활동 분야에 맞는 (人氣있는) 이름

日干과 月支가 음양이 다르면 조화를 이루니 正常(정)이며, 음양이 같으면 非正常(비)이 된다. 육신과 같으니 10분류가 되는 것이다.

비정상의 경우는 순조롭지 못하고 변화가 느리며 한층 노력이 傾注(경주)됨을 要한다. 따라서 출생의 기질에 따른 자신의 運路(운로)에 알맞은 撰名(찬명)을 해야 한다는 것이다.

▶ **進路表(진로표)**

月支 \ 日干	甲	乙	丙	丁	戊	己	庚	辛	壬	癸
子	연구개발(정)	연구개발(비)	조직활동(정)	조직활동(비)	재물관리(정)	재물관리(비)	개인활동(정)	개인활동(비)	인간관계(정)	인간관계(비)
丑	재물관리(정)	재물관리(비)	개인활동(정)	개인활동(비)	인간관계(정)	인간관계(비)	연구개발(정)	연구개발(비)	조직활동(정)	조직활동(비)
寅	인간관계(비)	인간관계(정)	연구개발(비)	연구개발(정)	조직활동(비)	조직활동(정)	재물관리(비)	재물관리(정)	개인활동(비)	개인활동(정)
卯	인간관계(정)	인간관계(비)	연구개발(정)	연구개발(비)	조직활동(정)	조직활동(비)	재물관리(정)	재물관리(비)	개인활동(정)	개인활동(비)
辰	재물관리(비)	재물관리(정)	개인활동(비)	개인활동(정)	인간관계(비)	인간관계(정)	연구개발(비)	연구개발(정)	조직활동(비)	조직활동(정)
巳	개인활동(비)	개인활동(정)	인간관계(비)	인간관계(정)	연구개발(비)	연구개발(정)	조직활동(비)	조직활동(정)	재물관리(비)	재물관리(정)
午	개인활동(정)	개인활동(비)	인간관계(정)	인간관계(비)	연구개발(정)	연구개발(비)	조직활동(정)	조직활동(비)	재물관리(정)	재물관리(비)
未	재물관리(정)	재물관리(비)	개인활동(정)	개인활동(비)	인간관계(정)	인간관계(비)	연구개발(정)	연구개발(비)	조직활동(정)	조직활동(비)
申	조직활동(비)	조직활동(정)	재물관리(비)	재물관리(정)	개인활동(비)	개인활동(정)	인간관계(비)	인간관계(정)	연구개발(비)	연구개발(정)
酉	조직활동(정)	조직활동(비)	재물관리(정)	재물관리(비)	개인활동(정)	개인활동(비)	인간관계(정)	인간관계(비)	연구개발(정)	연구개발(비)
戌	재물관리(비)	재물관리(정)	개인활동(비)	개인활동(정)	인간관계(비)	인간관계(정)	연구개발(비)	연구개발(정)	조직활동(비)	조직활동(정)
亥	연구개발(비)	연구개발(정)	조직활동(비)	조직활동(정)	재물관리(비)	재물관리(정)	개인활동(비)	개인활동(정)	인간관계(비)	인간관계(정)

※ 사주에 맞는 이름을 가져야 상호 유기적으로 보완 보충되어 사회생활에 유익할 것 이라는 命題(명제)에는 동의할 수 있으나, 2字 정도의 名字(이름)를 가지고는 자 의쯤으로 해석하는 외에는 총체적인 방안이 부재한 것 아니냐는 생각이 든다. 문 자의 자획, 오행, 자원과 같이 보편성을 부여할려면 진로별로 2~300개 정도의 예 시가 필요할 것 같기도 하다.

▶ **富貴 貧賤格(부귀 빈천격)**

대체로 사주 구성이 中强(중강) 이상(여자는 중강이하)에 조후에 맞고 사주팔자의 오행이 조화와 균형을 이루고 소통되며, 재, 관성이 하나정도 있는 경우 그 기국이 좋다고 할 수 있으나 사주 용신을 중심으로 다소 요약 설명한다.

● **貴格(귀격)**

身旺官旺(신왕관왕)

財滋弱殺(신왕에 상관으로 용신인 경우 재성이 왕(有氣)하여 편관을 生)

인수격에 재성이 미약하거나 만나지 않음

官印相生, 殺印相生(관성이 있고 인성도 있어 官 印 日干 셋이 有情하여 파극되지 않음)

순수한 從格(종격) 또는 兩神成相(양신성상), 三奇成相(삼기성상)을 이룬 것

정격 구성에 하자가 없는 특수 별격(天元一氣 순환상생 敍印상정 四柱純全 五行具足 十干具足 등)

● **富格(부격)**

身旺財旺(신왕재왕)

食傷生財(식상생재)

從兒格(식상에 從) 從財格(재운에 從)

中和四柱(중화사주)

五行具足 十干具足(지지 암간까지 포함)

※ 신왕에 재국은 有足한데, 재국에 신약한 경우 인수 비겁운을 만나면 돈을 번다.

- **貧賤(빈천)**

  용신이 없거나 모호한 것
  (羈絆<기반>되어 구실을 못하거나 멀리 년주에 있어 차단된 것, 운에서도 생조를 받지 못한 것)

  群比爭財 (군비상재, 재성은 하나인데 천간에만 투출되고 비겁이 많은 것)
  財多身弱 사주에 식상 재성봉
  신왕에 財를 요하는데 그 재가 他와 합하여 비겁으로 된 것
  미약한 재가 공망을 만나거나 冲剋(충극)당한 것

  두 가지 상극되는 오행만 있고 通關神(통관신)이 없는 것
  신왕에 재성이 미약하고 식상이 없는 것
  심히 暖燥(난조)하거나 冷濕(냉습)한 상태에서 조후를 못한 것
  年月日 時支가 四敗(사패)인 子午卯酉(자오묘유)로만 구성된 것

※ 吉格四柱(宮合 活用)

男子(남자)
日干이 陽干(양간)
体가 중강 이상(内格)
財・官이 있고 交集(교집)하지 않을 것(재・관합×)
비겁이 많지 않을 것(3位 이상)

女子(여자)
日干이 陰干(음간)
体가 중화 또는 약간 신약
官이 있으며 太過(태과)하거나 交集(교집)하지 않을 것(入墓, 殺地×)
식상이 태과하거나 교집하지 않을 것(官星, 식상鬪戰×)
* 중화사주는 일主 着根(착근, 월일시지에)

▌姓氏宮合 (성씨궁합)

성자 획수는 원획법에 의하여 음령오행과 2가지로 검토한다.

<例> 男子→金氏   女子→崔氏라면

區分	음오행	內	姓氏	外	수리오행
男子	木	7	(主)金	8획	金
宮合	↑金剋木		< × >		金剋木↓
女子	金	六	(客)崔	11획	木

성씨는 하늘의 뜻에 따라 어느 특정한 혈통을 알리려고 하는 倫理(윤리)다.

도덕의 기준을 세울 수 있게 해준 바탕이며 상징인 것이다. 그래서 가령 金氏의 원수는 金氏에게 갖게 되는 因果應報(인과응보)의 원인을 怨恨(원한)으로 갖게 된다고 한다.

연애결혼은 친척이 개입되어 이루어지는 경우가 많은데 어떤 통계에 의하면 吉緣(길연)은 고작 35%에 불과하고 惡緣(악연)이 무려 65%가 된다고 한다.

결국 연애결혼의 이혼율은 55%에(중매 45%) 달하고 있다 하며, 요즘은 드물겠지만 순수한 중매결혼은 60%이상이 무난하게 부부생활을 영위한다고 한다.

姓氏의 상극작용은 심령학적 측면에서 본다면 前生에서 맺어진 원한을 갚기 위해 같은 시대에 함께 태어나 인연이 있는 것처럼 희한하게 만나서, 죽기 살기로 친해지거나 가까워지게 되고 아주 짧은 기간에 적극적인 접촉이 이루어져 결혼(性접촉으로도 본다)을 하고, 그 어떤 원인을 만들어서 죽이고 죽임을 당하는 복수가 이승에서 이루어지게 된다고 말하는 좀 섬짓한 이야기도 있다.(200여 姓의 궁합을 25분류의 길흉으로 논한 책도 있음)

성명으로 본 壽命(수명)

사주의 生年支(띠) 위주로 流年運(유년운)에 중점을 두었다.

1. 姓名字와 생년지의 亡身殺(망신살)이나,
   元嗔(원진)이 년간을 生할 때 또는 원진이 왕할 때 원진년 망신년에 사망한다.
   <例> 생년지(巳)+명중(申)→망신   巳申合(相合년) 巳亥沖(상충년) 사망
   　　　 사주(卯)+명중(申)→원진(旺) 亡身年(원진년) 사망

2. 성명의 원진과 생년지가 원진되어 상합(상충)시 旺한 원진년에 사망
   <例> 名姓字 卯(父孫)+名下字 申(己神) = 원진(旺)
   　　　 寅申상충 丙寅年에 父 사망(名中 兩金中 火在(화극금) 폐병이 사인)

3. 성명과 생년지 亡身이 합하여 원진과 상충 또는 망신과 상충되는 상충년에 사망
   <例> 생년지(亥)+명중(辰)→원진
   　　　 巳亥沖(旺)　　　 丁巳年 사망

4. 원진 생년지 망신과 상합하면 상충년에, 상충하면 상합년에 사망
   名+財가 원진일 때 원진 상충년에 사망

神殺(신살)

殺 ＼ 生年支	子	丑	寅	卯	辰	巳	午	未	申	酉	戌	亥
亡身	亥	申	巳	寅	亥	申	巳	寅	亥	申	巳	寅
元嗔	未	午	酉	申	亥	戌	丑	子	卯	寅	巳	辰

計算 早見表(계산 조견표)

干支	生年	月建	生日	生時	干支	生年	月建	生日	生時
甲子	31	49	211	1831	甲午	37	55	217	1837
乙丑	90	106	250	1690	乙未	90	106	250	1690
丙寅	73	87	213	1473	丙申	79	93	219	1479
丁卯	28	40	148	1228	丁酉	24	36	144	1224
戊辰	55	65	155	1055	戊戌	55	65	155	1055
己巳	102	115	232	1402	己亥	106	119	236	1406
庚午	97	114	267	1797	庚子	91	108	261	1791
辛未	50	65	200	1550	辛丑	50	65	200	1550
壬申	19	32	149	1319	壬寅	13	26	143	1313
癸酉	64	75	174	1164	癸卯	68	79	178	1168
甲戌	35	49	175	1435	甲辰	35	49	175	1435
乙亥	86	98	206	1286	乙巳	82	94	202	1282
丙子	71	87	231	1671	丙午	77	93	237	1677
丁丑	30	44	170	1430	丁未	30	44	170	1430
戊寅	53	65	173	1253	戊申	59	71	179	1259
己卯	108	123	258	1608	己酉	104	119	254	1604
庚辰	95	108	225	1395	庚戌	95	108	225	1395
辛巳	42	53	152	1142	辛亥	46	57	156	1146
壬午	17	32	167	1517	壬子	11	26	161	1511
癸未	70	83	200	1370	癸丑	70	83	200	1370
甲申	39	55	199	1639	甲寅	33	49	193	1633
乙酉	84	98	224	1484	乙卯	88	102	228	1488
丙戌	75	87	195	1275	丙辰	75	87	195	1275
丁亥	26	36	126	1026	丁巳	22	32	122	1022
戊子	51	65	191	1451	戊午	57	71	197	1457
己丑	110	127	280	1810	己未	110	127	280	1810
庚寅	93	108	243	1593	庚申	99	114	249	1599
辛卯	48	61	178	1348	辛酉	44	57	174	1344
壬辰	15	26	125	1115	壬戌	15	26	125	1115
癸巳	62	71	152	962	癸亥	66	75	156	966

※ 출생년월일시의 간지(四柱)에 따른 선후천수를 대입하여 복잡한 계산과정을 거친 합수 즉 대정수이다.

가령 丁巳年(22) 辛亥月(57) 庚申日(249) 戊寅時(1253)라면 합수인 1581(22+57+249+1253)이 대정수가 된다.

▶ **後天變法(후천변법, 大定數 作卦 대정수 작괘)**

大定數	1	2	3	4	5	6	7	8	9
後天變數	7 艮	2 兌	6 坎	3 離	4 震	5 巽	7 艮	8 坤	1 乾

대정수(천단위 숫자) 천자리와 일자리수를 버리고(除外) 작괘한다.

(중간수가 "0"인 경우 다름)

　　上卦 − 백자리數　　　　　　下卦 − 십자리수

위의 예에서 대정수 1581인 경우 양쪽 1을 제외하고, 5는 표의 4震雷(진뢰)이며 8도 표의 8坤地(곤지)이므로 雷地豫卦(뢰지예괘)가 되는 것이다.

동효는 대정수를 6으로 나눠 남은 수인데 1581은 3이 남아 3爻가 동효이다.

즉 뢰지예卦 3爻動(之卦 雷山小過 뢰산소과괘)이 이 사람의 평생괘·爻가 되는 것이다.(길흉 : 雷地豫卦 ○　雷山小過卦 ▽)

중간수가 0인 경우	大定數	上卦	下卦	卦名	備考
10단위가 0인 경우	1406	4→3	6→5	火風鼎 수풍정	단단위→ 10단위로
100단위가 0인 경우	1026	1→7	2→2	山澤損 산택손	1000단위→ 100단위
100단위와 10단위가 0인 경우	3008	3→6	8→8	水地比 수지비	1000→100 0→10
1000단위와 100단위 모두 0인 경우	7000	7→7	7→7	重山艮 중산간	1000→ 100,10

참고로 신수(年運)을 보는 법을 소개한다.

1) 生年, 當年, 當年生月, 當年生時의 四柱로 새롭게 대정수를 작괘한다.
　　癸未年 (음) 1月 29日 丑時生의 丙戌년 신수라면
　　⑤, 10　　⑤, 5　　⑧, 3　　⑨, 10
　　癸未　　　丙戌　　　庚寅　　　辛丑　　　　27:28　除8　34
　　상괘 3 離火(이화) 하괘 4 震雷(진뢰)
　　∴火雷噬嗑卦(화뢰서합괘)

2) 生年, 當年, 當年生月, 當年生日의 사주로 새롭게 대정수를 작괘한다.
　　(평생대정수 2035, 大運 戊申 59)
　　⑤, 10　　⑦, 5　　⑧, 3　　⑥, 6
　　癸未　　　丙戌　　　庚寅　　　丁亥　　　　26:24　→　28
　　2035+59+28＝2122
　　상괘 7 艮山(간산)　하괘 2 兌澤(태택)
　　∴山澤巽卦(산택손괘)

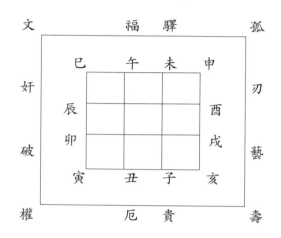

作名 方法 3 ▌唐四柱法(당사주법)

　　인간은 누구나 행복을 希求(희구)하기에 미래를 예견하려는 노력은 먼 원시부터일 것이다. 唐나라사람 徐自平(서자평)의 일간중심 추명이론이 출현하기 전에 당나라에서 유행하였던 추명법으로, 12천성을 사주에 대입하여 인간의 길흉을 판단한 것인데 지금도 일부에서는 그 적중률을 신봉하여 활용하고 있는 실정이다.

※ 출생年의 地支의 천성①과 순행하면서 출생月은 ①의 자리에서 출발하여 月의 숫자만큼 세어놓는 지지의 천성② 다시 ②에서 출발하여 출생日만큼 세어 닿는 자리의 천성③ 그리고 다시 ③에서 출생時만큼 ③부터 세어 닿는 자리의 천성 등 4개의 천성을 종합적으로 보아 四柱를 판단한다.
　　예를 들어 말띠 2月 16日 寅時生이면 午의 福, 未의 驛, 戌의 藝, 子의 貴가 되는 것이다. 왼손 약지 밑칸을 子로 하여 순행, 12支를 배치하여 活用하는 手掌法(수장법)을 주로 쓰고 있다.
　　실제 간단히 활용할 때는 천성의 명칭에서 대강 알 수 있듯이 그 吉凶을 약식으로 판단하고 있다.

天星	貴	厄	權	破	奸	文	福	驛	孤	刃	藝	壽
吉凶	大吉	中凶	中吉	大凶	中吉	大吉	大吉	中凶	大凶	中凶	中吉	大吉

※ 旭先生은 지방에서는 소문이 난 작명가로 이 당사주와 다음의 남여사주 局運(국운)으로 先天運(선천운)을 파악하였다.

▶ 唐四柱(당사주)

年月日時 / 運勢		年	月	日	時
子	貴귀;	총명 등과 육친 근심 아니면 다병 액 도처득의 先困後泰	자수성가 배우자 근심 아니면 신체 疾厄 財禍 女色 조심	실업치부 배우자 한탄 40後 영화 고집 강 心直 口快	老榮 의식족 年少心告 신액 말년 功名
丑	厄액	초년다액 敗財 이향 아니면 身厄 조실부모	부모정小 자수성가 배우자 한탄 容苦 낙상수 조심	신병 관액 처 생이별 剋子 고독 희사중중	동분서주 설상가상 世事다단 말년運回
寅	權권	二母 아니면 양자 혹 이향 多權 多交 多用錢 쾌활	대중 自從 포섭력 강 多交 諸人來助 興販 吉	財成或敗 用權 통솔력강 40後 喜事오래감	상업성공 身出驛路 權在사방 일생 苦樂 말년대형통
卯	破파	有頭無屋 손재 徒勞무공 아니면 身厄	분리고독 쾌활 先破後成 풍상중루	자수성가 활인국제 多신액 노고무공	차차潤屋 末分영화 老來부귀 자손만당
辰	奸간	多謀株 祿在四方 작사교묘 好從他人 得配吉	부모근심 性急火 多智 능소능재	用謀非常 奇謀人 維非違 行女子踏雲路	用謀비상 口有利財 아니면 관록 상업대리
巳	文문	容身단정 입신양명 문학가통 교사 교육사업 大吉	문학인 大衆앙시 權多처사 의식자족	手執文權 등과 처 색조심 부모근심	火厄신중 無後奉祀 친구조심
午	福복	신왕 재왕 嘆親天宮 매사여의통달 중봉天福 분리身體	처처창고 배우자 한탄 외국출입 吉 중년 이후 만사통달	영화 쾌활 敗得助 독방 40後有厄	부귀연당 유자득귀 관록유리
未	驛역	이향성공 아니면 身厄 조실부모 처궁 불리	虛渡世事 빈곤후 安身	상업 대리 이동유리 전화위복 득인 제휴, 사업완수	상업대리 육친무덕 이사 先山累遷
申	孤고	고독 공업철학 이향성공 조실부모 상배수	육친분리 四海爲家 하는일 虛冶發財	遍踏강산 海財亡 敗 40後 命運守吉	말년고독 부귀
酉	刃인	신체수족 有險고통 공업기술 吉 평생 숨은 근심	패가 수족유흠 身厄 배우자한탄 性急	手足險 離鄉吉 손재 衆人被害 노후 태평	遍踏강산 사해爲家 빈곤한탄 아니면 身厄
戌	藝예	자수성가 예술계통 출세運 手巧 性강유겸전	일찍 인심얻음 手巧출중 예술출세 평생안과	40後成家 手巧妙 출중 多子 말년 有帛 (僧運)	托身公門 以才成功 성패다단
亥	壽수	정도 淸閑 女子 고적 고상 10인 耕地 1인식 입신 출세	一天二地 無後 冠後開運 30後 다소 지체	정직 작사공평 공방수 壽到八旬	의식주여의 대통初困後泰 壽八旬

▶ **남녀 사주 局量(국량)**

작명을 함에 있어 사주국량의 대소를 참조하는 것이 원칙이다.

出生月에 따라 益財(익재)와 退財(퇴재)도 양분하여 여자는 결혼한 해부터 夫家(부가)에서 햇수동안, 남자 역시 결혼한 해부터 女家(여가)에서 햇수동안 이로움을 익재, 해로움을 퇴재로 하여 국량을 정하였다.

女子(여자)		納音五行	男子(남자)	
退財(퇴재)	益財(익재)		退財(퇴재)	益財(익재)
6~11月生 退夫家 19年	12~5月生 益夫家 29年	金	6~11月生 退女家 9年	7~12月生 益女家 27年
9~2月生 退夫家 25年	3~8月生 益夫家 9年	木	1~6月生 退女家 9年	7~12月生 益女家 50年
1~6月生 退夫家 18年	7~12月生 益夫家 27年	水	7~12月生 退女家 50年	1~6月生 益女家 40年
12~5月生 退夫家 39年	6~11月生 益夫家 39年	火	10~3月生 退女家 19年	4~9月生 益女家 30年
4~9月生 退夫家 30年	10~3月生 益夫家 50年	土	11~4月生 退女家 29年	5~10月生 益女家 30年

※ 익재 해당 출생자는 퇴재 출생자보다 良運(양운)의 사주를 지닌 것으로 보았다. 그러나 퇴재 30年의 경우 공무원이었다면 익재 40年이라면 공무원 하다 나가서 利財(이재)에 능하여 사업으로 성공한 예로 보는 것이다.

納音五行(납음오행)

甲子 乙丑	海中金 해중금	丙寅 丁卯	爐中火 로중화	戊辰 己巳	大林木 대림목	庚午 辛未	路傍土 로방토	壬申 癸酉	劍峰金 검봉금
甲戌 乙亥	山頭火 산두화	丙子 丁丑	潤下水 윤하수	戊寅 乙卯	城頭土 성두토	庚辰 辛巳	白鑞金 백납금	壬午 癸未	楊柳木 양류목
甲申 乙酉	泉中水 천중수	丙戌 丁亥	屋上土 옥상토	戊子 乙丑	霹靂火 벽력화	庚寅 辛卯	松柏木 송백목	壬辰 癸巳	長流水 장류수
甲午 乙未	沙中金 사중금	丙申 丁酉	山下火 산하화	戊戌 乙亥	平地木 평지목	庚子 辛丑	壁上土 벽상토	壬寅 癸卯	金箔金 금박금
甲辰 乙巳	覆燈火 복등화	丙午 丁未	天河水 천하수	戊申 乙酉	大驛土 대역토	庚戌 辛亥	釵釧金 채천금	壬子 癸丑	桑柘木 상석목
甲寅 乙卯	大溪水 대계수	丙辰 丁巳	沙中土 사중토	戊午 己未	天上火 천상화	庚申 辛酉	石榴木 석류목	壬戌 癸亥	大海水 대해수

고전적인 방법이나 도표활용으로 간편 간단하다.(명칭은 필자가 편의상 붙임)

作卦法(작괘법)

上卦(상괘)　　姓名字합수　88除之

下卦(하괘)　　名字(이름)합수　88除之

※ 動爻(동효)는 상관하지 않는다.

▶ 卦別世位表(괘별세위표)

18卯	23巳	38酉	48未	58未	68卯	78子	88酉
17午	27申	37辰	47午	57申	67申	77寅	87亥
16午	26寅	36午	46辰	56巳	66子	76戌	86午
15丑	25亥	35亥	45酉	55卯	65戌	75酉	85丑
14午	24辰	34未	44戌	54辰	64寅	74戌	84子
13亥	23亥	33巳	43申	53丑	63亥	73卯	83丑
12申	22未	32酉	42丑	52未	62巳	72丑	82卯
11戌	21酉	31辰	41午	51子	61申	71寅	81辰

<例>

추　　　송　　　학
秋 9　松 8　鶴 21　　戊寅生 辰月生

姓名 3字 合數 38　　38÷8=4…6 ⎤
　　　　　　　　　　　　　　　　　⎬ 6 5(水風井수풍정)
명자 2字 合數 29　　29÷8=3…5 ⎦

위 괘별세위표에서 65를 찾아보면 戌이다.

다시, 다음 운국표의 출생천간 丙戌年을 보면 지지는 辰戌午로 同宮(동궁)이다.

사주의 生年支 및 月支에 해당글자(運局)가 길흉이 어떠한지 사주와의 부합여부를 年支 70% 月支 30%로 하여 판단하는 것이다.

위 예의 경우는 年支 寅은 壽이고 月支 辰은 譽에 해당하니 사주와 100% 부합한다.

運局表(운국표)

天干	甲	乙	丙戊	丁巳	庚	辛	壬	癸	天干
地支	寅	卯	辰戌午	丑未巳	申	酉	子	亥	地支
壽	亥	午	寅	酉	巳	子	申	卯	生
惑	子	巳	卯	申	午	亥	酉	寅	浴
譽	丑	辰	辰	未	未	戌	戌	丑	帶
豊	寅	卯	巳	午	申	酉	亥	子	官
威	卯	寅	午	巳	酉	申	子	亥	衰
順	辰	丑	未	辰	戌	未	丑	戌	旺
勞	巳	子	申	卯	亥	午	寅	酉	疾
實	午	亥	酉	寅	子	巳	卯	申	死
止	未	戌	戌	丑	丑	辰	辰	未	葬
空	申	酉	亥	子	寅	卯	巳	午	胞
崩	酉	申	子	亥	卯	寅	午	巳	胎
伸	戌	未	丑	戌	辰	丑	未	辰	藝

運局別 內譯表(운국별 내역표)

區分		運局의 旺衰
壽	生	수복강녕 번영길창 성공발전 두령 대기만성 終必융창
惑	浴	이동 색란破緣 노고혼미 불만족 불안정
譽	帶	고위 성공발전 有德 존경받음 盛名융창
豊	官	恭謙고상 財祥융성 名聞발달 부귀쌍전
威	旺	强運왕성 독립단행 신왕재왕 자존심强 활동력大
順	衰	온순弱志 집착력弱 破緣쇠운 守分減財 청렴失期
勞	疾	온후독실 離親 과로병난 徒勞무력
實	死	短氣 불결단 破緣 불운 좌절事多 甚有고통
止	葬	이별가족 徒勞무력 파재 고독 성패多端
空	胞	浮沈色難 이별 파산박연 일시성공 파란곡절多
崩	胎	온유 불결단 좌절감 자주 來 풍파 多 자손 별거
伸	藝	부모 형제 처가 緣弱 분리離鄕 양자 자수성가

▌流年身數法(유년신수법)

유년신수법에 들어가기 전에 먼저 성명행운충돌기 년령에 대하여 약기한다.

男女 운로의 호악을 막론하고 일생중 循來(순래)하는 最惡運(최악운) 연령

성명합획수(總格)에 加 1 → 기본수

    과거   과거충돌년령   기본수에 咸 9(−9)

                22−9=13세   13−9=4세

    미래   미래충돌연령   기본수에 加 9(+9)

                22+9=31세   49, 58, 67⋯

<例> 乾名

    김 **金** 8

    대 **大** 3

    용 **容** 10

    ───────

    總格 21

    (당년 31세의 경우)

    21+1=22세(기본수)

※성명 악운인은 충돌기 연령을 전후 대소 간의 제반 불길사가 쉽게 발생하며, 수 명 역시 만약 최악의 행운이 遭遇(조우) 하면 충돌기 圈內(권내)의 연령을 超越 (초월) 불능이라 하였다.

유년신수법은 1−9까지의 기본수를 주역의 文王 후천팔괘의 九宮 9부위로 분별한 낙서와 같은 정위도(回座圖)를 응용하여 당년의 신수로써 가정운 재운 건강운 등을 본다.

▶ 기본정위도(回座圖 회좌도)   2004년 甲申의 例

단 中宮의 중용은 순행시 4→5→ 9역행시 9→5→4가 됨

- 그 정위는 1坎卦 대시, 2坤卦 정수, 3震卦 입지, 4巽卦 유동, 5中宮 중용, 6乾卦 강건, 7兌卦 화평, 8艮卦 정지, 9離卦 명찰이 되며 태세(流年)에 따라 다르게 된다.

- 정위도의 기준년도는 1941년부터 9년단위로 1950,59,68,77,86,95,2004년이 되는데, 未來年度는 九宮의 순서가 每1年마다 순행(順飛)한다.

2004년에 30세라면 2007년 丁亥년운은 대시에서 출발하여 31세에 정지, 32세에 立志, 3년후인 2007년 33세에는 유동운이 된다.

또 과거년도는 그 순서가 每1年마다 역행(逆飛)한다. 같은 사람이(2004년에 30세) 2000년 庚辰년운은 29세 강건, 28세 화평, 4년 전인 2000년 26세에는 명찰운이 되는 것이다.

▶ 九宮 順·逆飛圖(구궁 순·역비도)

9	5	7
8	+1	3
4	6	2

2	6	4
3	−1	8
7	5	9

1	6	8
9	+2	4
5	7	3

3	7	5
4	−2	9
8	6	1

2	7	9
1	+3	5
6	8	4

4	8	6
5	−3	1
9	7	2

3	8	1
2	+4	6
7	9	5

5	9	7
6	−4	2
1	8	3

4	9	2
3	+5	7
8	1	6

6	1	8
7	−5	3
2	9	4

5	1	3
4	+6	8
9	2	7

7	2	9
8	−6	4
3	1	5

6	2	4
5	+7	9
1	3	8

8	3	1
9	−7	5
4	2	6

7	3	5
6	+8	1
2	4	9

9	4	2
1	−8	6
5	3	7

8	4	6
7	+9	2
3	5	1

1	5	3
2	−9	7
5	4	8

⑨	⑤	⑦
⑧	+①	③
④	⑥	②

②	⑥	④
③	−①	⑧
⑦	⑤	⑨

앞의 例(2004년에 30세)를 도표로 설명하자면,

정위도는 3단 왼쪽의 구궁도인데 중앙에 중용 5 감궁1에 대시가 있게 된다.

3년 후에는 순행으로 우측 중궁+6圖 하단 중궁+7圖 그 다음 중궁+8圖가 3번째에 해당된다. 따라서 기준년도인 2004년의 감궁 1대시는 3년후인 2007년에는 태궁에 1대시가 되는 것이다.

과거 4년전은 위로 중궁 −4, −3, −2를 지나 −1인 상단 왼쪽부터 2번째 도표에 해당한다. 역시 3년전인 2000년에는 중궁에 대시가 들어간 구궁도가 되는 것이다.

<例> 乾名

金 8
大 3 〉 인격 (주격) 11÷9=殘數
容 10 〉 2
─────
총격 21(吉數)

잔수2로써 기본수를 定하고,

當年 회좌도(2004이면 앞의 기본도)의 기본수 해당부위 즉 2이니까 정수가 된다.

당시40세인데 3년뒤인 43세를 본다면 미래유년 운로는 순행(시계방향)하여 3번째인 대시운이다. 4년전의 36세를 보면 역행(시계반대방향)하여 중궁을 지나 4번째인 입지운이 되는 것이다.

기본수	1	2	3	4	5	6	7	8	9
人格數 (인격수)	1 10 19 28	2 11 20 29	3 12 21 30	4 13 22 31	5 14 23 32	6 15 24 33	7 16 25 34	8 17 26 35	9 18 27 36

다음의 각부위의 운기암시(당년의 신수)를 감별함에 있어서는 성명 총격수의 길흉에 중점을 두어 ○表示는 총격수리가 길수이거나 성명운행상 길운의 사람일 때 해당되며, ×表示는 총격수리가 흉수이거나 성명운행상 흉운의 사람일 때 해당하는 것이다.

▶ 각부위별 運氣暗示(운기암시)

立志(입지) 多雷動驚懼, 要奮發,   春旺 · 夏平 · 秋平 · 冬半吉

○ 선고후락으로 만난돌파하여 분발성취한다. 학예를 겸비하고, 가업을 계승하며 名富雙受라. 신규사업을 착수운이며 가정면으로 或, 장남의 신변에 喜事가 有하다. 원방여행은 吉이라. 但, 短慮와 慢心과 자존과욕은 실패를 초치하니 要戒心이라.

× 表面성운이나 유성무형으로 실질이 부동이며, 범사가 욕성미성격이다. 망진과 단견으로 招災하며, 유시무종이라. 或, 장남의 신변에 불호사가 有하며, 女性은 或, 婚變으로 망신수가 有하다. 신경통, 간장관계질환에 요유의하라.

流動(유동)　　不可過分妄心, 要應分決斷　　　　春平 · 夏吉 · 秋凶 · 冬吉

○ 운기가 유동부정으로 다소파란이다. 대사대인에 신용과 恭順과 화평한 태도를 持하라. 범사에 방침을 확립하고 임기응변으로 시기를 파악이용하여 신속과단하고 또한 분수에 응하여 침착진행이면 순조번창 得財한다. 但, 유예불결하여 可進可退의 결단이 불명확하고 과분충동적으로 대내외의 순종과 신용을 失하면 불리실패를 초치한다. 원방여행은 吉하고 본인 혹은 자녀의 혼인수이다.

× 운세가 부침하여 선락후고라. 범사가 다장해로 安定을 불득하여 고심부절이며 용두사미격이다. 신상동요, 주거, 직업이 용이변환이라. 제사무리강행이면 손실이 허다하다. 성병, 신경통, 당뇨병의 질환에 요유의하라.

中庸(중용)　　多變化, 重要道愼重　　　　　　四時半吉

○ 이 부위는 길흉간에 가정 신상 주거 직업 사업 환경 건강 등의 각부면에서 동요 변동이 용이발생하고 기분이 불안정이다. 즉 사업면에서 전환변화를 한다거나 또는 직업을 전환한다거나 혹은 주거이사 주택의 신축 개축 증축을 하는 일도 생기고 가정상의 변동 혹은 凶面에서 상복수도 有하다. 고로 이 運에는 자신의 行運과 환경을 참작하여 범사를 각별신중히 검토하여 최선의 방도로써 만사에 中庸之道(중용지도)를 택하는 것이 상책이다.

剛健(강건)　　不可驕傲, 要謹愼　　　　　春吉 · 夏凶 · 秋平 · 冬吉

○ 만사여의하고 강건왕성하여 명부쌍수라. 상사 장상의 혜조로 지위승진하고 공명영달이라. 사업순조 원망을 가달성이라 원방여행은 吉하다. 但 사업의 독단적인 강행과 과대확장은 불가라. 過分과 驕傲(교오)는 성운을 파괴실패한다.

× 표면낙관이나 내면공허라. 불근신과 망진으로 초재하고 투기모험 유아독존 교오로 실패한다. 사업상의 독단강행은 不可라. 또 타인과의 불화쟁론으로 구설수해수라. 여난과 흉부 두부 외상의 질환에 요유의하라.

和平(화평)　不可放縱, 要和睦　　　　　　春平 · 夏吉 · 秋凶 · 冬吉

○ 운기가 일희일우이나 범사가 순리로 대체길운이며 득재수와 금전융통수가 有하다. 또 본인 혹은 자녀의 혼인수라. 단, 사물처리에 방종성을 피하고 타인과 화목을 득하라. 원방여행은 길하다.

× 일시길경이라도 선악후고로 중도좌절하여 화단불행이라. 범사에 화평과 근신처사가 可하다. 色難과 수술을 요하는 질병의 염려가 有하다. 또 흉부 위장 성병의 질환에 요유의하라.

停止(정지)　不可强行, 要不動　　　　　　春吉 · 夏凶 · 秋吉 · 冬病

○ 운기가 정체부진하며 범사가 일단 정지격이라. 사업상 또는 가정상으로 일단 정리를 요하는 단계이다. 제사장애가 출생하니 강행급진과 편견고집을 피하고 수구대기가 可하다. 단 부동산매매에 득리수이고 혹은 친척 지기의 혜택을 득한 수이며 여행은 불길하다.

× 만사가 곤난다단하고 일가가 불화라. 돌연악화로 장애가 중출하며 대손재 실패수이다. 범사에 고집과 강행을 피하고 폭풍일과후의 기회를 대기하라. 두부 안면 흉부 요통 외상의 질환에 요유의하라.

明察(명찰)　不可邪道, 要沈着正道　　　　春凶 · 夏吉 · 秋病 · 冬不利

○ 정도를 확수자중하고 겸허화순하여 타인의 의견을 존중하며 성실하고 침착하게 명찰기미하여 진행이면 가득성공이라. 또 타인과 정성 신중히 합작으로 공동사업 유리하다. 혹 학위나 표창 등의 명예를 수한다. 또한 직장주거의 이동수가 유하며 원방여행은 吉이라. 단 성급망동하고 사도자는 실패하며 혹 관재수를 요유의하라.

× 외관은 성대나 내실불연이라. 수득일시 성운이라도 중도실패라. 산재 비난 공난 사투 시비 관재수 등을 요유의라. 심장 복부질환에 요조심하고 범사에 침착 신중 인내를 요한다.

待時(대시)　　多艱險, 要忍耐　　　　　　　　　　春吉 · 夏凶 · 秋凶 · 冬吉

○ 신상에 부침변동이 유하고 가정다사하며 수면상태격으로 휴운이다. 급진과 망동은 불가하고 퇴수 현상유지가 가하며 인내 자중을 요한다. 만사 시기도래를 대기하라. 원방여행은 不吉하며, 혹 하속인으로부터 의외의 惠助數(혜조수)가 유하다.

× 만사불여의하고 정신고통 간난곤고로 우환이 부절이라. 가정불화 주거가 불안하고 분쟁 색난 도난 수난 의외의 재해가 출하며 혹 하속인으로부터의 피해를 당한다. 심장병 복부 신장병의 질환에 요유의하라. 여성은 부인병에 요유의하라.

靜守(정수)　　守本分, 要平靜順從　　　　　　　　　春吉 · 夏凶 · 秋平 · 冬凶

○ 선고후락격이며 대체로 안연무사하다. 만사에 심입이 불가하며 본분을 근수하여 평정순종이면 길하고 타와 공동사업도 유리하다. 혹 직업을 득할 수이고 친척 지기의 협조를 득하며 부동산 득리수가 유하다. 원방여행은 불호하다.

× 망동급진과 강행이욕으로 운기의 파동과 재해손실이 출생한다. 과분과 성급을 피하라. 혹 실직하고 부동산 손재수 또는 가정파란이 生起(생기)한다. 위장질환에 요유의하라.

　일생을 한눈으로 볼 수 있게 팔언절구로 요점을 鑑評(감평)한 비법록이다.
　내용중에는 旬之10세 冠之 20세 立之 30세 井之 40세 命之 50세의 유년도 있으나 생략한다.

月支＼年支	運子	運丑	運寅	運卯	運辰	運巳	運午	運未	運申	運酉	運戌	運亥
子生	寅月	卯月	辰月	巳月	午	未	申	酉	戌	亥	子	丑
丑生	卯月	辰	巳	午	未	申	酉	戌	亥	子	丑	寅
寅生	辰月	巳	午	未	申	酉	戌	亥	子	丑	寅	卯
卯生	巳	午	未	申	酉	戌	亥	子	丑	寅	卯	辰
辰生	午	未	申	酉	戌	亥	子	丑	寅	卯	辰	巳
巳生	未	申	酉	戌	亥	子	丑	寅	卯	辰	巳	午
午生	申	酉	戌	亥	子	丑	寅	卯	辰	巳	午	未
未生	酉	戌	亥	子	丑	寅	卯	辰	巳	午	未	申
申生	戌	亥	子	丑	寅	卯	辰	巳	午	未	申	酉
酉生	亥	子	丑	寅	卯	辰	巳	午	未	申	酉	戌
戌生	子	丑	寅	卯	辰	巳	午	未	申	酉	戌	亥
亥生	丑	寅	卯	辰	巳	午	未	申	酉	戌	亥	子

運子　初年凡事有頭無尾	多有知課隨時變通	貴人來助可得揚財	子孫滿堂或富或貴
運丑　又有固執文財成業	奔走路途勸力生涯	一生所事有功德	莫恨初困後分自樂
運寅　爲人嚴肅必有執權	營課遂意到處成權	以人平生千金去來	小小實祿財祿饒足
運卯　以孝養母爲僧八字	古基不刑離居則苦	若非才榮天地有慶	生居水邊所業必成
運辰　魚變成龍造化無窮	財德兼備金玉滿堂	早娶不利晚娶偕老	井之八九大通之數
運巳　井魚出海先困後泰	元無祖業孤獨成立	早子難養無後奉祀	平生之運吉凶相半
運午　爲人早達馬上得財	杏花出遊到處春風	貴星照臨貴人來助	奔走東西千里致祿
運未　石上走馬奔走成敗	累次移居虛送歲月	良工琢玉遊食四方	財如雲散疾病何事
運申　天地情疎外貧內富	運逢天地終成大器	聚散無常世事如意	末年榮華自入金谷
運酉　暫聚暫散非一非再	初年成敗世業難守	若不文章風流流子	不求他利農事大利
運戌　性直心事氣有高志	子孫滿堂或富或貴	三分平生吉凶相半	勿思勞苦困有餘慶
運亥　天地無德世業難守	食祿長達不擇甘苦	性情巧妙隨時變通	先來所忌水火愼之

숫자를 근거로 하여 운명을 예지하는 靈數術(數靈術)에 바탕을 두고 있다.

生年月日에서 계산되어 나온 영수로 현재와 미래를 예언해준다는 것이다.

성격 운세 애정운 직업운으로 5분류하여 대답해주고 있으나 그중 직업운을 인용, 그 내용을 요약하여 소개한다.

靈數 산출방법 – 양력 生年月日에 의한다.

<例> 1953年 12月 26日生(陽曆)

<1+9+5+3+1+2+2+6>

29

(2+9)

11

(1+1)

⇓

2 … 靈數(영수)

▶ **職業運(직업운)**

<靈數 1>

투쟁력도 있고 박력이 넘쳐흐르므로 일에 열중한다. 남에게 고용될 타입은 아니다. 독립하여 자기의 역량을 충분히 살릴 직업을 택해서 성공한다.

정치가 종교가 사상가 학자 등이 적격이다. 사업을 경영하는 것도 좋다. 이 경우에는 요식업이나 운수업 또는 관광업과 같이 매일 현금이 들어오는 사업이 알맞다.

회사에 근무한다면 신문사나 출판 관계 자유업 또는 컴퓨터 프로그래머 등으로 재능을 발휘할 수 있을 것이다. 회사에 근무하드라도 독립의 찬스는 반드시 한번 찾아오는데 기회를 잘 포착해야 한다.

직업운은 강한 운세이므로 큰 신망과 희망을 가지고 나가는 편이 성공률이 높다. 어떠한 위기도 반드시 극복하고 마는 운세를 지니고 있는 것이다.

<靈數 2>

일에 매우 견실하고 착실한 타입이지만 신속한 처리나 참신한 아이디어로 파고드는 일에는 서투르다. 독불장군으로 활동한다기보다 크고 견실한 회사조직 속에서 재능을 발휘할 것이다.

직업운은 큰 변동이 없지만 남에게 강요당하는 일에는 반발하는 성격이므로 거기에서 한때나마 불우하게 될 지도 모른다. 그러나 많은 사람들에게 실력을 인정받아 바로 회복되곤 한다.

정확한 선견지명이 있어 조직내의 기획부 개발부 등에 배치되어 크게 공헌하게 될 것이다.

총무 인사기획관계의 샐러리맨 그것도 은행 금융관계 목재 고분자화학 철강 관계 회사가 알맞다.

기술자라면 컴퓨터 관계 정밀기계 등의 설비 약품 식품관계 신규제품 개발 등에서 재능을 발휘할 수 있다.

<靈數 3>

자기 일에 대해 책임감이 강하여 맡은 일에 최선을 다한다. 사무적인 일에 취향이 있다.

이 방면에서 일찍부터 신뢰를 받게 되며 성실한 근무태도가 빠른 승진을 가져다 준다.

그러나 우수한 두뇌 때문에 마음속으로는 만족하지 못하고 보다 창조적인 분야에서의 활동을 바란다. 그런데 독선적이고 상대방 입장에서 사물을 생각하지 못한 성격이 도리어 출세는 방해한다.

회사에 근무한다면 철도나 수송관계회사 또는 금속관계회사가 알맞다. 종교가 정치가 외교관 신문기자 등으로도 두각을 나타낼 수 있다.

상사로부터의 運은 별로지만 좋으며 재능이 뛰어난 부하를 가질 수 있다.

<靈數 4>

직업면에서는 성공을 바랄 수 없다.

보통정도에서 더 높은 것을 바라는 것은 실패를 불러오는 원인이므로 욕심을 갖지 않는 것과 같게 된다.

자신을 이해해주는 상사를 만나기란 지극히 어렵다. 상사가 되어서 부하를 부리는 일에 어려움이 많다.

자신은 의욕적으로 회사와 부하직원을 위하여 이바지한다고 생각하지만 부하와의 알력이 치명상이 되어 윗사람으로부터 내침을 당한다. 이보다는 독불장군으로서의 인생을 선택하는 것이 더 좋을 것이다.

건축가 디자이너 같이 계획성과 센스가 요구되는 직업 또는 예능 방면 등에도 알맞겠다.

중견회사에 근무한다면 연구관계 또는 기능직이 무난하다. 자동차회사 가구관계 식품가공 통신기 공업 등의 업종에 적당하다.

크게 발전적인 직업운이 아니므로 대체로 전직의 유혹이 있을 것이다. 다른 회사도 맞지 않을 터이니 기어코 회사를 그만 두고 싶다면 차라리 독립하는 길을 택하는 것이 좋을 것이다.

<靈數 5>

큰 비전을 그리는 직업과 지위로 성공하는 직업운이다.

정치가 실업가 학자 등 어느 분야로 진출하드라도 꿈과 현실을 결부시키는데 성공한다. 또 예능방면에 명명을 펼칠 수도 있다.

샐러리맨이 된 경우에도 비서실 기획실 등 앞일을 먼저 알 수 있는 부서 또는 영업 등 설득력과 매력을 충분히 발휘할 수 있는 부서가 적당하다. 결코 사무나 컴퓨터 관계에는 맞지 않는다.

진취적인 기질의 소유자인지라 일에 있어서의 실패는 약간 있다.

방종이나 태만으로 생긴 실수는 거의 없으나 너무 지나쳐 타이밍을 앞지르는 실수가 많을 것이다.

직장에서 역경에 처하는 일이 생겨도 실력있는 후원자가 많아 결코 나쁘게 끝나지는 않는다. 그것은 강한 運과 人德이 그렇게 만들게 되므로 지나친 겸양은 필요가 없다. 반면에 좋은 부하를 두면서도 후계자는 마땅찮아 다음단계의 비약적인 자리로 옮기지 못하고 찬스를 놓칠 우려가 있다.

<靈數 6>

회계사나 사법서사 등의 자유업 경리 총무 인사 등의 사무관계에 적성이 있다. 또 인쇄업 기계의 보수 방송 의료관계의 기술자 이미용사 등에도 적성이 보인다.

견실한 직업운으로 한 발짝씩 확실하게 계단을 오르는 심산으로 있으면 주위에서 밀어 올려준다.

최종적으로 중간의 관리직에는 없어서는 안될 사람이 되어 정년이 연장된다든지 촉탁으로라도 다시 고용되기도 한다. 정년 후에도 그 솜씨를 살려 소규모의 자영업을 하더라도 확실한 거래처를 잡아 충실한 노후를 보낼 수 있게 된다. 다만 일생을 통하여 자기 일을 지나치게 귀중하게 여긴 나머지 대인관계가 나빠지지 않도록 주의해야 한다.

자칫하면 그 일이 회사 전체를 위한 일이라기보다 일 자체를 위해서 있는 것 같은 착각을 하게 된다. 일솜씨에 자신을 가지는 사람의 특유한 스타일이다. 전직하지 않으면 안될 경우라면 40대 전후가 좋겠다. 轉職(전직)은 반드시 나쁘지는 않다.

<靈數 7>

無에서 有를 낳는 창조적인 재능과 사람을 부리는 기량을 가지고 있다.

디자이너 연출가 인테리어 등이 최고의 직업이다. 세일즈맨이나 엔지니어 등도 적합하다.

회사에 근무하는 경우에는 밖으로 업계 관계단체 회의 교섭 등에 없어서는 안 될 존재가 될 것이다.

정상에 서게 됐을 때 조직원들이 자기의 재능을 이용당하고 있는 것을 자랑으로 여긴다.

부하를 인간 그리고 협력자로 보는 본성을 결코 잊지말아야 하며 그들에게 표현으로 보여주어야 할 것이다.

라이벌은 당신을 함정에 처넣으려고 의외의 곳에 숨어있다. 특히 주석에서의 언동은 솔직한 것이므로 자료수집에 태만해선 안된다. 상대방에게는 금전적인 약점이 있을 것이다.

<靈數 8>

문학이나 미술 등 감상적인 방향으로 나갈 때 더 큰 성공을 기대할 수 있다. 그러나 비즈니스나 실업 방면으로 나갈 경우는 성공이 중간층에 그치고 만다.

회사에 근무하드라도 사무적인 면에는 그다지 솜씨가 없다.

그것으로 평가가 떨어지는 것은 부정하지 못한다.

또 대인관계에 있어서는 순탄한 교섭을 할 수 있으므로 실무적인 면에서 착실하게 대비해주는 사람만 있다면 영업상에도 상당한 성과를 올릴 수 있다.

또 대인관계에서 광범위한 부분에서 접촉이 넓어 업계관계나 시세변동 등의 정보에 빠르니 이러한 길에서도 기회가 있을 것이다.

부도수표의 처리 등에는 귀중한 존재가 될 것이다.

<靈數 9>

정치가 저널리스트 작가 건축가 등 세상에 대해 리더십 창조력을 발휘하는 직업이 안성맞춤이다.

회사에 근무하는 경우에도 主流가 되어 회사를 이끌어가는 스타일이 큰 직업운을 가지고 있다.

경계해야 할 것은 자만과 방심인데 자신과 다른 치밀한 사람을 구해야 한다는 데에 나태해서는 안 된다.

자기 사업을 할 때는 협력자를 구할 것 없이 뜻대로의 경영을 하는 편이 성미에 맞고 또 그것이 성공의 비결이다.

하나의 거래선에 집중하지 말고 한 회사의 거래는 최고 30회에서 그치기 바란다. 그렇지 않으면 부하직원과 결탁하여 회사를 빼앗길 위험이 있다.

널리 상품을 진열하는 것보다 고급전문점의 형식이 성공의 비율이 높을 것이다. 또 판매의 실질적 권한은 대폭 양보하고 전략적으로 신제품 개발과 신상품 반입에 전념하는 것이 성공하는 길이다.

作名 方法 8 ▎易數四字評(역수사자평)

주역의 대가인 宋朝六賢(송조육현)中 程明道(정명도), 邵康節(소강절) 선생의 秘記 (비기)라 하는데, 무엇보다도 공부없는 남자나 부인이라도 한자 4字로 간단하게 사주 또는 器局(기국)을 보아 趨吉避凶(추길피흉)하고, 卦象·意(괘상 의)를 좇아 撰名(찬 명)에도 활용되리라 믿는다.

1) 四柱看法(사주간법)

　　<例>　乾名　1915(乙卯), 6. 13. 亥時生

2) 大運看法(대운간법)

(日干중심, 陰男逆行(음남역행))

丙乙亥	丙丙子	丙丁丑	丙戊寅	丙己卯	丙庚辰	丙辛巳	丙壬午
夏柳鳴蟬	稔歲倉箱	雪中舟影	雪天望月	橋苗得雨	秋堤楊柳	風前點燭	壞牆夜雨
75	65	66	45	35	25	15	5

※ 평생운과 초중말운은 母運(모운)이고 대운과 流年運(유년운)은 子運(자운)이니 모강자약은 凶해도 불흉이고, 모약자강은 吉해도 불길이니 枯梅生花(고매생화) 나 生梅生花(생매생화)를 분별하여 판단한다.

3) 流年看法(유년간법)

<例>
大運 丙(日主)壬午(立運) 5~14세

5세	壬午	→ 丙壬午	壞墻夜雨
6~7세	壬辰	→ 丙壬辰	春鶯出谷
8~9세	壬寅	→ 丙壬寅	種樹成林
10~11세	壬子	→ 丙壬子	牛眠草地
12~13세	壬戌	→ 丙壬戌	飛龍在天
14세	壬申	→ 丙壬申	蛺蝶見花

大運 丙辛巳(1運) 15~24세

15세	辛巳	→ 丙申巳	風前點燭
16~17세	辛卯	→ 丙申卯	枯木逢春

⋮   ⋮

※ 말미의 兩頭天干別(양두천간별) 64괘의 卦象·意를 참조하고, 함께 엮은 作名 詩訣(작명시결)은 성명에도 활용할 수 있을 것이다.

4) 타법(年主 위주)

위 같은 四柱에서

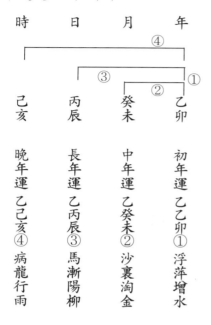

	時	日	月	年
	己亥	丙辰	癸未	乙卯
	晚年運	長年運	中年運	初年運
	乙己亥④	乙丙辰③	乙癸未②	乙乙卯①
	病龍行雨	馬漸陽柳	沙裏淘金	浮萍增水

위 法은 生年干 위주로 4운별식(初中長晚)인데 사자평 원전은 같으니 이 法으로 활용할 사안이다.

▶ 六旬甲子表(육순갑자법)

1旬	2旬	3旬	4旬	5旬	6旬
甲子	甲戌	甲申	甲午	甲辰	甲寅
乙丑	乙亥	乙酉	乙未	乙巳	乙卯
丙寅	丙子	丙戌	丙申	丙午	丙辰
丁卯	丁丑	丁亥	丁酉	丁未	丁巳
戊辰	戊寅	戊子	戊戌	戊申	戊午
己巳	己卯	己丑	己亥	己酉	己未
庚午	庚辰	庚寅	庚子	庚戌	庚申
辛未	辛巳	辛卯	辛丑	辛亥	辛酉
壬申	壬午	壬辰	壬寅	壬子	壬戌
癸酉	癸未	癸巳	癸卯	癸丑	癸亥

甲甲		甲乙		甲丙		甲丁		甲戊	
子	午	丑	未	子	午	丑	未	子	午
快風遇雨	牛眠荒蕪	楊花化萍	披沙取金	游魚出沼	石上金花	浮萍雨露	甕裏鳴蛙	鹽車驥足	石上栽松
寅	申	卯	酉	寅	申	卯	酉	寅	申
披雲對月	石皐遇雨	病龍行雨	破扇搖秋	蜂入花林	淺水行船	殘菊經霜	空岫尋雲	旱井逢霖	十月梅花
辰	戌	巳	亥	辰	戌	巳	亥	辰	戌
叢林採薪	月出樓臺	緣木求魚	金畔堆石	鸞鳳棲梧	衣錦騎驢	金瓶牡丹	池沼納凉	衣錦夜行	路入平坡

甲己		甲庚		甲辛		甲壬		甲癸	
丑	未	子	午	丑	未	子	午	丑	未
霜月飛雲	塵劍埋光	雲頭望月	葫蘆溪水	魚游春水	炎天種粟	雪天薙草	蠶葉初黃	柳花依竹	晚節黃花
卯	酉	寅	申	卯	酉	寅	申	卯	酉
渴馬飲泉	披雲尋月	雨裡花開	雪天漁歌	旱苗枯樹	狐假虎威	寒潭下釣	華筵點燭	春蘭秋菊	池魚脫網
巳	亥	辰	戌	巳	亥	辰	戌	巳	亥
涉水求魚	衰草逢春	積土成丘	徑中走馬	路傍秋菊	掘藏逢金	旱苗逢雨	月照寒潭	枯木待春	竹杖化龍

乙甲		乙乙		乙丙		乙丁		乙戊	
子	午	丑	未	子	午	丑	未	子	午
大旱甘雨	松栢經霜	敗荷逢雨	臘草疊霜	高樓望月	籬菊逢秋	深潭下釣	春蘭秋菊	凍鱗出水	腐草爲螢
寅	申	卯	酉	寅	申	卯	酉	寅	申
猛虎出林	黃鍾應律	浮萍增水	神劍化龍	蜂房結蜜	飛螢放火	衰草逢春	深谷樵薪	走馬花街	沙地栽葵
辰	戌	巳	亥	辰	戌	巳	亥	辰	戌
竿頭掛帆	霖雨栽松	斜陽天霽	珠玉藏泥	馬嘶楊柳	春蘭秋菊	螢火草腐	鼠入倉廩	枯蓮得露	荷葉浮露

乙己		乙庚		乙辛		乙壬		乙癸	
丑	未	子	午	丑	未	子	午	丑	未
浪裏乘槎	月照寒潭	紅爐灼酒	開簾望月	狼餐虎食	破扇秋殘	磨前走馬	臨水求魚	流鶯遷木	沙裏淘金
卯	酉	寅	申	卯	酉	寅	申	卯	酉
風前點燭	塵鏡生輝	枯樹逢春	飢鳥投林	晚節黃花	石上燃燈	大船過海	羣鶯撲蝶	雪裏梅花	刻舟求劍
巳	亥	辰	戌	巳	亥	辰	戌	巳	亥
乘船渡海	病龍行雨	淘沙取金	春日花開	破屋重修	雲中梅綻	種草生芽	鳴琴柳陰	蟾宮玉兎	寶舟游浪

丙甲		丙乙		丙丙		丙丁		丙戊	
子	午	丑	未	子	午	丑	未	子	午
游魚出網	水深魚樂	春燕歸巢	雨裡瓊花	稔歲倉箱	秋堤楊柳	雪中舟影	竹蓋行舟	開樽自酌	炎天種粟
寅	申	卯	酉	寅	申	卯	酉	寅	申
飛螢放火	秋蟬鳴柳	豊年餉粟	隱星落雲	酒闌對月	秋月芙蓉	順水行舟	楊柳著霜	雪天望月	大暑得霜
辰	戌	巳	亥	辰	戌	巳	亥	辰	戌
落花遇水	春草眠午	炎天破扇	夏柳鳴蟬	寶船入海	雪裏尋梅	路入平坡	穴中取獸	渴馬飲泉	黃花晚節

丙己		丙庚		丙辛		丙壬		丙癸	
丑	未	子	午	丑	未	子	午	丑	未
掘藏逢金	秋蟬鳴柳	菊徑尋春	待風駕帆	明月梅花	秋天孤鴈	牛眠草地	壞墻夜雨	春堤楊柳	破綱捕魚
卯	酉	寅	申	卯	酉	寅	申	卯	酉
稿苗得雨	猛虎巡山	枯蓮得露	風裡楊花	枯木逢春	紙船入海	種樹成林	蛺蝶見花	寒潭下釣	高樓望月
巳	亥	辰	戌	巳	亥	辰	戌	巳	亥
藍田種玉	井底觀天	秋堤楊柳	層氷見日	風前點燭	游魚入網	春鶯出谷	飛龍在天	饑鳥投林	苔蘚得雨

丁甲		丁乙		丁丙		丁丁		丁戊	
子	午	丑	未	子	午	丑	未	子	午
雪天竹影	天曉燃燈	蟾宮捉兔	沼鱗出海	浪裏乘槎	雪內盆葵	掘地逢金	黃鶯出谷	喬松棲鶴	點鐵成金
寅	申	卯	酉	寅	申	卯	酉	寅	申
龍入蛇巢	逆水行舟	月照芙蓉	月照寒潭	更殘望月	老鼠換牙	旱苗枯槁	枯松立鶴	細流入海	待潮行般
辰	戌	巳	亥	辰	戌	巳	亥	辰	戌
大旱逢霖	浪裏淘金	掘土逢金	巖頭騎馬	雪裏尋梅	巖頭走馬	月照樓臺	月下子規	高樓吹笛	掘井及泉

丁己		丁庚		丁辛		丁壬		丁癸	
丑	未	子	午	丑	未	子	午	丑	未
種竹成林	明日梅花	芙蓉對鏡	破船載寶	檐頭夜雨	坐井觀天	垂柳鳴蟬	冶金出躍	金盤堆果	魚叢下釣
卯	酉	寅	申	卯	酉	寅	申	卯	酉
驚魚洛沼	甕裏春風	寒潭下釣	春堤楊柳	淺水行船	帳裏抛珠	寶馬金鞍	石上採蓮	巨流歸海	披雲望月
巳	亥	辰	戌	巳	亥	辰	戌	巳	亥
春日桃花	披雲看月	秋鶯營巢	日晚登樓	掘井求泉	大旱甘霖	高樓望月	黃鶯出谷	樓臺望月	寒潭下釣

戊甲		戊乙		戊丙		戊丁		戊戊	
子	午	丑	未	子	午	丑	未	子	午
巖頭走馬	牆頭走馬	松栢凌雲	寒日飲水	鳴風吹帆	衣錦夜行	谷鶯遷木	甕裏牧丹	月下涼風	出獵逢虎
寅	申	卯	酉	寅	申	卯	酉	寅	申
扁舟過海	門前放鶴	春日開花	空盤下筯	甕裏鳴琴	孤舟入海	甕裏栽松	高山掘井	殘菊逢霜	大海納流
辰	戌	巳	亥	辰	戌	巳	亥	辰	戌
穀雨栽花	鳴絃柳陰	鳴鳳棲竹	花園排宴	月下鳴琴	石上煎膏	炎天破扇	松栢逢春	垂簾獨酌	扁舟下釣

戊己		戊庚		戊辛		戊壬		戊癸	
丑	未	子	午	丑	未	子	午	丑	未
月樓自酌	腐草爲螢	浮雲蔽月	旱苗枯槁	夜靜觀月	甕裏鳴琴	日晴夜雨	淺水行舟	秋月重圓	寒蟬在柳
卯	酉	寅	申	卯	酉	寅	申	卯	酉
順水行舟	雲開見月	黃花滿庭	紙簾犯雨	冬雀噪晴	浪裏行舟	芙蓉夾岸	飛螢散火	晚節黃花	寒月懸空
巳	亥	辰	戌	巳	亥	辰	戌	巳	亥
春園蝴蝶	海月秋潭	雲頭望月	臘梅遇春	岩前走馬	舊鏡生塵	盆葵向日	晚行遇月	浪裏行藏	破屋修重

己甲		己乙		己丙		己丁		己戊	
子	午	丑	未	子	午	丑	未	子	午
天街走馬	高柳鳴蟬	衣錦塗炭	炎天種粟	雲頭望月	甕裏鳴琴	秋花逢雨	秋鴈展翼	放箭穿雲	水上鳴琴
寅	申	卯	酉	寅	申	卯	酉	寅	申
枯苗遇旱	月照寒潭	高山暮雲	旱井枯魚	輕帆順水	十月梅花	晚節黃花	蟬鳥投林	鶯啼鳳舞	鶯鳥脫網
辰	戌	巳	亥	辰	戌	巳	亥	辰	戌
雪裡枯松	寒魚依草	夜行待月	佩印腰金	岩前走馬	氷上騎馬	扁舟入海	凉月行舟	驚蝶入花	驚魚在渠

己己		己庚		己辛		己壬		己癸	
丑	未	子	午	丑	未	子	午	丑	未
雨過種粟	春木宿鳥	春光初潔	石泉遇雨	枯井逢霖	甕裏蓮開	浪裏乘槎	炎天種粟	藍田種粟	衣錦行舟
卯	酉	寅	申	卯	酉	寅	申	卯	酉
石上栽蓮	冬嶺修竹	幽林射燕	春鶯夏燕	荒園種松	鼠入倉廩	寒蟬悲風	逆水行舟	玉潔冰清	金鷄送曉
巳	亥	辰	戌	巳	亥	辰	戌	巳	亥
寶劒藏匣	瓶內梅花	困龍行雨	苔古泉香	高樓望月	喬松棲鶴	花邊排宴	緣木求魚	金盤堆果	雲頭望月

庚甲		庚乙		庚丙		庚丁		庚戊	
子	午	丑	未	子	午	丑	未	子	午
秋鶯歸巢	垂簾下釣	宦舟得風	花園雨樹	破扇停秋	巨虎出林	魚游春水	玉潔氷清	寶馬金鞍	積土成山
寅	申	卯	酉	寅	申	卯	酉	寅	申
緣木求魚	錦鱗枯井	霖雨望晴	掘井求泉	十月梅花	扁舟渡海	衣葛逢秋	喬鶯遷木	渴馬飲泉	柳堤鶯花
辰	戌	巳	亥	辰	戌	巳	亥	辰	戌
蘭生花園	紅日映簾	小舟入海	秋園牧丹	巨鱗泛沼	落花戒霜	登高望月	淡露秋蟬	降雪遇風	老顏對鏡

庚己		庚庚		庚辛		庚壬		庚癸	
丑	未	子	午	丑	未	子	午	丑	未
枯木鴉栖	春日觀花	浮萍遇雨	雨中自酌	腰纏騎鶴	策杖行吟	把傘騎牛	寶舟順風	大舟入海	花間開宴
卯	酉	寅	申	卯	酉	寅	申	卯	酉
空岫歸雲	細流入海	浪逐行舟	月夜登樓	天街走馬	月下拋球	登山望月	秋堤楊柳	月照寒潭	逆浪網鱗
巳	亥	辰	戌	巳	亥	辰	戌	巳	亥
飛蝗入禾	寒潭下釣	雪月梅花	月下鳴琴	騎鱸入卷	破鏡生塵	苔蘚逢霜	蟬蜀堆金	寒潭下釣	掘藏得金

辛甲		辛乙		辛丙		辛丁		辛戊	
子	午	丑	未	子	午	丑	未	子	午
雪裏樵歌	更殘望月	霽雲映日	逆浪網魚	落花流水	秋堤楊柳	月明夜賞	殘花遇雨	沼鱗入海	遠寺鳴鍾
寅	申	卯	酉	寅	申	卯	酉	寅	申
井鱗出沼	敗柳逢霜	梨園聽樂	緣木求魚	蟾宮捉兔	春日花園	枯枝待春	雲龍遇會	衣錦扁舟	高樹棲鶴
辰	戌	巳	亥	辰	戌	巳	亥	辰	戌
寒潭下釣	月照春松	石上栽花	伐木遇斧	磨鏡復塵	夏日尋蓮	獨立觀蓮	凉月逢秋	枯木待春	秋水芙蓉

辛己		辛庚		辛辛		辛壬		辛癸	
丑	未	子	午	丑	未	子	午	丑	未
秋風落葉	井鱗出沼	蛺蝶穿花	曉日穿林	畫餅充飢	寒潭遇雨	帳內鳴琴	古鏡重磨	泥塗走馬	浪裡行舟
卯	酉	寅	申	卯	酉	寅	申	卯	酉
寒潭下釣	黃花待霜	石叢下釣	帳內鳴琴	卞和泣玉	瓶內梅花	深谷栽花	曲巷推車	小舟入海	飢鳥投林
巳	亥	辰	戌	巳	亥	辰	戌	巳	亥
披雲望月	登樓望月	雪裏青松	雪裏携琴	更殘望月	春花秋月	屋下藏金	破船載寶	浮雲蔽月	柳絮飄風

壬甲		壬乙		壬丙		壬丁		壬戊	
子	午	丑	未	子	午	丑	未	子	午
登樓望月	殘花遇雨	披雲對月	漏網張魚	雪天行程	春日牧丹	積雪成山	梅花雪月	鴈宿藍田	林裏鳴鶯
寅	申	卯	酉	寅	申	卯	酉	寅	申
枯井金鱗	牧丹芙蓉	枯木逢春	風飄柳絮	秋葉飄風	寒螢散火	殘更望月	月色穿簾	掘地栽葵	月照寒潭
辰	戌	巳	亥	辰	戌	巳	亥	辰	戌
秋堤楊柳	舟歸平浦	松栢歲寒	巖下走馬	洞裏鳴琴	枯枝生花	月中捉兎	危樓望月	曠屋安眠	良馬陷泥

壬己		壬庚		壬辛		壬壬		壬癸	
丑	未	子	午	丑	未	子	午	丑	未
缺月重圓	腰纏騎鶴	平潮淺水	沒水引泉	一箭穿雲	石上栽蓮	磨鐵作針	盆葵向日	掘藏逢金	出岫閒雲
卯	酉	寅	申	卯	酉	寅	申	卯	酉
雲開望月	游魚得路	春鳥出谷	掘井無泉	稔歲倉廩	風清月朗	春入松林	旱苗枯槁	降龍伏虎	雨裏浮萍
巳	亥	辰	戌	巳	亥	辰	戌	巳	亥
花開滿樹	浮萍水潤	井內金鱗	旱苗逢雨	牛眠春草	竹徑乘筒	坐井觀天	鳳出逢鸞	玉潔氷淸	盆內芙蓉

癸甲		癸乙		癸丙		癸丁		癸戊	
子	午	丑	未	子	午	丑	未	子	午
青松翠竹	巖前走馬	春後茶藨	蠅頭蛇角	甕裏鳴琴	花落隨風	暗月虛明	春萍泛沼	路入平坡	井鱗入海
寅	申	卯	酉	寅	申	卯	酉	寅	申
登樓賞月	披雲對月	煉石補天	明月梅花	露令蓮房	披雲見月	鐵鏡重磨	黃菊耐霜	浪裏乘舟	秋日芙蓉
辰	戌	巳	亥	辰	戌	巳	亥	辰	戌
秋菊春蘭	紙內藏金	城頭松栢	衣錦還鄉	巖畔落花	走馬花街	犬鶯逐鹿	歸帆順風	喬松棲鶴	游蜂結蜜

癸己		癸庚		癸辛		癸壬		癸癸	
丑	未	子	午	丑	未	子	午	丑	未
穿井無泉	枯井逢雨	星稀月朗	高山穿井	秋巖老桂	浪裡乘槎	落花遇雨	秋得牧丹	更殘望月	漏網張魚
卯	酉	寅	申	卯	酉	寅	申	卯	酉
登樓賞月	破屋重修	晚春花園	逆水行舟	見龍在田	風裡楊花	衣錦騎牛	月照寒潭	風中點燭	秋月芙蓉
巳	亥	辰	戌	巳	亥	辰	戌	巳	亥
良驥鹽車	盆內栽松	登樓望月	秋柳飄風	雲龍風虎	苗而不秀	池魚脫網	秋後花生	洗足獵獸	桃花逐浪

兩頭天干別(양두천간별) 64卦

兩頭 天干	卦名	卦象	卦意	作名詩訣(~之格)
甲甲	重雷震	有聲無形	震驚百里	神劍斬蛇成功
甲乙	雷風恒	竝行相背	日月常明	日月長明
甲丙	雷火豐	昔暗回明	殘花待雨	日麗中天
甲丁	雷地豫	雷出地奮	行止順時	萬物發榮
甲戊	雷山小過	飛鳥過山	上逆下順	以弱服强
甲己	雷地豫	雷出地奮	行止順時	萬物發榮
甲庚	雷澤歸妹	浮雲蔽日	顚倒齟齬	長窮不達
甲辛	雷天大壯	羝羊觸藩	錦衣夜行	先達後順
甲壬	雷水解	因人出獄	雷雨緩散	春行雨露
甲癸	雷山小過	飛鳥過山	上逆下順	以弱服强
乙甲	風雷益	風拂蘆花	摘水添河	橫罹怨魂
乙乙	重風巽	颱風覆船	枝折幹仆	以順成大
乙丙	風火家人	從窓見月	開花結子	開花結實
乙丁	風地觀	雲捲晴空	春花競發	早達者觀國光景
乙戊	風山漸	山中植木	千里一步	善畢愁起
乙己	風地觀	雲捲晴空	春花競發	早達者觀國光景
乙庚	風澤中孚	釜鍋得蓋	鶴鳴子和	鶴鳴子和
乙辛	風天小畜	曉風殘月	相親相疎	密雲不雨
乙壬	風水渙	順水行舟	萍水相逢	取利反害
乙癸	風山漸	山中植木	千里一步	善畢愁起
丙甲	火雷噬嗑	順中有物	日中爲市	上下相合
丙乙	火風鼎	調和鼎鼎	去故取新	去舊從新
丙丙	重火離	雉罹網中	秋葉飄風	避凶得吉
丙丁	火地晉	滿地錦繡	人登玉階	以臣遇君
丙戊	火山旅	日傾西山	見鳥失矢	如月半虧

兩頭天干	卦名	卦象	卦意	作名詩訣(~之格)
丙己	火地晉	滿地錦繡	人登玉階	以臣遇君
丙庚	火澤睽	二女同居	猛虎陷阱	水中孤魂
丙辛	火天大有	穿窓開明	深谷發花	柔以得位
丙壬	火水未濟	花落結實	憂中望喜	憂中望喜
丙癸	火山旅	日傾西山	見鳥失矢	如月半虧
丁甲	地雷復	淘沙見金	反復往來	陰陽反復
丁乙	地風升	積小成大	橋上往來	顯達光明
丁丙	地火明夷	囊中有物	出明入暗	火入地中多滅
丁丁	重地坤	君唱臣和	品物生資	君唱臣和
丁戊	地山謙	地中有山	仰高就下	以謙受益
丁己	重地坤	君唱臣和	品物生資	君唱臣和
丁庚	地澤臨	上臨下之	鳳入鷄群	鳳入鷄群光現
丁辛	地天泰	小往大來	天地交泰	天地交泰
丁壬	地水師	天馬出群	以寡伏衆	以弱服衆反害
丁癸	地山謙	地中有山	仰高就下	以謙受益
戊甲	山雷頤	壯士執劒	匣中秘物	以善遠惡
戊乙	山風蠱	門內有賊	石上栽蓮	以惡害善
戊丙	山火賁	門內競美	明不及遠	光明通達
戊丁	山地剝	鼠穿倉廩	去舊生新	落葉歸根
戊戊	重山艮	積小成高	遊魚避網	極貴者早崩
戊己	山地剝	鼠穿倉廩	去舊生新	落葉歸根
戊庚	山澤損	握土爲山	損奢存孚	輔國垂恩
戊辛	山天大畜	金在岩中	殘水行舟	青龍光顯
戊壬	山水蒙	岩險雲煙	生花未開	英雄不遇其時
戊癸	重山艮	積小成高	遊魚避網	極貴者早崩

兩頭天干	卦名	卦象	卦意	作名詩訣(~之格)
己甲	地雷復	淘沙見金	反復往來	陰陽反復
己乙	地風升	積小成大	橋上往來	顯達光明
己丙	地火明夷	囊中有物	出明入暗	火入地中多滅
己丁	重地坤	君唱臣和	物品生資	君唱臣和
己戊	地山謙	地中有山	仰高就下	以謙受益
己己	重地坤	君唱臣和	物品生資	君唱臣和
己庚	地澤臨	以上臨下	鳳入群鷄	鳳入鷄群光現
己辛	地天泰	小往大來	天地交泰	天地交泰
己壬	地水師	天馬出群	以寡伏衆	以弱服衆反害
己癸	地山謙	中有山之	仰高就下	以謙受益
庚甲	澤雷隨	馬逐鹿之	我動彼悅	以待隨時
庚乙	澤風大過	寒木生花	本末具弱	大過者反受其殃
庚丙	澤火革	腐草螢火	賣金買物	豹變爲虎
庚丁	澤地萃	如水就下	魚龍會來	魚龍傷鱗
庚戊	澤山咸	山澤通氣	至誠感神	至誠感天
庚己	澤地萃	如水就下	魚龍會來	魚龍傷鱗
庚庚	重澤兌	天降雨澤	江湖養物	天降雨露潤物
庚辛	澤天夬	先損後益	羝羊喜觸	安靜守行
庚壬	澤水困	守己待時	河中無水	河中無水
庚癸	澤山咸	山澤通氣	至誠感神	至誠感天
辛甲	天雷无妄	雷逢暑震	石中蘊玉	守舊安常
辛乙	天風姤	或聚或散	鳳出逢鸞	早達者橫厄天命
辛丙	天火同人	暗夜提燈	管鮑分金	君臣相樂
辛丁	天地否	月藏霧裡	寒鶯待春	陰陽反覆更和
辛戊	火天大有	穿窓開明	深谷發花	柔以得位

兩頭天干	卦名	卦象	卦意	作名詩訣(~之格)
辛己	天地否	月藏霧裡	寒鶯待春	陰陽反覆更和
辛庚	天澤履	安中防危	如履虎尾	富貴晚達
辛辛	重天乾	龍示變化	萬物資生	始亨者卽爲渙散
辛壬	天水訟	天水違行	田獵無獲	放鷹群雉
辛癸	天山遯	貴人隱山	鑿井無泉	暗昧者橫厄天命
壬甲	水雷屯	龍居淺水	初昧不寧	萬物始生
壬乙	水風井	好靜安常	病夫行市	富貴子孫
壬丙	水火旣濟	陰陽配合	西施傾國	往渡得船
壬丁	水地比	衆星拱北	和樂無閒	衆星拱北光顯
壬戊	水山蹇	門前有陷	寒蟬悲風	萬事暗昧
壬己	水地比	衆星拱北	和樂無閒	衆星拱北光顯
壬庚	水澤節	狐涉泥中	自阱自陷	以豐盈內
壬辛	水天需	密雲不雨	雪中梅綻	早春雨露
壬壬	重水坎	外虛中實	載寶破船	權重自孽橫死
壬癸	水山蹇	門前有陷	寒蟬悲風	萬事暗昧
癸甲	山雷頤	壯士執劒	匣中秘物	以善遠惡
癸乙	山風蠱	門內有賊	石上栽蓮	以惡害善
癸丙	山火賁	門內競美	明不及遠	光明通達
癸丁	山地剝	鼠穿倉廩	去舊生新	落葉歸根
癸戊	重山艮	積小成高	遊魚避網	極貴者早崩
癸己	山地剝	鼠穿倉廩	去舊生新	落葉歸根
癸庚	山澤損	握土爲山	損奢存孚	輔國垂恩
癸辛	山天大畜	金在岩中	淺水行舟	靑龍光顯
癸壬	山水蒙	岩險雲煙	生花未開	英雄不遇其時
癸癸	重山艮	積小成高	游魚避網	極貴者早崩

┃ **三機配合法**(삼기배합법)

<例>　乾命　　壬子生

조 **曹** 10

　　　　　) 24

봉 **鳳** 14

　　　　　) 21

우 **佑** 7

　　─────

　　31

지격수(鳳佑) 21　　　　주격수(曹鳳) 24　　　　총격수(曹鳳佑) 31

$$21+24+31=76 \div 8 = 4$$

生年干이 壬이니 위의 4수를 빼면 壬癸甲을 지나 乙에 해당하여, 乙의 天人拱助 萬事如意가 運格이 되는 것이다.

甲	運福自來 名振四海	운수와 복이 스스로 오니 이름을 사방에 떨치리라.
乙	天人拱助 萬事如意	천인이 도와주니 만사가 여의하도다.
丙	家運昌吉 每重順成	집운이 매우 좋으니 모든 일이 순조롭도다.
丁	乘龍乘虎 變化無窮	용을 타고 범을 타니 조화가 무궁하도다.
戊	虎氣來侵 眷屬不和	범이 와서 침노하니 권속들이 불화하도다.
己	欲進不達 心神不安	욕망이 달하지 못하고 마음이 불안하도다.
庚	春和紅色 貴人來會	봄날이 화창하니 붉은 빛임 귀인이 와서 만나도다.
辛	六親無德 食少事煩	육친이 덕이 없으니 먹을 것은 적고 일은 분주하다.
壬	敗家流浪 門前乞食	패가가 유랑하니 문전걸식을 하더라.
癸	瑞氣滿庭 家道興旺	서기가 집안에 가득하다 집안이 흥왕하여지도다.

┃ 震天動地法(진천동지법)

姓字획수 - 100단위   名上字획수 10단위 名下字 단단위로 하여
산출된 4자리수(천단위 숫자)를 144數(12×12)로 나눈 나머지 數의 풀이를 본다.

<例> 乾名

    (後)   (先)
    12 조 曹 10
    19 봉 鳳 14
     8 우 佑   7
    ─────────────

  先天局(선천국)(筆劃필획)
    - 曹字10×100단위=1000   鳳字14×10단위=140 佑字7 → 7
              1000+140+7=1147   1147÷144=7…139
                (12×12=144)

  後天局(후천국)(曲劃곡획)
    - 曹字12×100=1200   鳳字19×10=190   佑字8 → 8
              1200+190+8=1398   1398÷144=9…102

139 <선천국>

深入逢兆　誰知仙方　신선 있는 곳은 누가 알리오, 깊이 들어가면 만날 징조다.

寂寞深山　孤魂往來　깊은 산 적막한 곳에, 귀신이 오락가락 하도다.

北賊來侵　哀哀痛哉　북적도적이 침범하니, 애통하고 애통하도다.

孤走失路　何中外求　외로운 손이 길을 잃고, 어찌하여 밖에서 구하는가

102 <후천국>

旱苗逢雨　勃然興之　가문 싹에 비가 오니, 번식하여 흥하도다.

金銀滿囊　用而不渴　금과 은이 주머니에 가득하고, 써도 마르지가 아니하도다.

九月秋風　落葉歸根　구월 가을바람에, 잎이 나무 밑에 떨어진다.

球禪繁擧　寂鳴玉琦　염주를 세면서 참선을 하니, 옥기가 고요히 울도다.

※ 위 내용으로 보아 曹鳳佑(조봉우, 秘傳 姓名大典 저자)는 先困後泰(선곤후태)
　 인 것 같다.

※ 1~139에 따라 위와 같이 四言節句(사언절구) 4개씩의 풀이가 있으나, 曹先生
　 이 이름 붙인 뜻대로 하늘과 땅이 진동하는 특별한 비법인지는 모르겠거니와,
　 분량이 많아 그 풀이는 게재하지 못하여 이를 맞춰보려는 혹시 있을지 모르는
　 독자에게는 미안할 수 있겠다 싶다.

第3部

作名易象

易象(역상)은 周易(주역)의 卦象(괘상)을 말하는 것이다.

　작명이나 釋名(석명－이름풀이)을 함에 있어 역상을 다섯손가락 안에 드는 作名要素(작명요소)로 삼고 있는 것이 작명학계의 일반적인 관례이다.

　경우에 따라서는 수리나 音靈(음령)오행보다 그 비중을 60~90%까지 훨씬 높여 활용하거나, 한글획수로도 작괘하여 응용하는 성명학자들도 있다.

　이를 성명학의 만사해결사로보아 傳家(전가)의 寶刀(보도)처럼 행세하지만, 그 내용도 별것 아닌데다 牽强附會(견강부회)쯤으로 비하하는 등 비판적으로 말하는 경우도 있다. 그러나 역상은 성명을 망라하여 총체적인 운명판단의 기준을 함축하고 있다.

　주역의 괘상은 64개이고 爻象(효상)은 384개이다.

　성명학자중에는 역상에 관하여 일반이론쯤도 알려고 하지 않거나, 잘 모르거나 다소 알고는 있지만 신뢰하지 않아서 사용하지 않는 사람도 있다.

　대체로 역상을 활용함에 있어서는 성명3자 총수를 8로 나누어 나머지수로 周易大成卦(주역대성괘)의 上卦(상괘)로 잡고 성씨를 제외한 이름 2자의 합수를 8로 나누어 나머지수로 下卦(하괘)를 삼는 방법을 사용하고 있다.(作卦라 한다)

　숫자는 天(천1) 澤(택2) 火(화3) 雷(뢰4) 風(풍5) 水(수5) 山(산7) 地(지8)의 先天伏羲八卦(선천복희팔괘)로 하고, 위에서 8로 나누는 것도 8卦의 小成卦(天☰ 澤☱ 火☲ 雷☳ 風☴ 水☵ 山☶ 地☷)를 의미하는 것이다.

　예를 들면, 박朴(6획) 정正(5획) 희熙(13획)의 경우 총획수 24를 8로 나누면(除) 上卦는 8(나누어 나머지 값을 찾는데 나머지가 없이 나누어 떨어지면 除數제수인 8이 된다)이 되고, 이름의 합수 18을 8로 나누면(除) 下卦는 2가 되어 82(64卦 卦番, 卦名表 참조)가 되는데 이는 地澤臨(지택림)괘에 해당한다.

　이와 같은 괘상은 성씨가 6획(朴 安 任 全 朱 印 吉 牟 등), 14획(趙 裵 愼 連 西門 등), 22획(權 蘇 邊 등)인 경우와 같이 숫자 6에 순차적으로

▶ 64卦(卦番(괘번), 卦名(괘명))표

상괘 하괘	1	2	3	4	5	6	7	8
1	11 重天乾 중천건	21 澤天夬 택천쾌	31 火天大有 화천대유	41 雷天大壯 뇌천대장	51 風天小畜 풍천소축	61 水天需 수천수	71 山天大畜 산천대축	81 地天泰 지천태
2	12 天澤履 천택리	22 重澤兌 중택태	32 火澤睽 화택규	42 雷澤歸妹 뇌택귀매	52 風澤中孚 풍택중부	62 水澤節 수택절	72 山澤損 산택손	82 地澤臨 지택림
3	13 天火同人 천화동인	23 澤火革 택화혁	33 重火離 중화리	43 雷火豊 뇌화풍	53 風火家人 풍화가인	63 水火旣濟 수화기제	73 山火賁 산화비	83 地火明夷 지화명이
4	14 天雷无妄 천뢰무망	24 澤雷隨 택뢰수	34 火雷噬嗑 화뢰서합	44 重雷震 중뢰진	54 風雷益 풍뢰익	64 水雷屯 수뢰둔	74 山雷頤 산뢰이	84 地雷復 지뢰복
5	15 天風姤 천풍구	25 澤風大過 택풍대과	35 火風鼎 화풍정	45 雷風恒 뇌풍항	55 重風巽 중풍손	65 水風井 수풍정	75 山風蠱 산풍고	85 地風升 지풍승
6	16 天水訟 천수송	26 澤水困 택수곤	36 火水未濟 화수미제	46 雷水解 뇌수해	56 風水渙 풍수환	66 重水坎 중수감	76 山水蒙 산수몽	86 地水師 지수사
7	17 天山遯 천산돈	27 澤山咸 택산함	37 火山旅 화산여	47 雷山小過 뇌산소과	57 風山漸 풍산점	67 水山蹇 수산건	77 重山艮 중산간	87 地山謙 지산겸
8	18 天地否 천지비	28 澤地萃 택지취	38 火地晋 화지진	48 雷地豫 뇌지예	58 風地觀 풍지관	68 水地比 수지비	78 山地剝 산지박	88 重地坤 중지곤

8卦의 8을 가산한 성씨와 동일한데, 성명총수에 따라 13天火同人 24澤雷隨 35火風鼎 46雷水解 57風山漸 68水地比 71山天大畜 82地澤臨의 8卦로 64卦중에 8개(8 괘)에 국한되어 있다.

다른 성씨의 경우에도 이와 같다는 것을 아래 作名易象速見表(姓획수별 총격의 역상에 괘별 길흉을 부호로 표시하였음)를 보면 쉽게 알 수 있을 것이다.

▶ **作名 易象 速見表(작명 역상 속견표)**

성명총수 / 성획수	1,9,17	2,10,18	3,11,19	4,12,20
1,9,17,25,33,41,49,57	× 天地否	× 天山遯	△ 天水訟	△ 天風姤
2,10,18,26,34,42,50,58	□ 澤天夬	□ 澤地萃	□ 澤山咸	× 澤水困
3,11,19,27,35,43,51,59	× 火澤睽	○ 火天大有	□ 火地晋	× 火山旅
4,12,20,28,36,44,52,60	□ 雷火豊	△ 雷澤歸妹	□ 雷天大壯	○ 雷地豫
5,13,21,29,37,45,53,61	○ 風雷益	□ 風火家人	□ 風澤中孚	△ 風天小畜
6,14,22,30,38,46,54,62	□ 水風井	△ 水雷屯	□ 水火旣濟	□ 水澤節
7,15,23,31,39,47,55,63	△ 山水蒙	△ 山風蠱	□ 山雷頣	□ 山火賁
8,16,24,32,40,48,56,64	○ 地山謙	□ 地水師	○ 地風升	□ 地雷復
성명총수 / 성획수	5,13,21	6,14,22	7,15,23	8,16,24
1,9,17,25,33,41,49,57	△ 天雷无妄	○ 天火同人	□ 天澤履	□ 重天乾
2,10,18,26,34,42,50,58	△ 澤風大過	□ 澤雷隨	□ 澤火革	○ 重澤兌
3,11,19,27,35,43,51,59	□ 火水未濟	○ 火風鼎	△ 火雷噬嗑	△ 重火離
4,12,20,28,36,44,52,60	△ 雷山小過	○ 雷水解	□ 雷風恒	△ 重雷震
5,13,21,29,37,45,53,61	□ 風地觀	□ 風山漸	△ 風水渙	□ 重風巽
6,14,22,30,38,46,54,62	□ 水天需	○ 水地比	× 水山蹇	× 重水坎
7,15,23,31,39,47,55,63	□ 山澤損	□ 山天大畜	× 山地剝	□ 重山艮
8,16,24,32,40,48,56,64	△ 地火明夷	□ 地澤臨	○ 地天泰	□ 重地坤

※ 64괘→ ○11卦 □30卦 △15卦 ×8卦

앞의 표에서 아래쪽의 세로로 구획된 성획수 6, 14, 22란과 왼쪽의 아라비아숫자 중 성명총수 24와 겹친 곳의 地澤臨(최하단 왼쪽에서 두 번째 괘명)을 보는 것인데 이는 위에서 예시한 朴正熙씨의 성명에 대한 역상인 것이다.

여기에서 姓의 획수별로 8개의 卦象밖에 나올 수 없는 것이 너무 제한적(64괘중 8분의 1)인 길흉판단이라고 하거나 혹 日本式(일본식)이라고 매도하기도 한다지만 꼭 그런 것이라고 말하기는 어려운 것이다.

적어도 그 근원이 수천년 이어온 주역에 학문적 바탕을 두고 있을 뿐 아니라, 四書 三經(사서삼경)의 하나로 일반인들이 접근하기 어려운 분야였다는 점과 근세의 실학 파 학자들의 현실적 논리가 혼재하여 그러한 판단에 공했으리라 생각되기 때문이다.

전설 속에 이름 석자로 人間事(인간사)를 명쾌히 판별했다는 것도 내가 모른다해서 또 학문적으로 적나라하게 세상에 드러내지 못한 것이라 하여 결코 가벼이 인식하는 가치기준에는 同意(동의)하고 싶지 않다.

문제는 주역의 본체가 64卦象과 6爻로 세분화된 효상을 世上萬事(세상만사)에 특 히 姓名字에 응용함에도 주역의 이치가 어떤 경우라도 같은 대강의 원칙 하에서 이루 어진다고 보는 시각이 우선이기 때문이다.(孔子-易无体)

즉 숫자를 활용하여 작괘하고 그 해석에 있어서는 음양오행등으로 生剋制化(상극제 화)하는 방법과 성현 文王(문왕) 周公(주공) 孔子(공자)가 만든 주역의 괘·효사로도 해석한다는 것일 테니까 말이다.

먼저 역상에 대한 일반론과 위의 "작명역상속견표"로 일반역상법을 대신하였으며 그 외 여러 방법을 나열하여 설명하는 기회를 갖는다.

이러한 방법들은 연구의 대상이 되는 한편, 실제 활용으로 학문적 발전을 기하고 누구나 신뢰할 수 있도록 활짝 꽃피었으면 하는 바램을 가져본다.

作名方法 12 ┃ 變卦易象法 (변괘역상법)

- 작괘법　　上卦　　姓名字 合數(總格,貞格) 88除之(나머지 없으면 8)
　　　　　　下卦　　名字 合數(元格) 88除之(나머지 없으면 8)
　　　　　　動爻　　上下卦 數合 66除之 (나머지 없으면 6)

　　주역의 괘를 작괘하는데는 반드시 數를 산정해야 그 수에 의하여 卦象이 나오게 된다. 성명풀이도 당연히 성명자마다에서 산출된 획수에 따라 그 성명에 해당되는 괘가 성립되는 것이다.

- 八卦의 數·象·名 (先天伏羲八卦 선천복희팔괘)
　　一 乾天　　　二 兌澤　　　三 離火　　　四 震雷
　　五 巽風　　　六 坎水　　　七 艮山　　　八 坤地

- 大成卦(例·乾卦)와 變卦象(변괘상)

上卦	上爻	―	―	―	―	―	―	‑‑
	五爻	―	―	―	―	‑‑	―	―
	四爻	―	―	―	‑‑	―	―	―
下卦	三爻	―	―	‑‑	―	―	―	―
	二爻	―	‑‑	―	―	―	―	―
	初爻	―	―	―	―	―	‑‑	―
		重天乾	天風姤	天火同人	天澤履	風天小畜	火天大有	澤天夬
		(本卦)	(以下變卦)					

　　위의 괘변도와 같이 64卦 전부가 初爻부터 上爻까지 여섯 번, 양효(―)는 음효(‑‑)로 음효(‑‑)는 양효(―)로 변화하여(配合卦) 위 乾卦의 경우 乾‑姤 乾‑同人 乾‑履 乾‑小畜 乾‑大有 乾‑夬와 같이 순서대로 나열하여 각 4개의 4言節句로 요약하였는데, 그 내용은 괘·효사를 갈음하여 운수풀이식으로 설명하였다.

　　이는 선후천역상법에서의 하락리수 유년괘효변화도와도 함께 활용될 수가 있다고 보아 책 말미의 부록에 두었다.

result
result
result

result
result

result
result
result

▶ **64卦의 意味(의미)**

乾(天)

11 重天乾 하늘, 강건하다.
12 天澤履 밟는다, 실천한다, 처하지 아니하다.
13 天火同人 남과 같이한다, 남의 협력을 받아야 한다.
14 天雷无妄 재앙, 욕망없이 자연법칙에 순응한다.
15 天風姤 우연히 만난다, 생각지도 않은 사건이 돌발한다.
16 天水訟 송사를 일으킨다, 친하지 않다, 시비를 가릴 일이 발생한다.
17 天山遯 달아난다, 멀리한다, 피한다, 물러난다.
18 天地否 부정의 의미로 무슨 일에나 막힌다. 비색.

兌(澤)

21 澤天夬 결단한다, 결열된다.
22 重澤兌 못, 기쁨, 나타난다, 말조심을 해야 된다.
23 澤火革 옛것을 버림, 개혁, 변혁, 혁명
24 澤雷隨 남의 의견에 따른다, 본을 받는다.
25 澤風大過 지나친다, 너무하다, 심하다, 전도된다.
26 澤水困 만남, 곤고하다, 따분하다, 가로막힌다.
27 澤山咸 느끼다, 깨닫다, 감상적이다, 빠르다.
28 澤地萃 모여든다, 무성하다, 만원.

離(火)

31 火天大有 크게 소유한다, 많이 가지고 있다, 大衆.
32 火澤睽 밖, 흘려보다는 뜻으로 불화, 뜻이 맞지 않다.
33 重火離 불, 불꽃, 타오르는 태양, 정열, 오른다.
34 火雷噬嗑 씹는다, 소화를 잘 시킨다, 먹는 것.
35 火風鼎 솥, 안정, 협력, 기초가 튼튼하다, 새로운 것을 취한다.
36 火水未濟 남자의 궁극, 아직 이루어지지 않는다, 부족하다.
37 火山旅 나그네, 안정을 못하고 허둥대다.
38 火地晋 낮, 나아간다, 발전한다.

震(雷)

41 雷天大壯 건강하다, 장하다, 크게 왕성하다, 그친다.
42 雷澤歸妹 여자의 끝, 중매한다, 시집간다, 절차 없이 시집간 여자
43 雷火豊 풍만, 풍족, 풍년 또는 만월, 연고가 많다.
44 重雷震 우뢰, 울린다, 일어난다, 공포, 실속보다 소리만 크다.
45 雷風恒 한결같다, 오래간다.
46 雷水解 모든 일이 잘 풀려간다, 원만하다.
47 雷山小過 과실, 조금 지나치다, 정도를 약간 벗어났다.
48 雷地豫 미리한다, 사전에 방지한다, 게으르다.

巽(風)

51 風天小畜 조금 망설이게 한다, 적다, 조금 저축한다.
52 風澤中孚 성실, 신의, 매사에 충실히 하라.
53 風火家人 가족, 사소한 일에도 주의력을 가지라.
54 風雷益 이익, 공적인 일의 이익.
55 重風巽 바람, 바람처럼 흔들리기 쉽다, 엎어진다, 안정을 못하다.
56 風水渙 바뀐다, 떠난다, 안에서 밖으로 발산한다.
57 風山漸 시집가는 것, 앞으로 나아간다.
58 風地觀 밝게 비친다, 살핀다, 탐색, 혹 주거나 혹 구한다.

坎(水)

61 水天需 아직 이르다, 기다린다, 연고 없다, 기쁘다.
62 水澤節 절제, 절도, 절약, 그친다.
63 水火旣濟 만사가 이미 이루어졌다, 정하다, 앞으로는 어둠이 올 기미.
64 水雷屯 나타남, 막히다, 일에 장애가 많다.
65 水風井 우물, 통한다, 남에게 혜택을 입히는 일에 대길.
66 重水坎 물, 習坎(습감, 거듭 빠진다), 내린다, <四大難卦>
67 水山蹇 절름발이, 어렵다, 험한 산과 깊은 물이 앞에 가려있다.
68 水地比 친근하다, 즐겁다, 인화단결을 요구한다.

艮(山)

71 山天大畜　때, 크게 저축한다, 앞날을 위해 대비한다.
72 山澤損　희사, 봉사, 투자, 나중에 이익.
73 山火賁　아름답다, 장식하다, 무색이다, 겉치레.
74 山雷頤　正을 기른다, 말을 조심하고 음식도 조심하라.
75 山風蠱　썩은 음식, 병들다, 벌레먹다, 닦는다, 일.
76 山水蒙　어리다, 어둡다, 잡되다, 장래를 위하여 덕을 기른다.
77 重山艮　산, 그친다, 동요하지 말고 무겁게 일을 처리한다.
78 山地剝　벗긴다, 깎는다, 갉아먹는다, 떨어진다, 실패직전.

坤(地)

81 地天泰　태평하다.
82 地澤臨　군림, 임기응변, 혹 주거나 구한다.
83 地火明夷　밝음을 깨뜨린다, 상한다, 거짓이 참된 것을 어지럽힌다.
84 地雷復　다시 되돌아본다, 회복한다.
85 地風升　올라간다, 접진한다, 오지 않는다.
86 地水師　집단, 군대지휘자, 윗사람의 고충, 근심된다.
87 地山謙　겸손, 양보, 자중하라.
88 重坤地　땅, 유순, 인내, 순리에 따르면 대성.

以上은 卦象과 卦意를 아주 간단하게 설명한 것이다.

▶ 易象活用表(역상활용표)

- 주역의 64卦를 이해하고 작명에서 길흉등의 판단에 활용함에 있어 그 응용에 편리하도록 괘별로 정리한 것이다.

- 번호는 괘명을 선천팔괘의 名(1天, 2澤, 3火, 4雷, 5風, 6水, 7山, 8地)을 숫자화한 것으로 보통 이와 같은 2단위 숫자를 써서 괘를 말하고 있다.(大成卦는 小成卦 2개의 組合)

- 괘상은 주역의 괘사 본문에 나와있는 괘의 象(모양)으로 문자화한 것이라고 이해하면 된다.

- 吉凶(길흉)난에서 多意(다의)는 다수의견이며 其他(기타)는 그 외 다른 소수 의견이다.

- 點數(점수)는 大有學堂(대유학당)의 河洛理數(하락이수) C.D에서 10점 만점에 대한 해당점수로 모니터에서 발췌하여 인용한 것이다.

- 綜合(종합)은 필자의 종합된 의견으로 이해하여주기 바라며, 굳이 부호화한 것은 편의 제공 정도의 의미를 부여하면 될 것이며,
  備考(비고)는 괘의등 주역의 64卦中 개별적인 괘에 대한 여러 개의 斷訣類(단결류)를 원문대로 집합하여 전체적인 意味(의미)를 짐작하도록 참고용으로 제공한 것이다.

▶ 易象活用表(역상활용표)

番號	卦名	卦象	吉 凶				備 考	
			多意	其他	點數	綜合	…之象 …運(職)	…之象 …之意
11	중천건 重天乾	天行健	○	○	8	□	必接雲梯早發 家庭不和	龍示變化 萬物資生
12	천택리 天澤履	上天下澤	×	□	7	□	晚發 官祿	尊卑分定 如履虎尾
13	천화동인 天火同人	天與火	×	○	8	○	君臣相會 官祿	暗夜提燈 管鮑分金
14	천뢰무망 天雷无妄	天下雷行 物與	×	×	6	△	先凶後達 移徙	雷逢署震 石中蘊玉
15	천풍구 天風姤	天下有風	×	△	6	△	終身獨苦 九死一生	果有樹頭 鳳出逢鸞
16	천수송 天需訟	天與以違 行	△	×	6	△	憂苦訟舌 孤獨	天水違行 田獵無獲
17	천산돈 天山遯	天下有山	△	×	3	×	前路不得暗昧 早死	貴人隱山 鑿井无水
18	천지비 天地否	天地不交	×	×	4	×	相隔各離 孤獨 및 短命	月藏霧裏 寒鶯待春

番號	卦名	卦象	吉凶				備 考	
			多意	其他	點數	綜合	…之象 …運(職)	…之象 …之意
21	택천쾌 澤天夬	澤上於天	×	○	5	□	深水取土 再婚 및 兩妻	蛟龍登天 羝羊喜觸
22	중택태 重澤兌	麗澤	○	□	9	○	光耀積財 事業中斷	新月映池 有譽有譏
23	택화혁 澤火革	澤中有火	△	□	7	□	夭逝 外出	腐草螢火 賣金買物
24	택뢰수 澤雷隨	澤中有雷	○	△	7	□	時時變通 少年及第	乘馬逐鹿 我動彼悅
25	택풍대과 澤風大過	澤滅木	×	×	6	△	自滅 手足不具 및 喪妻	如常山蛇 走馬花街
26	택수곤 澤水困	澤无水	×	×	2	×	憂困 孤獨早死	鴉啼枯木 澤中脫濕
27	택산함 澤山咸	山上有澤	○	○	8	□	敗亡往來 身上不具	山澤通氣 鶯吟鳳舞
28	택지취 澤地萃	澤上於地	○	○	8	□	淹留反害 刑厄官厄	鯉登龍門 妓歌衆順

番號	卦名	卦象	吉凶				備考	
			多意	其他	點數	綜合	…之象 …運(職)	…之象 …之意
31	화천대유 火天大有	火在天上	○	○	10	○	離鄉得祿 富貴	穿窓開明 深谷發花
32	화택규 火澤睽	上火下澤	×	×	4	×	五逆 客死孤獨	桃李競發 方圓有用
33	중화리 重火離	明兩作	△	□	3	△	內吉外凶 身病有	雉罹網中 秋葉飄風
34	화뢰서합 火雷噬嗑	雷電	△	□	6	△	光榮 官祿大成	頤中有物 夫婦怨閨
35	화풍정 火風鼎	木上有火	○	○	10	○	光明發達 大官出世	鼎鼐調味 微服過宋
36	화수미제 火水未濟	火在水上	△	○	8	□	不具 身弱病來	曉光浮海 花落結實
37	화산여 火山旅	山上有火	×	□	4	×	先笑後怨 外國出他	日傾西山 見鳥失矢
38	화지진 火地晉	明出地上	○	○	7	□	攀龍 大官大成	滿地錦繡 人登玉階

番號	卦名	卦象	吉凶				備考	
			多意	其他	點數	綜合	…之象 / …運(職)	…之象 / …之意
41	뇌천대장 雷天大壯	雷在天上	△	○	8	□	先困後泰 初困後泰	猛虎生角 錦衣夜行
42	뇌택귀매 雷澤歸妹	澤上有雷	×	△	7	△	典炭責食 早死客死	少女追男 顚倒齟齬
43	뇌화풍 雷火豐	雷電皆至	×	□	10	○	快膽振起 初官祿無면 病身	俊隼獲雉 殘花待雨
44	중뢰진 重雷震	洊雷	×	△	6	△	才超虛起 外國去 및 官盛	二龍競珠 有聲無形
45	뇌풍항 雷風恒	雷風	△	○	8	□	安靜不動 無世業妄得	幷行相背 无咎无譽
46	뇌수해 雷水解	雷雨作	○	□	10	○	訟說自解 官祿成功	涉川未乾 雷雨緩散
47	뇌산소과 雷山小過	山上有雷	△	△	6	△	疾足呻吟 短命	飛鳥過山 門前有兵
48	뇌지예 雷地豫	雷出地奮	○	○	10	○	自爲媚君 富者大盛	雷出地奮 行止順時

番號	卦名	卦象	吉 凶				備 考	
			多意	其他	點數	綜合	…之象 …運(職)	…之象 …之意
51	풍천소축 風天小畜	風行天上	×	○	6	△	散隔 上下齒凶	曉風殘月 相親相疎
52	풍택중부 風澤中孚	澤上有風	○	○	7	□	利涉大川 孤獨僧侶	鍋釜得蓋 鶴鳴子和
53	풍화가인 風火家人	風自火出	○	○	7	□	和樂 富者 및 官盛	從窓見月 有氣無形
54	풍뢰익 風雷益	風雷	○	○	9	○	變易 刑門入	風拂蘆花 耒耜利邦
55	중풍손 重風巽	隨風	△	□	8	□	亨通進達 大官大成	颱風覆船 枝折幹外
56	풍수환 風水渙	風行水上	○	□	6	△	渙散 無子息	順風駕帆 萍水相逢
57	풍산점 風山漸	山上有木	△	△	9	□	不幸 無子 및 不具	山中植木 千里一步
58	풍지관 風地觀	風行地上	○	△	8	□	發達 官盛不然이면 不具	風揚塵埃 見華遇雨

番號	卦名	卦象	吉 凶				備 考	
			多意	其他	點數	綜合	…之象 …運(職)	…之象 …之意
61	수천수 水天需	雲上於天	△	□	7	□	光耀貴族 早富後敗	密雲不雨 雪中梅綻
62	수택절 水澤節	澤上有水	△	○	8	□	和樂 聽樂有子德	狐涉泥中 作穽自隕
63	수화기제 水火旣濟	水在火上	△	○	10	□	初弱 富貴和樂	芙蓉戴霜 西施傾國
64	수뢰둔 水雷屯	雲雷	×	×	5	△	早喪 早愁官盛吉	龍動水中 草昧不寧
65	수풍정 水風井	木上有水	△	×	10	□	安身勿遷 富貴高官	海人求魚 病夫行市
66	중수감 重水坎	水洊至	×	×	3	×	他鄉逢死 死亡惡	二人溺水 載實破船
67	수산건 水山蹇	山上有水	×	×	2	×	寒滯 無子滯患	門前有陷 寒蟬悲風
68	수지비 水地比	地上有水	○	○	10	○	貴人 官盛無면 刑厄	衆星拱北 和樂無閑

番號	卦名	卦象	吉 凶				備 考	
			多意	其他	點數	綜合	…之象 …運職)	…之象 …之意
71	산천대축 山天大畜	天在山中	○	○	9	□	自達 富貴功名	金在岩中 淺水行舟
72	산택손 山澤損	山下有澤	△	○	7	□	缺陷 刑門入去	貴賤正位 損奢存孚
73	산화비 山火賁	山下有火	△	□	7	□	招起 女子德有	門內競美 明不及遠
74	산뢰이 山雷頤	山下有雷	△	□	7	□	榮耀通達 僧侶	壯士執劒 匣中秘物
75	산풍고 山風蠱	山下有風	×	×	7	△	鬼賊相害 盜賊悲觀	門內有賊 石上栽蓮
76	산수몽 山水蒙	山下出泉	×	△	5	△	窮困乞焉 孤寡不免	岩險雲煙 生花未開
77	중산간 重山艮	兼山	△	△	7	□	雖貴早死 死刑 및 無子	山上鎖關 葛藟纏身
78	산지박 山地剝	山附於地	×	×	3	×	枷鎖 刑門官厄	鼠穿倉廩 去舊生新

番號	卦名	卦象	吉 凶				備 考	
			多意	其他	點數	綜合	…之象 …運(職)	…之象 …之意
81	지천태 地天泰	天地交	○	○	10	○	大發 學者教育界盛	麟角有肉 雁至衡陽
82	지택림 地澤臨	澤上有地	○	○	8	□	金蘭紫袍 子孫有德	黃花叢生 少女從母
83	지화명이 地火明夷	明入地中	×	△	5	△	早發 手術 및 痔疾得	囊中有物 雨後苔色
84	지뢰복 地雷復	雷在地中	○	□	8	□	和樂發展 手術	掘地得瑤 破屋重修
85	지풍승 地風升	地中生木	○	○	10	○	利見大人 高官大成	橋上往來 三月有悅
86	지수사 地水師	地中有水	△	□	7	□	夫婦不和 離妻	地勢臨淵 以寡伏衆
87	지산겸 地山謙	地中有山	○	□	9	○	賣買興利 工夫中斷	登山平安 稱物平施
88	중지곤 重地坤	地勢	○	○	7	□	媚於一人 風波多有나 官吉	含弘有斐 品物資生

李先生은 성명을 주역팔괘에 맞추어야 정확한 판단을 할 수 있는 것이며, 수리나 오행 정도로는 정확한 판단이 나오지 않는다 하면서,

例를 들어 金氏 姓을 가지고 甲子日에 태어난 아이를 주역팔괘에 맞추어보면, 첫째 重天乾卦(중천건괘)에서는 世(내몸) 戌이 공망이니 단명한다. 둘째 重澤兌卦(중택태괘)에서는 亥孫이 공망이 되며, 巳官은 劫殺(겁살)이 되고 卯財는 羊刃殺(양인살)이 된다. 그러므로 자손과 벼슬 재물을 해치나 命은 길어진다.

셋째 重火離卦(중화이괘)에서는 世巳가 겁살이므로 단명에 눈이 나빠진다. 넷째 重雷震卦(중뢰진괘)에서는 世戌이 공망이므로 단명하고 뇌를 다치게 된다.

다섯째 重風巽卦(중풍손괘)에서는 世卯가 양인이 되어 단명하고, 뇌를 다치며 간도 나빠진다. 여섯째 重水坎卦(중수감괘)에서는 波蘭(파란)이 많다. 일곱째 重山艮卦(중산간괘)에서는 명이 길고 건강하며, 벼슬도 하게 되나 長官(장관) 이상은 없다. 여덟째 重地坤卦(중지곤괘)에서는 명이 길고 건강하나 재인 亥가 공망이 들고, 관인 卯가 羊刃殺(양인살)이 되기 때문이라 하였다.

주역은 우리 인류의 존망과 함께 할 만세의 대진리로 이러한 주역의 괘상을 활용한 귀중한 이름으로 행복한 일생을 살아가길 바란다고 하였다.

작괘법은 貞格 88除之 上卦(24÷8=8), 元格 88除之 下卦(18÷8=2)로 하고 있음은 평범하다.(반드시 필획 사용)

<實例> 乾名 朴正熙 戊寅生

임(臨)은 大也, 通也이므로 크게 성공은 하는 이름이다. 그러나 朱雀(주작)은 피(血)이니 身이 空맞고 命은 겁살이 붙었다. 腦(뇌)는 양인이 붙었으므로 뇌에 쇳덩이(총탄)를 맞고 피를 흘리며 쓰러졌다.

年月日時		地澤臨(지택림)		
四 丁辛庚戌				
柱 己亥申寅		孫酉 --		巳 刃
土　6朴　水		財亥 --	應 句	
		兄丑 --	身 朱	
木　5正　金				
		兄丑 --		青
金 13熙 土		官卯 一	世 玄	
貞　　元		父巳 一		白
24　　18		劫	命	

早失父母(조실부모)하며 자손은 양인에 螣蛇(등사)가 있으므로 자손까지 해쳤다.

큰딸은 시집도 못 갔고, 둘째딸은 이혼했으며, 아들은 마약복용으로 교도소까지 드나들지 않았는가.

사주와 신수풀이에 있어서는 渾天(혼천)오행을 응용하여 육친중에서 世는 나(我)로 命宮(명궁)이니 깨끗하게 하여 오래 살게 해야 한다. 그리고 오장육부와 머리에서 발끝까지를 말하는데,

六爻(육효) 중에서 初爻는 手足(손발)이다. 二爻는 팔과 다리이며 三爻는 허리, 四爻는 배다. 五爻는 가슴이며 六爻는 머리다.

子는 腎(신)이다. 丑은 방광, 寅은 담이며 卯는 肝(간)이다. 辰은 맹장이다. 巳는 小腸(소장)이며 午는 心臟(심장)이다. 未는 脾臟(비장), 申은 胃(위)이며 酉는 肺(폐)다. 戌은 大腸(대장)이며 亥는 三焦(삼초)이다. 이러한 오장육부(五臟六腑) 등의 건강을 헤아릴 수 있다는 것이다.

李先生은 무엇보다도 일진은 육효를 주재하므로 일진에 맞는 卦를 먼저 뽑는 것이 중요하다하였으며, 수십 년에 걸쳐 수만 명의 사주, 궁합 등을 보아온 결과 성명에 있어서는 수리나 오행은 극히 미미한 작용을 하고(10%) 나머지(90%)는 팔괘에 의한다 하였다.

그리고 선생은 사주풀이에 있어서 大定數(대정수)로 작괘하여 연령별로 本·之卦(본지괘)를 통하여 길흉을 추명하기도 하였다.

필자는 이러한 주역작명방법을 다음과 같이 내용을 망라하여 하나의 早見表로 만들어, 성명에 따른 주역괘와 六甲旬, 겁살, 양인 등으로 단명, 질병, 사고, 실패의 日辰(생일날 – 사주의 주체)에는 쓰지 않도록 하였으니 활용에 편리할 것으로 생각한다.
(六甲旬 三合 空亡 劫殺 羊刃 등의 명리내용은 전반부 참고할 것)

周易 作名 早見表(주역작명조견표)

1,9,17획성	2,10,18획성	3,11,19획성	4,12,20획성
天地否	天山遯	天水訟	天風姤
○ **澤天夬** 甲戌旬, 庚日生×	○ **澤地萃** 甲午旬, 申子辰日생×	澤山咸	澤水困
火澤睽	○ **火天大有** 甲午旬, 乙日生×	○ **火地晋** 甲申旬日生×	火山旅
○ **雷火豊** 甲戌旬, 亥卯未日生×	雷澤歸妹	○ **雷天大壯** 甲申旬, 丙日生×	○ **雷地豫** 甲申旬日生×
○ **風雷益** 甲午旬, 乙日生×	風火家人	風澤中孚	風天小畜
水風井	水雷屯	水火既濟	水澤節
山水蒙	山風蠱	山雷頤	山火賁
地山謙	地水師	○ **地風升** 甲寅旬日生×	○ **地雷復** 甲寅旬 壬日生×
5,13,21	**6,14,22**	**7,15,23**	**8,16,24**
○ **天雷无妄** 甲申旬, 丙戌日生×	○ **天火同人** 甲子旬, 寅午戌日生×	天澤履	重天乾
澤風大過	澤雷隨	澤火革	○ **重澤兌** 甲申旬日生×
火水未濟	○ **火風鼎** 甲子旬, 寅午戌日生×	○ **火雷**噬嗑 甲申旬日生×	○ **重火離** 甲午旬, 申子辰日生×
雷山小過	○ **雷水解** 甲午旬, 壬乙日生×	○ **雷風恒** 甲戌旬, 庚日生×	重雷震
風地觀	○ **風山漸** 甲戌旬日生×	風水渙	○ **重風巽** 甲辰旬, 甲日生×
○ **水天需** 甲戌旬, 亥卯未日生×	○ **水地比** 甲辰旬, 甲日生×	水山蹇	重水坎
山澤損	○ **山天大畜** 甲辰旬日生×	山地剝	重山艮
地火明夷	○ **地澤臨** 甲辰旬, 甲日生×	○ **地天泰** 甲午旬, 乙日生×	○ **重地坤** 甲戌旬, 庚日生×

※고딕체는 吉卦(○表)이나 생일 日辰(일진 六甲旬으로 본다) 劫殺(겁살 三合으로 본다) 羊刃(양인 陰·陽干으로 본다)에 해당하면 단명, 질병, 사고 실패 등으로 쓰지 않는다는 표시(×)임.

┃ 正統易象法(정통작명법)

성명에 대한 이 역상작괘법은 정통이라 칭할 수 있다고 본다.

그것은 성명학의 연구가 우리보다 선행하였던 일본에서 主宗(주종)을 이루던 易象法(역상법)이기 때문이다.

그 외 삼원오행 같은 것도 우리에게 전해져 그대로 쓰이거나, 변형(우리 실정에 맞게 연구되었다고 본다)되어 混用(혼용)되고 있는 실정으로 이러한 것들이 우리나라 작명계의 亂脈象(난맥상)과도 일맥상통하고 있는 것이다.

차치하고, 이 역시 작괘법은 통상적으로 알고 있는 것과 같다. 즉 성명합수를 8로 나누어 上卦로 하고, 명자합수를 8로 나누어 下卦로 하며 성명합수와 명자합수를 더하여 6으로 나눈 나머지 수로 동효를 삼는다.

<例>   乙酉年 8月 26日 寅時生

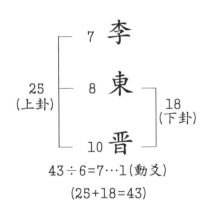

$$43 \div 6 = 7 \cdots 1(動爻)$$
$$(25+18=43)$$

一	上卦	二五	姓名合數
二	下卦	一八	名字合數
一	動爻	43	總合

本卦 : 天澤離천택리(艮土宮간토궁)
之卦 : 天需訟(천수송)
卦象 : 足踏虎尾象-호랑이 꼬리를
　　　　　　　　　밟은 상

괘상과 운세(부록내용)가 좋지 않으니 불리하다.

부록의 50쪽에 달하는 "역괘 구성과 길흉"에서는 해당 괘에 대한 괘상과 4언절구로 된 운세를 각각 풀이해 놓고 있으며 둘 다 좋아야 吉한 이름이라 하고 있다.

<天澤履卦 初爻動>

```
              戌兄 ――――――     身  白
   子財  申孫 ――――――  世      蛇
              午父 ――――――        句
              丑兄 ――  ――  命      朱
              卯官 ――――――  應      青
   卯父  巳父 ――――――        玄
```

· 世가 主인바 孫爻之世하였으니 관운은 불리하나 자손운은 창성한다.
· 世가 申金인바 7월에 生하여 得令이니 일신 건강하고 활동력이 왕성하며 百折不屈(백절불굴)이다.

그런데 여기서는 성명 당사자의 사주관계를 六爻(육효), 六親(육친), 六神(육신), 六獸(육수)와 주요 신살등을 대입하여 성명의 역상에 의한 길흉을 보완 내지 대체하는 기능적 요인으로 활용하고 있는 것이 특색이라 할 수 있다.(卦가 吉하거나 사주구성이 잘되면 무방하다는 견해)

<활용사항>
· 대길한 이름은 괘상과 운세가 길하고, 재관이 有氣하여야 한다.
· 世가 旺하고 死絶墓나 刑沖破害되지 않으면 대길하다.
· 世가 길하면 비록 괘상이 좀 불길하더라도 무관하다. 그러므로 괘상보다 卦와 사주 관계가 잘 구성되면 무방하다.
· 財가 旺하여 형충파해 사절 空亡 등에 이르지 않으면 妻運이 좋고 재수 발현한다.
· 官이 旺하면 관록이 隨身한다. 그러나 世가 太弱하여 官만 旺하면 신약 또는 官厄이 중중하다.
· 父는 부모 및 문서 명예인데 父爻가 길하면 부모유덕하고 학문이 높으며 명예가 있다.
· 六親宮이 다 吉할 수는 없다. 괘의가 길하고 世가 길하며 재관이 길하면 上格이다.

괘상 괘의가 길한 이름에 世가 貴인 녹마를 만나고 공망 형충 衰死絶墓(쇠사절묘)되지 않으며, 절후 및 日辰이 生父하면 길이라 판단한다.

運別作卦法(운별작괘법)

運別	上卦	下卦	本之卦	動爻
平生運	先天數姓名÷8 (26÷8=3…2澤)	先天數이름÷8 (11÷8=1…3離)	澤火革 澤山咸	先天數合÷6 (26+11)÷6…1爻
初年運	先天數名上字÷8 (6(8미만)…6坎)	先天數名下字÷8 (5(8미만)…5巽)	水風井 水山蹇	後天數姓名÷6 (26÷6=4…2爻)
中年運	後天數名上字÷6 (6÷6=1…6坎)	後天數名下字÷6 (8÷6=1…2澤)	水澤節 水天需	後天數姓名÷6 (33÷6=5…3爻)
末年運	先天數姓名÷8 (26÷8=3…2澤)	後天數姓名÷6 (33÷6=5…3離)	澤火革 雷火豊	先後天合數÷6 (26+33)÷6…5爻

<例>

後		先
19	鄭	15
6	圭	6
8	永	5
33		26

※ 先天數(선천수) : 正劃(정획, 實劃실획, 筆劃필획), 後天數(후천수) : 曲劃(곡획)

- 성명 작괘(주역의 괘효)시에는 필획대로 쓰는 것이 通例(통례)이다.

  즉 鄭의 경우 원획은 19획(이 경우 우방변은 7획)이며, 실획은 15획 곡획은 19획이다. 예시의 선천수는 옥편대로의 원획(艸 6 氵4등)과는 다른 실제 획수라는 것을 다시 한번 강조한다. 보통 역상에서는 성명의 획수로 사용하는 원획법과는 다르다는 것을 유념해야 한다.

- 그러니까 위 鄭圭永의 경우로 보자면 일반 역상이라면, 鄭19 圭6 永5이니 작명역상속견표에서 보더라도 19획성으로 성명합수 30의 水火旣濟卦(수화기제괘)에 해당한다. 그런데 운별작괘법(구별하기 위해 필자가 붙인 이름)에서의 平生運의 易象을 보면, 鄭15 圭6 永5가 되니 15획성으로 성명합수 26과 같은 澤火革卦(택화혁괘)에 해당됨을 보아 확실히 구분된다.

- 앞에서도 언급한 바와 같이 성명역상은 개별적으로 작괘하면 나올 괘를 표를 보고 빨리 알 수 있게 만들었으나, 성씨별로 64卦중 8卦에 국한되고 384효중에서도 극히 일부(24개)만 나오게 됨 등을 모순점으로 지적하는 사람도 있음은 주지의 사실이다.

이를 鄭先生이 실제로 작성한 찬명(감명용지)를 참고로 첨부한다.

하단 좌측의 1965년 어느달 28일(42년전)과 일련번호가 6614가 보인다(첨성대는 鄭先生의 상호 약칭)

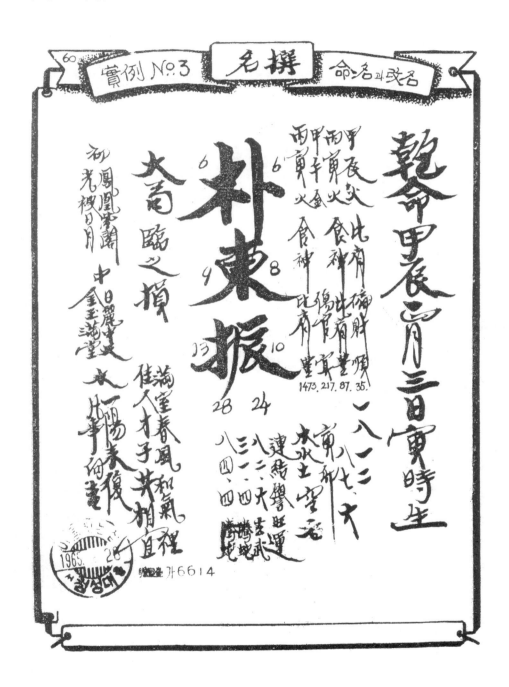

<實例>　乾命　1908年 戊申 四月 十二日 丑時生

曲劃 (後天數)		正劃 (先天數)

19 鄭 15

④ 6 圭 6 ①

⑤ 8 永 5 ②

―――――――――
⑥ 33　　26③

〈平生運(평생운), 大局(대국)〉

姓名字總數 88除之 作上卦
　　26÷8=3…2兌澤

名字數 88除之 作下卦
　　11÷8=1…3 離火

動爻 兩合數 66除之
　　26+11=37÷6=6…1(爻)

本卦　澤火革卦　∴∴

之卦　澤山咸卦　＝＝

　　　革之咸卦　∴→∴

二③8除　　六④6除　　六①8除

三⑥6除　　二⑤6除　　五②8除

五③+⑥6除　三⑥6除　　二③6除

末年 (合數)	中年 (曲劃)	初年 (正劃)	末	中	初
革	節	井	☱→☱	☱ ☱	☱ ☱
之	之	之	☲ ☲	☵→☵	☵→☶
豊	需	蹇			
玄武	騰蛇	騰蛇	澤火革 雷火豊	水澤節 水天需	水風井 水山蹇
			(택화혁 뢰수풍	수택절 수천수	수풍정 수산건)

※ 이상은 도식에 의한 운별작괘법을 감명용지에 이기한 것이다.

- 이와 같이 평생괘와 별도로 인생을 3등분하여 初中末年으로 나누어, 성명字 획수 중 곡획(正劃을 선천수라 하고 曲劃을 후천수라 함)을 적용하고 8또는 6을 除數로 하여 작괘하고, 주역의 이치에 따라 시간적인 미래사의 길흉을 先見(선견)하는 데 飛伏神(비복신)은 물론 六獸(육수)까지 붙여, 易(역)을 검토하였으니 진정 심오한 연구의 소산(秘傳)으로 여겨진다.

- 여기에다 별지사본(水天需 解說)과 같이 流年卦(년월일등 세월의 흐름에 따른 괘의 변화)로 年運(좌우) 月運(중간) 日運(하단)까지 해당 괘별로 볼 수 있게 하였으며, 각 운별로 7言, 4言節句는 물론 운기와 직업 그리고 제반사에 대한 해설을 한장에 일목요연하게 요약하였음은 활용적인 측면에서도 그렇고 1960年代初의 출현이었으니 가히 놀랄만한 일이 아닐 수 없다.

- 또 성명자는 선천운(四柱)에 잘 부합되는 역상이어야 함을 강조하며, 연월일시 사주를 大定數(대정수)로 다시 작괘하여 활용하고, 성명과 사주와의 연관적부검출표에 의하여 生年支 및 生月支를 12운성으로 길흉을 보았으니, 역상분야의 이론으로는 白眉(백미)라 하여도 손색이 없을 것 같다.

- 더욱 자의와 音韻(음운), 오행까지 참작하였으니 당시의 명성이 허언이 아닌 것 같다. 듣기로는 弟子로부터 배신당하여 末路(말로)가 비참하였다 하니 1954年에 鄭圭永을 鄭濬으로 개명하면서, 太歲 勞(病)가 약한 운인 줄 알면서도(70%) 月支 豊(官)과(30%) 大運 811(泰之升 태지승)속에 末年小運 824(臨之歸妹 임지귀매)로 분수에 맞게 택하였다는 辯(변)은 하늘만이 아는 이치인지 모른다.

　그분의 學脈(학맥)이 존재하는지 궁금하고, 아쉽기 한량없어 공연스레 마음이 스산해진다. 시중 서점에는 鄭先生의 저서를 實證姓名學(실증성명학)이라 改稱(개칭)하여 판매되고 있다.

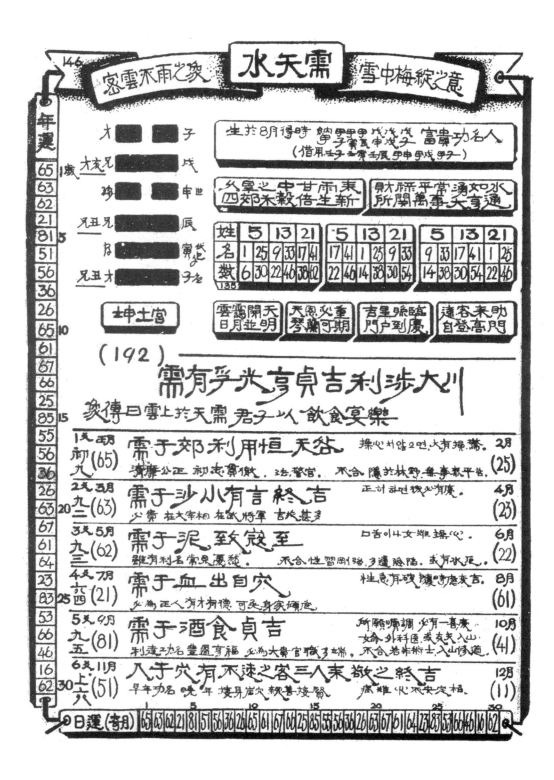

61

運氣　凡事에 있어 當分間 待期態勢로 가아야 한다. 焦燥치 말지며. 誠心으로 需(待也)하면 亨通은 約束되여 있는 것이다. 將來는 大端히 有望하나 아직은 周圍環境과 時勢가 맞지 않다. 早急히 하면 되지 않고 長期的으로 하는 것은 遂行될수있다. 그러나 大槪의 經過 窮迫狀態에 있음이 많고. 알고 있으면서도 焦燥하다가 도리여 困中에 陷入됨이 많으니 自重해야 한다. 即.困難을 겪은다음에야 通達된다.

事業　이쪽에서 積極進出하면 訟(易位生卦)이되여 費用過多.秘密綻露.何如튼 不利하고 滋味롭지못한 일들이 露出된다. 실어도 참고 기려야 한다. 그러면 泰(交叉時)가 되여 相對便坎曲한 마음이 풀이여 坤柔順軟化된 마음으로 折衝이 되니 凡事順理로 進行成就된다.

所願　急.未成이나 漸次成就되여 온다.
婚　支障있어 곳되지 않으나 再三推進하면 된다.
賣買　保留吉 至今이 低廉하고 口舌있다
待人　支障이生겨 곳 오지못한다.
失物　찾이못한다 北方水邊 或은 宴會席上같은데
家出人　近處에 숨어 있다.
出産　少少遲延는되나 生男運.
訴訟　急未決.
旅行　吉 途中小有難.
就職　끝 자리가 없어도 되기는 틀임업이 된다.
入學　初有難 後吉
天氣　흐린날씨 로 곳 晴明해 온다.
病　長.急未快 問醫北 或은 西北間方 便秘.高血壓

年運
31	66
	64
	61
	22
35	82
	52
	76
	16
	46
40	21
	25
	23
	22
	61
45	41
	11
	28
	22
	23
50	81
	85
	83
	82
	41
55	61
	71
	81
	87
	86
60	51

1				5					10					15					20					25					30		日運(個月)
65	63	62	21	81	51	56	36	21	25	23	22	61	41	11	52	32	22	81	85	83	82	41	61	71	81	87	86	51			

先後天 易象法(선후천역상법)★

- 성명을 易象으로 작명 또는 釋名(석명, 보통 작명법이라 한다)하는 방법으로 ①
一般易象法 ② 變卦易象法 ③ 周易作名法 ④ 正統易象法 ⑤ 運別作卦法(周易作名法을 제외한 나머지 방법의 명칭은 필자가 구별을 위해 그 내용을 감안하여 편의상 붙인 이름이다)을 소개 내지 설명하였지만 이번의 先後天易象法은 전혀 새로운 것임을 밝혀둔다.

知冠 宋忠錫 先生은 평생을 역학에 전념하고 사시는 분인데, 日本(서적)에서 성명의 劃數로 주역괘를 만들어 유년까지 보는데 성명을 총합하여 8로 나눠 上卦를 삼고, 이름의 합수를 8로 나누어 下卦를 삼으며 성명과 이름의 합수를 다시 더하여 6으로 나누어 동효를 삼고 있는데(통상 日本式이라 해도 틀린 말이 아니다), 이는 성씨별로 주역의 64卦중 8卦에 국한되고, 일본식 4字성명이 아닌 우리의 일반적인 3字성명이어서 그런지 그 적중률에 의구심이 생겨, 독자적으로 연구를 거듭하고 체험을 통하여 40여년이 넘도록 검증까지 한 특유의 作名秘法으로 몇몇 제자들 외에는 세상에 공개하는 것이 처음인 것이다.

따라서 본 작명법은 본서의 핵심이라 할 수 있으며, 江湖(강호)에 널리 알려져 그 진가를 높이 살날이 있기를 기원하고 기대하는 마음이다.

梅花易數(매화역수)와 더불어 고도의 象數學(상수학)인 河洛理數(하락이수)의 이치를 俱現(구현)하는 일이니 더욱 그러하다는 것이다.

▶ **作卦法(작괘법)**

先天數 (正劃)		後天數 (曲劃)
7	宋	8
8	忠	10
16	錫	19
31		37

24 { (忠, 錫)

姓名 先天數(正劃)合數 88除之 －上卦
姓名 後天數(曲劃)合數 88除之 －下卦
名字(이름) 先天數合數 66除之 －動爻
※ 이름이 외자인 경우는 姓名先天數合

姓名 先天合數 31÷8=3…7 艮山(上卦)
姓名 後天合數 37÷8=4…5 巽風(下卦)
　　　　平生卦 － 山風蠱卦
名字先天合數 24÷6=4…6爻動　(動爻)
本卦 － 山風蠱, 之卦 － 火風鼎

- 河洛理數 流年卦爻變化圖(하락이수 유년괘효변화도)의 활용

  768分類 연령별 괘효수자표로 知冠 宋忠錫 선생의 원고를 인용하게 되었음을 감
  사한다.(53쪽에 달하여 책의 말미 부록에 수록하였음)

▶ 流年卦變圖(유년괘변도)

① 卦意 및 正位

    上爻 ― 國師   陰 --
    5爻 ― 君   陽 ―
    4爻 ― 大臣   陰 --
    3爻 ― 大夫   陽 ―
    2爻 ― 士   陰 --
    初爻 ― 民   陽 ―

※ 보통 位吉이라하면 2爻5爻를 얻는 경우를 말한다.
   (10점으로 환산하면 上爻初爻2점 5爻2爻 10점 4爻 8점 3爻 6점으로 看)

② 男女區分(남녀구분)
   陽男陰女 ― 上卦, 下卦 作卦   陰男陽女 ― 下卦, 上卦 作卦
            (天數) (地數)   (地數) (天數)

③ 陽年 陰年(양년음년)
   陽年 ― 甲丙戊庚壬 年   後天卦 1 3 5 7 9세   양년
          子寅辰午申戌年 出生   2 4 6 8 10세 음년
   陰年 ― 乙丁己辛癸 年   後天卦 1 3 5 7 9세   음년
          丑卯巳未酉亥年 出生   2 4 6 8 10세 양년

④ 先·後天卦 및 陽爻9年 陰爻6年
   例 先天 山澤損(산택손)   後天 水山蹇(수산건)
       ―   37―45세   --   61―66세
       -- 31―36세   ―   52―60세
       -- 25―30세   ● --   46―51세
       -- 19―24세   ―   79―87세
       ―   10―18세   --   73―78세
    ● ―   1― 9세   --   67―72세

※ ●는 동효(元堂) 표시이며, 최고나이의 경우는 先天純陽卦(선천순양괘, 9×6=54)와 後天 1陰5陽卦(9×5+6)의 경우와 같이 105세이다.(元堂爻 정하는 것은 생략함)

위에서 陽爻(─)일때 9年을 주기로 하고, 陰爻(--)일때 6年을 주기(大象이라 하며 小象은 1年에 한번씩 변화하는 것을 말함)로 함을 알 수 있으며, 先天卦(平生卦) 山澤損(산택손)의 上爻에서 45세로 끝나면, 46세부터는 후천괘 水山蹇(수산건)의 4爻에서 시작하며 87세까지 소관함도 알 수 있을 것이다.

선천에서 후천으로 바뀔 때 上卦가 下卦로 下卦가 上卦로 이동(이를 錯綜卦라 한다)하는데 先天의 初爻 왼쪽 元堂(원당, 主爻로 인식) ●은 음양이 바뀜을 알 수 있으며, 선후천 공히 원당부터 시작하고 선천괘수의 연한이 끝난 뒤에 후천괘로 넘어감도 알 수 있다. 단 坎 屯 蹇(감 둔 건)괘의 예외가 있다.(표에 반영)
※ 실제로는 月과 日의 변화도 있으나 전적으로 생략한다.

⑤ 卦變(괘변)

陽年 元卦爻 111(重天乾卦 初爻)   1~9세   例示

1세	2세	3세	4세	5세	6세	7세	8세	9세
111	514	551	572	583	184	385	486	441
乾	小畜	巽	漸	觀	否	晋	豫	震

이상은 책 말미의 "하락이수 유년괘효변화도"로 해당 성명자의 나이별 數(卦爻)를 봄에 있어 그 과정을 대략 기술한 것이니 참고하면 될 줄 안다.

周易爻辭 吉凶表(주역효사길흉표)

(20點中 評價點數)

卦	初爻	二爻	三爻	四爻	五爻	上爻	卦	初爻	二爻	三爻	四爻	五爻	上爻
乾	11104	11218	11312	11416	11520	11604	遯	17108	17216	17312	17410	17520	17616
坤	88106	88220	88312	88408	88520	88608	大壯	41104	41216	41306	41420	41512	41606
屯	64120	64212	64308	64416	64512	64604	晉	38108	38216	38316	38406	38520	38614
蒙	76112	76216	76304	76404	76516	76614	明夷	83112	83216	83312	83416	83512	83602
需	61112	61216	61304	61412	61520	61616	家人	53116	53218	53312	53412	53520	53620
訟	16112	16212	16312	16414	16520	16606	睽	32114	32216	32312	32416	32520	32614
師	86112	86220	86304	86412	86516	86618	蹇	67112	67210	67312	67416	67516	67616
比	68116	68220	68302	68416	68520	68604	解	46116	46220	46304	46408	46516	46620
小畜	51116	51220	51304	51412	51520	51604	損	72116	72212	72316	72416	72520	72620
履	12116	12212	12304	12412	12512	12620	益	54118	54220	54314	54420	54520	54604
泰	81116	81220	81312	81408	81520	81604	夬	21104	21212	21308	21404	21516	21604
否	18112	18208	18308	18416	18520	18616	姤	15112	15216	15306	15408	15520	15612
同人	13112	13212	13304	13412	13516	13612	萃	28108	28220	28308	28416	28514	28604
大有	31112	31220	31314	31412	31516	31620	升	85120	85218	85320	85416	85520	85608
謙	87116	87216	87320	87416	87520	87614	困	26104	26214	26308	26412	26516	26604
豫	48108	48216	48304	48420	48512	48604	井	65108	65212	65312	65416	65520	65620
隨	24116	24208	24316	24412	24514	24610	革	23112	23216	23312	23406	23520	23616
蠱	75112	75218	75312	75408	75520	75612	鼎	35118	35214	35314	35406	35520	35620
臨	82120	82220	82308	82416	82520	82618	震	44116	44212	44308	44408	44512	44604
觀	58108	58212	58312	58420	58520	58614	艮	77104	77210	77314	77414	77518	77620
噬嗑	34108	34208	34308	34418	34518	34618	漸	57112	57216	57304	57412	57518	57620
賁	73110	73214	73316	73404	73520	73616	歸妹	42118	42212	42308	42412	42520	42604
剝	78104	78204	78310	78404	78516	78616	豐	43116	43212	43306	43414	43520	43604
復	84120	84218	84312	84416	84520	84608	旅	37108	37216	37304	37412	37520	37604
无妄	14118	14218	14312	14414	14520	14608	巽	55112	55216	55308	55416	55508	55614
大畜	71108	71208	71316	71420	71520	71620	兌	22116	22220	22308	22416	22508	22614
頤	74106	74204	74304	74416	74516	74620	渙	56116	56216	56316	56420	56520	56616
大過	25116	25220	25304	25416	25512	25604	節	62112	62204	62308	62420	62520	62608
坎	66104	66212	66304	66414	66516	66604	中孚	52116	52220	52312	52414	52520	52612
離	33106	33220	33306	33404	33510	33616	小過	47112	47216	47304	47412	47512	47604
咸	27112	27208	27312	27412	27512	27612	旣濟	63108	63214	63312	63414	63512	63608
恒	45104	45214	45304	45408	45512	45608	未濟	36108	36214	36312	36406	36520	36616

※ 5개 숫자중 1, 2번은 卦名(괘명) 3번은 爻番(효번) 4, 5번은 點數(점수)의 배열임

▶ 卦爻(3단위 숫자)의 吉凶

앞의 "주역효사길흉표"에 의거 괘별로 6爻까지 20점 만점에 해당점수로 그 길흉을 평가하였으니 활용하기 바란다.

이는 大有學堂(대유학당) 발행 河洛理數(하락이수) CD 화면인 命運表(명운표)에서 효사 점수를 발췌해낸 것으로 필자가 상당시간을 할애하여 만든 것이다.

그리고 필자가 할일 없이 주역의 卦辭(괘사)를 세어보니 713字 그리고 爻辭(효사)는 4214字이었는데, 한자만 안다고 짐작할 수 없는 어마어마한 학문을 아주 간단히 그것도 누구나 쉽게 인식할 수 있게 점수화한 것은 그 정확도를 떠나서 퍽 다행한 일로 생각된다.(孔子의 十翼이 19,280字 都合 24,207字)

이런 퍼센트화 되어있는(예 14점은 70%)점수를 통하여 우리 같은 보통사람(학문적으로)들도 나이별 괘변도의 吉凶을 가늠할 수 있어 고맙기까지 하다.

많은 활용과 1次的으로 이해하는데 도움이 되기를 바란다.

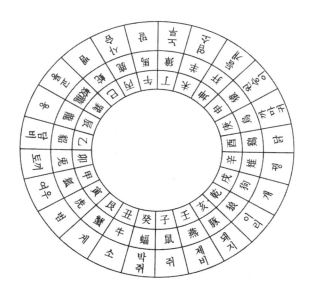

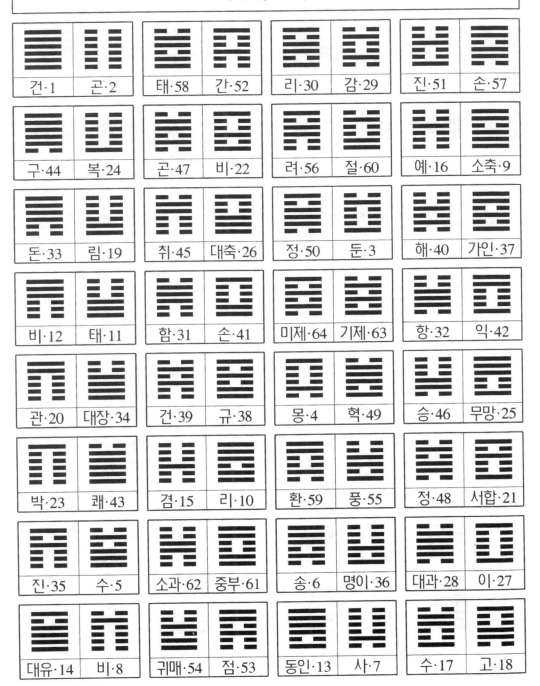

정대체(배합괘)

건·1	곤·2	태·58	간·52	리·30	감·29	진·51	손·57
구·44	복·24	곤·47	비·22	려·56	절·60	예·16	소축·9
돈·33	림·19	취·45	대축·26	정·50	둔·3	해·40	가인·37
비·12	태·11	함·31	손·41	미제·64	기제·63	항·32	익·42
관·20	대장·34	건·39	규·38	몽·4	혁·49	승·46	무망·25
박·23	쾌·43	겸·15	리·10	환·59	풍·55	정·48	서합·21
진·35	수·5	소과·62	중부·61	송·6	명이·36	대과·28	이·27
대유·14	비·8	귀매·54	점·53	동인·13	사·7	수·17	고·18

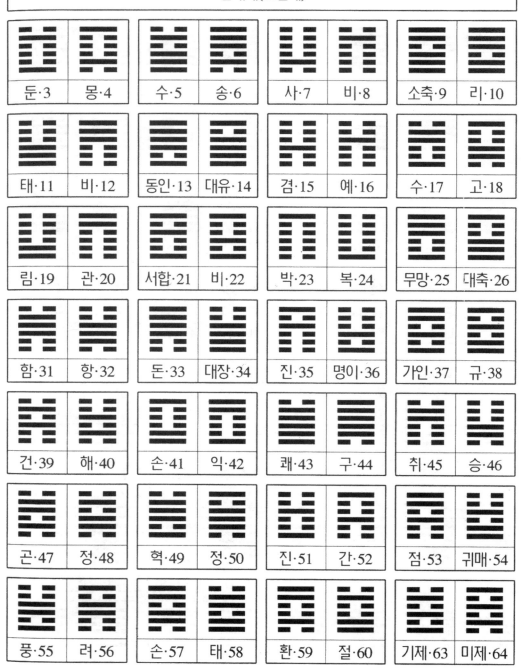

반대체(도전괘)

둔·3	몽·4	수·5	송·6	사·7	비·8	소축·9	리·10
태·11	비·12	동인·13	대유·14	겸·15	예·16	수·17	고·18
림·19	관·20	서합·21	비·22	박·23	복·24	무망·25	대축·26
함·31	항·32	돈·33	대장·34	진·35	명이·36	가인·37	규·38
건·39	해·40	손·41	익·42	쾌·43	구·44	취·45	승·46
곤·47	정·48	혁·49	정·50	진·51	간·52	점·53	귀매·54
풍·55	려·56	손·57	태·58	환·59	절·60	기제·63	미제·64

▌卦象(괘상)의 活用(활용)

① 正對(정대) 및 反對(반대)

正對(相錯, 配合)		反對(綜卦, 到轉)	
☶☷ ⇒ ☱☰		☶☷ ⇒ ☷☳	
山地剝　　　澤天夬		山地泰　　　地雷復	

※ 元卦(平生卦,後天卦)와 정대 또는 반대괘가 되면 불길하다 하나 무엇보다도 큰
   변화가 발생되며 길흉간에 크게 작동된다고 보아야 한다.
   단, 그 안에 상생이나 月卦에 元氣(원기)·化工(화공)이 되면 凶하다고만 보지
   않는다고 한다.

여기서 다른 變卦(변괘)를 약기해둔다.
基本卦(元卦) − 山地剝(산지박)

互卦 (호괘)	☶☷)外)內 → ☷☷	重地坤 (중지곤)
倒顚卦 (도전괘)	☶☷ → ☷☳	地雷復 (지뢰복)
錯綜卦 (착종괘)	☶☷ → ☷☶	地山謙 (지산겸)

② 元氣(원기)

生年干支	元氣(원기)		反元氣(반원기)	
	八卦	吉凶	八卦	吉凶
甲子 戊亥	乾	富貴	坤	天 短命, 剋父母 妻子
乙癸 未申	坤		乾	貧, 病厄, 喜中在憂
丙 丑寅	艮		兌	종기, 암, 痼疾 暗昧
丁 酉	兌	名譽	艮	순치有欠, 更加反對死
戊 子	坎		離	啞, 聾耳
己 午	離		坎	눈병, 봉사
庚 卯	震	官祿	巽	跛(절름발이)
辛 辰巳	巽		震	痼疾, 손과 팔뚝病

※ 원기에 납음까지 얻으면 더욱 좋다고 한다.(천화동인괘를 얻은 庚午生<路傍土> 은 동인하괘의 離가 로방토의 土를 火生土로 생함)

● **生年別 元氣表(생년별 원기표)**

甲子 乾,坎	乙丑 坤,艮	丙寅 艮	丁卯 兌,震	戊辰 坎,巽	己巳 離,巽	庚午 震,離	辛未 巽,坤	壬申 乾,坤	癸酉 坤,兌
甲戌 乾	乙亥 坤,乾	丙子 艮,坎	丁丑 兌,艮	戊寅 坎,艮	己卯 離,震	庚辰 震,巽	辛巳 巽	壬午 乾,離	癸未 坤
甲申 乾,坤	乙酉 坤,兌	丙戌 艮,乾	丁亥 兌,乾	戊子 坎	己丑 離,艮	庚寅 震,艮	辛卯 巽,震	壬辰 乾,巽	癸巳 坤,巽
甲午 乾,離	乙未 坤	丙申 艮,坤	丁酉 兌	戊戌 坎,乾	己亥 離,乾	庚子 震,坎	辛丑 巽,艮	壬寅 乾,艮	癸卯 坤,震
甲辰 乾,巽	乙巳 坤,巽	丙午 艮,離	丁未 兌,坤	戊申 坎,坤	己酉 離,兌	庚戌 震,乾	辛亥 巽,乾	壬子 乾,坎	癸丑 坤,艮
甲寅 乾,艮	乙卯 坤,震	丙辰 艮,巽	丁巳 兌,巽	戊午 坎,離	己未 離,坤	庚申 震,坤	辛酉 巽,兌	壬戌 乾	癸亥 坤,乾

※ 생년간지의 원기를 출생간지(六十甲子)별로 정리하였음.

天干	甲壬	乙癸	丙	丁	戊	己	庚	辛
地支	戌亥	未申	丑寅	酉	子	午	卯	辰巳
元氣(卦)	乾 ☰	坤 ☷	艮 ☶	兌 ☱	坎 ☵	離 ☲	震 ☳	巽 ☴

- ## 元氣와 化工(원기와 화공)

卦名	乾	兌	離	震	巽	坎	艮	坤
元氣化工	☰	☱	☲	☳	☴	☵	☶	☷
卦名	坤	艮	坎	巽	震	離	兌	乾
反元氣反化工	☷	☶	☵	☴	☳	☲	☱	☰

　원기는 선천적인 기운이므로 주로 부모를 비롯한 윗사람이나 선배 직장상사가 돕는 것이나, 천간으로 얻은 天元氣(천원기)는 아버지 계통 또는 남성의 도움이 있게 되고, 지지로 얻은 地元氣(지원기)는 어머니계통 또는 여성의 도움이 있게 된다고 한다.

　화공 역시 원기와 더불어 나를 돕는 기운이라고 이해하면 된다. 다만 원기가 윗사람의 도움인데 반하여 화공은 동등한 위치나 아랫사람의 도움이란 것이 다를 것이다.

　예를 들어 원기인 震(☳)이 하나 있는데(화공도 震임) 반원기인 巽이 있다면(반화공도 巽임), 巽기운의 방해가 있다지만 震의 기운으로 배겨나간다고 보면 됩니다. 따라서 화공과 원기가 서로 반화공 반원기가 되거나 원기끼리 서로 반원기가 될 경우에는 둘 다 피하는 것이 좋은데,

　한쪽에서 도움을 주고 한쪽에서 도움을 받느니 차라리 둘 다 없는 것이 속이 편하기 때문이라고 한다. 그런데 한 가지 선후천의 괘상이 다르니 원기화공의 변화에 유념할 필요가 있다고 생각합니다.

③ 化工(화공)

변	月(季節)	化工(화공)		反化工(반화공)	
		八卦	吉凶	八卦	吉凶
水변	동지후 춘분전	坎	名譽 登科 賢母良妻 官貴亨通	離	最忌克制 橫禍, 急變 橫死, 奪權 訟·獄苦
木변	춘분후 하지전	震		巽	
火변	하지후 추분전	離		坎	
金변	추분후 동지전	兌		艮	
土변	매 환절기 18日	坤,艮		乾,兌	

④ 得時(득시)

月卦表(월계표)　　　　　　　　　　　　　　　　　　음력(節入)기준

생월	1	2	3	4	5	6	7	8	9	10	11	12
卦形	3양 3음	4양 2음	5양 1음	6양 (순양)	1음 5양	2음 4양	3음 3양	4음 2양	5음 1양	6음 (순음)	1양 5음	2양 4음
64卦	泰 同人 大有 蠱 咸 恒 漸 旣濟	大壯 訟 无妄 大過 晋 睽 革 小過	夬 履 井 渙	乾 離 艮 巽	姤 豫 困 旅	遯 屯 家人 革	否 師 比 隨 損 益 歸妹 未濟	觀 蒙 需 頤 明夷 寒 升 中孚	剝 謙 噬嗑 豊	坤 坎 震 兌	復 小畜 賁 節	臨 小畜 解 鼎

생일과 일치하면 월괘를 얻었다고 하며 부귀공명을 누린다고 하였다.
예를 들면 2月生이 선천괘 大壯(대장)을 얻었다면 득시하였다고 하는 것이다.
월괘와 비슷한 侯卦(후괘)도 있는데 생략한다.

⑤ 得體(득체)

五行	日柱(일주)		得體卦(득체괘)
	天干	地支	
金	庚,辛	申,酉	乾(☰) 震(☳) 坤(☷)
木	甲,乙	寅,卯	坎(☵) 艮(☶)봄과 여름일 경우만 震(☳)
水	壬,癸	亥,子	乾(☰) 坤(☷) 兌(☱)
火	丙,丁	巳,午	乾(☰) 巽(☴) 坤(☷)
土	戊,己	辰戌,丑未	乾(☰) 離(☲) 坤(☷)

이상은 역학중 상수학의 白眉(백미)인 하락이수의 풀이 방법중 중요부분인 것이며 70% 정도는 거론된 것 같습니다. 원래의 하락이수 작괘법은 사주팔자에 數를 부여 양·음수의 슴인 天·地數에서 다시 洛書數(낙서수)를 구하여 陰陽男女(음양남녀)에 따라 卦를 구하는 절차가 따로 있다.

여기의 선후천역상법은 나이별 유년도만을 하락이수의 괘변도를 그대로 사용한다는 것이며, 하락이수에 대한 文獻(문헌)으로 대유학당 編은 1900페이지에 이르고 宋忠 錫 선생편도 1000페이지가 넘지만 이것은 지극히 국한된 내용임을 짐작해주길 바라면서 더불어 이해를 구합니다.

여기서 한 가지 원칙적이지만 가장 중요하게 생각해야 할 것이 있음을 상기할 필요가 있다.

어떤 성명의 유년풀이에 있어 여러 평가 요소상 불리하다고 한다면, 신중하고도 경계하는 자세로 해당 운의 기간을 넘기는 지혜가 필요하다는 것입니다.

그 목적이 바로 피흉추길에 있기 때문이며 따라서 유리하다 하드라도 자신의 노력에 따라 해당 운을 개척해나가는 길운으로, 이를 자신을 운이 좋은 사람쯤으로 생각해야 한다는 것이며(승려 등 종교인은 의외로 불리할 수 있음), 따라서 이러한 운에 따라 적극적으로 또는 조심해 나간다면 吉한 것은 더욱 길하게 될 수 있고 凶한 것은 그 흉한 것을 조금은 줄여나갈 수 있다는 것입니다.

<보기>

金 8
20
(18) 泳 9 (8)) 12
三 3
(20+12=32)

正劃　　曲劃
8 金 8
8 泳 11
11
3 三 3
─────────────
19　　22
3火　　6水

※ 萬人이 아는 전직 대통령인데 卦(本·之卦)象·意等으로 가늠해보는 것은 독자들의 몫이라고 생각한다.

선후천역상법 : 火水未濟卦 之 天水訟卦(화수미제괘 지 천수송괘)
　　　　　　　　(後天卦 : 水天需卦) (후천괘 수천수괘)
정통역상법 　 : 重雷震卦 之 雷澤歸妹卦(중뢰진괘 지 뢰택귀매괘)
운별작괘법 　 : 重火離卦 之 雷火豊卦(중화리괘 지 뢰화풍괘)

先後天易象法 釋名(선후천역상법 석명, 한국인)

先天數 한글名	後天數 漢字名	生年干支	元氣	先天卦	後天卦	總格 吉凶	總格 數	總格 之象	備考
7 8 16 이승룡	9 11 22 李承龍	乙亥	坤,乾	7 1 6 山天小畜	1 8 3 天地否	○	31	金玉滿堂	本名
7 8 11 이승만	9 11 22 李承晚	乙亥	坤,乾	2 4 1 澤雷隨	8 2 4 地澤臨	△	26	成君敗賊	改名
7 10 19 이기붕	9 13 26 李起鵬	丙申	艮,坤	4 8 5 雷地豫	8 2 2 地澤臨	×	36	枯井遇雨	
15 8 15 채병덕	17 9 17 蔡秉德	乙卯	坤,震	6 3 5 地火明夷	3 6 2 火水未濟	×	40	小舟入浪	육참총장 戰死
6 5 13 박정희	6 5 19 朴正熙	丁巳	兌,巽	8 6 6 地水師	6 7 3 水山蹇	○	24	乃積乃倉	
15 8 5 정주영	19 11 8 鄭周永	乙卯	坤,雷	4 6 1 雷水解	2 4 4 澤雷隨	○	32	牛眼盛草	
7 7 10 이형근	9 10 12 李亨根	庚申	雷,坤	8 7 5 地山謙	6 7 2 水山蹇	○	24	乃積乃倉	軍장성
6 6 8 박재완	6 6 10 朴在玩	癸卯	坤,兌	2 4 2 澤雷隨	2 2 5 重澤兌	○	21	神劍化龍	命理界 巨星
11 13 8 최도화	12 15 9 崔道和	乙卯	坤,雷	8 4 3 地雷復	3 8 6 火地晋	○	35	缺月復圓	역리인협회 중앙회장
7 11 8 이기동	9 11 9 李基東	乙亥	坤,乾	2 5 1 澤風大過	1 2 4 天澤履	△	26	成君敗賊	코미디언 本名
7 10 8 이기동	9 13 9 李起東	乙亥	坤,乾	1 7 6 天山遯	7 2 3 山澤損	○	25	枯木逢春	코미디언 改名
9 10 14 남궁원	11 13 16 南宮袁	甲戌	乾	1 8 2 天地否	6 1 5 水天需	×	36	枯井遇雨	영화배우 藝名
9 8 1 홍경일	9 10 1 洪京一	甲戌	乾	2 4 3 澤雷隨	3 2 6 火澤睽	×	19	石上栽松	영화배우 本名
14 3 16 배삼용	15 3 22 裴三龍	乙丑	坤,艮	1 8 1 天地否	4 1 4 雷天大壯	○	33	枯苗得雨	코미디언
8 12 5 김희갑	8 14 6 金喜甲	癸亥	坤,乾	1 4 5 天雷无妄	4 3 2 晋火豊	○	25	枯木逢春	코미디언
9 5 10 강민호	10 8 11 姜民浩	庚辰	雷,巽	8 5 3 地風升	6 8 6 水地比	○	25	枯木逢春	연예인
4 4 12 윤문식	5 4 14 尹文植	癸未	坤	4 7 4 雷山小過	7 8 1 山地剝	×	20	雪裏芙蓉	연예인

※ 한글名 상단은 한자명에 대한 선천수이며 수리는 말년운인 총격을 기재하였다.

先天數 한글名	後天數 漢字名	生年 干支	元氣	先天卦	後天卦	總 格 吉凶	數	之象	備考
9 12 13 강부자	10 15 5 姜富子	辛丑	巽, 艮	8 6 3 地水師	5 8 6 風地觀	○	24	乃積乃倉	연예인 전국회의원
10 4 4 고두심	14 4 5 高斗心	辛卯	巽, 雷	2 7 2 澤山咸	5 2 5 風澤中孚	○	18	鍊石補天	연예인
7 6 8 오재미	10 6 9 吳在味	乙亥	離, 艮	5 1 2 風天小畜	3 5 5 火風鼎	○	21	神劍化龍	코미디언
11 5 7 최민수	12 8 11 崔民秀	壬寅	乾, 艮	5 7 6 風山漸	7 6 3 山水蒙	○	23	靑雲名高	영화배우
8 11 15 김건모	8 14 16 金健模	戊申	坎, 坤	2 6 2 澤水困	8 2 5 地澤臨	×	34	魚躍河上	가수
8 15 7 김혜수	8 17 11 金憓秀	庚戌	雷, 乾	6 4 4 水雷屯	4 2 1 雷澤歸妹	○	31	金玉滿堂	탤런트

※ 선후천괘(상단 숫자는 괘명과 효순)의 제반 활용방법은 생략한다.
(周易文辭 吉凶表 등 참조)

先後天易象法 釋名(선후천역상법 석명, 중국인)

先天數 한글名	後天數 漢字名	生年 干支	元氣	先天卦	後天卦	總格			備考
						吉凶	數	之象	
17 9 한신	21 10 韓信	辛酉	巽兌	2 7 3 澤山咸	8 2 6 地澤臨	△	26	成君敗賊	
12 6 항우	13 10 項羽	庚午	雷離	2 7 6 澤山咸	7 1 3 山天大畜	○	18	鍊石補天	
7 17 11 이홍장	9 19 12 李鴻章	1823 癸未	坤	3 8 4 火地雷	8 7 1 地山謙	○	35	缺月復圓	
10 5 12 원세개	12 6 17 袁世凱	1859 己未	離坤	3 3 5 重火離	3 1 2 火天大有	○	29	雲靜風虎	
10 4 손문	14 4 孫文	1866 丙寅	艮	6 2 4 水澤節	2 2 1 重澤兌	×	14	秋堤楊柳	
17 4 5 장개석	18 4 6 蔣介石	1877 丁亥	兌乾	2 4 3 澤雷隨	3 2 6 火澤睽	△	26	成君敗賊	
4 16 8 모택동	6 17 9 毛澤東	1893 癸巳	坤巽	4 8 6 雷地豫	8 3 3 地火明夷	×	28	狂風搖燭	
8 10 8 주은래	11 12 8 周恩來	1898 戊戌	坎乾	2 7 6 澤山咸	7 3 3 山天大畜	△	26	成君敗賊	
11 16 7 장학량	16 20 9 張學良	1901 辛丑	巽艮	2 5 5 澤風大過	5 4 2 風雷益	×	34	魚躍河上	
15 3 5 등소평	19 3 5 登小平	1904 甲辰	乾巽	7 3 2 山火賁	1 7 5 天山遯	○	23	青雲名高	
14 11 12 조자양	16 16 17 趙紫陽	1919 己未	離坤	5 1 5 風天小畜	1 7 2 天山遯	○	37	春入桃園	
7 6 15 이광휘	9 8 18 李光輝	1923 癸亥	坤乾	4 3 3 雷火豊	4 4 6 重雷震	×	28	狂風搖燭	
7 16 성룡	9 22 成龍	1954 甲午	乾離	5 7 4 風山漸	7 1 1 山天大畜	○	23	青雲名高	
11 11 14 장국영	16 14 15 張國榮	1956 丙申	艮坤	4 5 1 雷風恒	7 4 4 天雷无妄	×	36	枯井遇雨	
15 15 12 유덕화	18 17 12 劉德華	1961 辛丑	巽艮	2 7 3 澤山咸	8 2 6 地澤臨	×	42	雪中孤松	

※ 중국의 고대는 물론 근세 및 현존인물들이다.
　(익히 알만한 사람으로 略歷을 줄인다)

▌괘별 吉凶斷訣(길흉단결)에 대한 小考(소고)

주역 64卦를 작명 등에 실제적으로 활용함에 있어서는 주역에 대한 어느 정도의 지식으로 가능한 정도이어야지, 방대한 이치의 학문인 주역의 실체를 알아야 한다면 主客이 전도된 억지 주장밖에 될 수 없는 일이다.

따라서 64卦의 내용조차 개의치 않으면서 더더욱 그 吉凶을 단적으로 좋다 나쁘다 하는 것은, 학문에 대한 접근자세를 떠나서 무엇이라고 항변하여도 語不成說(어불성설)임에 틀림없다. 다만 하락이수법에서 貴名十吉体(귀명십길체)를 거론하면서 제1로 卦名의 吉함을 들었음을 기억한다.

하여튼 현실임을 들어 여러 사람들이 나름대로 길흉간에 분류하고 있는데, 누구를 탓할 이론적 근거나 논리는 있기 어려운 사안이지만, 아래 주역 하경에 속한 3개의 卦를 길괘로 보는 견해에 대하여 인사적으로 간단히 살펴봄으로 대강의 분류지만 그 깊이를 가늠해 볼 기회를 삼도록 한다.

▶ 雷澤歸妹卦(뢰택귀매괘)

괘상을 보면 下卦 兌方의 철모르는 소녀가 上卦의 점잖고 나이 많은 震장남에게 지나치게 기뻐하는 마음으로 六禮(육례)의 절차를 무시하고 반하여 시집가는 모양이다.

주역에서의 남녀 배합은 咸, 恒, 漸, 歸妹의 4卦인데 그중 咸恒卦는 음양이 정상으로 상교한 부부간의 상도를 말하고 있으며, 漸卦는 육례를 갖추고 시집간다는 뜻이라면 歸妹卦는 그렇지 않은 것이 된다.

즉 初爻와 上爻는 正位이나 중간 爻들은 不正位하므로 겉으로 보기에는 얌전해도 속으로는 그렇지 않은 것이며, 오직 바른 마음으로 婦道(부도)를 지켜나가면 마침내는 길하다(終吉)하였다.

또 互卦가 水火旣濟卦이니 이미 건너는 과정을 마친 것으로 시집을 가게 되니 처녀성을 끝내고(終) 신부로서 일생이 시작된다는 뜻이 있다.

그리고 隨卦는 진장남이 태소녀에게 장가가는 뜻인데 대낮의 象으로 양도이나, 歸妹卦는 반대로 해가 서쪽(兌)에 져서 밤중이 지나야 다음날 東(震)에서 해가 뜨는 상으로 음도라 할 수 있다.

괘사에서 가면 凶하니 이로울 바 없다고 하였으며, 효사중에도 시집을 가는데 몸종을 데리고 가 잘해야 한다거나 혼기를 넘겨 시집가려 한다고도 하였다.

▶ **水火旣濟卦(수화기제괘)**

많이 먹어서 배가 부르니 곡식의 향기도 맡기 싫도록 먹었다는 뜻으로 三陽三陰이 모두 음양과 그 자리가 바르니, 서로 음양이 상응하여 완전한 卦体를 이루었다. 즉 外卦 坎은 水로 險(험)이나 內卦 離의 火로 상승하여 험난한 고생을 이미 해결해냈다는 것이다.

그러나 互卦, 配合卦, 錯綜卦, 倒轉卦 모두가 화수미제괘이다. 그러므로 기제된 사건에서 언젠가는 미제로 바뀐다는 이치를 함께 엿보아야 한다.

괘사에서도 형통한 것이 적으니 처음은 吉하고 마침은 어려우리라 했으며, 그것은 그 道가 다해서 그러하다 하였다. 효사 初九에서도 수레를 끌며 꼬리를 적시면 허물이 없다 하였으니, 능력이 부족한데 함부로 나가지 말라는 경계의 뜻과 어떻게 하면 더 많이 머무를 수 있나를 생각해야 한다고 하였다.

▶ **地火明夷卦(지화명이괘)**

夷는 상할이, 東邦이라 한다. 명이는 밝은 것이 상했으니 否塞(비색)한 뜻과 밤(夜)과 같은 뜻이 된다. 卦象으로 보면 땅속(上卦坤土)에 밝은 태양(下卦離火)이 숨어있는 상이다. 즉 밝음이 상한 것, 暗黑(암흑)했다의 뜻이니 안으로는 태양처럼 밝으나 마치 성인군자가 속마음으로는 훤히 알고 있으면서 모르는 체 무지몽매한 것처럼 보이게 함을 取象(취상)했다고 할 수 있다.

괘사에서도 어려울 때에 바르게 하면 길하리라 하였고, 大難의 어려움을 文王이 또 箕子(기자)가 해냈다고 인물(聖人)을 들어 설명한 것이 특이하다.

효사 初九에서는 三日不食이라 하여 伯夷(백이)와 叔齊(숙제)가 마침내는 수양산에 들어가 고사리로 연명하다가 세상을 뜬 고사가 나온다.

또 괘덕을 말할 때 外卦 坤은 유순하고 內卦 離는 문명을 뜻하는데 이는 文王의 성품을 비유한 것이며, 대난은 紂(주)의 亂(난)을 당하여 文王이 슬기롭게 잘 해냈다는 것으로 인용하고 있다.

다음에 성씨별 팔괘길흉표를 앞서 작명역상속견표와 다르게 세분하고 재분류하였으니 참고에 공하기 바란다.(359쪽의 재분류한 성씨별 팔괘길흉표를 吟味(음미)하기 바람)

다시 舉論(거론)한다면,

어떤 이는 不用卦라 하여 4大亂卦(坎,困,蹇,屯) 黃泉卦(蠱,旅,姤,剝,蒙,小畜,歸妹,明夷) 8大凶卦(否,履,坎,歸妹,明夷 등) 6大凶卦(同人,豊,夬,明夷 등)을 들어 중복되지 않은 18개 卦를 말하고 있는데,

통상 좋다고 인식하는 "同人卦는 하늘과 태양이 서로 잘 맞지 않아 조화를 못 부린다, 豊卦는 서로 이상과 격이 너무도 맞지 않는다, 夬卦는 하늘과 혼동되게 보인다."고 설명하며 함께 들어있음이 이것만을 보아도 획일적으로 판단해서는 안 된다는 지혜를 일깨워 주고 있는 것 같다.

그러면서도 비교적 凶卦라 하여 "履,睽,明夷,无妄,震,屯,姤,大過,蠱,困,坎,否,剝"의 13卦만 지적해 놓았으니 앞서 말한 同人 豊 夬卦는 물론이고 旅,蒙,小畜,歸妹卦와는 차이를 두고 있는 셈인데 이것도 점차 이해의 폭을 넓혀가는 가운데 각자 정립이 될 것으로 상정해본다.

淨陰淨陽 二十四方位配置圖

주역상경(周易上經)

1. 중천건 (重天乾)	2. 중지곤 (重地坤)	3. 수뢰둔 (水雷屯)	4. 산수몽 (山水蒙)	5. 수천수 (水天需)	6. 천수송 (天水訟)
䷀	䷁	䷂	䷃	䷄	䷅
7. 지수사 (地水師)	8. 수지비 (水地比)	9. 풍천소축 (風天小畜)	10. 천택리 (天澤履)	11. 지천태 (地天泰)	12. 천지비 (天地否)
䷆	䷇	䷈	䷉	䷊	䷋
13. 천화동인 (天火同人)	14. 화천대유 (火天大有)	15. 지산겸 (地山謙)	16. 뇌지예 (雷地豫)	17. 택뢰수 (澤雷隨)	18. 산풍고 (山風蠱)
䷌	䷍	䷎	䷏	䷐	䷑
19. 지택림 (地澤臨)	20. 풍지관 (風地觀)	21. 화뢰서합 (火雷噬嗑)	22. 산화비 (山火賁)	23. 산지박 (山地剝)	24. 지뢰복 (地雷復)
䷒	䷓	䷔	䷕	䷖	䷗
25. 천뢰무망 (天雷无妄)	26. 산천대축 (山天大畜)	27. 산뢰이 (山雷頤)	28. 택풍대과 (澤風大過)	29. 중수감 (重水坎)	30. 중화리 (重火離)
䷘	䷙	䷚	䷛	䷜	䷝

주역하경(周易下經)

31. 택산함 (澤山咸)	32. 뇌풍항 (雷風恒)	33. 천산돈 (天山遯)	34. 뇌천대장 (雷天大壯)	35. 화지진 (火地晉)	36. 지화명이 (地火明夷)
37. 풍화가인 (風火家人)	38. 화택규 (火澤暌)	39. 수산건 (水山蹇)	40. 뇌수해 (雷水解)	41. 산택손 (山澤損)	42. 풍뢰익 (風雷益)
43. 택천쾌 (澤天夬)	44. 천풍구 (天風姤)	45. 택지취 (澤地萃)	46. 지풍승 (地風升)	47. 택수곤 (澤水困)	48. 수풍정 (水風井)
49. 택화혁 (澤火革)	50. 화풍정 (火風鼎)	51. 중뢰진 (重雷震)	52. 중산간 (重山艮)	53. 풍산점 (風山漸)	54. 뇌택귀매 (雷澤歸妹)
55. 뇌화풍 (雷火豐)	56. 화산려 (火山旅)	57. 중풍손 (重風巽)	58. 중택태 (重澤兌)	59. 풍수환 (風水渙)	60. 수택절 (水澤節)
61. 풍택중부 (風澤中孚)	62. 뇌산소과 (雷山小過)	63. 수화기제 (水火旣濟)	64. 화수미제 (火水未濟)		

▌64卦 屬宮(속궁) 및 世應表(세응표)

世爻 \ 應爻 \ 屬宮		乾金宮	坎水宮	艮土宮	震木宮	巽木宮	離火宮	坤土宮	兌金宮
上爻	3爻	乾	坎	艮	雷	巽	離	坤	兌
初爻	4爻	姤	節	賁	豫	小畜	旅	復	困
二爻	5爻	遯	屯	大畜	解	家人	鼎	臨	革
三爻	6爻	否	旣濟	損	恒	益	未濟	泰	咸
四爻	1爻	觀	革	睽	升	无妄	蒙	大壯	蹇
五爻	2爻	剝	豊	履	井	噬嗑	渙	夬	謙
四爻	1爻	晋	明夷	中孚	大過	頤	訟	需	小過
三爻	6爻	大有	師	漸	隨	蠱	同人	比	歸妹

上爻부터 初二三四五四三爻로 붙여 본괘가 닿는 곳이 世이다.

應爻는 初世四應 二世五應 三世六應 四世初應 五世二應 六世三應이다.

<例> 天火同人卦라면 離火宮에 屬하며 3爻世 6爻應이다(表 하단)
아울러 飛神(비신)에 六親까지 붙이고 身命(신명)도 붙여보자.

```
孫 戌 ━━━━  ⑥ 應身

財 申 ━━━━  ⑤

兄 午 ━━━━  ④

官 亥 ━━━━  ③ 世命

孫 丑 ━  ━  ②

父 卯 ━━━━  ㉑
```

飛神 – 上卦 乾金은
　　　 4 5 6爻 午申戌이며
　　　 下卦 離火는
　　　 1 2 3爻 卯丑亥이다.

六親은 上卦 金에 대한
　　　 午의官(尅我) 申의兄(比和)
　　　 戌의父(生我)
　　　 下卦 火에 대한
　　　 卯의父(生我) 丑의孫(我生)
　　　 亥의官(尅我)

身命 巳亥 持世이므로
　　　 身은 上爻 命은 3爻이다.

飛神(비신) 붙이는 법(納甲)

宮 ＼ 爻	內卦(下卦)			外卦(上卦)		
	初爻	二爻	三爻	四爻	五爻	上爻
乾金	甲子	甲寅	甲辰	壬午	壬申	壬戌
坎水	戊寅	戊辰	戊午	戊申	戊戌	戊子
艮土	丙辰	丙午	丙申	丙戌	丙子	丙寅
震木	庚子	庚寅	庚辰	庚午	庚申	庚戌
巽木	辛丑	辛亥	辛酉	辛未	辛巳	辛卯
離火	己卯	己丑	己亥	己酉	己未	己巳
坤土	乙未	乙巳	乙卯	癸丑	癸亥	癸酉
兌金	丁巳	丁卯	丁丑	丁亥	丁酉	丁未

身命(신명) 붙이는 법

子午 持世 → 身居初 命居四(世爻가 子나 午이면 身은 初爻, 命은 四爻, 以下 같다.)
丑未 持世 → 身居二 命居五
寅申 持世 → 身居三 命居六
卯酉 持世 → 身居四 命居初
辰戌 持世 → 身居五 命居二
巳亥 持世 → 身居六 命居三

<例>

火水未濟 (離宮) 2爻動인 경우 (飛伏神까지 불임)

$$
\begin{array}{lll}
兄\ 巳 \; \rule{1.5cm}{0.4pt} \; 應 & 上 \; 離 \\
孫\ 未 \; -\!-\; & 1 \; 旅 \\
財\ 酉 \; \rule{1.5cm}{0.4pt} \; 命 & 2 \; 鼎 \\
官\ 亥\ 兄\ 午 \; \rule{1.5cm}{0.4pt} \; 世 & 3 \; 未濟 \\
兄\ 巳\ (丑)\ 孫\ 辰 \; -\!-\; & \\
(卯)\ 父\ 寅 \; \rule{1.5cm}{0.4pt} \; 身 & \\
\end{array}
$$

(子午持世 身居初)

動爻 { 上卦
　　　☵ → ☷ 巳 兄
　　　坎　　坤

※ 伏神(복신, 沒神몰신) 붙이는 법
卦爻上에 출현하지 않은 육친, 이를 爻上에 있는 것 같이 출현시키는 것

未濟之晋 (2爻動으로 之卦 晋)

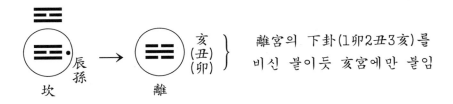

離宮의 下卦(1卯2丑3亥)를
비신 붙이듯 亥宮에만 불임

六親關係 (육친관계)

六親 ＼ 年日生	寅卯年生 (甲乙日生)	巳午年生 (丙丁日生)	辰戌丑未年生 (戊己日生)	申酉年生 (庚辛日生)	亥子年生 (壬癸日生)
父	水(亥子)	木(寅卯)	火(巳午)	土(辰戌丑未)	金(申酉)
兄	木(寅卯)	火(巳午)	土(辰戌丑未)	金(申酉)	水(亥子)
財	土(辰戌丑未)	金(申酉)	水(亥子)	木(寅卯)	火(巳午)
孫	火(巳午)	土(辰戌丑未)	金(申酉)	水(亥子)	木(寅卯)
官	金(申酉)	水(亥子)	木(寅卯)	火(巳午)	土(辰戌丑未)

<例>

```
丙午年生      辛卯年生        辛丑年生
姜文英        高斗心          鄭愛利
강문영        고두심          정애리
木土水火土土   兄 木 ○         孫 金 ○ ○
父孫官兄孫孫   ○ ○            兄 土 ○ ○
              孫 火            兄 土 ○ ○
              ○ ○            ○ ○ ○ ○
              官 金            父 火
              父 水
```

▶ 六親化現法 (육친화현법)

六親	關係人 (관계인)
兄弟	형제 친우 자매 동서 이복형제 동업자 (女) 자부 媤母 고조 모
子息	(男) 부모 조모 사위 (女) 자녀 손녀 생질녀
父(財)	(妻) 부친 첩 처형제 고모 (男) 숙,백부 형수 (女) 媤母 시외숙 시이모 외손자
母	조부 계모 유모 서모 이모 외숙 장인 사위 손자
官(男便)	(男) 외조모 아들 딸 질녀 매부 (女) 남편 시동기간 자부 손부

六親活用法(육친활용법)

六親 \ 活用	性格	象徵	活用	過多時
母 兄弟	독립적 자존심 强	구설 시비 消息	손재 파재	念爭 분가 이별 自田業이나 금전문제 손재수 동업불가(구설 시비 송사)剋父우려
文 母		공부 문서	교육자 교수 종교가 등 부동산서류 증권 주식 노력 고생	母多 계약서류 인감조심 女子→子孫 貴
財 父(妻)		부인 재물 거재 사기당한돈 월급	女子쪽 실패다 父因緣박약 사업(特히 공동)대길 백숙부 有見, 남자 혼담유	母와 인연 無 不吉(1-2개정도 吉, 단 정사문제) 女子→媤母强 男子→妻多(女離操心)
孫 子(女)	활동적 융통성 수완好 언변能	기쁨 움직임 병치료	예능 기술방면 우수 대인관계교제 能 제약 제조업 大吉	女子-생리사별 우려
官 官(男)	성격急 (或者 난폭)	관직 명예 질병(우환) 투쟁 이별	군인 경찰 교도관 국가공무원 사무직 적합, 영전 승진 진급	不吉 군인으로 출세 질병 子息과 인연박약, 구설 손재

▶ **六親의 物象(물상, 用爻)**

父爻 - 父母 祖上 文書 家庭 船舶 車馬 衣服 物品 雨

兄爻 - 兄弟 姉妹(朋友) 風

官爻 - 官職 官事 上官 官祿 訟事 職業 鬼神

孫爻 - 子女 子孫 軍人 藥 兵事

財爻 - 妻첩 財物 金錢 兄嫂 弟嫂 飮食 物價 女子 下人

應爻 - 他人 朋友

世爻 - 自己 身數

動・變爻(동·변효)

변효가 동효를 生함이 좋다.

동효는 용효(目的) 및 타효를 능히 생극하는데 動이 日月의 生을 받으면 强해진다.

동효가 용효를 극하면 凶한데 動에 日과 三合 六合이 되면 용효를 극하지 않는다.
(貪合忘沖 탐합망충의 이치)

父爻動 - 官位는 吉, 待人吉 병 매매불리 소송은 취하

子爻動 - 병 출행 매매 혼인 生子에 吉하고, 벼슬에는 불리

官爻動 - 형제 혼인 여행 소송 매매 농경에 모두 불리

財爻動 - 명리 물건 불리, 경영 구재에 대길

兄爻動 - 매사에 불리 특히 재물에 불리, 치병에 더디다

世爻(세효)

相生比和되어야 吉하고 剋 刑 沖 破 害 空亡은 불길하다.

父母持世 - 일신의 곤고가 있다.

　　　　　官動이면 財官双美요 신수에 재물은 불리

子孫持世 - 生이면 吉하고 수극이면 흉하다.

　　　　　求官에 불리하고 소송은 종국된다.

官鬼持世 - 관직 구직에 길

　　　　　재물 및 신수 불길

妻財持世 - 재물에 길하고 구직에 돈을 쓴다.

　　　　　세효가 官 兄 父로 변하면 대흉

兄弟持世 - 구재에 불리한데

　　　　　주작을 띄면 구설이 있다.

황금돼지띠(2007年 丁亥年)

子孫이 귀한 집에서는 아들을 낳아 열 살 때까지는 命이 길라고 그런다지만, 아버지가 남에게 자식을 돼지라고 낮춰서 부르기도 했다.

이것은 돼지가 새끼를 낳을 때 여러 마리를 한꺼번에 낳기 때문에 多産(다산)을 바라는 뜻도 내포되어 있는 것으로 짐작한다.

今年(2007년)은 丁亥年 돼지띠 해이다.

丁 밝은 불과, 亥 맑은 호수로 丁亥年은 60년마다 돌아오는 것인데, 여기에 10干 12支 그리고 五行을 더한 600(12×10×5)년만이라고 법석들이다.

돼지띠 중 五行 火를 의미하는 丁이 들어간 해가 되어 붉은 돼지띠가 되며, 丁은 陰이니 암돼지가 된다는 것이다.

돼지해에 낳은 아이는 재물복이 많다는 것이 속설인데, 붉은 돼지는 가장 맏이기 때문에 다른 돼지에 비해 재복이 더 많고 장원급제 등 일생을 편안하게 살며 온갖 복록을 누린다고 하였다.

중국 사람들은 붉은 색을 유별나게 좋아하는데 붉은 돼지띠만 해도 좋은 것이거늘, 황금돼지(金猪)라니 크게 재물복을 타고 났다고 믿는 풍습이 우리나라에도 전해지고 있다.

그래서 벌써부터 산부인과병원이나 산후조리원은 말할 것도 없고 유아용품업체는 물론, 호텔이나 외식 등 광고업체들은 황금돼지띠의 출산러시에 맞춰 사전 예약 등 각종 이벤트를 준비하고 있다고 한다.

심지어 계획 임신마저 생겨나고 있다는데, 유례없는 베이비 특수가 예상되고 있는 실정이다. 요즘 국가적인 저출산을 걱정하는 사람들이 많은데 다행한 일이 아닐 수 없다.

64卦의 世應 納甲表

각 괘는 상단에 宮(納甲 五行)과 괘명을 적고, 6효를 上爻→初爻 순으로 표기함. (| = 陽爻, || = 陰爻)

上卦＼下卦	下乾卦	下兌卦	下離卦	下震卦	下巽卦	下坎卦	下艮卦	下坤卦
上乾卦	乾天金 重天乾 父戌丨世 兄申丨 官午丨 父辰丨應 財寅丨 孫子丨	艮山土 天澤履 兄戌丨 孫申丨世 父午丨 兄丑‖ 官卯丨應 父巳丨	離火火 天火同人 孫戌丨應 財申丨 兄午丨 官亥丨世 孫丑‖ 父卯丨	巽風木 天雷无妄 財戌丨 官申丨 孫午丨世 財辰‖ 兄寅‖ 父子丨應	乾天金 天風姤 父戌丨 兄申丨 官午丨應 兄酉丨 孫亥丨 父丑‖世	離火火 天水訟 孫戌丨 財申丨 兄午丨世 兄午‖ 孫辰丨 父寅‖應	乾天金 天山遯 父戌丨 兄申丨應 官午丨 兄申丨 官午‖世 父辰‖	乾天金 天地否 父戌丨應 兄申丨 官午丨 財卯‖世 官巳‖ 父未‖
上兌卦	坤地土 澤天夬 兄未‖ 孫酉丨世 財亥丨 兄辰丨 官寅丨應 財子丨	兌澤金 重澤兌 父未‖世 兄酉丨 孫亥丨 父丑‖應 財卯丨 官巳丨	坎澤水 澤火革 官未‖ 父酉丨 兄亥丨世 兄亥丨 官丑‖ 孫卯丨應	震雷木 澤雷隨 財未‖應 官酉丨 父亥丨 財辰‖世 兄寅‖ 父子丨	震雷木 澤風大過 財未‖ 官酉丨 父亥丨世 官酉丨 父亥丨 財丑‖應	兌澤金 澤水困 父未‖ 兄酉丨 孫亥丨應 官午‖ 父辰丨 財寅‖世	兌澤金 澤山咸 父未‖應 兄酉丨 孫亥丨 兄申丨世 官午‖ 父辰‖	兌澤金 澤地萃 父未‖ 兄酉丨應 孫亥丨 財卯‖ 官巳‖世 父未‖
上離卦	乾天金 火天大有 官巳丨應 父未‖ 兄酉丨 父辰丨世 財寅丨 孫子丨	艮山土 火澤睽 父巳丨 兄未‖ 孫酉丨世 兄丑‖ 官卯丨 父巳丨應	離火火 重火離 兄巳丨世 孫未‖ 財酉丨 官亥丨應 孫丑‖ 父卯丨	巽風木 火雷噬嗑 孫巳丨 財未‖世 官酉丨 財辰‖ 兄寅‖應 父子丨	離火火 火風鼎 兄巳丨 孫未‖應 財酉丨 財酉丨 官亥丨世 孫丑‖	離火火 火水未濟 兄巳丨應 孫未‖ 財酉丨 兄午‖世 孫辰丨 父寅‖	離火火 火山旅 兄巳丨 孫未‖ 財酉丨應 財申丨 兄午‖ 孫辰‖世	乾天金 火地晉 官巳丨 父未‖ 兄酉丨世 財卯‖ 官巳‖ 父未‖應
上震卦	坤地土 雷天大壯 兄戌‖ 孫申‖ 父午丨世 兄辰丨 官寅丨 財子丨應	兌澤金 雷澤歸妹 父戌‖應 兄申‖ 官午丨 父丑‖世 財卯丨 官巳丨	坎澤水 雷火豐 官戌‖ 父申‖世 財午丨 兄亥丨 官丑‖應 孫卯丨	震雷木 重雷震 財戌‖世 官申‖ 孫午丨 財辰‖應 兄寅‖ 父子丨	震雷木 雷風恒 財戌‖應 官申‖ 孫午丨 官酉丨世 父亥丨 財丑‖	震雷木 雷水解 財戌‖ 官申‖應 孫午丨 孫午‖ 財辰丨世 兄寅‖	兌澤金 雷山小過 父戌‖ 兄申‖ 官午丨世 兄申丨 官午‖ 父辰‖應	震雷木 雷地豫 財戌‖ 官申‖ 孫午丨應 兄卯‖ 孫巳‖ 財未‖世

六十四卦 納甲 世應表（下半・上巽／上坎／上艮／上坤）

上巽卦（風）

宮	卦名	上爻	五爻	四爻	三爻	二爻	初爻	下卦
巽風木	風天小畜	兄卯｜	孫巳｜	財未‖應	財辰｜	兄寅｜	父子｜世	下乾卦
艮山土	風澤中孚	官卯｜	父巳｜世	兄未‖	兄丑‖	官卯｜	父巳｜應	下兌卦
巽風木	風火家人	兄卯｜	孫巳｜應	財未‖	父亥｜	財丑‖世	兄卯｜	下離卦
巽風木	風雷益	兄卯｜應	孫巳｜	財未‖	財辰‖世	兄寅‖	父子｜	下震卦
巽風木	重風巽	兄卯｜世	孫巳｜	財未‖	官酉｜應	父亥｜	財丑‖	下巽卦
離火火	風水渙	父卯｜	兄巳｜世	孫未‖	兄午‖	孫辰｜應	父寅‖	下坎卦
艮山土	風山漸	官卯｜應	父巳｜	兄未‖	孫申｜世	父午‖	兄辰‖	下艮卦
乾天金	風地觀	財卯｜	官巳｜	父未‖世	財卯‖	官巳‖	父未‖應	下坤卦

上坎卦（水）

宮	卦名	上爻	五爻	四爻	三爻	二爻	初爻	下卦
坤地土	水天需	財子‖	兄戌｜	孫申‖世	兄辰｜	官寅｜	財子｜應	下乾卦
坎水水	水澤節	兄子‖	官戌｜	父申‖應	官丑‖	孫卯｜	財巳｜世	下兌卦
坎水水	水火既濟	兄子‖應	官戌｜	父申‖	兄亥｜世	官丑‖	孫卯｜	下離卦
坎水水	水雷屯	兄子‖	官戌｜應	父申‖	官辰‖	孫寅‖世	兄子｜	下震卦
震雷木	水風井	父子‖	財戌｜世	官申‖	官酉｜	父亥｜應	財丑‖	下巽卦
坎水水	重水坎	兄子‖世	官戌｜	父申‖	財午‖應	官辰｜	孫寅‖	下坎卦
兌澤金	水山蹇	孫子‖	父戌｜世	兄申‖	兄申｜	官午‖	父辰‖應	下艮卦
坤地土	水地比	財子‖應	兄戌｜	孫申‖	官卯‖世	父巳‖	兄未‖	下坤卦

上艮卦（山）

宮	卦名	上爻	五爻	四爻	三爻	二爻	初爻	下卦
艮山土	山天大畜	官寅｜	財子‖應	兄戌‖	兄辰｜	官寅｜世	財子｜	下乾卦
艮山土	山澤損	官寅｜應	財子‖	兄戌‖	兄丑‖世	官卯｜	父巳｜	下兌卦
艮山土	山火賁	官寅｜	財子‖	兄戌‖應	財亥｜	兄丑‖	官卯｜世	下離卦
巽風木	山雷頤	兄寅｜	父子‖	財戌‖世	財辰‖	兄寅‖	父子｜應	下震卦
巽風木	山風蠱	兄寅｜應	父子‖	財戌‖	官酉｜世	父亥｜	財丑‖	下巽卦
離火火	山水蒙	父寅｜	官子‖	孫戌‖世	兄午‖	孫辰｜	父寅‖應	下坎卦
艮山土	重山艮	官寅｜世	財子‖	兄戌‖	孫申｜應	父午‖	兄辰‖	下艮卦
乾天金	山地剝	財寅｜	孫子‖世	父戌‖	財卯‖	官巳‖應	父未‖	下坤卦

上坤卦（地）

宮	卦名	上爻	五爻	四爻	三爻	二爻	初爻	下卦
坤地土	地天泰	孫酉‖應	財亥‖	兄丑‖	兄辰｜世	官寅｜	財子｜	下乾卦
坤地土	地澤臨	孫酉‖	財亥‖應	兄丑‖	兄丑‖	官卯｜世	父巳｜	下兌卦
坎水水	地火明夷	父酉‖	兄亥‖	官丑‖世	兄亥｜	官丑‖	孫卯｜應	下離卦
坤地土	地雷復	孫酉‖	財亥‖	兄丑‖應	兄辰‖	官寅‖	財子｜世	下震卦
震雷木	地風升	官酉‖	父亥‖	財丑‖世	官酉｜	父亥｜	財丑‖應	下巽卦
坎水水	地水師	父酉‖應	兄亥‖	官丑‖	財午‖世	官辰｜	孫寅‖	下坎卦
兌澤金	地山謙	兄酉‖	孫亥‖世	父丑‖	兄申｜	官午‖應	父辰‖	下艮卦
坤地土	重地坤	孫酉‖世	財亥‖	兄丑‖	官卯‖應	父巳‖	兄未‖	下坤卦

（注：｜＝陽爻、‖＝陰爻）

1.1 重天乾

父 戌 ━━━ 世
兄 申 ━━━ 身
官 午 ━━━
父 辰 ━━━ 應
財 寅 ━━━ 命
孫 子 ━━━

1.2 天澤履

兄 戌 ━━━ 命
財子孫 申 ━━━ 世
父 午 ━━━
兄 丑 ━ ━ 身
官 卯 ━━━ 應
父 巳 ━━━

1.3 天火同人

孫 戌 ━━━ 身應
財 申 ━━━
兄 午 ━━━
官 亥 ━━━ 命世
孫 丑 ━ ━
父 卯 ━━━

1.4 天雷无妄

財 戌 ━━━
官 申 ━━━
孫 午 ━━━ 命世
財 辰 ━ ━
兄 寅 ━ ━
父 子 ━━━ 身應

1.5 天風姤

父 戌 ━━━
兄 申 ━━━ 命
官 午 ━━━ 應
兄 酉 ━━━
財寅孫亥 ━━━ 身
父 丑 ━ ━ 世

1.6 天水訟

孫 戌 ━━━
財 申 ━━━
兄 午 ━━━ 命世
官亥兄午 ━ ━
孫 辰 ━━━
父 寅 ━ ━ 身應

1.7 天山遯

父戌 ——
兄申 —— 應
官午 —— 命
兄申 ——
財寅 官午 －－ 世
孫子 父辰 －－ 身

1.8 天地否

父戌 —— 應
兄申 ——
官午 —— 身
財卯 －－ 世
官巳 －－
孫子 父未 －－ 命

2.1 澤天夬

兄未 －－
孫酉 —— 世
財亥 —— 身
兄辰 ——
父巳 官寅 —— 應
財子 —— 命

2.2 重澤兌

父未 －－ 世
兄酉 —— 命
孫亥 ——
父丑 －－ 應
財卯 —— 身
官巳 ——

2.3 澤火革

官未 －－ 身
父酉 ——
財午 兄亥 —— 世
兄亥 —— 命
官丑 －－
孫卯 —— 應

2.4 澤雷隨

財未 －－ 應
官酉 —— 身
孫午 父亥 ——
財辰 －－ 世
兄寅 －－ 命
父子 ——

2.5 澤風大過

```
財 未 ▬▬ 身
官 酉 ▬▬▬
孫午 父 亥 ▬▬▬ 世
   官 酉 ▬▬▬ 命
   父 亥 ▬▬▬
   財 丑 ▬▬ 應
```

2.6 澤水困

```
父 未 ▬▬ 命
兄 酉 ▬▬▬
孫 亥 ▬▬▬ 應
官 午 ▬▬ 身
父 辰 ▬▬▬
財 寅 ▬▬ 世
```

2.7 澤山咸

```
   父 未 ▬▬ 命應
   兄 酉 ▬▬▬
   孫 亥 ▬▬▬
   兄 申 ▬▬▬ 身世
財卯 官 午 ▬▬
   父 辰 ▬▬
```

2.8 澤地萃

```
父 未 ▬▬ 身
兄 酉 ▬▬▬ 應
孫 亥 ▬▬▬
財 卯 ▬▬ 命
官 巳 ▬▬ 世
父 未 ▬▬
```

3.1 火天大有

```
官 巳 ▬▬▬ 應
父 未 ▬▬ 身
兄 酉 ▬▬▬
父 辰 ▬▬▬ 世
財 寅 ▬▬▬ 命
孫 子 ▬▬▬
```

3.2 火澤睽

```
   父 巳 ▬▬▬
財子 兄 未 ▬▬
   孫 酉 ▬▬▬ 身世
   兄 丑 ▬▬
   官 卯 ▬▬▬
   父 巳 ▬▬▬ 命應
```

3.3 重火離		3.4 火雷噬嗑	
兄 巳 ── 身世		孫 巳 ──	
孫 未 ── ──		財 未 ── ── 命世	
財 酉 ──		官 酉 ──	
官 亥 ── 命應		財 辰 ── ──	
孫 丑 ── ──		兄 寅 ── ── 身應	
父 卯 ──		父 子 ──	

3.5 火風鼎		3.6 火水未濟	
兄 巳 ── 身		兄 巳 ── 應	
孫 未 ── ── 應		孫 未 ── ──	
財 酉 ──		財 酉 ── 命	
財 酉 ── 命		官亥 兄 午 ── ── 世	
官 亥 ── 世		孫 辰 ──	
父卯 孫 丑 ── ──		父 寅 ── ── 身	

3.7 火山旅		3.8 火地晉	
兄 巳 ──		官 巳 ──	
孫 未 ── ── 身		父 未 ── ──	
財 酉 ── 應		兄 酉 ── 身世	
官亥 財 申 ──		財 卯 ── ──	
兄 午 ── ── 命		官 巳 ── ──	
辰 辰 ── ── 世		父 未 ── ── 命應	

4.1 雷天大壯

兄 戌 ▬▬
孫 申 ▬▬
父 午 ━━ 命 世
兄 辰 ━━
官 寅 ━━
財 子 ━━ 身 應

4.2 雷澤歸妹

父 戌 ▬▬ 應
兄 申 ▬▬ 命
孫 亥 官 午 ━━
父 丑 ▬▬ 世
財 卯 ━━ 身
官 巳 ━━

4.3 雷火豊

官 戌 ▬▬ 命
父 申 ▬▬ 世
財 午 ━━
兄 亥 ━━ 身
官 丑 ▬▬ 應
孫 卯 ━━

4.4 重雷震

財 戌 ▬▬ 世
官 申 ▬▬ 身
孫 午 ━━
財 辰 ▬▬ 應
兄 寅 ▬▬ 命
父 子 ━━

4.5 雷風恒

財 戌 ▬▬ 應
官 申 ▬▬
孫 午 ━━ 身
官 酉 ━━ 世
兄 寅 父 亥 ━━
財 丑 ▬▬ 命

4.6 雷水解

財 戌 ▬▬
官 申 ▬▬ 身 應
孫 午 ━━
孫 午 ━━
財 辰 ━━ 命 世
父 子 兄 寅 ▬▬

4.7 雷山小過

父 戌 ▬ ▬
兄 申 ▬ ▬
官 午 ▬▬▬ 命世
兄 申 ▬▬▬
財 卯 官 午 ▬ ▬
父 辰 ▬ ▬ 身應

4.8 雷地豫

財 戌 ▬ ▬
官 申 ▬ ▬ 命
孫 午 ▬▬▬ 應
兄 卯 ▬ ▬
孫 巳 ▬ ▬ 身
父 子 財 未 ▬ ▬ 世

5.1 風天小畜

兄 卯 ▬▬▬
孫 巳 ▬▬▬
財 未 ▬ ▬ 命應
官 酉 財 辰 ▬▬▬
兄 寅 ▬▬▬
父 子 ▬▬▬ 身世

5.2 風澤中孚

官 卯 ▬▬▬
財 子 父 巳 ▬▬▬ 命
兄 未 ▬ ▬ 世
孫 申 兄 丑 ▬ ▬
官 卯 ▬▬▬ 身
父 巳 ▬▬▬ 應

5.3 風火家人

兄 卯 ▬▬▬
孫 巳 ▬▬▬
財 未 ▬ ▬ 命應
官 酉 父 亥 ▬▬▬
財 丑 ▬ ▬ 身世
兄 卯 ▬▬▬

5.4 風雷益

兄 卯 ▬▬▬ 應
孫 巳 ▬▬▬ 身
財 未 ▬ ▬
官 酉 財 辰 ▬ ▬ 世
兄 寅 ▬ ▬ 命
父 子 ▬▬▬

5.5 重風巽

兄卯 ―― 世
孫巳 ――
財未 ―― 身
官酉 ―― 應
父亥 ――
財丑 ―― 命

5.6 風水渙

父卯 ―― 身
兄巳 ―― 世
財酉 孫未 ――
官亥 兄午 ―― 命
孫辰 ―― 應
父寅 ――

5.7 風山漸

官卯 ―― 命應
財子 父巳 ――
兄未 ――
孫申 ―― 身世
父午 ――
兄辰 ――

5.8 風地觀

財卯 ――
兄申 官巳 ―― 命
父未 ―― 世
財卯 ――
官巳 ―― 身
孫子 父未 ―― 應

6.1 水天需

財子 ―― 命
兄戌 ――
孫申 ―― 世
兄辰 ―― 身
父巳 官寅 ――
財子 ―― 應

6.2 水澤節

兄子 ―― 身
官戌 ――
父申 ―― 應
官丑 ―― 命
孫卯 ――
財巳 ―― 世

6.3 水火既濟

兄子 ▬ ▬ 身應
官戌 ▬▬▬
父申 ▬ ▬
財午 兄亥 ▬▬▬ 命世
官丑 ▬ ▬
孫卯 ▬▬▬

6.4 水雷屯

兄子 ▬ ▬ 命
官戌 ▬▬▬ 應
父申 ▬ ▬
財午 官辰 ▬ ▬ 身
孫寅 ▬ ▬ 世
兄子 ▬▬▬

6.5 水風井

父子 ▬ ▬
財戌 ▬▬▬ 身世
孫午 官申 ▬ ▬
官酉 ▬▬▬
兄寅 父亥 ▬▬▬ 命應
財丑 ▬ ▬

6.6 重水坎

兄子 ▬ ▬ 世
官戌 ▬▬▬
父申 ▬ ▬ 命
財午 ▬ ▬ 應
官辰 ▬▬▬
孫寅 ▬ ▬ 身

6.7 水山蹇

孫子 ▬ ▬ 命
父戌 ▬▬▬
兄申 ▬ ▬ 世
兄申 ▬▬▬ 身
財卯 官午 ▬ ▬
父辰 ▬ ▬ 應

6.8 水地比

財子 ▬ ▬ 應
兄戌 ▬▬▬
孫申 ▬ ▬ 身
官卯 ▬ ▬ 世
父巳 ▬ ▬
兄未 ▬ ▬ 命

7.1 山天大畜			
	官 寅	▬▬	命
	財 子	▬ ▬	應
	兄 戌	▬ ▬	
	兄 辰	▬▬	身
父 午	官 寅	▬▬	世
孫 申	財 子	▬▬	

7.2 山澤損			
	官 寅	▬▬	應
	財 子	▬ ▬	命
	兄 戌	▬ ▬	
孫 申	兄 丑	▬ ▬	世
	官 卯	▬▬	身
	父 巳	▬▬	

7.3 山火賁			
	官 寅	▬▬	
	財 子	▬ ▬	
	兄 戌	▬ ▬	身 應
	財 亥	▬▬	
父 午	兄 丑	▬ ▬	
孫 申	官 卯	▬▬	命 世

7.4 山雷頤			
	兄 寅	▬▬	
孫 巳	父 子	▬ ▬	身
	財 戌	▬ ▬	世
官 酉	財 辰	▬ ▬	
	兄 寅	▬ ▬	命
	父 子	▬▬	應

7.5 山風蠱			
	兄 寅	▬▬	應
孫 巳	父 子	▬ ▬	
	財 戌	▬ ▬	身
	官 酉	▬▬	世
	父 亥	▬▬	
	財 丑	▬ ▬	命

7.6 山水蒙			
	父 寅	▬▬	
	官 子	▬ ▬	身
財 酉	孫 戌	▬ ▬	世
	兄 午	▬ ▬	
	孫 辰	▬▬	命
	父 寅	▬ ▬	應

7.7 重山艮

```
官 寅 ━━━━  命 世
財 子 ━━ ━━
兄 戌 ━━ ━━
孫 申 ━━━━  身 應
父 午 ━━ ━━
兄 辰 ━━ ━━
```

7.8 山地剝

```
      財 寅 ━━━━
兄 申 孫 子 ━━ ━━  世
      父 戌 ━━ ━━  命
      財 卯 ━━ ━━
      官 巳 ━━ ━━  應
      父 未 ━━ ━━  身
```

8.1 地天泰

```
孫 酉 ━━ ━━  應
財 亥 ━━ ━━  身
兄 丑 ━━ ━━
兄 辰 ━━━━  世
父 巳 官 寅 ━━━━  命
財 子 ━━━━
```

8.2 地澤臨

```
孫 酉 ━━ ━━
財 亥 ━━ ━━  應
兄 丑 ━━ ━━  身
兄 丑 ━━ ━━
官 卯 ━━━━  世
父 巳 ━━━━  命
```

8.3 地火明夷

```
父 酉 ━━ ━━
兄 亥 ━━ ━━  命
官 丑 ━━ ━━  世
財 午 兄 亥 ━━━━
官 丑 ━━ ━━  身
孫 卯 ━━━━  應
```

8.4 地雷復

```
孫 酉 ━━ ━━
財 亥 ━━ ━━
兄 丑 ━━ ━━  命 應
兄 辰 ━━ ━━
父 巳 官 寅 ━━ ━━
財 子 ━━━━  身 世
```

8.5 地風升

```
      官 酉 ━ ━
      父 亥 ━ ━ 命
孫午 財 丑 ━ ━ 世
      官 酉 ━━━
兄寅 父 亥 ━━━ 身
      財 丑 ━ ━ 應
```

8.6 地水師

```
父 酉 ━ ━ 應
兄 亥 ━ ━
官 丑 ━ ━ 命
財 午 ━ ━ 世
官 辰 ━━━
孫 寅 ━ ━ 身
```

8.7 地山謙

```
      兄 酉 ━ ━ 身
      孫 亥 ━ ━ 世
      父 丑 ━ ━
      兄 申 ━━━ 命
財卯 官 午 ━ ━ 應
      父 辰 ━ ━
```

8.8 重地坤

```
孫 酉 ━ ━ 世
財 亥 ━ ━
兄 丑 ━ ━ 身
官 卯 ━ ━ 應
父 巳 ━ ━
兄 未 ━ ━ 命
```

六獸法(육수법)

六位＼年日干		甲乙	丙丁	戊	己	庚辛	壬癸
姓　　　　主	上爻	玄	青	朱	句	蛇	白
姓　　　　從	五爻	白	玄	青	朱	句	蛇
名上字主	四爻	蛇	白	玄	青	朱	句
名上字從	三爻	句	蛇	白	玄	青	朱
名下字主	二爻	朱	句	蛇	白	玄	青
名下字從	初爻	青	朱	句	蛇	白	玄

※ 생년간을 기준으로 밑에서 위로 붙여나간다.(日干기준도 가능)

▶ 六獸(육수)

青龍(청룡)　　좋은 일이 많으며 경사 승진 합격 등 원만하고 좋은 일이 있다.
<喜悅之神>　　길신으로 聖人格의 好神, 外柔內剛 (該六親은 길상)
　　　　　　　주로 문서 財帛 관직 주식 혼인 孕育과 도적 분쟁 등 의미
　　　　　　　성정은 자애롭고 상서로우며 군령을 행하는 장수의 神이다.
　　　　　　　효행하고 범사를 더디게 성취하며 문장 吉慶 良善 명예에도 이로운
　　　　　　　神이다.

朱雀(주작)　　구설 是非 언쟁 소송 등을 의미 (성명에서는 吉凶相半格)
<口舌之神>　　직업은 언론 교직 방송 등 말을 잘한다. 범사에는 늦게야 성취된다.
　　　　　　　언변이 좋고 다투고 간여하는 神이다.

勾陣(구진)　　주로 쟁론 시비 흉악 살벌 류혈 僧道 墳墓 寺 獄 瓦器 등 의미<土地之
　　　　　　　神> 범사에 느리고 원만하며 爲人도 느리며 둔하나 걱정이 뒤따른다.

※ 남에게 속임이나 사기를 당하며 여행 이사 매매 등 부동산에 관계된 일이 생긴다.

騰蛇(등사)　　　　驚怪(놀라고 괴상한 일) 輕犯 取索事 구설수 흉몽 등 의미
<虛言之神>　　　성명에서는 장군 군인 검사 경찰 등 형권을 잡는 경우가 많다. 허망하고 맹랑한 말을 하는 神인데 범사에는 더러움이 많고 간사하고 측량할 수 없는 神이다.

白虎(백호)　　　　숙살기가 있어 횡액 관재 구설 재물파탄 교통사고 질병으로 갑
<血光之神>　　　자기 수술수 의미
　　　　　　　　식상이나 관성에 붙으면 자식궁에 애로가 생길 수 있다(전체 配合판단 要)
　　　　　　　　사업가에는 큰 재물이 따르는 강한 運이나 배우자에게 애로가 발생수, 성정은 흉악하고 이로움을 좋아하고 강강한 기질에 끈기를 좋아한다.

玄武(현무)　　　　小人 陰人 奸邪(간사)의 神이다.
<盜賊之神>　　　도적 사기 淫事 暗昧 계약해지 수표부도 사업실패 등의 일이 일어난다.
　　　　　　　　일시적인 어려움이 따르나 늦게 대기만성을 이룰 수도 있다.
　　　　　　　　음란을 탐하고 染疾(염병) 두병의 神이다.
　　　　　　　　성정은 潤下하고 흩어지며 안으로 밝다. 또 험한 바탕을 행하기 좋아한다.

動·變爻(동·변효)
靑龍動 — 特히 재물과 관록에 대길하다.
朱雀動 — 여기에 관귀를 띠면 소관지사에 구설과 말썽이 많다.
句陣動 — 오직 토지관계에 吉한데 기신을 만나면 불길하다.
騰蛇動 — 관귀을 띠면 횡사, 목신을 띠고 공망을 만나면 흉화위길하다.
白虎動 — 有厄 官鬼動住면 더욱 凶하다.
　　　　　　관재 소송 是非起 水火同은 水火의 厄
玄武動 — 매사가 막히는데 관귀를 띠면 실물수가 있다.

- **靑龍(청룡)**
  - 官; 벼슬과 명예에 吉하고 선천명과 잘 합국되면 군왕 대통령 수상 고관 군장성 성인군자 등이 됨(관록이 좋다)
  - 孫; 자손이 많고 귀한 자식을 두며 복이 많다(有德)
  - 父; 아버지 덕이 있고 부모가 장수하며 사업이 길하게 된다.(有德)
  - 財; 어진 아내를 얻으며 재물운이 吉하고 어머니덕도 吉하다(재운 처운 좋다)
  - 兄; 형제가 많거나 우애가 있고 吉하다.
    - 巳午世-주색으로 패가   辰巳世-포화의 위험
    - 甲酉-손발을 傷   巳-조실부모하고 낙상이나 급사 등

- **朱雀(주작)**
  - 官; 법관 등의 벼슬이 좋고 선천명과 잘 합국하면 장관 법무장관이 될 수 있다. (법계통, 官職)
  - 孫; 財 父 兄-吉하다
    - 巳午世-살을 띠면 화재   戌-형벌당함
    - 丑-매사가 不成되며 다리가 잘리거나 범법 급 변란 등이 생김
    - **姓名** : 孫-자손 많다   兄-형제가 많다   父-父母 長壽格(장수격)

- **句陳(구진)**
  - 官 ; 하급관으로 일반 행정관이 吉하다.
  - 父母; 부모형제와 일찍 생사이별하기 쉽다.
  - 財孫; 처궁 자식궁 재물운이 약하며 근심 따름
  - 孫 ; 자식과 이별수
    - 土空; 토지가 없다   亥子-살을 띠면 水厄死   辰-형벌당함
    - 戌-형벌을 당하거나 손발을 상함
    - 卯-부부궁과 자손궁이 흉하여 매사가 어렵다.

- **騰蛇(등사, 朱雀과 유사)**
  - 官   ; 중급관으로 판 검사 검찰 내무장관 경찰국장 등에 吉
  - 孫 財 兄; 吉하다

火世-살을 띠면 화재가 두렵다

子-만사가 이루어지지 않는다

亥子-水厄으로 급사수   丑戌-맞아 죽는다

姓名 : **길신**

● **白虎(백호)**

官   ; 무관에 吉하며 고관직으로 내무장관 군장성 총리까지 될 수 있다.

孫 財 兄 父; 凶하다

財   ; 늙을수록 空亡하다(재운좋다면 大材格)

　申酉金-凶作用이 强

　申酉-살을 띠면 호랑이나 맹수에게 잡아먹히거나 벼락으로 몸다침

　酉-부부와 자손이 凶하며 火厄에 염려되고 살을 띠면 칼에 맞아 죽는다.

　寅卯-낙상하거나 급사

　五爻申金-길거리에서 불의의 사고를 당하거나 결찰과 시비하는 일 생김

　孫-자식과 이별   兄-형제이별 무덕 고독

　姓名 : 財 대흉신

● **玄武(현무)**

官   ; 무관 경찰 하급공무원 등이 된다.

財 孫   ; 하급격

財 孫 父 兄; 좋지 않다.

　兄世-人敗 주색한다

　申-매사가 불성되며 낙상하거나 급사   巳-화액을 당하거나 급사

　亥子-도둑이나 사기 등에 걸리기 쉽다.   未-낙상하거나 급사

　姓名 : 흉신

▶ 六獸의 機能(육수의 기능)

六數	忌 年支	災難 및 厄運	六獸(육수)			
			動爻	吉凶	動爻	吉凶
青龍 청룡	辰巳生	피습,납치,조실부모,喪妻子,낙상	初爻	貴	4爻	謀事
	申酉生	상해,불구,수족절상	2爻	富	5爻	만사여의
			3爻	권세	6爻	氣高
朱雀 주작	丑生	타박상,총검상,형옥,급변난,	初爻	半富	4爻	苦懸河
	戌生	형액,멸화지액,화재,	2爻	保家	5爻	移席頻
	亥生	여명은 편치 못함	3爻	用謀吉	6爻	유리
句陳 구진	寅卯生	喪妻子,옥고,화상,무자지격 산액,남편흉	初爻	질병	4爻	실패
	巳生	상해,낙상	2爻	단명	5爻	패가망신
	辰戌生	형액,無妻子,수족상	3爻	처자불길	6爻	횡액
騰蛇 등사	亥生	수액,익사,낙상,급사	初爻	손재망	4爻	단명질
	丑丑	杖下之魂(매맞아 죽음)	2爻	구설재	5爻	이향
	子生	소아마비,신경병,抱寃死,수액	3爻	처자불길	6爻	事不成功
白虎 백호	寅卯生	상해,火暴死,낙상	初爻	부귀	4爻	有權
	戌生	자손흉	2爻	貴	5爻	활동가
	午酉生	수액,이별,不具,破財,자손흉	3爻	事事吉	6爻	大通
玄武 현무	巳午	낙상,수술,無妻子,水落死,火厄	初爻	단명	4爻	疾厄
	亥生	水厄	2爻	처자불길	5爻	조실부모
	未申生	수족절단,낙상,피살,형액, 조실부모,불구자,급사	3爻	손재	6爻	事事敗

▌流年別 卦爻變化(유년별 괘효변화)

平生卦(先天卦)와 後天卦를 작괘하여 流年別 년령을 보자.

<例> 乾命   己卯生(陰年)

$$7\,宋\,8$$
$$8\,忠\,10$$
$$24\Big(\;16\,錫\,19$$
$$\overline{\qquad\quad}$$
$$31\qquad37$$

31÷8=3…7 艮山(上卦)
37÷8=4…5 巽風(下卦)
　平生卦 − 山風蠱卦(산풍고괘)
24÷6=4…6 爻動(動爻)
　之卦 − 火風鼎卦(화풍정괘)
　後天卦 − 風地觀卦(풍지관괘)

先天(山風蠱 上爻動) 756　　後天(風地觀 3爻動) 583

856 1세	—	● 9세 236	686 67세	—	75세 426
555 40세	——	45세 244	585 58세	—	66세 235
354 34세	——	39세 243	184 52세	——	57세 413
763 21세	—	33세 143	573 46세	——●	51세 412
752 16세	—	24세 422	562 82세	—	87세 411
711 10세	——	15세 246	541 76세	——	81세 416

　보는 바와 같이 各卦의 動爻(●표시)에서 시작하여, 卦의 효수가 맨 밑의 初爻(초효) 제일 위의 上爻(상효 6爻)이듯이, 동효의 위로 나이를 붙여(양효 9년 음효는 6년) 가다가 上爻에 이르르면 다시 初爻로 내려와 동효 밑에서 끝이 남을 알 수 있다.

　다시 大象(대상)에서 유년별로 괘효의 변화(卦變)를 보면

46세~51세까지의 例이다.

後天卦 風地觀3	46세 風山漸3	47세 天山遯4	48세 火山旅5	49세 雷山小過6	50세 雷火豊1	51세 雷天大壯2

583	573	174	375	476	431	412
	(583의 1년)	(583의 2년)	(583의 3년)	(583의 4년)	(583의 5년)	(583의 6년)

위와 같은 卦爻(괘효)의 변화는 복잡하고 다소 난해한 분야이나 독자들의 이해와 그 과정의 설명을 위한 것일 뿐, 실제 사용은 부록의 "하락이수유년 괘효변화도"를 찾아보는 것만으로 가능할 것임을 다시 한번 강조해둔다.

▌하락이수에 의한 作卦(작괘) 및 先後天卦(선후천괘)

하늘도 돌고 땅도 구르며(天旋地轉 천선지전) 변화하는 象이라 하며 後天卦(후천괘)라 한다.

<例> 甲子年 乙卯月 庚申日 庚辰時生(先後天數 선후천수는 생략)

甲子	天數31	25로 제하고 나면 남는 수 6, 그러므로 乾	先天은 天風姤 156
乙卯			
庚申	地數34	30으로 제하면 남는 수가 4, 그러므로 巽	後天은 風澤中孚 523
庚辰			

** 이는 선천괘를 후천괘로 바꾸는 식이다.

元 ┃ 辰
　 ┃ 卯
　 ┃ 寅
　 ┃ 丑
　 ┃ 子
　 ┃┃ 巳

이 사람은 陽時에 출생한 사람으로 선천괘로는 天風姤(15)卦를 얻었는데 元堂이 상효에 있으므로, 후천의 괘는 먼저 외괘의 상효인 陽爻┃가 변하여 陰爻┃┃로 된 다음 후천괘에서는 內卦로 되어 兌卦가 되고, 先天卦의 內卦인 巽卦는 外卦로 나오게 되니 이들로 64卦 안에 한 卦를 찾아보면 風澤中孚의 三爻에 元堂이 있게 된다.

※ 百, 十 자리는

1(단단위) 자리 元堂(원당)은

1 初爻　2 二爻　3 三爻 (以上 內卦)
4 四爻　5 五爻　6 六爻 (以上 外卦)를 말한다.

▌先後天卦 年齡變化圖(선후천괘 연령변화도)

一, 十, 百 단위로 표시하였는데

百의 자리수는 上卦, 十의 자리수는 下卦, 一의 자리수는 元堂이다.

先天卦	後天卦	변경나이	先天卦	後天卦	변경나이	先天卦	後天卦	변경나이	先天卦	後天卦	변경나이
111	514	55세	146	423	49세	185	832	46세	244	461	46세
112	315	55세	151	114	52세	186	823	46세	245	442	46세
113	216	55세	152	715	52세	211	524	52세	246	413	46세
114	151	55세	153	616	52세	212	325	52세	251	124	49세
115	132	55세	154	551	52세	213	226	52세	252	725	49세
116	123	55세	155	532	52세	214	161	52세	253	626	49세
121	614	52세	156	523	52세	215	142	52세	254	561	49세
122	415	52세	161	214	49세	216	113	52세	255	542	49세
123	116	52세	162	815	49세	221	624	49세	256	513	49세
124	251	52세	163	516	49세	222	425	49세	261	224	46세
125	232	52세	164	651	49세	223	126	49세	262	825	46세
126	223	52세	165	632	49세	224	261	49세	263	526	46세
131	714	52세	166	623	49세	225	242	49세	264	661	46세
132	115	52세	171	314	49세	226	213	49세	265	642	46세
133	416	52세	172	515	49세	231	724	49세	266	613	46세
134	351	52세	173	816	49세	232	125	49세	271	324	46세
135	332	52세	174	751	49세	233	426	49세	272	525	46세
136	323	52세	175	732	49세	234	361	49세	273	826	46세
141	841	49세	176	723	49세	235	342	49세	274	761	46세
142	215	49세	181	414	46세	236	313	49세	275	742	46세
143	316	49세	182	615	46세	241	824	46세	276	713	46세
144	451	49세	183	716	46세	242	225	46세	281	424	43세
145	432	49세	184	851	46세	243	326	46세	282	625	43세

先天卦	後天卦	변경나이	先天卦	後天卦	변경나이	先天卦	後天卦	변경나이	先天卦	後天卦	변경나이
283	736	43세	371	334	46세	455	522	46세	543	356	46세
284	861	43세	372	535	46세	456	533	46세	544	411	46세
285	842	43세	373	836	46세	461	244	43세	545	472	46세
286	813	43세	374	771	46세	462	845	43세	546	463	46세
311	534	52세	375	712	46세	463	546	43세	551	154	49세
312	335	52세	376	743	46세	464	681	43세	552	735	49세
313	236	52세	381	434	43세	465	622	43세	553	656	49세
314	171	52세	382	635	43세	466	633	43세	554	511	49세
315	112	52세	383	736	43세	471	344	43세	555	572	49세
316	143	52세	384	871	43세	472	545	43세	556	563	49세
321	634	49세	385	812	43세	473	846	43세	561	254	46세
322	435	49세	386	843	43세	474	781	43세	562	855	46세
323	136	49세	411	544	49세	475	722	43세	563	556	46세
324	271	49세	412	345	49세	476	733	43세	564	611	46세
325	212	49세	413	246	49세	481	444	40세	565	672	46세
326	242	49세	414	181	49세	482	645	40세	566	663	46세
331	734	49세	415	122	49세	483	746	40세	571	354	46세
332	135	49세	416	133	49세	484	881	40세	572	555	46세
333	436	49세	421	644	46세	485	822	40세	573	856	46세
334	371	49세	422	445	46세	486	833	40세	574	711	46세
335	312	49세	423	145	46세	511	554	52세	575	772	46세
336	343	49세	424	281	46세	512	355	52세	576	763	46세
341	834	46세	425	222	46세	513	256	52세	581	454	43세
342	235	46세	426	233	46세	514	111	52세	582	655	43세
343	336	46세	431	744	46세	515	172	52세	583	756	43세
344	471	46세	432	145	46세	516	163	52세	584	811	43세
345	412	46세	433	446	46세	521	654	49세	585	872	43세
346	443	46세	434	381	46세	522	455	49세	586	863	43세
351	134	49세	435	322	46세	523	156	49세	611	564	49세
352	735	49세	436	333	46세	524	211	49세	612	365	49세
353	636	49세	441	844	43세	525	272	49세	613	266	49세
354	571	49세	442	245	43세	526	263	49세	614	121	49세
355	512	49세	443	346	43세	531	754	49세	615	182	49세
356	543	49세	444	481	43세	532	155	49세	616	153	49세
361	234	46세	445	422	43세	533	456	49세	621	664	46세
362	835	46세	446	433	43세	534	311	49세	622	465	46세
363	536	46세	451	144	46세	535	372	49세	623	166	46세
364	671	46세	452	745	46세	536	363	49세	624	221	46세
365	612	46세	453	646	46세	541	854	46세	625	282	46세
366	643	46세	454	581	46세	542	255	46세	626	253	46세

先天卦	後天卦	변경나이	先天卦	後天卦	변경나이	先天卦	後天卦	변경나이	先天卦	後天卦	변경나이
631	764	46세	684	821	40세	761	274	43세	834	341	43세
632	165	46세	685	882	40세	762	875	43세	835	362	43세
633	466	46세	686	853	40세	763	576	43세	836	373	43세
634	321	46세	711	574	49세	764	631	43세	841	884	40세
635	382	46세	712	375	49세	765	872	43세	842	285	40세
635	353	46세	713	276	49세	766	683	43세	843	386	40세
641	864	43세	714	131	49세	771	374	43세	844	441	40세
642	265	43세	715	152	49세	772	575	43세	845	462	40세
643	366	43세	716	183	49세	773	876	43세	846	473	40세
644	421	43세	721	674	46세	774	731	43세	851	184	43세
645	482	43세	722	475	46세	775	752	43세	852	785	43세
646	453	43세	723	176	46세	776	783	43세	853	686	43세
651	164	46세	724	231	46세	781	474	40세	854	541	43세
652	765	46세	725	252	46세	782	675	40세	855	562	43세
653	666	46세	726	283	46세	783	776	40세	856	573	43세
654	521	46세	731	774	46세	784	831	40세	861	284	40세
655	582	46세	732	175	46세	785	852	40세	862	885	40세
656	553	46세	733	476	46세	786	883	40세	863	586	40세
661	264	43세	734	331	46세	811	584	46세	864	641	40세
662	865	43세	735	352	46세	812	385	46세	865	662	40세
663	566	43세	736	383	46세	813	286	46세	866	673	40세
664	621	43세	741	874	43세	814	141	46세	871	384	40세
665	682	43세	742	275	43세	815	162	46세	872	585	40세
666	653	43세	743	376	43세	816	173	46세	873	886	40세
671	364	43세	744	431	43세	821	684	43세	874	741	40세
672	565	43세	745	452	43세	822	485	43세	875	762	40세
673	966	43세	746	483	43세	823	186	43세	876	773	40세
674	721	43세	751	174	46세	824	241	43세	881	484	37세
675	782	43세	752	775	46세	825	262	43세	882	685	37세
676	753	43세	753	676	46세	826	273	43세	883	786	37세
681	464	40세	754	531	46세	831	784	43세	884	841	37세
682	665	40세	755	552	46세	832	185	43세	885	862	37세
683	766	40세	756	583	46세	833	486	43세	886	873	37세

선후천 역상법의 六爻檢證(육효검증)

　이상 선후천 역상법에 의하여 성명자를 작괘하고 활용하는 방안 등을 나름대로 설명하였으나, 무엇보다도 이러한 작괘방법이 잘 맞는지 즉 적중률이 높은지 검증수단을 두고 있어야 합당한 작명방법으로 인정받을 것이다.

<例>　乾命　　朴　正　熙

時	日	月	年	四		上卦	선천수 24÷8=8坤地
戊	庚	申	丁	柱		下卦	후천수 30÷8=6坎水
寅	申	亥	巳			動爻	18÷6=6효동

선천수			후천수				
(正劃)			(曲劃)				
土	6	**朴**	6	水		本卦	地水師卦(지수사괘)
木	5	**正**	5	金		之卦	山水蒙卦(산수몽괘)
金	13	**熙**	19	土		互卦	地雷復卦(지뢰복괘)
	24		30				

선천(地水師　上爻動) 866　　　　　　　　　후천(水山蹇　3爻動)　673

寅孫	癸酉父	--	應	蛇		--	命(64~69세)
	癸亥兄	--		句		―	(55~63세)
	癸丑官	--	命	朱		--	世(49~54세)
	戊午財	●--	世	靑		― ●	身(40~48세)
	戊辰官	―		玄		--	
	戊寅孫	--	身	白		--	應

먼저 평생괘인 地水師卦는 군통솔, 장수의 뜻이 있으니 故 박정희 전대통령은 大將까지 지낸, 군인이며 통솔자(지도자)였음을 보아 전적으로 부합됨을 알 수 있다.

그리고 지수사괘 上爻에 대한 爻辭를 보면,

"上六은 大君이 有名이니 開國承家에 小人勿用이니라."

"상육효는 대군이 命令을 둠이니 나라를 열고 집을 이으매 소인은 쓰지 말지니라."

여기에서 大君有名은 크게 임금의 명령으로 六五 君主의 명령이라는 뜻이며, 승전 후에 論功行賞(논공행상)을 하는데란 뜻이다.

開國承家에 小人勿用은 개국공신은 諸侯(제후)를 封하고, 卿大夫(경대부)는 승가도 하되 소인은 정치에는 무능하니 쓰지 말라함이다.

그리고 "象曰 大君有名은 以正 功也ㅣ요, 小人勿用은 必亂邦也ㄹ세라." 이는 공자가 다시 형상적으로 말씀하시기를 "구오 대군의 명령이 있다는 것은 공을 바르게 함이오, 小人을 정치에 등용 말라는 것은 반드시 나라를 어지럽힐세라."

이와 같이 주역에서 이미 적나라하게 명시하였으니 재론이 필요없을 정도이다. 한마디로 군사 쿠데타로 나라를 세우고 혁명에 공로가 큰 측근(小人)들을 정치적인 무능력에도 불구하고 중용하였다가, 나라가 거덜 나고 배신까지 당하였으니 모든 것이 불을 보듯 확실히 드러난 문장으로 이보다 더 正確(정확), 適中(적중)할 수는 없다고 본다.

성명을 선후천역상법으로 撰名하는 것은 작괘하여 本卦는 물론 之卦와 互卦 등으로 괘상·의를 보고 動爻에 따른 효사를 보아 판단하는 것임을 이미 설명하였으나, 이를 검증하는 수단으로 六爻를 활용하는 것이 특색이라 할 수 있다.

위 박정희의 평생괘인 地水師卦의 六爻내용을 보자.

世應은 나와 妻로 보는데 년일에 桃花(도화, 巳年午, 申日酉─선천명 개론참조)가 중중하니 好色가거나 부부운이 복잡할 것은 사실이며, 辰에 辰酉원진이며 金木이 상극에다 父母에 해당하니 부모와 자손에게 덕이 없음은 물론이며, 특히 부하들도 자손에 속한다 할 수 있으므로 手下의 배신은 필연이었다.

더욱이 羊刃(日干庚─酉)까지 띠었으니 강폭한 사건이 벌어질 것은 可知일 것이다.

이렇게 육효로 그 사람의 일생과 가정사까지 훤히 알 수 있다면, 적중되지 않기도 하는 수리보다 적극 사용해야 할 것이며, 연구의 여지 또한 큰 분야라고 생각한다.

물론 六爻는 원래 주역으로 판단하고 한나라 京房氏(경방씨) 이후로 納甲(납갑)육친과 길흉 신살을 첨가하였고, 하락이수에서는 元氣化工(원기화공), 정대반대체, 절후괘 외에도 상하괘, 互卦로 각각 판단하여 왔는데 이를 배합하여 성명에도 활용하는 새로운 방안이 된 것이다.

　　그리고 후천괘 水山蹇은 40세부터 시작되는데 40~48세까지의 大象은 丁巳生의 원기화공인 兌(巽)에 상반되는 반원기 半化工인 艮이 되므로 좋은 운은 못 되고,

　　49~54세까지의 大象은 蹇卦4효에 들어 274(澤山咸─560쪽, 하락이수 유년괘효변화도 참조, 이하 같다.)로 상괘 兌와 호괘 巽이 원기와 부합되니 일생일대의 호운에 든 셈이고, 55~63까지의 대상에는 5효로 옮겨 875(地山謙)로 上吉 卦爻(상길괘효)이나 반원기인 艮이 본괘에 들어있어 결코 吉運이라 보기 어렵고, 무엇보다도 63세에 이르는 이 大象(대상)에서 죽음을 맞았으니 그 연령별 연도별 卦爻(괘효)변화도를 보며 생각해볼만한 일이다.

歲	55세	56세	57세	58세	59세	60세	61세	62세
年	1971	1972	1973	1974	1975	1976	1977	1978
卦爻	875	852	655	556	511	532	543	144
卦	地山謙	地風升	水風井	重風巽	風天小畜	風火家人	風雷益	天雷无妄
卦象	䷎ 上艮下坤	䷭ 上坤下巽	䷯ 上坎下巽	䷸ 上巽下巽	䷈ 上巽下乾	䷤ 上巽下離	䷩ 上巽下震	䷘ 上乾下震
本卦元氣	×	巽	巽	巽巽	巽	巽	巽	×
互卦元氣	×	×兌	兌	兌	兌	×	×	巽
年表	7대 대통령 당선	유신체제 8대 대통령 당선	김대중 납치	긴급조치 육영수 서거	유신체제 국민투표 최규하 내각	판문점 도끼사건	1억불 수출달성	남침땅굴 3호발견 9대대통령 취임

　　그 분이 63세 때 서기1979년 10월 29일 殉國(순국)하였는데 그 날이 丙寅日이다. 그 해 기미년은 345로 火雷噬嗑(화뢰서합) 5효동에 해당하는데,

　　이를 육효와 육친을 넣어 作卦하면,

<火雷噬嗑 5爻動>

```
        己巳 孫  ―
  申官 己未 財 ● --  世 命   離      上卦는 後天卦 水山蹇에서 坎이
        己酉 官  ―                었는데 여기에서는 離로 반대가
                                  되었다.
        庚辰 財  --                그리고 下卦 震이나 互卦 坎, 艮
        庚寅 兄  --  應 身   震     에서도 兌, 巽의 원기화공은 없
        庚子 父  ―                다. 거기에 震은 巽의 反원기 화
                                  공이 되었으니 어찌 하겠는가!
```

게다가 화뢰서합괘이니 火는 불(離)이요, 雷는 벼락(震)이니 이것이 총살이 아닌가 여겨진다.

결과적으로 성명판단에 대한 결론을 도출해낸다면, 하락이수에 의한 卦·爻辭를 보는 것은 물론 괘가 변하는 과정과 사주와의 조화를 六爻의 방법을 동원하여 종합적이고 총괄적으로 판단해야 한다는 것이다.

※ 앞서 운별작괘법과 유년괘변법에서 언급한 流年卦變化圖(유년괘변화도)를 다음에 수록하니 참고바랍니다.

流年卦 變化圖(유년괘 변화도)

괘	1세/31	2/32	3/33	4/34	5/35	6/36	7/37	8/38	9/39	10/40	11/41	12/42	13/43	14/44	15/45	16/46	17/47	18/48	19/49	20/50	21/51	22/52	23/53	24/54	25/55	26/56	27/57	28/58	29/59	30/60
11	15/16	13/14	12/11	51/52	31/32	21/22	51/62	31/42	21/12	15/51	11/55	17/53	16/52	55/11	35/71	25/61	12/56	72/36	62/26	13/31	17/35	11/33	14/32	53/71	33/11	23/41	72/54	12/34	42/24	12/21
12	16/15	14/13	11/12	52/51	32/31	22/21	61/52	41/32	11/22	16/52	12/56	18/54	15/51	56/12	36/72	26/62	22/66	82/46	52/16	14/32	18/36	12/34	13/31	54/72	34/12	24/42	82/64	22/44	32/14	11/22
13	17/18	11/12	14/13	53/54	33/34	23/24	71/82	11/22	41/32	17/53	13/57	15/51	18/54	57/13	37/73	27/63	32/76	52/16	82/46	11/33	15/37	13/31	12/34	51/73	31/13	21/43	52/74	32/14	22/44	14/23
14	18/17	12/11	13/14	54/53	34/33	24/23	81/72	11/12	31/42	18/54	14/58	16/52	17/53	58/14	38/74	28/64	42/86	62/26	72/36	12/34	16/38	14/32	11/33	52/74	32/14	22/44	62/84	42/24	12/34	13/24
15	11/12	17/18	16/15	55/56	35/36	25/26	11/22	71/82	61/52	11/55	15/51	13/57	12/56	51/15	31/75	21/65	52/16	32/76	22/66	17/35	13/31	15/37	18/36	57/75	37/15	27/45	32/14	52/74	82/64	16/25
16	12/1	18/17	15/16	56/55	36/35	26/25	21/12	81/72	51/62	12/56	16/52	14/58	11/55	52/16	32/76	22/66	62/26	42/86	12/56	18/36	14/32	16/38	17/35	58/76	38/16	28/46	42/24	62/84	72/54	15/26
17	13/14	15/16	18/17	57/58	37/38	27/28	31/42	51/62	81/72	13/57	11/53	14/55	53/58	33/17	23/77	72/67	12/36	15/56	11/86	17/37	16/33	55/35	35/38	25/77	12/17	72/47	62/34	18/54	62/84	18/27
18	14/13	16/15	17/18	58/57	38/37	28/27	41/32	61/52	71/82	14/58	18/54	12/56	13/57	54/18	34/78	24/68	82/46	22/66	32/76	16/38	12/34	18/36	15/37	56/78	36/18	26/48	22/44	82/64	52/74	17/28
21	25/26	23/24	22/21	61/62	41/42	11/12	52/61	32/41	22/11	25/61	21/65	27/63	26/62	65/21	45/81	15/51	11/55	71/35	61/25	23/41	27/45	21/43	24/42	63/81	43/21	13/31	71/53	11/33	41/23	22/11
22	26/25	24/23	21/22	62/61	42/41	12/11	62/51	42/31	12/21	26/62	22/66	28/64	25/61	66/22	46/82	16/52	21/65	81/45	51/15	24/42	28/46	22/44	23/41	64/82	44/22	14/32	81/63	21/43	31/13	21/12
23	27/28	21/22	24/23	63/64	43/44	13/14	72/81	12/21	42/31	27/63	23/67	25/61	27/64	67/23	47/83	17/53	31/75	51/15	81/45	21/41	25/44	23/83	22/23	61/73	41/13	11/33	51/73	31/13	21/43	24/13
24	28/27	22/21	23/24	64/63	44/43	14/13	82/71	22/11	32/41	24/64	26/68	26/62	26/63	68/24	48/84	18/54	41/85	61/25	71/35	22/44	26/48	24/42	21/43	62/84	42/24	12/34	61/83	41/23	11/33	23/14
25	21/22	27/28	26/25	65/66	45/46	15/16	12/21	72/81	62/51	21/65	25/61	23/67	22/66	61/25	41/85	11/55	51/15	31/75	21/65	27/45	23/41	25/47	28/46	67/85	47/25	17/35	31/13	51/73	81/63	26/15
26	22/21	28/27	25/26	66/65	46/45	16/15	22/11	82/71	52/61	22/66	26/62	24/68	21/65	62/26	42/86	12/56	61/25	41/85	11/55	28/46	24/42	26/48	27/45	68/86	48/26	18/36	41/23	61/83	71/53	25/16
27	23/24	25/26	28/27	67/68	47/48	17/18	32/41	52/61	82/71	23/67	27/63	21/65	24/68	63/27	43/87	13/57	71/35	11/65	41/85	25/47	21/43	27/45	26/48	65/87	45/27	15/37	11/33	71/53	61/83	28/17
28	24/23	26/25	27/28	68/67	48/47	18/17	42/31	62/51	72/81	24/68	28/64	22/66	23/67	64/28	44/88	14/58	81/45	21/55	31/75	26/47	22/44	28/46	25/47	66/88	46/28	16/38	21/43	81/63	51/73	27/18
31	35/36	33/34	32/31	71/72	11/12	41/42	53/64	33/44	23/14	35/71	31/75	37/73	36/72	75/31	15/51	45/81	14/58	74/38	64/28	33/11	37/15	31/13	34/12	73/51	13/31	43/21	74/52	14/32	44/22	32/41
32	36/35	34/33	31/32	72/71	12/11	42/41	63/54	43/34	13/24	36/72	32/76	38/74	35/71	76/32	16/52	46/82	24/68	84/48	54/18	34/12	38/16	32/14	33/11	74/52	14/32	44/22	84/62	24/42	34/12	31/42
33	37/38	31/32	34/33	73/74	13/14	43/44	73/84	13/24	43/34	37/73	33/77	35/71	38/74	77/33	17/53	47/83	34/78	54/18	84/48	31/13	35/17	33/11	32/14	71/53	11/33	41/23	54/72	34/12	24/42	34/43
34	38/37	32/31	33/34	74/73	14/13	44/43	83/74	23/14	33/44	38/74	34/78	36/72	37/73	78/34	18/54	48/84	44/88	64/28	74/38	32/14	36/18	34/14	31/12	72/54	12/34	42/24	64/82	44/22	14/32	33/44
35	31/32	37/38	36/35	75/76	15/16	45/46	13/24	73/84	63/54	31/75	35/71	33/77	32/76	71/35	11/55	41/85	54/18	34/78	24/68	37/15	33/11	35/17	38/16	77/55	17/35	47/25	34/12	54/72	84/62	36/45
36	32/31	38/37	35/36	76/75	16/15	46/45	23/14	83/74	53/64	32/76	36/72	34/78	31/75	72/36	12/56	42/86	64/28	44/88	14/58	38/16	34/12	36/18	37/15	78/56	18/36	48/26	44/22	64/82	74/52	35/46
37	33/34	35/36	38/37	77/78	17/18	47/48	33/44	53/64	83/74	33/77	37/73	31/75	34/78	73/37	13/57	43/87	74/38	14/58	44/88	35/17	31/13	37/15	36/18	75/57	15/37	45/27	14/32	74/52	64/82	38/47
38	34/33	36/35	37/38	78/77	18/17	48/47	43/34	63/54	73/84	34/78	38/74	32/76	33/77	74/38	14/58	44/88	84/48	24/68	34/78	36/18	32/14	38/16	35/17	76/58	16/38	46/28	24/42	84/62	54/72	37/48

괘	1세 31	2 32	3 33	4 34	5 35	6 36	7 37	8 38	9 39	10 40	11 41	12 42	13 43	14 44	15 45	16 46	17 47	18 48	19 49	20 50	21 51	22 52	23 53	24 54	25 55	26 56	27 57	28 58	29 59	30 60
41	45	43	42	81	21	31	54	34	24	45	41	47	46	85	25	35	13	73	63	43	47	41	44	83	23	33	73	13	43	42
	46	44	41	82	22	32	63	43	13	81	85	83	82	41	61	71	57	37	27	21	25	23	22	61	41	11	51	31	21	31
42	46	44	41	82	22	32	64	44	14	46	42	48	45	86	26	36	23	83	53	44	48	42	43	84	24	34	83	13	33	41
	15	43	42	81	21	31	53	33	23	82	86	84	81	42	62	72	67	47	17	22	26	24	21	62	42	12	61	41	11	32
43	47	41	44	83	23	33	74	14	44	47	43	45	48	87	27	37	33	53	83	41	45	43	42	81	21	31	53	33	23	44
	18	42	43	84	24	34	83	23	33	83	87	81	84	43	63	73	77	17	47	23	27	21	24	63	43	13	71	11	41	33
44	48	42	43	84	24	34	84	24	34	48	44	46	47	88	28	38	43	63	73	42	46	44	41	82	22	32	63	43	13	43
	17	41	44	83	23	33	73	13	43	84	88	82	83	44	64	74	87	27	37	24	28	22	23	64	44	14	81	21	31	34
45	41	47	46	85	25	35	14	74	64	41	45	43	42	81	21	31	53	33	23	47	43	45	48	87	27	37	33	53	83	46
	12	48	45	86	26	36	23	83	53	85	81	87	86	45	65	75	17	77	67	25	21	27	26	65	45	15	11	71	61	35
46	42	48	45	86	26	36	24	84	54	42	46	44	41	82	22	32	63	43	67	48	44	46	47	88	28	38	43	63	73	45
	11	47	46	85	25	35	13	73	63	86	82	88	85	46	66	76	27	87	57	26	22	28	25	66	46	16	21	81	51	36
47	43	45	48	87	27	37	34	54	84	43	47	41	44	83	23	33	73	23	57	45	41	47	46	85	25	35	13	73	63	48
	14	46	47	88	28	38	43	63	73	87	83	85	88	47	67	77	37	57	87	27	23	25	28	67	47	17	31	51	81	37
48	44	46	47	88	28	38	44	64	74	44	48	42	43	84	24	34	83	13	87	46	42	48	45	86	26	36	23	83	53	47
	13	45	48	87	27	37	33	53	83	88	84	86	87	48	68	78	47	67	77	28	24	26	27	68	48	18	41	61	71	38
51	55	53	52	11	71	61	55	35	25	55	51	57	56	15	75	65	16	76	66	53	57	51	54	13	73	63	76	16	46	52
	56	54	51	12	72	62	66	46	16	11	15	13	12	51	31	21	52	32	22	71	75	73	72	31	51	81	58	38	28	61
52	56	54	51	12	72	62	65	45	15	56	52	58	55	16	76	66	26	86	56	54	58	52	53	14	74	64	86	26	36	51
	55	53	52	11	71	61	65	36	26	12	16	14	11	52	32	22	62	42	12	72	76	74	71	32	52	82	68	48	18	62
53	57	51	54	13	73	63	75	15	45	57	53	55	58	17	77	67	36	56	86	51	55	53	52	11	71	61	56	36	26	54
	58	52	53	14	74	64	86	26	36	13	17	11	14	53	33	23	72	12	42	73	77	71	74	33	53	83	78	18	48	63
54	58	52	53	14	74	64	85	25	35	58	54	56	57	18	78	68	46	66	76	52	56	54	51	12	72	62	66	46	16	53
	57	51	54	43	73	63	76	16	46	14	18	12	13	54	34	24	82	22	32	74	78	72	73	34	54	84	88	28	38	64
55	51	57	56	15	75	65	15	75	65	51	55	53	52	11	71	61	56	36	26	57	53	55	58	17	77	67	36	56	86	56
	52	58	55	16	76	66	26	86	56	15	11	17	16	55	35	25	12	72	62	75	71	77	76	35	55	85	18	78	68	65
56	52	58	55	16	76	66	25	85	55	52	56	54	51	12	72	62	66	46	16	58	54	56	57	18	78	68	46	66	76	55
	51	57	56	15	75	65	13	76	66	16	12	18	15	56	36	26	22	82	52	76	72	78	75	36	56	86	28	88	58	66
57	53	55	57	17	77	67	35	55	85	53	57	51	54	13	73	63	76	16	46	55	51	57	56	15	75	65	16	76	66	58
	54	56	57	18	78	68	46	66	76	17	13	15	18	57	37	27	32	52	82	77	73	75	78	37	57	87	38	58	88	67
58	54	56	57	18	78	68	45	65	75	54	58	52	53	14	74	64	86	26	36	56	52	58	55	16	76	66	26	86	56	57
	53	55	58	17	77	67	36	56	86	18	14	16	17	58	38	28	42	62	72	78	74	76	77	38	58	88	48	68	78	68
61	65	63	62	21	81	51	56	36	26	65	61	67	66	25	85	55	15	75	65	63	67	61	64	23	83	53	75	15	45	62
	66	64	61	22	82	52	65	45	15	21	25	23	22	61	41	11	51	31	21	81	85	83	82	41	61	71	57	37	27	51
62	66	64	61	22	82	52	66	46	16	66	62	68	65	26	86	56	25	85	55	64	68	62	63	24	84	54	85	25	35	61
	65	63	62	21	81	51	55	35	25	22	26	24	21	62	42	12	61	42	11	82	86	84	81	42	62	72	67	47	17	52
63	67	61	64	23	83	53	76	16	46	67	63	65	68	27	87	57	35	55	85	61	65	63	62	21	81	51	55	35	25	64
	68	62	63	24	84	54	85	25	35	23	27	21	24	63	43	13	71	11	41	83	87	81	84	43	63	73	77	17	47	53
64	68	62	63	24	84	54	86	26	36	68	64	66	67	28	88	58	45	65	75	62	66	64	61	22	82	53	65	45	15	63
	67	61	64	43	83	53	75	15	45	24	28	22	23	64	44	14	81	21	31	84	88	82	84	44	64	74	87	27	37	54
65	61	67	66	25	85	55	16	76	66	61	65	63	62	21	81	51	55	35	25	67	63	65	68	27	87	57	35	55	85	66
	62	68	65	26	86	56	25	85	55	25	21	27	26	65	45	15	11	71	61	85	81	87	86	45	65	75	17	77	67	55
66	62	68	65	26	86	56	26	86	56	62	66	64	61	22	82	52	65	45	15	68	64	66	67	28	88	58	45	65	75	65
	61	67	66	25	85	55	15	75	65	26	22	28	25	66	46	16	21	81	51	86	82	88	85	46	66	76	27	87	57	66
67	63	65	68	27	87	57	36	56	86	63	67	61	64	23	83	53	75	15	45	65	61	67	66	25	85	55	15	75	65	68
	64	66	67	28	88	58	45	65	75	27	23	25	28	67	47	17	31	51	81	87	83	85	88	47	67	77	37	57	87	67
68	64	66	67	28	88	58	46	66	76	64	68	62	63	24	84	54	85	25	35	66	62	68	65	26	86	56	25	85	55	67
	63	65	68	27	87	57	35	55	85	28	24	26	27	68	48	18	41	61	71	88	84	86	87	48	68	78	47	67	77	58

괘	1세31	2 32	3 33	4 34	5 35	6 36	7 37	8 38	9 39	10 40	11 41	12 42	13 43	14 44	15 45	16 46	17 47	18 48	19 49	20 50	21 51	22 52	23 53	24 33	25 55	26 56	27 57	28 58	29 59	30 60
71	75 76	73 74	72 71	31 32	51 52	81 82	57 68	37 48	27 18	75 31	71 35	77 33	76 32	35 71	55 11	85 41	18 54	78 34	68 24	73 51	77 55	71 53	74 52	33 11	53 71	83 61	78 56	18 36	48 26	72 81
72	76 75	74 73	71 72	32 31	52 51	82 81	67 58	47 38	18 28	76 32	72 36	78 34	75 31	36 72	56 12	86 42	28 64	88 44	58 14	74 52	78 56	72 54	73 51	34 12	54 72	84 62	88 66	28 46	38 16	71 82
73	77 78	71 72	74 73	33 34	53 54	83 84	77 88	17 28	47 38	77 33	73 37	75 31	78 34	37 73	57 13	87 43	38 74	58 14	88 44	71 53	75 57	73 51	72 54	31 13	51 73	81 63	58 76	38 16	28 46	74 83
74	78 77	72 71	73 74	34 33	54 53	87 83	87 78	27 18	37 48	78 34	74 38	76 32	77 33	38 74	58 14	88 44	48 84	68 24	78 34	72 54	76 58	74 52	71 53	32 14	52 74	82 64	68 86	48 26	18 36	73 84
75	71 72	77 78	76 75	35 36	55 56	85 86	17 28	77 88	67 58	71 35	75 31	73 37	72 36	31 75	51 15	81 45	58 14	38 74	28 64	77 55	73 51	75 57	78 56	37 15	57 75	87 65	38 16	58 76	88 66	76 85
76	72 71	78 77	75 76	36 35	56 55	86 85	27 18	87 78	57 68	72 36	76 32	74 38	71 35	32 76	52 16	82 46	68 24	48 84	18 54	78 56	74 52	76 58	77 55	38 16	58 76	88 66	48 26	68 86	78 56	75 86
77	73 74	75 76	78 77	37 38	57 58	87 88	37 48	57 68	87 78	73 37	77 33	71 35	74 38	33 77	53 17	83 47	78 34	18 54	48 84	75 57	71 53	77 55	76 58	35 17	55 77	85 67	18 36	78 56	68 86	78 87
78	74 73	76 75	77 78	38 37	58 57	88 87	47 38	67 58	77 88	74 38	78 34	72 36	73 37	34 78	54 28	84 48	88 44	28 64	38 74	76 58	72 54	78 56	75 57	36 18	56 78	86 68	28 46	88 66	58 76	77 88
81	85 86	83 84	82 81	41 42	61 62	71 72	58 67	38 47	28 17	85 41	81 45	87 43	86 42	45 81	65 21	75 31	17 53	77 33	67 23	83 61	87 65	81 63	84 62	43 21	53 81	73 51	77 55	17 35	47 25	82 71
82	86 85	84 83	81 82	42 41	62 61	72 71	68 57	48 37	18 27	86 42	82 46	88 44	85 41	46 82	66 22	76 32	27 63	87 43	57 13	84 62	88 66	82 64	83 61	44 22	64 82	84 52	87 65	27 45	37 15	81 72
83	87 88	81 82	84 83	43 44	63 64	73 74	78 87	18 27	48 37	87 43	83 47	85 41	88 44	47 83	67 23	77 33	37 73	57 13	87 43	81 63	85 67	83 61	82 64	41 23	61 83	81 53	57 75	37 15	27 45	84 73
84	88 87	82 81	83 84	44 43	64 63	74 73	88 77	28 17	38 47	88 44	84 48	86 42	87 43	48 84	68 24	78 34	47 83	67 23	77 33	82 64	86 68	84 62	81 63	42 24	62 84	72 54	67 85	47 25	17 35	83 74
85	81 82	87 88	86 85	45 46	65 66	75 76	18 27	78 87	68 57	81 45	85 41	83 47	82 46	41 85	61 25	71 35	57 13	37 73	27 63	87 65	83 61	85 67	88 66	47 25	67 85	77 55	37 15	57 75	87 65	86 75
86	82 81	88 87	85 86	46 45	66 65	76 75	28 17	88 77	58 67	82 46	86 42	84 48	81 45	42 86	62 26	72 36	67 23	47 83	17 53	88 66	84 62	86 68	87 65	48 26	68 86	78 56	47 25	67 85	77 55	85 76
87	83 84	85 86	88 87	47 48	67 68	77 78	38 47	58 67	88 77	83 47	87 43	81 45	84 48	43 87	63 27	73 37	77 33	17 53	47 83	85 67	81 63	87 65	86 68	45 27	65 87	75 57	17 35	77 55	67 85	88 77
88	84 83	86 85	87 88	48 47	68 67	78 77	48 37	68 57	78 87	84 48	88 44	82 46	83 47	44 88	64 28	74 38	87 43	27 63	37 73	86 68	82 64	88 66	85 67	46 28	66 88	76 58	27 45	87 65	57 75	87 78

作名方法 17 ┃ 流年 卦變法(유년괘변법)

작괘는 여타와 같은바, **秋9　松8　鶴21**의 경우, 上卦6(坎水감수) 下卦5(巽風손풍)으로 해당 65卦(水風井)를 보아 운기(平生運)를 보고, 매년운을 보면 된다(단 60세 이상은 나이에서 60을 차감하여 보는데 61세는 1세를 본다)

60세의 운을 보니 55卦(重風巽중풍손)인데 이를 보면 태평세월에 만민이 풍년을 만난 격이라……

또 每月運(신수)은 春節(춘절)은 원행하라 로중에서 귀인을 만난다……
그리고 맨밑에 高官(고관)이라고 쓰여 있는데 이는 이름에 대한 직업으로 보면 된다.

1, 2 天澤履(천택리)

如履虎尾 安中防自 治産更期 首成家殘
琴瑟如何 花更晚發 寶樹春光 晚林結實
(官祿運)

운기 일을 진행함에 자기 역량 이상의 노력이 아니면 당장에 좌절된다. 인내하여야 통달될 수 있으며 상대자를 똑똑히 알고 상대하여야 되며, 자기 자신만 믿고서 앞으로만 생각하고 나아가게 되면 좌절될 것이다. 평생을 침착하게 처세할 것을 명심하라.

신수 春三月은 이사수 있고 여름 삼개월은 병살이 오면 수명에 위태하며, 秋三月은 평탄한 편이며 冬三개월은 원행하면 모든 악운이 소멸되리라.

每年運(매년운)

62卦	46歲	15卦	31歲	26卦	16歲	16卦	1歲
58	47	13	32	51	17	14	2
52	48	12	33	31	18	11	3
53	48	51	34	21	19	52	4
32	50	31	35	14	20	32	5
36	51	21	36	18	21	22	6
34	52	71	37	12	22	61	7
31	53	11	38	13	23	41	8
72	54	41	39	54	24	11	9
12	55	52	40	34	25	16	10
42	56	56	41	24	26	12	11
31	57	54	42	61	27	18	12
37	58	51	43	41	28	15	13
36	59	12	44	11	29	56	14
22	60	72	45	11	30	36	15

▶ 卦變圖(괘변도)

☰	☰	☰	☴	☴	☱	☱	☵	☳	☰	☰
☱	☵	☳	☰	☱	☴	☱	☰	☰	☰	☵
12	16	14	11	52	32	22	61	41	11	6
履	訟	无妄	乾	中孚	睽	兌	需	大壯	乾	訟
(本卦)	1세	2세	3세	4세	5세	6세	7세	8세	9세	10세

※ 이렇게 오래 전에도 유년(行運)에 따른 성명의 길흉을 알아내려고 하였음을 알 수 있다.(鄭濬氏와 同一하다)

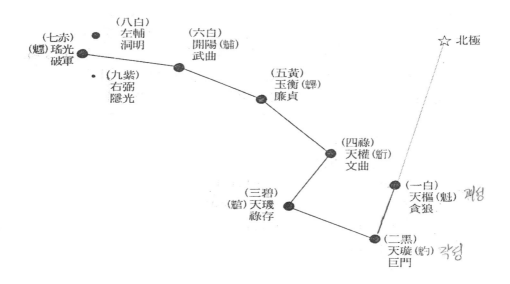

▌姓氏別 八卦吉凶表(성씨별 팔괘길흉표, 재분류)

八卦吉凶 姓(劃數)	八卦					
	大吉	中吉	平吉	半吉	小吉	不吉
①乙⑨柳姜南宣洪兪禹咸秋段柴 ⑰韓鞠薛	風雷益	雷火豊 地山謙 水風井	澤天夬		火澤睽 山水蒙	天地否
②丁卜⑩徐高孫晋曹殷馬桂浪秦	澤地萃 火天大有		風火家人	地水師 水雷屯	山風蠱 雷澤歸妹	天山遯
③千⑪張崔許陳梁康郭魚陸扈 ⑲羅邊 南宮	地風升	火地晋	雷天大壯 澤山咸 水火既濟	山雷頤 風澤中孚	天水訟	
④尹元文太王卜方孔公毛正夫 ⑫黃會彭閔都琴⑳嚴蘇 鮮于	地雷復	雷地豫	山火賁	風天小畜 水澤節	天風姤 火山旅	澤水困
⑤白玉玄田申史召日片皮 ⑬愼楊睦廉董		火水未濟 風地觀 山澤損	天雷无妄 澤風大過 水天需	雷山小過	地火明夷	
⑥朴安全伍吉池朱牟印⑭趙裵 ㉒權	天火同人 火風鼎 雷水解 山天大畜	地澤臨 風山漸 水地比	澤雷隨			
⑦李宋吳成車呂沈卒廷杜 ⑮魯鄭劉蔣蔡墨彈潘慶	地天泰	雷風恒	火雷噬嗑 澤火革	天澤履	風水渙	山地剝 水山蹇
⑧金林卓表孟承河昔具奇明周芮 奉⑯盧錦錢韶 皇甫	重地坤 重澤兌	重天乾 重風巽	重山艮	重雷震	重火離	重水坎
合　計	12	14	13	9	10	6

※ 이상의 길흉분류는 역경의 괘·효사와 제주장을 종합하였으나, 사안에 따라 다소 달라
질 수 있으므로 당초 절대적인 것이 아님은 주지의 사실이다.(大吉~半吉49卦)

\<例\> 地天泰卦(지천태괘)

陽爻의 1爻는 36策　　　36×3=108

陰爻의 1爻는 24策　　　24×3=72 ⎱ 180

錯綜數(착종수)

乾 216	履 204	同人 204	无妄 190	姤 204	訟 192	遯 192	否 180
夬 204	兌 192	革 192	隨 180	大過 192	困 180	咸 180	革 168
大有 204	睽 192	離 192	噬嗑 180	鼎 192	未濟 180	旅 180	晉 168
大壯 192	歸妹 180	豐 180	震 168	恒 180	解 168	小過 168	豫 156
小畜 204	中孚 192	家人 192	益 180	巽 180	渙 180	漸 180	觀 168
需 192	節 180	旣濟 180	屯 168	井 180	坎 168	蹇 168	比 156
大畜 192	損 180	賁 180	頤 168	蠱 180	蒙 168	艮 168	剝 156
泰 180	臨 168	明夷 168	復 156	升 168	師 156	謙 156	坤 144

▶ **作卦(작괘)**

姓字+名上字 合數 88除之 上卦　　姓名字 合數 88除之 下卦

姓名字 合數 66除之 動爻

17
÷
8
─────
1
下卦

$\left(\begin{array}{l} 金\ ^{8} \\ 化\ ^{6} \end{array} \right.$　14÷8=6(坎水) 上卦

　　　　　　　本卦 水天需卦(수천수괘)

$\left(又\ ^{3} \right.$　17÷6=5爻動　之卦 地天泰卦(지천태괘)

※ 字劃은 필히 曲劃에 의한다.

▶ **皇極策數(황극책수)**

착종수 － 原數(被乘數)

內卦動時　　卦數 10位　動爻數單　　　　上卦數＋下卦數＋爻數＝□□□□

外卦動時　　爻數 10位　卦數單　　　　　　　　　　　　元會運世

※ 5位數時　基位 減(萬단위 제외)

例) 地天泰　3爻動인 경우라면

泰卦 착종수 180 3爻動－ 內卦動　天卦 10位 爻數3＝13　180×13＝2340

2340＋180(錯綜數)＋8(上卦地)＋1(下卦天)＋3(動爻數)＝②⑤③② 황극책수

元會運世

例) 地天泰　5爻動인 경우라면

180×58(5爻動數 10位　地卦數 8)＝10440

10440＋180＋8＋1＋5(動爻數)＝10634 → 0634

空數(천단위 4개 숫자 중 0이 된 것)

元數(천단위) － 일생사가 頭緒(두서)를 失하며 가산이 敗壞하고

會數(백단위) － 형제가 분리하여 孤獨無依之象(고독무의지상)

運數(십단위) － 자신에 불길함이 多하고

世數(단단위) － 자손의 富가 有하는 象

※ 運은 自己, 世는 人이 되니 世가 運을 生하면 洩氣(설기)되고

世가 運을 剋하면 평길하고 비화가 되도 평길하다.

원회운세는 성명자 길흉풀이(四言節句) 외에도 만상의 변화 있음.

▶ **元會運世表(원회운세표)**

重天乾(11)		天風姤(15)		天山遯(17)		天地比(18)		風地觀(58)	
111	2595	151	0615	171	3833	181	4770	581	3790
112	2812	152	0820	172	4026	182	4951	582	3959
113	3029	153	1025	173	4219	183	5132	583	4128
114	9078	154	8578	174	8076	184	7573	584	7745
115	1239	155	0619	175	9997	185	9374	585	9426
116	3400	156	2660	176	1918	186	1175	586	1107

火山旅(37)		山地剝(78)		火地晋(38)		火天大有(31)		重水坎(66)	
371	2972	781	2808	381	3788	311	2453	661	0429
372	3152	782	2965	382	3957	312	2658	662	0598
373	3333	783	3122	383	4128	313	2863	663	0767
374	7934	784	7507	384	7407	314	8984	664	7912
375	9735	785	9068	385	9088	315	1025	665	9593
376	1936	786	0629	386	0769	316	3066	666	1274

水澤節(62)		水雷屯(64)		水火旣濟(63)		澤火革(23)		雷火豊(43)	
621	3969	641	7067	631	5770	231	6150	431	5768
622	4150	642	7236	632	5951	232	6342	432	5949
623	4331	643	7405	633	6132	233	6536	433	6130
624	8472	644	7910	634	0273	234	8265	434	8111
625	0273	645	9591	635	0274	235	0186	435	9912
626	2074	646	1272	636	2075	236	2107	436	1723

地火明夷(83)		地水師(86)		重山艮(77)		山火賁(73)		山天大畜(71)	
831	5388	861	9687	771	2111	731	5771	711	2313
832	5557	862	9844	772	2280	732	5952	712	2506
833	5726	863	0001	773	2449	733	6133	713	2699
834	8247	864	7662	774	8082	734	8654	714	9228
835	9928	865	9223	775	9763	735	0455	715	1149
836	1609	866	0784	776	1444	736	2256	716	3070

山澤損(72)		火澤睽(32)		天澤履(12)		風澤中孚(52)		風山漸(57)	
721	3970	321	4230	121	4492	521	4232	571	2973
722	4151	322	4423	122	4697	522	4452	572	3154
723	4332	323	4616	123	4902	523	4618	573	3335
724	8653	324	8457	124	8575	524	8843	574	8296
725	0454	325	0378	125	0616	525	0764	575	0097
726	4255	326	2299	126	2657	526	2685	576	1898

重雷震(44)		雷地豫(48)		雷水解(46)		雷風恒(45)		地風升(85)	
441	7065	481	2805	461	0427	451	9370	851	8750
442	7234	482	2962	462	0596	452	9551	852	8919
443	7403	483	3119	463	0765	453	9732	853	9088
444	7572	484	7036	464	7574	454	8113	854	8249
445	9253	485	8597	465	9255	455	9914	855	9930
446	2934	486	0158	466	0936	456	1715	856	1611

水風井(65)		澤風大過(25)		澤雷隨(24)		重風巽(55)		風天小畜(51)	
651	9372	251	9992	241	1367	551	9995	511	2455
652	9553	252	0185	242	7548	552	0188	512	2662
653	9734	253	0378	243	9729	553	0431	513	2865
654	8475	254	8267	244	7750	554	8846	514	9534
655	0276	255	0188	245	9551	555	0767	515	1615
656	2077	256	2109	246	1352	556	2688	516	3656

風火家人(53)		風雷益(54)		天雷无妄(24)		火雷噬嗑(34)		山雷頤(74)	
531	6153	541	7570	241	8070	341	7568	741	7068
532	6346	542	7751	242	8178	342	7749	742	7237
533	6539	543	7932	243	8456	343	7930	743	7406
534	8844	544	8253	244	8073	344	7931	744	8079
535	0765	545	0094	245	9994	345	9731	745	9760
536	2686	546	1895	246	1982	346	1533	746	1441

山風蠱(75)		重火離(33)		火風鼎(35)		火水未濟(36)		山水蒙(76)	
751	9373	331	6343	351	9993	361	1170	761	0430
752	9554	332	6344	352	0186	362	1351	762	0599
753	9735	334	6537	353	0187	363	1532	763	0768
754	8656	335	8456	354	8463	364	7933	764	8081
755	0457	336	0379	355	0381	365	9734	765	9762
756	2258	337	2300	356	2302	366	1535	766	1443

風水渙(56)		天水訟(16)		天火同人(13)		重地坤(88)		地雷復(84)	
561	1172	161	1912	131	6533	881	1825	841	6565
562	1353	162	2105	132	6738	882	1970	842	7722
563	1534	163	2298	133	6943	883	2165	843	6879
564	8295	164	8075	134	8576	884	7126	844	7660
565	0096	165	9996	135	0617	885	8517	845	9653
566	1897	166	1917	136	2658	886	9958	846	0777

地澤臨(82)		地天泰(81)		雷天大壯(41)		澤天夬(21)		水天需(61)	
821	3707	811	2170	411	2309	211	2452	611	2312
822	3876	812	2351	412	2503	212	2657	612	2505
823	4045	813	2532	413	2696	213	2862	613	2698
824	8246	814	8833	414	8649	214	8779	614	9035
825	9927	815	0634	415	0570	215	0820	615	0956
826	1608	816	2435	416	2491	216	2861	616	2877

水地比(68)		重澤兌(22)		澤水困(26)		澤地萃(28)		澤山咸(27)	
681	2807	221	4229	261	1169	281	3787	271	2970
682	2964	222	4422	262	2350	282	3956	272	3151
683	3121	223	4615	263	1531	283	4125	273	3332
684	3750	224	8264	264	7752	284	7283	274	7753
685	8911	225	0185	265	9553	285	8919	275	9554
686	0472	226	2106	266	1354	286	0600	276	1355

水山蹇(67)		地山謙(87)		雷山小過(47)		雷澤歸妹(42)			
671	2110	871	1248	471	2108	421	3967		
672	2279	872	1405	472	2277	422	4148		
673	2448	873	1562	473	2446	423	4329		
674	7913	874	7663	474	7575	424	8110		
675	9594	875	9224	475	9256	425	9911		
676	1275	876	0785	476	0937	426	1712		

▶ 作卦法(작괘법)

<例> 乾命

(後)   (先)

12 曹 10   10÷8=2(上卦)

19 鳳 14   ) 2 5
) 21   21÷8=5(下卦)   澤風大過(택풍대과)

 8 佑 7

────────────

39   31

初年運(筆劃)名上字 鳳 14÷8=6 名下字 佑 7÷8=7 14+7=21÷6=3爻動
                                        ∴67(水山蹇수산건)의3
中年運(曲劃)名上字 鳳 19÷6=1 名下字 佑 8÷6=2 19+8=27÷6=3爻動
                                        ∴12(天澤履천택리)의3
末年運 姓名筆劃數 31÷8=7 姓名曲劃數 39÷6=3 31+39=70÷6=4爻動
                                        ∴73(山火賁산화비)의4

※ 내부팔괘에 의한 괘와 동효에 따른 백단위 숫자마다 사언절구와 그 풀이가 있으나
  생략한다.(부록의 "역괘구성과 길흉"을 참고할 수 있다.)

作名 方法 20 ┃名字吉凶自解法 (명자길흉자해법)

▶ 作卦法(작괘법)

<例> 乾命

김 **金** 8	上卦 성자 8÷8=8
동 **東** 8 ⎫ 15	下卦 명자합수 15÷8=7
수 **秀** 7 ⎭	

> 地山謙(지산겸)

☷☶ 地山謙 (8,7)의 풀이를 보면

1. 花木體栽無結實 看花食實是爲榮   화목체재무결실 간화식실시위영
   南路追隨多利得 恤貧求國亦溫情   남로추수다이득 휼빈구국역온정
2. 元來勤儉治家本 朝出耕田夜讀書   원래근검치가본 조출경전야독서
   大財應知天所賜 微塵能合泰山如   대재응지천소사 미진능합태산여

解曰(해왈)

　　이 괘는 땅과 서로 중첩한 격이나 원래 사람이 부지런하고 검박하여 수신제가하고 여인 교제하는 것이 출중하여 귀인을 만나 큰 재물을 손으로 희롱하고 가난한 친척과 벗을 많이 교제하여 도와주니 덕과 의리가 있겠도다.

※ 위와 같이 해당 64괘별로 7言節句와 그 풀이 그리고 解曰이라하여 종합적인 풀이가 있으나, 그 대강 즉 요지는 일반적인 卦풀이를 통한 성명의 길흉과 유사한 것으로 여겨진다. (괘별 해법은 생략한다.)

※ 金선생은 성명에 유의하여 다년간 傳心致志(전심치지)로 연구를 거듭한 후에 이학인 주역팔괘로써 작괘하여 성명의 길흉을 간단명료하게 해석하였음을 凌蔑(능멸)히 볼 수 없다고 강조하였다.

作名方法 21 ┃朱子式 解名法(주자식 해명법)

작괘법 – 姓氏를 제외한 이름 첫 자의 획수를 88除之하여 上卦, 이름 다음자를 같은 방법으로 下卦로 삼아 姓을 제외한 이름자만으로 작괘하여 괘별로 그 길흉을 四言節句로 간단히 풀이하였다.

一一	始見貧苦 終賴榮貴	一二	古木逢春 終見開花	一三	天顏好聲 英雄優遊
一四	木馬行時 終成財利	一五	身退九級 花落空房	一六	愁心不解 爭訟不利
一七	寂寞空山 逶迤 高臥	一八	愁見春夢 終無風景	二一	暗裏衣冠 身成名利
二二	碧玉琅杆 舟行江亭	二三	二十年光 有似飄風	二四	安身守義 名譽新風
二五	雎鳩獨鳴 日食五粥	二六	有救逢折 霜綠漸潤	二七	屑缺調談 左漏右蹇
二八	有君寵保 賞賜無雙	三一	日更月新 壽福綿綿	三二	木火無緣 血深如塵
三三	枝動不靜 勤身之務	三四	修行榮長 香蓮開新	三五	聰明文章 風雲有光
三六	十年臥病 終身不差	三七	二十光景 風雲豪蕩	三八	第一金榜 俊夫餘慶
四一	風雲新來 雪氣騰天	四二	糊口城門 低頭心事	四三	一振金聲 陰谷暖氣
四四	雍容自得 優遊度日	四五	有財無功 終得不亨	四六	長秩千人 仁聲自聞

四七	五鬼滿林 向人弔問	四八	才起超美 事事新新	五一	含脣切齒 千恨未伸
五二	太行大路 三月奄行	五三	琴瑟淸音 日家爭春	五四	家門千里 刑到更留
五五	不願事事 老物與興	五六	花落無實 狂風更放	五七	右脚已折 左目亦盲
五八	大盛千人 仁吉四海	六一	枯木逢春 千里有光	六二	薰風吹軒 子孫縉紳
六三	風生保位 巨川舟楫	六四	若非英雄 壽福不期	六五	身安保吉 風塵不侵
六六	重遭險波 魂魄驚散	六七	有魚無鱗 有財無功	六八	紫府背衣 皇恩自得
七一	老龍得雲 食前方丈	七二	老龍無聲 江邊垂淚	七三	靑鳥無春 華蓋無風
七四	柳衡一道 山月俳徊	七五	身得疾病 墻有寇賊	七六	射之眉間 賣少空房
七七	朝后折桂 零落飄風	七八	一入刑門 有何壽强福	八一	名高桂籍 紫府文章
八二	鳳雛麟閣 光被日月	八三	江上起樓 心適自安	八四	飄零東西 暮年得病

八五	才學一枝 道德文章	八六	初稼平地 山頭與齊	八七	立身揚名 文章變換	八八	淸香滿堂 帝傍揚名

※ 한자에 대한 상식인이라면 오히려 활용이 용이할 수 있다고 본다.
　또 보통 2字인 雅號(아호)의 풀이에도 활용할 수 있다.

諸法比較(제법비교)

<例> 金 泳 三 (乾命 戊辰生)

法\卦	11 一般易象	12 變卦易象	13 周易作名	14 正統易象	15 運別作卦	16 先後天易象
上卦	20 四	20 四	20 四	20 四	20 四	19 三
下卦	12 四	12 四	12 四	12 四	12 四	22 六
動爻		32 二		32 二	32 二	11 三
備考		384 分類	生日辰의 空亡 등	192 分類	初中末 運別	卦 爻 變化圖
卦	震	震－歸妹	震	震－歸妹	震－歸妹	未濟－鼎

法\卦	17 流年變卦	18 皇極策數	19 內部八卦	20 名字吉凶自解	21 朱子式解名	
上卦	20 四	19 三	20 四	8 八	9 一	
下卦	12 四	22 六	22 四	12 四	3 三	
動爻		22 四	42 六			
備考	流年 60세	元會運世 7933	初中年別運 四言節句	地雷復(84) 풀이	四言節句	
卦	震	未濟－蒙	震－噬嗑	復	同人	

그 外 일본사람 增田儒彦氏의 음양으로 작괘하는 법을 보면 보통 4字의 이름, 위에서부터 上爻, 5爻, 4爻로 上卦를 삼고 밑에서부터 初爻, 2爻, 3爻로 하괘로 삼아(互卦와 같은 방법) 활용하였다하며,

이를 우리나라의 3字 성명에도 응용하여 선천수의 음양으로 상괘를, 후천수 음양으로 하괘를 삼는 방법이 있으나 생소하여 생략한다.

그리고 B스님은 萬國易理學(만국역리학)이라 칭하며 한자의 경우 姓名字 劃을 음양으로 나눠 初中末年의 운세를 作卦하고 성명의 획수를 10단위까지 음양(＋－)을 부여, 平生 大成卦(평생 대성괘)를 만들기도 하였으나 연구에 비하여 公認(공인)받기 어려운 방법 같아 보였다.

또 子母를 획수(ㅁ4, ㅂ5, ㅍ7로 보는 경우도 있음)를 가지고 역시 총격을 상괘 지격을 하괘로 작괘하여 한자의 例와 같이 비교하며 쓰는데 이것도 原流(원류)가 아닌 것 같은 생각이 드는 것은 어쩔 수 없는 것 같다.

이상으로 주역의 역상을 통한 성명법을 열거하였지만 그 외의 방법들이 존재할지 모른다. 이런 역상에 의한 방법들은 더 학문적이고 실천적인 人文科學(인문과학)으로의 이행추세에 비추어 부단히 연구 발전하기를 바라는 마음이다.

다음
이름(名字) 두 글자를 선천수로 하여 원획(實劃을 착각한 것인지?)을, 후천수 곡획을 각각 앞의 주자식해명법과 같이 작괘하고 풀이도 한 바 있다.
그런데 실례에서 획수 산정에 오류가 있었으니 20여년 전이지만 남의 자식(실은 필자의 次男) 이름을 그따위로 감명했다니(淌字는 인명용한자에도 없는 글자임) 한심한 일이 아닐 수 없다.(결국 10여년 전 개명함)
필자는 그런 사유로도 성명학과 인연이 된 것 같다.

<誤>	11(3)	13(5)	先天	35卦	聰明文章 風雲有光
林임	淌창	熙희			
	14(6)	17(1)	後天	61卦	枯木逢春 千理有光
<訂>	12(4)	13(5)	先天	45卦	有財無功 終得不亨
林임	淌창	熙희			
	14(6)	19(3)	後天	63卦	風生保位 巨川舟楫

가부간 名字만으로 선후천작괘하는 방법이 식견 있다는 작명가들에 한때 풍미했던 것은 사실이다.

第4部

諸作名法

┃陰陽作名法(음양작명법)

姓名字의 획수에 의한 음양의 조화를 활용하여 陰과 陽 어느 한쪽이 강한 사람은 이름으로 음양을 보완하여 평형을 이루도록 하여야 한다. 즉 양의 기운이 지나치게 강한 사람은 음으로 보완해야 하고, 柔順(유순)한 음의 기운이 지나치게 강한 사람은 양으로 보완해야만 이름과 그 사람 사이의 음양이 평형으로 조화를 이룬다하며 그렇게 作名한다는 것이다.

즉 姓 홀수 – 이름 짝수 짝수, 짝수 홀수, 홀수 짝수 (양음음, 양양음, 양음양)
　　姓 짝수 – 이름 홀수 홀수, 짝수 홀수, 홀수 짝수 (음양양, 음음양, 음양음)

<例>

화를 잘 내고 안절부절 못하고 항상 안색이 붉게 상기되어 목에 핏줄이 도드라져 보이는 사람은, 양기가 지나치게 강한 사람이니 음의 성질을 가진 이름을 짓고, 항상 수줍어하고 조용하며 겁이 많고 말소리조차 작아 언행이 여성다운 남자라면, 양기에 비해 음기가 지나치게 旺盛(왕성)하기 때문이므로 양의 성질을 가진 이름을 지어(改名) 보완한다.

이 때 이름의 理(包義 字意 포의자의)와 數(筆劃 필획 수리)가 평형이 되도록 한다는 것이다. 그리고 음양이 평형을 이룬 사람은 드물다고 하였다.

理數＼姓名	王(왕)	英(영)
理(包義)	▬▬	▬ ▬
數(筆劃)	▬ ▬	▬▬

陽性字 火邊 : 燈 灼 燥 炅 炳 變 炎 輝 등
　　　光邊 : 光 輝 耀 등
　　　日邊 : 早 昌 明 昭 晟 暖 등
　　　灬邊 : 烈 熱 勳 熙 熹 등
陰性字 女邊 : 妃 姓 妍 娟 婉 媛 姻 好 姬 등
　　　氵邊 : 江 洙 注 泳 河 淸 洪 津 海 深 湖 등
　　　艹邊 : 藝 芝 芳 芬 英 蓉 등

┃字音五行作名法(자음오행작명법)

　　이름에 있어 소리의 힘은 소리 전체의 힘(字音五行)으로 파악되어야 하기 때문에, 음령오행은 자음오행의 일부이며 음령오행은 자음오행에 종속된다는 논리로, 무엇보다도 자음오행을 중시하고 자음오행에 의해서 이름을 짓는 것이 가장 사리에 맞는 작명법이라는 주장이다.

　　물론 선천명인 사주를 일간중심으로 八字와의 관계를 분석하여 정한 용신에 附合(부합)되거나, 필요한 오행으로서 보완하는데 이와 같은 자음오행을 전적으로 우선하여 사용한다는 것이다.

　　○ 安先生의 신작명법을 보면 이렇게 예를 들어 이론을 전개하고 있다.

字	部首	劃數	音	字意	字音五行	音靈五行	字意五行	字形五行
泉	水	9	천	샘	木(天)水(川)	金	水	金,水

　　자음오행은 발음 자체의 오행으로 강한 木기운(푸른하늘)과 다음으로 水기운(川)을 가지고 있으며 음령오행은 金기운이다. 자의오행은 水기운을 나타내며 자형오행은 부수가 水이므로 水기운이 작용하고, 흰백(白)字는 金기운을 나타내며 金은 바위를 뜻하므로 金生水로, 끊임없이 水를 생해주는 까닭에 샘(泉)이 되는 것이라는 풀이를 하고 있다.

　　특히 字音(각소리 별)오행이 중요한 것은 말(소리와 뜻)은, 씨가 되어 자라서 열매를 맺기 때문에 영향력이 크다고 하였다. 요약해서 말하자면 자음오행이 으뜸이니 자음, 자의, 자형, 음령, 수리, 음양의 逆順(역순)으로 무시해도 된다고 하였다.

字音五行(1)

木	東甲乙寅卯 春仁靑文德一二玄橘門間葉蠻印姻忍冊策 天泉賤聽 등
火	南丙丁午巳夏禮紅三例佛不藝豫預的積摘下何河賀和晝 禍花華貨 등
土	中戊己辰戌丑未倍黃五六衆平地龍圓桔坊芳邦俗速元園源苑院 持智祉芝紙村兎討 등
金	石西庚辛酉秋義白車鐵銀石七八栢署書奭錫裵依宜醫 借次哲喆推追醜 등
水	北壬癸子亥冬黑九十物備妃碑費壽手秀首 등

※ 土의 기운은 中心기운으로 차거나 뜨거운 기운을 중화시켜주는 힘이 있다. 辰은 습기가 있고 丑은 冷氣가 있으며 辛은 土기운보다 金기운이 더 강하게 작용한다. 冬은 水기운보다 木기운이, 地는 土기운이 더 강하게 작용한다.

字音五行(2)

甲木	鉀腦賴雷率宋訟送頌 등
乙木	刊幹看肝艮間欄蘭李裡離密博迫發孫巽失室伊易耳 初招肖超楓風豊享向鄕香峴炫現賢鉉見活 등
丙火	匡廣桃珖兵柄病倂餠森蔘 등
丁火	別事使司射思査死糸徙砂井亭定情正町貞鄭錠鼎 등
戊土	個慨改開拇武無舞貿散産成姓星聖吳梧烏晃況皇黃 등
己土	國局菊企其器技機紀起陸術述肉育邑 등
庚金	京卿慶景涇經驚達月越宗種終 등
辛金	儉檢劍伸信愼新神臣身恩股隱徵倉唱昶窓總銃 侵沈針肺弊閉 등
壬水	剛姜康江講丘具求究臨任賃 등
癸水	啓契桂界計鷄貴鬼什 등

※ 음령오행이 자음오행보다 다른 오행으로 동화해버린 경우에는 음령오행은 무시해도 되며,(例 沈庚秀(심경수)의 음령오행 金木金이 자음오행으로는 金金水가 됨) 소리 자체인 자음오행이 없을 때(字意五行, 字形五行 포함) 사용해야 한다고 하였다.

그런데 자의오행을 3000자 정도의 한자에서 들여다보면, 상당수 문자에 없는데다 그 일부가 있다해도(그중 일부를 위에 발췌하였음), 자원오행류가 대부분으로 자 의오행이나 자형오행과 더불어 음령오행에 우선하여 적용한다 하였음은, 자원오행 에 의한 작명이라 할 수 있으나, 安先生이 자기 성명을 붙여 命名(명명)하였기에 필자가 편의상 자음오행작명법이라 하였다.

例1>

이름 　大 淵 ⊗

四柱

時	日	月	年
庚	辛	庚	辛
寅	巳	寅	丑
金	金	金	金
木	火	木	土

月干庚金이 비록 절지에 生하였으나 天干이 庚辛金으로 이루어져 있어 왕한 냉금이 살기가 등등하다.

그러므로 이 살기를 승화해줄 火氣가 용신이 되는데 이름의 뜻이 큰 연못이니, 자의오행에서 旺水가 水剋火하여 火氣를 끄는 忌神으로 작용하고 있으니 대흉한 이름이며, 火氣는 이 사주 주인공에게는 명예운이며 자식운이다.

例2>

이름 　辰 洙 ⊗

四柱

時	日	月	年
甲	丁	丁	己
寅	酉	丑	巳
木	火	火	土
土	金	土	火

59	49	39	29	19	9
辛	壬	癸	甲	乙	丙
未	申	酉	戌	亥	子

月干丁火가 한겨울(丑月)에 태어나 몹시 신약한데 月干에 丁火와 時干에 甲木이 있어 도와주니 다행이다. 그러나 사주 구성에서 辰酉合金하고 巳酉丑合金하여 土金기운이 지나치게 많고 강하여, 日干丁火는 신약함을 면할 수 없다.

더욱이 大運이 水金으로 흐르고 있으니 日干丁火는 더욱 약해진다.

그러므로 日干을 도와주는 木火기운을 이름에 넣어 줌으로써 사주와 조화를 이루는 경우인데, 실제 이름 辰은 金으로 변하므로 나쁘고, 洙는 큰강물로 자음오행 陰水에 해당되어 일간이 더욱 위축되니 몹시 나쁘다.

例3>

이름 　楠 經 ◎

四柱

時	日	月	年
癸	庚	己	乙
未	戌	丑	亥
水	金	土	木
土	土	土	水

57	47	37	27	17	7
乙	甲	癸	壬	辛	庚
未	午	巳	辰	卯	寅

日干庚金이 섣달(丑月)에 태어나 몹시 추우니 乙木亥水癸水가 꽁꽁 얼어붙어 있다. 그러므로 남방火기운으로 추위를 녹여주며, 旺木으로 旺土를 개간해주어 (木剋土) 조화와 中和를 이루어 발전하게 되는데, 楠字는 음으로 火가 되니 經字의 자음오행 金을 火剋金으로, 바르게 다스려주며 이끌어주는 기운을 가지고 있으니 吉한 것이다.

楠字의 자음오행이 甲木이며 南은 木火기운을 지니고 있으니 역시 吉하다. 大運방향이 木火運으로 흘러 타고난 기운과 조화되니, 吉한 중에 47세이후 甲午大運에 큰발전을 이루었다.

또 經字는 큰말씀(甲木)으로 불경, 성경의 經처럼 부정한 邪氣(사기)를 막아주는데 사주의 丑戌未 三刑殺(삼형살)의 凶함을 풀어주었다.

▶ 姓氏別 五行(성씨별 오행)

木	朴 李 文 宋 林 柳 權 閔 梁 朱 米 張 彬 王 玄 楊 葉 梅 楚 菊 乙 支 東方
火	丁 鄭 南 馬 夏 花 許 南宮
土	黃 龍 田 石 皮 成 國 玉 丘 邱 睦 陸 崔 班 牟 堯
金	金 白 百 申 酉 辛 車 秋 鍾 劉 琴 西門
水	江 姜 康 河 池 沈 任 海 洪 孫

※ 子音오행 등이 뚜렷이 나타난 성씨가 있다. 자신과 잘 맞지 않아 악연이 되는 인
간관계라면 현명한 처신이 필요하다 하였다. 물론 姓과 이름을 함께 참고하는 것
이 좋다.

이름 **朴 正 熙** 前대통령

四柱	時	日	月	年
	戊	庚	辛	丁
	寅	申	亥	丑
	土	金	金	火
	木	金	水	火

	朴	正	熙
	木	火	火
		(金)	

日干庚金이 강하므로 강한 金을 단련시켜, 正金
(純金순금)으로 만드는 火기운(관운 명예운)이 用
神이 되며, 火金을 生해주는 木기운(처운 재물운)
이 喜神(희신)이 된다.
그러므로 水剋火하여 火기운을 치는 水기운인데,
姓氏 朴의 木기운을 치는 金기운을 가진 성명과는
不吉한 운명이 될 수 있었다. 더구나 불행하게도
심복인 金載圭(김재규)와 車智澈(차지철)의 姓氏
金과 車는 金기운이며 載자 속에도 車자가 들어있
어 朴氏姓과는 상극이 된다. 거기에다 圭자에는
土가 들어있어 기미년에 희신 甲木이 甲己合土로
合去(합거)하여 유명을 달리한 것이다.
智字는 북방水기운 澈字는 음으로 金기운 字意와
자형으로 水기운을 나타내므로, 火기운이 剋傷(극
상)을 당할 수 있는데 실제 車실장의 전횡으로 대
통령의 명예(丁火)가 실추되었던 것은 주지의 사
실이다.

平康秘傳法(평강비전법)

生年月日時까지 물어 사주나 역상, 六爻占 등으로 과거 현재를 풀이하면서 이것이 성명판단이라면서 작명이나 개명을 해왔으니 성명학에 대한 모독을 끼쳤던 것이며, 성명학술이라면 성명 3字와 사용공간인 생년太歲(연령)만 가지고 그 사람의 건강문제 질병유무 수명장단 부부자손관계 직업과 성격 성패 등 모든 후천운을 세밀하게 공식적인 학리로 발현되어야 한다는 것이다.

蔡先生은 水와 火가 4획이고 金과 林이 8획인데 같은 수리의 뜻으로 활용되고 있는 모순에서 출발 10여년 연구 끝에 발견한 秘法(비법)이라 하였다.

人間靈性(인간영성) 生命律(생명률)이 성명학이다.

字源五行 〉 수리 조화 량호해도 이 두 오행이 太歲(태세)에 부조화하면
字源呼聲五行 〉 불운종말 (呼聲(호성) 조화가 杜絶(두절)되면 불운)

五運六氣(오운육기)

五親法 (父 兄 孫 財 官)

流年法 – 성패와 생명의 早晚(조만) 장단 左右

※ 生月生時는 필요없음(月建은 가끔 필요)

大運靈力(대운영력)은 月建(월건) 참조 생년태세와 조화여부에 따라 운세의 길흉 좌우, 성명조직에서 선천운수(三才오행)와 후천운로(三元오행)을 분명히 한다.

<例> 壬申生(임신생)

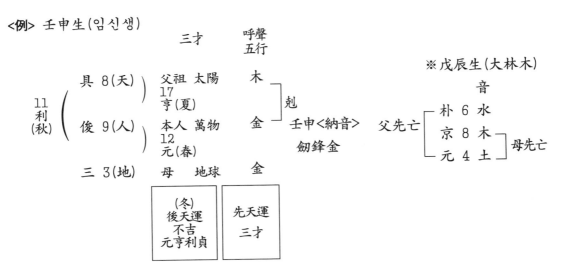

▎數理呼聲(수리호성)과 世應(세응) 판단

성명의 원형이정은 배치되어 있는 부위에서 생생하게 호흡이 되고 상응상통이 되어야 량호한 수의가 발동되어 양호한 운세를 개척 유도한다는 것이다.

원격은 전반생 呼運(호운)이며 형격은 일평생을 통한 世運局(세운국)이 된다.

그리고 이격은 전반생의 應答運(응답운)이요 사회운과 명예 형제교우 환경 등의 일생을 통한 外向運勢(외향운세)이며, 정격은 후반생의 응답운이요 결과와 득실 發伸(발신) 일생을 통한 성과를 지배하는 結實運局(결실운국)이요, 이격은 전반생의 應運局(응운국)이 되며 정격은 후반생의 응운국이 된다.

元格　前半生 起動運 – 內向運局 기초 가정運 고향 基地運(기지운)
　　　妻室과 15세 내외의 運局(운국)
亨格　前後半 立動運 – 평생중심운국 자기자신運
　　　성격 직업운 용모체격운　30세 내외의 유년운과 평생운을 參酌
利格　前半生 응답운 – 전후반 외향운국 부조상부운 사회활동 형제교우運
　　　환경직업運 명예와 정신력 등　45세까지의 유년운을 參酌
貞格　前後半 응답운 – 공과운국 득실과 결과運 직업과 진퇴運
　　　명예와 지위운 자손과 말년運

<例1>

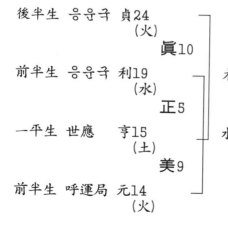

後半生 응운국 貞24
　　　　　　　(火)
　　　　　　　　　眞10
前半生 응운국 利19
　　　　　　　(水)
　　　　　　　　　正5
一平生 世應　　亨15
　　　　　　　(土)
　　　　　　　　　美9
前半生 呼運局 元14
　　　　　　　(火)

木生土

水剋火

먼저 亨格수리와 선천운(元格)수리를 본다. 다음 형격부 世運과 정격 應運을 보면 15數土와 24數火로 火生土로 상통되어 생명에 지장이 없겠다는 점을 보고나서,

이 사람은 어떻게 출발해서 살아온 것인가를 알아보는데 원격의 前半生이 호운국 수리가 14數火로 離鄕(이향)수리인데, 그 응부인 이격수리 19數水로 궁박 불구 단명 등의 불우한 수리로 水剋火의 호응불통으로 사경의 흉조가 발현된 것이다.

그러나 원격의 호응운으로 보아서는 행방불명 교통사고 객사 등으로 보겠으나, 자기의 身命(신명)을 주도하는 형격 世應(세응)의 조화는 양호한 운세이므로 결과운을 불운으로 판단해서는 안된다.

이러한 경우에는 기초家庭運(가정운)이 박약하여 이향객지에 때로는 행방불명이 되는 등 고독과 역경에 방황하며 불운하다. 만난은 극복하고 立身成功(입신성공)한다고 판단하여야 한다.

<例2>

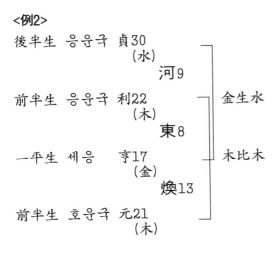

원격 호응국 수리 21數(初夜月出之象)木과 이격응운국수리 22數(秋草逢霜之象)木은 수리는 불길하나 비화로 성왕해있고, 형격(世應)수리 17數(文武兼備之象)金으로 후반생의 호운이요, 평생의 중심운으로 자수성가에 건전한 발전의 수리이다.

정격의 수리 30數(幼時尋住之象)水는 불길하나 세응조화가 金生水로 양호하게 형성하고 있으니, 객지(30數意)에 고독(22數意)이나 자수성가하여 대업을 수행하고, 운수사업(30數意) 무역업 등 사업에 번영이라고 판단하면, 건전한 세응운로와 후천운을 해석한 것이라 하겠다.

<例3>

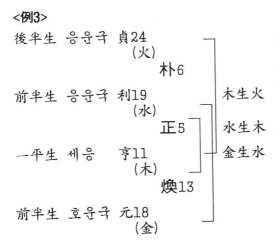

원격의 前呼運 18數金은 전응운 형격의 19數水를 金生水로 旺生(왕생)했고, 이격의 19數水는 형격 11數木을 水生木으로 상생하니 주운이 왕생했으며,

왕성한 세운은 응운정격의 24數火를 木生火로 生하니 결과운이 왕성하며, 특히 원격 18數金은 형격 주운을 극제하여 더욱 활기가 발현되는 것이다.

이 경우는 원격 호운에서부터 생기가 발현되었는데 원격이나 형격은 문자 그대로 呼運(호운)이기 때문에 상대방에게 자율적으로 응답하도록 하는 부위인 것이다.

결론적으로 원격 18數 전반생 호운에서 발달하여 형격 일평생 세운 11數로 自力更生(자력갱생)하고, 자립자족하여 首領(수령)으로 입신출세하고 財寶蓄積(재보축적)하는 결실운을 생성하는 운세인 것이다.

※ 재언하거니와 원격과 이격간의 수리오행이 상극 부조화하면 환경이 杜絕(두절)되어 초년과 기초운이 불길하고, 형격과 정격간의 수리오행이 상극부조화하면 성격부터 진취성이 없으며 결실을 거두지 못하는 발신부족의 운세로 된다는 것이다.

<例>   戊辰生(무진생)

姜9   彗15   偵11   (純陽+戊年(陽))→凶運
貞35(土)   利20(水)   亨24(火)   元26(土)

性　格 - 陽性的이요 급진적이며 기분파 성격이다.
健　康 - 腦神經 심장병 고혈압 등의 신체 病弱(병약)
夫婦運 - 부조화 불화합 이별(不久-장구하지 못하다)
成功運 - 속성속패 손실 結實不運(결실불운)
子孫運 - 無子運(무자운)이요 무결과 무결실

※ 성격 판단시 형격에서 발현되는 성격은 외적으로 표현되는 성격이며, 太歲(태세)에서 天干의 성격은 內的(내적)으로 잠재한 성격이다.

▶ **四格運路(사격운로)**

區分	元格	亨格	利格	貞格
運局	內向大運	中心大運	外向大運	功果大運
身體	下體	中央腹部	面部	頭腦部
雲氣誘導作用	가정 內室 거주 下手人	自己 성격 인격 用神	交友 사회활동 형제(상사) 환경 명예	자손 사업득실 결과 長短

五親法(오친법)

己神을 위주로 상대적으로 발현되는 운세를 표현하기 위한 술어(父兄官財孫)이다. 蔡先生은 사격추명학에서 사용하던 용어를 좀더 이해와 표현이 솔직하고 용이하게 바꾼 술어(富損官鬼 또는 官災災亨)를 사용하였다.(표에서는 ( )임)

太歲 \ 亨格			木		火		土		金		水	
			甲1	乙2	丙3	丁4	戊5	己6	庚7	辛8	壬9	癸10
(亨)兄	亨	比肩	甲寅	乙卯	丙午	丁巳	辰戌戊	丑未己	庚申	辛酉	壬子	癸亥
		劫財	乙卯	甲寅	丁巳	丙午	丑未己	辰戌戊	辛酉	庚申	癸亥	壬子
(損)孫	損	食神	丙午	丁巳	辰戌戊	丑未己	庚申	辛酉	壬子	癸亥	甲寅	乙卯
		傷官	丁巳	丙午	丑未	辰戌	辛酉	庚申	癸亥	壬子	乙卯	甲寅
(災)財妻·財	災	偏財	辰戌戊	丑未己	庚申	辛酉	壬子	癸亥	甲寅	乙卯	丙午	丁巳
		正財	丑未己	辰戌戊	辛酉	庚申	癸亥	壬子	乙卯	甲寅	丁巳	丙午
(官鬼)官(官貴)	官鬼官貴	偏官	庚申	辛酉	壬子	癸亥	甲寅	乙卯	丙午	丁巳	辰戌戊	丑未己
		正官	辛酉	庚申	癸亥	壬子	乙卯	甲寅	丁巳	丙午	丑未己	辰戌戊
富(父)	富	倒食	壬子	癸亥	甲寅	乙卯	丙午	丁巳	辰戌戊	丑未己	庚申	辛酉
		印綬	癸亥	壬子	乙卯	甲寅	丁巳	丙午	丑未己	辰戌戊	辛酉	庚申

<例> 壬申生(임신생)

고 高10　　　　　하 河9　　　　　준 濬18
貞37(金)　　　利28(金)　　　亨19(水)　　　元27(金)

형격 19水는 원격金과 이격金 정격金이 金生水로 生해주는 동시에 태세 壬申生(金)은 부를 득하며 金生水이나, 과도한 풍만으로 위장병 등 질환이 발생하는 운수로 오히려 불리한 부가 될 수 있다는 점에 유의한다.

世運(형격)과 태세 월건을 中心으로 연관 발현되는 운세를 논하면서 生年의 12地支別 형격수 3~50까지의 경우로 분류하여, 성격 성공운 직장 직업운 질병운 등을 설명하고 있다. 또 姓氏 획수별 생년지별 길격수리를 수록하고 있다.

蔡先生은 원형이정의 사격간의 呼應(호응) 世應運(세응운)과 世運(형격)과 선천운(太歲) 자원오행과 자원호성오행이 차지하는 운세의 비중도 말하였다.

1. 世應(형격)과 선천운(生年地支)과의 조화   30%
2. 세응과 呼應(호응)의 調和   30%
3. 자원오행과 선천운과의 조화   20%
4. 자원호성오행과 선천운과 조화   10%
5. 수리의 길흉   10%
　　　　　합계   100%

※ 세응조화나 자원오행 기타 어느 일부분의 부조화라 해서 흉명으로 결정하지 않고, 그 흉악의 도와 부분별 판단을 종합하여 결정한다는 것이다.

▶ 성명과 年運(년운)

五行＼所屬	年齡數	生年太歲	亨格數理	當年太歲
木	1,2세	寅卯生	1,2수	寅卯年
火	3,4세	巳午生	3,4수	巳午年
土	5,6세	辰戌丑未生	5,6수	辰戌丑未年
金	7,8세	申酉生	7,8수	申酉年
水	9,10세	亥子生	9,10수	亥子年

<例1>

辛酉生 (金)   당년46세 당년태세 丁亥年일 때

이 李7   목 木4   우 雨8

貞19水   利15土   亨11木   元12木

형격木 생년태세금을 官鬼(×), 당년태세 丁亥水는 富(○),
연령수 46세 土는 災(○)   ∴다소 손재와 이동이 있는 운수이다.

<例2>

己未生(土)　　당년16세　당년太歲　甲戌年일 때

박 朴6　　　지 知8　　　봉 鳳14

貞28金　利20水　亨14火　　元22木

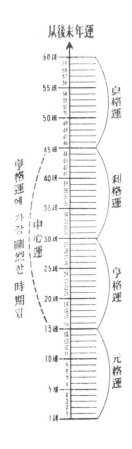

亨格火	생년지 土	損(식상)
亨格火	연령수 土	損(식상)
亨格火	당년태세 土	損(식상)

이렇게 모두 損(食傷)이나 官에 해당하는 운수를 당할 때는 死亡(사망)을 뜻한다.

그러나 원격운에서나 정격운의 시기에도 항상 형격運이 50%는 포함되어 있는 것이다.

五親(오친)의 운세

富 : 귀인을 만나며 문서에 길하고 의외의 生財(생재) 영전 번영하는 운세

亨 : 귀인 來助(래조)하여 제사순성하고 사업번창 이동 영전 등 확대되는 운세

官 : 良名=일약 확장 영전 등의 발전이 있는 운세
　　　凶名= 病災(병재) 부상 官災(관재) 손재 운세

財 : 주로 이동이 발생하고 소모되는 운수이며, 흉명의 경우에는 손재 轉落(전락) 병재 등 운세

損 : 주로 손재 사업실패 이동 전락운으로 守舊安定(수구안정)이 제일이나, 흉명의 경우에는 신액 병재 등의 불운이 발생하는 운세

公式作名法(공식작명법)

우리는 한글을 사용하고 있기에 소리(音)오행에 준하여 이름을 짓는 것이 이치에 맞다. 따라서 수리학 위주의 시각에서 벗어나 우리에게 맞는 소리오행의 원리로 먼저 한글 이름을 짓는데, 그에 따른 체계적이고 공식적인 작명 방법을 연구한 것이 중요 핵심이 되고 있다.

정先生은 五行作名法(오행작명법) 같이 언급했으나 필자가 편의상 공식작명법이라 이름 붙인다.

▶ **한글의 소리오행**

區分	發音	音性	五行	알 파 벳
主音	가, 카	牙音	木	C,G,K,Q
	나, 다, 라, 타	舌音	火	D,L,N,R,T
	아, 하	喉音	土	A,E,H,F,I,O,U,W,X,Y
	사, 자, 차	齒音	金	C,G,J,S,X,Z
	마, 바, 파	脣音	水	B,F,M,P,V

五行作名(오행작명)의 原理圖(원리도)

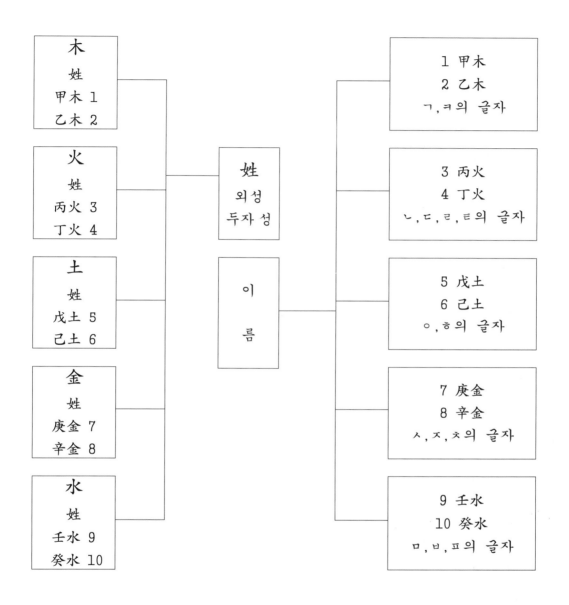

作名時 나오는 한글이름 430字 총정리

木의 글자 : 총 57자

No. 100 (양)	No. 200 (음)							(16字)
陽(甲木)	가,	개,	거,	게,	계,	고,	과,	괴,
陰(乙木)	괘,	교,	구,	그,	귀,	규,	기,	겨

No. 101 (양)	No. 202 (음)			(7字)
陽(甲木 / 甲木)	각,	객,	격,	곡
陰(乙木 / 乙木)	곽,	국,	극	

No. 103 (양)	No. 204 (음)								(19字)
陽(甲木 / 丙火)	간,	갈,	건,	걸,	견,	결,	곤,	골,	관,	괄,
陰(乙木 / 丁火)	균,	굴,	권,	궐,	균,	귤,	근,	긴,	길

No. 105 (양)	No. 206 (음)			(8字)
陽(甲木 / 戊土)	강,	갱,	경,	공,
陰(乙木 / 己土)	광,	굉,	궁,	긍

No. 109 (양)	No. 210 (음)			(7字)
陽(甲木 / 壬水)	감,	갑,	검,	겸,
陰(乙木 / 癸水)	금,	급,	김	

火의 글자 : 총 85자

No. 300 (양)	No. 400 (음)										(26字)
陽(丙火)	나,	내,	녀,	노,	뇌,	뉴,	니,	다,	대,	도,
陰(丁火)	두,	라,	래,	려,	례,	뢰,	루,	류,	로,	료,
	리,	타,	태,	토,	퇴,	투				

No. 301 (양)	No. 402 (음)									(12字)
陽(丙火 / 甲木)	낙,	덕,	독,	득,	락,	략,	력,	록,	륙,	탁,
陰(丁火 / 乙木)	택,	특								

No. 303 (양)	No. 404 (음)								(18字)
陽 (丙火 / 丙火) 陰 (丁火 / 丁火)	난,	날,	년,	늘,	단,	달,	돈,	돌,	두, 란
	련,	렬,	론,	류,	률,	린,	탄,	탈	

No. 305 (양)	No. 406 (음)							(16字)
陽 (丙火 / 戊土) 陰 (丁火 / 己土)	낭,	녕,	농,	능,	당,	동,	등, 랑,
	랜,	량,	령,	롱,	룡,	릉,	탕, 통

No. 309 (양)	No. 410 (음)						(13字)
陽 (丙火 / 壬水) 陰 (丁火 / 癸水)	남,	납,	념,	담,	답,	람, 렴, 렴,
	름,	림,	립,	람,	탑	

土의 글자 : 총 **108**자

No. 500 (양)	No. 600 (음)								(28字)
陽 (戊土) 陰 (己土)	아,	애,	야,	어,	여,	예,	오,	와,	외, 요,
	우,	위,	유,	의,	이,	하,	해,	허,	헤, 호,
	화,	회,	효,	후,	훼,	휘,	휴,	희	

No. 501 (양)	No. 602 (음)							(17字)
陽 (戊土 / 甲木) 陰 (己土 / 乙木)	악,	액,	약,	억,	역,	옥,	욱,	육,
	익,	학,	핵,	혁,	혹,	확,	획,	흑

No. 503 (양)	No. 604 (음)								(28字)
陽 (戊土 / 丙火) 陰 (己土 / 丁火)	안,	알,	언,	연,	열,	온,	완,	왈,	운, 을,
	원,	월,	을,	일,	한,	할,	헌,	현,	혈, 혼,
	흘,	환,	활,	훈,	훤,	흔,	흘,	힐	

No. 505 (양)	No. 606 (음)								(20字)
陽 (戊土 / 戊土) 陰 (己土 / 己土)	앙,	앵,	양,	영,	옹,	왕,	용,	웅,	융, 응,
	잉,	항,	행,	향,	형,	홍,	황,	횡,	흉, 흥

No. 509 ㉭	No. 610 ㉦							(15字)
陽 (戊土 壬水) 陰 (己土 癸水)	암, 압, 엄, 업, 염, 엽, 음, 임, 입, 함, 합, 협, 협, 흠, 흡							

金의 글자 : 총 **115**자

No. 700 ㉭	No. 800 ㉦									(28字)
陽(庚金) 陰(辛金)	사, 새, 서, 세, 소, 쇄, 쇠, 수, 시, 씨, 자, 재, 저, 제, 조, 좌, 주, 지, 차, 채, 처, 체, 초, 최, 추, 췌, 취, 치									

No. 701 ㉭	No. 802 ㉦									(19字)
陽 (庚金 甲木) 陰 (辛金 乙木)	삭, 색, 석, 속, 숙, 식, 작, 적, 족, 죽, 즉, 직, 착, 책, 척, 촉, 축, 측, 칙									

No. 703 ㉭	No. 804 ㉦									(30字)
陽 (庚金 丙火) 陰 (辛金 丁火)	산, 살, 선, 설, 손, 솔, 순, 술, 슬, 신, 실, 잔, 전, 절, 존, 졸, 준, 줄, 즐, 진, 질, 찬, 찰, 천, 철, 촌, 춘, 출, 친, 칠									

No. 705 ㉭	No. 806 ㉦									(20字)
陽 (庚金 戊土) 陰 (辛金 辛金)	상, 쌍, 생, 성, 송, 승, 승, 장, 쟁, 정, 종, 중, 증, 징, 창, 청, 총, 충, 층, 칭									

No. 709 ㉭	No. 810 ㉦								(18字)
陽 (庚金 壬水) 陰 (辛金 癸水)	삼, 삽, 섬, 섭, 습, 심, 십, 잠, 잡, 점, 접, 즙, 집, 참, 첨, 첩, 침, 칩								

水의 글자 : 총 **65**자

No. 900 ㉳	No. 1000 ㉱	(16字)
陽(壬水) 陰(癸水)	마, 매, 모, 묘, 무, 미, 배, 보 부, 비, 파, 패, 페, 포, 표, 피	

No. 901 ㉳	No. 1002 ㉱	(10字)
陽 (壬水 甲木) 陰 (癸水 乙木)	막, 맥, 목, 묵, 박, 백, 벽, 복, 북, 폭	

No. 903 ㉳	No. 1004 ㉱	(23字)
陽 (壬水 丙火) 陰 (癸水 乙土)	만, 말, 면, 멸, 몰, 문, 물, 민, 밀, 반, 발, 번, 벌, 변, 별, 본, 분, 불, 빈, 판, 팔, 편, 필	

No. 905 ㉳	No. 1006 ㉱	(12字)
陽 (壬水 戊土) 陰 (癸水 乙土)	망, 맹, 명, 몽, 방, 병, 봉, 붕, 빙, 팽, 평, 풍	

No. 909 ㉳	No. 1010 ㉱	(4字)
陽 (壬水 壬水) 陰 (癸水 癸水)	범, 법, 품, 쁨	

▌183가지 作名公式(작명공식)

이름(名字)이 木(ㄱㅋ)으로 시작하는 이름(名上字)과 같이 5개의 소리(音)五行으로 大別하고,

姓氏의 五行별로 姓의 끝소리(終聲, 받침)가 다음에 따라오는 이름 첫소리(初聲)와 相生하고, 名上字의 끝소리와 名下字의 첫소리가 서로 相生한 이름을 子音(가나다)순서대로 번호를 붙여 배열하여,

각각의 범주(여러 개의 名上字 + 여러 개의 名下字로 묶음)내에서 부르기 좋고 호감이 가는 이름을 연결하여 얻어내면 된다. 즉 발음에 있어 主從五行(주종오행)을 모두 상생으로 하는 것이다.

그중 하나를 사본하여 예시한다.

가운데 이름이 수(ㅁㅂㅍ)로 시작하는 이름				
木姓	火姓	土姓	金姓	水姓
구,가,개,기, 고,구,계,국, 곽,곡,감,금, 김	탁,남,독고,	육,함,염,임, 엄,황보,임	사,서,석,시, 자,재,점,제, 조,조,채,초, 최,추,추,	마,모,목,묵, 미,바,박,배, 백,범,범,부, 표
丘,賈,介,奇, 高,具,季,國, 郭,曲,甘,琴 金	卓,南,獨孤	陸,咸,廉,任, 嚴,皇甫,林	史,徐,昔,時, 慈,在,占,諸, 曹,趙,蔡,楚, 崔,鄒,秋,	馬,牟,睦,墨, 米,朴,裴,白 凡,范,夫,表

※ 이름의 가운데 글자는 "ㅁ"등이 水이므로 姓에서 상생이나 상비가 되는 木金水와 연결되는데, 받침이 있는 金南陸昔朴(김남육석박)氏등과 받침이 없는 具車牟(구차모)氏등이 해당된다는 것이며 끝글자는 첫글자가 "ㄱ"木으로 상생이 됨을 알 수 있다.

▌정先生의 作名順序(작명순서)는 이렇다

① 姓氏 분류표를 보아 五行을 정하고 초성 또는 종성에 해당되는 No를 찾는다.

　　金(김)8획 - 木姓 甲水　No210 乙癸

② 이름 짓는 공식을 보아 한글이름을 먼저 짓는다.

　　名上字 金(ㅅㅈㅊ)으로 시작하는 이름 분류에 木姓金이 있고 No700,800의 "지"와 No503,604의 "연"

③ 작명수리표의 8획성에서 名上字 7획 名下字 9획의 吉數理로 漢字를 定한다.

　　金 성김 8획　**志** 뜻지 7획　**衍** 넓을 연 9획

④ 작명한 金志衍(김지연)의 수리를 원형이정으로 확인한다.

　　元16 덕망이 있는 수, 亨15 지도자의 수, 利17 부귀와 명예가 따르는 수, 貞24 출세와 축재하는 수

　　이는 金氏姓으로 공식 1-85와 122-183중 124에 해당한다.

　　또 여자이름 총정리에 名上字 金의 경우로 No700,800의 "지"와 名下字 "연" 을 찾을 수 있다.

　그런데 일반 작명법에서 수리학 위주로 이름을 짓고 있는데 획수에 맞기만 하면 길명이라고 단정하는 것은 큰 실수를 불러일으킬 수 있다.

　더운 사주를 지니고 있으면 水邊의 澤 泫 漢등과 같은 한자를 사용하고, 춥게 태어나 불이 필요한 운명이라면 火邊의 煥 炫 煙 燃 등과 같은 한자를 선택하여 이름을 지어주고 있다. 그러나 소리오행은 뜻글자인 泫(현)字나 炫(현)字로 구분하여 따뜻하고 춥다라고 보지는 않는다는 것이다.

그리고

金김8　　　兌태7　　　遇우16

음오행　　木　　　　火　　　　土

　　　ㄱ　ㅁ　　　ㅌ　　　ㅇ
　　木 水 　　 火 　　 土
　　　生 剋　　　生

元 23 功名格(공명격)　　亨 15 統率格(통솔격)
利 24 호身格(입신격)　　貞 31 隆昌格(융창격)

수리는 물론 음령오행으로 보아 완벽한 이름이라 할만하다.

그러나 받침글자를 무시하면 木生火, 火生土하여 좋다는 것인데, 엄연히 김의 ㅁ이 有聲音(유성음)으로 소리가 울리고 있는데 대길하다고 단정짓는 것은 모순이 아닐 수 없다.

주장대로라면 "김태우" 가 "기태우" 가 된다는 것이다.

※ 본 공식작명법은 373쪽 자음오행작명법과 유사성을 지니고 있으며, 애써 분류한다면 한글이름 작명법에 속할지 모른다.

필자가 20여년 전 어떤 週刊紙(월간지인지 기억안남) 신년호에서 관심 있게 본 것 같으며, 그때는 공식수가 120여 가지였는데 연구 완성한 것으로 여겨진다.

또 하나 한글의 자음과 모음에 각각 고유번호를 부여하여 성명字마다 인운인자를 파악 초년(15%) 중년(70%) 말년(15%)의 운세를 숫자로 산출하는 방법을 책으로 펴낸 사람도 있었다.

1~28까지의 짝수와 홀수로 구분하여 인운인자의 결합과 한글성명에 대한 특수그라프로, 그 사람의 인연과 성명에 대하여 과거 현재 미래의 성공과 실패를 분별한다 하였다.

한글이름에 대한 새로운 작명법으로 연구된 것 같아 보였지만, 내용요약이 어렵고 실용성에 대한 의구심으로 설명을 생략한다.

作名方法 26 ┃음오행의 六神表出法(육신표출법)

성명자의 획수에 따라 <u>陰陽</u>으로 나누어 <u>音五行</u>을 <u>天干</u>에 배치시키고, <u>生年支</u>(띠)에 따른 <u>地藏干</u>(지장간)을 六神으로 표출시켜 출생일 <u>月律分野</u>(월율분야)의 기운으로 분석하는데 <u>六獸</u>를 넣어 성명의 길흉을 판단하였다.

정先生은 사주의 용신을 파악하는 등 명리학의 大網(대강)을 활용하고 있다.

▸ 六神表出表(육신표출표)

기준＼천간	甲	乙	丙	丁	戊	己	庚	辛	壬	癸
甲	1	2	3	4	5	6	7	8	9	0
乙	2	1	4	3	6	5	8	7	0	9
丙	9	0	1	2	3	4	5	6	7	8
丁	0	9	2	1	4	3	6	5	8	7
戊	7	8	9	0	1	2	3	4	5	6
己	8	7	0	9	2	1	4	3	6	5
庚	5	6	7	8	9	0	1	2	3	4
辛	6	5	8	7	0	9	2	1	4	3
壬	3	4	5	6	7	8	9	0	1	2
癸	4	3	6	5	8	7	0	9	2	1

※ 1 比肩(비견), 2 劫財(겁재), 3 食神(식신), 4 傷官(상관), 5 偏財(편재),
6 正財(정재), 7 偏官(편관), 8 正官(정관), 9 偏印(편인), 0 正印(정인)

▸ 音(소리)五行의 天干

音(소리)	ㄱㅋ		ㄴㄷㄹㅌ		ㅇㅎ		ㅅㅈㅊ		ㅁㅂㅍ	
五行	木		火		土		金		水	
	홀수	짝수	홀수	짝수	홀수	짝수	홀수	짝수	홀수	짝수
天干	甲	乙	丙	丁	戊	己	庚	辛	壬	癸

▌地藏干(지장간, 暗藏암장)

모든 地支는 天干의 기운을 가지고 있는데 본래의 오행 외에 다른 오행도 내포하고 있다.

한여름에 땅속이 더 시원하고 겨울에 땅속에서 더운 김이 나오는 것과 같이 地支인 땅속에는 하늘의 기운이 많이 축적되어, 지구상의 인간을 비롯한 동식물이 생명을 유지할 수 있도록 조절작용을 한다는 것이다.

月 (음력기준)		餘氣	中氣	正氣
1月	寅月	戊	丙	甲
2月	卯月	甲		乙
3月	辰月	乙	癸	戊
4月	巳月	戊	庚	丙
5月	午月	丙	己	丁
6月	未月	丁	乙	己
7月	申月	戊	壬	庚
8月	酉月	庚		辛
9月	戌月	辛	丁	戊
10月	亥月	戊	甲	壬
11月	子月	壬		癸
12月	丑月	癸	辛	己

餘氣 - 지난달의 五行 기운이 넘어와서 작용
   (자동차 급정거시 관성의 법칙에 따라 그 운동량이 더 진행한 후 정지하는 것과 같은 이치)

中氣 - 여기와 정기의 중간 기운

正氣 - 그달의 원래 지지 오행

▶ 지지별 月律分野(월율분야)

地 支(짖)	地 藏 干(지장간)			
	餘氣	中氣	正氣	計
寅 申 巳 亥(四生,四孟)	7	7	16	30
子 午 卯 酉(四正,四傳)	10	×	20	30
辰 戌 丑 未(四墓,四庫)	9	3	18	30

<例> 성명(姓과 이름)이 癸水인 경우 → 육신 표출

酉 金의 지장간 例

4*   ×   *3

餘氣	中氣	正氣
庚	×	辛

癸水

餘氣 庚金과 癸水는 상관 4

　　(육신표출표 좌측 庚에 우측 癸의 교차점)

中氣 없음

正氣 辛金과 癸水는 食神 3

　　　　∴4*3으로 표기한 것이다.

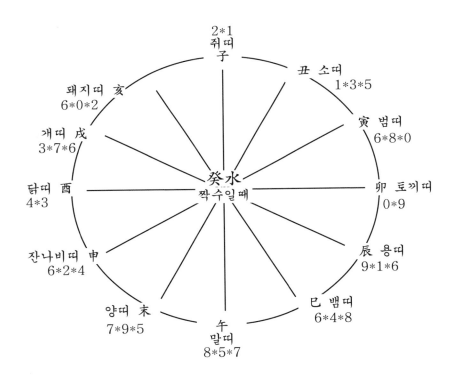

※ 甲木(홀수)일 때 亥生(돼지띠라면)

亥의 地藏干은 戊 甲 壬이므로

① 戊土와 甲木은 육신표출표에서 좌측 戊와 우측 甲이 만나는 7

② 甲木과 甲木은 육신표출표에서 좌측 甲과 우측 甲이 만나는 1

③ 壬水와 甲木은 육신표출표에서 좌측 壬과 우측 甲이 만나는 3

　　∴로 7*1*3이 된다. (이하 算式(산식)과 圖表(도표)를 생략한다.)

<實例1>

1917年(丁巳) 9月 30日(正氣) 寅時生

소리 오행	이름	획수	十神표출표			六獸	四　柱
			餘氣	中氣	正氣		
癸水 乙木	朴	6획	6 8	4 6	8 0	청룡 현무	時 日 月 年
庚金 戊土	正	5획	3 1	1 9	5 3	백호 등사	戊 庚 辛 丁 乾 寅 申 亥 巳 命
戊土 ×	熙	13획	1 ×	9	3	구진 주작	

용신은 상관인 癸水이다.

8(명예)에 청룡이 붙어 있으니 貴命(귀명)이다.

그러나 5(妻宮)에 白虎가 있어 乙丑生 부인(육영수 女史)이 저격을 당했다. 대통령 자신도 己未年 甲戌月 丙寅日에 총격으로 운명을 다하는 不運을 맞았다. 이는 사주의 용신인 癸水가 己未年에 극을 당하였다고 본다.

※ 六神의 變換表出(변환표출)

天干의 十神도 상대적으로 볼 수 있는 것이다.

1비견	2겁재	3식신	4상관	5편재	6정재	7편관	8정관	9편인	0정인
1비견	2겁재	9편인	0정인	7편재	8정관	5편재	6정재	3식신	4상관

즉 자식인 식신 3은 당연히 부모 9가 있기에 존재한다 등으로 보는 것이다.

<實例2>

1928年(戊辰) 12月 4日(餘氣) 戌時生

四柱 乾命

時	日	月	年
甲	己	乙	戊
戌	未	丑	辰

音五行	姓名	劃數	十神 餘氣	六獸
乙木 癸水	金	8획	1 9	주작 청룡
戊土 戊土	泳	9획	6 0	현무 백호
庚金 壬水	三	3획	8 0	등사 주진

名上字에 용신인 戊土가 있으니 좋은 이름이다.

명예(8)를 여기인 6이 생해주고 있으며, 泳(戊土)에서 三(庚金)을 土生金으로 상생되니, 6(正財)이 8(正官) 명예를 올려주고 있으니 모양이 아주 좋다.

그러나 용신인 戊土가 甲戌年(1994)에 극을 당하니 매우 유의해야 한다.

▶ **六親表(육친표)**

十神	1 比肩	2 劫財	3 食神	4 傷官	5 偏財	6 正財	7 偏官	8 正官	9 偏印	0 正印
男子	형제 동서간 친구 동업자	동생 여동생 이복형제	장모 조카 (딸) 손자	장인 조모 (아들) 외손	부친 첩 애인 형수	본부인 형수 아버지 형제	아들 사촌 형제 외조모	딸 질녀 증조부	계모 이모 사위 조부	생부 스승 (장인 손녀)
女子	형제 동서간 친구 동업자	동생 남동생 시숙 이복	아들	딸 조모	부친 시모	시모 형제	남편 정부 애인	본남편 시동생	계모 이모 사위	생모 스승

음오행의 육친 地支表出(지지표출)

이상은 음령오행의 표출이 지장간의 天干에 의한 것이었다면, 地支로 표출하는 방법을 마저 소개한다.

성명자의 주종음의 지지에 대한 音靈五行(음령오행)을 아래와 같이 표시한다.

陰陽五行	陽木	陰木	陽火	陰火	陽土 7,9	陽土 1,3,5	陰土 8,10	陰土 2,4,6	陽金	陰金	陽水	陰水
地支	寅	卯	午	巳	戌	辰	丑	未	申	酉	子	亥

단, 100 이상의 數는 10을 제외한 나머지 수에 의한다.

그리고 土의 경우는 陽土丑戌은 7數 이상 陰土辰未는 6數 이하에 적용한다.

<例>　　乾命　　金　鍾　泌 (김종필)

	時	日	月	年	柱四
	壬	丙	己	乙	
	辰	申	丑	丑	

		五行	六親	六獸	表出	神殺
8	金 김	木水	官財	玄白	卯亥	災驛
17	鍾 종	金土	孫兄	蛇句	申戌	亡攀
9	泌 필	水火	財父	朱雀	子午	六年

※ 12神殺(신살)　劫殺　災殺　天殺　地殺　年殺　月殺
　　亡神殺　攀鞍殺　驛馬殺　六害殺　華蓋殺
　　이중 겁살 년살(도화살) 망신살 역마살 화개살은 선천명에 도표가 있음

曲劃作名法(곡획작명법)

생년 간지별로 정해진 先天生數(선천생수)에 성명의 筆劃(필획)수와 曲劃(곡획)수를 더한 총수에 따른 길흉을 4개의 사언절구로 판단하였다.(60-147)
(생년별 선천생수 + 성명의 정획수 + 성명의 곡획수 = 총합수)

▶ **先天生數(선천생수)**

甲子 42	甲戌 48	甲申 37	甲午 34	甲辰 56	甲寅 38
乙丑 40	乙亥 42	乙酉 33	乙未 46	乙巳 52	己卯 40
丙寅 46	丙子 36	丙戌 36	丙申 44	丙午 38	丙辰 32
丁卯 32	丁丑 38	丁亥 46	丁酉 42	丁未 46	丁巳 41
戊辰 34	戊寅 36	戊子 48	戊戌 55	戊申 44	戊午 30
己巳 37	乙卯 34	己丑 55	己亥 30	己酉 41	己未 32
庚午 48	庚辰 43	庚寅 57	庚子 44	庚戌 32	庚申 46
辛未 43	辛巳 41	辛卯 59	辛丑 38	辛亥 30	辛酉 35
壬申 51	壬午 30	壬辰 41	壬寅 41	壬子 59	壬戌 37
癸酉 53	癸未 35	癸巳 32	癸卯 35	癸丑 44	癸亥 40

<例>

　　　　　　玄　　哲　　合

筆　　　　　5　　　10　　15　　　30+15+19=64
　　　　　　　　　　　　　　　　64 → 一生多福(○○○)

曲　　　　　7　　　12　　19
　　　　(壬午生 = 선천생수 30)

－ 출생년도의 干支에 따른 先天生數(예 甲子生은 42)에 성명의 필획수(正劃數)와 곡획수

를 합한 총수를 아래 곡획작명길흉표의 해당란에서 찾아 吉凶을 보면 된다. 따라서 같은 성명이라도 출생년도가 다르면 그 吉凶 역시 같지 않게 된다는 것이다.

※ 趙先生은 저서에서 "선영사에서 출간한 한자로 된 원문2820字는 생략…"이라 하였으나 언급한 책은 구하지 못하였다. 그러나 본서에서 제시한 제갈무후작명결과 같은 것이며 선천생수를 가산한 것은 다르나, 숫자적으로는 위 결록에 88을 가산하여보면 될 것 같다.(아래표의 代表文句 외에는 참고 가능하다)

▌曲劃作名吉凶表(곡획작명길흉표)

(曲劃＝先天生數＋筆劃數＋曲劃數)

吉凶數	吉凶		吉凶數	吉凶		吉凶數	吉凶	
	略言	初中末		略言	初中末		略言	初中末
60	官至石崇	○○○	71	一生辛苦	×××	82	早晚財旺	○○○
61	一身無依	○××	72	壽官可期	○○○	83	冠在末年	××○
62	先困後達	×○○	73	去去高山	×××	84	寶劍出匣	○○○
63	前程有害	×××	74	一生多福	○○○	85	去去高山	×××
64	一生多福	○○○	75	終身多苦	×××	86	福祿綿綿	○○○
65	愁深家庭	××○	76	終身多福	○○○	87	前程險惡	×××
66	貴中兼富	○○○	77	累見風霜	×××	88	手握四海	○○○
67	外無人助	×××	78	自手成家	×○○	89	富貴兼全	○○○
68	貴中兼富	○○○	79	一生孤單	×××	90	一身辛苦	×××
69	外實內虛	○××	80	名振四方	○○○	91	名振四海	○○○
70	祿福綿綿	○○○	81	去去高山	×××	92	去去高山	○××

吉凶 數	吉凶 略言	初中末	吉凶 數	吉凶 略言	初中末	吉凶 數	吉凶 略言	初中末
93	自手成家	○○○	112	一生亨吉	○○○	131	一身孤獨	×××
94	一生辛苦	○××	113	終身無亨	×××	132	先困後達	×○○
95	貴中兼富	○○○	114	中末多福	×○○	133	一身無依	×××
96	去去高山	×××	115	風霜重重	×××	134	內實外虛	○○○
97	名振一世	○○○	116	一生多福	○○○	135	前程無望	×××
98	一生辛苦	×××	117	一生孤單	×××	136	一生安樂	○○○
99	一生亨吉	○○○	118	仁聲四海	○○○	137	前程無望	×××
100	去去高山	×××	119	前程無望	×××	138	晚年多福	×○○
101	先困後達	×○○	120	子孫盛大	○○○	139	晚無依身	×××
102	去去高山	×××	121	東西丐乞	○××	140	壽福可知	○○○
103	安過一生	○○○	122	貴中兼富	○○○	141	先吉後凶	○××
104	外無人助	×××	123	去去高山	×××	142	晚年多福	×○○
105	安過一生	○○○	124	文章可知	○○○	143	一身孤獨	××○
106	壽福綿綿	○○○	125	風霜何多	×××	144	一生多福	○○○
107	一身無依	×××	126	多智多辯	○○○	145	晚無依身	×××
108	揚名後世	○○○	127	有何壽福	×××	146	貴中兼富	○○○
109	一生辛苦	×××	128	富至千石	○○○	147	去去高山	×××
110	文章可知	○○○	129	去去高山	×××			
111	一身孤獨	×××	130	富貴兼全	○○○			

※ 본표는 성명 획수별 해설을 요약하여 활용에 편의를 제공한 것이다.

代數(대수)

前運　名上字 획수 → 代　名下字 획수 − 數 ⇒ 30세까지 運

後運　姓字 획수 → 代　名字 총획수 − 數　⇒ 31세 ~ 運

※ 유년시절에는 부모 밑에서 이름 2字만을 사용하기 때문이며, 그 후부터는 自立 活動(자립활동)으로 姓名3字를 사용하게 되므로 이 같은 看法(간법)이 된 것이 라 한다.

<例>

8代 ← 金8

● 前運(전운)

容10 → 10代　　10代의 7(數)를 看

17數 {

佑 7 → 7數　　　財運 壽運 妻運 子孫運 모두 吉하나

결혼을 늦게 함이 좋다

● 後運(후운)

8代 17(數)를 看

財運 壽運 妻運 子孫運이 모두 吉하다.

* 대수별 운의 구분(다음 代數運表에서)

財運 − 巨富 大富 富 普(普通) 貧 凶　　　6구분

壽運 − 長壽 壽 普(普通) 短 凶　　　　　5구분

妻運 − 大吉 吉 兩(兩妻運) 晩(晩婚吉運) 喪(喪妻運) 凶　6구분

子孫運 − 好 普(普通) 多子 1子 2子 凶　　　6구분

다음에 代別(대별) 수에 대하여 위 구분대로 代數運表(대수운표)를 만들어 빨리 찾 아볼 수 있도록 하였다.

代數運表(대수운표)

(財 壽 妻 子孫運 備考順)

1代

番	財	壽	妻	子孫運	備考
1	普	壽	吉	好	
2	普	壽	晚	大好	
3	富	短	晚	好	
4	普	壽	吉	一子	官職吉
5	富	長壽	凶	大好	
6	富	壽	晚	好	
7	富	壽	晚	好	
8	富	短	兩	好	
9	普	壽	晚	好	
10	富	壽	凶	好	
11	普	短	晚	好	
12	富	壽	吉	二子	
13	貧	壽	凶	無子	
14	巨富	壽	晚	大好	
15	富	壽	晚	二,三子	
16	富	壽	兩	多子	
17	富	壽	吉	好	
18	貧	短	凶	凶	
19	貧	短	晚	好	
20	富	壽	吉	好	
21	富凶	短	吉	多子	
22	富	壽	晚	好	
23	富	壽	晚	好	
24	富	壽	晚	好	
25	富凶	短	凶	凶	
26	普	短	吉	好	官職發展

2代

番	財	壽	妻	子孫運	備考
1	富	壽	吉	多子	
2	普	短	凶	一,二子	
3	富	壽	吉	好	半官半民職
4	富	壽	吉	好	
5	富	短	凶	一子	
6	富	壽	吉	好	
7	富	壽	凶	好	
8	普	壽	吉	二,三子	
9	富	壽	吉	好	
10	普	短	凶	二子	
11	普	壽	吉	好	
12	富	壽	吉	好	陰陽不交凶
13	凶	普	凶	一,二子	
14	富	壽	吉	好	陰陽不交凶
15	巨富	壽	吉	多子	
16	富	壽	吉	好	
17	凶	壽	晚	多子	
18	凶	短	凶	一無子	
19	凶	壽	晚	好	官職吉
20	富	壽	吉	好	
21	富	壽	吉	好	官職吉
22	凶	短	凶	一無子	農業吉
23	富	壽	吉	多子	事業吉
24	普	壽	吉	二,三子	
25	普	短	吉	好	
26	凶	凶	凶	凶	政治家吉
27	普	壽	吉	好	
28	富	壽	吉	好	
29	富	壽	吉	二,三子	軍職吉
30	富	壽	吉	好	陰陽不交凶
31	富	平吉	吉	好	事業吉
32	普	平吉	吉	好	
33	普	平吉	吉	好	三遷大吉
34	普	平吉	兩	一,二子	
35	普	平吉	吉	好	
36	富	平吉	吉	好	
37	普	平吉	吉	好	
38	普	短	吉	好	
39	普	平吉	吉	多子	事業吉

3代

番	財	壽	妻	子孫運	備考
1	普	平吉	吉	一,二子	政治吉
2	富	短	喪	好	
3	富	平吉	吉	好	
4	富	平吉	吉	好	
5	富	平吉	凶	好	
6	普	短	凶	凶	
7	貧	短	凶	凶	
8	富	平吉	吉	好	
9	普	平吉	吉	一,二子	
10	普	平吉	凶	二,三子	
11	普	短	晚	好	
12	富	平吉	吉	好	
13	富	平吉	吉	好	
14	普	短	吉	一,二子	
15	普	短	凶	凶	
16	普	平吉	凶	凶	
17	普	平吉	吉	一,二子	
18	普	短	凶	多子	
19	普	短	晚	多子	
20	富	壽	兩	三子	
21	普	壽	吉	二,三子	
22	普	短	凶	好	
23	貧	凶	凶	凶	政治吉
24	普	短	吉	好	
25	普	壽	吉	一,二子	軍人政治
26	普	壽	吉	好	官職出世
27	普	壽	吉	好	官職大吉
28	普	壽	吉	好	事業好
29	富	平吉	吉	一,二子	
30	普	壽	吉	好	軍大成
31	貧	凶	凶	凶	
32	富	壽	吉	好	
33	富	壽	吉	一,二子	
34	普	壽	兩	二,三子	
35	普	壽	吉	好	
36	富	壽	吉	多子	

4代

No.	財	壽	妻	子孫運	備考
1	富	壽	吉	二,三子	軍,政治
2	富	壽	吉	好	
3	富	壽	吉	好	
4	富	長壽	吉	多子	
5	富	長壽	吉	多子	
6	普	普	凶	好	
7	普	壽	晚	二子	
8	普	短	凶	二子	
9	富	長壽	吉	好	
10	普	普	晚	一,二子	
11	富	壽	吉	二子	
12	富	壽	吉	好	
13	富	長壽	吉	多子	
14	富	壽	兩	多子	
15	貧	短	吉	凶	
16	普	壽	兩	二子	
17	普	壽	吉	一,二子	
18	普	短	吉	凶	
19	富	長壽	吉	好	
20	富	長壽	吉	好	
21	富	壽	吉	多子	
22	普	短	兩凶	好	
23	普	短	吉	二子	
24	普	短	兩	二子	
25	富	壽	吉	好	
26	普	壽	吉	一,二子	官職吉
27	富	壽	吉	好	官職吉
28	富	壽	吉	多子	事業吉
29	富	壽	吉	多子	
30	普	短	兩	好	軍人大吉
31	普	短	吉	一,二子	
32	富	壽	吉	好	
33	富	壽	吉	好	
34	富	長壽	吉	好	
35	普	短	吉	好	

5代

No.	財	壽	妻	子孫運	備考
1	富	長壽	晚	好	官職
2	普	長壽	晚	一,二子	
3	巨富	長壽	吉	多子	
4	貧	短	凶	凶	官職外不吉
5	普	壽	吉	好	
6	普	壽	兩	好	陰陽不交凶
7	貧	凶	凶	凶	
8	巨富	壽	吉	多	官職名振
9	普	壽	晚	二,三子	
10	普	壽	晚	二子	他鄉利財吉
11	富	壽	吉	多子	事業大吉
12	普	壽	凶	一,二子	
13	富	壽	吉	多子	
14	貧	短	凶	凶	不意災難
15	貧	短	凶	凶	
16	巨富	長壽	吉	大好	名振四海
17	普	壽	晚	好	數理凶不吉
18	普	壽	吉	二子	
19	富	長壽	吉	好	事業大成
20	普	壽	吉	二子	
21	普	壽	吉	好	
22	普	短	凶	凶	
23	貧	凶	兩	一子	軍人出世
24	巨富	長壽	吉	好	官職名振
25	普	普	吉	好	三遷大吉
26	普	壽	吉	好	
27	普	壽	吉	好	事業大成
28	富	短	兩	一子	早子難養
29	普	壽	吉	好	
30	富	壽	吉	好	
31	普	短	凶	凶	軍人政治
32	富	長壽	吉	好	
33	富	壽	吉	大好	
34	普	壽	吉	二子	
35	富	壽	吉	好	陰陽不交凶
36	普	壽	吉	好	
37	普	壽	吉	好	
38	普	短	兩	凶	財上風波
39	普	凶	兩	凶	〃
40	富	壽	吉	多	事業成市

6代

No.	財	壽	妻	子孫運	備考
1	富	長壽	吉	好	事業大成
2	富	壽	吉	好	
3	富	壽	吉	好	
4	貧	短	凶	凶	數理好吉
5	普	壽	凶	凶	
6	貧	短	凶	凶	
7	富	壽	吉	好	
8	普	壽	凶	好	
9	富	壽	吉	好	
10	富	壽	吉	好	凶
11	富	壽	吉	好 好	事業大成
12	巨富	壽	兩	好	有才無功
13	普	凶	凶	一子	
14	貧	短	凶	凶	
15	富	壽	吉	好	
16	普	凶	凶	好	夫婦離別
17	巨富	壽	吉	好	事業大成
18	富	壽	吉	好	
19	富	壽	吉	好	軍人出世
20	貧	短	兩	凶	軍人出世
21	貧	短	凶	凶	官職成功
22	普	短	兩	一,二子	
23	富	壽	吉	好	
24	普	短	兩		
25	大富	壽	吉	好	
26	富	壽	吉	好	
27	大富	壽	吉	好	
28	普	短	兩	凶	
29	普	凶	凶	凶	
30	貧	凶	凶	凶	
31	富	壽	吉	好	
32	普	壽	兩	好	
33	富	長壽	吉	好	
34	普	壽	吉	好	
35	富	長壽	吉	好	
36	凶	短	凶	凶	
37	凶	短	凶	凶	官職大吉
38	普	短	吉	一,二子	
39	富	長壽	吉	好	
40	普	壽	吉	好	

7代	8代	9代
1 富 長壽 吉 二子 事業大吉	1 富 長壽 吉 好	1 普 壽 晚 好
2 富 壽 晚 好 離別,短命	2 富 壽 吉 二子	2 普 壽 凶 好 官職大吉
3 貧 壽 吉 好 官職外不利	3 貧 短 凶 二子 一時吉後凶	3 普 短 晚 凶 有才
4 富 壽 吉 一,二子 官職大吉	4 普 病苦 晚 一,二子	4 普 壽 吉 一,二子
5 普 壽 晚 好	5 普 壽 吉 二子 官職名振	5 富 短 凶 凶 農商業吉
6 普 壽 吉 二子	6 普 短 凶 一子	6 普 壽 晚 多子
7 普 長壽 晚 好	7 富 壽 晚 好	7 富 短 晚 二,三子 陰陽不交凶
8 普 短 凶 凶 官職外不利	8 富 壽 吉 多子	8 貧 壽 凶 多子 離別,短命
9 大富 壽 吉 好 事業大吉	9 富 壽 凶 多子 官職大吉	9 富 壽 吉 好
10 大富 壽 晚 好 離別,短命	10 富 長壽 吉 好	10 貧 凶 凶 凶 官職不吉
11 普 短 凶 凶 官職外不利	11 普 短 凶 凶	11 普 短 晚 二子
12 普 壽 晚 一,二子 官職吉	12 普 短 吉 一,二子	12 富 壽 吉 好
13 普 短 晚 一,二子	13 普 壽 吉 多子	13 貧 短 凶 凶 官職大吉
14 普 壽 吉 一,二子	14 普 壽 凶 凶 事業大吉	14 富 壽 凶 多子
15 富 長壽 吉 好	15 富 壽 吉 二子	15 富 壽 晚 好
16 貧 凶 凶 凶	16 大富 壽 兩 多子 事業大成	16 富 壽 晚 好
17 富 壽 吉 好 事業大吉	17 富 壽 吉 好	17 普 壽 凶 好 軍人大吉
18 富 壽 兩 多子	18 普 壽 吉 二,三子	18 貧 短 凶 好 離別,短命
19 富 壽 凶 凶 軍人,政治	19 普 短 凶 一子 先天半吉	19 貧 壽 晚 好
20 普 短 凶 一,二子	20 普 壽 吉 二子	20 富 壽 吉 好
21 普 短 兩 好	21 富 長壽 吉 多子 官職大吉	21 富 長壽 凶 多子 官職大吉
22 普 壽 吉 二子	22 富 壽 凶 三子 先天不吉無孫	22 富 壽 兩 多子
23 富 壽 吉 好	23 巨富 長壽 凶 好 事業大吉	23 普 短 吉 凶 陰陽不交不利
24 普 壽 吉 好 先天 不吉	24 富 壽 兩 多子 事業버길	24 巨富 壽 吉 多子 事業官職
25 富 長壽 吉 好	25 普 壽 吉 一,二子 官職吉	25 普 壽 吉 好
26 富 長壽 吉 好	26 普 壽 吉 好 軍人,政治	26 普 壽 吉 好
27 普 短 兩 凶 官職外不利	27 富 長壽 吉 好	27 普 短 兩 好 官職外不利
28 富 壽 吉 好	28 普 短 吉 一,二子	28 富 壽 吉 一,二子 官職吉
29 大富 壽 吉 好 軍人,政治	29 富 壽 吉 凶	29 富 壽 吉 大好 官職吉
30 富 壽 吉 好	30 富 壽 吉 一,二子	30 富 長壽 吉 好 事業大吉
31 富 壽 吉 好	31 大富 壽 吉 好 事業大吉	31 普 短 凶 凶
32 普 壽 吉 凶 陰陽不交凶	32 富 壽 吉 多子	32 富 壽 吉 多子 事業不利
33 富 長壽 吉 二子	33 富 壽 吉 好	33 普 壽 吉 大好
34 富 長壽 吉 好	34 普 壽 吉 好	34 普 壽 吉 多子 官職外不利
35 普 短 凶 二子	35 普 短 凶 二子	35 普 壽 吉 好 人德無事業不利
36 富 長壽 吉 好	36 普 短 吉 二子	36 富 壽 吉 一,二子
37 普 壽 吉 好	37 富 壽 吉 好	37 富 長壽 吉 大好
38 富 壽 吉 二子	38 普 壽 吉 凶	38 富 壽 吉 多子
39 富 壽 吉 好 事業大吉	39 大富 壽 吉 二子	39 普 壽 吉 一,二子
40 普 壽 吉 好	40 富 壽 吉 多子	40 富 長壽 吉 好 財에 風波

10代

順	財	壽	妻	子孫運	備考
1	富	壽	吉	多子	
2	普	短	凶	一,二子	水厄有
3	普	壽	吉	三子	技術職官職
4	富	壽	吉	二三子	陰陽不交凶
5	富	壽	喪	二子	官職吉有才
6	普	壽	吉	好	
7	大富	壽	晚	多子	事業大吉
8	富	長壽	吉	好	
9	富	壽	吉	好	奇蹟數回
10	普	短	凶	二子	官職有才
11	富	壽	晚	二,三子	官職吉有才
12	富	長壽	吉	好	
13	富	短	喪	二子	官職吉
14	富	壽	吉	好	事業吉
15	巨富	壽	晚	多子	事業吉
16	富	長壽	兩	好	軍人,政治
17	富	壽	吉	凶	
18	貧	短	凶	二子	
19	富	壽	晚	好	
20	富	長壽	吉	好	官運大吉
21	大富	壽	吉	好	
22	富	長壽	吉	好	陰陽不交凶
23	富	壽	吉	大好	
24	富	長壽	吉	好	
25	富	壽	吉	多子	奇蹟數回
26	普	短	凶	二子	水厄不吉
27	普	壽	吉	好	官職外不吉
28	富	長壽	吉	好	事業大吉
29	普	壽	吉	多子	官職大成
30	貧	短	吉	好	
31	富	長壽	吉	好	商事業大吉
32	普	壽	吉	好	
33	富	壽	吉	多子	
34	富	短	凶	二子	水厄不吉
35	富	壽	吉	好	官職大吉
36	巨富	壽	吉	好	
37	富	長壽	吉	好	軍人,政治
38	普	壽	吉	好	
39	富	壽	吉	好	
40	普	短	凶	好	

11代

順	財	壽	妻	子孫運	備考
1	富	長壽	吉	好	
2	普	壽	凶	好	官職大吉
3	普	短	晚	多子	東奔西走
4	富	壽	吉	二,三子	
5	富	壽	晚	凶	官職吉
6	普	壽	晚	二子	
7	貧	凶	凶	凶	
8	普	壽	吉	二子	
9	富	壽	吉	多子	軍人,政治
10	富	長壽	凶	好	
11	普	短	晚	多子	
12	富	壽	吉	多子	官職吉
13	富	壽	吉	一,二子	
14	普	短	凶	好	
15	貧	凶	凶	凶	官職外不成
16	普	壽	吉	好	陰陽不交不吉
17	富	壽	晚	一,二子	
18	普	壽	凶	二,三子	
19	普	壽	吉	多子	
20	富	長壽	吉	大好	
21	普	短	凶	凶	官職外不利
22	普	短	吉	二,三子	
23	貧	凶	凶	凶	官職外不成
24	富	長壽	吉	好	
25	富	壽	吉	多子	軍人,政治
26	普	壽	吉	好	
27	普	長壽	吉	多子	東奔西走
28	富	壽	吉	多子	
29	普	短	晚	二子	
30	普	短	吉	好	
31	貧	凶	凶	凶	母事不成
32	普	壽	吉	好	
33	富	長壽	吉	一,二子	
34	富	壽	吉	大好	
35	富	壽	吉	好	多難多苦
36	富	壽	吉	好	
37	普	長壽	吉	一,二子	
38	普	短	吉	凶	
39	貧	短	吉	好	
40	富	長壽	吉	好	事業大吉

12代

順	財	壽	妻	子孫運	備考
1	富	長壽	吉	好	
2	普	普	晚	一,二子	
3	富	長壽	吉	好	官職大吉
4	富	長壽	吉	好	事業大吉
5	富	壽	吉	多子	
6	富	壽	兩	好	軍人,政治
7	普	凶	凶	凶	
8	普	短	凶	二子	
9	普	壽	吉	好	
10	普	短	兩	二子	
11	富	壽	晚	好	官職外不利
12	大富	壽	吉	好	
13	富	壽	吉	二子	後天運大吉
14	普	壽	凶	好	軍人大吉
15	貧	短	凶	凶	
16	普	短	兩	二子	農業,政治
17	富	壽	吉	好	
18	普	壽	兩	一,二子	官職吉
19	富	長壽	吉	二子	官職名振
20	富	壽	兩	好	
21	富	壽	吉	多子	
22	普	普	兩	好	軍人,政治
23	普	短	凶	好	痛苦愁心
24	普	短	凶	二子	陰陽相交吉
25	富	壽	吉	普	
26	富	壽	吉	好	
27	富	長壽	吉	好	官職名振
28	大富	壽	吉	大好	
29	富	壽	吉	好	
30	普	壽	兩	好	軍人,政治
31	貧	短	凶	凶	
32	普	短	凶	凶	
33	富	普	吉	好	
34	普	壽	吉	好	
35	富	壽	吉	好	
36	富	長壽	吉	好	
37	普	壽	吉	好	
38	普	短	兩	好	
39	貧	短	凶	凶	
40	普	普	兩	二子	

13代

#	財	壽	妻	子孫運	備考
1	普	壽	晚	好	
2	富	壽	晚	一,二子	利在他鄉
3	富	長壽	吉	多子	
4	普	壽	晚	二,三子	姓字七劃大吉
5	富	普	吉	多子	農商業吉
6	貧	短	凶	凶	
7	貧	凶	凶	凶	
8	富	壽	吉	多子	官職大吉
9	普	短	凶	二,三子	
10	富	壽	晚	一,二子	
11	富	壽	吉	多子	事業
12	普	短	凶	好	陰陽相合吉
13	普	短	晚	普	政治外不利
14	富	短	兩	凶	事業風波
15	貧	短	凶	凶	
16	巨富	長壽	吉	好	官職事業吉
17	普	壽	晚	好	官職吉
18	普	壽	吉	好	利在他鄉
19	富	壽	吉	多子	名振四海
20	普	壽	吉	二子	
21	普	壽	吉	好	
22	富	短	兩	多子	
23	普	凶	凶	凶	陰陽相交平吉
24	富	長壽	吉	多子	事業,官職
25	普	壽	吉	好	
26	普	壽	吉	大好	奇蹟有
27	大富	壽	吉	好	事業大吉
28	普	壽	兩	凶	
29	普	壽	大吉	好	
30	貧	短	凶	凶	
31	貧	凶	凶	凶	手足不具吉
32	巨富	長壽	吉	好	名振四海
33	普	短	吉	好	官職外不利
34	普	壽	吉	二子	
35	富	壽	大吉	好	陰陽不交不吉
36	普	壽	兩	一,二子	財産風波
37	普	壽	吉	好	
38	富	短	兩	好	
39	富	壽	吉	好	事業大吉
40	普	壽	大吉	好	

14代

#	財	壽	妻	子孫運	備考
1	富	壽	吉	好	事業大吉
2	富	長壽	吉	好	
3	富	壽	吉	好	
4	普	壽	兩	凶	
5	貧	貧	凶	凶	每事不成
6	貧	短	凶	凶	
7	普	壽	吉	好	
8	普	短	凶	普	
9	普	壽	吉	好	每事大吉
10	大富	壽	吉	大好	
11	富	壽	吉	好	
12	貧	短	凶	凶	陰陽相交平吉
13	貧	短	晚	二子	官職吉
14	貧	短	凶	凶	軍人,政治
15	富	壽	吉	好	
16	普	短	凶	好	官職大吉
17	富	壽	吉	大好	
18	富	長壽	吉	好	陰陽不交不吉
19	富	壽	吉	好	
20	普	短	凶	凶	
21	普	短	凶	一,二子	官職後母同居
22	普	短	兩	二子	軍人,政治
23	富	壽	吉	好	
24	普	短	兩	好	
25	富	壽	吉	一子	
26	富	壽	吉	大好	
27	普	短	兩	普	
28	貧	短	兩	凶	
29	貧	短	凶	凶	每事不成
30	貧	短	凶	凶	
31	富	壽	吉	好	
32	富	壽	兩	好	
33	富	長壽	吉	好	事業大吉
34	富	壽	吉	好	
35	富	壽	吉	好	
36	普	短	凶	凶	
37	普	短	凶	二子	官外不利
38	富	長壽	吉	二子	寒足
39	富	壽	吉	二子	
40	普	短	兩	好	

15代

#	財	壽	妻	子孫運	備考
1	大富	壽	吉	好	
2	富	壽	凶	好	妻離別,吉
3	普	短	凶	凶	
4	普	短	晚	凶	陰陽相交吉
5	普	短	凶	好	
6	普	壽	吉	一,二子	
7	富	壽	吉	好	
8	貧	短	凶	凶	刑官職外不
9	富	壽	吉	好	事業大吉
10	富	壽	晚	好	官職不利
11	普	短	凶	凶	軍人,政治
12	普	短	晚	一,二子	中折運
13	普	壽	晚	好	英雄之象
14	富	壽吉	吉	好	
15	富	長壽	吉	好	
16	普	短	凶	凶	後天大吉
17	富	壽	吉	好	陰陽不交不利
18	富	壽	兩	一,二子	
19	貧	短	凶	凶	
20	富	壽	吉	一,二子	
21	普	普	吉	好	
22	普	壽	吉	大好	
23	大富	壽	吉	好	
24	富	壽	吉	好	
25	普	壽	吉	好	
26	富	長壽	兩	二子	
27	貧	凶	凶	凶	官職外不利
28	普	壽	吉	一,二子	
29	普	短	凶	好	陰陽不交不利
30	普	壽	吉	好	
31	富	長壽	吉	好	
32	普	壽	吉	好	
33	富	壽	大吉	好	
34	普	普	兩	一,二子	

	16代				
1	富	壽	凶	多子	
2	富	壽	吉	好	
3	普	短	凶	二子	
4	普	短	吉	二子	
5	普	壽	吉	好	官職名振
6	普	短	兩	一子	
7	大富	壽	吉	好	事業大吉
8	大富	壽	兩	好	事業大吉
9	富	壽	晩	好	官職大吉
10	普	壽	吉	好	
11	普	短	凶	一,二子	
12	普	短	凶	二子	政治人病苦愁心
13	富	壽	吉	多子	官職吉
14	普	壽	凶	凶	
15	富	壽	吉	好	晩婚大吉
16	大富	壽	兩	多	事業大吉
17	富	壽	吉	好	官職名振
18	普	壽	吉	好	
19	富	壽	普	好	
20	普	壽	吉	好	官職之象
21	富	壽	吉	凶	
22	富	壽	兩	普	
23	大富	壽	吉	好	
24	富	短	兩	多子	
25	富	壽	吉	好	官職大吉
26	富	壽	吉	好	
27	貧	短	凶	凶	
28	普	短	吉	二子	
29	普	壽	吉	多子	
30	富	壽	吉	凶	陰陽不交不利
31	大富	壽	吉	好	事業大吉
32	富	壽	吉	多子	
33	富	長壽	吉	好	
34	富	壽	吉	二子	
35	富	壽	大吉	好	
36	富	壽	吉	二子	
37	富	短	吉	好	
38	富	長壽	吉	好	
39	大富	壽	吉	好	

	17代				
1	富	長壽	吉	好	六龍御天格
2	貧	短	凶	凶	官職外不利
3	普	凶	凶	二,三子	有才
4	富	壽	晩	二子	官職大吉
5	普	短	凶	凶	官職名振
6	富	壽	晩	多	
7	富	壽	晩	一,二子	平數不吉
8	富	壽	兩	多子	財物風波
9	普	短	凶	好	政治外不利
10	普	短	凶	凶	官職外不利
11	普	短	兩	好	軍人,政治
12	富	壽	吉	二子	
13	貧	短	喪	凶	
14	富	壽	晩	好	
15	富	長壽	吉	好	
16	富	壽	兩	好	
17	大富	壽	兩	多子	
18	富	壽	普	好	
19	普	壽	凶	好	
20	富	壽	吉	好	
21	貧	短	喪	凶	官職名振
22	富	壽	兩	好	
23	普	短	兩	凶	
24	富	壽	兩	多子	妻無離別不利
25	普	壽	吉	好	
26	普	短	兩	好	
27	普	短	吉	二子	
28	富	壽	吉	二子	官職吉
29	富	壽	吉	多子	官職名振
30	富	普	普	好	陰陽不交不利
31	普	短	吉	凶	
32	普	短	兩	多子	
33	普	壽	吉	好	
34	富	壽	吉	好	
35	富	壽	吉	好	官職吉人德無

	18代				
1	富	壽	吉	好	
2	普	短	凶	一,二子	水厄不吉
3	普	壽	晩	好	官,機械職
4	富	壽	吉	好	
5	普	短	喪	一,二子	喪妻無時短命
6	富	壽	吉	好	
7	大富	壽	吉	好	
8	富	壽	晩	好	
9	普	壽	吉	多子	奇蹟三遷
10	普	短	凶	一,二子	軍,政治不利
11	富	壽	晩	好	官職大吉
12	富	壽	吉	好	
13	普	短	喪	一,二子	
14	富	壽	吉	好	
15	大富	長壽	吉	多子	
16	普	壽	吉	好	
17	富	壽	吉	多子	大振名利
18	普	短	兩	一,二子	軍,政治不利
19	普	普	吉	好	
20	富	壽	吉	好	
21	富	壽	吉	好	名振四海
22	普	壽	吉	二子	
23	富	長壽	大吉	好	事業大吉
24	普	壽	吉	二子	
25	普	長壽	吉	好	奇蹟三遷
26	普	壽	兩	一,二子	
27	普	壽	吉	好	官職大吉
28	大富	壽	吉	好	事業大吉
29	普	壽	大吉	好	軍人,政治
30	富	壽	吉	好	
31	富	壽	吉	好	
32	普	壽	吉	一,二子	
33	富	長壽	大吉	多子	
34	普	壽	吉	一,二子	
35	普	壽	吉	好	

19代

#	財	壽	妻	子孫運	備考
1	富	壽	晚	一,二子	陰陽不交凶
2	富	壽	凶	好	官職技術
3	普	短	吉	好	
4	富	壽	吉	普	官職大吉
5	富	長壽	吉	一,二子	
6	普	壽	晚	好	
7	普	壽	凶	凶	
8	普	壽	吉	多子	財物風波
9	富	壽	吉	好	
10	普	壽	凶	好	
11	凶	壽	吉	好	
12	富	壽	吉	好	
13	富	壽	吉	大好	
14	富	長壽	大吉	好	
15	貧	壽	吉	好	
16	貧	短	凶	凶	
17	富	壽	吉	好	
18	大富	壽	吉	好	
19	富	壽	吉	好	東奔西走
20	富	壽	吉	好	官職大吉
21	普	短	吉	凶	有才
22	普	壽	大吉	好	不成嘆息
23	貧	短	凶	凶	官職外不成
24	富	壽	吉	好	
25	富	壽	吉	一,二子	
26	富	長壽	吉	好	官職大吉
27	大富	壽	吉	多子	
28	富	壽	吉	好	
29	富	壽	吉	好	
30	富	凶	普	凶	
31	貧	凶	凶	凶	事業不利
32	富	壽	吉	好	
33	富	壽	吉	好	
34	富	凶	短	吉	
35	富	壽			

20代

#	財	壽	妻	子孫運	備考
1	富	壽	吉	好	
2	貧	壽	晚	二子	
3	富	壽	吉	好	官職大吉
4	大富	普	吉	好	
5	大富	壽	吉	多子	萬年快意達成
6	富	壽	吉	好	
7	貧	長壽	凶	凶	
8	貧	長壽	兩	二子	
9	富	壽	吉	好	
10	富	壽	晚	二,三子	官職吉
11	富	壽	吉	好	官職大吉
12	富	長壽	吉	好	陰陽不交不吉
13	大富	壽	吉	好	
14	富	壽	兩	好	
15	富	長壽	兩	大好	
16	富	壽	兩	好	
17	貧	壽	吉	好	
18	富	壽	吉	好	
19	普	壽	吉	好	
20	富	壽	吉	好	
21	大富	壽	吉	好	
22	富	壽	兩	好	
23	貧	短	兩	二子	
24	貧	長壽	兩	二子	
25	富	壽	吉	好	
26	普	壽	吉	二子	
27	富	壽	吉	好	
28	富	壽	吉	好	
29	富	壽	吉	多子	
30	貧	壽	兩	好	
31	貧	長壽	兩	凶	
32	貧	壽	兩	二子	
33	普	壽	吉	好	
34	貧	長壽	兩	好	
35	富	壽	吉	好	
36	大富	壽	吉	好	

21代

#	財	壽	妻	子孫運	備考
1	普	短	晚	二,三子	官職吉
2	普	壽	吉	二子	
3	大富	壽	吉	二子	名振四海
4	富	壽	兩	好	姓字七劃吉
5	富	壽	吉	多子	
6	普	短	凶	凶	蜂蝶失路
7	貧	短	凶	凶	
8	富	壽	吉	好	
9	普	壽	吉	好	
10	大富	壽	吉	二子	
11	大富	壽	吉	好	
12	富	壽	吉	好	
13	普	壽	吉	好	
14	普	長壽	兩	好	財物風波
15	凶	短	喪	凶	
16	大富	長壽	吉	多子	名振四海
17	富	壽	吉	好	有才
18	富	壽	吉	二子	
19	大富	壽	吉	大好	
20	貧	壽	吉	好	
21	貧	普	晚	一,二子	利在他鄉
22	貧	普	兩	凶	財産波亂
23	凶	短	凶	凶	每年不成
24	大富	壽	吉	多子	名振四海
25	貧	壽	兩晚	好	
26	富	壽	吉	好	利在他鄉
27	大富	長壽	吉	多子	
28	貧	普	凶	凶	千里有光

	22代						23代				
1	巨富	壽	吉	好	事業大成	1	大富	壽	吉	好	諸事業大興
2	富	壽	吉	好		2	大富	壽	晩	好	
3	富	壽	吉	好		3	貧	長壽	凶	凶	軍,政治不利
4	普	短	兩	多子	英雄格	4	貧	長壽	晩	凶	官職大吉
5	貧	凶	凶	凶		5	貧	普	吉	好	病苦愁心
6	普	短	凶	二子		6	富	壽	吉	二子	官職大吉
7	富	壽	吉	好		7	富	壽	吉	好	
8	普	壽	吉	好	陰陽不交不利	8	貧	長壽	凶	凶	刑厄不吉
9	富	壽	吉	好		9	富	壽	吉	好	事業大吉
10	富	壽	吉	好		10	大富	壽	晩	好	每事不吉
11	富	壽	吉	好		11	貧	短	凶	凶	
12	富	短	兩	好		12	富	壽	吉	好	官職大吉
13	普	短	凶	二子	官職外不利	13	富	壽	吉	好	有始無終
14	普	短	凶	二子		14	貧	壽	吉	好	
15	普	壽	吉	好		15	大富	壽	吉	好	事業大吉
16	普	壽	凶	好	陰陽不交不利	16	貧	長壽	凶	凶	不吉
17	大富	壽	吉	好		17	貧	壽	吉	好	
18	富	壽	吉	好		18	富	壽	兩晩	好	
19	大富	壽	吉	好	事業大吉	19	貧	長壽	凶	凶	
20	普	長壽	兩	好		20	貧	長壽	晩	凶	
21	貧	壽	凶	凶		21	富	壽	兩	好	
22	貧	壽	凶	凶							
23	富	壽	吉	好							
24	富	壽	兩	好							
25	富	壽	吉	好	事業發展						
26	富	壽	吉	好							
27	富	壽	吉	好							
28	貧	壽	吉	好							
29	貧	長壽	凶	一子							
30	貧	普	兩	一,二子							
31	富	壽	吉	好							
32	富	壽	吉	好							
33	富	壽	吉	好							
34	大富	壽	吉	好							
35	富	壽	吉	好							
36	貧	長壽	凶	一,二子							

作名 方法 29 ▌波動姓名學(소리성명학)

소리 즉 音波(음파)로 판단하는 성명학으로 알파벳이나 다른 외국의 문자 이름도 다룰 수 있다. R氏는 이름을 짓는 것(作名)은 맞는 소리를 찾아주는 作業(작업)이라고 말하고 있다.

이름을 부르는 소리에서 발산되는 기운이 그 이름의 주인공에게 영향을 준다는 波動物理學的(파동물리학적)인 이론이다. 즉 소리(音波)에는 형태를 만드는 다시 말하면 공기를 움직이는 힘이 있기 때문에 음파의 음양 진동수는 만물을 창조하는 것이다.

대기 중에 있는 기운들은 부르는 소리에서 나오는 이름의 기운을 감싸주거나 무정하게 배척하기도 하는데, 서로 돕고 감싸주는 이름은 행운이 많고 명성이 빠르며 배척되는 이름은 불행한 일이 많이 생기게 되는 것이다.

소리가 갖는 파동의 힘은 모든 기운들이 모여 만들어진 것이기 때문에 엄청난 작용을 하는 것인데,
그러한 소리의 기운은 우리의 몸속에 있다가 말을 할 때 밖으로 나와 외부의 우주 기운과 만나 조화를 이루게 된다.

이렇게 사람이 태어난 뒤에 작명한 이름을 부르는 소리에서 생성되는 기운(音波)으로 새로 만들어진 운명이, 선천운과 조화를 이루어 신비하게 작용함으로써 행, 불행을 형성한다는 이치인 것이다.

사주의 선천운이 陰動(음동)이라면 이름의 후천운은 陽動(양동)인 셈이다.

▌波動(소리)相生相剋表(상생상극표)

① ②
●사업에 대흉(大凶) ●영웅심리
강 ●무게가 없다
●통이 크다 ●가정에 무관심
●직장생활은 대길 ●가정파괴
운 ●상사(上司)와 충돌
●바쁘다 ●조실부모, 부모무덕
●학자
형제 자매 친구

┌─────────┐
│ ○상생   │
│ ☆상극   │
└─────────┘

③ ④
●의심 ●대범한 듯 소심 ●
요식업 ●항상 부족감 느낌
●낙천적 ●내주장 ●염세적
(주파수④) ●단순 ●외골수
●치면 튄다 ●주위사람 피
곤 ●성질 조심 ●과부운 ●
많으면 정신질환 조심 ●아
기 같다
●집안 호랑이
조모 외조모 조카 손자
남자-장모 여자-자식

⑨ ⓪
●이론에 밝다 ●윗사람과 불
합 ●복록 ●의약 ●학자 ●고
전 ●최상인(最上人) ●무병식
재(無病息災) ●고집 ●인색 ●
속을 노출시키지 않음
●어른스럽다 ●장남운 ●장남
에게 출가 ●형제풍파
어머니 서모
남자-장인 여자-이모

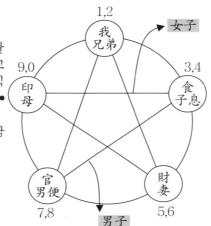

⑤ ⑥
●평생동 충족 ●신병조심 ●교통
사고 ●이기적 ●어머니와 불합 ●
화나면 두문불출
●고지식 ●고집 세다 ●처첩이 덕
●조실부모 ●구렁이 ●결혼 후 가
운번창 ●창고 ●금융 ●주파수⑤
는 주색 도박 조심 ●독재자
아버지 삼촌
남자-처첩 여자-시어머니

⑦ ⑧
●명예 ●명성 ●관공서 ●공무원 ●
직장인 ●법률 ●제도(制度) ●신
경질 ●번개 ●천둥 ●벼락 ●학문
●총검 ●투기 ●법관 ●변덕 ●수술
●교통사고 ●의약 ●남성족 ●여장
부 ●쓸데없는 걱정
남자-자식 외조부 조카
여자-남편 정혼외의 남편

※ 명리의 十神을 1~0의 수자로 부호화(주파수)한 것이 특색이다.

1比肩 2劫財 3食神 4傷官 5偏財 6正財 7偏官 8正官 9偏印 0正印

主從(주종)의 음오행

金 김 ㄱ 木] ○ 水生木
信 신 ㅁㅅ 水] ○ 金生水
明 명 ㄴ 金] × 火剋金
ㅁ 火] × 水剋火
ㅇ 水] × 土剋水
土]

주파수 산출도표

이름 \ 생년	4	5	6	7	8	9	0	1	2	3
ㄱㅋ	⑫		㉞		㊺		㉸		⑨⓪	
ㄴㄷㄹㅌ	⑨⓪		⑫		㉞		㊺		㉸	
ㅇㅎ	㉸		⑨⓪		⑫		㉞		㊺	
ㅅㅈㅊ	㊺		㉸		⑨⓪		⑫		㉞	
ㅁㅂㅍ	㉞		㊺		㉸		⑨⓪		⑫	
띠	범	토끼	뱀	말	용·개	소·양	잔나비	닭	돼지	쥐

▶ **父母 성명과 子女의 관계(해로운 주파수 배합)**

　남자　　자식 → 7, 8(正 偏官)

　　　　　3, 4(食 傷)가 7,8과 같이 있거나 7 8이 없다(食剋官)

　여자　　자식 → 3, 4(食 傷)

　　　　　9, 0(正,偏印)이 3,4와 같이 있거나 3,4가 없다(印剋食)

※ ·자녀에게 해로운 이름의 부모는 무조건 개명해서 姓에 맞는 이름을 찾아야 한
　다고 강조함.

　·한글획수는 ㄱㄴㅇ은 1획, ㄷㅅㅋ은 2획, ㄹㅁㅈㅌㅎ은 3획, ㅁㅊㅍ 4획으로
　한 것이다.

<例> 乾命 1920년 (庚申生)

④4 　　②4 　　⑦3 　　※ 4:7 = ×　　7:3 = ×

홍 　　 종 　　 경 　유산을 받아 빚갚으려는 교수인 아

④4 　　②4 　　⑦3 　　들에 의해, 아버지인 이사장이 안

　　　　　　　　　　　　　방에서 피살됨

<例>

1977年生

　　　　　天氣　　　　地氣

⑥ **박** 水 　⑤

4 　　　木 　3 홀수(ㅂ 4, ㅏ 2, ㄱ 1 → 7)

⑦ **정** 金 　⑧

9 　　　土 　0 짝수(ㅈ 3, ㅓ 2, ㅇ 1 → 6)

⓪ **호** 土 　⑨ 홀수(ㅎ 3, ㅗ 2 → 5)

　　× 　　　　　　×

　　먼저 天氣(천기)의 오른쪽 4번째 줄에서 출산년도 1977년을 찾고, 왼쪽 ㅁㅂㅍ칸(박의 ㅂ)에서 홀수와 교차된 주파수 6과 ㄱㅋ칸(박의 ㄱ)에서 역시 홀수와 교차된 주파수 4를 찾아 ⑥4로 표시한다.

　　다른 주파수 찾는 것도 같으나, 오른쪽의 地氣(지기)는 표가 다를 뿐이다.

　　여기서 정字의 ⑦은 제1고정주파수이며 정字의 ⑧은 제2고정주파수로 바로 중심 고정주파수가 된다.

　　중심고정주파수는 성격을 형성하며 운명에 큰 영향을 미친다.

　　姓字와 名下字는 중심고정주파수를 보좌하며 운명상 조화를 부리는 주파수이다.

제1고정주파수 조견표〈天氣〉

발음		생년		1914 1924 1934 1944 1954 1964 1974 1984 1994 2004 2014	1915 1925 1935 1945 1955 1965 1975 1985 1995 2005 2015	1916 1926 1936 1946 1956 1966 1976 1986 1996 2006 2016	1917 1927 1937 1947 1957 1967 1977 1987 1997 2007 2017	1918 1928 1938 1948 1958 1968 1978 1988 1998 2008 2018	1919 1929 1939 1949 1959 1969 1979 1989 1999 2009 2019	1910 1920 1930 1940 1950 1960 1970 1980 1990 2000 2010	1911 1921 1931 1941 1951 1961 1971 1981 1991 2001 2011	1912 1922 1932 1942 1952 1962 1972 1982 1992 2002 2012	1913 1923 1933 1943 1953 1963 1973 1983 1993 2003 2013
한	ㄱㅋ	어금닛소리 청기(靑氣)	○ 홀수	1	2	3	4	5	6	7	8	9	0
영	c,g,k												
일	カガキギク グケゲコゴ		● 짝수	2	1	4	3	6	5	8	7	0	9
한	ㄴㄷㄹㅌ	혓소리 적기(赤氣)	○ 홀수	9	0	1	2	3	4	5	6	7	8
영	d,t,ð,l,r,n												
일	タダテデト ドナニヌネ ノラリルレ ロ		● 짝수	0	9	2	1	4	3	6	5	8	7
한	ㅇㅎ	목구멍소리 황기(黃氣)	○ 홀수	7	8	9	0	1	2	3	4	5	6
영	e,ə,æ,a,ɔ,i,ʌ,u, w,h,ɛ,ŋ,hw,f												
일	アウエオハ ヒフヘホヤ ユヨワン		● 짝수	8	7	0	9	2	1	4	3	6	5
한	ㅅㅈㅊ	잇소리 백기(白氣)	○ 홀수	5	6	7	8	9	0	1	2	3	4
영	s,ʃ,ʤ,z,ʧ												
일	サザシジス ズセゼゾソ チヂ		● 짝수	6	5	8	7	0	9	2	1	4	3
한	ㅁㅂㅍ	입술소리 흑기(黑氣)	○ 홀수	3	4	5	6	7	8	9	0	1	2
영	b,m,p												
일	パパピピブ ブベペポポ マミムメモ		● 짝수	4	3	6	5	8	7	0	9	2	1

제2고정주파수 조견표〈地氣〉

발음			생년		1914 1926 1938 1950 1962 1974 1986 1998 2010 2022 2034	1915 1927 1939 1951 1963 1975 1987 1999 2011 2023 2035	1917 1929 1941 1953 1965 1977 1989 2001 2013 2025 2037	1918 1930 1942 1954 1966 1978 1990 2002 2014 2026 2038	1922 1928 1934 1940 1946 1952 1958 1964 1970 1976 1982 1988 1994 2000	1925 1931 1937 1943 1949 1955 1961 1967 1973 1979 1985 1991 1997 2003	1920 1932 1944 1956 1968 1980 1992 2004 2016 2028 2040	1909 1921 1933 1945 1957 1969 1981 1993 2005 2017 2029	1911 1923 1935 1947 1959 1971 1983 1995 2007 2019 2031	1912 1924 1936 1948 1960 1972 1984 1996 2008 2020 2032
한	ㄱㅋ	어금닛소리 청기(靑氣)	○ 홀수		1	2	3	4	5	6	7	8	9	0
영	c,g,k													
일	カガキギク グケゲコゴ		● 짝수		2	1	4	3	6	5	8	7	0	9
한	ㄴㄷㄹㅌ	혓소리 적기(赤氣)	○ 홀수		9	0	1	2	3	4	5	6	7	8
영	d,t,ð,l,r,n													
일	タダテデト ドナニヌネ ノラリルレ ロ		● 짝수		0	9	2	1	4	3	6	5	8	7
한	ㅇㅎ	목구멍소리 황기(黃氣)	○ 홀수		7	8	9	0	1	2	3	4	5	6
영	e,ə,æ,a,i,ʌ,u, w,h,ɜ,ŋ,hw,f													
일	アウエオハ ヒフヘホヤ ユヨワン		● 짝수		8	7	0	9	2	1	4	3	6	5
한	ㅅㅈㅊ	잇소리 백기(白氣)	○ 홀수		5	6	7	8	9	0	1	2	3	4
영	s,ʃ,ʤ,z,tʃ													
일	サザシジス ズセゼソゾ チヂ		● 짝수		6	5	8	7	0	9	2	1	4	3
한	ㅁㅂㅍ	입술소리 흑기(黑氣)	○ 홀수		3	4	5	6	7	8	9	0	1	2
영	b,m,p													
일	パバピビプブ ペペポポマミ ムメモ		● 짝수		4	3	6	5	8	7	0	9	2	1
태어난 해의 띠					범	토끼	뱀	말	용 개	소 양	잔 나 비	닭	돼 지	쥐

중심고정주파수의 특징

· 안정된 세상에서 힘을 발휘
· 守備本能이 강함

· 集團속에서 힘을 발휘
· 가정의 일에 무관심

· 안정된 시기에 힘을 발휘
· 소극적이고 담력이 부족하다

· 動亂期에 힘을 발휘
· 자신을 학대하고 염세주의적

· 安定期에 힘을 발휘
· 속성속패하며 酒色 조심

· 언제나 평균치의 힘을 발휘
· 다재다능하며 건실하고 조심성

· 逆境에 강한 힘 발휘
· 개방적이며 성급하고 신속함

· 평화시에 힘을 발휘
· 進退분별 잘하고 신중함

· 亂時의 武將格(무장격)
· 개척자의 운으로 저력이 있다.

· 인생 航路에 강한 사람
· 육친애가 강하고, 전통을 고수

❶
❷
없어도 없는 체하지 않고 통이 크며 적은 것은 쳐다 보지 않고 가벼우며 재물복 이 없다.

❸
❹
자존심이 강하며 과단성이 부족하고 단순하며 완벽하 고 내성적이며 직장이 맞고 의심이 많다.

❺
❻
사업적 수완이 있고 利己的 이며 처덕이 있고 금전에 대해 혜택을 보며 타산적이 다.

❼
❽
명예를 중히 여기며 불끈하 는 성질이 있고 흥정할 때 는 기분에 좌우되고 금전 욕심이 없다.

❾
❿
독창성이 있고 학문을 중요 시하며 지성적이고 인내심 이 강하나 집중력이 부족하 다.

▌不用文字 (한글)

　이름에 사용하면 부모와 자녀, 형제부부 등 육친이나 운명에 해로운 기운이 작용하여, 상호간의 이별과 불합은 물론 불구 살상 형벌 단명 등의 재화가 생기며, 성공에 장애가 많고 고통을 수반하므로 사용해서는 안된다.
　단, 출생원기와 맞을 때는 대길한 기운으로 변한다.

한글 不用文字

강	갱	경	공	광	궁	긍	남	납	념	놈	눔	늠	님
닙	담	답	돔	람	렴	렵	룸	름	림	립	만	말	망
맹	면	멸	명	몰	몽	문	물	민	밀	반	발	방	번
벌	별	병	본	봉	분	불	붕	빈	빌	빙	삭	산	살
색	석	선	설	속	손	솔	숙	순	술	슬	식	신	실
악	암	압	약	억	엄	업	역	염	엽	옥	욱	육	음
읍	익	임	입	작	잔	적	전	절	족	존	죽	준	줄
즉	즐	직	진	질	착	찬	찰	척	천	철	촉	촌	축
춘	출	측	칙	친	탐	탑	판	팔	편	평	푼	풍	필
학	함	합	험	혁	혐	협	혹	흅	훅	흑	흠	흡	

※ 받침이 없는 글자의 앞글자나 받침글자와 다음 글자의 첫소리(連結)가 아래와 같아도 같은 작용을 한다.

　　　<ㄱㅋ(木), ㅇㅎㅅㅈㅊ(土金)>　　<ㄴㄷㄹㅌ(火), ㅅㅈㅊㅁㅂㅍ(金水)>
　　　<ㅇㅎ(土), ㅁㅂㅍㄱㅋ(水木)>　　<ㅅㅈㅊ(金), ㄴㄷㄹㅌㄱㅋ(火木)>
　　　<ㅁㅂㅍ(水), ㄴㄷㄹㅌㅇㅎ(火土)>

　　　※ 예 : 기환 혁수 한별 태수 성범 등

5 5進法(상생 상극으로 보는 단순판단법)

1 2 3 4 5 6 7 8 9 0

비견	겁재	식신	상관	편재	정재	편관	정관	편인	정인
比肩	劫財	食神	傷官	偏財	正財	偏官	正官	偏印	正印

8 + 2=大財 현처득   7,8 + 5,6=관재(남편출세)

2 + 4=형제 자식에게 不幸   1,2 + 5,6=부모에게 액운 자신불행

3,4 + 7,8=형벌 부부이별 재앙(일반신수 → 관재 시비 구설)

8 + 9=접대부(화류계)   7,8 + 9,0=吉(男)

<實例>

1) 1922년생 천주교 추기경

⑨ 1   ④ ×   ⑥ 8

김   수   환

⑤ 7   0 ×   ② 4

물흐르듯 잘 짜여진(木水金,土火)구성이며 더구나 중심고정주파수 ④ 0의 기운이 발현하므로 종교의 王座를 계속 이어갈 수 있으며 평생 大厄이 없다. 한자의 수리나 三元오행과 主音오행(木金土)으로 대흉함과 비교해서 느끼라 했느니

2) 1732년생 미국 초대대통령

③   ④   ⑤   ④ 6   ⑧ 8

조   지   위   싱   턴

④   ③   ⑥   ③ 5   ⑦ 7

George   Washinton

부유한 지주의 아들인 그는 1775년에 총사령관이 되었으며 1789년에 대통령에 당선되었다. 신생국가의 기반을 다지고 유럽분쟁에는 개입 않는 중립적 고립주의 정책을 썼는데 그것은 ③④의 특성 때문이다.

③④는 새로운 창조의 주인공이 되나 본성이 완벽주의자이기에 통솔자의 위치에 있더라도 마음속의 고독을 이기지 못한다 했거니…

音波宮合表(음파궁합표)

本人＼相對	1,2	3,4	5,6	7,8	9,0
1	×	▽	×	▽	▽
2	×	▽	×	▽9,0	○
3	▽	▽	○	×5,6	×1,2
4	▽	×	▽	×5,6	×1,2
5	○	▽	▽	○	×
6	×3,4	○	▽	○	×7,8
7	×	×5,6	▽(×1,2)	▽	○
8	×9,0	▽	○	▽	○
9	○	×	▽	▽	○
0	○	▽	▽	×	▽

※ 표안의 수는 제2중심주파수에서 소통시켜주면 불운을 면하게 되거나 길하게 되는 경우를 표시한 것임

사주궁합에 상극운이 없어도 성명운에 상극운이 있으면 흉운을 받고, 사주궁합이 약간 흉하드라도 성명운에 상극운이 없으면 무난할 수 있다 하였다.

測字法(측자법)

한자로 지은 이름을 測字(측자), 破字(파자)로 분석하는 방법이다.

이에는 써놓은 한자 한글자를 관찰하거나, 한글로 된 이름의 경우 劃字(획자)원리로 분석하여 길흉을 판단하는 방법도 포함된다.

이는 성명의 자의에 대해 종합적이고 다각적인 판단방법을 적용해 문자학으로 살펴본다는 말이다. 상대방이 써낸 글자나 상대편의 이름자를 살펴, 그 속에 스며있는 마음상태와 현재의 욕구 및 처해있는 상황 등 정보를 알아내는 방법을 측자 성명학이라한다는 것이다.

현재의 필적 감정법은 측자법의 한 부류로 겨우 명맥을 이어가고 있으나, 원래 중국 周(주)나라에서 성행하였던 것으로 우리나라와 일본 순으로 전해졌다고 한다.

그 대강을 살펴보면 측자법 17가지, 측자원리 15가지와 열 가지 판단법으로 나누어볼 수 있는데, 이것들이 主體(주체)이므로 생략할 수 없어 나름대로 요약해본다.

▶ **測字法(측자법)**

1) 象形測法(形體)
   以物象字(且 冊 回 畓 등) 　　以字象字(示-未 住-往 天-夫 등)
   以意象字(思-意 失-欠 등) 　　以字象物(呂=口+口 日=呂보다 더 밀착)
2) 指事測法(事物의 動作)
   仙-山에 기대고 있는 형상 　　忍-가슴에 칼을 꼽은 형상 등
3) 會意測法(適合한 뜻)
   全=八+王　八王(西晉의 八王의 亂) - 부모형제 육친간에 불화와 다툼 등
4) 形聲測法(형성측법)
   事-土 非-飛 副-富 巨-去 四-死 등
5) 轉注測法(옮기고 回轉)
   會-父病問→ 　(子在回回敢父死 자식이 있으니 어찌 죽겠는가 - 論語) 벗어났

다 등

6) 假借測法(거짓으로 借用)

支字(객지로 공부하러 간 자식의 혼인 問)-지나가던 여인이 어깨 너머로 고개를 내밈→여자가 옆에 끼어들었으니 妓字(妓生)이니 빨리 가서 결혼을 말리는 일로 판단

7) 添筆測法(첨필측법)

具-貨 財 貿 資 實   言-誠 詞 語 詐 詛 등

8) 減筆測法(절반이 넘지 않게)

推-住   問-門   道-首 등

9) 加冠測法 <머리에 모자>

日-昌 旨 昔 看 香 晋   心-忘 忍 念 怒 思 惡 등

10) 納履測法 <발에 신발>

雨-雪 雲 電 雷 靈   土-去 圭 孝 走 寺 赤 者 등

11) 穿心測法 <중앙에>

二-朱 土 土 羊 正 井   月-用 再 角 등

12) 包籠測法(포롱측법)

人-囚 困 閃 筮   日-朝 書 香 宣 間 意 등

13) 摘取測法(적취측법)

誨-言·每   硬-石·更   料-米·斗   意-立·日·心

14) 對關測法(대관측법)

星星(임신중 태아성별 問) : 田-男子의 始字 土-音字의 末字 → 男兒

伯(사업의 성패 問) : 亻-仲字의 始字 白-縮字의 末字 → 10倍損失

15) 觀梅測法(관매측법)

金字 → 金生水 - 유동성이 강하며 담는 그릇에 따라 형체가 이루어지며 넘치면 수습불가로 불리

火剋金 - 불에 단련되어야 좋은 그릇이 된다.

제시한 문자의 字跡(자적) 紙色(지색) 필법 자체 등에 의하여 여러 사물간의 상관관계를 연결 추리 해석하는 방법으로 唐(당)나라 때 크게 유행,

宋(송)나라 때 소강절이 字體(자체) 필법에 국한하여 각 사물의 성질과 작용을 살펴 논단하는 방법으로 발전하였다 한다.

16) 破解測法(파해측법)

　　意－音의 始　心의 終　　日－난리나다의 뜻으로 해석 가능

17) 八卦測法(팔괘측법)

　　元(잉태姓別 女問) : 元＝ 二十八　巽字終과 비슷 → 女兒(巽은 長女)

　　(잉태姓別 男問) : 元＝ 一陽 3劃 加 → 男兒

▶ 測機(측자원리)

측자법에 있어서 문자에 대한 관찰과 판단에 측기하는 상대적 관찰이 보태어져야 완전하다고 할 수 있다. 즉 字体(자체)중 靜(정), 외적인 人(인) 事(사) 時(시) 地(지) 草木(초목) 짐승 風雨(풍우) 등을 動(동)으로 하여 동정을 일체로 살펴야(주위 상황과의 관계) 하며, 측자를 요청한 경우에도 그 사람의 기색과 글씨 및 시간 주위 환경 등을 참작해야 한다.

물론 이런 측기는 마음이 맑고 밝아야 그 기틀을 잡아 영활하게 운용할 수 있는 것이다.

1) 有所見 － 측자할 대 만나는 사람을 취한다.

2) 有所聞 － 측자할 때 들리는 소리를 취한다.

3) 有所喜 － 좋은 물건이 보이거나 나타나면 좋은 것으로 판단

4) 有所忌 － 꺼리는 것

5) 以人事 － 인사로서 판단자료

6) 天時(일기)　　　7) 地理(장소)　　　8) 位置　　　9) 草木

10) 짐승　　　　　11) 器物　　　　　12) 景觀　　　13) 文字모양

14) 문자 反對意

그 외 각종 사항에 대한 판단법으로

1) 婚姻(혼인)　　　2) 運勢(운세)　　3) 希望事(희망사)　　4) 訴訟(소송)

5) 行人(행인)　　　6) 失物 (실물)　　7) 疾病(질병)　　　8) 出産 (출산)

9) 試驗(시험)　　　10) 壽命(수명)

　　　立－62세　辛－61세　平－59세　珍－83세　王－20세　甘－22세

　　　益－88세　仕－78세　乃－9세　　主－21세　太－9세　　酉－14세 등

※ 측자와 파자에 관련한 성명학이라면 한자를 우리 문자로 인식하는 과정이라 할 수

있는 것이다. 중국이 과거 우리 민족의 활동무대였으며 한자 속에는, 우리의 上古
史(상고사)가 심어져 있다는 인식의 바탕 위에서 접근하는 것이 바람직스러운 일
이다.

이상이 성명학의 한 방법으로의 측자법의 주요골자라고 하지만, 사례를 들어보아야
약간이라도 짐작할 수 있을 것 같아 인용한다.(測字法과 姓名學에서)

<사례 1>

초대대통령 **李承晩**(이승만)

태몽이 용꿈으로 李承龍(이승룡)으로 부르다 15세부터 개명한 이름이다. 통상 15
세부터는 李承晩이라는 이름의 영향력이 작용하나 이승용이란 이름의 영향력도 조
금은 작용한다고 보는 것이 일반적이다.
먼저 李承龍의 承은 받들다, 받다, 잇다의 뜻이 있고
龍은 귀신이름용, 별이름용, 임금용과 같은 뜻이 있다. 이승용이란 이름은 李氏 임
금을 이어받는다는 뜻도 있으나 李氏 귀신을 이어받는다는 뜻도 가지고 있다.
좋게 보면 조선왕조의 후손으로 용상을 이어받는다는 뜻이기 때문에 일국의 원수가
될 것임을 나타낸다. 그러나 나쁘게 보면 봉건적이고 독재적인 조선의 정신을 이어
받아 독선적인 독재자가 될 수 있는 성품이 있음을 말한다.
또 李承晩의 晩은 해가 저물다는 뜻에서 늦다, 저녁이다라는 뜻이 나온다. 그러므로
조선(李朝?)을 늦게서야 이어받는다는 뜻이 되는 것이다.
해(日, 日本)가 지고나면(일본이 망하고 나면) 조상의 자리인 임금노릇을 할 수 있
다는 말이다.
또 晩은 日+免으로 구성되어 日을 免하게 하나 면하지 못하였다는 파자측자법에
의한 뜻이 되는데, 이는 처음 철저한 항일투사였다가 정권유지를 위해 친일분자들
을 규합하여 역사에 씻을 수 없는 오점을 남긴 것을 의미한다고 보는 것이다.

<사례 2>

天　人　地

文　重　坤(문 중 곤)

4　9　8

文은 글월 학문을 뜻한다.

重은 千+里로 구성, 두 번(再)이다. 무겁다의 뜻이 있다.

坤은 土+申으로 구성, 땅바닥(土)에 있는 원숭이라는 뜻이 있다.

먼저 文重으로 뜻을 맞춰보면 공부와 학문(文)을 거듭한다는 뜻이 있으므로 재수하여 대학에 들어가든지 학업을 중단했다가 다시 재차 수학하든지 할 것이다.

重坤으로 그 뜻을 맞추어보면 땅(엄마, 처)을 거듭한다는 뜻이 되어 엄마가 둘이든지 아니면, 엄마 아닌 사람에게 키움을 받든지 할 이름이 되고 결혼을 거듭한다. 婚事를 거듭한다는 뜻도 된다.

또 重字에는 千里라는 글자가 있기 때문에 천리 밖의 여자와 인연을 맺어 부부가 된다는 뜻이 있으며 천리밖 먼 곳에 가서 생활한다는 뜻이 있다.

성격 역시 계집애처럼 토라지기 잘하고 세력에 따르는 편이 된다는 것이다.

<사례 3>

丙戌生 女命 金 貞 任(김정임)

貞字는 卜+貝로 구성, 곧다(正也) 굳다(固也)라는 뜻 있으나 貝는 점(卜)치는 돈으로 쓰인다. 그러므로 貝에 才字를 더하여 財(재물의 뜻)란 뜻이 있다.

任은 人+壬으로 구성, 맡기다, 믿는다(信), 임신하다, 마음대로 한다, 쓰인다(用也)의 뜻을 가지고 있다. 또 十干중의 하나로 水를 뜻하며 지지로는 亥에 해당된다.

生年인 戌年과는 戌亥로 天門殺(종교와 道를 뜻하고 의술과 점복을 뜻하는 신살)에 해당하여 의술과 점복술로 돈을 버는 일에 인연이 있음을 암시하고 있다.

성격 : 의지가 곧고(貞) 책임감이 강하나 자기 마음 먹은대로 일을 처리해야 직성
　　　이 풀리는 사람이다.

건강 : 중간자 貝는 여자로 성기를 뜻한다. 姓金과 합하여 金貝가 되어 굳은 딱딱
　　　한 조개라는 뜻을 나타내고 있다.

이름 끝자의 물을 뜻하는 壬자가 있어 딱딱한 조개가 차가운 물에 들어가 있는 상이 이루어진다.

이 象은 子宮(자궁)이 차가워 冷病(냉병)이 있으며 그에 따라 물혹 같은 병이 있고 복부에도 병이 생길 수밖에 없다. 이 사람은 45살까지 살아오는 동안 크게 배를 두 번 쨌으며 자궁수술을 다섯 번이나 하게 되었다.

<사례 4>

甲子生 男命 李 炯 昊(이형호)

炯은 빛나다, 밝게 살피다, 불이 환하게 비치다라는 뜻이 있다.
火+同으로 구성되어 12지지의 午에 해당된다.
昊는 日+天으로 구성 여름 하늘을 뜻한다.
묶어서 풀이하면 오얏나무(李)가 한여름 땡볕에서 활활 타오르는 불기(火)에 의해 모두 타버린다는 뜻이 된다. 여기에 炯字를 뜻하는 午(9획으로 陽火)가 본명인 子를 子午沖하여 命과 상극상충됨을 알 수 있다.
1991년 3월에 납치범에게 유괴되어 살해된 단명한 어린이의 이름이라.

<사례 5>

坤名 戊午生 林泳伊(임영이, 본명) 林泳宙(임영주, 개명예정)

伊字를 파자하면 亻과 尹字로 나누어지는데, 亻은 卯木이며 尹은 윤씨를 소라하듯이 소는 丑이 된다. 그리고 宙字 宀는 五行木에 속한 寅과 같다. 伊字의 亻과 宙字의 宀는 같은 五行木이며, 宙字의 由는 田과 같으며 전은 丑土에 해당하므로 伊와 宙字는 문자의 형체와 뜻은 다르지만 파자법에 따른다면 동일오행으로 개명되지 않아 본명과 같다.
이는 오래된 일로 제 女息(여식)의 개명에 대해 설왕설래하였던 예이나 그후 受姸(수연)으로 개명하였다.

作句法

작구법

姓名三字 총획은 선천수(正劃, 筆劃, 實劃)와 후천수(曲劃)의 총합수로부터 시작하여 88을 가산하는 식으로, 숫자적으로 나열된 글자를 찾아 간편하게 사언절구의 문장을 만든 것이다.

이렇게 나열된 한자 2820字를 知冠(지관) 宋忠錫(송충석) 선생이 作句作業(작구작업)을 하여 완성한 내용을 게재한 것이니, 우리들의 手苦(수고)를 크게 덜어주어 참고가 될 것으로 믿는다.

▶ **看法(간법) 예**

　　7李9　　　1乙4　　　11連14 → 선천수 19　후천수 27　합수 46

그러므로 이 사람의 이름은 46數란의 勤儉治農 神農…의 四言節句(사언절구)와 그 풀이를 보면 되는 것이다.

※ 혹 誤書(오서)로 여겨진 字는 原書(원서)에서 의도한 취지를 벗어나지 않는 線에서 바로잡았음을 諒知(양지) 바랍니다.

그리고 이와 비슷한 類型(유형)으로 陰劃(음획, 原劃원획 玉篇劃옥편획)과 陽劃양획, 曲劃곡획, 힘이 드는 획, 구부러진 획)을 위 방법으로 2817字를 활용하는 것도 있으나 그 내용이 똑같지는 않다.

또 생년월일을 가지고 같은 방식으로 활용하는 글자는 3460字(공간도 있음)인데, 예를 들어 45세 3月 25日 子時生이라면
　숫자 45+3+25+1(地支順)=75가 되는데,
　여기에서 限度(한도) 48(48種類)을 뺀 26(75-48)의 글자부터 순차적으로 48을 더해 가면(74, 122, 170…) "才事煩亂 食少事煩"과 같은 문장이 만들어지는 것이다.

01數 富貴兼全 花折龍門.　四十未滿 到處有權.
有威有權 名振一世.　劃法如此 一生安樂.

부귀겸전하며 용문에 꽃을 꺾는다. 40미만에 간곳마다 권위가 있다. 위엄도 있고 권위도 있으니 이름이 일세에 떨친다. 획수가 이와 같으면 일생에 안락하리라.

02數 虎入陷中 生死未判.　莫言盛族 一身無依.
琴瑟不調 及玆斷絶.　劃法如此 一生辛苦.

호랑이 함정이 드니 생사를 판단할 수 없다. 친족이 성하다 말을 말게 한 몸은 의지할 곳도 없네. 부부가 불화하니 결국 단절된다. 획수가 이와 같으면 일생에 고생스럽다.

03數 早登靑雲 位至一品.　言事有理 萬事能權.
乃積乃倉 可知萬石.　劃法如此 仁情四海.

일찍 청운에 올라 지위는 일품이 된다. 언사가 유리하나 만사에 권력도 능하다. 창고에 가득 쌓으니 가히 만석이리라. 획수가 이와 같으면 천하에 어진 정을 베푼다.

04數 劃法如此 何論壽福.　萬里長程 去去高山.
子宮不利 晚見風霜.　莫言祖業 未久貧苦.

획수가 이와 같으면 어찌 수와 복을 논하리. 만리의 먼 길이 갈수록 태산이로세. 자손궁이 불리하니 늦게 풍상을 본다. 조업은 말하지 말게 미구에 빈궁 고생하리라.

05數 劃法如此 壽富可期.　乃積乃倉 衣食無憂.
吉星常隨 自手成家.　吉中多害 子宮不利.

획수가 이와 같으면 수와 부를 하리라. 창고에 가득 쌓으니 의식은 고생이 없다. 좋은 별이 항상 따르니 자수로 가정을 이룬다. 좋은 중에 해가 많음은 자손궁이 불리함이다.

06數 名不合姓 何論我福.　萬里滄海 無船片舟.
金錢雖多 三生辛苦.　祖業有小 與人必敗.

이름이 성과 맞지 않으니 어찌 나의 복을 논하랴. 넓은 창해에 배는 없고 조각배여라. 금전이 비록 많으나 일생 고생하리라. 조업은 다소 있으나 남으로 해서 반드시 패한다.

07數 　大鳳高樓 先呼壽命.　　三四十間 花折龍門.
　　　　 貴中兼富 乃積乃倉.　　晚年之運 子孫滿堂.

　　　큰 관직 높은 빌딩에 먼저 수명을 말하리. 30~40사이에 과거에 급제
　　　하리라. 귀한 중에 부를 겸하니 창고에도 가득 쌀이리라. 말년에는
　　　자손이 가정에 많으리라.

08數 　魚龍失水 可知窮困.　　太行山路 去去高山.
　　　　 若無妻死 和宮不利.　　劃法如此 何論壽福.

　　　물고기와 용이 물을 잃으니 곤궁을 알리라. 크게 산길을 가는데 갈수
　　　록 태산이로세. 만일 아내가 죽지 않으면 부부궁이 불리하다. 획수가
　　　이와 같으니 어찌 수와 복을 논하리.

09數 　萬事能權 名振一世.　　有威有權 萬人應伏.
　　　　 名垂竹帛 子孫萬歲.　　劃法如此 學業成就

　　　만사에 권위도 능란하고 이름이 일세에 떨친다. 위엄 있고 권력 있으
　　　니 만인이 복종한다. 이름이 사기에 오르고 자손도 많으리라. 획수가
　　　이와 같으면 학업으로 성취한다.

10數 　滄海萬里 臨渡無船.　　莫言盛族 一生辛苦.
　　　　 晚年之運 流離南北.　　劃法如此 祖業必敗.

　　　푸른 바다 만리인데 나루터에 임하여 배도 없네. 친족이 성하다 말을
　　　말게 일생이 고생이네. 만년의 운은 남북으로 돌아다닌다. 획수가 이
　　　와 같으면 조업이 반드시 실패된다.

11數 　劃法如此 一生享吉.　　金錢有餘 乃積乃倉.
　　　　 四五十間 可期富名.　　子宮祿吉 四五其男.

　　　획수가 이와 같으면 일생에 복을 누린다. 금전도 여유로워 창고에 가
　　　득 쌀인다. 40~50 사이에 부자로 이름나리라. 자손궁에 녹으로 좋아
　　　4~5명의 사내이다.

12數 　劃法如此 何論壽福.　　飄離南北 一無依身.
　　　　 有志未就 中被人害.　　太行山路 去去高山.

　　　획수가 이와 같으면 어찌 수와 복을 논하리. 남북으로 떠돌아다니니
　　　한 곳 의락할 데 없네. 뜻 두고 이루지 못하니 중간에 남의 피해를
　　　본다. 머나먼 산길이 갈수록 태산이로세.

13數　三陽春回 枯木逢春.　　莫言初困 孤身多福.
四十以後 和氣富名.　　劃法如此 先困後達.

세 번의 양기에 봄 돌아오니 마른 나무도 봄을 만나네. 처음 고생 말하지 말게 고독한 몸 복도 많네. 40이후로 화기에 부자여라. 획수가 이와 같으면 처음 고생에 뒤로 발달되리라.

14數　虎入陷中 生死未判.　　六親無德 晚年可知.
初雖巨富 累世依身.　　劃法如此 祖業難守.

호랑이 함정에 드니 생사를 판단하기 어렵네. 육친이 무덕하니 말년을 알리라. 처음은 비록 거부이나 더러운 세상에 몸을 의지하리라. 획수가 이와 같으면 조업을 지키기 어렵다.

15數　之南之北 貴人相助.　　金錢有餘 衣食無憂.
子宮亦吉 三四其男.　　劃法如此 安過一生.

남으로 가고 북으로 가도 귀인이 서로 돕네. 금전도 여유롭고 의식 걱정이 없네. 자손궁도 또한 길하여 3~4의 사나이로세. 획수가 이와 같으면 일생을 편안히 보내리라.

16數　白日無光 愁深家庭.　　六親無德 外無人助.
有子三四 一無終身.　　劃法如此 晚無依身.

밝은 해 빛이 없듯이 수심은 가정에 가득하여라. 육친이 덕 없으니 친히 돕는 사람도 없네. 아들 3~4가 있으나 종신 하나도 없네. 획수 이와 같으면 늦게 의탁할 곳 없네.

17數　貴人相助 財祿可知.　　三四十間 驛馬到門.
乃積乃倉 安過一生.　　劃法如此 性本仁厚.

귀인이 서로 도우니 재물과 녹을 가히 알리라. 30~40사이에 여행하게 된다. 창고에 가득 쌓이니 일생을 편히 지내리라. 획수가 이와 같으면 천성은 본래 어질고 두텁다.

18數　名字合姓 壽福綿綿.　　性本仁厚 仁情四海.
金錢有餘 資財重重.　　子孫滿堂 榮華一生.

이름과 성이 맞으니 복록이 오래간다. 천성이 본래 어질고 두터워 천하에 어진 정일세. 금전도 여유로워 자재가 중중하리라. 자손이 집에 가득하니 일생에 영화로우리라.

19數　手足無脈 何有壽福.　莫言兄弟 一身無依.

若無妻死 和宮不利.　驅馳四方 風霜何多.

수족에 맥이 없으니 어찌 수와 복이 있으리. 형제를 말하지 말게 한 몸 의탁할 수 없네. 만일 처가 죽지 않으면 부부궁이 불리하다. 사방으로 돌아다니니 풍상이 허다하다.

20數　劃法如此 學業盛大.　萬化雄辨 何論蘇秦.

杖威千人 飄動一世.　祿高位重 揚名後世.

획수가 이와 같으면 학업이 성대하리라. 모든 변화를 응변하니 어찌 소진 장의를 논하랴. 위엄은 천인을 의지하고 한세상 움직이리라. 작록이 높고 지위 중하여 이름이 후세에 날리리.

21數　大旱七年 年事可知.　世業雖多 不如本無.

左右相侵 外實內虛.　劃法如此 一生辛苦.

큰 가뭄 7년이니 연사를 가히 알리라. 세상 업이 비록 많으나 본래 없는 것만도 못하리. 좌우에 서로 침범하니 밖은 실하나 속이 비어라. 획수가 이와 같으면 일생에 고생이로세.

22數　劃法如此 文章可知.　守義崇志 仁情四海.

呼生一諾 萬人應伏.　敎化千萬 可知孔聖.

획수가 이와 같으면 문장을 가히 알리라. 의리 지키고 뜻 숭상하니 천하에 어진 정이어라. 호령하여 한번 대답하니 만인이 복종하는데 천만을 교화하는 공자 성인임을 가히 알리라.

23數　滄海萬里 一葉片舟.　六親無德 一身孤獨.

初雖巨閣 晚無依身.　早別父母 流離南北.

푸른바가 만리에 한 잎새 조각배로세. 육친은 덕이 없어 일신이 고독하여라. 처음은 비록 큰 대궐이나 늦게는 의탁할 곳이 없네. 일찍 부모를 이별하고 남북을 떠돌게 되리라.

24數　有龍得水 壽富可期.　衣祿無虧 乃積乃倉.

富貴榮達 長遠百年.　劃法如此 一生亨吉.

용이 물을 만나니 수와 부를 가히 기약하리라. 의식에 일그러짐 없어 창고에 쌓이리라. 부귀와 영달이 백년이나 장원하여라. 획수가 이와 같으면 일생에 좋음을 누리리라.

25數 枯財必損 終身無亨.　平地起風 累見風霜.
莫言祖業 未久貧苦.　劃法如此 何論壽福.

없는 재물마저 손해보고 일생에 되는 일이 없네. 평지에도 바람은 일어 여러 번 풍상을 보리라. 조업을 말하지 말게 미구에 빈궁 고생하네. 획수가 이와 같으면 어찌 수와 복을 논하리.

26數 枯木逢春 千里有光.　積善萬人 仁聲四海.
莫恨初困 中末多福.　劃法如此 晚年財旺

마른 나무 봄을 만나 천리에 빛나리라. 만인에 적선하니 천하에 이진 소리로세. 처음 고생 말하지 말게 중 말에 복이 많으리. 획수가 이와 같으면 만년에 재물이 왕성하다.

27數 高山植木 風霜重重.　莫言祖業 不如本無.
左右相侵 外實內虛.　劃法如此 害人必多.

높은 산에 식목하니 풍상이 중중하다. 조업은 말하지 말게 원래 없는 것만 못하리. 좌우로 서로 침노하고 밖 실하나 안은 비어라. 획수가 이와 같으면 해치는 사람이 반드시 많다.

28數 魚變成龍 可得高名.　乃積乃倉 福祿重重.
子宮最吉 五六男女.　劃法如此 一生多福.

물고기 변하여 용이 되니 높은 이름을 얻으리라. 창고에 가득 쌓이니 복록이 중중하여라. 자손 궁이 가장 좋아 5~6의 남녀라네. 획수가 이와 같으면 일생에 복이 많으리라.

29數 驅馳四方 山程水程.　祖業多少 自然成空.
平地起風 風霜重重.　劃法如此 一生孤單.

사방으로 돌아다니니 산 설고 물 설어라. 조업의 다소는 자연이 없어지게 되리라. 평지에 바람은 일어 풍상이 중중하리라. 획수가 이와 같으면 일생이 고단하다.

30數 乾龍得水 衣祿無虧.　積小成大 終成器局.
號命衆人 到處有積.　劃法如此 仁情四海.

목마른 용이 물을 얻으니 의식에 이그러짐이 없다. 적은 것 쌓여 크게 되니 결국 그릇을 이룬다. 여러 사람에게 명령하고 간곳마다 쌓이게 된다. 획수가 이와 같으면 천하에 어진 정이리.

31數 日入雲中 愁深家庭.　子宮不利 風霜重重.
莫言兄弟 終身孤單.　劃法如此 前程難望.

해는 구름 속으로 들어 수심 가정에 깊네. 자손 궁이 불리하니 풍상이 중중하다. 형제는 말 하지 말게 종신토록 고단하리라. 획수가 이와 같으면 앞길을 바라기 어렵다.

32數 東君淡蕩 陰谷回春.　科數在何 名掛春堂.
貴人相助 乃積乃倉.　觀其劃法 子孫盛大.

봄기운이 담탕하니 그늘진 골에 봄이 오네. 과거 수 어디 있을까 이름을 춘당에 거네. 귀인이 서로 도우니 창고에 쌓이리라. 그의 획수를 보니 자손이 성대하리라.

33數 散其財祿 東西乞食.　龍飛雲中 落之人間.
初雖千石 晚歲糊口.　觀其劃法 莫誇積倉.

재물과 녹을 흩어 버리고 동서로 빌어먹네. 용 구름 속을 날다 인간으로 떨어졌네. 처음에 비록 천석이나 늙게는 풀칠하네. 획수를 보면 많이 있다고 자랑 말게나.

34數 有威有權 男兒之像.　三四十間 驛馬到門.
貴中兼富 福祿重重.　觀其劃法 手握四海.

위엄 있고 권력 있어 남아의 상이라네. 30~40사이에 여행하게 된다. 귀한 중에 부를 겸하니 복록이 중중하리라. 그의 획수를 보면 손으로 사해를 움켜잡으리라.

35數 觀其劃法 手足失脈.　飄離南北 一身無依.
山程水程 風霜何多.　東西長程 去去高山.

그의 획수를 보니 수족이 맥이 없네. 남북으로 떠돌아다니니 몸 하나 의지할 곳 없네. 산 설고 물 서는데 풍상 왜 이리 많은가. 동서의 장정에 갈수록 태산이라네.

36數 劃法如此 文章可知.　馳馬長安 得意春風.
早成文章 以修前途.　東奔西走 祿在四方.

획수가 이와 같으면 문장을 가히 알리라. 장안에 말 달리니 뜻 얻어 봄바람일세. 일찍 문장 이루고 써 앞길을 닦으리. 동서로 분주하여 녹은 사방에 있네.

37數　山中重雲　盲人失杖.　　子宮不利　前程險惡.

驅馳四方　風霜許多.　　古基不利　離鄉可知.

산중에 구름 중하는데 맹인은 지팡이를 잃었다. 자손궁 불리하여 앞길이 험악하네. 사방을 달리니 풍상이 허다하여라. 옛 터가 불리하니 고향을 떠나리라.

38數　多智多謀　男兒氣像.　　周流四海　非官則商.

三街都福　黃金滿積.　　若非官祿　以富得名.

지혜와 꾀 많은 남아의 기상이라. 천하를 주유하니 관직 아니면 상업이네. 모든 거리 다 복이니 황금 가득 쌓이네. 만일에 관록이 아니면 부자로 명성을 얻으리라.

39數　名不合姓　有何壽福.　　莫誇積倉　未久貧苦.

國無良臣　天下何平.　　晚無依身　東西作客.

이름과 성과 맞지 않으니 어찌 수와 복이 있으리. 창고에 쌓였다 자랑 말게 미구에 가난 고생하네. 나라에 어진 신하 없어 천하 시끄럽네. 늦게 의지할 곳 없어 동서로 나그네라네.

40數　富而能寬　何其壯耶.　　志氣不久　可帶高名.

子孫滿堂　和氣重重.　　乃積乃倉　富至千石.

부와 위업에 너그러우니 어찌 장하지 않으리. 지기는 오래지 않아 높은 이름 되리라. 자손이 만당하니 화기가 중중하네. 창고에 쌓이니 부자로 천석이 이르리라.

41數　三年不雨　年事可知.　　有財必敗　終無財亨.

萬里遠程　去去高山.　　劃法如此　可知窮困.

3년에도 비 오지 않아 연사를 알겠네. 재물 있어도 반드시 실패하니 결국 재물은 없네. 만리의 먼 길에 갈수록 태산이네. 획수가 이와 같으면 곤궁함을 가히 알리라.

42數　杖威千里　仁聲四海.　　金錢有餘　富至千石.

三四十間　折桂仙宮.　　富貴兼全　福祿綿綿.

위업은 천리에 떨치고 천하에 이진 소리라네. 금전이 여유로워 부자로 천석이어라. 30~40사이에 과거하리라. 부귀가 겸전하니 수와 복이 면면하리라.

43數 萬里滄海 一葉片舟.　　驅馳四方 山程水程.

六親雖多 一身孤獨.　　琴絃不調 獨坐叩盆.

만리의 푸른 바다 일엽편주라네. 사방으로 달리나 산 설고 물 설어라. 육친은 비록 많으나 일신이 고독하리. 부부가 불화하니 홀로 앉아 동이를 두드리네. (상처하리라.)

44數 陰谷回春 花開枯木.　　莫恨初困 晚年多福.

四五十間 可期高名.　　運在末年 先困後達.

그늘진 골 봄이 오니 고목에 꽃이 피네. 처음 고생 한탄하지 말게나 만년이 복 많으리. 40~50사이에 이름 높게 되리라. 운이 말년에 있으니 처음 고생에 늦게 발달 된다.

45數 青天白日 雲雨霏霏.　　前程萬里 來運何逢.

俯仰天地 一身無依.　　劃法如此 無奈人力.

청천백일에 비만 계속하여라. 앞길 만리인데 오는 운을 어찌 만나리. 천지를 우러러 보아도 몸 하나 의지할 곳 없네. 획수가 이와 같으면 인덕이 없으리라.

46數 勤儉治農 神農遺業.　　保身保家 內實外虛.

恒守隱密 衣食無憂.　　吉中有富 子宮大利.

근검으로 농사를 하니 신농씨의 유업일세. 몸과 가정을 보전하니 안이 실하고 겉은 비었네. 항시 은밀히 지키니 의식걱정이 없네. 좋은 속에 부도 있고 자손궁도 크게 이롭네.

47數 臨渡無船 前程無望.　　莫誇積倉 盜人踰墻.

平地起風 害人必多.　　於財於人 風霜重重.

나루에 임하여 배는 없고 앞길 바랄 수 없네. 돈 있다 자랑 말게 도적이 담을 넘으리. 평지에 바람이 일어 해치는 사람이 많으리. 재물이나 사람에서 풍상이 중중하리라

48數 龍入大海 可得高名.　　杖威千里 萬人仰視.

金錢有餘 乃積乃倉.　　觀其劃法 一生安樂.

용이 큰 바다에 드니 고명을 가히 얻으리라. 위엄 천리에 떨쳐 만인이 우러러 보네. 금전도 여유로워 창고에 쌓이리라. 그의 획수를 보면 일평생 안락하리라.

49數 浪中商船 不知安分.　　有財必敗 有子必害.
飄離南北 一身無依.　　長歎一聲 前程難望.

파도 속 상선이니 분수를 알지 못하리라. 재물 있어도 패하고 아들 있으면 반드시 해치네. 남북으로 떠도나 한 몸 의지할 곳 없네. 한번 길게 탄식하나 앞길을 바랄 수 없네.

50數 枯木逢春 千里有光.　　早年平吉 晩年多福.
四五十間 可得富名.　　子孫滿堂 不羨汾陽.

고목이 봄 만나니 천리나 빛이 나네. 조년이 평길하고 만년에 복이 많네. 40~50사이에 가히 부자가 되리라. 자손이 가정에 가득하여 곽분양(郭子儀의 작위 이름)이라도 부럽지 않네.

51數 暗中行人 又逢山君.　　進退兩難 死生未判.
有子二三 一無終身.　　晩無依身 飄離南北.

어둠 속의 행인인데 또 호랑이를 만났네. 진퇴가 양난이요 생사도 알 수 없네. 아들 들 셋이나 하나도 종신이 없네. 늦게 몸 의탁 곳 없어 남북으로 떠돌아다니네.

52數 魚龍得水 衣祿無憂.　　南北有田 黃金滿積.
子宮亦吉 三四其男.　　劃法如此 壽富可知.

물고기와 용이 물을 얻듯 의식에 근심 없어라. 남북에 전답 있고 황금을 가득 쌓으리. 자손 또한 좋아 3~4남아이네. 획수가 이와 같으면 수하고 부자 되리라.

53數 百花爭發 意外逢霜.　　莫言積倉 未久貧苦.
子宮雖吉 妻宮不利.　　觀其劃法 先吉後凶.

모든 꽃 다투어 피어나는데 의외로 서리 맞으리. 창고 쌓여 있다고 말하지 말게 미구에 가난하리라. 아들은 비록 좋으나 처가 불리하다. 그의 획수를 보면 먼저 좋고 뒤로 흉하다.

54數 桂花成鳳 末年多福.　　初雖困窮 後必千石.
身超九級 名振四海.　　有子有孫 和氣滿堂.

계수 꽃(닭이) 봉이 되어 말년에 복도 많고 처음 곤궁해도 뒤는 반드시 천석이라. 몸 관직에 초월 되니 이름 사해에 떨치리. 아들 두고 손자 두니 화기가 가정에 가득 하리라.

55數 手足無脈 何論壽福.   莫言盛族 一身孤獨.
      琴絃不調 累見風霜.   運在末年 五十以後.
      수족이 맥없으니 어찌 수와 복을 논하리. 종족 성하다 말을 말게 일
      신은 고독하네. 부부가 불화하고 여러 번 풍상을 당하리. 운이 말년
      이 있어 50이후라네.

56數 萬事能權 名振四海.   金錢有餘 乃積乃倉.
      琴絃雖和 月照兩房.   劃法如此 一生多福.
      만사에 권력도 능하고 이름 사해에 떨치네. 금전이 여유롭고 창고에
      쌓이리라. 부부가 서로 화락하나 달은 두 방에 비치리. 획수가 이와
      같으면 일생에 다복하다.

57數 人於世間 風霜許多.   子子單身 四顧無親.
      愁深家庭 子宮不利.   晚無依身 驅馳四方.
      인간의 세상에서 풍상도 허다해라. 혈혈단신이 사고무친이라네. 수심
      은 가정에 깊고 자손이 불리하여라. 늦게는 몸 의지할 곳 없어 사방
      으로 떠돌게 되리라.

58數 杖威千里 萬事能權.   言辭有理 萬人應視.
      三十未滿 花開龍門.   貴中兼富 終身安樂.
      위엄은 천리에 떨치고 만사에도 권세가 능란하리라. 언사도 이치가
      있으니 만인이 응시하리라. 30미만에 용문에 꽃이 피네. 귀한 중에
      부를 겸하니 평생 안락하리라.

59數 白日無光 前程險惡.   於財於人 風宿無堂.
      有財必損 一生辛苦.   萬里長程 去去高山.
      백일에 광채가 없으니 앞길도 험악하여라. 재물이나 사람에 있어 노
      천에 집도 없네. 재물 있으면 반드시 손해되고 일생이 고생이네. 만
      리의 장정에 갈수록 태산이라네.

60數 長安大道 得意春風.   多智多謀 意氣男兒.
      杖威千里 驚動一世.   南北有田 富至石崇.
      서울의 큰길에 뜻 얻어 봄 바람이라네. 지혜 많고 꾀도 많아 의기 남
      아여라. 위엄은 천리에 떨치고 일세를 놀래키네. 남북이 전답을 두니
      부자로 석숭이여라.

61數 散其財祿 東西歸客.　　一代運命 如此崎嶇.
一身無依 飄離南北.　　莫言積倉 未久必敗.

그 재물과 녹 흩어버리고 동서로 나그네로세. 일세의 운명이 이와 같이 기구하는가. 한 몸 의탁 못하여 남북으로 떠도누나. 창고에 쌓였다 말을 말게 미구에 반드시 패하리라.

62數 三陽泰回 陰谷回春.　　初雖困窮 後必千石.
四五十間 可期富名.　　觀其劃法 先困後達.

따뜻한 양기 오니 그늘진 골에 봄이 돌아오네. 처음은 비록 곤궁하나 뒤에 반드시 천석이 되고, 40~50사이에 부자가 되리라. 그 획수를 보면 앞서는 곤궁하나 뒤에 발달된다.

63數 萬里滄海 臨渡無船.　　山程水程 驅馳四方.
於財於人 累見風霜.　　觀其劃法 前程難望

만리 창해에 나루에 임하여 배도 없네. 산 설고 물 설은 사방을 떠돈다. 재물이나 사람에서 여러 번 풍상을 보리라. 그 획수를 보면 앞길을 바라기 어렵다.

64數 觀其劃法 一生多福.　　守義崇志 仁情四海.
乃積乃倉 食祿無憂.　　晚年之運 子孫滿堂.

그 획수를 보니 일생 복이 많으리라. 의리 지키고 뜻 숭고하니 천하에 어진 정이어라. 창고에 쌓이니 식록은 걱정이 없네. 만년의 운은 자손이 만당하리라.

65數 日別南中 愁深家庭.　　子宮不利 豫禱高山.
早別父母 飄離南北.　　男年末年 五十以後.

해도 한 낮이 지나듯 수심이 가정에 깊네. 자손 궁 불리하니 미리 고산에 기도하라. 일찍 부모 이별하고 남북으로 떠도네, 남자의 말년은 50이후라오.

66數 三十未滿 折桂仙宮.　　貴中兼富 乃積乃倉.
琴瑟長調 和樂百年.　　晚年之運 子孫滿堂.

30미만에 과거를 하리라. 귀한 중에 부를 겸하니 창고에 쌓인다. 부부가 화평하니 백년을 화락하리라. 만년의 운은 자손들 가정에 많으리라.

67數　早失父母 驅馳四方.　　六親無德 外無人助.
子宮不利 早子難養.　　劃在不法 雖怨誰咎.

일찍 부모 잃고 사방으로 떠도네. 육친이 무덕하니 밖은 돕는 사람도 없다. 자손이 불리하여 일찍 둔 자식 기르지 못하여라. 획수가 좋지 않으니 원망하고 싶으나 뉘를 허물하랴.

68數　龍入大海 可帶高名.　　三四十間 折桂仙宮.
貴中兼富 乃積乃倉.　　運年如此 一生安樂.

용이 대해로 들어가니 가히 고명하게 되리라. 30~40사이에 과거급제한다. 귀한 중에 부를 겸하니 창고에도 쌓여만 간다. 운수가 이와 같으니 일생 안락하다.

69數　名不合姓 何論壽福.　　釣魚乾川 有名無實.
莫言祖業 未久必敗.　　左右相侵 外實內虛.

이름이 성과 맞지 않아 어찌 수와 복을 논하랴. 매 마른 냇에 낚시하니 유명무실하다. 조업은 말하지 말게 미구에 반드시 실패하리. 좌우로 서로 침범하니 밖 실하고 속 비었네.

70數　名字合姓 福祿綿綿.　　乃積乃倉 和樂百年.
子宮亦吉 五六男女.　　有威有權 名振四海.

이름 성과 맞으니 복록이 면면하리라. 창고에 가득 쌓이니 백년이 화락하리라. 자손 또한 좋아 5~6남녀이다. 위엄 있고 권력 있으니 이름이 사해에 떨친다.

71數　劃法如此 何論壽福.　　有志未就. 反被人害.
平地起風 與人必害.　　金錢雖多 一生辛苦.

획수가 이와 같으면 어찌 수와 복을 논하랴. 뜻 두고 이루지 못하니 도리어 해를 당한다. 평지에 바람이 일어 남들이 해를 끼치리라. 금전은 비록 많으나 일생이 고생되리라.

72數　觀其劃法 壽福可期.　　金錢有餘 乃積乃倉.
子宮最吉 四五其男.　　晚年之運 和氣滿堂.

그 획수를 보면 수와 복을 기약 하게 된다. 금전이 여유롭고 창고에도 쌓이게 된다. 자손이 가장 좋아서 4~5의 사내이다. 만년의 운은 화기가 집에 가득하다.

73數　魚龍失水　何論壽福.　　莫言兄弟　一身孤獨.
太行山路　去去高山.　　觀其劃法　一生辛苦.

물고기와 용이 물을 잃었으니 어찌 수복을 논하리. 형제는 말하지 말게 일신이 고독하리. 멀리 산길 가는데 갈수록 태산이어라. 그 획수를 보면 일생에 고생뿐이라네.

74數　渴龍得水　壽福可知.　　南北有田　衣食無憂.
早成文字　以修前途.　　金錢有餘　一生多福.

목마른 용 물을 얻으니 수와 복은 가지이다. 남북에 전답 있어 의식은 걱정 없네. 일찍 문자를 이루고 써 앞길을 닦네. 금전이 여유로우니 일생은 다복하다.

75數　有鳥不飛　有木無葉.　　去去高山　前程險惡.
琴絃不調　累見風霜.　　愁深家庭　孤身辛苦.

새라도 날수가 없고 나무에도 잎이 없네. 갈수록 태산이니 앞길 험악하여라. 부부가 불화하니 여러 번 풍상을 보리라. 수심은 가정이 깊어 고독한 몸 고생뿐이네.

76數　聰明過人　到處有權.　　營謀遂意　萬事能權.
乃積乃倉　福祿綿綿.　　觀其劃法　孤身多福.

총명이 과인하니 도처에 권위가 있네. 꾀하는 일 뜻 이루고 만사에 능란하여라. 창고에 쌓여만 가니 복록도 면면하리라. 그 획수를 보면 고독한 몸에도 복이 많네.

77數　有弓無矢　來賊何防.　　財多身弱　富屋貧人.
世業多少　不如本無.　　於財於人　累見風霜.

활 있고 화살 없으니 오는 적을 어찌 막으리. 재물 많고 몸 약하여 부자 집에 가난한 사람이라. 세업이 비록 많으나 본래 없음만 못하다. 재물이나 사람에서 여러 번 풍상을 보리.

78數　大旱七年　雨放千里.　　莫恨初困　中後大通.
四十以後　可得富名.　　觀其劃法　自手成家.

큰 가뭄 7년에 비가 천리를 내리네. 처음 고생을 한탄하지 말게 중년 후로 대통하리라. 40이후로 가히 부자 되리라. 그 획수를 보면 자수로 성가한다.

79數 子有軍中 倚閭苦望.　有子二三 一無終身.

金錢雖多 一生孤單.　劃法如此 何論壽福.

아들 전쟁터 보내고 마을 어귀에서 괴롭게 기다리네. 아들 2~3에 하나도 종신은 없네. 금전이 비록 많으나 일생 고단하리라. 획수가 이와 같으니 어찌 수복을 논하리.

80數 早成文字 以修前途.　大則昌國 小則昌家.

杖威千里 驚動一世.　有威有權 名振四方.

일찍 문자 이루고 써 앞길을 닦네. 크면 나라 창업하고 적어야 가정을 창설하게 된다. 위엄이 천리를 떨치니 일세를 놀래키네. 위엄 있고 권력 있으니 이름을 사방으로 떨친다.

81數 山程水程 遇過風霜.　一代運命 如此崎嶇.

君無妻死 和宮不利.　萬里長程 去去高山.

산 설고 물설어 풍상을 맞았다네. 일대의 운명이 이와 같이 기구하여라. 그대 상처하지 않으면 부부가 불화하리라. 만리의 먼 길에서 갈수록 태산이라네.

82數 之南之北 吉星相隨.　沙中隱金 早晚財旺.

子孫滿堂 和氣重重.　晚年之運 乃積乃倉.

남으로 가고 북으로 가도 좋은 별이 서로 따르네. 모래 속에 금 숨겨 있어 조만간에 재물 왕성하리. 자손이 만당하니 화기도 중중하여라. 만년의 운은 창고에 많이 쌓이리라.

83數 崑山採玉 不知歲月.　去去高山 來運何遲.

運在末年 魚變成龍.　晚年之運 困者得安.

곤륜산 옥을 캐느라 세월 가는 줄 모르네. 갈 소록 태산인데 오는 운 어찌 더디는가. 운이 말년에 있으니 물고기 변하여 용이 되리. 만년의 운은 곤궁한자 편안을 얻으리.

84數 寶劍藏匣 價正千金.　身招九級 位至一品.

杖威千里 萬事能權.　乃積乃倉 富至千石.

보검 갑 속에 들어도 값은 정이 천금이라오. 몸 관직이 뛰어나서 지위 일품이어라. 위엄 천리에 떨치니 만사에 능란하여라. 창고에 쌓여만 가니 부자로 천석이네.

85數　茫茫大海　遇風孤棹.　　去目無親　一身何依.

子宮不利　風霜重重.　　前程險惡　去去高山.

망망한 대해에서 바람만난 외로운 노라네. 눈 돌려 보나 친한 자 없으니 일신을 어찌 의탁하리. 자손이 불리하니 풍상이 중중하리라. 앞길이 험악하니 갈수록 태산이로세.

86數　二月桃李　逢時滿發.　　子孫盛大　和樂家中.

乃積乃倉　富至石崇.　　福祿綿綿　不羨汾陽.

2월의 복사꽃 오얏이니 때를 만나 만발하다. 자손이 성대하여 가정이 화락하다. 창고에 쌓여만 가니 부자로 석숭이어라. 복록이 면면하니 곽분양도 부럽지 않네.

87數　釜中之魚　終無活計.　　去去益甚　前程險惡.

祖業雖多　興人必敗.　　劃法如此　何論壽福.

가마 속 물고기 인데 결국 살 계책이 없네. 갈수록 더욱 심하여 앞길 험악하여라. 조업이 비록 많으나 남으로 해서 실패한다. 획수가 이와 같으면 어찌 수와 복을 논하리.

88數　九重丹桂　我先折揷.　　位至一品　手握四海.

金錢有餘　富至石崇.　　杖威千里　驚動一世.

구중궁궐의 붉을 계수를 내가 먼저 꺾으리. 지위는 일품에 이르고 사해를 주무르리라. 금전이 여유로우니 부는 석숭에 이른다. 위엄은 천리를 떨쳐서 일세를 놀라키네.

▎姓名原動力 三元正氣法(성명원동력 삼원정기법)

三元 ＼ 内容	内　　容(내용)	(例) 戊申生
源正氣(원정기)	자기 연령에서 제일 가까운 것	申
眞正氣(진정기)	그 다음의 것	酉
假正氣(가정기)	3번째 가까운 것	戌

<例>　乾命　戊申生(무신생)

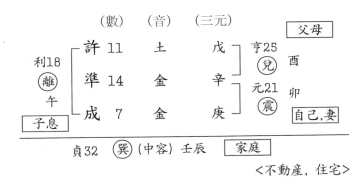

※ 형격(父母) 酉가 兌宮(태궁)에서 眞正氣가 됨

－ 源 正 氣 : 두뇌가 명석하고 지혜가 있다.

　　　　　착하고 정직하며 근면한 노력가가 많다. 항상 正道를 좋아한다.

－ 眞 正 氣 : 두뇌 회전이 빠르고 용기가 있다.

　　　　　다른 일에 앞장서기를 좋아하고 뛰어난 재주가 많다.

－ 假 正 氣 : 才藝(재예)는 있으나 엉뚱한 기질이 있다.

　　　　　사교성이 좋은 반면에 사기성도 잇다. 특이한 性質이 많다.

▌先天命 合局法(선명명합국법)

　사주(先天命 定局)와 작명(撰名)과의 연관관계를 조화함으로써 良運(양운)을 유도하는 것이다. 이러한 선천국합국 방법에 대하여 金先生은 다음과 같은 7大 要件(요건)으로 말하였다.

　1. 사주의 신강 신약과 格을 가려서 용신과 희신을 파악한다.
　2. 사주 기국의 深淺(심천) 대중소를 격국과 청탁, 대운 등으로 분석 파악한다.
　3. 사주의 吉과 凶의 대운이 어느 시기에 올 것인가를 대운에 의하여 분석한다.
　4. 사주에는 무엇이 필요하고 부족한가? 무엇이 태과한가를 파악한다.
　5. 관운과 재운중 어느 것이 강한가를 파악한다.
　6. 육친관계는 어떠한가를 검토한다.
　7. 건강관계와 질병 수명 등은 어떠한가를 파악한다.

姓名五行과 四柱관계

姓名	五行	六親	四柱
姓	主	父母	年干
	從	兄弟	月柱
名	主	己身	日干
	從	子孫	月支
字	主	母系	年支
	從	子孫	時柱

時代別 四柱와 姓名

年代 ＼ 區分	四柱	姓名
老年時代	生時	貞格
壯年時代	生日	利格
靑年時代	生月	亨格
幼年時代	生年	元格

이를 項目別(항목별)로 설명하자면,

1. 성명의 음령오행과 음양, 자의, 한자의 자변(字原)五行 그리고 수리와 역상 등으로 오행, 육친을 己身格(기신격)인 姓下字의 주오행에 보강하여 사주와 조화시켜야 한다는 것이다.

2. 음양배열에 있어서도 사주에 陽오행 또는 陰오행 그리고 육친이 어느 위치에 필요한가를 보아서 음양을 배열하는 것인데, 四柱의 年, 時柱에는 名下字에 그리고 일주 월주에는 名上字에 필요한 오행을 넣어 純陽(순양) 純陰(순음)이 되지않게 하는 것이다.

3. 사주의 격에 따라 그에 상응한 수리의 강약, 수의 영동력을 참작하여 대운이 어느 시기에 어떤 운성이 올 것인가를 조절해야 한다. 그 器局(기국)이 小凡(소범)한 사람에게는 강한 23 33 39 등의 수리로만 조직하여도 弱馬駄重格(약마타중격)이 되어 그 운성을 감당하기 어려운 것이며,
   그리고 사주격이 관운이 강하냐 재운이 강하냐 또는 사주의 어느 부분, 대운의 어느 시기에 운들이 올 것인가를 보아 그에 해당하는 수리로 조직해야 한다.
   예를 들면 전반기에 官運(관운)이 강하면 元亨利格(원형이격)에 3 5 11 15 23 31 37 39 등의 수를 배치하는 것이 길하며, 후반운이 강하면 이정격 또는 형정격에 배치하면 된다. 또 財運(재운)이 전반에 강하면 원형이격에 15 17 18 21 24 25 32 등의 수를 배치하고 후반운이면 이정격, 형정격에 배치하는 것이 可할 것이다.(명예와 재산의 병행운에도 같다) 단 학술, 예술 등의 운성에는 13 25 38 41 등의 수리로 조직함이 역시 可하다.

4. 명자의 한자 선택에 있어 사주 천간에 甲, 지지에 辰 子 午 寅 등이 있어 길신인 경우에는, 東 龍 子 駿 馬 寅 虎字를 사용해도 大吉할 수 있으나 반대인 경우에 사용해서는 불길하다. 가급적이면 姓과의 연결 의미가 상통되어야 하며 사주운성의 官·財등을 상징하는 名義(명의)를 선택하는 것이 이상적이다.

5. 사주의 격에 따르는 오행의 조화와 수리역상의 내역과 사주의 내역과를 조정하여 상생 상극함으로 균형을 이루게 하는 것이다.
   財運(재운)은 재가 왕하여 상생으로 순환한다. 재를 생하는 유년 또는 暗祿(암록)이 붙은 유년, 孫이 財를 生하는 유년에 생년지와 상합 또는 상생하는 유년은 재운이 길하고 재를 극하는 태세는 불길하다.
   官運(관운)은 관이 왕하며 상생으로 순환한다. 재에 건록이 붙거나 상생하는 유년 또는 역마가 상충되는 유년에 관운이 길하며 청룡 백호 등의 관이 성명에 있는 관을 생해주거나 상합되는 유년에는 관운이 길하나 상극 상충 공망되는 유년에는 不吉하다.

6. 성명의 음령오행의 조정인데 姓字와 名上字 그리고 名下字와의 主從間(주종간) 상호 상생 牽制(견제)하여, 五行易象(오행역상)에 나타나는 諸(제)관계와 사주의 내역과 연결 조화시키는 것이다.

7. 易象(역상)의 五行定局(오행정국)인데 이는 성명의 사주격이 되는 것인데 사주가 심히 약할 때 이 定局(정국)으로 보강, 변조시키는 것이라고 하나 쓰임이 없을 것 같아 생략한다.

<例>

乾命 丁亥年(陽) 3月 18日 丑時生

時	日	月	年	
己	丙	癸	丁	四
丑	申	卯	亥	柱

李이 7	鍾종 17	熙희 13		
○	○	○	陰陽	易象 地水師卦
火	金土	土	音五行	
金	火	水	數理	動爻 6爻 之卦 變卦
財	父 官	官	六親	
靑(玄)	白 巳	句(朱)	六獸	
貞 32	利 23	亨 23	元 30	

원격 30흉수에 리격 20 흉수이며 姓字와 名上字의 수리오행이 火剋金인 동시에 순양이다. 4세 때 右脚(우각) 절단하고 모친마저 사별하였는데, 성명을 보면 생년지와 名下字가 辰亥 원진으로 원격 30數는 유년에 강하게 발휘되는 흉운 때문이다. 다행이 4세의 流年太歲(유년태세)는 庚寅인데 寅과 생년지의 亥와 六合(육합)됨으로 사망까지는 되지 않은 것이다.

그리고 청룡재에 백호父인 고로 父先亡 같으나 백호父는 兩土의 상생을 받아 득왕하고, 청룡入火財는 역상에 생조자가 없을 뿐 아니라 土官을 생조하므로 財는 약해지고 官이 강해졌으므로 母先亡格(모선망격)이 되었다.

姓名3字(或2字 或4字도 같음)를 선천수(곡획을 세지 않는 필획 그대로의 수)로 총합산하여 그의 총수로 길흉을 본다.(7-70數)

七數 = 聲動鼓角 文章可知. 班生到關 朝野咸賢, 靑陰到庭 黃鶴舞戶.
　　　소리 고각(군대에서 전령용의 북과 피리)이 울리니 문장은 가지이다. 반생(班固=흉노 정벌 때 중호군)이 관에 이르니 조야에서 현명하다 했고, 푸른 그늘 뜰에 이르니 황학이 집에서 춤추네.

八數 = 蜂蝶得花 先舞後歌. 鳳飛千仞 賢德唯重. 負笈從師 每事就達.
　　　봉접이 꽃을 만나 먼저 춤추고 뒤에 노래하네. 봉황 천길 날고 어진 덕 중하여라. 책 메고 스승 따르니 매사 달성된다.

九數 = 六月炎天 汗滴禾下, 坐井觀天 世心末超. 這間世業 一得百失.
　　　6월 염천에 벼논에서 땀흘리네. 샘 속에 앉아 하늘을 보니 세상 마음 벗지 못하고 이런 세업들 하나 얻자 백 잃으리.

十數 = 杜鵑啼血 其寃可知 怨鬼栖庭 長臥病院. 昆弟無情 琴蘭逢空.
　　　두견새 피토하니 그 원한 가지요, 원귀 뜰에 있으니 병원에 오래 누우리. 형제 무정하고 부부 자식도 없네.

十一數 = 貴人扶助 財祿可知. 月上高樓 四友欣酒. 琢石得玉 家有餘財.
　　　귀인이 부조하여 재록은 가지요, 달 누대에 오르니 여러 벗 술 즐기리. 돌 깨서 옥 얻으나 집에 여재 있어라.

十二數 = 科數在何 掛名春堂. 財名照命 家道裕興. 千里將至 錦衣還鄕.
　　　과거 수 어디 있나 춘당에 이름 걸고 재물 명에 명이 비쳐 가도가 넉넉하네. 천리 장차 이르러 금의환향 하리라.

十三數 = 大蛇當道 能斬其腰. 雄圖自負 鄕邑復振. 東宮長樂 西遊末兒.
　　　큰 뱀을 길에서 능히 허리 베고, 웅도로 자부하여 향읍에 부흥하며 동궁에 오랜 안락 서쪽도 놀아 보리.

十四數 = 花在石上 豈不枯哉. 每事多魔 以針釣龍. 係舟海岺 欲渡難越.

　　　　돌 위 꽃이니 마르지 않으리. 매사는 마가 많고 바늘로 용 낚네. 바다언덕 배 메고 건너려니 넘을 수 없네.

十五數 = 萱堂百年 割肉奉親. 孝心如此 豈不成名. 子養之風 九與家財.

　　　　부모님 백년에 살베어 봉친하니 효심 이와 같아 명성 없으랴. 아들 봉양하는 풍조 모든 가재들이네.

十六數 = 盲人得目 白手成家. 枯木生花 雲開月明. 榮華在邇 有子有孫.

　　　　맹인 눈 얻으니 백수로 성가하고, 고목 꽃이 피고 구름 개고 달은 밝아라. 영화 곁에 있어 아들 두고 손자 두리.

十七數 = 虎入陷穽 何論生死. 花殘仁雨 葉落金井. 晝夜不分 酒泉有空.

　　　　호랑이 함정드니 어찌 생사를 논하랴. 꽃은 비에 지고 잎 금정이 지네. 주야 분간 못하니 술 샘도 비어라.

十八數 = 莫言貧困 富貴在邇. 錦衣到身 堂上吹笛. 劃數如此 終得萬金.

　　　　빈곤 말을 말게 부귀 곁에 있네. 관직 몸에 이르고 당상은 피리 불어 획수 여차하면 결국 만금 얻네.

十九數 = 四五十間 可愼流水. 財化爲塵 氷山自消. 琴宮有恨 淚落空房.

　　　　4,50사이 물을 조심하라, 재물 먼지 되니 얼음 녹듯 해라. 부부 한이 있어 공방에 눈물 흘리리라.

二十數 = 定命八十 我期百年 忠孝早有 何不壽乎. 事事如意 龍岡閑臥.

　　　　정명 80이나 나는 100살 살리, 충효는 일찍 있고 어찌 수하지 않으리. 일마다 여의하고 용강에 한가로이 누었네.

二一數 = 劃數如此 窮困可知. 楊柳歸風 金陵爲末. 江村暮雨 貫魚換酒.

　　　　획수가 여차하면 궁곤은 가지다. 양류 바람에 돌아가니 금릉의 끝이어라. 강촌 저문 비에 고기 꿰어 술 바꾸리.

二二數 = 黃鳥逢秋 堂上吹笛. 靑樓起舞 畵閣彈琴. 劃數如此 文章可期.

　　　　꾀꼬리 가을 만나 당상에 피리부네. 청루에 춤을 추고 화각에 거문고 타리라. 획수 여차하면 문장을 기약하리라.

二三數 = 未滿三十 萬人仰視. 名至大將 鳴鼓出戰. 終有此慶 子孫大利.

　　　　미만 30에 만인이 우러러 보리. 이름 대장에 이르고 북치며 출전하네. 결국 이런 경사 자손이 대리하리라.

二四數 = 花逢春雨 子孫盛多. 掛名春堂 洛橋走馬. 漢王攝衣 高陽之士.
꽃 봄비 만나듯 자손이 많네. 춘당에 이름 걸고 서울에 말달리리. 한왕 옷 단정하고 고양주도(酒徒)의 선비여라.

二五數 = 黃道千金 貧賤在邇. 陰盛剝陽 三妻何事. 雖有千金 財化爲塵.
황도 천금에 빈천이 가깝게 있네. 음성하고 양 깎이니 3처는 웬 일인가? 비록 천금 있으나 재물도 먼지 되리라.

二六數 = 乘彼白雲 可笑世人. 財擬陶朱 壽期方朔. 身在富貴 萬人皆仰.
저 백운에 오르니 세인 가소롭고, 재물 도주공에 수는 동방삭이네. 몸 부귀에 있어 만인이 모두 우러러 보네

二七數 = 虎入陷穽 何論生死. 月入雲中 先嚬後笑. 劃數如此 官厄何免. 범 함정에 드니 어찌 생사를 논하랴. 달 구름 속에 들어 먼저 찌푸리고 뒤에 웃네. 획수 여차하면 관액을 어찌 면하리.

二八數 = 觀其劃數 未久折桂. 桃李在邇 可成銓衡. 身秀靑雲 名滿四海.
획수를 보니 미구에 과거 하리. 도리 곁에 있어 전형을 이루네. 몸 청운에 빼어나고 이름 사해에 가득하리.

二九數 = 堂上在親 時時落淚. 杖上乏錢 難保金裘. 將雖奧路 馬已係廐.
당상의 어버이 시시로 낙루하네. 지팡이 위 돈 없어 좋은 옷 보전 못하고, 장차 길 바꾸려니 말 마구에 메였네.

三十數 = 雖有千金 功名未成. 離鄕積年 未聞消息. 乳瓶未長 蘇武何歸.
비록 천금 있으나 공명 못 이루고, 고향 떠나 적년인데 소식 못 들어라. 젖 병 길지 않아 한 소무 어찌 돌아가리.

三一數 = 春和之節 蜂蝶得花. 黃蜂白蝶 先舞後歌. 負笈從師 每事就達.
춘화시절 봉접이 꽃을 얻고 황봉과 흰 나비 먼저 춤추고 뒤에 노래하네. 책 지고 선생 따르니 매사 달성 되리라.

三二數 = 少年之時 聲動山斗. 山僧歸路 日暮月明. 三春已暮 花落結實.
소년에 명성 크게 날리고, 산승귀로에 해지니 달 밝아라. 삼춘이 이미 저물어 꽃 지고 결실되네.

三三數 = 二八靑春 花童近侍 紫衫生香 雙手御鍾. 從年出關 威振四域. 28청춘

에 화동이 곁에 모시네. 관복 향이 나고 쌍수로 술잔 들어라, 이때 출관하여 위엄 사역에 떨치리.

三四數 = 鼠逢惡猫 未知生死. 泰山之路 老人失杖. 朝班乍笑 鄧通受罪.
쥐 고양이 만나 생사를 알 수없고. 태산의 길에서 노인 지팡이 잃어라. 관직에 잠시 웃는 등통이 죄 받았네.

三五數 = 莫言盛族 未久成貴. 事雖未及 探玉藍田. 炎天失扇 雪上加霜.
친족 많다 말 말게 미구에 귀하게 되리. 일 비록 미급하나 람전에서 옥을 캐고 염천에 부채 잃어 설상가상일세.

三六數 = 三四十間 驛馬到門. 名題春榜 萱堂多慶. 李應之風 九嶺之度.
30~40간에 역마 문에 이르고, 이름 춘방에 쓰여 부모에 경사 많네. 이응의 풍에 아홉 령의 제도여라.

三七數 = 口辯如此 何羨蘇張. 洛陽之道 千乘車馬 萬鍾之祿 非我有誰.
구변 여차하면 어찌 소진 장의 부러우리. 낙양의 길에 제후의 거마로세, 만종의 녹이 나 아니고 누구이리.

三八數 = 科期在何 掛名花堂. 定命八十 我定百年. 忠孝兼全 豈不壽乎.
과거 시기 어디 있나 이름 화당에 거네. 정명80에 나는 백년이라네. 충효를 겸전하니 어찌 수하지 않으리.

三九數 = 溪水漲流 楊柳得春. 千里他鄉 消息傳來. 子美高儀 郭泰節士.
시내 물 넘쳐흐르고 양류는 봄 만났네. 천리타향에 소식 전해오네. 두자미 높은 의상 곽태의 절사라네.

四十數 = 貴人來助 財祿豊足. 月上高樓 四友勸酒. 琢石得玉 家有餘財.
귀인이 와서 도우니 재록이 풍족하고, 달 누대에 오르니 여러 벗 술 권하네. 돌 깨어 옥 얻으니 집에 여재 있어라.

四一數 = 三春蜂蝶 誰不愛惜. 孝友兼全 高名之士 移昆之言 光武命家.
봄날의 봉접이니 뉘 아니 애석하랴. 효도 우애 겸전하니 고명한 선비로다.
곤양 옮길 말은 광무 명한 집일세

四二數 = 論其平生 無凶無害. 淸今高閣 先呼其名. 觀其劃數 吉多凶少.
평생을 논해보면 흉도 없고 해도 없네. 관직 높은 집에 먼저 명성 부르리. 그 획수를 보니 길 많고 흉 적어라

四三數 = 大抵財祿 不可勝數. 未至四旬 掛名黃閣. 心情峭直 近大近少.

대체로 재록은 말로 할 수 없네. 40이 못되어 황실에 이름 걸고 심정 깔끔 하고 곧아 크지도 가깝지도 하네.

四四數 = 山中逢賊 未知生死. 終日去路 便聞猿聲. 雖有千金 散貨爲塵.

산중에 적을 만나 생사를 알 수 없고 종일 길을 가도 원숭이 소리만 들려 라. 비록 천금 있으나 재물은 티끌이 되리라.

四五數 = 七殺照命 平生不安. 楚人嫁越 江水含寃. 運當四旬 廢去千里.

칠살 명에 비치니 평생 불안하고, 초나라 사람 월나라로 시집가니 강수에 원한 머금어 운 40당하면 실패로 천리 가네

四六數 = 山中處士 意外逢鶴. 松月彈琴 高堂閑臥. 千金自來 四時得安.

산중 처사가 의외로 학 만나고, 솔 달에 거문고 타며 고당에 한가로이 누 었네. 천금이 자연 오니 사시로 편안 하여라.

四七數 = 莫言辛苦 未久成功. 貴人來助 子孫盛多. 天應身功 位致宰輔.

고생을 말하지 말게 미구에 성공하리니 귀인 와서 도우니 자손도 많아라. 하늘 몸 공에 응하여 지위 재보로세.

四八數 = 丹山飢鳳 喜逢竹實. 好音欣樂 琴宮疊疊. 千人之長 有威有喜.

단산의 굶주린 봉 기쁘게 대 열매 만나고, 좋은 음 기쁜 음악 부부에 첩첩 하네. 천인의 장에 위엄 있고 기쁨 있네.

四九數 = 淸風高樓 先呼其名. 好粧家庭 東閣西華. 蘭庭有慶 文武兼全.

청풍 높은 누대 먼저 그 이름 부르고, 좋게 단장한 가정 동서로 화려해라. 자손에 경사요 문무겸전하리.

五十數 = 觀其劃數 吉多凶少. 洛陽城東 花已落盡. 雖勤致財 東敗西傷.

그 획수 보니 길 많고 흉 적어, 낙양성 동쪽 꽃도 이미 떨어졌네. 비록 근 검으로 재물 모우나 동서로 실패되리.

五一數 = 散其家業 東西治産. 行路千里 日落月明. 負笈從師 百事多稱.

가업 해체하고 동서로 치산하네. 가는 길 천리에 해지고 달 밝으며, 책 지 고 스승 따르니 백사가 뜻대로 일세.

五二數 = 龍入九海 可帶處名. 虎伏龍降 道高德望.

용 큰 바다로 드니 가히 고명을 이루고, 호랑이 엎드리고 용이 내리니 도

덕 높고 덕망이어라.

五三數 = 常得處名 日伴同遊. 尋芳春日 喜色滿顔.
　　　　항상 명성에 처하여 날마다 같이 노니네. 녹음방초 찾는 봄날에 희색은 얼굴에 가득하여라.

五四數 = 木入水中 其朽可知. 無聲無形 公訴無處.
　　　　나무가 수중으로 들어가니 썩을 것은 가지이다. 소리도 없고 형체도 없으니 호소하려해도 할 곳이 없네.

五五數 = 天心望月 雪裏長松. 四時長春 不變其節.
　　　　하늘 속에서 달을 바라보고 눈 속의 장송일세. 사시로 장춘이니 그 절개 변하지 않으리.

五六數 = 心如孟嘗. 名振四海.
　　　　마음 맹상과 같으니 이름이 사해에 떨치리.

五七數 = 雲間黃龍 落在人間.
　　　　구름 속 황룡이 인간으로 떨어져 왔네.

五八數 = 深谷魚鼈 自得和氣.
　　　　깊은 골짜기의 물고기와 자라니 자연 화기를 얻으리라.

五九數 = 山中險路 盲人失杖.
　　　　산중의 험한 길에서 맹인이 지팡이를 잊었네.

六十數 = 可論身數 弟子許多.
　　　　신수를 논하여 보자면 제자가 허다하리라.

六一數 = 風雲相起 大風可点.
　　　　풍운이 서로 일어나니 큰 바람임을 가히 점칠 수 있으리라.

六二數 = 身在靑樓 豪奢可交.
　　　　몸이 청루(미인이 있는 아름다운 고루)에 있으니 호사와 사귀리라.

六三數 = 台星遠照 可帶功名.
　　　　삼태성이 멀리 비치니 가히 공명하게 되리라.

六四數 = 關山躬鴻 悔過自責
　　　　관산의 궁한 기러기이니 후회하고 허물을 자책하리라.

六五數 = 花發山陽 翫客許多.
　　　　산양지에 꽃이 피니 구경하는 손님도 허다하여라.

六六數 = 掛名金榜 可折桂花.

　　　　금방에 이름을 거니 가히 과거하게 될 것이다.

六七數 = 勿論老少 不勝憂苦.

　　　　노소를 물론하고 근심과 고통을 이기지 못하리라.

六八數 = 山川萬物 迨我子孫.

　　　　산천의 만물들이 나의 자손에 미치리라.

六九數 = 山川動氣 惟有文聰.

　　　　산천에 기가 동하니 오직 문장 총명이 있으리라.

七十數 = 汝雖眞心 一逢削髮.

　　　　너야 진심이지만 한번은 삭발하게(중이) 되리라.

洛書九宮法(낙서구궁법)

姓名81數 九官圖

巽 巳			離 午				未 坤		
辰	31	76	13	36	81	18	29	74	11	申
	22	40	58	27	45	63	20	38	56
	67	4	49	72	9	54	65	2	47
	30	75	12	32	27	14	34	79	16
震 卯	21	39	57	23	41	59	25	43	61	兌 酉
	66	3	48	68	5	50	70	7	52
	35	80	17	28	73	10	33	78	15
	26	44	62	19	37	55	24	42	60
寅	71	8	83	64	1	46	69	6	51	戌
艮 丑			坎 子				亥 乾		

※ 九宮八卦(구궁팔괘)와 12地支 부분별로 諸四柱法(제사주법)을 대입시켜 인사적으로 풀이하고 있다.(명칭은 필자가 붙인 것임)

위 구궁

<例> 乾命(건명)

```
        ┌ 崔 11 金 庚 ┐
        │             ├ 亨25 (兌)
利18    │ 誠 14 金 辛 │    酉
(離)    │             │
 午     └ 秀  7 金   ─┘ 元21 (震)
                           卯
  ─────────────────────
        貞32 (巽) (中庸) 辰巳
```

名上字 誠의 音五行 金의 짝수 辛이 己神(我神)

*원격(妻)卯는 형격(父母)酉를 沖한다.
  처와 모가 不合하니 姑婦(고부)간에 誼(의)가 없어 매일 다툰다.
*자기(卯)가 부모(酉)자리를 沖하니 부모와 情은 있는데 妻가 못견디게 된다.(조상은 酉金인데 己身은 辛金)
*己神 辛은 부모자리에 祿(酉)을 뿌리고 있어 情은 있으나 媤母(시모)와는 항상 의견대립, 不和한다.(財는 妻, 辛剋卯인데 약하다)

*부인이 임신하면 유산되므로 현재 자식이 없다.(卯(妻)가 午火, 子孫자리는 破)

※ 各 冲破刑 12神殺 祿 羊刃殺 天乙貴人 등은 선천명 개론편 활용 바람.

81數 配當元圖(배당원도)(1)

51	6	69	46	1	64	53	8	71
60	42	24	55	37	19	62	44	26
15	78	33	10	73	28	17	80	35
52	7	70	50	5	68	48	3	66
61	43	25	59	41	23	57	39	21
16	79	34	14	77	32	12	75	30
47	2	65	54	9	72	49	4	67
56	38	20	63	45	27	58	40	22
11	74	29	18	81	36	3	76	31

기본수인 9와 9의 自乘 交錯 81數를 기본 九靈界(구령계)에 배당한 도표이다.

上段 中央 1數의 령계 = 縱으로 1 37 73의 合數 111

橫으로 64 1 46의 合數 111

斜行 64 37 10(46 37 28) 合數 111

2數령계 114 　3數령계 117 　4數령계 120 　5數령계 123

6數령계 126 　7數령계 129 　8數령계 132 　9數령계 135

※ 총합산수 3321(우주만유의 영적 元素의 수)

3321÷81=41(大中心數로 太極 太素 大元 無極 稱)

左 上段 51 斜行 右 下段 31 合數 369

右上 71~11 合數 369 　中央 1~81 合數 369 　左中 61~21 合數 369

合局縱橫斜合數圖 (2)
합국종횡사합수도

⑥ 126	① 111	⑧ 132
⑦ 129	⑤ 123	③ 117
② 114	⑨ 135	④ 120

총합산수　1107

$1107 \div 9 = 123$(中央數)

分局縱橫斜合數圖 (3)
분국종횡사합수도

⑥ 150	① 15	⑧ 204
⑦ 177	⑤ 123	③ 69
② 42	⑨ 231	④ 96

橫　　左　②47⑦52⑥51=150(中央)

橫　　右　②65⑦70⑥69=204

縱　　中　⑥42①37⑧44=123

斜左上　⑥51⑤50④49=150

斜左下　⑥33⑤32④31=96

右　　下　⑧17⑤14②11=42

종횡합수　369(150 15 204, 15 123 231 등)

총합산수 1107　$1107 \div 9 = 123$(中央數)

총합산수 1107　$1107 \div 9 = 123$(中央數)

┃其他 秘訣類(기타 비결류)

1) 圖南訣(도남결)

성명 3字를 총합하여 88除之하여 그 나머지 수로 길흉을 본다. (元 亨 利 貞格의 획수를 八로 나누어 남은 수로 보기도 한다.)

1. (將)=운이 하늘의 밝음에 드니, 평생귀인상이라 (運入擅明 平生貴人狀).

   將帥(장수)가 되는 이름이어서 吉하다.

2. (相)=이운은 문과에 급제하는 격이니, 부귀로 백년이나 장구하리

   (此運文科格 富貴百年長).

   政丞(정승)이 되는 이름이어서 吉하다.

3. (窮)=이의 상이 불길하여, 솥에는 먼지가 끼리라. (此象不吉 因釜生塵).

   窮乏(궁핍)한 이름이어서 좋지가 않다.

4. (達)=가는 곳마다 일이 성사되고, 사방이 벗들도 많아라. (到處事有成 四方多故人).

   發達(발달)하는 이름이어서 吉하다.

5. (夭)=백년의 일 경영 말거나, 사후에는 복도 쓸모없으리. (莫營百年事 死後無用福).

   短命(단명)하는 이름이어서 凶하다.

6. (壽)=이 격에 수명이 장구하니, 정히 오복을 갖춘 사람일세. 빈부는 자연 수에 있

   는데 혹 귀인이거나 혹 천인이로세.

   (此格壽有長 正是五福人. 貧富自有數 或貴或賤人)

   長壽(장수)하는 이름이어서 吉하다.

7. (貧)=늙은 아내도 한이 무궁하고, 자손은 때로 가난함을 부르짖네.

   (老妻恨無窮 兒孫時呼貧)

   貧賤(빈천)한 이름이어서 凶하다.

8. (富)=평생 쾌락하여 편하고, 따뜻한 옷 배부른 사람일세. (平生快樂安 暖衣飽食人)

   富者(부자)가 되는 이름이어서 吉하다.

2) 河洛訣(하락결)

姓字(성자)와 名字(명자)의 획수를 합하여 8로 나누어 나머지 수로 길흉을 본다.

1. 繡衣爲孟之格 天下壯元之上

   (관직으로 첫째가 되고, 천하에서 장원하는 상이다.)

2. 登科及第之格 君寵萬世之狀

   (등과하여 급제되는 격이며, 임금의 총애 만대를 가리라.)

3. 必有貧富之格 早晚修道之狀

   (반드시 가난과 부자의 격이니, 조만간에 수도하는 상이다.)

4. 四海文章之格 一生榮華之狀

   (천하에 문장인 격이니, 일생 영화를 누릴 상이다.)

5. 極厄失行之位 受辱夭死之格

   (극단적인 액과 행실을 잃을 자리요, 욕 당하고 요절되는 격.)

6. 任佐帝王之格 覆蔭萬民之狀

   (제왕의 도움을 맡은 격이며, 만민에 음덕을 주는 상이다.)

7. 言語不通之格 常爲貧賤之狀

   (언어가 불통하는 격이요, 항상 빈천하게 되는 상이다.)

8. 貴重一品之位 諸人拱手之格

   (귀인으로 정승에의 자리 되고, 모든 사람 손잡는 격이다.)

3) 戊己法(무기법)

　　성명의 3자(성명 모두의 글자)를 총합하여 6으로 제하고 길흉을 본다.(假令 6으로 제지하고 남는 수가 6인데, 그 사람이 丙子生이면 丙丁이 1. 戊2. 己3. 庚辛4. 壬癸5 甲乙이 6이므로 甲乙을 보는 것이며, 戊寅生이라면 戊1. 己2. 庚辛3. 壬癸4. 甲乙5. 丙丁은 6이므로 丙丁을 보게 되는 것이다.)

　　甲乙 　早登靑雲 多踐玉堂.
　　(일찍 청운에 오르니 많은 옥당을 밟으리라.)

　　丙丁 　立業未久 家道稍康
　　(사업을 세운지 오래되지 않아 집안도 조금 편하여 지리라.)

　　戊 　早喪父母 又遭叩盆.
　　(일찍 부모를 잃고 또한 부부이별 되리라.)

　　己 　雖有田土 東西丐乞
　　(비록 전답은 있으나 동서로 빌어먹는다.)

　　庚辛 　兵權重重 金印煌煌.
　　(병권이 중중하고 관직도 빛나리라.)

　　壬癸 　雖有子孫 必有目盲.
　　(비록 자식을 있으나 반드시 눈이 멀게 되리라.)

附 錄

▋易卦構成(역괘구성)과 길흉

— 작명방법 14.의 正統易常法(정통역상법)에 의하여 해명을 함에 있어 姓字의 획수별로 분류, 作卦(작괘)에 따른 동효까지 숫자화하여 그 괘상과 운세의 漢字結句(한자결구)를 해석한 풀이를 수록한 것이다.

— 姓획수별로 괘번호(괘이름과 動爻의 3단위 숫자) 해당 괘상을 간판같이 한줄로 ○○○○○이라 이름 붙였으며, 운세를 4個의 4言節句로 풀이하였다.

姓名에 있어 이와 같은 괘상과 운세가 길해야 좋은 이름이라 할 수 있는 것이다.(2가지의 비중을 비슷하게 본 것 같음)

8분류한 姓氏別로 24개씩의 괘상이니 모두 192종류가 된다.(8×24)

본 방법은 變卦易象法(변괘역상법) 등 유사한 방법들의 풀이에도 활용될 수 있다고 본다. 특히 풀이 내용 중에 이름의 좋고 나쁨을 말한 것으로 보아 전적으로 작명에 쓰는 역상의 풀이로 볼 수 있어 신뢰감이 더 있음도 숨길 수 없다.

— 본법에서의 동효의 산정은 上卦의 數(성명합수)와 下卦의 數(명자합수)의 合을 66除之하였음은 名字의 합수만으로 산정한 방법과는 다르다는 것이다. 동효를 정하는데 두 방법이 우열없이 사용되고 있음을 상기해둘 필요가 있다.

— 성명의 역상은 주역의 64卦중 하나이며 동효를 찾아 써도 當初의 卦가 변하지는 않는 것인데, 가능한 쉽게 서술식이나 算術式(산술식)으로 변형하여 보여주지 않으면 활용이 難堪(난감)한 것이 사실이다.

그런데 여기에서의 풀이는 그러한 욕구에 부합되는 것 같아 다행으로 생각하며, 여러분들이 활용의 妙(묘)를 얻어 더욱 발전하기를 바라는 마음이다.

1, 9, 7, 25 劃姓

215 夬…大壯　秋草逢霜之象　가을 풀이 서리를 만난 상

風雲蔽月 天地不明　풍운이 달을 가리니 천지가 컴컴하도다.

運數否塞 財官逢空　운수가 비색하여 재물과 벼슬이 모두 공허하다.

東西奔走 僅僅生涯　동서에 분주하여 근근이 생애하리라.

六親刑克 四顧無親　육친을 형극하니 사방을 보아도 친분이 없다.

321 睽…未濟　多疑狡猾之象　의심이 많고 교활한 상

笑中藏刀 多疑未定　웃음 속에 칼을 품었으며 의심이 많아 결정을 못한다.

自大打算 與人不合　잘난 체하고 타산적이니 남과 영합되기 어려우리라.

心恒不滿 自暴自棄　마음에 항시 불만이 있어 자포자기를 잘한다.

大事難望 小業可就　큰일은 바라기 어려우나 작은 사업은 성취하리라.

433 豊…震　君前受命之象　임금 앞에서 어명을 받는 상

名動天地 其勢堂堂　이름이 천지에 진동하니 그 형세가 당당하도다.

入則良相 出則勇將　조정에 들면 어진 정승이요 싸움에 나가면 훌륭한 장수로다.

富貴如此 一有非命　부귀가 이같이 좋으나 한번 비명의 액이 있다.

妻子別離 獨坐落淚　처자가 이별하고 홀로 앉아 눈물을 흘리리라.

545 益…頤　夢中未醒之象　꿈 속에 빠져 깨어나지 못하는 상

茫茫大海 孤舟風浪　망망한 바다 가운데 외로운 배가 풍랑을 만났도다.

身命危殆 豈圖他謀　신명이 위태로우니 어찌 다른 일을 도모하랴.

如夢如覺 不分夢覺　꿈도 같고 생시도 같으니 꿈인지 생시인지도 분간 못한다.

生涯之間 天地暗暗　생애 가운데 오직 천지가 어둡고 어둡다.

651 井…需　　凡事如意之象　모든 일이 뜻대로 되는 상

春風三月 百花爭春　봄바람 부는 삼월에 백가지 꽃이 봄을 이룬다.

明月樓閣 美人對酌　달밝은 누각에 미인과 술잔을 대하도다.

財源如泉 用之不渴　재물 근원이 샘물과 같으니 써도 마르지 아니한다.

官亦臨身 人皆欽羨　벼슬 또한 몸에 임하니 사람마다 부러워하리라.

763 蒙…蠱　　背明向暗之象　밝은 곳을 등지고 어둠을 향하는 상

秋穀未熟 霜雪何事　가을 곡식이 익기도 전에 눈과 서리가 웬일인가.

無禮無義 人多忌我　예의도 없고 염치도 없으니 사람마다 나를 싫어한다.

黑雲蔽日 日中不明　검은 구름이 햇빛을 가리니 대낮에도 밝지 못하다.

身弱財弱 疾病損財　몸도 약하고 재운도 약하니 질병과 손재수 있으리라.

875 謙…蹇　　風浪不靜之象　풍랑이 멈추지 않는 상

家道不齊 骨肉不和　집안이 다스려지지 못했으니 골육간에 화목치 못하도다.

事多魔障 妻悲兒痛　일에 장애가 많으며 처자의 슬픔도 있으리라.

非義莫貪 得而招災　의롭지 못한 것을 탐하지 마라 얻으면 반드시 재앙을 부른다.

守分知足 庶免身厄　분수를 지켜 족한 줄을 알면 내 몸에 닥치는 액은 면하리라.

181 否…无妄　　羅網繫身之象　오랏줄로 꽁꽁 얽어매인 상

一人之害 及於萬人　한 사람의 해가 만 사람에게까지 미친다.

身運否塞 杜門待時　신운이 비색하니 문을 닫고 때를 기다리라.

守分安靜 諸厄不侵　분수를 지키고 가만히 있으면 모든 액이 침범하지 못한다.

若不然也 橫厄難免　만일 그렇지 아니하면 횡액을 면치 못하리라.

213 夬…兌 剛象果斷之象 성격이 강하고 과단성이 있는 상

性剛果斷 同化不足 성품이 강하고 과단성이 있으나 동화력은 부족하다.

欲破萬難 事則不然 만 가지 어려움을 돌파하려는데 일은 그렇게 쉽지 않다.

財星有損 聚散無常 재성의 손실이 있으니 모이고 흩어짐이 무상하다.

初中不利 末年少吉 초중년은 불리하나 말년에는 조금 길하리라.

325 睽…履 無才無智之象 재주도 없고 슬기도 없는 상

爲人多怯 碌碌浮生 위인이 겁이 많으니 녹록한 인생이로다.

百而思之 有疑未決 백번을 생각하면서도 의심을 두고 결정을 못한다.

名譽難望 財利可得 명예는 바라기 어려우나 재물의 이익은 있도다.

積德布施 子孫有慶 덕을 쌓고 은혜를 베풀라 자손의 경사 있으리라.

431 豊…小過 沼魚出海之象 못 고기가 바다로 나가는 상

龍釖出匣 群邪自服 용검이 칼집에서 나오니 모든 간사한 것이 열복한다.

立身揚名 以顯父母 입신양명하여 그 부모를 빛내게 하리라.

財利興旺 比如石崇 재물도 흥왕하니 석숭의 부와 견줄만하다.

家安人足 壽福陳陳 집안이 편하고 식구가 넉넉하니 수복을 진진하게 누리리라.

543 益…家人 營農安樂之象 벼슬보다 농사를 지으면 행복한 상

創業之際 玉石難辨 사업을 시작하는 즈음에 옳고 그름을 분변 못한다.

事不半途 自中之難 일은 반도 진행하지 못했는데 자중지란이 일어난다.

社會莫進 居家致業 사회 진출은 좋지 못하니 집안일을 보살피면 마땅하다.

巨財無緣 日用不窮 큰 재산은 인연이 없으나 하루하루 쓰는 돈은 넉넉하리라.

655 井··升　川流不息之象　냇물이 흘러 쉬지 않는 상

勤儉節約 財物可聚　근검하고 절약하라 재물을 모일 수 있도다.

泉源不渴 衆人食之　샘물 근원이 마르지 않으니 여러 사람이 먹을 수 있다.

少用其才 救濟萬人　그 재주를 조금 부리면 만인을 구제한다.

若無積德 反受困厄　만일 적덕한 일이 없으면 도리어 곤액을 받으리라.

761 蒙··損　持沙行步之象　모래를 쥐고 길을 걷는 상

梧桐秋夜 孤立月下　오동추야에 외로이 달빛 아래 섰다.

六親無德 空然嘆息　육친의 덕이 없으니 공연히 앉아 탄식한다.

東奔西走 風霜重重　동서에 분주하니 풍상이 중중하리라.

持沙行步 損財太多　모래를 쥐고 길을 걸으니 손재가 많으리라.

873 謙··坤　月朗天地之象　달빛이 천지간에 골고루 밝은 상

謙和敦良 君子之風　겸화하고 돈량하니 군자의 풍체로다.

早得人望 誰不願見　일찍 인망을 얻으니 누군들 보기를 원치 않으랴.

好施濟人 救濟蒼生　은혜 베풀어 사람 구제하기를 즐기니 많은 인생들을 구제한다.

生涯淡泊 樂山樂水　생애는 담박하여 욕심이 적으니 오직 산수의 경치를 즐긴다.

185 否··晋　絕處逢生之象　극히 곤궁에 빠졌다가 생로를 만난 상

十年積德 方得成就　십년을 적덕하니 바야흐로 성취한다.

雲開月朗 天地輝煌　구름이 열리고 달이 명랑하니 천지가 휘황하다.

滯運旣去 前程明朗　막히던 운이 이미 지났으니 앞길이 밝고 밝다.

運數如此 夫婦別離　운수는 이같이 좋으나 부부간에 이별수 있으리라.

211 夬…大過　　有志未就之象　뜻을 두고도 이루지 못하는 형상

意志薄弱 有始無終　의지가 박약하니 처음만 있고 끝이 없도다.

身弱多病 凡事難成　몸이 약하고 병이 따르니 범사를 성취하기 어렵다.

雖有六親 心何孤獨　육친은 있다하나 마음은 어찌 고독한가.

間有危難 以色致敗　간간 위태로운 때가 있을 것이오 여자를 가까이 하다 실패하리라.

323 睽…大有　　慾望不就之象　욕망을 이루지 못하는 상

莫爲急圖 晩則爲吉　일을 급히 서둘지 마라 늦게 하면 좋으리라.

家有病苦 不然身病　집안에 질고가 있으니 아니면 자신의 신병이로다.

雖有生財 得而半失　비록 돈은 잘 벌어도 얻어서 반이나 손실한다.

末年之運 田庄廣置　말년의 운은 토지를 넓게 장만하리라.

435 豊…革　　窮耕南陽之象　농사지으면서 좋은 때를 기다리는 상

蛇變爲龍 英雄得時　뱀이 변하여 용이 되니 영웅이 때를 만났도다.

乘馬出門 日行千里　말을 타고 문을 나서니 하루에 천리를 도달한다.

饑者逢豊 食祿足足　주린 자가 풍년을 만났으니 식록이 족족하다.

勿爲急圖 反有不利　급히 서두르지 마라 도리어 불리하리라.

541 益…觀　　富貴多男之象　부귀하고 자손을 많이 두는 상

知進無退 神淸意强　나갈 줄만 알고 물러날 줄 모르니 정신이 맑고 의지가 강함이다.

掘地見金 財祿綿綿　땅을 파고 금을 보니 재록이 면면히 따르리라.

妻宮爲美 內助致家　처궁이 아름다우니 아내의 도움으로 치가한다.

膝下子孫 孝子忠臣　슬하의 자손은 효자와 충신을 모두 둔다.

653 井··坎　　初困後泰之象　처음은 곤고하나 뒤에 태평한 상

溪流入海 終得成就　시냇물이 흘러 바다에 들어오니 마침내는 큰뜻을 이룬 셈이다.

初運不利 見而不食　초년운은 불길하여 보고도 못 먹는 격이다.

勞心勞力 方得成功　마음과 몸을 수고로우니 바야흐로 성공함을 얻는다.

用錢如水 人稱豪傑　돈 쓰기를 물 쓰듯 하니 사람들이 호걸이라 칭한다.

765 蒙···渙　　虛名遠聞之象　헛된 이름만 멀리 들리는 상

我雖無知 智人得力　나는 비록 아는 것이 없으나 지혜로운 이의 힘을 얻는다.

身屈謙讓 一生泰平　몸을 굽히고 겸양하면 일생 태평하리라.

若不然也 災殃重重　만일 그렇지 아니하면 재앙이 중중하도다.

財物之事 官訟不免　재물관계로 관재 송사도 면치 못하리라.

871 謙··明夷　　不求功名之象　벼슬과 명예를 탐하지 않는 상

農耕之業 天下之本　밭 갈고 농사짓는 것은 천하의 으뜸가는 업이로다.

春種秋收 衣食足足　봄이면 씨뿌리고 가을이면 거두니 의식이 족족하다.

若不然也 商業爲吉　만일 농업이 아니면 장사로 업을 삼아도 좋다.

家給人足 此外何望　가정이 넉넉하고 식구도 많으니 이밖에 무엇을 바라리오.

183 否··遯　　望月自嘆之象　달을 보고 신세를 한탄하는 상

天地不合 萬物不長　하늘과 땅이 합심하지 않으니 만물이 자라지 못한다.

才勝薄德 獨坐嘆息　재주는 있으나 인덕이 없으니 홀로 앉아 신세를 한탄한다.

知足安分 小事可成　족함을 알고 분수를 지키면 사소한 일은 성취하리라.

靑氈世業 散如浮雲　조상에게 받은 재물은 뜬구름 흩어지듯 없어지리라.

2, 10, 18 劃姓

314 大有…大畜　旭日昇天之象　빛난 해가 동녘하늘에 솟아오르는 상

雲行雨施 萬物化生　구름이 행하고 비가 내리니 만물이 생기를 얻었도다.

志高心遠 到處春風　뜻이 높고 포부가 원대하니 가는 곳마다 기쁜 일이로다.

財官双美 名振四方　재관이 모두 길하니 이름을 사방에 떨친다.

功成身退 生來無憂　공을 이루었거든 물러가라 그리하면 일생 편안하리라.

426 歸妹…睽　無廉無恥之象　염치도 없고 부끄럼도 없는 상

一人之害 及於萬人　한 사람의 해가 만 사람에게 미친다.

心無眞實 多疑不信　마음에 진실성이 없으며 의심이 많아 믿지 않는다.

非義非禮 一般之事　의가 아니고 예가 아닌 일을 일반지사로 알고 행한다.

家亂身厄 考終難得　집안이 분란에 신액이니 명을 제대로 마치기 어려우리라.

532 家人…小畜　德望高大之象　덕망이 높고 아량이 큰 상

謙和柔順 人之美德　겸허하고 유순함은 사람의 미덕이로다.

言語誠實 稱頌藉藉　언어가 성실하니 칭송이 자자하리라.

日堆月積 終成大富　날로 쌓고 달로 쌓으니 마침내 큰 부자가 된다.

家道興旺 敎子忠孝　가도가 흥왕하니 이들에게 충효를 가르친다.

644 屯…隨　柔弱難成之象　유약하여 성공하기가 어려운 상

意志薄弱 猶豫未定　의지가 박약하니 유예미정한다.

長上之言 敬納則吉　윗사람의 말을 공경스럽게 받아들이면 길하다.

獨立不可 同業遂意　독립적으로 하는 것은 불가하나 남과 같이 하는 일은 성취한다.

缺月復滿 損後更得　이지러진 달이 다시 둥그니 손해 본 뒤 다시 얻으리라.

756 蠱…升 功名不貪之象 벼슬과 명예를 탐하지 않는 상

閑臥高亭 心神自安 한가롭게 높은 정자에 누우니 심신이 스스로 편안하도다.

不求功名 安貧樂道 공명을 구하지 않으니 가난을 편히 알고 도를 즐거워한다.

虛度光陰 世事無味 광음을 하는 것 없이 보내니 세상일이 무미하다.

莫恨窮乏 困後有泰 궁핍함을 탄식마라 곤한 뒤 태평함이 있으리라.

862 師…坤 威振邊方之象 위엄을 변방에 떨치는 상

旱天施雨 萬物生光 가뭄 하늘에 비가 내리니 만물이 빛을 발한다.

困龍得水 方起造化 곤한 용이 물을 얻으니 바야흐로 조화가 일어난다.

功成名立 丈夫快事 공을 이루고 이름을 세우니 대장부의 쾌한 일이로다.

布恩積德 人皆欽慕 은혜를 베풀고 덕을 쌓으니 사람마다 흠모하리라.

174 遯…漸 功成身退之象 공을 이룬 뒤 물러나 한가롭게 보내는 상

君子吉利 小人不吉 군자는 길하나 소인은 불길하다.

能小能大 變化無窮 능히 작고 능히 크니 변화가 무궁하리라.

身佩官印 以考百姓 몸에 관인을 찼으나 백성들을 다스린다.

若不然也 反爲困苦 만일 벼슬을 못하면 신세가 곤고하리라.

286 萃…否 陽極生陰之象 양이 다하고 음이 생하는 상

物盛則衰 器滿則溢 물이 성하면 쇠하고 그릇이 차면 넘친다.

雖曰位高 陰人猜我 비록 지위가 높다하나 음인이 나를 시기한다.

知足謙讓 可免橫厄 족한 줄을 알고 양보하면 가히 횡액을 면한다.

中末之運 退位守閒 중년말 이후의 운은 벼슬을 사양함이 좋으리라.

312 大有…離　盛運不久之象　좋은 운이 오래가지 않는 상

聰明多能 能任大業　총명하고 아는 것이 많으니 능히 큰일을 감당할만하다.

金榜掛名 威勢赫赫　과거에 급제하여 이름을 거니 그 위세가 당당하리라.

初吉後困 退官失職　초면은 길하나 후분이 곤고하니 벼슬을 잃고 직업을 잃는다.

家內有厄 膝下之憂　집안에도 액이 있으니 슬하 자손의 근심이로다.

424 歸妹…臨　怨仇多結之象　사방에 원수를 맺게 되는 상

怨結手上 淚沾手下　윗사람에게 원망을 맺고 아랫사람에게는 눈물을 적신다.

唯我獨存 隱仇磨釼　오직 나 혼자라 하니 원수가 몰래 칼을 간다.

是非口舌 訟事不絶　시비구설이요 송사도 끊기지 않는다.

舍己得人 可保身命　내 몸을 낮추고 인심을 얻으라 가히 신명을 보전하리라.

536 家人…旣濟　不貪功名之象　공명을 탐하지 않고 한가히 거하는 상

上和下睦 一家泰平　상하가 화목하니 온 집안이 태평하다.

才智文章 淸高之人　재주 있고 문장이 높으니 청고하게 사는 인물이로다.

功名無心 求之則得　공명에는 마음이 없으나 구한다면 얻을 수 있다.

運數通泰 衣食自足　운수가 통태하니 의식이 자연 족하리라.

642 屯…節　進退未定之象　이러지도 저러지도 못하는 상

菊花晚開 物各有時　국화는 늦게 피는 법이니 물건마다 각각 그 때가 있도다.

初年之運 進退未定　초년의 운은 진퇴를 정하지 못한다.

修身養德 末分成就　몸을 닦고 덕을 기르라 말분에는 성취하리라.

凡事雖遲 終得遂意　모든 일이 비록 더디나 마침내는 뜻과 같이 되리라.

754 蠱⋯鼎　好事多魔之象　좋은 일에 마가 많아 실패하는 상

臨津無舟 進退兩難　나루에 임하여 배가 없으니 오도 가도 못한다.

事多未決 心多煩悶　일에 미결됨이 많으니 마음에 번민이 많으리라.

雖有辛苦 晩逢吉運　비록 신고함을 겪으나 만년에는 좋은 운을 만난다.

若非身弱 妻子不利　만일 몸이 약하지 않으면 처자운이 불리하리라.

866 師⋯蒙　知足無咎之象　자기 분수를 알면 허물이 없는 상

傷翼不治 欲飛不能　상한 날개가 낫지 않았으니 날고자 하나 날지 못한다.

若不知足 吉反爲凶　만일 족한 줄 알지 못하면 좋은 일이 도리어 흉하게 된다.

世上萬事 畵中之餠　세상의 만 가지 일은 그림 가운데 떡이로다.

守分安靜 一身安泰　분수를 지키고 안정하면 일신은 편안히 지내리라.

172 遯⋯姤　威振四方之象　위엄을 사방에 떨치는 상

在家無益 出則生喜　집에 있으면 이익이 없고 출타하면 기쁜 일이 생긴다.

事有煩多 忙中得利　일에 번거로움이 많으나 바쁜 가운데 이를 얻는다.

早鍊武藝 以武成功　일찍 무예를 연마한다면 무예로 성공하리라.

膝下有厄 早子難養　슬하의 액이 있으니 이른 아들은 기르기 어려우리라.

284 萃⋯比　蛟龍得珠之象　교룡이 여의주를 얻은 상

魚變成龍 名掛金榜　고기가 변하여 용이 되니 이름을 금방에 걸었다.

官高位高 號令天下　벼슬과 지위가 높으니 천하를 호령하리라.

立身揚名 以顯父母　입신양명하여 부모의 이름까지 나타내도다.

一家和樂 名中第一　집안이 다 화락하니 이름 가운데 가장 길하다.

316 大有…大壯　　潛龍飛天之象　못에 잠겼던 용이 하늘로 날아오르는 상

天佑神助 無不成就　하늘이 돕고 신명이 도우니 성취되지 않는 일이 없다.

非戰而勝 機略超凡　싸우지 않고도 이기니 기략이 범인보다 월등하다.

立身揚名 威振四海　입신양명하여 위엄을 사해에 떨치리라.

壽福無窮 吉中最吉　수복이 무궁하니 길한 가운데 가장 길하다.

422 歸妹…震　　守分無咎之象　분수를 지키면 아무 허물이 없는 상

碌碌浮生 不知安分　녹록한 못난이가 분수를 지킬 줄 모른다.

貪財好色 多致仇怨　재물을 탐하고 색을 좋아하니 이곳저곳 원수만 맺으리라.

先業雖好 散如浮雲　조상의 업은 비록 좋으나 뜬구름처럼 흩어진다.

末年之運 空手歸家　말년의 운수는 빈손으로 집에 돌아오리라.

534 家人…同人　　家有多慶之象　집안에 좋은 경사가 많은 상

擇地移居 福祿無窮　땅을 가려 이사하면 복록이 무궁하다.

春回陰谷 百花爭發　음산한 골짜기에 봄이 돌아오니 백가지 꽃이 다투어 핀다.

家人合心 財興事成　집안사람이 마음을 합하니 재물이 늘고 사업이 이룩된다.

多子多孫 夫妻偕老　자손을 많이 거느릴 것이오 부부간에 해로하리라.

646 屯…益　　謹愼待時之象　조심하면서 좋은 때를 기다려야 하는 상

身登馬上 去處未定　몸이 말 잔등에 올랐으나 갈 곳을 정하지 못한다.

官運不利 燈下辛苦　관운이 불리하니 한갓 노력만 한다.

初否後泰 枯木回春　처음은 나쁘고 뒤에 좋으니 마른 나무에 봄이 돌아온다.

莫嘆身勢 晩年生光　신세를 탄식마라 말년에 광명이 있으리라.

752 蠱…艮　　凡事無益之象　모든 일에 유익함이 없는 상

風雨不順 草木不長　비바람이 불순하니 초목이 자라지 못한다.

靑雲無路 財亦不足　벼슬을 얻을 운이 없고 재물 또한 넉넉지 못하다.

東奔西走 欲得無益　동서로 분주히 다니며 구하고자 하나 유익함이 없다.

若無病苦 口舌爭是　만일 질병이 없으면 구설과 시비가 많으리라.

864 師…解　　守分安康之象　자기의 분수를 지키면 편안할 상

欲進未進 不如安靜　나가고자 하나 나아가지 못하니 가만히 있는 것만 못하다.

世上功名 夢中之事　세상의 공명은 꿈 가운데 있는 일이로다.

家運不好 衣食不窮　가운이 좋지 못하나 의식은 궁하지 않다.

順受天命 庶無災厄　순하게 하늘의 뜻을 받으라 별다른 재앙이 없으리라.

176 遯…咸　　知足無咎之象　족한 줄을 알면 아무 허물이나 재앙이 없는 상

樂山樂水 悠悠自適　산을 즐기고 물을 즐기며 유유하게 생애한다.

莫誇才智 小人遇害　재주를 자랑하지 마라 소인의 시기를 받으리라.

知足無凶 多慾見敗　족한 것을 알면 흉액이 없으나 욕심이 많으면 실패를 본다.

家內隆昌 閑居餘生　집안이 융창하니 한가히 남은 생애를 보내리라.

282 萃…坤　　錦衣還鄕之象　출세하여 의기양양하게 고향에 돌아오는 상

聰明俊秀 文章秀才　총명하고 준수하니 문장 수재가 분명하다.

好踏靑雲 君前受命　순조롭게 벼슬에 올라 임금 앞에 어명을 받는다.

權在四方 到處春風　권리가 사방에 있으니 가는 곳마다 즐거움이로다.

一生無凶 安過平生　일생에 흉한 일이 없으니 편안히 일생을 지내리라.

3, 11, 19 劃姓

415 大壯…夬　十射不中之象　열 번 쏘아도 맞지 않는 상

雖有妙計 不中奈何　비록 묘한 꾀가 있으나 맞지 않으니 어찌하랴.

六親無德 早離故基　육친의 덕이 없으니 일찍 고향을 떠난다.

之東之西 風霜重重　동으로 가고 서로 가며 풍상이 중중하리라.

白晝失物 財星逢空　대낮에 실물하니 재성이 공을 만남이라.

521 中孚…渙　財足家和之象　재물이 족하고 집안도 화목한 상

利在市中 商業得財　이익이 저자에 있으니 장사로 돈을 번다.

居家無益 出他則吉　집에 있으면 이익이 없고 밖에 나가 활동하면 길하다.

中心堅固 何事不成　중심이 튼튼하니 무슨 일인들 아니 되랴.

家有吉慶 夫唱婦隨　집안에 길한 경사 많으며 부부도 화목하리라.

633 旣濟…屯　井魚出海之象　우물고기가 바다에 나오는 상

文武兼全 棟樑之材　문무를 겸전하니 동량지재가 되리라.

初年不利 功名何得　초년은 불리하나니 공명을 어찌 얻으리오.

困窮之後 偶得吉祥　곤궁하게 지낸 뒤 우연히 좋은 일을 만난다.

祿重位高 名播四方　녹이 무겁고 지위가 높으니 이름을 사방에 펼치리라.

745 頤…益　六親無緣之象　육친의 인연이 없는 상

利己打算 人人惡之　이기적이고 타산적이니 사람마다 미워한다.

易怒易解 不拘禮儀　쉽게 노하고 쉽게 풀리며 예의 같은 것에 거리끼지 않는다.

以物相爭 都無所益　물건으로 인하여 서로 다투나 도무지 유익한 바가 없도다.

青山日暮 仰天大笑　청산 날 저문 때에 하늘을 보고 크게 웃는다.

851 升··泰   富貴長壽之象   부귀장수를 누리는 대 길상

適時降雨 百穀茂盛   때를 맞춰 비가 내리니 백가지 곡식이 무성하다.
財官兩得 權高財豊   재물과 벼슬을 모두 얻으니 권세가 높고 재산이 풍족하다.
一有憂事 哭泣蘭庭   한 가지 근심된 일이 있으니 자손 때문에 눈물이로다.
生無險事 壽宮亦吉   일생에 험난한 일이 없으니 수명 또한 오래 누리리라.

163 訟··姤   守分安康之象   분수를 지켜 조심하면 편안한 상

千里他鄕 故人相逢   천리 타행에서 고인을 상봉하였다.
長上恭敬 危中得安   윗사람을 공경하면 위태한 가운데 편안함을 얻는다.
莫貪不義 以此損名   의 아닌 것을 탐하지 말라 이로 인해 명예를 손상한다.
間有橫財 生涯淡泊   간간이 횡재수 있으며 생애가 담박하리라.

275 咸···小過   凡常無凶之象   평범하여 흉액이 별로 없는 상

心小膽小 碌碌之人   마음도 작고 담력도 작으니 변변치 못한 인물이로다.
官則不可 財利小成   벼슬은 마땅치 못하나 재물은 약간 모여진다.
良妻得配 室家之樂   어진 아내를 얻으리니 집안의 즐거움은 있도다.
一得一失 吉凶相半   하나는 얻고 하나는 잃으니 길흉이 서로 반이 된다.

381 晋··噬嗑   十藝未成之象   열 가지 재주가 하나도 성취하지 못하는 상

爲人聰明 計謀不中   위인이 총명하나 세운 계획이 맞지 않는다.
謀事在人 成事在天   모사는 사람에 있고 성사는 하늘에 있다.
困若之後 僅僅成就   곤고한 뒤에 근근이 성취하리라.
兄弟無德 東西各離   형제간의 덕이 없으니 동서로 각각 분리하리라.

412 大壯‥歸妹　　開花結子之象　꽃이 피고 열매가 맺는 상

心高志遠 拘拘不喜　마음이 높고 뜻이 원대하니 구구한 일을 좋아하지 않는다.
知我者誰 修身待命　나를 알아주는 이가 누구이뇨 몸을 닦고 천명을 기다리라.
教育生涯 名譽四傳　교육자로 생애하면 명예가 사방에 전한다.
經營不合 公職最宜　경영하는 일은 불합하나 공직은 가장 좋으리라.

525 中孚‥損　　家中有亂之象　집안에 분란이 일어나는 상

深山失路 進退維谷　깊은 산에 길을 잃으니 오도 가도 못한다.
外人納財 堂憂必起　밖에서 재물을 들이니 부모의 근심이 반드시 생김이라.
親戚爭財 庭中一爭　친척간에 재물다툼이 있으니 뜰 가운에서 한번 싸운다.
得而皆失 勞而無功　얻어서 거의 잃으니 수고하나 공이 없으리라.

631 旣濟‥蹇　　更調琴絃之象　부부가 다시 만나는 상

得失相半 先吉後否　얻고 잃는 게 반반이니 먼저 길하고 뒤에 나쁘다.
妻宮有厄 叩盆難免　처궁에 액이 있으니 상처수를 면치 못하리라.
此人之命 再娶爲吉　이 사람의 운명은 재취로 장가들면 길하다.
膝下之宮 求子四方　슬하 자손궁은 아들을 구하고자 사방에 헤맨다.

743 頤‥賁　　家傾身亡之象　재산도 없애고 일신도 망치는 상

素無學識 心貪大望　본시 배운 지식이 없는데도 마음은 큰 것을 탐한다.
雀步鶴行 敗家亡身　참새가 황새걸음을 쫓으려다 패가망신하리라.
好酒好色 家無一錢　주색을 좋아하니 집에 한 푼도 여유가 없다.
妻子離散 獨自彷徨　처자가 흩어지니 혼자 남아 방황하리라.

855 升‥井　　駄馬折足之象　짐 실은 말이 다리를 저는 상

千斤壓身 欲起不能　천근 무게가 몸을 누르니 일어나려 해도 되지 않는다.

草木逢霜 落葉紛紛　초목이 서리를 만났으니 잎이 분분하게 떨어진다.

出外無益 居家安逸　나가면 유익함이 없으나 집에 있으면 안일하다.

明月樓亭 佳人相別　달 밝은 정자에서 아름다운 이를 이별하리라.

161 訟‥履　　險中思安之象　험난한 속에서도 편안함을 생각하는 상

謙和養德 凶變爲吉　겸화한 마음으로 덕을 기르면 흉한 것이 길한 것으로 변한다.

凡事愼之 口舌是非　모든 일에 조심성 있게 하라 구설과 시비수가 있다.

事必歸正 仁者無敵　그릇된 것은 반드시 바르게 되나니 어진 자에는 대적할 자 없도다.

事業不利 官則吉利　사업은 이롭지 못하다 관리는 길하리라.

273 咸‥萃　　百穀逢凶之象　곡식마다 흉작을 만나는 상

風雨不順 年事可知　풍우가 불순하니 연사를 가히 알리로다.

時機未到 杜門不出　때가 이르지 않았으니 문을 닫고 나가지 마라.

心本虛荒 財如雲散　마음이 본시 허황하니 재물은 구름같이 흩어진다.

逆水行舟 有智不達　물을 거슬러 배를 행하니 지혜 있으나 이르지 못한다.

385 晋‥否　　名利無心之象　벼슬이나 재물에 별로 마음이 없는 형상

一得一失 人之常事　한번 얻고 한번 잃은 것은 인간에게 보통 있는 일이로다.

得失無心 心自安泰　얻거나 잃거나 신경쓰지 않으니 자연 마음은 편안하다.

富貴功名 夢中之事　부귀공명 따위도 꿈 속의 일이라 생각한다.

生居閑村 讀書歲月　한가한 촌락에 거하면서 글을 읽으며 세월을 보내리라.

411 大壯··恒　　勇進無退之象　나아갈 줄만 알고 물러설 줄 모르는 상

古今東西 無不通知　고금동서를 막론하고 모르는 것이 거의 없도다.

機謀深遠 言辯出衆　기모가 심원하니 언변도 출중하다.

若有人助 順坦出世　만일 누가 도와준다면 순탄하게 출세하리라.

夫婦合心 家道漸興　부부간에도 마음이 맞으니 집안이 점차 흥왕한다.

523 中孚···小畜　　順風行舟之象　순풍에 배를 행하는 상

虛中得實 先困後泰　허한 가운데 실속을 얻으니 먼저 곤하고 뒤에 태평하다.

積小成大 家運漸昌　작은 것을 쌓아 큰 것을 이루니 가운이 점점 창성하리라.

雖曰財足 功名不得　비록 재물은 족하나 벼슬은 얻지 못한다.

治産治農 衣食豊富　산업을 다스리다 의식이 풍부하리라.

635 旣濟··明夷　　暗夜得燭之象　어두운 밤에 등불을 얻은 상

暗中行人 喜得明燭　어두운 가운데 다니던 사람이 반갑게도 밝은 촛불을 얻었다.

東西奔走 暫時風霜　동서분주하며 잠시 풍상을 겪는다.

貴人助我 所願成就　귀인이 스스로 나를 도우니 소원을 반드시 이루리라.

財官兩得 往事如夢　재물과 벼슬을 모두 얻으니 지난 고생이 꿈과 같도다.

741 頤··剝　　人無眞實之象　사람됨이 진실성이 없는 상

佳人一笑 散之千金　아름다운 여인이 한번 웃으니 천금을 흩어버린다.

心無主觀 一事未決　마음에 주관이 없으니 한 가지 일도 결정짓지 못한다.

如狂如醉 似人非人　미친 것도 같고 취한 것도 같으니 사람도 같고 사람 아닌 것도 같다.

莫貪分外 安分最吉　분수 밖의 재물을 탐하지 마라 제 분수를 지키는 게 가장 좋다.

853 升‥師　萬事如意之象　만사가 뜻대로 잘 되어가는 상

前程無碍 馳馬千里　앞길에 장애가 없으니 말을 달려 천리를 간다.

人人多助 勞半功倍　사람마다 도움을 많이 주니 노력에 비하여 성과가 크다.

夫婦之宮 偕老難期　부부간의 금슬은 해로함을 기약하기 어렵다.

早鍊武功 百人之將　일찍 무예를 연마하였으면 백인을 거느리는 우두머리가 된다.

165 訟‥未濟　大志未成之象　큰 뜻과 포부를 품었으나 이루지 못하는 상

外柔內剛 不屈於人　외유내강하니 남에게 뜻을 굽히지 아니한다.

心意高遠 功名不達　마음과 포부가 높고 원대하나 공명은 세우지 못하리라.

經營商業 手弄千金　상업을 경영하면 손으로 천금을 희롱한다.

初困後平 老來福昌　초년은 곤고하고 뒤에 평하니 늙어서 복록이 창성하리라.

271 咸‥革　事無耐久之象　일마다 내구성이 없어 오래 지탱하지 못하는 상

性如烈火 忍耐不足　성질이 불길같이 괄하니 참을성이 부족하다.

吉凶極端 亦是風霜　길흉이 극단에 이르니 역시 풍상을 겪게 되리라.

事多倦怠 成事難望　일에 권태증이 많으니 이루기를 바라기 어렵다.

疏親愛妻 悖倫之兒　부모를 소홀하고 아내를 사랑하니 윤리에 어긋나는 사람이로다.

383 晋‥旅　樂中生悲之象　즐거운 가운데 슬픔이 있는 상

至誠感天 始得成就　지성이 하늘을 감응하면 비로소 성취한다.

出入海外 意氣洋洋　해외로 출입하며 의기가 양양하리라.

中年失敗 家産一傾　중년의 실패수로 가산을 한번 뒤집는다.

在家無益 出則心快　집에 있으면 무익하고 나가면 마음이 쾌하리라.

4, 12, 20 劃姓

516 小畜…需　困龍得水之象　곤한 용이 물을 얻은 상

十年大旱 甘雨始降　십년 큰 가뭄에 단비가 비로소 내린다.

初困後平 赤手成家　처음은 곤하고 뒤에 태평하니 빈손으로 가업을 이루리라.

舍己從人 得而無損　나를 낮추고 남의 의사를 따르면 얻기는 하나 손해가 없도다.

平生所畏 身弱疾苦　평생의 두려운 바는 몸이 약하여 질병이 있음이라.

622 節…屯　意志薄弱之象　의지가 박약한 상

爲人小心 大志難立　위인이 소심하니 큰 뜻을 세우기 어렵다.

雖曰男子 不如女人　비록 남자로 태어났대도 여자만도 못하다.

言順行善 凡事未就　말은 순하고 행실은 착하나 범사를 달성하지 못한다.

名字如此 別無厄難　이름은 이같이 신통치 않으나 별다른 흉액은 없으리라.

734 賁…離　好侈浮浪之象　사치를 좋아하고 부랑방탕한 상

好奢好侈 用錢如水　사치를 좋아하니 돈을 물 쓰듯 한다.

性本酒色 因此損財　주색을 심히 좋아하여 이로 인해 손재하리라.

在家無日 外地生涯　집에 있는 날이 별로 없고 외지에서 생애를 보낸다.

如流光陰 一事無成　흐르는 물 같은 게 세월인데 한 가지 일도 이루지 못한다.

846 復…頤　食少事煩之象　바쁘기만 하고 생기는 것이 적은 상

日暮靑山 歸路忙忙　청산에 날이 저무니 돌아갈 길이 바쁘기만 하다.

世事浮雲 一時榮華　세상일이 뜬구름 같으니 일시적인 영화로다.

雲雨滿空 似雨不雨　구름비가 하늘에 가득하나 비가 올 듯하면서 아니 온다.

莫近女色 損財損名　여색을 가까이 마라 재물과 명예를 손상하리라.

152 姤‥遯 家運薄弱之象 가정 운이 박약하여 불행한 상

內有憂苦 外無有益 안에는 근심 걱정이 있고 밖으로는 이익이 없다.

若非別父 子女淚下 만일 아버지를 이별 아니면 자녀 때문에 눈물을 흘린다.

日暮青山 灑淚嘆息 날이 저문 청산에서 눈물을 흘리며 탄식한다.

此人生涯 不如不生 이 사람의 생애는 차라리 죽지 않음만 못하다.

264 困‥坎 名掛金榜之象 과거에 합격하여 이름을 금방에 거는 상

父蔭母德 貴門出身 부모의 음덕이 많으니 귀문의 출신이다.

初年之運 身弱多病 초년의 운은 몸이 약하고 병이 많도다.

文章多能 科榜掛名 문장이 뛰어나고 능함이 많으니 과거에 무난히 합격한다.

一家和樂 婦良子孝 일가가 화락할 것이요 아내는 어질고 자식은 효도한다.

376 旅‥小過 奔走不暇之象 항시 바쁘기만 하고 한가한 때가 없는 상

三日行路 一日行之 삼일동안 걸리는 길을 하루에 가야만 한다.

得羊失牛 反爲其損 양을 얻고 소를 잃으니 도리어 손해 본 것이로다.

先笑後哭 橫厄來侵 먼저는 웃고 뒤에는 우니 횡액이 침노함이다.

此人之名 吉少凶多 이 사람의 이름은 좋은 것보다 나쁜 것이 많다.

482 豫‥解 突破萬難之象 만 가지 어려움을 깨고 성공하는 상

意志堅固 果斷猛進 이지가 굳고 굳으며 과단성과 진취성이 있도다.

忍耐力强 始終如一 참을성이 강하여 처음과 끝이 한결같도다.

貴人相交 立身揚名 귀인과 더불어 서로 사귀니 출세하여 이름을 드날린다.

家道中興 室家之樂 가도를 다시 부흥시키고 가장의 즐거움이 극진하리라.

514 小畜…乾　　塵土成山之象　티끌모아 태산이 되는 상

勤勉不怠 積小成大　부지런하여 게으르지 않으면 작은 것을 쌓아 큰 것이 된다.

欲取財物 不關善惡　돈 버는 목적을 위해서는 좋고 나쁜 것을 가리지 않는다.

一進一退 吉也凶也　한번 나아가고 한번 물러서니 길한지 흉한지 알 수 없다.

僅僅得財 偶然損失　근근이 재물을 모아 우연히 손실하리라.

626 節…中孚　　以財致禍之象　재물 때문에 재앙을 부르는 상

四顧無親 雖與相議　사방을 보아도 친한 이가 없으니 누구와 더불어 의논해보랴.

兄弟爭財 双親下淚　형제간에 재물을 다투니 두 어버이는 슬퍼한다.

以下克上 必受灾殃　아래로서 위를 극하니 반드시 그릇된 재앙을 받는다.

家有不祥 嘆息不已　집에 불상사가 있으니 탄식하나 소용없으리라.

732 賁…大畜　　春花滿發之象　봄꽃이 만발한 상

春風三月 萬和方暢　춘풍삼월에 만화가 방창하도다.

若逢貴人 可得功名　만일 귀인을 만나면 가히 공명을 기약하리라.

積少成大 終見致富　적은 것을 쌓아 큰 것을 이루니 마침내 치부한다.

兄弟之事 或當訟事　형제간의 일로 혹 송사가 일어나리라.

844 復…震　　有聲無實之象　소리만 있고 실속이 없는 상

守分爲吉 妄動有害　분수를 지키면 길하나 망녕되이 움직이면 손해가 있다.

夏日炎天 雷聲不雨　여름날 더운 하늘에 우뢰소리만 있고 비가 안 온다.

事有時機 養德待時　일에는 시기가 있는 법이니 덕을 기르면서 때를 기다리라.

外富內貧 仰天大笑　겉은 부하나 안은 가난하니 하늘을 우러러보며 크게 웃는다.

156 姤…大過　吉凶難分之象　좋은 것인지 나쁜 것인지 알 수 없는 상

放聲大號 應者無之　소리를 놓아 크게 부르나 대답하는 이가 없도다.

偶然逢吉 偶然逢凶　우연히 좋은 일을 만나고 우연히 상서롭지 못한 일이 이른다.

此名論之 難吉難凶　이 사람의 이름자는 길한지 흉한지 모르겠다.

碌碌生涯 非貴非賤　생애가 그렁저렁하니 귀한 것도 천한 것도 아니다.

262 困…革　安貧樂道之象　가난해도 상관 않고 오직 도를 즐기는 상

食根飮水 反爲至樂　나무 뿌리를 먹고 물 마셔도 오히려 지극한 즐거움이 있다.

鳳飛千仞 饑不啄粟　봉황이 천길을 날으매 굶주려도 좁쌀은 쪼지 아니한다.

中後之運 貴人相逢　중년 이후의 운은 귀인과 상봉한다.

駿逢白樂 一行千里　준마가 백락을 만났으니 한번 뛰어 천리에 도달한다.

374 旅…艮　初虛晩實之象　처음은 허망하나 뒤에는 실속이 이르는 상

初年之運 虛送歲月　초년의 운수는 허송세월하리라.

周遊四方 交友萬人　사방에 주유하여 많은 사람들을 사귄다.

始得好機 方略可就　비로소 좋은 기회를 얻으니 바야흐로 계략을 성취한다.

平生可畏 金刀愼之　평생에 두려운 바는 날카로운 연장에 상하는 염려로다.

486 豫…晋　浮遊放蕩之象　부랑방탕하여 제 멋대로 행하는 상

性本歡樂 不顧分數　성품이 본시 환락을 즐기니 제 분수를 돌아보지 못한다.

雖曰功名 朝夕之變　비록 공명수가 있다 하나 조석으로 변하리라.

日月失光 早別父母　일월이 빛을 잃었으니 부모를 일찍 이별한다.

莫貪過財 貪財壞名　지나친 재물을 탐하지 마라 재물 때문에 명예를 손상하리라.

512 小畜…家人　淸風明月之象　맑은 바람 밝은 달처럼 아름답고 깨끗한 상

上愛下敬 凡事如意　위는 사랑하고 아래는 공경하니 범사가 여의하다.

才智明敏 無所不如　재주와 지혜가 명민하니 알지 못하는 바가 없으리라.

一家和樂 貪祿隨身　집안이 화락할 것이요 식록이 몸에 따른다.

妻賢子孝 此外何望　아내는 어질고 자식은 효도하니 이 밖에 무엇을 바라리오.

624 節…兌　錦衣夜行之象　비단옷을 입고 밤길을 걷는 상

此人平生 但知財物　이 사람의 평생에는 오직 재물만 알 뿐이다.

利益之事 不拘善惡　유익한 일이라면 좋고 나쁜 것을 구애받지 않는다.

多言行輕 口舌招來　말이 많고 행동이 가벼우니 구설을 초래하도다.

六親不和 一身孤獨　육친간에 화목치 못하니 일신이 고독하리라.

736 賁…明夷　雲散月出之象　구름이 흩어지고 밝은 달이 나오는 상

爲人淸秀 才智明敏　사람됨이 청수하고 재주와 지혜도 민첩하다.

心無假飾 貴人助我　마음이 순진하여 거짓이 없으며 윗사람의 눈에 들어 도움을 받는다.

官則有吉 經營不利　관리는 길하고 사업 경영은 마땅치 못하다.

親宮無德 不然膝憂　어버이의 덕이 없거나 그렇지 않으면 슬하의 근심이 있다.

842 復…臨　世事如雲之象　세상일이 뜬구름 같이 허무한 상

千里他鄕 客愁凄然　천리타향에서 나그네의 심사가 처량하도다.

故地復回 不如出他　옛 고향으로 돌아오니 타향에 나가는 것만 못하다.

莫作分外 命有定之　분수 밖의 일을 하지 마라 운명은 정한 바가 있다.

治農治工 衣食不窮　농사나 공업을 다스리면 의식이 궁하지 않으리라.

154 姤…巽　萬事虛無之象　만사가 모두 허무하게 되는 상

性本浮浪 空然散財　성품이 본래 부랑하니 쓸데없는 재물을 없앤다.

靑氈世業 狂風落葉　조상이 물려준 재산은 광풍낙엽처럼 흩어지리라.

無財無成 終時不幸　재물도 없고 성취도 없으니 마침내 불행에 빠진다.

分外之事 愼勿行之　분수 밖의 일을 절대로 행하지 말아야 한다.

266 困…訟　無過逢凶之象　아무 허물이 없는데도 흉액을 만나는 상

兄耶弟耶 訟事連綿　형이야 아우냐 하고 송사가 연달아 일어난다.

烏非梨落 無端逢厄　까마귀 날자 배 떨어지는 격이니 무단히 액을 만나리라.

心無定處 徘徊四方　마음에 정한 곳이 없으니 사방을 배회한다.

胸中隱愁 何人知之　가슴속의 숨은 근심을 어느 누가 알리오.

372 旅…鼎　義俠廣濟之象　의협심으로 널리 구제하는 상

溫柔謙和 人之隨我　온유하고 겸화하니 사람마다 나를 따른다.

義俠之客 每多布恩　의협심이 있은 협객이니 매양 은혜를 베푼다.

東西往來 其名藉藉　동서로 왕래하니 그 이름이 자자하도다.

在家無治 財金不富　집에서는 생활에 등한하니 재물은 자연 넉넉지 못하리라.

484 豫…坤　前途多魔之象　앞길에 장애가 많은 상

順隨天理 逆則招災　하늘의 이치를 순히 따르라 거스르면 재앙을 부른다.

不願富貴 何事多難　부귀는 원하지 않는데도 어인 일로 어려움이 많은고.

踏山涉水 重重風霜　산을 밟고 물을 건너니 풍상을 여러 번 겪으리라.

幸免子厄 晩有膝慶　다행이 자손의 액을 면한다면 늦게 자손의 경사 있으리라.

5, 13, 21 劃姓

611 需…井　隱遁待時之象　숨어살면서 때를 기다리는 상

傷翼窮鳥 兩鷹相爭　날개 상하여 궁박한 새를 두 매가 서로 다툰다.

讓步退身 諸厄免之　양보하고 한 걸음 물러서라 모든 액을 면하다.

若不然也 陰人被害　만일 그렇지 아니하면 나 모르게 해를 끼치리라.

兄弟無德 不然離妻　형제간의 덕이 없거나 아니면 아내와 이별하리라.

723 損…大畜　勞力自生之象　노력하여 스스로 생애하는 상

三人同行 一人失之　세 사람이 동행하다가 한 사람을 잃는다.

同業不利 獨營有助　동업은 불리하다 혼자 경영하면 도움이 있다.

東西奔走 以商得財　동서로 분주하며 상업으로 재물을 얻는다.

一生無閑 勞而生涯　일생동안 한가한 때 없으니 노력으로 생애하리라.

835 明夷…旣濟　萬物化育之象　만물을 화하고 양육하는 상

陰谷生陽 寒地回春　그늘진 골짜기에 양지가 드니 찬 땅에 봄이 돌아온다.

天道不息 苦盡甘來　하늘의 도가 쉬지 않으니 고초가 진하면 기쁨이 온다.

立前之運 許多風霜　삼십 이전의 운은 풍상이 허다하도다.

中後之運 凡事順成　중년 이후의 운은 모든 일이 순조로우리라.

141 无妄…否　緣木求魚之象　나무 위에서 물고기를 구하려는 상

臨津無船 何而渡江　나루에 임하여 배가 없으니 어떻게 강을 건너랴.

暗夜失路 不辨東西　어두운 밤에 길을 잃으니 동서를 분변치 못한다.

身厄常隨 獨坐嘆息　신액이 항시 따르니 홀로 앉아 탄식이로다.

雖曰勞力 終無所得　비록 노력이 있다하나 마침내 소득이 없으리라.

253 大過…困　分離破壞之象　가족이 분리하고 재산을 파괴하는 상

自大猛狠 用計欺人　스스로 잘난체하고 사나우며 계교를 써 사람을 속인다.

飛鳥傷翼 欲飛不能　나는 새가 날개를 상했으니 날고자 하나 날지 못한다.

間有口舌 官厄來侵　간간이 구설이 있을 것이요 관액도 침노한다.

六親無德 財亦不富　육친의 덕이 없을 것이요 재물 또한 넉넉하지 못하리라.

365 未濟…訟　陰谷回陽之象　그늘진 골짜기에 양지가 돌아오는 상

十年積功 方得成就　십년을 공을 쌓으니 바야흐로 성취한다.

學業未成 時來不榮　학업을 이루지 못하면 때가 와도 영화롭지 못하다.

運回末年 幽谷回春　운이 말년에 돌아오니 그윽한 골짜기가 봄이 온 것 같다.

青鳥傳信 佳娘得配　청조가 기쁜 소식을 전하니 아름다운 여인을 배필하리라.

471 小過…豐　狂風落花之象　광풍에 꽃이 떨어지는 상

累次遷墓 必成其禍　여러 번 무덤을 옮기니 반드시 그 재앙이 된다.

經營四方 所無有利　사방에 경영하니 유리한 바가 없다.

家中有難 哭泣不絶　집안에 어려움이 있으니 우는 소리가 끊이지 아니한다.

雖有財祿 心何不安　비록 재록은 있다하나 마음은 어찌 불안한가.

583 觀…漸　大志晚達之象　큰 뜻은 늦게 이루어지는 상

千里遠路 始爲一步　천리의 먼 길도 한 걸음부터 시작된다.

晝耕夜讀 好機必來　낮에는 농사짓고 밤에 글 읽으니 좋은 기회가 반드시 오리라.

去舊從新 一身安樂　옛것을 버리고 새것을 쫓으니 일신이 편안하다.

世業不得 赤手成家　세업은 얻기 어려우나 적수로 성가하리라.

615 需…泰　　勞而不得之象　수고하나 보람이 없어 얻지 못하는 상

諸營之事 皆歸虛之　어떤 일을 경영하던지 모두 헛된 것으로 돌아간다.

勞心勞力 別無所得　마음과 힘을 수고롭게 하나 별로 소득이 없다.

親人爲賊 損財失敗　친절한 사람마저 적이 되니 손재와 실패를 면치 못한다.

雖曰聰明 靑雲無路　사람은 비록 총명하나 벼슬길이 막혔도다.

721 損…蒙　　孤獨無依之象　고독하여 의지가 없는 상

爲人多情 以濟困窮　위인이 인정이 많으니 곤궁한 사람을 구제한다.

施德如此 八字不好　음덕 베푼 것이 이 같으나 팔자는 좋지 못하다.

至於老年 一身無依　노년에 이르러서는 일신이 의지할 곳 없도다.

若非離妻 子孫絶嗣　만일 아내를 이별하지 않으면 자손의 대가 끊기리라.

833 明夷…復　　基礎虛弱之象　기초가 하약한 상

性本太急 易成易敗　성질이 본시 심히 급하니 쉽게 이루고 쉽게 실패한다.

雪中待春 時機尙早　눈 속에서 봄을 기다리는 격이나 시기가 아직 이르다.

進退不一 聚散無常　나아가고 물러감이 한결같지 않으니 모이고 흩어짐이 무상하리라.

靑氈遺業 飄落狂風　조상이 물린 재산은 광풍에 떨어지는 낙엽 같으니라.

145 无妄…噬嗑　　長日不雨之象　오래도록 단 비가 내리지 않는 상

行客失路 不進不退　나그네가 길을 잃었으니 나가지도 물러서지도 못한다.

六親無德 一身孤單　육친의 덕이 없으니 일신이 고단하리라.

事不如意 疾病何隨　일이 여의치 못한데 질병은 어찌 따르는고.

身弱短命 夭壽可畏　몸이 약하고 단명하니 요수할까 두렵다.

251 大過…夬　　諸福咸至之象　모든 복록이 다 이르는 상

雲捲靑天 日月更明　구름이 걷히고 하늘이 푸르니 해와 달빛이 다시 밝도다.

所望如意 事事亨通　소원이 뜻같이 되어가니 일마다 형통하리라.

淑金逢火 乃得成器　많은 금이 불을 만났으니 드디어 그릇이 이루어졌다.

壽福兼得 安過平生　수와 복을 겸하여 얻으니 편안히 여생을 지내리라.

363 未濟…鼎　　風波泛舟之象　풍파에 조각배를 띄운 상

一片小舟 豈渡大海　한조각 작은 배로 어찌 큰 바다를 건너리오.

守家安靜 不如待時　집을 지키고 가만히 있으면서 때가 이르기를 기다림만 못하다.

池中渴魚 未得水源　못 가운데 목마른 물고기가 물 근원을 얻지 못하였다.

禍不單行 諸厄層生　재앙은 한번만 오는 게 아니므로 모든 액이 겹겹이 발생한다.

475 小過…咸　　孝奉双親之象　효도로 부모를 섬기는 상

行於世間 藝術生涯　세간에 행세함에 예술로 생애하리라.

東西出入 其名藉藉　동서로 출입하니 그 명성이 자자하다.

善養父母 隣稱孝子　그 부모를 잘 공양하니 인근에서 효자라 칭찬하도다.

外財入門 得而半失　바깥 재물이 문안에 들어오나 얻어서 반은 잃으리라.

581 觀…益　　君子得位之象　군자는 지위를 얻으나 소인은 불리한 상

心雖沖天 不當之事　마음은 비록 하늘을 찌를 듯하나 당치도 않은 일이로다.

修身力學 然後臨事　몸을 닦고 학문에 힘쓰라 그런 뒤에야 매사에 임해야 한다.

多慾爲病 自肅愼之　욕심이 많은 것이 병이니 자숙하여 삼갈지어다.

小小之事 所求必得　소소한 일은 구하면 반드시 얻는다.

613 需…節　　四顧無親之象　사방을 보아도 도와줄 친분이 없는 상

獨坐月下 身勢凄凉　홀로 달빛아래 앉았으니 그 신세가 처량하도다.

萬事無心 身托空門　세상만사에 뜻이 없으니 몸을 공문(절)에 의지한다.

六親無德 一身長孤　육친의 덕이 없으니 일신이 오래도록 고독하다.

吉運未到 殘雪未消　좋은 운이 이르지 않으니 쇠잔한 눈이 사라지지 않음이라.

725 損…中孚　　有始無終之象　처음은 있고 끝이 없는 상

世事浮雲 成敗不一　세상일이 뜬구름 같으니 성패도 한결같지 아니하다.

東家得利 西方損失　동쪽에서 이를 보면 서쪽에서 잃는다.

事無頭緖 不如不作　일에 두서가 없으니 하지 않는 것만 못하다.

無益之事 虛度歲月　무익한 일로 괜히 세월만 허비하리라.

831 明夷…謙　　盛衰交重之象　성하고 쇠함이 거듭 반복되는 상

背明向暗 運氣衰退　밝음을 등지고 어두움을 향하니 운기가 쇠퇴하는 징조다.

君子失權 少人失財　군자는 권리를 잃고 소인은 재물을 잃으리라.

利在田土 歸農身泰　이익이 토지에 있으니 농사로 돌아가면 태평하다.

多子多孫 傳之千世　자손이 많으니 천대까지 끊이지 않으리라.

143 无妄…離　　失意挫折之象　의욕을 잃고 절망에 빠지는 상

事不如意 空然嘆息　일마다 뜻 같지 않으니 공연히 탄식만 나온다.

慾求靑雲 燈下辛苦　벼슬을 얻고자 하나 아무리 공부해도 합격운이 없다.

諸營之事 有碍未就　모든 경영지사는 장애가 있어 성취 못한다.

三更暗夜 偶得燈光　삼경 어두운 밤에 우연히 등불 빛을 얻는다.

255 大過‥恒 龍頭蛇尾之象 용의 머리에 뱀의 꼬리가 되는 상

枯木生花 老婦得郞 마른 나무에 꽃이 피고 늙은 과부가 젊은 신랑을 얻었다.

事理不當 耐久性無 사리에 온당치 못하므로 오래 가는 일이 없도다.

離鄕失土 彼人之害 고향을 떠나고 토지를 잃으니 저 사람의 해를 입는다.

頭尾不齊 一事難成 머리와 꼬리가 가지런하지 않으니 한 가지 일도 성취하기 어렵다.

361 未濟‥睽 雀步鶴行之象 참새가 황새걸음을 흉내 내는 상

羽翼未成 欲飛高天 날개도 나지 않았는데 높은 하늘을 날고자 한다.

不能之事 妄動見敗 얼토당토 안은 일을 망령되이 행하면 실패를 본다.

莫貪分外 入山求魚 분수 밖의 일을 탐하지 마라 산에 가서 물고기를 구하는 것 같다.

平生奔走 勞而無功 평생을 분주한들 한갓 노력뿐 공이 없으리라.

473 小過‥豫 大器晩成之象 큰 인물은 늦게 성취하는 상

金入火釜 終成美器 금이 불가마에 들어가니 마침내 아름다운 그릇이 되었다.

初年之運 辛苦莫甚 초년의 운은 신고가 막심하리라.

四通五達 可蒙天恩 세상에 모르는 게 없이 통달하니 가히 임금의 은혜를 입게 된다.

立身揚名 權在四方 입신양명하니 권리가 사방에 있으리라.

585 觀‥剝 爲子祈禱之象 자식을 위해 기도하는 상

心計周密 別無失數 심계가 치밀하니 별로 실패가 없다.

進退有路 善擇成功 나가고 물러감에 길이 있으니 잘 가려 행하면 성공한다.

先泰後否 損財難免 먼저는 좋고 뒤에 곤하니 손재수를 면키 어렵도다.

膝下有危 祈禱靑山 슬하에 액이 있으니 아들을 위하여 청산에 기도한다.

6, 14, 22, 劃姓

712 大畜…賁　持沙防川之象　모래를 쥐고 냇물을 막는 상

性多慾心 得而不滿　성품에 욕심이 많으니 얻어도 만족할줄 모른다.

財星無緣 日聚日散　재물에 인연이 없으니 하루에 모아 하루에 없앤다.

詭辯詐人 信者無之　괴변으로 사람을 속이니 믿어주는 이가 없도다.

外實內虛 心有不平　밖은 실하고 안은 비었으니 마음에 불평이 있으리라.

824 臨…歸妹　天地始開之象　하늘과 땅이 비로소 열리는 상

一輪孤月 獨照千里　일륜 고월이 홀로 천리를 비친다.

先凶後吉 經事如夢　먼저 곤하고 뒤에 길하니 지나온 일이 꿈과 같도다.

始得開運 前程明朗　비로소 운이 열리니 앞길이 밝고 밝도다.

雁宮不利 一身孤獨　형제궁은 불리하니 일신이 고독하리라.

136 同人…革　初困後泰之象　처음은 곤하고 뒤에 태평한 상

殘雪未解 時機尚早　쇠잔한 눈이 녹지 않았으니 때가 아직 이르도다.

須盡人事 以待天命　모름지기 인사를 다하고 하늘의 명을 기다리라.

苦盡甘來 興盡悲來　괴로움이 다하면 단 것이 오고 흥한 운이 다하면 슬픔이 온다.

中後之運 財官双得　중년 이후의 운은 재물과 벼슬을 함께 얻으리라.

242 隨…兌　不意挫折之象　뜻밖에 좌절을 당하여 곤고한 상

害我者誰 兄弟姉妹　나에게 해로운자 누구이뇨 형제자매처럼 가까운 이로다.

若不然也 朋友同僚　만일 그렇지 않으면 친구나 동료가 해를 끼친다.

兩事有心 一不成事　두 가지 일에 마음을 두니 한 가지도 이루지 못한다.

隱盜窺墻 得而多損　숨은 도적이 담 너머로 엿보니 얻으나 손재함이 많으리라.

354 鼎…蠱　　雪滿天地之象　눈이 온 천지에 가득한 형상

春花未開 暴雨下事　봄꽃이 피기도 전에　폭풍우가 웬일인고.

四顧無德 天何不顧　사방을 보아도 덕이 없으니 하늘이 어찌 돌보지 않는고.

雪上加霜 身病間間　설상가상으로 신병마저 간간 따른다.

人難百年 何而多困　사람은 백년을 살기 어려운데 어찌하여 곤액이 많은고.

466 解…未濟　　先失後得之象　먼저는 손실하고 뒤에 이득이 있는 상

上下不合 徒無成事　위아래가 맞지 않으니 도무지 되는 일이 없다.

天性怠慢 好事放之　천성이 몹시 게을러서 좋은 일을 번번이 놓친다.

因妻致家 損中有福　아내로 인하여 가업을 이루니 손실 가운데도 복이 있는 셈이다.

壽而健康 彭祖之命　오래 살고 몸도 건강하니 그 명은 팽조와 같다.

572 漸…巽　　敗後復興之象　실패한 뒤 다시 흥하는 형상

初年之運 家産一敗　초년의 운수는 재산을 한번 실패한다.

本無世業 赤手成家　본래 세업이 없으니 빈 손 들고 가업을 일으키리라.

暗中行人 偶得明燭　어두운 곳을 가는 사람이 우연히 밝은 등불을 얻었다.

幸逢良妻 致産興家　다행히 어진 아내를 만나니 산업을 다스려 재산을 부흥하리라.

684 比…革　　高山植木之象　높은 산에 나무를 심는 상

爲國盡忠 棟樑之材　나라를 위하고 충성을 다하니 나라를 떠받드는 대들보로다.

官印双美 高官大爵　관인이 쌍으로 아름다우니 고관대작의 이름이다.

吉中藏凶 妻憂子患　길한 가운데 흉액이 감취었으니 처자의 근심은 있도다.

官則吉利 經營不美　관리는 길하여 이가 있으나 경영에는 아름답지 못하다.

716 大畜…泰 有備無患之象 준비가 있으면 근심이 없는 상

處安思危 興盡悲來 편안함에 처하여 위태함을 생각한다 흥한 운이 지나면 비운이 온다.
謙讓爲美 餘慶有之 겸양함이 아름다우니 남은 경사 있으리라.
若非身病 妻子之憂 만일 신병이 아니면 처자의 근심이 있도다.
早別父母 赤手成家 일찍 부모를 이별하고 빈손으로 가업을 이루리라.

822 臨…復 初志一貫之象 처음 먹은 마음을 끝까지 밀고 나가는 상

冠前之運 凡事不遂 이십 전의 운세는 범사가 되지 않는다.
鍊金成器 困後有成 금을 단련하여 그릇을 만드니 곤고가 있은 뒤 성공하리라.
山雖險峻 登則必達 산이 비록 험하고 높으나 오르고 오르면 이루어진다.
琢石求玉 名利双全 돌을 쪼아 옥을 구하니 명예와 재물이 모두 온전하다.

134 同人…家人 絶地無救之象 절망의 상태인데도 도와주는 이가 없는 상

茫茫大海 一片孤舟 망망한 큰 바다 가운데 한 조각 외로운 배로다.
若親無親 施恩無德 친한 것 같으나 친한 이가 없으며 은혜를 베풀고도 덕이 없도다.
眼前對敵 束手無策 눈앞에 적을 두고 손이 묶인 채 계책이 없도다.
杜門不出 待時爲吉 문을 닫고 나가지 말라 그리고 때를 기다리면 좋으리라.

246 隨…无妄 悲運續出之象 슬픈 일이 연속 일어나는 상

錦衣夜行 知者誰何 비단 옷을 입고 밤길을 걸으니 아는 자가 누구이뇨.
經營之事 龍頭蛇尾 경영하는 일마다 머리만 있고 꼬리가 없도다.
以財致禍 不如不得 재물 때문에 재앙을 이루니 차라리 얻지 않음만 못하다.
以沙防川 徒費心力 모래로 냇물을 막는 격이니 한갓 심력만 허비할 뿐이로다.

352 鼎··旅　　萬事歸虛之象　모든 일이 헛된 것으로 돌아가는 상

家運逢空 上憂難免　가운에 공을 만났으니 윗사람의 근심을 면치 못한다.

早離古基 風霜許多　일찍 고향을 멀리 떠나 허다한 풍상을 겪으리라.

婚晚子晚 何日安定　결혼도 늦고 자식도 늦으니 어느 날 가정을 안정하랴.

本無大望 傷心何多　본래 크게 바라는 게 없는데도 마음 상하는 일이 어이 많으뇨.

464 解··師　　富貴榮達之象　부귀영달하는 상

龍得明珠 造化無窮　용이 밝은 구슬을 얻었으니 조화가 무궁하도다.

財祿隨身 富貴之人　재록이 몸을 따르니 부귀를 누리는 운이다.

手執文券 號令四方　손에 문권을 쥐고 사방의 백성을 호령한다.

若非官祿 虛送歲月　만일 관록을 먹지 못하면 하는 것 없이 세월을 보내리라.

576 漸··蹇　　老龍失珠之象　늙은 용이 구슬을 잃은 상

雖曰聰明 事事見敗　비록 총명하다 칭하나 일마다 실패를 본다.

莫嘆否塞 成敗在天　운이 비색함을 탄식마라 성패는 하늘에 있도다.

若非身病 短壽可畏　만일 신병으로 고생 않으면 명이 짧을까 두렵도다.

老龍失珠 欲行不能　늙은 용이 구슬을 잃었으니 조화를 부리고자 하나 못한다.

682 比··坎　　井魚出海之象　우물 고기가 바다에 나오는 상

青雲有路 頭插桂花　청운(벼슬)의 길이 있으니 머리에 계수나무 꽃을 꽂는다.

明君輔弼 國泰民安　밝은 임금을 보필하니 나라가 태평하고 백성들이 편안하다.

功成得遂 權振四海　공을 이루고 이름을 얻으니 권리를 사방에 떨치도다.

若非高官 反爲不吉　만일 높은 벼슬에 거하지 않으면 도리어 좋지 못하게 되리라.

714 大畜…大有　　榮貴無窮之象　영귀함이 무궁한 상

月明南陽 三顧草廬　남양에 달이 밝으니 초려를 세 번 돌아본다.

君恩罔極 立身揚名　임금의 은혜 망극하니 입신양명하리라.

初平後泰 喜滿家庭　초년은 평하고 후분은 길하나 기쁨이 가정에 가득하다.

財積如山 用之有餘　재물은 산 같이 쌓았으니 쓰고도 남음이 있다.

826 臨…損　　天賜福祿之象　하늘이 복록을 내려주는 상

爲人敦良 亦多人情　위인이 돈독하고 선량하며 또한 인정도 많으리라.

好施濟人 以此損財　은혜 베풀고 구제하기를 좋아하니 이로 인해 재물을 손실한다.

貴人助我 必受報德　귀인이 나를 도와주니 반드시 베푼 은덕을 벋는다.

身旺財旺 壽亦長久　몸이 왕하고 재운도 왕하니 수한을 오래도록 누리리라.

132 同人…乾　　良臣得位之象　훌륭한 신하가 높은 지위를 얻은 상

君臣際會 餘慶彬彬　임금과 신하가 한 자리에 모이니 남은 경사 빈빈하도다.

頭揷桂花 錦衣還鄕　머리에 계수나무 꽃을 꽂았으니 비단 옷 입고 고향에 돌아온다.

二人合心 諸事順成　두 사람이 마음을 합하니 모든 일이 순조롭게 이루어진다.

每事公正 富貴長久　매사를 공정히 처리하라 부귀가 장구하리라.

244 隨…屯　　財星隨身之象　재물이 항시 따르는 상

陽翟大賈 手弄千金　양적 같은 큰 장자를 경영하니 손으로 천금을 희롱한다.

小人得財 君子進官　소인은 재물을 얻을 것이요 군자는 벼슬길에 나아가리라.

吉中有憂 膝下之患　길한 가운데 근심이 있으니 슬하의 우환이로다.

若不然也 身病間有　만일 그렇지 아니하면 신병이 간간 있으리라.

356 鼎··恒　　玉埋塵土之象　옥이 티끌 속에 묻혀 있는 상

剛柔兼全 變化之才　강유를 겸전하니 변화무궁한 재사로다.

手段出衆 在家無日　수단이 출중하니 집에 있는 날이 없도다.

身無閑日 別無所得　몸은 한가한 날이 없으나 별로 소득이 없다.

靑山歸路 仰天自嘆　청산 돌아오는 길에 하늘을 보고 탄식한다.

462 解··豫　　雲蔽日月之象　구름이 해와 달을 가리운 상

家有不平 出外彷徨　집에 불평이 있으니 외출하여 방황한다.

基地不利 累次移家　옛터가 불리하니 여러 번 이사하리라.

若無堂憂 身上大疢　만일 부모의 근심이 없으면 몸에 큰 흉터가 있도다.

莫近酒色 敗家亡身　주색을 가까이 마라 가업도 패하고 몸도 망치리라.

574 漸··遯　　家亂不絶之象　가정의 분란이 끊기지 않는 상

病松枝上 杜鵑聲哀　병든 소나무 가지 위에 두견새의 소리가 슬프도다.

怪變層生 喪厄人散　괴이한 변괴가 거듭 생겨나니 사람이 죽거나 분산되리라.

偶得好運 一朝登科　우연히도 좋은 운을 만나 하루에 벼슬을 얻는다.

子孫之事 費財無窮　자손 때문에 재산을 많이 허비하리라.

686 比···觀　　風前燈火之象　바람 앞에 등불과 같이 위험한 상

無端風雨 落花紛紛　무단한 풍우로 꽃잎이 분분히 떨어진다.

身厄常隨 諸事不達　신액이 항시 따르니 모든 일이 순조롭게 아니된다.

一喜一悲 吉凶難分　한번 기쁘고 한번 슬프니 길인지 흉인지 분간 못한다.

外富內貧 此苦誰知　겉보기는 넉넉하나 안은 가난하니 이 고초를 누가 알랴.

7, 15, 23 劃姓

813 泰···臨　興盡悲來之象　한창 좋은 운이 점차 기울어가는 상

日中則昃 月滿則缺　날이 중천에 솟으면 차츰 기울고 달이 둥글면 곧 이지러진다.

平地風波 吉中藏凶　평지에도 풍파를 만나니 길한 가운데 흉액이 감추어졌다.

財運不旺 食少事煩　재운도 좋지 못함에 생기는 것 없이 괜히 바쁘기만 하다.

日落西天 道遠身困　날은 이미 서천에 저물었는데 갈 길은 멀고 몸은 고달프다.

125 履···睽　有志難展之象　뜻은 있으나 펴보지 못한 상

爲人多疑 猶豫未定　위인이 의심이 많으니 이럴까 저럴까 결정을 못한다.

利己打算 與人不和　이기적이고 타산적이니 남과 더불어 화합을 못한다.

東馳西驅 虛送歲月　동으로 달리고 서로 치달으며 허송세월하리라.

衣食不足 六親無德　의식이 부족한 것이요 육친의 덕도 없으리라.

231 革···咸　百忍有泰之象　백번 참으면 편안한 상

忍耐不足 每好變革　참을성이 부족하니 매양 변혁하기를 좋아한다.

口輕身輕 以此失敗　입도 가볍고 몸도 가벼움에 이로써 실패하리라.

謹愼自重 大体平安　근신자중하라 대체로 평안하다.

家庭不和 獨坐自嘆　가정에도 불화가 있으니 홀로 앉아서 탄식하리라.

343 噬嗑···離　吉運己盡之象　좋은 운이 이미 지나버린 상

好事力盡 似成似敗　좋은 일에 힘이 다했으니 될 것 같으면서 되지 않는다.

間有橫厄 陰害愼之　간간 횡액이 있으나 음해를 조심하라.

官運不好 財則豊足　벼슬 운은 좋지 못하나 재물은 풍족하도다.

實中有虛 得而半失　실한 가운데 허한 것이 있으니 얻어서 반은 잃으리라.

455 恒…大過   外富內貧之象   밖은 부하고 안은 가난한 상

性本剛毅 固執不通   성질이 강의하니 고집이 불통이라.

同化不足 自然孤立   남과 잘 어울리지 못하여 자연 고립되기 쉽도다.

官祿隨身 金榜掛名   관록은 몸에 따르니 과거시험에 급제한다.

姓名如此 財利不達   이름자는 이같이 귀하나 재물복은 좋지 못하다.

561 渙…中孚   老龍失珠之象   늙은 용이 구슬을 잃은 상

三年不雨 五穀凶作   삼년을 비가 오지 않으니 오곡이 흉작이로다.

魚失池水 困窮何言   고기가 못물을 잃었으니 곤궁함을 어찌 다 말하랴.

所望之事 都是虛夢   소망하는 일은 도시 헛된 꿈이로다.

不祥之事 非一非再   상서롭지 못한 일이 비일비재 일어나리라.

673 蹇…比   順受天命之象   하늘의 명을 순하게 받으면 길한 상

飛鷹傷翼 見雀不取   나르는 매가 날개를 상했으니 새를 보고도 잡지 못한다.

世上萬事 畵中之餠   세상의 만 가지 일은 그림속의 떡이로다.

克己守分 後必榮華   몸을 이기고 분수를 지켜라 뒤에는 반드시 영화가 있으리라.

家內有亂 夫妻不和   집안에 분란이 있으니 부부간에 화목치 못하리라.

785 剝…觀   井魚出海之象   우물고기가 바다로 나오는 상

困魚出海 先凶後吉   곤한 물고기가 바다에 나오니 먼저 흉하고 뒤에 길하다.

男負女戴 移去他鄕   이삿집을 이고 지고하면서 타향에 자주 옮겨 간다.

初中風波 末分安泰   초중년의 풍파 있을 것이오 말년운은 편안하고 태평하다.

官運不利 營商則可   벼슬 운은 좋지 못하나 장자는 유익하리라.

811 泰··升   萬物化生之象   만물이 화하며 생성하는 상

時和年豊 天下泰平   시화연풍하니 천하가 태평하다.

一人之德 萬人及之   한 사람의 덕이 만 사람에게까지 미친다.

出入東西 願一見之   동서로 출입하니 한번 보기를 원한다.

交際萬人 到處春風   만인을 사귀니 가는 곳마다 반갑게 맞으리라.

123 履··乾   謹愼保安之象   조심하면 편안함을 보존하는 상

性急烈火 自大自傲   성품이 불길같이 급하고 스스로 잘난체하며 거만하다.

欲進不能 顧身反省   나아가고자 하나 나아가지 못하니 몸을 돌아보고 반성하라.

足踏虎尾 其危可知   발로 호랑이 꼬리를 밟으니 내가 부주의한 까닭이로다.

刱宮有厄 難免叩盆   아내궁에도 액이 있으니 상처수를 면치 못하리라.

235 革···豊   勞而無功之象   노력하나 공이 없는 상

畵虎不成 反爲狗子   범을 그리다가 실패하니 도리어 개새끼가 되었다.

骨肉無德 離家彷徨   골육간의 덕이 없으니 집을 떠나 방황하리라.

來失去失 都無有益   오나가나 잃은 것뿐이니 도무지 유익함이 없다.

妻子不利 離妻喪子   처자운도 불리하니 아내를 이별하고 자식을 잃으리라.

341 噬嗑···晋   缺月復圓之象   이지러진 달이 다시 둥글어지는 상

雖有過咎 改則爲貴   비록 과실과 허물이 있더라도 고치면 귀히 된다.

苦不然也 身厄常隨   만일 일신을 반성하지 않으면 신액이 항시 따르리라.

空然之事 虛費光陰   공연한 일로 세월만 보내도다.

暗中得燭 困後吉祥   어두운 곳에서 등불을 얻으니 곤고한 뒤 상서로움이 있다.

453 恒…解　權威顯揚之象　권위와 위엄을 드날리는 상

旱天降雨 物物生光　가문 하늘에 비가 내리니 물물이 생광이로다.

憂消福來 心神自樂　근심이 사라지고 복이 오니 심신이 자연 즐거우리라.

財官兩得 富貴何言　재물과 벼슬을 다 얻으니 부귀를 어찌 말하랴.

吉中藏欠 身病間有　길한 가운데 결점이 숨겼으니 신병이 간혹 있으리라.

565 渙…蒙　頭揷桂花之象　머리에 계수나무 꽃을 꽂은 상

讀書十年 以待科試　십년을 글을 읽어 과시를 기다린다.

身登靑雲 意氣洋洋　드디어 과거에 오르니 의기가 양양하다.

長安大道 馳馬紅塵　장안 대로에 홍진을 일으키며 말을 달린다.

錦衣還鄕 人皆欽仰　금의환향하니 사람마다 우러러 보리라.

671 蹇…旣濟　前途險難之象　전도가 험난한 상

蹇足之馬 泰山當頭　다리를 저는 말이 앞에 태산을 만났다.

運勢否塞 無非損敗　운세가 비색하니 손해와 실패 아닌 곳이 없다.

靑山落日 失子之嘆　청산 해지는 때에 아들을 잃고 탄식한다.

移去他鄕 別無神通　타향에 옮겨 살아보아도 별로 신통한 게 없으리라.

783 剝…艮　不意逢變之象　뜻밖의 좋지 못한 변을 당하는 상

莫求名利 去去泰山　명예와 재물을 구하지마라 갈수록 태산이로다.

祖宗遺業 日消月退　조상의 재물은 날로 사라지고 달로 물러난다.

家中不安 因妻致災　집안이 불안하니 아내로 인해 재앙을 부른다.

勞心勞力 僅僅生涯　마음과 힘을 수고하여 근근이 생애하리라.

815 泰··需　事多魔障之象　일마다 장애가 많아 이루지 못하는 상

暗雲蔽月 天地未明　검은 구름이 달빛을 가리니 천지가 깜깜하도다.

凡事歸虛 勞而無功　범사가 허망하게 돌아가니 수고하나 공이 없으리라.

苦盡甘來 老年太平　고초가 다가면 단 것이 오나니 노년에 태평하다.

積德布施 諸凶自消　덕을 쌓고 은혜를 베풀으라 모든 흉악이 자연 사라지리라.

121 履··訟　足踏虎尾之象　호랑이 꼬리를 밟은 상

風波行船 其危可知　풍파 속에 배를 행하니 그 위태함을 알리라.

凡事愼之 不然官訟　범사를 조심하라 불연이면 관재 송사를 당한다.

鍊金成器 先困後泰　금을 단련하여 그릇을 만드니 먼저는 곤하고 뒤에 태평하리라.

雖曰財興 家運不利　비록 재물은 흥하다 하나 가정 운은 불리하리라.

233 革··隨　成敗多端之象　금시 이루었다 금시 실패하는 상

勿爲妄動 必受其害　망령되이 동하지 마라 반드시 그 손해를 받으리라.

之南之北 人多助我　남쪽에 가든 북으로 가든 사람들이 다 도와준다.

如干財物 或聚或散　여간 재물은 혹 모이고 혹 흩어진다.

利在他鄕 離家成功　이익이 타향에 있으니 집을 떠나 성공하리라.

345 噬嗑···无妄　凡事歸虛之象　모든 일이 허망하게 돌아가는 상

啄石得玉 困後成功　돌을 쪼아 옥을 얻으니 곤고한 뒤에 성공한다.

家亂日至 心無定處　집안의 분란이 날로 이르니 마음을 붙일 곳이 없다..

諸營之事 中途失敗　경영하는 일마다 중도에서 실패하는 운이로다.

初志一貫 後分通泰　처음 뜻을 하나로 꾀면 후분은 통태하리라.

451 恒…大壯　　蛇身龍志之象　뱀의 몸으로 용의 포부를 지닌 상

本無實力 所望至大　본래 실력이 없는 데도 바라는 것은 너무도 크다.

虛荒之事 晝思夜度　허황된 일로 밤낮 공상만 하리라.

東西奔走 食少事煩　동서에 분주하나 얻는 것 없이 바쁘기만 하다.

守分知命 庶免諸厄　분수를 지키고 운명을 안다면 모든 액을 면할 수 있으리라.

563 渙…巽　　魔障侵身之象　마와 장애가 일신에 침범하는 상

不斬狡蛇 怪變連生　교활한 뱀을 베지 못하니 괴이한 변괴가 연달아 일어난다.

日暮江山 行人失路　강산에 날이 저문데 행인은 길을 잃었다.

口舌隨身 疾病何事　구설이 몸에 따르는데 질병은 또 웬일인가.

如干財物 無斷損財　여간 재물은 무단히 손재하리라.

675 蹇…謙　　困中有助之象　곤고한 가운데 우연한 도움으로 좋아지는 상

渴龍得水 先困後泰　목마른 용이 물을 얻었으니 먼저 곤하고 뒤에 태평하다.

險難之中 貴人來助　험난한 가운데서 귀인의 도움으로 벗어난다.

山變爲田 苦中有樂　산이 변하여 밭이 되니 곤고 속에서도 영화가 있다.

白首老年 靑雲有路　머리가 흰 늙은 나이에 벼슬길이 열리리라.

781 剝…頤　　水源枯渴之象　물 근원이 말라 흐르지 않는 상

黑雲滿空 不見日光　검은 구름이 공중에 가득하니 태양 빛을 볼 수 없다.

家産漸消 困窮何言　가산이 점점 사라지니 곤궁함을 어찌 말하리오.

草木傷根 枝葉枯死　초목이 뿌리를 상했으니 가지와 잎이 말라죽는다.

多言爲病 是非口舌　말이 많은 게 병이되어 시비와 구설도 따르리라.

8, 16, 24 劃姓

114 乾…小畜　外吉內凶之象　겉은 길하나 실속은 불길한 상

如進如退 應變之才　나아가고 물러감을 임의로 하니 임기응변하는 재주 있도다.

學問出衆 訓業最適　학문이 뛰어나니 훈장으로 업을 삼음이 좋다.

財物雖足 子孫有憂　재물은 비록 족하나 자손의 근심이 있도다.

間有怪變 家內不安　간간이 괴이한 일이 일어남에 가내가 항시 편안치 못하리라.

226 兌…履　勤勉得財之象　부지런하면 재물이 모아지는 상

好事多魔 似成不成　좋은 일에 마가 많으니 될 것 같으면서 아니된다.

雖有世業 散如浮雲　비록 세업이 있다할지라도 뜬구름 흩어지듯 하리라.

東奔西走 勞力生涯　동서에 분주하며 노력으로 생애한다.

誠實勤勉 可保平安　성실한 마음으로 노력하면 평안함을 보전하리라.

332 離…大有　去舊生新之象　옛것이 가고 새로운 것이 오는 상

陽翟大賈 手弄千金　양적의 큰 장사꾼이니 손으로 천금을 희롱한다.

旱苗逢雨 日日生光　가문 싹이 비를 만났으니 날로 생기가 빛난다.

捨舊從新 金銀自來　옛것을 버리고 새 것을 좇으면 금은이 자연 이르리라.

經人之事 賴人成事　사람이 경영하는 일은 남의 힘을 입어 이룩한다.

444 震…復　修身待時之象　실력을 기르고 때가 오기를 기다리는 상

龍角未成 時機尚早　용의 뿔이 이루지 못하니 시기가 아직 이르도다.

初年之事 都無成就　초년의 일은 도무지 성취됨이 없도다.

運逢中末 名利俱得　운이 중말년에 이르니 명예와 재물을 함께 얻는다.

萬物始生 身運漸開　만물이 비로소 생하니 운수가 점차 열려가리라.

556 巽…井　　福祿隆昌之象　복록이 창성한 상

智慧出衆 隨時應物　지혜가 출중하니 때를 따라 물건에 응한다.

到處有利 交際萬人　도처마다 유리하니 만인과 널리 사귀리라.

恩人恒助 自然通泰　은인이 항시 도와주니 자연히 통태해진다.

出他成功 錦衣還鄕　타향에 나가 성공하니 비단옷 입고 고향에 돌아오리라.

662 坎…比　　僅僅自生之象　근근이 의식을 연명해나가는 상

有弓無失 來賊何防　활은 있으나 화살이 없으니 오는 적을 어찌 막으리오.

虎入陷穽 欲出不能　범이 함정에 들었으니 나가고자 하나 나가지 못한다.

身心勞力 少事可成　마음과 몸을 수고하면 적은 일은 가히 성취한다.

女難必當 酒色愼之　여난을 반드시 당하리니 주색을 조심하라.

774 艮…旅　　貧賤夭壽之象　빈천하고 단명한 상

遍踏江山 虛送歲月　강산을 편답하며 허송세월하도다.

入則生憂 出則心快　집에 들면 근심이 생기고 나가면 마음이 후련하다.

妻子不利 削髮爲僧　처자의 운이 불리하니 머리 깎고 중이 되기 쉽다.

世上萬事 畵中之餠　세상의 만 가지 일은 그림 가운데 있는 떡이로다.

886 坤…剝　　兩龍相爭之象　두 마리의 용이 서로 싸우는 상

陰盛陽衰 婦奪夫權　음이 성하면 양이 쇠하니 지어미가 남편의 권리를 뺏는다.

以下克上 紛亂不息　아래로서 위를 극하니 분란이 쉬지 않으리라.

不孝父母 悖逆之子　부모에 불효하니 패역하는 자식이로다.

隱厄來侵 欲避不能　숨은 액이 침범하니 피하려해도 피하지 못한다.

112 乾⋯同人   大器晩成之象   큰 인물은 늦게 성공하는 상

見龍在田 利見大人   용이 밭에 나타나니 큰 사람을 만나봄이 유익하다.

言正行篤 人皆欽仰   말이 바르고 행실이 도타우니 사람마다 흠앙하리라.

避邪取善 早得名望   간사한 것을 피하고 선을 취하니 일찍 이름과 신망을 얻으리라.

先困後吉 終成大器   먼저는 곤하고 뒤에 길하니 마침내 큰 그릇이 이룩되리라.

224 兌⋯節   一生無凶之象   일생 흉액이 없는 상

吉星照門 成功不難   길성이 문에 비치니 성공이 어렵지 아니하다.

運數大吉 天賜其福   운수가 대길하니 하늘이 그 복을 주심이다.

財官隨身 富貴自得   재물과 벼슬이 몸에 따르니 부귀를 스스로 얻는다.

一家和樂 子孫昌盛   일가가 화락할 것이오 자손도 창성하리라.

336 離⋯豊   許多風霜之象   온갖 풍상을 많이 겪어야 하는 상

驅馳四方 山程水程   사방에 치달리며 산정 수정 다 겪는다.

渴龍得水 始得變化   목마른 용이 물을 얻으니 비로소 변화를 부린다.

初困後泰 赤手成家   처음은 곤하고 뒤에 태평하니 빈손으로 가업을 이룬다.

若非官祿 營財致富   만일 벼슬을 얻지 못하면 재물을 경영하여 치부하리라.

442 震⋯歸妹   莊子叩盆之象   아내를 잃고 탄식하는 상

有聲無實 損財之數   소리만 있고 실속이 없으니 손재할 운수로다.

田庄之事 骨肉相爭   토지나 재산의 일로 골육이 서로 다투리라.

家神發動 埋兒青山   가신이 발동하니 청산 속에 아이를 묻는다.

若非子患 叩盆難免   만일 자식의 액이 아니면 상처수를 면치 못하리라.

554 巽··姤　　周遊天下之象　천하를 두루 다니는 나그네의 상

有志山川 周遊天下　뜻을 산천에 두고 천하를 두루 돌아다닌다.

美妻愛子 依門待之　아름다운 아내 사랑스런 자식은 문에 의지하여 기다린다.

浮雲人生 都是夢中　뜬구름 같은 인생이여 도시 꿈속 같은 일이로다.

末年之運 妻子相逢　말년의 운은 처자와 서로 만나리라.

666 坎··渙　　破家亡身之象　가업을 파하고 몸을 망치는 상

籠中之鳥 命有頃刻　조롱속에 든 새는 생명이 경각간에 있도다.

十年經營 個個歸虛　십년을 경영한 공이 낱낱이 헛된 것으로 되었다.

無端口舌 刑厄何多　무단한 구설이오 형액은 어이 그리 많은고.

杜門不出 不如逸居　문을 닫고 가만히 앉아서 아무것도 않는 것만 못하다.

772 艮··蠱　　病馬駄重之象　병든 말에 무거운 짐을 싫은 상

脚力旣盡 去去泰山　다리 힘은 이미 다했는데 갈수록 태산이로다.

事多身困 不死不生　일은 많고 몸은 고달프니 죽지도 살지도 못한다.

諸營之事 龍頭蛇尾　모든 경영지사는 용두사미가 되도다.

僅僅自生 妻子無德　근근이 벌어 생애하더라도 처자의 덕도 없으리라.

884 坤··豫　　無咎無位之象　나쁜 일도 없고 지위도 없는 상

財運不發 間有失敗　재운이 발하지 않으니 간간히 실패수가 있다.

勸儉節約 不貧不富　근검절약으로 생애하면 부자도 아니고 가난하지도 않다.

碌碌浮生 名譽難望　녹록한 인생이니 좋은 명예는 바라기 어렵다.

兄弟無德 妻宮不利　형제간에 덕이 없고 처궁도 좋지 못하리라.

116 乾··夬　興盡悲來之象　흥한 것이 다 지나고 슬픔이 오는 상

爲人剛毅 不屈於人　사람됨이 강외하니 남에게 굽히기 싫어한다.

太强則折 月滿則虧　너무 강하면 꺾이는 법이오 달이 둥글면 반드시 이지러진다.

初吉後困 謙讓爲泰　초년은 길하고 후분은 곤하나 높은 지위에 있을 때 양보하면 길하다.

凡事愼之 庶免凶厄　모든 일에 겸손하고 삼가라 그리하면 얻은 지위를 보존하리라.

222 兌··隨　靜中有樂之象　고요한 가운데 즐거움이 있는 상

白虎嘯風 變化不測　백호가 바람을 내니 변화가 칙략키 어렵다.

戰則必勝 成功名立　싸우면 반드시 이기니 공을 이루고 이름을 세운다.

佳人一歸 淚沾春宮　아름다운 여인이 한번 돌아감에 춘궁에 눈물을 적신다.

散今得寶 似損非損　금을 헤치고 보배를 얻으니 손해 본 것 같으나 손해가 아니다.

334 離··賁　萬事無實之象　모든 일이 실속이 없는 상

未嫁閨女 弄珠何事　시집가지 않은 처녀가 아이를 낳는 게 웬일인가.

口舌隨身 亡身之厄　구설이 몸에 따르니 망신의 액이로다.

口出虛言 信者無之　입에서 허망한 말이 나오니 믿는 이가 없도다.

碌碌浮生 不知安分　녹녹한 인생이니 제 분수 지킬 줄 모른다.

446 震··噬嗑　柔弱無主之象　유약하여 주관이 없는 상

心無主觀 一事未圖　마음에 주관성이 없으니 한 가지 일도 시도하지 못한다.

甘言利說 每樣損害　감언이설에 속아 손해를 간간히 본다.

妻性剛强 嚴妻侍下　아내의 성질이 태강하여 엄처시하를 면키 어렵다.

名位不得 碌碌之人　명예와 지위를 얻지 못하니 변변치 못한 인생이로다.

552 巽··漸　有疑未定之象　의심을 두고 결정을 못하는 상

狐疑不信 利言不聽　여우의 의심이 믿지 못하니 이로운 말도 듣지 않는다.

爲人狡猾 先得後敗　위인이 교활하니 먼저 얻고 뒤에 손해본다.

靑山歸路 失路彷徨　청산 돌아오는 길에 길을 잃고 방황한다.

生來無吉 妻憂子患　일생에 길함이 없으니 처자의 근심까지도 있으리라.

664 坎··困　凶極生吉之象　흉한 것이 극하니 좋은 일이 생기는 상

池中之魚 終無活計　못 속의 고기가 마침내 살아날 도리가 없다.

東奔西走 別無神通　동서에 분주하나 별로 신통한 게 없으리라.

事不如意 空然自嘆　일이 뜻 같지 않으니 공연히 탄식한다.

陰極生陽 死地回生　음이 극하면 양이 생기는 법이니 죽을 곳에서 다시 살아난다.

776 艮··謙　善無功德之象　잘한 일에도 공덕이 없는 상

若非堂上 妻子之厄　만일 부모궁이 아니면 처자의 액이 있도다.

家産大敗 以此爲病　가산을 크게 패하니 이로 인하여 병이 생긴다.

我本誠實 信者無之　나는 본래 성실하나 나를 믿는 자가 없다.

活人救濟 恩反爲仇　사람을 살려낸 공이 도리어 나를 원수로 안다.

882 坤··師　良將得卒之象　훌륭한 장수가 군졸들을 얻는 상

平地馳馬 前程無碍　평탄한 땅에 말을 달리니 전정에 막힐 것이 없도다.

大人吉格 小人不利　큰 인물은 길격이지만 소인은 불리한 이름이다.

多事多難 勤勉成就　일에 어려움이 많으나 부지런히 힘쓰면 성취한다.

滿月欲虧 初吉後塞　둥근 달이 기울고자 하니 처음은 길하고 뒤에 막힌다.

河洛理數 流年卦爻 變化圖(하락이수 유년괘효 변화도)

― 理致學(이치학)의 최고봉인 易經(周易)을 통하여 인사의 길흉을 알고자 하는 人類(인류)의 노력은 눈물겹도록 다양한 면모를 지니고 역사 속에 숨쉬고 있다.

작괘하는 방법은 그 수를 헤아릴 수 없도록 많은 것이 사실이다.

성명 분야에 적용함에도 여러 방법들이 동원되어 오히려 혼선까지 주고 있으나, 卦의 變化를 流年(연령에 따른)으로까지 연장하여 활용한다는 것은 意味(의미)가 클 뿐 아니라 그 깊이 또한 認定(인정)해야 한다.

― 성명을 작괘하면 작병방법16. 先後天易象法(선후천역상법)에서 언급한 바와 같이 성명자 총획수를 선천수(實劃)로 하여 88除之하여 上卦, 후천수(曲劃)로 하여 마찬가지로 88除之하여 下卦를 삼아(陽男陰女의 경우이며 陰男陽女는 반대임) 그 괘상으로 주역 64卦 중에서 卦를 정한다.

다음에 名字(이름)의 선천수합을 66除之하여 동효를 삼아 기본 3단위 숫자를 얻는데, 생년이 양년(出生太歲가 甲, 丙, 戊, 庚, 壬년)일 때와 음년(출생태세가 乙, 丁, 己, 辛, 癸년)일 때를 구분하여 1세부터 본인의 卦變化(괘변화)가 끝나는 나이까지 보게 되는 것이다.

- 이는 하락이수 유년 변화를 보는데 사용하는 것이나 하락이수 작괘방법은 四柱에 의한 것으로 성명의 방법과는 다르기는 하나, 卦의 유년별 변화는 같은 것이기 때문에 명칭이 하락이수 유년괘효변화도일 뿐임을 참고하기 바란다.

이 하락이수 유년괘효 변화도는 知冠 宋忠錫님의 所藏(소장)으로 귀중한 자료임에도 게재를 허락해 주신데 대하여 감사를 드립니다.

내용의 3단위 숫자는 100단위 상괘, 10단위 하괘, 단단위 동효(元堂)를 표시한 것이며 이 '하락이수유년괘효변화도'는 연령이 최하 75세이고 최고 105세에서 끝나는데 93세에 끝나는 변화가 120개나 된다.

- 元卦爻(원괘효)는 왼쪽에 큰 숫자로 하였으며 나이는 10세 단위로 약간의 공간을 두었으나, 숫자가 꽉 차있어 잘못 볼 수 있으므로 자(尺)를 이용하고, 페이지를 넘겼을 때 먼저 양년 음년을 확인하고 보기 바란다.

河洛理數(하락이수) 流年卦爻 變化圖(유년괘효 변화도)

원괘효	남녀	1세. 2세. 3세. 4세. 5세. 6세. 7세. 8세. 9세.	10세.11세.12세.13세.14세15세16세17세18세19세	20세21세22세.23세24세
111	양년	..111.514.551.572.583.184.385.486.441.	132.335.312.323.724.525.626.661.682.113,	216.223.624.825.726.
	음년	..151.554.511.532.543.144.345.446.481.	112.315.332.343.744.545.646.681.662.123.	226.213.614.815.716.
112	양년	..112.315.332.343.744.545.646.681.662.	123.226.213.614.815.716.751.772.783.114.	151.554.755.856.811.
	음년	..132.335.312.323.724.525.626.661.682.	113.216.223.624.825.726.761.782.773.514.	551.154.355.456.411.
113	양년	..113,216.223.624.825.726.761.782.773.	514.551.154.355.456.411.432.443.844.115.	132.335.436.471.452.
	음년	..123.226.213.614.815.716.751.772.783.	114.151.554.755.856.811.832.843.444.315.	332.135.236.271.252.
114	양년	..114.151.554.755.856.811.832.843.444.	315.332.135.236.271.252.263.664.865.116.	123.226.261.282.273.
	음년	..514.551.154.355.456.411.432.443.844.	115.132.335.436.471.452.463.864.665.216.	223.126.161.182.173.
115	양년	..115.132.335.436.471.452.463.864.665.	216.223.126.161.182.173.574.775.876.111.	541.551.572.583.184.
	음년	..315.332.135.236.271.252.263.664.865.	116.123.226.261.282.273.674.875.776.151.	554.511.532.543.144.
116	양년	..116.123.226.261.282.273.674.875.776.	151.554.511.532.543.144.345.446.481.112.	315.332.343.744.545.
	음년	..216.223.126.161.182.173.574.775.876.	111.541.551.572.583.184.385.486.441.132.	335.312.323.724.525.
121	양년	..121,524.561.582.573.174.375.476.431.	142.345.322.313.714.515.616.651.672.113	.514.715.816.851.872.
	음년	..161.564.521.542.533.134.335.436.471.	122.325.342.333.734.535.636.671.652.113.	514.715.816.851.872.
122	양년	..122.325.342.333.734.535.636.671.652.	113.514.715.816.851.872.524.561.164.365.	466.421.442.433.834.
	음년	..142.345.322.313.714.515.616.651.672.	113.514.715.816.851.872.124.161.564.765.	866.821.842.833.434.
123	양년	..113.514.715.816.851.872.124.161.564.	765.866.821.842.833.434.325.342.145.246.	281.262.253.654.855.
	음년	..113.514.715.816.851.872.524.561.164.	365.466.421.442.433.834.125.142.345.446.	481.462.453.854.655.
124	양년	..124.161.564.765.866.821.842.833.434.	325.342.145.246.281.262.253.654.855.126.	113.216.251.272.283.
	음년	..524.561.164.365.466.421.442.433.834.	125.142.345.446.481.462.453.854.655.226.	213.116.151.172.183.
125	양년	..125.142.345.446.481.462.453.854.655.	226.213.116.151.172.183.584.785.886.121.	524.561.582.573.174.
	음년	..325.342.145.246.281.262.253.654.855.	126.113.216.251.272.283.684.885.786.161.	564.521.542.533.134.
126	양년	..126.113.216.251.272.283.684.885.786.	161.564.521.542.533.134.335.436.471.122.	325.342.333.734.535.
	음년	..226.213.116.151.172.183.584.785.886.	121.524.561.582.573.174.375.476.431.142.	345.322.313.714.515.
131	양년	..131.534.571.552.563.164.365.466.421.	112.123.524.725.826.861.143.246.233.634.	835.736.771.752.763.
	음년	..171.574.531.512.523.124.325.426.461.	112.123.524.725.826.861.133.236.243.644.	845.746.781.762.753.
132	양년	..112.123.524.725.826.861.133.236.243.	644.845.746.781.762.753.534.571.174.375.	476.431.412.423.824.
	음년	..112.123.524.725.826.861.143.246.233.	634.835.736.771.752.763.534.571.174.375.	876.831.812.823.424.
133	양년	..133.236.243.644.845.746.781.762.763.	534.571.174.375.476.431.412.423.824.135.	112.315.416.451.472.
	음년	..143.246.233.634.835.736.771.752.763.	134.171.574.775.876.831.812.823.424.335.	312.115.216.251.272.
134	양년	..134.171.574.775.876.831.812.823.424.	335.312.115.216.251.272.283.684.885.136.	143.246.281.262.253.
	음년	..534.571.174.375.476.431.412.423.824.	135.112.315.416.451.472.483.884.685.236.	.243.146.181.162.163.
135	양년	..135.112.315.416.451.472.483.884.685.	236.243.146.181.162.153.554.755.856.131.	534.571.552.563.164.
	음년	..335.312.115.216.251.272.283.684.885.	136.143.246.281.262.253.654.855.756.171.	574.531.512.523.124.
136	양년	..136.143.246.281.262.253.654.855.756.	171.574.531.512.523.124.325.426.461.112.	123.524.725.826.861.
	음년	..236.243.146.181.162.153.554.755.856.	131.534.571.552.563.164.365.466.421.112.	123.524.725.826.861.
141	양년	..141.544.581.562.553.154.355.456.411.	122.113.514.715.816.851.133.534.735.836.	871.852.144.181.584.
	음년	..181.584.541.522.513.114.315.416.451.	122.113.514.715.816.851.133.534.735.836.	871.852.544.581.184.
142	양년	..122.113.514.715.816.851.133.534.735.	836.871.852.144.181.584.785.886.841.822.	813.414.345.322.125.
	음년	..122.113.514.715.816.851.133.534.735.	836.871.852.544.581.184.385.486.441.422.	413.814.145.122.325.
143	양년	..133.534.735.836.871.852.144.181.584.	785.886.841.822.813.414.345.322.125.226.	261.282.273.674.875.
	음년	..133.534.735.836.871.852.544.581.184.	385.486.441.422.413.814.145.122.325.226.	461.482.473.874.675.
144	양년	..144.181.584.785.886.841.822.813.414.	345.322.125.226.261.282.273.674.875.146.	133.236.271.252.263.
	음년	..544.581.184.385.486.441.422.413.814.	145.122.325.426.461.482.473.874.675.246.	233.136.171.152.163.
145	양년	..145.122.325.426.461.482.473.874.675.	246.233.136.171.152.163.564.765.866.141.	544.581.562.553.154.
	음년	..345.322.125.226.261.282.273.674.875.	146.133.236.271.252.263.664.865.766.181.	584.541.522.513.114.
146	양년	..146.133.236.271.252.263.664.865.766.	181.584.541.522.513.114.315.416.451.122.	113.514.715.816.851.
	음년	..246.233.136.171.152.163.564.765.866.	141.544.581.562.553.154.355.456.411.122.	113.514.715.816.851.
151	양년	..111.132.143.544.745.846.152.355.372.	383.784.585.686.641.622.163.266.253.654.	855.756.711.732.743.
	음년	..111.132.143.544.745.846.172.375.352.	363.764.565.666.621.642.153.266.253.664.	855.766.721.742.733.
152	양년	..152.355.372.383.784.585.686.641.622.	163.266.253.654.855.756.711.732.743.154.	111.514.715.816.851.
	음년	..172.375.352.363.764.565.666.621.642.	153.256.263.664.865.766.721.742.733.554.	511.114.315.416.451.
153	양년	..153.256.263.664.865.766.721.742.733.	554.511.114.315.416.451.472.483.884.155.	172.375.476.431.412.
	음년	..163.266.253.654.855.756.711.732.743.	154.111.514.715.816.851.872.883.484.355.	372.175.276.231.212.
154	양년	..154.111.514.715.816.851.872.883.484.	355.372.175.276.231.212.223.624.825.156.	163.266.221.242.233.
	음년	..554.511.114.315.416.451.472.483.884.	155.172.375.476.431.412.423.824.625.256.	263.166.121.142.133.
155	양년	..155.172.375.476.431.412.423.824.625.	256.263.166.121.142.133.534.735.836.111.	132.143.544.745.846.
	음년	..355.372.175.276.231.212.223.624.825.	156.163.266.221.242.233.634.835.736.111.	132.143.544.745.846.
156	양년	..156.163.266.221.242.233.634.835.736.	111.132.143.544.745.846.172.375.352.363.	764.565.666.621.642.
	음년	..256.263.166.121.142.133.534.735.836.	111.132.143.544.745.846.152.355.372.383.	784.585.686.641.622.

원괘효	남녀	25세.26세.27세.28세.29세.	30세.31세.32세.33세.34세.35세.36세.37세.38세.39세.	40세.41세.42세.43세.44세.45세.46세.47세.48세
111	양년	761.782.773.514.551.	154.355.456.411.432.443.844.115.132.335.	436.471.452.463.864.665.216.223.126.
	음년	751.772.783.114.151.	554.755.856.811.832.843.444.315.332.135.	236.271.252.263.664.865.116.123.226.
112	양년	832.843.444.315.332.	135.236.271.252.263.664.865.116.123.226.	261.282.273.674.875.776.151.554.511.
	음년	432.443.444.115.132.	335.436.471.452.463.864.665.216.223.126.	161.182.173.574.775.876.111.541.551.
113	양년	463.864.665.216.223.	126.161.182.173.574.775.876.111.541.551.	572.583.184.385.486.441.132.335.312.
	음년	263.664.865.116.123.	226.261.282.273.674.875.776.151.554.511.	532.543.144.345.446.481.112.315.332.
114	양년	674.875.776.151.554.	511.532.543.144.345.446.481.112.315.332.	343.744.545.646.681.662.123.226.213.
	음년	574.775.876.111.541.	551.572.583.184.385.486.441.132.335.312.	323.724.525.626.661.682.113.216.223.
115	양년	385.486.441.132.335.	312.323.724.525.626.661.682.113.216.223.	624.825.726.761.782.773.514.551.154.
	음년	345.446.481.112.315.	332.343.744.545.646.681.662.123.226.213.	614.815.716.751.772.783.114.151.554.
116	양년	646.681.662.123.226.	213.614.815.716.751.772.783.114.151.554.	755.856.811.832.843.444.315.332.135.
	음년	626.661.682.113.216.	223.624.825.726.761.782.773.514.551.154.	355.456.411.432.443.844.115.132.335.
121	양년	124.161.564.765.866.	821.842.833.434.325.342.145.246.281.262.	253.654.855.126.113.216.251.272.283.
	음년	524.561.164.365.466.	421.442.433.834.125.142.345.446.481.462.	453.854.655.226.213.116.151.172.183.
122	양년	125.142.345.446.481.	462.453.854.655.226.213.116.151.172.183.	584.785.886.121.524.561.582.573.174.
	음년	325.342.145.246.281.	262.253.654.855.126.113.216.251.272.283.	684.885.786.161.564.521.542.533.134.
123	양년	126.113.216.251.272.	283.684.885.786.161.564.521.542.533.134.	335.436.471.122.325.342.333.734.535.
	음년	226.213.116.151.172.	183.584.785.886.121.524.561.582.573.174.	375.476.431.142.345.322.313.714.515.
124	양년	684.885.786.161.564.	521.542.533.134.335.436.471.122.325.342.	333.734.535.636.671.652.113.514.715.
	음년	584.785.886.121.524.	561.582.573.174.375.476.431.142.345.322.	313.714.515.616.651.672.113.514.715.
125	양년	375.476.431.142.345.	322.313.714.515.616.651.672.113.514.715.	816.851.872.124.161.564.765.866.821.
	음년	335.436.471.122.325.	342.333.734.535.636.671.652.113.514.715.	816.851.872.524.561.164.365.466.421.
126	양년	636.671.652.113.514.	715.816.851.872.524.561.164.365.466.421.	442.433.834.125.142.345.446.481.462.
	음년	616.651.672.113.514.	715.816.851.872.124.161.564.765.866.821.	842.833.434.325.342.145.246.281.262.
131	양년	134.171.574.775.876.	831.812.823.424.335.312.115.216.251.272.	283.684.885.136.143.246.281.262.253.
	음년	534.571.174.375.476.	831.412.423.824.135.112.315.416.451.472.	483.884.685.236.243.146.181.162.153.
132	양년	135.112.315.416.451.	472.483.884.685.236.243.146.181.162.153.	554.755.856.131.534.571.552.563.164.
	음년	335.312.115.216.251.	272.283.684.885.136.143.246.281.262.253.	654.855.756.171.574.531.512.523.124.
133	양년	483.884.685.236.243.	146.181.162.153.554.755.856.131.534.571.	552.563.164.365.466.421.112.123.524.
	음년	283.684.885.136.143.	246.281.262.253.654.855.756.171.574.531.	512.523.124.325.426.461.112.123.524.
134	양년	654.855.756.171.574.	531.512.523.124.325.426.461.112.123.524.	725.826.861.133.236.243.644.845.746.
	음년	554.755.856.131.534.	571.552.563.164.365.466.421.112.123.524.	725.826.861.143.246.233.634.835.736.
135	양년	365.466.421.112.123.	524.725.826.861.143.246.233.634.835.736.	771.752.763.134.171.574.775.876.831.
	음년	325.426.461.112.123.	524.725.826.861.133.236.243.644.845.746.	781.762.753.534.571.174.375.476.431.
136	양년	133.236.243.644.845.	746.781.762.753.534.571.174.375.476.431.	412.423.824.135.112.315.416.451.472.
	음년	143.246.233.634.835.	736.771.752.763.134.171.574.775.876.831.	812.823.434.325.312.115.216.251.272.
141	양년	385.486.441.422.413.	814.145.122.325.426.461.482.473.874.675.	246.233.136.171.152.163.564.765.866.
	음년	785.886.841.822.813.	414.345.322.125.226.261.282.273.674.875.	146.133.236.271.252.263.664.865.766.
142	양년	226.261.282.273.674.	875.146.133.236.271.252.263.664.865.766.	181.584.541.522.513.114.315.416.451.
	음년	426.461.482.473.874.	675.246.233.136.171.152.163.564.765.866.	141.544.581.562.553.154.355.456.411.
143	양년	146.133.236.271.252.	263.664.865.766.181.584.541.522.513.114.	315.416.451.122.113.514.715.816.851.
	음년	246.233.136.171.152.	163.564.765.866.141.544.581.562.553.154.	355.456.411.122.113.514.715.816.851.
144	양년	664.865.766.181.584.	541.522.513.114.315.416.451.122.113.514.	715.816.851.133.534.735.836.871.852.
	음년	564.765.866.141.544.	581.562.553.154.355.456.411.122.113.514.	715.816.851.133.534.735.836.871.852.
145	양년	355.456.411.122.113.	514.715.816.851.133.534.735.836.871.852.	544.581.184.385.486.441.422.413.814.
	음년	315.416.451.122.113.	514.715.816.851.133.534.735.836.871.852.	144.181.584.785.886.841.822.813.414
146	양년	133.534.735.836.871.	852.144.181.584.785.886.841.822.813.414.	345.322.125.226.261.282.273.674.875.
	음년	133.534.735.836.871.	852.144.581.184.385.486.441.422.413.814.	145.122.325.426.461.482.473.874.675.
151	양년	154.111.514.715.816.	851.872.883.484.355.372.175.276.231.212.	223.624.825.156.163.266.221.242.233.
	음년	554.511.114.315.416.	451.472.483.884.155.172.375.476.431.412.	423.824.625. 256.263.166.121.142.133.
152	양년	872.883.484.355.372.	175.276.231.212.223.624.825.156.163.266.	221.242.233.634.835.736.111.132.143.
	음년	472.483.884.155.172.	375.476.431.412.423.824.625.256.263.166.	121.142.133.534.735.836.111.132.143.
153	양년	423.824.625.256.263.	166.121.142.133.534.735.836.111.132.143.	544.745.846.152.355.372.383.784.585.
	음년	223.624.825.156.163.	266.221.242.233.634.835.736.111.132.143.	544.745.846.152.355.372.383.784.565.
154	양년	634.835.736.111.132.	143.544.745.846.172.375.352.363.764.565.	666.621.642.153.256.263.664.865.766.
	음년	534.735.836.111.132.	143.544.745.846.152.355.372.383.784.585.	686.641.622.163.266.253.654.855.756.
155	양년	152.355.372.383.784.	585.686.641.622.163.266.253.654.855.756.	711.732.743.154.111.514.715.816.851.
	음년	172.375.352.363.764.	565.666.621.642.153.256.263.664.865.766.	721.742.733.554.511.114.315.416.451.
156	양년	153.256.263.664.865.	766.721.742.733.554.511.114.315.416.451.	472.483.884.155.172.375.476.431.412.
	음년	163.266.253.654.855.	756.711.732.743.154.111.514.715.816.851.	872.883.484.355.372.175.276.231.212.

원괘효	남녀	49세	50세51세52세53세.54세55세56세57세58세.59세.	60세61세62세63세64세65세66세67세68세.69세	70세.71세72세
111	양년	..161.	182.173.574.775.876.114.315.416.451.472.	483.515.532.735.836.871.852.863.464.265.	616.623.526.
	음년	..261.	282.273.674.875.776.114.315.416.451.472.	483.715.732.535.636.671.652.663.264.465.	516.523.626.
112	양년	..532.	543.144.345.446.481.115.216.251.272.283.	684.316.323.426.461.482.473.874.675.576.	351.754.711.
	음년	..572.	583.184.385.486.441.115.216.251.272.283.	684.416.423.326.361.382.373.774.575.676.	311.714.751.
113	양년	..323.	724.525.626.661.682.116.151.172.183.584.	785.211.614.651.672.683.284.485.386.341.	232.435.412.
	음년	..343.	744.545.646.681.662.116.151.172.183.584.	785.251.654.611.632.643.244.445.346.381.	212.415.432.
114	양년	..614.	815.716.751.772.783.111.132.143.544.745	846.152.355.372.383.784.585.686.641.622.	163.266.253.
	음년	..624.	825.726.761.782.773.111.132.143.544.745.	846.172.375.352.363.764.565.666.621.642.	153.256.263
115	양년	..355.	456.411.432.443.844.112.123.524.725.826.	861.133.236.243.644.845.746.781.762.753.	534.571.174
	음년	..755.	856.811.832.843.444.112.123.524.725.826.	861.143.246.233.634.835.736.771.752.763.	134.171.574.
116	양년	..236.	271.252.263.664.865.113.514.715.816.851.	872.124.161.564.765.866.821.842.833.434.	325.342.145.
	음년	..436.	471.452.463.864.665.113.514.715.816.851.	.872.524.561.164.365.466.421.442.433.834.	125.142.345.
121	양년	..684.	885.786.214.415.316.351.372.383.815.832.	635.536.571.552.563.164.365.516.551.572.	583.184.385.
	음년	..584.	785.886.214.415.316.351.372.383.815.632.	835.736.771.752.763.364.165.516.551.572.	583.184.385.
122	양년	..375.	476.431.215.116.151.172.183.584.316.351.	372.383.784.585.451.854.811.832.843.444.	245.146.181.
	음년	..335.	436.471.215.116.151.172.183.584.316.351.	372.383.784.585.411.814.851.872.883.484.	285.186.141.
123	양년	..636.	671.652.216.223.126.161.182.173.574.775.	876.111.541.551.572.583.184.385.486.441.	132.335.312.
	음년	..616.	651.672.116.123.226.261.282.273.674.875.	776. 51.554.511.532.543.174.445.346.481.	112.315.332.
124	양년	..816.	851.872.211.232.243.644.845.746.272.475.	452.463.864.665.566.521.542.253.156.163.	564.765.866.
	음년	..816.	851.872.211.232.243.644.845.746.252.455.	472.483.884.685.586.541.522.263.166.153.	554.755.856.
125	양년	..842.	833.434.212.223.624.825.726.761.243.146.	133.534.735.836.871.852.863.234.271.674.	875.776.731.
	음년	..442.	433.834.212.223.624.825.726.761.233.136.	143.544.745.846.881.862.853.634.671.274.	475.376.331.
126	양년	..453.	854.655.213.614.815.716.751.772.624.661.	264.465.366.321.342.333.734.225.242.445.	346.381.362.
	음년	..253.	654.855.213.614.815.716.751.772.224.261.	664.865.766.721.742.733.334.425.442.245.	146.181.162.
131	양년	..654.	855.756.314.115.216.251.272.283.515.616.	651.672.683.284.816.823.726.761.782.773.	374.175.276.
	음년	..554.	755.856.314.115.216.251.272.283.515.616.	651.672.683.284.716.723.826.861.882.873.	474.275.176.
132	양년	..365.	466.421.315.332.135.236.271.252.263.664.	865.116.123.226.261.282.273.674.875.776.	151.554.511.
	음년	..325.	426.461.115.132.335.436.471.452.463.664.	665.216.223.126.161.182.173.574.775.876.	111.541.551.
133	양년	..725.	826.861.316.351.372.383.784.585.451.854.	811.832.843.444.245.146.181.412.215.232.	243.644.845.
	음년	..725.	826.861.316.351.372.383.784.585.411.814.	851.872.883.484.285.186.141.432.235.212.	223.624.825.
134	양년	..781.	762.753.311.332.343.744.545.646.372.175.	152.163.564.765.866.821.842.353.456.463.	864.665.566.
	음년	..771.	752.763.311.332.343.744.545.646.352.155.	172.183.584.785.886.841.822.363.466.453.	854.655.556.
135	양년	..812.	823.424.312.323.724.525.626.661.343.446.	433.834.635.536.571.552.563.334.371.774.	575.676.631.
	음년	..412.	423.824.312.323.724.525.626.661.333.436.	443.844.645.546.581.562.553.734.771.374.	175.276.231..
136	양년	..483.	884.685.313.714.515.616.651.672.724.761.	364.165.266.221.242.233.634.125.226.261.	282.273.674.
	음년	..283.	684.885.313.714.515.616.651.672.232.361.	764.565.666.621.642.633.234.125.226.261.	282.273.674.
141	양년	..414.	215.116.151.172.183.615.516.551.572.583.	184.716.751.772.783.384.185.811.414.451.	472.483.884.
	음년	..414.	215.116.151.172.183.615.516.551.572.583.	184.716.751.772.783.384.185.851.454.411.	432.443.844.
142	양년	..215.	232.435.336.371.352.363.764.565.116.151.	172.183.584.785.251.654.611.632.643.244.	445.346.381.
	음년	..415.	432.235.136.171.152.163.564.765.116.151.	172.183.584.785.211.614.651.672.683.284.	485.386.341.
143	양년	..316.	323.426.461.482.473.874.675.576.351.754.	711.732.743.344.145.246.281.312.115.132.	143.544.745.
	음년	..416.	423.326.361.382.373.774.575.676.311.714.	751.772.783.384.185.286.241.332.135.112.	123.524.725.
144	양년	..411.	432.443.844.645.546.452.255.272.283.684.	885.786.741.722.463.366.353.754.555.656.	611.632.643
	음년	..411.	432.443.844.645.546.472.275.252.263.664.	865.766.721.742.453.356.363.764.565.666.	621.642.633.
145	양년	..412.	423.824.625.526.561.433.336.343.744.545.	646.681.662.653.834.871.474.275.176.131.	112.123.524.
	음년	..412.	423.824.625.526.561.443.346.333.734.535.	636.671.652.663.434.471.874.675.576.531.	512.523.124.
146	양년	..413.	814.615.516.551.572.424.461.864.665.566.	521.542.533.134.225.126.161.182.173.574.	326.361.382.
	음년	..413.	814.615.516.551.572.824.861.464.265.166.	121.142.133.534.225.126.161.182.173.574.	326.361.382.
151	양년	..634.	835.736.514.551.154.355.456.411.432.443.	844.115.132.335.436.471.452.463.864.665.	216.223.126.
	음년	..534.	735.836.114.151.554.755.856.811.832.843.	444.315.332.135.236.271.252.263.664.865.	116.123.226.
152	양년	..544.	745.846.515.616.651.672.683.284.816.823.	726.761.782.773.374.175.276.711.314.351.	372.383.784.
	음년	..544.	745.846.515.616.651.672.683.284.716.723.	826.861.882.873.474.275.176.751.354.311.	332.343.744.
153	양년	..686.	641.622.516.551.572.583.184.385.651.254.	211.232.243.644.845.746.781.612.815.832.	843.444.245.
	음년	..666.	621.642.516.551.572.583.184.385.611.214.	251.272.283.684.885.746.741.632.835.812.	823.424.225.
154	양년	..721.	742.733.511.532.543.144.345.446.572.775.	752.763.364.165.266.221.242.553.656.663.	264.465.366.
	음년	..711.	732.743.511.532.543.144.345.446.552.755.	772.783.384.185.286.241.222.563.666.653.	254.455.356.
155	양년	..872.	883.484.512.523.124.325.426.461.543.646.	633.234.435.336.371.352.363.134.335.436.	471.452.463.
	음년	..472.	483.884.512.523.124.325.426.461.533.636.	643.244.445.346.381.362.353.134.335.436.	471.452.463.
156	양년	..423.	824.625.513.114.315.416.451.472.124.325.	426.461.482.473.725.742.545.646.681.662.	653.254.455.
	음년	..223.	624.825.513.114.315.416.451.472.124.325.	426.461.482.473.525.542.745.846.881.862.	853.454.255.

원괘효	남녀	73세 74세 75세 76세 .77세 .78세 .79세	80세 81세 82세 83세 84세 85세 86세 87세 88세 .89세.	90세 91세 92세 93세 94세 .95세 96세
111	양년	..561.582.573.174.375.476.511.	114.151.172.183.584.785.886.841.532.735.	712.723.324.125.226.261.282.
	음년	..661.682.673.274.475.376.551.	154.111.132.143.544.745.846.881.512.715.	732.743.344.145.246.281.262.
112	양년	..732.743.344.145.246.281.312.	115.132.143.544.745.846.881.862.323.426.	413.814.615.516.551.572.583.
	음년	..772.783.384.185.286.241.332.	135.112.123.524.725.826.861.882.313.416.	423.824.625.526.561.582.573.
113	양년	..423.824.625.526.561.582.213.	116.123.524.725.826.861.882.873.614.651.	254.455.356.311.332.343.744.
	음년	..443.844.645.546.581.562.223.	126.113.514.715.816.851.872.883.214.251.	654.855.756.711.732.743.344.
114	양년	..654.855.756.711.732.743.154.	111.514.715.816.851.872.883.484.355.372.	175.276.231.212.223.624.825.
	음년	..664.865.766.721.742.733.554.	511.114.315.416.451.472.483.884.155.172.	375.476.431.412.423.824.625.
115	양년	..375.476.431.412.423.824.135.	112.315.416.451.472.483.884.685.236.243.	146.181.162.153.554.755.856.
	음년	..775.876.831.812.823.424.335.	312.115.216.251.272.283.684.885.136.143.	246.281.262.253.654.855.756.
116	양년	..246.281.262.253.654.855.126.	113.216.251.272.283.684.885.786.161.564.	521.542.533.134.335.436.471.
	음년	..446.481.462.453.854.655.226.	213.116.151.172.183.584.785.886.121,524.	561.582.573.174.375.476.431.
121	양년	..611.214.251.272.283.684.885.	786.741.632.835.812.823.424.225.126.161.	182.613.516.523.124.325.426.
	음년	..651.254.211.232.243.644.845.	746.781.612.815.832.843.444.245.146.181.	162.623.526.513.114.315.416.
122	양년	..412.215.232.243.644.845.746.	781.762.423.326.313.714.515.616.651.672.	683.414.451.854.655.556.511.
	음년	..432.235.212.223.624.825.726.	761.782.413.316.323.724.525.626.661.682.	673.814.851.454.255.156.111.
123	양년	..323.724.525.626.661.682.113.	216.223.624.825.726.761.782.773.514.551.	154.355.456.411.432.443.844.
	음년	..343.744.545.646.681.662.123.	226.213.614.815.716.751.772.783.114.151.	554.755.856.811.832.843.444.
124	양년	..821.842.833.654.611.214.415.	316.351.372.383.784.255.272.475.376.331.	312.323.724.525.156.111.132.
	음년	..811.832.843.254.211.614.815.	716.751.772.783.384.455.472.275.176.131.	112.123.524.725.156.111.132.
125	양년	..712.723.324.435.412.215.116.	151.172.183.584.785.136.171.152.163.564.	765.231.634.671.652.663.264.
	음년	..312.323.724.235.212.415.316.	351.372.383.784.585.136.171.152.163.564.	765.271.674.631.612.623.224.
126	양년	..353.754.555.126.161.182.173.	574.775.261.664.621.642.633.234.435.336.	371.222.425.442.433.834.635.
	음년	..153.554.755.126.161.182.173.	574.775.221.624.661.682.673.274.475.376.	331.242.445.422.413.814.615.
131	양년	..711.314.351.372.383.784.585.	686.641.732.535.512.523.124.325.426.461.	482.713.816.823.424.225.126.
	음년	..751.354.311.332.343.744.545.	646.681.712.515.532.543.144.345.446.481.	462.723.826.813.414.215.116.
132	양년	..532.543.144.345.446.481.112.	315.332.343.744.545.646.681.662.123.226.	213.614.815.716.751.772.783.
	음년	..572.583.184.385.486.441.132.	335.312.323.724.525.626.661.682.113.216.	223.624.825.726.761.782.773.
133	양년	..746.781.762.423.326.313.714.	515.616.651.672.683.414.451.854.655.556.	511.532.543.144.215.116.151.
	음년	..726.761.782.413.316.323.724.	525.626.661.682.673.814.851.454.255.156.	111.132.143.544.215.116.151.
134	양년	..521.542.533.754.711.314.115.	216.251.272.283.684.155.256.211.232.243.	644.356.363.466.421.442.433.
	음년	..511.532.543.354.311.714.515.	616.651.672.683.284.155.256.211.232.243.	644.456.463.366.321.342.333.
135	양년	..612.623.224.135.236.271.252.	263.664.436.443.346.381.362.353.754.555.	656.371.774.731.712.723.324.
	음년	..212.223.624.135.236.271.252.	263.664.336.343.446.481.462.453.854.655.	556.331.734.771.752.763.364.
136	양년	..326.313.416.451.472.483.884.	685.586.361.764.721.742.733.334.135.236.	271.322.125.142.133.534.735.
	음년	..426.413.316.351.372.383.784.	585.686.321.724.761.782.773.374.175.276.	231.342.145.122.113.514.715.
141	양년	..685.586.541.832.635.612.623.	224.425.326.361.382.813.716.723.324.125.	226.261.282.273.
	음년	..645.546.581.812.615.632.643.	244.445.346.381.362.823.726.713.314.115.	216.251.272.283.
142	양년	..212.415.432.443.844.645.546.	581.562.223.126.113.514.715.816.851.872.	883.214.251.654.855.756.711.
	음년	..232.435.412.423.824.625.526.	561.582.213.116.123.524.725.826.861.882.	873.614.651.254.455.356.311.
143	양년	..846.881.862.323.426.413.814.	615.516.551.572.583.314.351.754.555.656.	611.632.643.244.115.216.251.
	음년	..826.861.882.313.416.423.824.	625.526.561.582.573.714.751.354.155.256.	211.232.243.644.115.216.251.
144	양년	..454.411.814.615.516.551.572.	583.184.255.156.111.132.143.544.356.311.	332.343.744.545.
	음년	..854.811.414.215.116.151.172.	183.584.255.156.111.132.143.544.356.311.	332.343.744.545.
145	양년	..235.136.171.152.163.564.336.	371.352.363.764.565.431.834.871.852.863.	464.265.166.121.
	음년	..235.136.171.152.163.564.336.	371.352.363.764.565.471.874.831.812.823.	424.225.126.161.
146	양년	..373.774.575.461.864.821.842.	833.434.235.136.171.422.225.242.233.634.	835.736.771.752..
	음년	..373.774.575.421.824.861.882.	873.474.275.176.131.442.245.222.213.614.	815.716.751.772.
151	양년	..161.182.173.574.775.876.111.	541.551.572.583.184.385.486.441.132.335.	312.323.724.525.626.661.682.
	음년	..261.282.273.674.875.776.151.	554.511.532.543.144.345.446.481.112.315.	332.343.744.545.646.681.662.
152	양년	..585.686.641.732.535.512.523.	124.325.426.461.482.713.816.823.424.225.	126.161.182.173.314.115.216.
	음년	..545.646.681.712.515.532.543.	144.345.446.481.462.723.826.813.414.215.	116.151.172.183.314.115.216.
153	양년	..146.181.162.623.526.513.114.	315.416.451.472.483.214.415.316.351.372.	383.615.632.835.736.771.752.
	음년	..126.161.182.613.516.523.124.	325.426.461.482.473.214.415.316.351.372.	383.815.832.635.536.571.552.
154	양년	..321.342.333.154.355.456.411.	432.443.755.772.575.676.631.612.623.224.	425.556.563.666.621.642.633.
	음년	..311.332.343.154.355.456.411.	432.443.555.572.775.876.831.812.823.424.	225.656.663.566.521.542.533.
155	양년	..535.512.715.816.851.872.883.	484.285.536.643.546.581.561.553.154.355.	456.531.134.171.152.163.564.
	음년	..735.712.515.616.651.672.683.	284.485.536.543.646.681.662.653.254.455.	356.571.174.131.112.123.524.
156	양년	..526.513.616.651.672.683.284.	485.386.561.164.121.142.133.534.735.836.	871.522.725.742.733.334.135.
	음년	..626.613.516.551.572.583.184.	385.486.521.124.161.182.173.574.775.876.	831.542.745.722.713.314.115.

원괘효	남녀	1세. 2세. 3세. 4세. 5세. 6세. 7세 8세 9세	10새.11세.12세.13세14세15세16세17세18세19세	20세21세22세.23세24세
161	양년	..121.142.133.534.735.836.162.365.382.	373.774.575.676.631.612.153.554.755.856.	811.832.564.521.124.
	음년	..121.142.133.534.735.836.182.385.362.	353.754.555.656.611.632.153.554.755.856.	811.832.164.121.524.
162	양년	..162.365.382.373.774.575.676.631.612.	153.554.755.856.811.832.564.521.124.325.	426.461.482.473.874.
	음년	..182.385.362.353.754.555.656.611.632.	153.554.755.856.811.832.164.121.524.725.	826.861.882.873.474.
163	양년	..153.554.755.856.811.832.164.121.524.	725.826.861.882.873.474.365.382.185.286.	241.222.213.614.815.
	음년	..153.554.755.856.811.832.564.521.124.	325.426.461.482.473.874.165.182.385.486.	441.422.413.814.615.
164	양년	..164.121.524.725.826.861.882.873.474.	365.382.185.286.241.222.213.614.815.166.	153.256.211.232.243.
	음년	..564.521.124.325.426.461.482.473.874.	165.182.385.486.441.422.413.814.615.266.	253.156.111.132.143.
165	양년	..165.182.385.486.441.422.413.814.615.	266.253.156.111.132.143.544.745.846.121.	142.133.534.735.836.
	음년	..365.382.185.286.241.222.213.614.815.	166.153.256.211.232.243.644.845.746.121.	142.133.534.735.836.
166	양년	..166.153.256.211.232.243.644.845.746.	121.142.133.534.735.836.182.385.362.353.	754.555.656.611.632.
	음년	..266.253.156.111.132.143.544.745.846.	121.142.133.534.735.836.162.365.382.373.	774.575.676.631.612.
171	양년	..131.112.123.524.725.826.152.163.564.	765.866.821.173.276.283.684.885.786.741.	722.713.574.531.134.
	음년	..131.112.123.524.725.826.152.163.564.	765.866.821.183.286.273.674.875.776.731.	712.723.174.131.534.
172	양년	..152.163.564.765.866.821.173.276.283.	684.885.786.741.722.713.574.531.134.335.	436.471.452.463.864.
	음년	..152.163.564.765.866.821.183.286.273.	674.875.776.731.712.723.174.131.534.735.	836.871.852.863.464.
173	양년	..173.276.283.684.885.786.741.722.713.	574.531.134.335.436.471.452.463.864.175.	152.355.456.411.432.
	음년	..183.286.273.674.875.776.731.712.723.	174.131.534.735.836.871.852.863.464.375.	352.155.256.211.232.
174	양년	..174.131.534.735.836.871.852.863.464.	375.352.155.256.211.232.243.644.845.176.	183.286.241.222.213.
	음년	..574.531.134.335.436.471.452.463.864.	175.152.355.456.411.432.443.844.645.276.	283.186.141.122.113.
175	양년	..175.152.355.456.411.432.443.844.645.	276.283.186.141.122.113.514.715.816.131.	112.123.524.725.826.
	음년	..375.352.155.256.211.232.243.644.845.	176.183.286.241.222.213.614.815.716.131.	112.123.524.725.826.
176	양년	..176.183.286.241.222.213.614.815.716.	131.112.123.524.725.826.152.163.564.765.	866.821.183.286.273.
	음년	..276.283.186.141.122.113.514.715.816.	131.112.123.524.725.826.152.163.564.765.	866.821.173.276.283.
181	양년	..141.122.113.514.715.816.162.153.554.	755.856.811.173.574.775.876.831.812.184.	141.544.745.846.881.
	음년	..141.122.113.514.715.816.162.153.554.	755.856.811.173.574.775.876.831.812.584.	541.144.345.446.481.
182	양년	..162.153.554.755.856.811.173.574.775.	876.831.812.184.141.544.745.846.881.862.	853.454.385.362.165.
	음년	..162.153.554.755.856.811.173.574.775.	876.831.812.584.541.144.345.446.481.462.	453.854.185.162.365.
183	양년	..173.574.775.876.831.812.184.141.544.	745.846.881.862.853.454.385.362.165.266.	221.242.233.634.835.
	음년	..173.574.775.876.831.812.584.541.144.	345.446.481.462.453.854.185.162.365.466.	421.442.433.834.635.
184	양년	..184.141.544.745.846.881.862.853.454.	385.362.165.266.221.242.233.634.835.186.	173.276.231.212.223.
	음년	..584.541.144.345.446.481.462.453.854.	185.162.365.466.421.442.433.834.635.286.	273.176.131.112.123.
185	양년	..185.162.365.466.421.442.433.834.635.	286.273.176.131.112.123.524.725.826.141.	122.113.514.715.816.
	음년	..385.362.165.266.221.242.233.634.835.	186.173.276.231.212.223.624.825.726.141.	122.113.514.715.816.
186	양년	..186.173.276.231.212.223.624.825.726.	141.122.113.514.715.816.162.153.554.755.	856.811.173.574.775.
	음년	..286.273.176.131.112.123.624.825.726.	141.122.113.514.715.816.162.153.554.755.	856.811.173.574.775.
211	양년	..211.614.651.672.683.284.485.386.341.	232.435.412.423.824.625.526.561.582.213.	116.123.524.725.826.
	음년	..251.654.611.632.643.244.445.346.381.	212.415.432.443.844.645.546.581.562.223.	126.113.514.715.816.
212	양년	..212.415.432.443.844.645.546.581.562.	223.126.113.514.715.816.851.872.883.214.	251.654.855.756.711.
	음년	..232.435.412.423.824.625.526.561.582.	213.116.123.524.725.826.861.882.873.614.	651.254.455.356.311.
213	양년	..213.116.123.524.725.826.861.882.873.	614.651.254.455.356.311.332.343.744.215	.232.435.336.371.352.
	음년	..223.126.113.514.715.816.851.872.883.	214.251.654.855.756.711.732.743.344.415.	432.235.136.171.152.
214	양년	..214.251.654.855.756.711.732.743.344.	415.432.235.136.171.152.163.564.765.116.	151.172.183.584.785.
	음년	..614.651.254.455.356.311.332.343.744.	215.232.435.336.371.352.363.764.565.116.	151.172.183.584.785.
215	양년	..215.232.435.336.371.352.363.764.565.	116.151.172.183.584.785.251.654.611.632.	643.244.445.346.381.
	음년	..415.432.235.136.171.152.163.564.765.	116.151.172.183.584.785.211.614.651.672.	683.284.485.386.341.
216	양년	..116.151.172.183.584.785.211.614.651.	672.683.284.485.386.341.232.435.412.423.	824.625.526.561.582.
	음년	..116.151.172.183.584.785.251.654.611.	632.643.244.445.346.381.212.415.432.443.	844.645.546.581.562.
221	양년	..221.624.661.682.673.274.475.376.331.	242.445.422.413.814.615.516.551.572.213.	614.815.716.751.772.
	음년	..261.664.621.642.633.234.435.336.371.	222.425.442.433.834.635.536.571.552.213.	614.815.716.751.772.
222	양년	..222.425.442.433.834.635.536.571.552.	213.614.815.716.751.772.624.661.264.465.	366.321.342.333.734.
	음년	..242.445.422.413.814.615.516.551.572.	213.614.815.716.751.772.224.261.664.865.	766.721.742.733.334.
223	양년	..213.614.815.716.751.772.224.261.664.	865.766.721.742.733.334.425.442.245.146.	181.162.153.554.755.
	음년	..213.614.815.716.751.772.261.664.621.	465.366.321.342.333.734.225.242.445.346.	381.362.353.754.555.
224	양년	..224.261.664.865.766.721.742.733.334.	425.442.245.146.181.162.153.554.755.126.	161.182.173.574.775.
	음년	..624.661.264.465.366.321.342.333.734.	225.242.445.346.381.362.353.754.555.126.	161.182.173.574.775.
225	양년	..225.242.445.346.381.362.353.754.555.	126.161.182.173.574.775.261.664.621.642.	633.234.435.336.371.
	음년	..425.442.245.146.181.162.153.554.755.	126.161.182.173.574.775.221.624.661.682.	673.274.475.376.331.
226	양년	..126.161.182.173.574.775.221.624.661.	682.673.274.475.376.331.242.445.422.413.	814.615.516.551.572.
	음년	..126.161.182.173.574.775.261.664.621.	642.633.234.435.336.371.222,425.442.433.	834.635.536.571.552.

원괘효	남녀	25세 26세 27세 28세 29세	30세 31세 32세 33세 34세 35세 36세 37세 38세 39세	40세 41세 42세 43세 44세 45세 46세 47세 48세
161	양년	..325.426.461.482.473.	874.165.182.385.486.441.422.413.814.615.	266.253.156.111.132.143.544.745.846.
	음년	..725.826.861.882.873.	474.365.382.185.286.241.222.213.614.815.	166.153.256.211.232.243.644.845.746.
162	양년	..165.182.385.486.441.	422.413.814.615.266.253.156.111.132.143.	544.745.846.121.142.133.534.735.836.
	음년	..365.382.185.286.241.	222.213.614.815.166.153.256.211.232.243.	644.845.746.121.142.133.534.735.836.
163	양년	..166.153.256.211.232.	243.644.845.746.121.142.133.534.735.836.	182.385.362.353.754.555.656.611.632.
	음년	..266.253.156.111.132.	143.544.745.846.121.142.133.534.735.836.	162.365.382.373.774.575.676.631.612.
164	양년	..644.845.746.121.142.	133.534.735.836.182.385.362.353.754.555.	656.611.632.153.554.755.856.811.832.
	음년	..544.745.846.121.142.	133.534.735.836.162.365.382.373.774.575.	676.631.612.153.554.755.856.811.832.
165	양년	..162.365.382.373.774.	575.676.631.612.153.554.755.856.811.832.	564.521.124.325.426.461.482.473.874.
	음년	..182.385.362.353.754.	555.656.611.632.153.554.755.856.811.832.	164.121.524.725.826.861.882.873.474.
166	양년	..153.554.755.856.811.	832.164.121.524.725.826.861.882.873.474.	365.382.185.286.241.222.213.614.815.
	음년	..153.554.755.856.811.	832.564.521.124.325.426.461.482.473.874.	165.182.385.486.441.422.413.814.615.
171	양년	..335.436.471.452.463.	864.175.152.355.456.411.432.443.844.645.	276.283.186.141.122.113.514.715.816.
	음년	..735.836.871.852.863.	464.375.352.155.256.211.232.243.644.845.	176.183.286.241.222.213.614.815.716.
172	양년	..175.152.355.456.411.	432.443.844.645.276.283.186.141.122.113.	514.715.816.131.112.123.524.725.826.
	음년	..375.352.155.256.211.	232.243.644.845.176.183.286.241.222.213.	614.815.716.131.112.123.524.725.826.
173	양년	..443.844.645.276.283.	186.141.122.113.514.715.816.131.112.123.	524.725.826.152.163.564.765.866.821.
	음년	..243.644.845.176.183.	286.241.222.213.614.815.716.131.112.123.	524.725.826.152.163.564.765.866.821.
174	양년	..614.815.716.131.112.	123.524.725.826.152.163.564.765.866.821.	183.286.273.674.875.776.731.712.723.
	음년	..614.815.716.131.112.	123.524.725.826.152.163.564.765.866.821.	173.276.283.684.885.786.741.722.713.
175	양년	..152.163.564.765.866.	821.173.276.283.684.885.786.741.722.713.	574.531.134.335.436.471.452.463.864.
	음년	..152.163.564.765.866.	821.183.286.273.674.875.776.731.712.723.	174.131.534.735.836.871.852.863.464.
176	양년	..674.875.776.731.712.	723.174.131.534.735.836.871.852.863.464.	375.352.155.256.211.232.243.644.845.
	음년	..684.885.786.741.722.	713.574.531.134.335.436.471.452.463.864.	175.152.355.456.411.432.443.844.645.
181	양년	..862.853.454.385.362.	165.266.221.242.233.634.835.186.173.276.	231.212.223.624.825.726.814.851.454.
	음년	..462.453.854.185.162.	365.466.421.442.433.834.635.286.273.176.	131.112.123.524.725.826.414.451.854.
182	양년	..266.221.242.233.634.	835.186.173.276.231.212.223.624.825.726.	141.122.113.514.715.816.815.832.635.
	음년	..466.421.442.433.834.	635.286.273.176.131.112.123.524.725.826.	141.122.113.514.715.816.615.632.835.
183	양년	..186.173.276.231.212.	223.624.825.726.141.122.113.514.715.816.	162.153.554.755.856.811.816.823.726.
	음년	..286.273.176.131.112.	123.524.725.826.141.122.113.514.715.816.	162.153.554.755.856.811.716.723.826.
184	양년	..624.825.726.141.122.	113.514.715.816.162.153.554.755.856.811.	173.574.775.876.831.812.811.832.843.
	음년	..524.725.826.141.122.	113.514.715.816.162.153.554.755.856.811.	173.574.775.876.831.812.811.832.843.
185	양년	..162.153.554.755.856.	811.173.574.775.876.831.812.184.141.544.	745.846.881.862.853.454.812.823.424.
	음년	..162.153.554.755.856.	811.173.574.775.876.831.812.584.541.144.	345.446.481.462.453.854.812.823.424.
186	양년	..876.831.812.584.541.	144.345.446.481.462.453.854.185.162.365.	466.421.442.433.834.635.813.414.215.
	음년	..876.831.812.184.141.	544.745.846.881.862.853.454.385.362.165.	266.221.242.233.634.835.813.414.215.
211	양년	..861.882.873.614.651.	254.455.356.311.332.343.744.215.232.435.	336.371.352.363.764.565.116.151.172.
	음년	..851.872.883.214.251.	654.855.756.711.732.743.344.415.432.235.	136.171.152.163.564.765.116.151.172.
212	양년	..732.743.344.415.432.	235.136.171.152.163.564.765.116.151.172.	183.584.785.211.614.651.672.683.284.
	음년	..332.343.744.215.232.	435.136.371.352.163.764.565.116.151.172.	183.584.785.251.654.611.632.643.244.
213	양년	..363.764.565.116.151.	172.183.584.785.251.654.611.632.643.244.	445.346.381.212.415.432.443.844.645.
	음년	..163.564.765.116.151.	172.183.584.785.211.614.651.672.683.284.	485.386.341.232.435.412.423.824.625.
214	양년	..211.614.651.672.683.	284.485.386.341.232.435.412.423.824.625.	526.561.582.213.116.123.524.725.826.
	음년	..251.654.611.632.643.	244.445.346.381.212.415.432.443.844.645.	546.581.562.223.126.113.514.715.816.
215	양년	..212.415.432.443.844.	645.546.581.562.223.126.113.514.715.816.	851.872.883.214.251.654.855.756.711.
	음년	..232.435.412.423.824.	625.526.561.582.213.116.123.524.725.826.	861.882.873.614.651.254.455.356.311.
216	양년	..213.116.123.524.725.	826.861.882.873.614.651.254.455.356.311.	332.343.744.215.232.435.336.371.352.
	음년	..223.126.113.514.715.	816.851.872.883.214.251.654.855.756.711.	732.743.344.415.432.235.136.171.152.
221	양년	..624.661.264.465.366.	321.342.333.734.425.442.245.146.181.162.	153.554.755.126.161.182.173.574.775.
	음년	..624.661.264.465.366.	321.342.333.734.225.242.445.346.381.362.	353.754.555.126.161.182.173.574.775.
222	양년	..225.242.445.346.381.	362.353.754.555.126.161.182.173.574.775.	261.664.621.642.633.234.435.336.371.
	음년	..425.442.245.146.181.	162.153.554.755.126.161.182.173.574.775.	221.624.661.682.673.274.475.376.331.
223	양년	..126.161.182.173.574.	775.221.624.661.682.673.274.475.376.331.	242.445.422.413.814.615.516.551.572.
	음년	..126.161.182.173.574.	775.261.664.621.642.633.234.435.336.371.	222.425.442.433.834.635.536.571.552.
224	양년	..221.624.661.682.673.	274.475.376.331.242.445.422.413.814.615.	516.551.572.213.614.815.716.751.772.
	음년	..261.664.621.642.633.	234.435.336.371.222.425.442.433.834.635.	536.571.552.213.614.815.716.751.772.
225	양년	..222.425.442.433.834.	635.536.571.552.213.614.815.716.751.772.	624.661.264.465.366.321.342.333.734.
	음년	..242.445.422.413.814.	615.516.551.572.213.614.815.716.751.772.	224.261.664.865.766.721.742.733.334.
226	양년	..213.614.815.716.751.	772.224.261.664.865.766.721.742.733.334.	425.442.245.146.181.162.153.554.755.
	음년	..213.614.815.716.751.	772.624.661.264.465.366.321.342.333.734.	225.242.445.346.381.362.353.754.555.

원괘효	남녀	49세	50세 51세 52세 53세 .54세 55세 .56세 57세 58새 .59세	60세 61세 62세 63세 64세 65세 66세 67세 68세 .69세	70세 .71세 72세
161	양년	..214.	251.654.855.756.711.732.743.344.415.432.	235.136.171.152.163.564.765.116.151.172.	183.584.785.
	음년	..614.	651.254.455.356.311.332.343.744.215.232.	435.336.371.352.363.764.565.116.151.172.	183.584.785.
162	양년	..615.	516.551.572.583.184.716.751.772.783.384.	185.811.414.451.472.483.884.685.586.541.	832.635.612.
	음년	..615.	516.551.572.583.184.716.751.772.783.384.	185.851.454.411.432.443.844.645.546.581.	812.615.632.
163	양년	..516.	523.626.661.682.673.274.475.376.551.154.	111.132.143.544.745.846.881.512.715.732.	743.344.145.
	음년	..616.	623.526.561.582.573.174.375.476.511.114.	151.172.183.584.785.886.841.532.735.712.	723.324.125.
164	양년	..611.	632.643.244.445.346.652.855.872.883.484.	285.186.141.122.663.566.553.154.355.456.	411.432.443.
	음년	..611.	632.643.244.445.346.672.875.852.863.464.	265.166.121.142.653.556.563.164.365.466.	421.442.433.
165	양년	..612.	623.224.425.326.361.633.536.543.144.345.	446.481.462.453.234.435.336.371.352.363.	835.812.615.
	음년	..612.	623.224.425.326.361.643.546.533.134.335.	436.471.452.463.234.435.336.371.352.363.	635.612.815.
166	양년	..613.	214.415.316.351.372.224.425.326.361.382.	373.625.642.845.746.781.762.753.354.155.	526.561.582.
	음년	..613.	214.415.316.351.372.224.425.326.361.382.	373.825.842.645.546.581.562.553.154.355.	526.561.582.
171	양년	..314.	351.754.555.656.611.632.643.244.115.216.	251.272.283.684.416.423.326.361.382.373.	774.575.676.
	음년	..714.	751.354.155.256.211.232.243.644.115.216.	251.272.283.684.316.423.426.461.482.473.	874.675.576.
172	양년	..515.	532.735.836.871.852.863.464.265.616.623.	526.561.582.573.174.375.476.511.114.151.	172.183.584.
	음년	..715.	732.535.636.671.652.663.264.465.516.523.	626.661.682.673.274.475.376.551.154.111.	132.143.544.
173	양년	..716.	751.772.783.384.185.811.414.451.472.483.	884.685.586.541.832.635.612.623.224.425.	326.361.382.
	음년	..716.	751.772.783.384.185.851.454.411.432.443.	844.645.546.581.812.615.632.643.244.445.	346.381.362.
174	양년	..711.	732.743.344.145.246.752.555.572.583.184.	385.486.441.422.763.866.853.454.255.156.	111.132.143.
	음년	..711.	732.743.344.145.246.772.575.552.563.164.	365.466.421.442.753.856.863.464.265.166.	121.142.133.
175	양년	..712.	723.324.125.226.261.733.836.843.444.245.	146.181.162.153.334.135.236.271.252.263.	535.636.671.
	음년	..712.	723.324.125.226.261.743.846.833.434.235.	136.171.152.163.334.135.236.271.252.263.	535.636.671.
176	양년	..713.	314.115.216.251.272.324.125.226.261.282.	273.525.626.661.682.673.274.726.713.816.	851.872.883.
	음년	..713.	314.115.216.251.272.324.125.226.261.282.	273.525.626.661.682.673.274.826.813.716.	751.772.783.
181	양년	..255.	156.111.132.143.544.215.116.151.172.183.	584.316.351.372.383.784.585.411.814.851.	872.883.484.
	음년	..655.	556.511.532.543.144.215.116.151.172.183.	584.316.351.372.383.784.585.451.854.811.	832.843.444.
182	양년	..536.	571.552.563.164.365.516.551.572.583.184.	385.611.214.251.272.283.684.885.786.741.	632.835.812.
	음년	..736.	771.752.763.364.165.516.551.572.583.184.	385.651.254.211.232.243.644.845.746.781.	612.815.832.
183	양년	..761.	782.773.374.175.276.711.314.351.372.383.	784.585.686.641.732.535.512.523124.325.	426.461.482.
	음년	..861.	882.873.474.275.176.751.354.311.332.343.	744.545.646.681.712.515.532.543.144.345.	446.481.462.
184	양년	..444.	245.146.872.675.652.663.264.465.366.321.	342.853.756.763.364.165.266.221.242.233.	454.255.156.
	음년	..444.	245.146.855.672.683.284.485.386.341.	322.863.766.753.354.155.256.211.232.243.	454.255.156.
185	양년	..225.	126.161.843.746.733.334.135.236.271.252.	263.434.235.136.171.152.163.635.536.571.	552.563.164.
	음년	..225.	126.161.833.736.743.344.145.246.281.262.	253.434.235.136.171.152.163.635.536.571.	.552.563.164.
186	양년	..116.	151.172.424.225.126.161.182.173.625.526.	561.582.573.174.726.761.782.773.374.175.	861.464.421.
	음년	..116.	151.172.424.225.126.161.182.173.625.526.	561.582.573.174.726.761.782.773.374.175.	821.424.461.
211	양년	..183.	584.785.124.325.426.461.482.473.725.742.	.545.646.681.662.653.254.455.526.513.616.	651.672.683.
	음년	..183.	584.785.124.325.426.461.482.473.525.542.	745.846.881.862.853.454.255.626.613.516.	551.572.583.
212	양년	..485.	386.341.125.226.261.282.273.674.426.413.	316.351.372.383.784.585.686.321.724.761.	782.773.374.
	음년	..445.	346.381.125.226.261.282.273.674.326.313.	416.451.472.483.884.685.586.361.764.721.	742.733.334.
213	양년	..546.	581.562.126.161.182.173.574.775.261.664.	621.642.633.234.435.336.371.222.425.442.	433.834.635.
	음년	..526.	561.582.126.161.182.173.574.775.221.664.	661.662.673.274.475.376.331.242.445.422.	413.814.615.
214	양년	..861.	882.873.121.142.133.534.735.836.182.385.	362.353.754.555.656.611.632.153.554.755.	856.811.832.
	음년	..851.	872.883.121.142.133.534.735.836.162.365.	382.373.774.575.676.631.612.153.554.755.	856.811.832
215	양년	..732.	743.344.122.113.514.715.816.851.133.534.	735.836.871.852.544.581.184.385.486.441.	422.413.814.
	음년	..332.	343.744.122.113.514.715.816.851.133.534.	735.836.871.852.144.181.584.785.886.841.	822.813.414.
216	양년	..363.	764.565.123.226.213.614.815.716.751.772.	783.114.151.554.755.856.811.832.843.444.	315.332.135.
	음년	..163.	564.765.113.216.223.624.825.726.761.782.	773.514.551.154.355.456.411.432.443.844.	115.132.335.
221	양년	..224.	425.326.361.382.373.625.642.845.746.781.	762.753.354.155.526.561.582.573.174.375.	661.264.221.
	음년	..224.	425.326.361.382.373.825.842.645.546.581.	562.553.154.355.526.561.582.573.174.375.	621.224.261.
222	양년	..225.	126.161.182.173.574.326.361.382.373.774.	575.421.824.861.882.873.474.275.176.131.	442.245.222.
	음년	..225.	126.161.182.173.574.326.361.382.373.774.	575.461.864.821.842.833.434.235.136.171.	422.225.242.
223	양년	..126.	113.216.251.272.283.684.885.786.161.564.	521.542.533.134.335.436.471.122.325.342.	333.734.535.
	음년	..226.	213.116.151.172.183.584.785.886.121.524.	561.582.573.174.375.476.431.142.345.322.	313.714.515.
224	양년	..221.	242.233.634.835.736.262.465.482.473.874.	675.576.531.512.253.654.855.756.711.732.	664.621.224.
	음년	..221.	242.233.634.835.736.282.485.462.453.854.	655.556.511.532.253.654.855.756.711.732.	264.221.624,
225	양년	..222.	213.614.815.716.751.233.634.835.736.771.	752.244.281.684.885.786.741.722.713.314.	445.422.225.
	음년	..222.	213.614.815.716.751.233.634.835.736.771.	752.644.681.284.485.386.341.322.313.714.	245.222.425.
226	양년	..213.	116.123.524.725.826.861.882.873.614.651.	254.455.356.311.332.343.744.215.232.435.	336.371.352.
	음년	..223.	126.113.514.715.816.851.872.883.214.251.	654.855.756.711.732.743.344.415.432.235.	136.171.152.

|---|---|---|---|---|
161	양년	..211.614.651.672.683.284.485.	386.341.232.435.412.423.824.625.526.561.	582.213.116.123.524.725.826.
	음년	..251.654.611.632.643.244.445.	346.381.212.415.432.443.844.645.546.581.	562.223.126.113.514.715.816.
162	양년	..623.224.425.326.361.382.813.	716.723.324.125.226.261.282.273.414.215.	116.151.172.183.
	음년	..643.244.445.346.381.362.823.	726.713.314.115.216.251.272.283.414.215.	116.151.172.183.
163	양년	..246.281.262.523.626.613.214.	415.316.351.372.383.114.315.416.451.472.	483.515.532.735.836.871.852.
	음년	..226.261.282.513.616.623.224.	425.326.361.382.373.114.315.416.451.472.	483.715.732.535.636.671.652.
164	양년	..254.455.356.311.332.343.655.	672.875.776.731.712.723.324.125.556.511.	532.543.144.345.
	음년	..254.455.356.311.332.343.855.	872.675.576.531.512.523.124.325.556.511.	532.543.144.345.
165	양년	..516.551.572.583.184.385.536.	571.552.563.164.365.671.274.231.212.223.	624.825.726.761.
	음년	..716.751.772.783.384.185.536.	571.552.563.164.365.631.234.271.252.263.	664.865.766.721.
166	양년	..573.174.375.661.264.221.242.	233.634.835.736.771.622.825.842.833.434.	235.136.171.152.
	음년	..573.174.375.621.224.261.282.	273.674.875.776.731.642.845.822.813.414.	215.116.152.172.
171	양년	..311.714.751.772.783.384.185.	286.241.332.135.112.123.524.725.826.861.	882.313.416.423.824.625.526.
	음년	..351.754.711.732.743.344.145.	246.281.312.115.132.143.544.745.846.881.	862.323.426.413.814.615.516.
172	양년	..785.886.841.532.735.712.723.	324.125.226.261.282.513.616.623.224.425.	326.361.382.373.114.315.416.
	음년	..745.846.881.512.715.732.743.	344.145.246.281.262.523.626.613.214.415.	316.351.372.383.114.315.416.
173	양년	..813.716.723.324.125.226.261.	282.273.414.215.116.151.172.183.615.516.	551.572.583.184.
	음년	..823.726.713.314.115.216.251.	272.283.414.215.116.151.172.183.615.516.	551.572.583.184.
174	양년	..354.155.256.211.232.243.555.	656.611.632.643.244.756.763.866.821.842.	833.434.235.136.
	음년	..354.155.256.211.232.243.555.	656.611.632.643.244.856.863.766.721.742.	733.334.135.236.
175	양년	..652.663.264.836.843.746.781.	762.753.354.155.256.731.334.371.352.363.	764.565.666.621
	음년	..652.663.264.736.743.846.881.	862.853.454.255.156.771.374.331.312.323.	724.525.626.661.
176	양년	..484.285.186.761.364.321.342.	333.734.535.636.671.722.525.542.533.134.	335.436.471.452.
	음년	..384.185.286.721.324.361.382.	373.774.575.676.631.742.545.522.513.114.	315.416.451.472.
181	양년	..285.186.141.432.235.212.223.	624.825.726.761.782.413.316.323.724.525.	626.661.682.673.
	음년	..245.146.181.412.215.232.243.	644.845.746.781.762.423.326.313.714.515.	616.651.672.683.
182	양년	..823.424.225.126.161.182.613.	516.523.124.325.426.461.482.473.214.415.	316.351.372.383.
	음년	..843.444.245.146.181.162.623.	526.513.114.315.416.451.472.483.214.415.	316.351.372.383.
183	양년	..713.816.823.424.225.126.161.	182.173.314.115.216.251.272.283.515.616.	651.672.683.284.
	음년	..723.826.813.414.215.116.151.	172.183.314.115.216.251.272.283.515.616.	651.672.683.284.
184	양년	..111.132.143.655.556.511.532.	543.144.756.711.732.743.344.145.	
	음년	..111.132.143.655.556.511.532.	543.144.756.711.732.743.344.145.	
185	양년	..736.771.752.763.364.165.831.	434.471.452.463.864.665.566.521.	
	음년	..736.771.752.763.364.165.871.	474.431.412.423.824.625.526.561.	
186	양년	..442.433.834.635.536.571.822.	625.642.633.234.435.336.371.352.	
	음년	..482.473.874.675.576.531.842.	645.622.613.214.415.316.351.372.	
211	양년	..284.485.386.561.164.121.142.	133.534.735.836.871.522.725.742.733.334.	135.236.271.252.513.114.315.
	음년	..184.385.486.521.124.161.182.	173.574.775.876.831.542.745.722.713.314.	115.216.251.272.513.114.315.
212	양년	..175.276.231.342.145.122.113.	514.715.816.851.872.313.714.515.616.651.	672.324.361.764.565.666.621
	음년	..135.236.271.322.125.142.133.	534.735.836.871.852.313.714.515.616.651.	672.724.761.364.165.266.221.
213	양년	..536.571.552.213.614.815.716.	751.772.624.661.264.465.366.321.342.333.	734.225.242.445.346.381.362.
	음년	..516.551.572.213.614.815.716.	751.772.224.261.664.865.766.721.742.733.	334.425.442.245.146.181.162.
214	양년	..164.121.524.725.826.861.882.	873.474.365.382.185.286.241.222.213.614.	815.166.153.256.211.232.243.
	음년	..564.521.124.325.426.461.482.	473.874.165.182.385.486.441.422.413.814.	615.266.253.156.111.132.143.
215	양년	..145.122.325.426.461.482.473.	874.675.246.233.136.171.152.163.564.765.	866.141.544.581.562.553.154.
	음년	..345.322.125.226.261.282.273.	674.875.146.133.236.271.252.263.664.865.	766.181.584.541.522.513.114.
216	양년	..236.271.252.463.864.665.216.	223.126.161.182.173.574.775.876.111.541.	551.572.583.184.385.486.441.
	음년	..436.471.452.263.664.865.116.	123.226.261.282.273.674.875.776.151.554.	511.532.543.144.345.446.481.
221	양년	..242.233.634.835.736.771.622.	825.842.833.434.235.136.171.152.613.214.	415.316.351.372.
	음년	..282.273.674.875.776.731.642.	845.822.813.414.215.116.152.172.613.214.	415.316.351.372.
222	양년	..213.614.815.716.751.772.413.	814.615.516.551.572.424.461.864.665.566.	521.542.533.134.
	음년	..233.634.835.736.771.752.413.	814.615.516.551.572.824.861.464.265.166.	121.142.133.534.
223	양년	..636.671.652.113.514.715.816.	851.872.524.561.164.365.466.421.442.433.	834.125.142.345.446.481.462.
	음년	..616.651.672.113.514.715.816.	851.872.124.161.564.765.866.821.842.833.	434.325.342.145.246.281.262.
224	양년	..425.326.361.382.373.774.265.	282.485.386.341.322.313.714.515.166.121.	142.133.534.735.
	음년	..825.726.761.782.773.374.465.	482.285.186.141.122.113.514.715.166.121.	142.133.534.735.
225	양년	..126.161.182.173.574.775.146.	181.162.153.554.755.241.644.681.662.653.	254.455.356.311.
	음년	..326.361.382.373.774.575.146.	181.162.153.554.755.281.684.641.622.613.	214.415.316.351.
226	양년	..363.764.565.116.151.172.183.	584.785.251.654.611.632.643.244.445.346.	381.212.415.432.443.844.645.
	음년	..163.564.765.116.151.172.183.	584.785.211.614.651.672.683.284.485.386.	341.232.435.412.423.824.625.

원괘효	남녀	1세.2세.3세.4세.5세.6세.7세.8세.9세	10세.11세.12세.13세.14세.15세.16세.17세.18세.19세	20세.21세.22세.23세.24세
231	양년..	231.634.671.652.663.264.465.366.321.	212.223.624.825.726.761.243.146.133.534.	735.836.871.852.863.
	음년..	271.674.631.612.623.224.425.326.361.	212.223.624.825.726.761.233.136.143.544.	745.846.881.862.853.
232	양년..	212.223.624.825.726.761.233.136.143.	544.745.846.881.862.853.634.671.274.475.	376.331.312.323.724.
	음년..	212.223.624.825.726.761.243.146.133.	534.735.836.871.852.863.234.271.674.875.	776.731.712.723.324.
233	양년..	233.136.143.544.745.846.881.862.853.	634.671.274.475.376.331.312.323.724.235.	212.415.316.351.372.
	음년..	243.146.133.534.735.836.871.852.863.	234.271.674.875.776.731.712.723.324.435.	412.215.116.151.172.
234	양년..	234.271.674.875.776.731.712.723.324.	435.412.215.116.151.172.183.584.785.136.	171.152.163.564.765.
	음년..	634.671.274.475.376.331.312.323.724.	235.212.415.316.351.372.383.784.585.136.	171.152.163.564.765.
235	양년..	235.212.415.316.351.372.383.784.585.	136.171.152.163.564.765.271.674.631.612.	623.224.425.326.361.
	음년..	435.412.215.116.151.172.183.584.785.	136.171.152.163.564.765.231.634.671.652.	663.264.465.366.321.
236	양년..	136.171.152.163.564.765.231.634.671.	652.663.264.465.366.321.212.223.624.825.	726.761.243.146.133.
	음년..	136.171.152.163.564.765.271.674.631.	612.623.224.425.326.361.212.223.624.825.	726.761.233.136.143.
241	양년..	241.644.681.662.653.254.455.356.311.	222.213.614.815.716.751.233.634.835.736.	771.752.644.681.284.
	음년..	281.684.641.622.613.214.415.316.351.	222.213.614.815.716.751.233.634.835.736.	771.752.244.281.684.
242	양년..	222.213.614.815.716.751.233.634.835.	736.771.752.244.281.684.885.786.741.722.	713.314.445.422.225.
	음년..	222.213.614.815.716.751.233.634.835.	736.771.752.644.681.284.485.386.341.322.	313.714. 245.222.425.
243	양년..	233.634.835.736.771.752.244.281.684.	885.786.741.722.713.314.445.422.225.126.	161.182.173.574.775.
	음년..	233.634.835.736.771.752.644.681.284.	485.386.341.322.313.714.245.222.425.326.	361.382.373.774.575.
244	양년..	244.281.684.885.786.741.722.713.314.	445.422.225.126.161.182.173.574.775.146.	181.162.153.554.755.
	음년..	644.681.284.485.386.341.322.313.714.	245.222.425.326.361.382.373.774.575.146.	181.162.153.554.755.
245	양년..	245.222.425.326.361.382.373.774.575.	146.181.162.153.554.755.281.684.641.622.	613.214.415.316.351.
	음년..	445.422.225.126.161.182.173.574.775.	146.181.162.153.554.755.231.634.671.662.	653.254.455.356.311.
246	양년..	146.181.162.153.554.755.241.644.681.	662.653.254.455.356.311.222.213.614.815.	716.751.233.634.835.
	음년..	146.181.162.153.554.755.281.684.641.	622.613.214.415.316.351.222.213.614.815.	716.751.233.634.835.
251	양년..	211.232.243.644.845.746.252.455.472.	483.884.685.586.541.522.263.166.153.554.	755.856.811.832.843.
	음년..	211.232.243.644.845.746.272.475.452.	463.864.665.566.521.542.253.156.163.564.	765.866.821.842.833.
252	양년..	252.455.472.483.884.685.586.541.522.	263.166.153.554.755.856.811.832.843.254.	211.614.815.716.751.
	음년..	272.475.452.463.864.665.566.521.542.	253.156.163.564.765.866.821.842.833.654.	611.214.415.316.351.
253	양년..	253.156.163.564.765.866.821.842.833.	654.611.214.415.316.351.372.383.784.255.	272.475.376.331.312.
	음년..	263.166.153.554.755.856.811.832.843.	254.211.614.815.716.751.772.783.384.455.	472.275.176.131.112.
254	양년..	254.211.614.815.716.751.772.783.384.	455.472.275.176.131.112.123.524.725.156.	111.132.143.544.745.
	음년..	654.611.214.415.316.351.372.383.784.	255.272.475.376.331.312.323.724.525.156.	111.132.143.544.745.
255	양년..	255.272.475.376.331.312.323.724.525.	156.111.132.143.544.745.211.232.243.644.	845.746.272.475.452.
	음년..	455.472.275.176.131.112.123.524.725.	156.111.132.143.544.745.211.232.243.644.	845.746.252.455.472.
256	양년..	156.111.132.143.544.745.211.232.243.	644.845.746.252.455.472.483.884.685.586.	541.522.263.166.153.
	음년..	156.111.132.143.544.745.211.232.243.	644.845.746.272.475.452.463.864.665.566.	521.542.253.156.163.
261	양년..	221.242.233.634.835.736.262.465.482.	473.874.675.576.531.512.253.654.855.756.	711.732.664.621.224.
	음년..	221.242.233.634.835.736.282.485.462.	453.854.655.556.511.532.253.654.855.756.	711.732.264.221.624.
262	양년..	262.465.482.473.874.675.576.531.512.	253.654.855.756.711.732.664.621.224.425.	326.361.382.373.774.
	음년..	282.485.462.453.854.655.556.511.532.	253.654.855.756.711.732.264.221.624.825.	726.761.782.773.374.
263	양년..	253.654.855.756.711.732.264.221.624.	825.726.761.782.773.374.465.482.285.186.	141.122.113.514.715.
	음년..	253.654.855.756.711.732.664.621.224.	425.326.361.382.373.774.265.282.485.386.	341.322.313.714.515.
264	양년..	264.221.624.825.726.761.782.773.374.	465.482.285.186.141.122.113.514.715.166.	121.142.133.534.735.
	음년..	664.621.224.425.326.361.382.373.774.	265.282.485.386.341.322.313.714.515.166.	121.142.133.534.735.
265	양년..	265.282.485.386.341.322.313.714.515.	166.121.142.133.534.735.221.242.233.634.	835.736.282.485.462.
	음년..	465.482.285.186.141.122.113.514.715.	166.121.142.133.534.735.221.242.233.634.	835.736.262.465.482.
266	양년..	166.121.142.133.534.735.221.242.233.	634.835.736.262.465.482.473.874.675.576.	531.512.253.654.855.
	음년..	166.121.142.133.534.735.221.242.233.	634.835.736.282.485.462.453.854.655.556.	511.532.253.654.855.
271	양년..	231.212.223.624.825.726.252.263.664.	865.766.721.273.176.183.584.785.886.841.	822.813.674.631.234.
	음년..	231.212.223.624.825.726.262.263.664.	865.766.721.283.186.173.574.775.876.831.	812.823.274.231.634.
272	양년..	252.263.664.865.766.721.273.176.183.	584.785.886.841.822.813.674.631.234.435.	336.371.352.363.764.
	음년..	252.263.664.865.766.721.283.186.173.	574.775.876.831.812.823.274.231.634.835.	736.771.752.763.364.
273	양년..	273.176.183.584.785.886.841.822.813.	674.631.234.435.336.371.352.363.764.275.	252.455.356.311.332.
	음년..	283.186.173.574.775.876.831.812.823.	274.231.634.835.736.771.752.763.364.475.	452.255.156.111.132.
274	양년..	274.231.634.835.736.771.752.763.364.	475.452.255.156.111.132.143.544.745.176.	131.112.123.524.725.
	음년..	674.631.234.435.336.371.352.363.764.	275.252.455.356.311.332.343.744.545.176.	131.112.123.524.725.
275	양년..	275.252.455.356.311.332.343.744.545.	176.131.112.123.524.725.231.212.223.624.	825.726.252.263.664.
	음년..	475.452.255.156.111.132.143.544.745.	176.131.112.123.524.725.231.212.223.624.	825.726.252.263.664.
276	양년..	176.131.112.123.524.725.231.212.223.	624.825.726.252.263.664.865.766.721.273.	176.183.584.785.886.
	음년..	176.131.112.123.524.725.231.212.223.	624.825.726.252.263.664.865.766.721.283.	186.173.574.775.876.

원괘효	남녀	25세 26세.27세 28세.29세. 30세 .31세 32세 33세 34새 35세 36세 .37세 38세 39세 / 40세 41세 42세 43세 44세 .45세 .46세 47세 48세
231	양년	..234.271.674.875.776. 731.712.723.324.435.412.215.116.151.172. 183.584.785.136.171.152.163.564.765.
	음년	..634.671.274.475.376. 331.312.323.724.235.212.415.316.351.372. 383.784.585.136.171.152.163.564.765.
232	양년	..235.212.415.316.351. 372.383.784.585.136.171.152.163.564.765. 271.674.631.612.623.224.425.326.361.
	음년	..435.412.215.116.151. 172.183.584.785.136.171.152.163.564.765. 231.634.671.652.663.264.465.366.321.
233	양년	..383.784.585.136.171. 152.163.564.765.271.674.631.612.623.224. 425.326.361.212.223.624.825.726.761.
	음년	..183.584.785.136.171. 152.163.564.765.231.634.671.652.663.264. 465.366.321.212.223.624.825.726.761.
234	양년	..231.634.671.652.663. 264.465.366.321.212.223.624.825.726.761. 243.146.133.534.735.836.871.852.863.
	음년	..271.674.631.612.623. 224.425.326.361.212.223.624.825.726.761. 233.136.143. 544.745.846.881.862.853.
235	양년	..212.223.624.825.726. 761.233.136.143.544.745.846.881.862.853. 634.671.274.475.376.331.312.323.724.
	음년	..212.223.624.825.726. 761.243.146.133.534.735.836.871.852.863. 234.271.674.875.776.731.712.723.324.
236	양년	..534.735.836.871.852. 863.234.271.674.875.776.731.712.723.324. 634.671.274.475.376.331.312.323.724.
	음년	..544.745.846.881.862. 853.634.671.274.475.376.331.312.323.724. 235.212.415.316.351.372.383.784.585.
241	양년	..485.386.341.322.313. 714.245.222.425.326.361.382.373.774.575. 146.181.162.153.554.755.424.225.126.
	음년	..885.786.741.722.713. 314.445.422.225.126.161.182.173.574.775. 146.181.162.153.554.755.424.225.126.
242	양년	..126.161.182.173.574. 775.146.181.162.153.554.755.241.644.681. 662.653.254.455.356.311.425.442.245.
	음년	..326.361.382.373.774. 575.146.181.162.153.554.755.281.684.641. 622.613.214.415.316.351.225.242.445.
243	양년	..146.181.162.153.554. 755.241.644.681.662.653.254.455.356.311. 222.213.614.815.716.751.426.413.316.
	음년	..146.181.162.153.554. 755.281.684.641.622.613.214.415.316.351. 222.213.614.815.716.751.326.313.416.
244	양년	..241.644.681.662.653. 254.455.356.311.222.213.614.815.716.751. 233.634.835.736.771.752.421.442.433.
	음년	..281.684.641.622.613. 214.415.316.351.222.213.614.815.716.751. 233.634.835.736.771.752.421.442.433.
245	양년	..222.213.614.815.716. 751.233.634.835.736.771.752.244.281.684. 885.786.741.722.713.314.422.413.814.
	음년	..222.213.614.815.716. 751.233.634.835.736.771.752.244.681.284. 485.386.341.322.313.714.422.413.814.
246	양년	..736.771.752.244.281. 284.485.386.341.322.313.714.245.222.425. 326.361.382.373.774.575.423.326.313.
	음년	..736.771.752.644.681. 684.885.786.741.722.713.314.445.422.225. 126.161.182.173.574.775.413.316.323.
251	양년	..254.211.614.815.716. 751.772.783.384.455.472.275.176.131.112. 123.524.725.156.111.132.143.544.745.
	음년	..654.611.214.415.316. 351.372.383.784.255.272.475.376.331.312. 323.724.525.156.111.132.143.544.745.
252	양년	..772.783.384.455.472. 275.176.131.112.123.524.725.156.111.132. 143.544.745.211.232.243.644.845.746.
	음년	..372.383.784.255.272. 475.376.331.312.323.724.525.156.111.132. 143.544.745.211.232.243.644.845.746.
253	양년	..323.724.525.156.111. 132.143.544.745.211.232.243.644.845.746. 272.475.452.463.864.665.566.521.542.
	음년	..123.524.725.156.111. 132.143.544.745.211.232.243.644.845.746. 252.455.472. 483.884.685.586.541.522.
254	양년	..211.232.243.644.845. 746.252.455.472.483.884.685.586.521.542. 253.156.163.564.765.866.821.842.833.
	음년	..211.232.243.644.845. 746.272.475.452.463.864.665.566.541.522. 263.166.153.554.755.856.811.832.843.
255	양년	..463.864.665.566.521. 542.253.156.163.564.765.866.821.842.833. 654.611.214.415.316.351.372.383.784.
	음년	..483.884.685.586.541. 522.263.166.153.554.755.856.811.832.843. 254.211.614.815.716.751.772.783.384.
256	양년	..554.755.856.811.832. 843.254.211.614.815.716.751.772.783.384. 455.472.275.176.131.112.123.524.725.
	음년	..564.765.866.821.842. 833.654.611.214.415.316.351.372.383.784. 255.272.475.376.331.312.323.724.525.
261	양년	..425.326.361.382.373. 774.265.282.485.386.341.322.313.714.515. 166.121.142.133.534.735.624.661.264.
	음년	..825.726.761.782.773. 374.465.482.285.186.141.122.113.514.715. 166.121.142.133.534.735.224.261.664.
262	양년	..265.282.485.386.341. 322.313.714.515.166.121.142.133.534.735. 156.111.132.143.544.745.625.526.561.
	음년	..465.482.285.186.141. 122.113.514.715.166.121.142.133.534.735. 156.111.132.143.544.745.625.526.561.
263	양년	..166.121.142.133.534. 735.221.242.233.634.835.736.262.465.482. 473.874.675.576.531.512.626.613.516.
	음년	..166.121.142.133.534. 735.221.242.233.634.835.736.282.485.462. 453.854.655.556.511.532.526.513.616.
264	양년	..221.242.233.634.835. 736.262.465.482.473.874.675.576.531.512. 253.654.855.756.711.732.621.642.633.
	음년	..221.242.233.634.835. 736.282.485.462.453.854.655.556.511.532. 253.654.855.756.711.732.621.642.633.
265	양년	..453.854.655.556.511. 532.253.654.855.756.711.732.664.621.224. 425.326.361.382.373.774.622.613.214.
	음년	..473.874.675.576.531. 512.253.654.855.756.711.732.264.221.624. 825.726.761.782.773.374.622.613.214.
266	양년	..756.711.732.664.621. 224.425.326.361.382.373.774.265.282.485. 386.341.322.313.714.515.623.526.513.
	음년	..756.711.732.264.221. 624.825.726.761.782.773.374.465.482.285. 186.141.122.113.514.715.613.516.523.
271	양년	..435.336.371.352.363. 764.275.252.455.356.311.332.343.744.545. 176.131.112.123.524.725.724.761.364.
	음년	..835.736.771.752.763. 364.475.452.255.156.111.132.143.544.745. 176.131.112.123.524.725.324.361.764.
272	양년	..275.252.455.356.311. 332.343.744.545.176.131.112.123.524.725. 231.212.223.624.825.726.725.742.545.
	음년	..475.452.255.156.111. 132.143.544.745.176.131.112.123.524.725. 231.212.223.624.825.726.525.542.745.
273	양년	..343.744.545.176.131. 112.123.524.725.231.212.223.624.825.726. 252.263.664.865.766.721.726.761.782.
	음년	..143.544.745.176.131. 112.123.524.725.231.212.223.624.825.726. 252.263.664.865.766.721.726.761.782.
274	양년	..231.212.223.624.825. 726.252.263.664.865.766.721.273.176.183. 584.785.886.841.822.813.721.742.733.
	음년	..231.212.223.624.825. 726.252.263.664.865.766.721.283.186.173. 574.775.876.831.812.823.721.742.733.
275	양년	..865.766.721.283.186. 173.574.775.876.831.812.823.274.231.634. 835.736.771.752.763.364.722.713.314.
	음년	..865.766.721.273.176. 183.584.785.886.841.822.813.674.631.234. 435.336.371.352.363.764.722.713.314.
276	양년	..841.822.813.674.631. 234.435.336.371.352.363.764.275.252.455. 356.311.332.343.744.545.723.826.813.
	음년	..831.812.823.274.231. 634.835.736.771.752.763.364.475.452.255. 156.111.132.143.544.745.713.816.823.

원괘효	남녀	49세	50세 51세 52세 53세 .54세 55세 .56세 57세 58세 .59세.	60세 61세 62세 63세 64세 65세 66세 67세 68세 .69세	70세 .71세 72세
231	양년	.324.	125.226.261.282.273.525.626.661.682.673.	274.726.713.816.851.872.883.484.285.186.	761.364.321.
	음년	..324.	125.226.261.282.273.525.626.661.682.673.	274.826.813.716.751.772.783.384.185.286.	721.324.361.
232	양년	..125.	142.345.446.481.462.453.854.655.226.213.	116.151.172.183.584.785.886.121.524.561.	582.573.174.
	음년	.325.	342.145.246.281.262.253.654.855.126.113.	216.251.272.283.684.785.886.161.564.521.	542.533.134.
233	양년	.326.	361.382.373.774.575.421.824.861.882.873.	474.275.176.131.442.245.222.213.614.815.	716.751.772.
	음년	.326.	361.382.373.774.575.461.864.821.842.833.	434.235.136.171.422.225.242.233.634.835.	736.771.752.
234	양년	.321.	342.333.734.535.636.362.165.182.173.574.	775.876.831.812.353.754.555.656.611.632.	764.721.324.
	음년	.321.	342.333.734.535.636.382.185.162.153.554.	755.856.811.832.353.754.555.656.611.632.	364.321.724.
235	양년	.322.	313.714.515.616.651.333.734.535.636.671.	652.344.381.784.585.686.641.622.613.214.	145.246.281.
	음년	.322.	313.714.515.616.651.333.734.535.636.671.	652.744.781.384.185.286.241.222.213.614.	145.246.281.
236	양년	.313.	416.423.824.625.526.561.582.573.714.751.	354.155.256.211.232.243.644.115.216.251.	272.283.684.
	음년	.323.	426.413.814.615.516.551.572.583.314.351.	754.555.656.611.632.643.244.115.216.251.	272.283.684.
241	양년	.161.	182.173.625.526.561.582.573.174.726.761.	782.773.374.175.861.464.421.442.433.834.	635.536.571.
	음년	.161.	182.173.625.526.561.582.573.174.726.761.	782.773.374.175.821.424.461.482.473.874.	675.576.531.
242	양년	.146.	181.162.153.554.755.126.161.182.173.574.	775.221.624.661.682.673.274.475.376.331.	242.445.422.
	음년	.346.	381.362.353.754.555.126.161.182.173.574.	775.261.664.621.642.633.234.435.336.371.	222.425.442.
243	양년	.351.	372.383.784.585.686.321.724.761.782.773.	374.175.276.231.342.145.122.113.514.715.	816.851.872.
	음년	.451.	472.483.884.685.586.361.764.721.742.733.	334.135.236.271.322.125.142.133.534.735.	836.871.852.
244	양년	.834.	635.536.482.285.262.253.654.855.756.711.	732.453.854.655.556.511.532.464.421.824.	625.526.561.
	음년	.834.	635.536.462.265.282.273.674.875.776.731.	712.453.854.655.556.511.532.864.821.424.	225.126.161.
245	양년	..615.	516.551.433.834.635.536.571.552.844.881.	484.285.186.141.122.113.514.245.146.181.	162.153.554.
	음년	..615.	516.551.433.834.635.536.571.552.444.481.	884.685.586.541.522.513.114.245.146.181.	162.153.554.
246	양년	.714.	515.616.651.672.683.414.451.854.655.556.	511.532.543.144.215.116.151.172.183.584.	316.351.372.
	음년	.724.	525.626.661.682.673.814.851.454.255.156.	111.132.143.544.215.116.151.172.183.584.	316.351.372.
251	양년	.124.	161.564.765.866.821.842.833.434.325.342.	145.246.281.262.253.654.855.126.113.216.	251.272.283.
	음년	.524.	561.164.365.466.421.442.433.834.125.142.	345.446.481.462.453.854.655.226.213.116.	151.172.183.
252	양년	.525.	626.661.682.673.274.726.713.816.851.872.	883.484.285.186.761.364.321.342.333.734.	535.636.671.
	음년	.525.	626.661.682.673.274.826.813.716.751.772.	783.384.185.286.721.324.361.382.373.774.	575.676.631.
253	양년	.526.	561.582.573.174.375.621.224.261.282.273.	674.875.776.731.642.845.822.813.414.215.	116.152.172.
	음년	.526.	.561.582.573.174.375.661.264.221.242.233.	634.835.736.771.622.825.842.833.434.235.	136.171.152.
254	양년	.521.	542.533.134.335.436.562.765.782.773.374.	175.276.231.212.553.154.355.456.411.432.	164.365.466.
	음년	.521.	.542.533.134.335.436.582.785.762.753.354.	155.256.211.232.553.154.355.456.411.432.	164.365.466.
255	양년	..522.	513.114.315.416.451.533.134.335.436.471.	452.144.345.446.481.462.453.545.522.725.	826.861.882.
	음년	..522.	513.114.315.416.451.533.134.335.436.471.	452.144.345.446.481.462.453.745.722.525.	626.661.682.
256	양년	..513.	616.623.224.425.326.361.382.373.114.315.	416.451.472.483.715.732.535.636.671.652.	663.264.465.
	음년	..523.	626.613.214.415.316.351.372.383.114.315.	416.451.472.483.515.532.735.836.871.852.	863.464.265.
261	양년	.465.	366.321.342.333.734.225.242.445.346.381.	362.353.754.555.126.161.182.173.574.775.	261.664.621.
	음년	..865.	766.721.742.733.334.425.442.245.146.181.	162.153.554.755.126.161.182.173.574.775.	221.624.661.
262	양년	..582.	573.174.726.761.782.773.374.175.861.464.	421.442.433.834.635.536.571.822.625.642.	613.234.435.
	음년	..582.	573.174.726.761.782.773.374.175.821.424.	461.482.473.874.675.576.531.842.645.622.	613.214.415.
263	양년	..551.	572.583.184.385.486.521.124.161.182.173.	574.775.876.831.542.745.722.713.314.115.	216.251.272.
	양년	..651.	672.683.284.485.386.561.164.121.142.133.	534.735.836.871.522.725.742.733.334.135.	236.271.252.
264	양년	..234.	435.336.682.885.862.853.454.255.156.111.	132.653.254.455.356.311.332.264.465.366.	321.342.333.
	음년	..234.	435.336.662.865.882.873.474.275.176.131.	112.653.254.455.356.311.332.264.465.366.	321.342.333.
265	양년	..415.	316.351.633.234.435.336.371.352.244.445.	346.381.362.353.845.822.625.526.561.582.	573.174.375.
	음년	..415.	316.351.633.234.435.336.371.352.244.445.	346.381.362.353.645.622.825.726.761.782.	773.374.175.
266	양년	..114.	315.416.451.472.483.214.415.316.351.372.	383.615.632.835.736.771.752.763.364.165.	516.551.572.
	음년	..124.	325.426.461.482.473.214.415.316.351.372.	383.815.832.635.536.571.552.563.164.365.	516.551.572.
271	양년	..165.	266.221.242.233.634.125.226.261.282.273.	674.326.313.416.451.472.483.884.685.586.	361.764.721.
	음년	..565.	666.621.642.633.234.125.226.261.282.273.	674.426.413.316.351.372.383.784.585.686.	321.724.761.
272	음년	..646.	681.662.653.254.455.526.513.616.651.672.	683.284.485.386.561.164.121.142.133.534.	735.836.871.
	양년	..846.	881.862.853.454.255.626.613.516.551.572.	583.184.385.486.521.124.161.182.173.574.	775.876.831.
273	양년	..773.	374.175.861.464.421.442.433.834.635.536.	571.822.625.642.633.234.435.336.371.352.	813.414.215.
	음년	..773.	374.175.821.424.461.482.473.874.675.576.	531.842.645.622.613.214.415.316.351.372.	813.414.215.
274	양년	..334.	135.236.782.585.562.553.154.355.456.411.	432.753.354.155.256.211.232.364.165.266.	221.242.233.
	음년	..334.	135.236.762.565.582.573.174.375.476.431.	412.753.354.155.256.211.232.364.165.266.	221.242.233.
275	양년	..115.	216.251.733.334.135.236.271.252.344.145.	246.281.262.253.545.646.681.662.653.254.	846.833.736.
	음년	..115.	216.251.733.334.135.236.271.252.344.145.	246.281.262.253.545.646.681.662.653.254.	746.733.836.
276	양년	..414.	215.116.151.172.183.314.115.216.251.272.	283.515.616.651.672.683.284.716.723.826.	861.882.873.
	음년	..424.	225.126.161.182.173.314.115.216.251.272.	283.515.616.651.672.683.284.816.823.726.	761.782.773.

원괘효	남녀	73세74세75세76세.77세.78세.79세	80세81세82세83세84세85세86세87세88세.89세.	90세91세92세93세94세.95세96세
231	양년 음년	..342.333.734.535.636.671.722. ..382.373.774.575.676.631.742.	525.542.533.134.335.436.471.452.713.314. 545.522.513.114.315.436.471.452.713.314.	115.216.251.272. 115.216.251.272.
232	양년 음년	..375.476.431.142.345.322.313. ..335.436.471.122.325.342.333.	714.515.616.651.672.113.514.715.816.851. 734.535.636.671.652.113.514.715.816.851.	872.124.161.564.765.866.821. 872.524.561.164.365.466.421.
233	양년 음년	..413.814.615.516.551.572.424. ..413.814.615.516.551.572.824.	461.864.665.566.521.542.533.134.225.126. 861.464.265.166.121.142.133.534.225.126.	161.182.173.574. 161.182.173.574.
234	양년 음년	..125.226.261.282.273.674.165. ..525.626.661.682.673.274.165.	266.221.242.233.634.366.353.456.411.432. 266.221.242.233.634.466.453.356.311.332.	443.844.645.546. 343.744.545.646.
235	양년 음년	..262.253.654.446.433.336.371. ..262.253.654.346.333.436.471.	352.363.764.565.666.341.744.781.762.753. 452.463.864.665.566.381.784.741.722.713.	354.155.256.211. 114.115.216.251.
236	양년 음년	..316.323.426.461.482.473.874. ..416.423.326.361.382.373.774.	675.576.351.754.711.732.743.344.145.246. 575.676.311.714.751.772.783.384.185.286.	281.312.115.132.143.544.745. 241.332.135.112.123.524.725.
241	양년 음년	..822.625.642.633.234.435.336. ..842.645.622.613.214.415.316.	371.352.813.414.215.116.151.172. 351.372.813.414.215.116.151.172.	
242	양년 음년	..413.814.615.516.551.572.213. ..433.834.635.536.571.552.213.	614.815.716.751.772.224.261.664.865.766. 614.815.716.751.772.624.661.264.465.366.	721.742.733.334. 321.342.333.734.
243	양년 음년	..313.714.515.616.651.672.324. ..313.714.515.616.651.672.724.	361.764.565.666.621.642.633.234.125.226. 761.364.165.266.221.242.233.634.125.226.	261.282.273.674. 261.282.273.674.
244	양년 음년	..582.573.174.265.166.121.142. ..182.173.574.265.166.121.142.	133.534.366.321.342.333.734.535. 133.534.366.321.342.333.734.535.	
245	양년 음년	..346.381.362.353.754.555.441. ..346.381.362.353.754.555.481.	844.881.862.853.454.255.156.111. 884.841.822.813.414.215.116.151.	
246	양년 음년	..383.784.585.451.854.811.832. ..383.784.585.411.814.851.872.	843.444.245.146.181.412.215.232.243.644. 883.484.285.186.141.432.235.212.223.624.	845.746.781.762. 825.726.761.782.
251	양년 음년	..684.885.786.161.564.521.542. ..584.785.886.121.524.561.582.	533.134.335.436.471.122.325.342.333.734. 573.174.375.476.431.142.345.322.313.714.	535.636.671.652.113.514.715. 515.616.651.672.113.514.715.
252	양년 음년	..722.525.542.533.134.335.436. ..742.545.522.513.114.315.416.	471.452.713.314.115.216.251.272.324.125. 451.472.713.314.115.216.251.272.324.125.	226.261.282.273. 226.261.282.273.
253	양년 음년	..613.214.415.316.351.372.224. ..613.214.415.316.351.372.224.	425.326.361.382.373.625.642.845.746.781. 425.326.361.382.373.825.842.645.546.581.	762.753.354.155. 562.553.154.355.
254	양년 음년	..421.442.433.765.782.585.686. ..421.442.433.565.582.785.886.	841.622.613.214.415.566.553.656.611.632. 841.822.813.414.215.666.653.556.511.532.	643.244.445.346. 543.144.345.446.
255	양년 음년	..873.474.275.646.633.536.571. ..673.274.475.546.533.636.671.	552.563.164.365.466.541.144.181.162.153. 652.663.264.465.366.581.184.141.122.113.	554.755.856.811. 514.715.816.851.
256	양년 음년	..516.523.626.661.682.673.274. ..616.623.526.561.582.573.174.	475.376.551.154.111.132.143.544.745.846. 475.376.511.114.151.172.183.584.785.886.	881.512.715.732.743.344.145. 841.532.735.712.723.324.125.
261	양년 음년	..642.633. 234.435.336.371.222. ..682.673. 274.475.376.331.242.	425.442.433.834.635. 536.571.552.213.614.815.716.751.772. 445.422.413.814.615. 516.551.572.213.614.815.716.751.772.	
262	양년 음년	..336.371.352.813.414.215.116. ..316.351.372.813.414.215.116.	151.172.424.225.126.161.182.173. 151.172.424.225.126.161.182.173.	
263	음년 양년	..513.114.315.416.451.472.124. ..513.114.315.416.451.472.124.	325.426.461.482.473.525.542.745.846.881. 325.426.461.482.473.725.742.545.646.681.	862.853.454.255. 662.653.254.455.
264	양년 음년	..665.682 885.786.741.722.713. ..865.882.685.586.541.522.513.	314.115.566.521.542.533.134.335 114.315.566.521.542.533.134.335.	
265	양년 음년	..546.581.562.553.154.355.641. ..546.581.562.553.154.355.681.	244.281 262.253.654.855.756.711. 284.241.222.213.614 815.716.751.	
266	양년 음년	..583.184.385.651.254.211.232. ..583.184.385.611.214.251.272.	243.644.845.746.781.612.815.832.843.444. 283.684.885.786.741.632.835.812.823.424.	245.146.181.162. 225.126.161.182.
271	양년 음년	..742.733.334.135.236.271.322. ..782.773.374.175.276.231.342.	125.142.133.534.735.836.871.852.313.714. 145.122.113.514.715.816.851.872.313.714.	515.616.651.672. 515.616.651.672.
272	음년 양년	..522.725.742.733.334.135.236. ..542.745.722.713.314.115.216.	271.252.513.114.315.416.451.472.124.325. 251.272.513.114.315.416.451.472.124.325.	426.461.482.473. 426.461.482.473.
273	양년 음년	..116.151.172.424.225.126.161. ..116.151.172.424.225.126.161.	182.173.625.526.561.582.573.174. 182.173.625.526.561.582.573.174.	
274	양년 음년	..565.666.621.642.633.234.766. ..565.666.621.642.633.234.866.	753.865.811.832.843.444.345.146. 853.756.711.732.743.344.145.246.	
275	음년 양년	..771.752.763.364.165.266.741. ..871.852.863.464.265.166.781.	344.381.362.353.754.555.656.611. 384.341.322.313.714.515.616.651.	
276	양년 음년	..474.275.176.751.354.311.332. ..374.175.276.711.314.351.372.	343.744.545.646.681.712.515.532.543.144. 383.784.585.686.641.732.535.512.523.124.	345.446.481.462. 325.426.461.482.

원괘효	남녀	1세	2세	3세	4세	5세	6세	7세	8세	9세	10세	11세	12세	13세	14세	15세	16세	17세	18세	19세	20세	21세	22세	23세	24세
281	양년	241	222	213	614	815	716	262	253	654	855	756	711	273	674	875	776	731	712	284	241	644	845	746	781
	음년	241	222	213	614	815	716	262	253	654	855	756	711	273	674	875	776	731	712	684	641	244	445	346	381
282	양년	262	253	654	855	756	711	273	674	875	776	731	712	284	241	644	845	746	781	762	753	354	485	462	265
	음년	262	253	654	855	756	711	273	674	875	776	731	712	684	641	244	445	346	381	362	353	754	285	262	465
283	양년	273	674	875	776	731	712	284	241	644	845	746	781	762	753	354	485	462	265	166	121	142	133	534	735
	음년	273	674	875	776	731	712	684	641	244	445	346	381	362	353	754	285	262	465	366	321	342	333	734	535
284	양년	284	241	644	845	746	781	762	753	354	485	462	265	166	121	142	133	534	735	186	141	122	113	514	715
	음년	684	641	244	445	346	381	362	353	754	285	262	465	366	321	342	333	734	535	186	141	122	113	514	715
285	양년	285	262	465	366	321	342	333	734	535	186	141	122	113	514	715	241	222	213	614	815	716	262	253	654
	음년	485	462	265	166	121	142	133	534	735	186	141	122	113	514	715	241	222	213	614	815	716	262	253	654
286	양년	186	141	122	113	514	715	241	222	213	614	815	716	262	253	654	855	756	711	273	674	875	776	731	712
	음년	186	141	122	113	514	715	241	222	213	614	815	716	262	253	654	855	756	711	273	674	875	776	731	712
311	양년	311	714	751	772	783	384	185	286	241	332	135	112	123	524	725	826	861	882	313	416	423	824	625	526
	음년	351	754	711	732	743	344	145	246	281	312	115	132	143	544	745	846	881	862	323	426	413	814	615	516
312	양년	312	115	132	143	544	745	846	881	862	323	426	413	814	615	516	551	572	583	314	351	754	555	656	611
	음년	332	135	112	123	524	725	826	861	882	313	416	423	824	625	526	561	582	573	714	751	354	155	256	211
313	양년	313	416	423	824	625	526	561	572	583	714	751	354	155	256	211	232	243	644	115	216	251	272	283	684
	음년	323	426	413	814	615	516	551	572	583	314	351	754	555	656	611	632	643	244	115	216	251	272	283	684
314	양년	314	351	754	555	656	611	632	643	244	115	216	251	272	283	684	416	423	326	361	382	373	774	575	676
	음년	714	751	354	155	256	211	232	243	644	115	216	251	272	283	684	316	323	426	461	482	473	874	675	576
315	양년	115	216	251	272	283	684	316	323	426	461	482	473	874	675	576	351	754	711	732	743	344	145	246	281
	음년	115	216	251	272	283	684	416	423	326	361	382	373	774	575	676	311	714	751	772	783	384	185	286	241
316	양년	316	323	426	461	482	473	874	675	576	351	754	711	732	743	344	145	246	281	312	115	132	143	544	745
	음년	416	423	326	361	382	373	774	575	676	311	714	751	772	783	384	185	286	241	332	135	112	123	524	725
321	양년	321	724	761	782	773	374	175	276	231	342	145	122	113	514	715	816	851	872	313	714	515	616	651	672
	음년	361	764	721	742	733	334	135	246	271	322	125	142	133	514	715	816	851	872	313	714	515	616	651	672
322	양년	322	125	142	133	534	735	836	871	852	313	714	515	616	651	672	724	761	364	165	266	221	242	233	634
	음년	342	145	122	113	514	715	816	851	872	313	714	515	616	651	672	324	361	764	565	666	621	642	633	234
323	양년	313	714	515	616	651	672	324	361	764	565	666	621	642	633	234	125	226	261	282	273	674	426	413	316
	음년	313	714	515	616	651	672	724	761	364	165	266	221	242	233	634	125	226	261	282	273	674	326	313	416
324	양년	324	361	764	565	666	621	642	633	234	125	226	261	282	273	674	426	413	316	351	372	383	784	585	686
	음년	724	761	364	165	266	221	242	233	634	125	226	261	282	273	674	326	313	416	451	472	483	884	685	586
325	양년	125	226	261	282	273	674	326	313	416	451	472	483	884	685	586	361	764	721	742	733	334	135	236	271
	음년	125	226	261	282	273	674	426	413	316	351	372	383	784	585	686	321	724	761	782	773	374	175	276	231
326	양년	326	313	416	451	472	483	884	685	586	361	764	721	742	733	334	135	236	271	322	125	142	133	534	735
	음년	426	413	316	351	372	383	784	585	686	321	724	761	782	773	374	175	276	231	342	145	122	113	514	715
331	양년	331	734	771	752	763	364	165	266	221	312	323	724	525	626	661	343	446	433	834	635	536	571	552	563
	음년	371	774	731	712	723	324	125	226	261	312	323	724	525	626	661	333	436	443	844	645	546	581	562	553
332	양년	312	323	724	525	626	661	333	436	443	844	645	546	581	562	553	734	771	374	175	276	231	212	223	624
	음년	312	323	724	525	626	661	343	446	433	834	635	536	571	552	563	334	371	774	575	676	631	612	623	224
333	양년	333	436	443	844	645	546	581	562	553	734	771	374	175	276	231	212	223	624	135	236	271	252	263	664
	음년	343	446	433	834	635	536	571	552	563	334	371	774	575	676	631	612	623	224	135	236	271	252	263	664
334	양년	334	371	774	575	676	631	612	623	224	135	236	271	252	263	664	436	443	346	381	362	353	754	555	656
	음년	734	771	374	175	276	231	212	223	624	135	236	271	252	263	664	336	343	446	481	462	453	854	655	556
335	양년	135	236	271	252	263	664	336	343	446	481	462	453	854	655	556	331	734	771	752	763	364	165	266	221
	음년	135	236	271	252	263	664	436	443	346	381	362	353	754	555	656	371	774	731	712	723	324	125	226	261
336	양년	336	343	446	481	462	453	854	655	556	371	774	731	712	723	324	125	226	261	312	323	724	525	626	661
	음년	436	443	346	381	362	353	754	555	656	331	734	771	752	763	364	165	266	221	312	323	724	525	626	661
341	양년	341	744	781	762	753	354	155	256	211	322	313	714	515	616	651	333	734	535	636	671	652	744	781	384
	음년	381	784	741	722	713	314	115	216	251	322	313	714	515	616	651	333	734	535	636	671	652	344	381	784
342	양년	322	313	714	515	616	651	333	734	535	636	671	652	344	381	784	585	686	641	622	613	214	145	246	281
	음년	322	313	714	515	616	651	333	734	535	636	671	652	744	781	384	185	286	241	222	213	614	145	246	281
343	양년	333	734	535	636	671	652	344	381	784	585	686	641	622	613	214	145	246	281	262	253	654	446	433	336
	음년	333	734	535	636	671	652	744	781	384	185	286	241	222	213	614	145	246	281	262	253	654	346	333	436
344	양년	344	381	784	585	686	641	622	613	214	145	246	281	262	253	654	446	433	336	371	352	363	764	565	666
	음년	744	781	384	185	286	241	222	213	614	145	246	281	262	253	654	346	333	436	471	452	463	864	665	566
345	양년	145	246	281	262	253	654	346	333	436	471	452	463	864	665	566	381	784	741	722	713	314	115	216	251
	음년	145	246	281	262	253	654	446	433	336	371	352	363	764	565	666	341	744	781	762	753	354	155	256	211
346	양년	346	333	436	471	452	463	864	665	566	381	784	741	722	713	314	115	216	251	322	313	714	515	616	651
	음년	446	433	336	371	352	363	764	565	666	341	744	781	762	753	354	155	256	211	322	313	714	515	616	651

원괘효	남녀	25세 26세 27세 28세 29세	30세 31세 32세 33세 34세 35세 36세 37세 38세 39세	40세 41세 42세 43세 44세 45세 46세 47세 48세
281	양년	.762.753.354.485.462.	265.166.121.142.133.534.735.186.141.122.	113.514.715.424.461.864.665.566.521.
	음년	.362.353.754.285.262.	465.366.321.342.333.734.535.186.141.122.	113.514.715.824.861.464.265.166.121.
282	양년	.166.121.142.133.534.	735.186.141.122.113.514.715.241.222.213.	614.815.716.625.642.845.746.781.762.
	음년	.366.321.342.333.734.	535.186.141.122.113.514.715.241.222.213.	614.815.716.825.842.645.546.581.562.
283	양년	.186.141.122.113.514.	715.241.222.213.614.815.716.262.253.654.	855.756.711.726.713.816.851.872.883.
	음년	.186.141.122.113.514.	715.241.222.213.614.815.716.262.253.654.	855.756.711.826.813.716.751.772.783.
284	양년	.241.222.213.614.815.	716.262.253.654.855.756.711.273.674.875.	776.731.712.821.842.833.434.235.136.
	음년	.241.222.213.614.815.	716.262.253.654.855.756.711.273.674.875.	776.731.712.821.842.833.434.235.136.
285	양년	.855.756.711.273.674.	875.776.731.712.684.641.244.445.346.381.	362.353.754.822.813.414.215.116.151.
	음년	.855.756.711.273.674.	875.776.731.712.284.241.644.845.746.781.	762.753.354.822.813.414.215.116.151.
286	양년	.284.241.644.845.746.	781.762.753.354.485.462.265.166.121.142.	133.534.735.813.716.723.324.125.226.
	음년	.684.641.244.445.346.	381.362.353.754.285.262.465.366.321.342.	333.734.535.823.726.713.314.115.216.
311	양년	.561.582.573.714.751.	354.155.256.211.232.243.644.115.216.251.	272.283.684.316.323.426.461.482.473.
	음년	.551.572.583.314.351.	754.555.656.611.632.643.244.115.216.251.	272.283.684.416.423.326.361.382.373.
312	양년	.632.643.244.115.216.	251.272.283.684.416.423.326.361.382.373.	774.575.676.311.714.751.772.783.384.
	음년	.232.243.644.115.216.	251.272.283.684.316.323.426.461.482.473.	874.675.576.351.754.711.732.743.344.
313	양년	.316.323.426.461.482.	473.874.675.576.351.754.711.732.743.344.	145.246.281.312.115.132.143.544.745.
	음년	.416.423.326.361.382.	373.774.575.676.311.714.751.772.783.384.	185.286.241.332.135.112.123.524.725.
314	양년	.311.714.751.772.783.	384.185.286.241.332.135.112.123.524.725.	826.861.882.313.416.423.824.625.526.
	음년	.351.754.711.732.743.	344.145.246.281.312.115.132.143.544.745.	846.881.862.323.426.413.814.615.516.
315	양년	.312.115.132.143.544.	745.846.881.862.323.426.413.814.615.516.	551.572.583.314.351.754.555.656.611.
	음년	.332.135.112.123.524.	725.826.861.882.313.416.423.824.625.526.	561.582.573.714.751.354.155.256.211.
316	양년	.846.881.862.323.426.	413.814.615.516.551.572.583.314.351.754.	555.656.611.632.643.244.115.216.251.
	음년	.826.861.882.313.416.	423.824.625.526.561.582.573.714.751.354.	155.256.211.232.243.644.115.216.251.
321	양년	.324.361.764.565.666.	621.642.633.234.125.226.261.282.273.674.	426.413.316.351.372.383.784.585.686.
	음년	.724.761.364.165.266.	221.242.233.634.125.226.261.282.273.674.	326.313.416.451.472.483.884.685.586.
322	양년	.125.226.261.282.273.	674.326.313.416.451.472.483.884.685.586.	361.764.721.742.733.334.135.236.271.
	음년	.125.226.261.282.273.	674.426.413.316.351.372.383.784.585.686.	321.724.761.782.773.374.175.276.231.
323	양년	.351.372.383.784.585.	686.321.724.761.782.773.374.175.276.231.	342.145.122.113.514.715.816.851.872.
	음년	.451.472.483.884.685.	586.361.764.721.742.733.334.135.236.271.	322.125.142.133.534.735.836.871.852.
324	양년	.321.724.761.782.773.	374.175.276.231.342.145.122.113.514.715.	816.851.872.313.714.515.616.651.672.
	음년	.361.764.721.742.733.	334.135.236.271.322.125.142.133.534.735.	836.871.852.313.714.515.616.651.672.
325	양년	.322.125.142.133.534.	735.836.871.852.313.714.515.616.651.672.	724.761.364.165.266.221.242.233.634.
	음년	.342.145.122.113.514.	715.816.851.872.313.714.515.616.651.672.	324.361.764.565.666.621.642.633.234.
326	양년	.836.871.852.313.714.	515.616.651.672.724.761.364.165.266.221.	242.233.634.125.226.261.282.273.674.
	음년	.816.851.872.313.714.	515.616.651.672.324.361.764.565.666.621.	642.633.234.125.226.261.282.273.674.
331	양년	.334.371.774.575.676.	631.612.623.224.135.236.271.252.263.664.	436.443.346.381.362.353.754.555.656.
	음년	.734.771.374.175.276.	231.212.223.624.135.236.271.252.263.664.	336.343.446.481.462.453.854.655.556.
332	양년	.135.236.271.252.263.	664.336.343.446.481.462.453.854.655.556.	331.734.771.752.763.364.165.266.221.
	음년	.135.236.271.252.263.	664.436.443.346.381.362.353.754.555.656.	371.774.731.712.723.324.125.226.261.
333	양년	.336.343.446.481.462.	453.854.655.556.371.774.731.712.723.324.	125.226.261.312.323.724.525.626.661.
	음년	.436.443.346.381.362.	353.754.555.656.331.734.771.752.763.364.	165.266.221.312.323.724.525.626.661.
334	양년	.331.734.771.752.763.	364.165.266.221.312.323.724.525.626.661.	343.446.433.834.635.536.571.552.563.
	음년	.371.774.731.712.723.	324.125.226.261.312.323.724.525.626.661.	333.436.443.844.645.546.581.562.553.
335	양년	.312.323.724.525.626.	661.333.436.443.844.645.546.581.562.553.	734.771.374.175.276.231.212.223.624.
	음년	.312.323.724.525.626.	661.343.446.433.834.635.536.571.552.563.	334.371.774.575.676.631.612.623.224.
336	양년	.333.436.443.844.645.	546.581.562.553.734.771.374.175.276.231.	212.223.624.135.236.271.252.263.664.
	음년	.343.446.433.834.635.	536.571.552.563.334.371.774.575.676.631.	612.623.224.135.236.271.252.263.664.
341	양년	.344.381.784.585.686.	614.145.246.281.262.253.654.346.333.436.	471.452.463.864.665.566.434.235.136.
	음년	.744.781.384.185.286.	214.145.246.281.262.253.654.446.433.336.	371.352.363.764.565.666.434.235.136.
342	양년	.262.253.654.446.433.	336.371.352.363.764.565.666.341.744.781.	762.753.354.155.256.211.435.412.215.
	음년	.262.253.654.446.333.	436.471.452.463.864.665.566.381.784.741.	722.713.314.115.216.251.235.212.415.
343	양년	.346.333.436.471.452.	666.341.744.781.762.753.354.155.256.211.	322.313.714.515.616.651.436.443.346.
	음년	.446.433.336.371.352.	566.381.784.741.722.713.314.115.216.251.	322.313.714.515.616.651.336.343.446.
344	양년	.341.744.781.762.753.	354.155.256.211.322.313.714.515.616.651.	333.734.535.636.671.652.431.412.423.
	음년	.381.784.741.722.713.	314.115.216.251.322.313.714.515.616.651.	333.734.535.636.671.652.431.412.423.
345	양년	.322.313.714.515.616.	651.333.734.535.636.671.652.344.381.784.	585.686.641.622.613.214.412.215.232.
	음년	.322.313.714.515.616.	651.333.734.535.636.671.652.744.781.384.	185.286.241.222.213.432.235.212.
346	양년	.333.734.535.636.671.	652.344.381.784.585.686.641.622.613.214.	145.246.281.262. 253.654.433.834.635.
	음년	.333.734.535.636.671.	652.744.781.384.185.286.241.222.213.614.	145.246.281.262. 253.654.433.834.635.

원괘효	남녀	49세	50세51세52세53세.54세55세.56세57세58세.59세.	60세61세62세63세64세65세66세67세68세.69세	70세.71세72세
281	양년	..542.	533.134.225.126.161.182.173.574.326.361.	382.373.774.575.461.864.821.842.833.434.	235.136.171.
	음년	..142.	133.534.225.126.161.182.173.574.326.361.	382.373.774.575.421.824.861.882.873.474.	275.176.131.
282	양년	..753.	354.155.526.561.582.573.174.375.661.264.	221.242.233.634.835.736.771.622.825.842.	833.434.235.
	음년	..553.	154.355.526.561.582.573.174.375.621.224.	261.282.273.674.875.776.731.642.845.822.	813.414. 215.
283	양년	..484.	285.186.761.364.321.342.333.734.535.636.	671.722.525.542.533.134.335.436.471.452.	713.314.115.
	음년	..384.	185.286.721.324.361.382.373.774.575.676.	631.742.545.522.513.114.315.416.451.472.	713.314.115.
284	양년	..862.	665.682.673.274.475.376.331.312.853.454.	255.156.111.132.464.265.166.121.142.133.	665.566.521
	음년	..882.	685.662.653.254.455.356.311.332.853.454.	255.156.111.132.464.265.166.121.142.133.	665.566.521.
285	양년	..833.	434.235.136.171.152.444.245.146.181.162.	153.645.546.581.562.553.154.746.781.762.	753.354.155.
	음년	..833.	434.235.136.171.152.444.245.146.181.162.	153.645.546.581.562.553.154.746.781.762.	753.354.155.
286	양년	..261.	282.273.414.215.116.151.172.183.615.516.	551.572.583.184.716.751.772.783.384.185.	851.454.411.
	음년	..251.	272.283.414.215.116.151.172.183.615.516.	551.572.583.184.716.751.772.783.384.185.	811.414.451.
311	양년	..874.	675.576.134.335.436.471.452.463.735.712.	515.616.651.672.683.284.485.536.543.646.	681.662.653.
	음년	..774.	575.576.134.335.436.471.452.463.535.512.	715.816.851.872.883.484.285.636.643.546.	581.561.553.
312	양년	..185.	286.241.135.236.271.252.263.664.436.443.	346.381.362.353.754.555.656.371.774.731.	712.723.324.
	음년	..145.	246.281.135.236.271.252.263.664.336.343.	446.481.462.453.854.655.556.331.734.771.	752.763.364.
313	양년	..846.	881.862.136.171.152.163.564.765.271.674.	631.612.623.224.425.326.361.212.223.624.	825.726.761.
	음년	..826.	861.882.136.171.152.163.564.765.231.634.	671.652.663.264.465.366.321.212.223.624.	825.726.761.
314	양년	..561.	582.573.131.112.123.524.725.826.152.163.	564.765.866.821.183.286.273.674.875.776.	731.712.723.
	음년	..551.	572.583.131.112.123.524.725.826.152.163.	564.765.866.821.173.276.283.684.885.786.	741.722.713.
315	양년	..632.	643.244.132.335.312.323.724.525.626.661.	682.113.216.223.624.825.726.761.782.773.	514.551.154.
	음년	..232.	243.644.112.315.332.343.744.545.646.681.	662.123.226.213.614.815.716.751.772.783.	114.151.554.
316	양년	..272.	283.684.133.534.735.836.871.852.544.581.	184.385.486.441.422.413.814.145.122.325.	426.461.482.
	음년	..272.	283.684.133.534.735.836.871.852.144.181.	584.785.886.841.822.813.414.345.322.125.	226.261.282
321	양년	..234.	435.336.371.352.363.635.612.815.716.751.	772.783.384.185.536.571.552.563.164.365.	671.274.231.
	음년	..234.	435.336.371.352.363.835.812.615.516.551.	572.583.184.385.536.571.552.563.164.365.	631.234.271.
322	양년	..235.	136.171.152.163.564.336.312.363.764.	565.431.834.871.852.863.464.265.166.121.	412.423.824.
	음년	..235.	136.171.152.163.564.336.371.352.363.764.	565.471.874.831.812.823.424.225.126.161.	412.423.824.
323	양년	..136.	143.246.281.262.253.654.855.756.171.574.	531.512.523.124.325.426.461.112.123.524.	725.826.861.
	음년	..236.	243.146.181.162.153.554.755.856.131.534.	571.552.563.164.365.466.421.112.123.524.	725.826.861.
324	양년	..231.	212.223.624.825.726.252.263.664.865.766.	721.273.176.183.584.785.886.841.822.813.	674.631.234.
	음년	..231.	212.223.624.825.726.252.263.664.865.766.	721.283.186.173.574.775.876.831.812.823.	274.231.634.
325	양년	..212.	415.432.443.844.645.546.581.562.223.126.	113.514.715.816.851.872.883.214.251.654.	855.756.711.
	음년	..232.	435.412.423.824.625.526.561.582.213.116.	123.524.725.826.861.882.873.614.651.254.	455.356.311.
326	양년	..233.	634.835.736.771.752.244.281.684.885.786.	741.722.713.314.445.422.225.126.161.182.	173.574.775.
	음년	..233.	634.835.736.771.752.644.281.284.485.386.	341.322.313.714.245.222.425.326.361.382.	373.774.575.
331	양년	..334.	135.236.271.252.263.535.636.671.652.663.	264.736.743.846.881.862.853.454.255.156.	771.374.331.
	음년	..334.	135.236.271.252.263.535.636.671.652.663.	264.836.843.746.781.762.753.354.155.256.	731.334.371.
332	양년	..135.	112.315.416.451.472.483.884.685.236.243.	146.181.162.153.554.755.856.131.534.571.	552.563.164.
	음년	..335.	312.115.216.251.272.283.884.885.136.143.	246.281.262.253.654.855.756.171.574.531.	512.523.124.
333	양년	..336.	371.352.363.764.565.431.834.871.852.863.	464.265.166.121.412.423.824.625.526.561.	443.346.333.
	음년	..336.	371.352.363.764.565.471.874.831.812.823.	424.225.126.161.412.423.824.625.526.561.	433.336.343.
334	양년	..331.	312.323.724.525.626.352.363.764.564.666.	621.373.476.483.884.685.586.541.522.513.	774.731.334.
	음년	..331.	312.323.724.525.626.352.363.764.564.666.	621.383.486.473.874.675.576.531.512.523.	374.331.734.
335	양년	..312.	115.132.143.544.745.846.881.862.323.426.	413.814.615.516.551.572.583.314.351.754.	555.656.611.
	음년	..332.	135.112.123.524.725.826.861.882.313.416.	423.824.625.526.561.582.573.714.751.354.	155.256.211.
336	양년	..333.	734.535.636.671.652.344.381.784.585.686.	641.622.613.214.145.246.281.262.253.654.	446.433.336.
	음년	..333.	734.535.636.671.652.744.781.384.185.286.	241.222.213.614.145.246.281.262.253.654.	346.333.436.
341	양년	..171.	152.163.635.536.571.552.563.164.736.771.	752.763.364.165.871.474.431.412.423.824.	625.526.561.
	음년	..171.	152.163.635.536.571.552.563.164.736.771.	752.763.364.165.831.434.471.452.463.864.	665.566.521.
342	양년	..116.	151.172.183.584.785.136.171.152.163.564.	765.231.634.671.652.663.264.465.366.321.	212.223.624.
	음년	..316.	351.372.383.784.585.136.171.152.163.564.	765.271.674.631.612.623.224.425.326.361.	212.223.624.
343	양년	..381.	362.353.754.555.656.331.734.771.752.763.	364.165.266.221.312.323.724.525.626.661.	343.446.433.
	음년	..481.	462.453.854.655.556.371.774.731.712.723.	324.125.226.261.312.323.724.525.626.661.	333.446.433.
344	양년	..824.	625.526.452.463.864.665.566.521.483.386.	373.774.575.676.631.612.623.474.431.834.	635.536.571.
	음년	..824.	625.526.452.463.864.665.566.521.473.376.	383.784.585.686.641.622.613.874.831.434.	235.136.171.
345	양년	..243.	644.845.746.781.762.423.326.313.714.515.	616.651.672.683.414.451.854.655.556.511.	532.543.144.
	음년	..223.	624.825.726.761.782.413.316.323.724.525.	626.661.682.673.814.851.454.255.156.111.	132.143.544.
346	양년	..536.	571.552.844.881.484.285.186.141.122.113.	514.245.146.181.162.153.554.346.381.362.	353.754.555.
	음년	..536.	571.552.444,481.884.685.586.541.522.513.	114.245.146.181.162.153.554.346.381.362.	353.754.555.

원괘효	남녀	73세74세75세76세.77세.78세.79세	80세81세82세83세84세85세86세87세88세.89세.	90세91세92세93세94세.95세96세
281	양년	422.225.242.233.634.835.736.	771.752.413.814.615.516.551.572.	
	음년	442.245.222.213.614.815.716.	751.772.413.814.615.516.551.572.	
282	양년	136.171.152.613.214.415.316.	351.372.224.425.326.361.382.373.	
	음년	116.152.172.613.214.415.316.	351.372.224.425.326.361.382.373.	
283	양년	216.251.272.324.125.226.261.	282.273.525.626.661.682.673.274.	
	음년	216.251.272.324.125.226.261.	282.273.525.626.661.682.673.274.	
284	양년	542.533.134.766.721.742.433.	334.135.	
	음년	542.533.134.766.721.742.433.	334.135.	
285	양년	841.444.481.462.453.854.655.	556.511.	
	음년	881.484.441.422.413.814.615.	516.551.	
286	양년	432.443.844.645.546.581.812.	615.632.643.244.445.346.381.362.	
	음년	472.483.884.685.586.541.832.	635.612.623.224.425.326.361.382.	
311	양년	254.455.356.571.174.131.112.	123.524.725.826.861.512.523.124.325.426.	461.533.636.643.244.445.346.
	음년	154.355.456.531.134.171.152.	163.564.765.866.821.512.523.124.325.426.	461.543.646.633.234.435.336.
312	양년	125.226.261.312.323.724.525.	626.661.343.446.433.834.635.536.571.552.	563.334.371.774.575.676.631.
	음년	165.266.221.312.323.724.525.	626.661.333.436.443.844.645.546.581.562.	553.734.771.374.175.276.231.
313	양년	233.136.143.544.745.846.881.	862.853.634.671.274.475.376.331.312.323.	724.235.212.415.316.351.372.
	음년	243.146.133.534.735.836.871.	852.863.234.271.674.875.776.731.712.723.	324.634.671.274.475.376.331.
314	양년	174.131.534.735.836.871.852.	863.464.375.352.155.256.211.232.243.644.	845.176.183.286.241.222.213.
	음년	574.531.134.335.436.471.452.	463.864.175.152.355.456.411.432.443.844.	645.276.283.186.141.122.113.
315	양년	355.456.411.432.443.844.115.	132.335.436.471.452.463.864.665.216.223.	126.161.182.173.574.775.876.
	음년	755.856.811.832.843.444.315.	332.135.236.271.252.263.664.865.116.123.	226.261.282.273.674.875.776.
316	양년	473.874.675.246.233.136.171.	152.163.564.765.866.141.544.581.562.553.	154.355.456.411.122.113.514.
	음년	273.674.875.146.133.236.271.	252.263.664.865.766.181.584.541.522.513.	114.315.416.451.122.113.514.
321	양년	212.223.624.825.726.761.612.	623.224.425.326.361.633.536.543.144.345.	446.481.462.453.
	음년	252.263.664.865.766.721.612.	623.224.425.326.361.643.546.533.134.335.	436.471.452.463.
322	양년	625.526.561.443.346.333.734.	535.636.671.652.663.434.471.874.675.576.	531.512.523.124.
	음년	625.526.561.433.336.343.744.	545.646.681.662.653.834.871.474.275.176.	131.112.123.524.
323	양년	133.236.243.644.845.746.781.	762.753.534.571.174.375.476.431.412.423.	824.135.112.315.416.451.472.
	음년	143.246.233.634.835.736.771.	752.763.134.171.574.775.876.831.812.823.	424.335.312.115.216.251.272.
324	양년	435.336.371.352.363.764.475.	252.455.356.311.332.343.744.545.176.131.	112.123.524.725.
	음년	835.736.771.752.763.364.475.	452.255.156.171.132.143.544.745.176.131.	112.123.524.725.
325	양년	732.743.344.415.432.235.136.	171.152.163.564.765.116.151.172.183.584.	785.211.614.651.672.683.284.
	음년	332.343.744.215.232.435.336.	371.352.363.764.565.116.151.172.183.584.	785.251.654.611.632.643.244.
326	양년	146.181.162.153.554.755.241.	644.681.662.653.254.455.356.311.222.213.	614.815.716.751.426.413.316.
	음년	146.181.162.153.554.755.281.	684.641.622.613.214.415.316.351.222.213.	614.815.716.751.326.313.416.
331	양년	352.363.764.565.666.621.712.	723.324.125.226.261.733.836.843.444.245.	146.181.162.153
	양년	312.323.724.525.626.661.712.	723.324.125.226.261.743.846.833.434.235.	136.171.152.163.
332	양년	365.466.421.112.123.524.725.	826.861.143.246.233.634.835.736.771.752.	763.134.171.574.775.876.831.
	음년	325.426.461.112.123.524.725.	826.861.133.236.243.644.845.746.781.762.	753.534.571.174.375.476.431.
333	양년	734.535.636.671.652.663.434.	471.874.675.576.531.512.523.124.235.136.	171.152.163.564.
	음년	744.545.646.681.662.653.834.	871.474.275.176.131.112.123.524.235.136.	171.152.163.564.
334	양년	135.236.271.252.263.664.175.	276.231.212.223.624.376.383.486.441.422.	413.814.615.516.
	음년	535.636.671.652.663.264.175.	276.231.212.223.624.476.483.386.341.322.	313.714.515.616.
335	양년	632.643.244.115.216.251.272.	283.684.416.423.326.361.382.373.774.575.	676.311.714.751.772.783.384.
	음년	232.243.644.115.216.251.272.	283.684.316.323.426.461.482.473.874.675.	576.251.754.711.732.743.344.
336	양년	346.333.436.471.452.666.341.	744.781.762.753.354.155.256.211.322.313.	714.515.616.651.
	음년	446.433.336.371.352.566.381.	784.741.722.713.314.115.216.251.322.313.	714.515.616.651.
341	양년	812.823.424.225.126.161.833.	736.743.344.145.246.281.262.253.	
	음년	812.823.424.225.126.161.843.	746.733.334.135.236.271.252.263.	
342	양년	825.726.761.243.146.133.534.	735.836.871.852.863.234.271.674.875.776.	731.712.723.324.
	음년	825.726.761.233.136.143.544.	745.846.881.862.853.634.671.274.475.376.	331.312.323.724..
343	양년	834.635.536.571.552.563.334.	371.774.575.676.631.612.623.224.135.236.	271.252.263.664.
	음년	844.645.546.581.562.553.734.	771.374.175.276.231.212.223.624.135.236.	271.252.263.664.
344	양년	552.563.164.275.176.131.112.	123.524.376.331.312.323.724.525.	
	음년	152.163.564.275.176.131.112.	123.524.376.331.312.323.724.525.	
345	양년	215.116.151.172.183.584.316.	351.372.383.784.585.451.854.811.832.843.	444.245.146.181.
	음년	215.116.151.172.183.584.316.	351.372.383.784.585.411.814.851.872.883.	484.285.186.141.
346	양년	441.844.881.862.853.454.255.	156.111.422.413.814.615.516.551.	
	음년	481.884.841.822.813.414.215.	116.151.422.413.814.615.516.551.	

원괘효	남녀	1세. 2세. 3세. 4세. 5세. 6세. 7세. 8세. 9세.	10세.11세.12세.13세14세15세16세17세18세19세	20세21세22세.23세24세
351	양년..	311.332.343.744.545.646.352.155.172.	183.584.785.886.841.822.363.466.453.854.	655.556.511.532.543.
	음년..	311.332.343.744.545.646.372.175.152.	163.564.765.866.821.842.353.456.463.864.	665.566.521.542.533.
352	양년..	352.155.172.183.584.785.886.841.822.	363.466.453.854.655.556.511.532.543.354.	311.714.515.616.651.
	음년..	372.175.152.163.564.765.866.821.842.	353.456.463.864.665.566.521.542.533.754.	711.314.115.216.251.
353	양년..	353.456.463.864.665.566.521.542.533.	754.711.314.115.216.251.272.283.684.155.	256.211.232.243.644.
	음년..	363.466.453.854.655.556.511.532.543.	354.311.714.515.616.651.672.683.284.155.	256.211.232.243.644.
354	양년..	354.311.714.515.616.651.672.683.284.	155.256.211.232.243.644.456.463.366.321.	342.333.734.535.636.
	음년..	754.711.314.115.216.251.272.283.684.	155.256.211.232.243.644.356.363.466.421.	442.433.834.635.536.
355	양년..	155.256.211.232.243.644.356.363.466.	421.442.433.834.635.536.311.332.343.744.	545.646.372.175.152.
	음년..	155.256.211.232.243.644.456.463.366.	321.342.333.734.535.636.311.332.343.744.	545.646.352.155.172.
356	양년..	356.363.466.421.442.433.834.635.536.	311.332.343.744.545.646.372.175.152.163.	564.765.866.821.842.
	음년..	456.463.366.321.342.333.734.535.636.	311.332.343.744.545.646.352.155.172.183.	584.785.886.841.822.
361	양년..	321.342.333.734.535.636.362.165.182.	173.574.775.876.831.812.353.754.555.656.	611.632.764.721.324.
	음년..	321.342.333.734.535.636.382.185.162.	153.554.755.856.811.832.353.754.555.656.	611.632.364.321.724.
362	양년..	362.165.182.173.574.775.876.831.812.	353.754.555.656.611.632.764.721.324.125.	226.261.282.273.674.
	음년..	382.185.162.153.554.755.856.811.832.	353.754.555.656.611.632.364.321.724.525.	626.661.682.673.274.
363	양년..	353.754.555.656.611.632.364.321.724	.525.626.661.682.673.274.165.266.221.242.	233.634.466.453.356.
	음년..	353.754.555.656.611.632.764.721.324.	125.226.261.282.273.674.165.266.221.242.	233.634.366.353.456.
364	양년..	364.321.724.525.626.661.682.673.274.	165.266.221.242.233.634.466.453.356.311.	332.343.744.545.646.
	음년..	764.721.324.125.226.261.282.273.674.	165.266.221.242.233.634.366.353.456.411.	432.443.844.645.546.
365	양년..	165.266.221.242.233.634.366.353.456.	411.432.443.844.645.546.321.342.333.734.	535.636.382.185.162.
	음년..	165.266.221.242.233.634.466.453.356.	311.332.343.744.545.646.321.342.333.734	.535.636.362.165.182.
366	양년..	366.353.456.411.432.443.844.645.546.	321.342.333.734.535.636.382.185.162.153.	554.755.856.811.832.
	음년..	466.453.356.311.332.343.744.545.646.	321.342.333.734.535.636.362.165.182.173.	574.775.876.831.812.
371	양년..	331.312.323.724.525.626.352.363.764.	564.666.621.373.476.483.884.685.586.541.	522.513.774.731.334.
	음년..	331.312.323.724.525.626.352.363.764.	564.666.621.383.486.473.874.675.576.531.	512.523.374.331.734.
372	양년..	352.363.764.565.666.621.373.476.483.	884.685.586.541.522.513.774.731.334.135.	236.271.252.263.664.
	음년..	352.363.764.565.666.621.383.486.473.	874.675.576.531.512.523.374.331.734.535.	636.671.652.663.264.
373	양년..	373.476.483.884.685.586.541.522.513.	774.731.334.135.236.271.252.263.664.175.	276.231.212.223.624.
	음년..	383.486.473.874.675.576.531.512.523.	374.331.734.535.636.671.652.663.264.175.	276.231.212.223.624.
374	양년..	374.331.734.535.636.671.652.663.264.	175.276.231.212.223.624.476.483.386.341.	322.313.714.515.616.
	음년..	774.731.334.135.236.271.252.263.664.	175.276.231.212.223.624.476.383.486.441.	422.413.814.615.516.
375	양년..	175.276.231.212.223.624.376.383.486.	441.422.413.814.615.516.331.312.323.724.	525.626.352.363.764.
	음년..	175.276.231.212.223.624.476.483.386.	341.322.313.714.515.616.331.312.323.724.	525.626.352.363.764.
376	양년..	376.383.486.441.422.413.814.615.516.	331.312.323.724.525.626.352.363.764.564.	666.621.383.486.473.
	음년..	476.483.386.341.322.313.714.515.616.	331.312.323.724.525.626.352.363.764.564.	666.621.373.476.483.
381	양년..	341.322.313.714.515.616.362.353.754.	555.656.611.373.774.575.676.631.612.384.	341.744.545.646.681.
	음년..	341.322.313.714.515.616.362.353.754.	555.656.611.373.774.575.676.631.612.784.	741.344.145.246.281.
382	양년..	362.353.754.555.656.611.373.774.575.	676.631.612.384.341.744.545.646.681.662.	653.254.185.286.241.
	음년..	362.353.754.555.656.611.373.774.575.	676.631.612.784.741.344.145.246.281.262.	253.654.185.286.241.
383	양년..	373.774.575.676.631.612.384.341.744.	545.646.681.662.653.254.185.286.241.222.	213.614.486.473.376.
	음년..	373.774.575.676.631.612.784.741.344.	145.246.281.262.253.654.185.286.241.222.	213.614.386.373.476.
384	양년..	384.341.744.545.646.681.662.653.254.	185.286.241.222.213.614.486.473.376.331.	312.323.724.525.626.
	음년..	784.741.344.145.246.281.262.253.654.	185.286.241.222.213.614.386.373.476.431.	412.423.824.625.526.
385	양년..	185.286.241.222.213.614.386.373.476.	431.412.423.824.625.526.341.322.313.714.	515.616.362.353.754.
	음년..	185.286.241.222.213.614.486.473.376.	331.312.323.724.525.626.341.322.313.714.	515.616.362.353.754.
386	양년..	386.373.476.431.412.423.824.625.526.	341.322.313.714.515.616.362.353.754.555.	656.611.373.774.575.
	음년..	486.473.376.331.312.323.724.525.626.	341.322.313.714.515.616.362.353.754.555.	656.611.373.774.575.
411	양년..	411.814.851.872.883.484.285.186.141.	432.235.212.223.624.825.726.761.782.413.	316.323.724.525.626.
	음년..	451.854.811.832.843.444.245.146.181.	412.215.232.243.644.845.746.781.762.423.	326.313.714.515.616.
412	양년..	412.215.232.243.644.845.746.781.762.	423.326.313.714.515.616.651.672.683.414.	451.854.655.556.511.
	음년..	432.235.212.223.624.825.726.761.782.	413.316.323.724.525.626.661.682.673.814.	851.454.255.156.111.
413	양년..	413.316.323.724.525.626.661.682.673.	814.851.454.255.156.111.132.143.544.215.	116.151.172.183.584.
	음년..	423.326.313.714.515.616.651.672.683.	414.451.854.655.556.511.532.543.144.215.	116.151.172.183.584.
414	양년..	414.451.854.655.556.511.532.543.144.	215.116.151.172.183.584.316.351.372.383.	784.585.451.854.811.
	음년..	814.851.454.255.156.111.132.143.544.	215.116.151.172.183.584.316.351.372.383.	784.585.411.814.851.
415	양년..	215.116.151.172.183.584.316.351.372.	383.784.585.411.814.851.872.883.484.285.	186.141.432.235.212.
	음년..	215.116.151.172.183.584.316.351.372.	383.784.585.451.854.811.832.843.444.245.	146.181.412.215.232.
416	양년..	316.351.372.383.784.585.411.814.851.	872.883.484.285.186.141.432.235.212.223.	624.825.726.761.782.
	음년..	316.351.372.383.784.585.451.854.811.	832.843.444.245.146.181.412.215.232.243.	644.845.746.781.762.

원괘효	남녀	25세	26세	27세	28세	29세	30세	31세	32세	33세	34세	35세	36세	37세	38세	39세	40세	41세	42세	43세	44세	45세	46세	47세	48세
351	양년	354	311	714	515	616	651	672	683	284	155	256	211	232	243	644	456	463	366	321	342	333	734	535	636
	음년	754	711	314	115	216	251	272	283	684	155	256	211	232	243	644	356	363	466	421	442	433	834	635	536
352	양년	672	683	284	155	256	211	232	243	644	456	463	366	321	342	333	734	535	636	311	332	343	744	545	646
	음년	272	283	684	155	256	211	232	243	644	356	363	466	421	442	433	834	635	536	311	332	343	744	545	646
353	양년	356	363	466	421	442	433	834	635	536	311	332	343	744	545	646	372	175	152	163	564	765	866	821	842
	음년	456	463	366	321	342	333	734	535	636	311	332	343	744	545	646	352	155	172	183	584	785	886	841	822
354	양년	311	332	343	744	545	646	352	155	172	183	584	785	886	841	822	363	466	453	854	655	556	511	532	543
	양년	311	332	343	744	545	646	372	175	152	163	564	765	866	821	842	353	456	463	864	665	566	521	542	533
355	양년	163	564	765	866	821	842	353	456	463	864	665	566	521	542	533	754	711	314	115	216	251	272	283	684
	음년	183	584	785	886	841	822	363	466	453	854	655	556	511	532	543	354	311	714	515	616	651	672	683	284
356	양년	353	456	463	864	665	566	521	542	533	754	711	314	115	216	251	272	283	684	155	256	211	232	243	644
	음년	363	466	453	854	655	556	511	532	543	354	311	714	515	616	651	672	683	284	155	256	211	232	243	644
361	양년	125	226	261	282	273	674	165	266	221	242	233	634	366	353	456	411	432	443	844	645	546	634	671	274
	음년	525	626	661	682	673	274	165	266	221	242	233	634	466	453	356	311	332	343	744	545	646	234	271	674
362	양년	165	266	221	242	233	634	366	353	456	411	432	443	844	645	546	321	342	333	734	535	636	635	536	571
	음년	165	266	221	242	233	634	466	453	356	311	332	343	744	545	646	321	342	333	734	535	636	635	536	571
363	양년	311	332	343	744	545	646	321	342	333	734	535	636	362	165	182	173	574	775	876	831	812	636	643	546
	음년	411	432	443	844	645	546	321	342	333	734	535	636	382	185	162	153	554	755	856	811	832	536	543	646
364	양년	321	342	333	734	535	636	362	165	182	173	574	775	876	831	812	353	754	555	656	611	632	631	612	623
	음년	321	342	333	734	535	636	382	185	162	153	554	755	856	811	832	353	754	555	656	611	632	631	612	623
365	양년	153	554	755	856	811	832	353	754	555	656	611	632	364	321	724	525	626	661	682	673	274	632	835	812
	음년	173	574	775	876	831	812	353	754	555	656	611	632	764	721	324	125	226	261	282	273	674	612	815	832
366	양년	353	754	555	656	611	632	364	321	724	525	626	661	682	673	274	165	266	221	242	233	634	633	234	435
	음년	353	754	555	656	611	632	764	721	324	125	226	261	282	273	674	165	266	221	242	233	634	633	234	435
371	양년	135	236	271	252	263	664	175	276	231	212	223	624	376	383	486	441	422	413	814	615	516	734	771	374
	음년	535	636	671	652	663	264	175	276	231	212	223	624	476	483	386	341	322	313	714	515	616	334	371	774
372	양년	175	276	231	212	223	624	376	383	486	441	422	413	814	615	516	331	312	323	724	525	626	735	712	515
	음년	175	276	231	212	223	624	476	483	386	341	322	313	714	515	616	331	312	323	724	525	626	535	512	715
373	양년	376	383	486	441	422	413	814	615	516	331	312	323	724	525	626	352	363	764	564	666	621	736	771	752
	음년	476	483	386	341	322	313	714	515	616	331	312	323	724	525	626	352	363	764	564	666	621	736	771	752
374	양년	331	312	323	724	525	626	352	363	764	564	666	621	373	476	483	884	685	586	541	522	513	731	712	723
	음년	331	312	323	724	525	626	352	363	764	564	666	621	383	486	473	874	675	576	531	512	523	731	712	723
375	양년	565	666	621	383	486	473	874	675	576	531	512	523	374	331	734	535	636	671	652	663	264	732	535	512
	음년	565	666	621	373	476	483	884	685	586	541	522	513	774	731	334	135	236	271	252	263	664	712	515	532
376	양년	874	675	576	531	512	523	374	331	734	535	636	671	652	663	264	175	276	231	212	223	624	733	334	135
	음년	884	685	586	541	522	513	774	731	334	135	236	271	252	263	664	175	276	231	212	223	624	733	334	135
381	양년	662	653	254	185	286	241	222	213	614	486	473	376	331	312	323	724	525	626	434	471	874	675	576	531
	음년	262	253	654	185	286	241	222	213	614	386	373	476	431	412	423	824	625	526	834	871	474	275	176	131
382	양년	222	213	614	486	473	376	331	312	323	724	525	626	341	322	313	714	515	616	635	612	815	716	751	772
	음년	222	213	614	386	373	476	431	412	423	824	625	526	341	322	313	714	515	616	835	812	615	516	551	572
383	양년	331	312	323	724	525	626	341	322	313	714	515	616	362	353	754	555	656	611	736	743	846	881	862	853
	음년	431	412	423	824	625	526	341	322	313	714	515	616	362	353	754	555	656	611	836	843	746	781	762	753
384	양년	341	322	313	714	515	616	362	353	754	555	656	611	373	774	575	676	631	612	831	812	823	424	225	126
	음년	341	322	313	714	515	616	362	353	754	555	656	611	373	774	575	676	631	612	831	812	823	424	225	126
385	양년	555	656	611	373	774	575	676	631	612	784	741	344	145	246	281	262	253	654	812	615	632	643	244	445
	음년	555	656	611	373	774	575	676	631	612	384	341	744	545	646	681	662	653	254	832	635	612	623	224	425
386	양년	676	631	612	384	341	744	545	646	681	662	653	254	185	286	241	222	213	614	833	434	235	136	171	152
	음년	676	631	612	784	741	344	145	246	281	262	253	654	185	286	241	222	213	614	833	434	235	136	171	152
411	양년	661	682	673	814	851	454	255	156	111	132	143	544	215	116	151	172	183	584	316	351	372	383	784	585
	음년	651	672	683	414	451	854	655	556	511	532	543	144	215	116	151	172	183	584	316	351	372	383	784	585
412	양년	532	543	144	215	116	151	172	183	584	316	351	372	383	784	585	451	854	811	832	843	444	245	146	181
	음년	132	143	544	215	116	151	172	183	584	316	351	372	383	784	585	411	814	851	872	883	484	285	186	141
413	양년	316	351	372	383	784	585	411	814	851	872	883	484	285	186	141	432	235	212	223	624	825	726	761	782
	음년	316	351	372	383	784	585	451	854	811	832	843	444	245	146	181	412	215	232	243	644	845	746	781	762
414	양년	832	843	444	245	146	181	412	215	232	243	644	845	746	781	762	423	326	313	714	515	616	651	672	683
	음년	872	883	484	285	186	141	432	235	212	223	624	825	726	761	782	413	316	323	724	525	626	661	672	673
415	양년	223	624	825	726	761	782	413	316	323	724	525	626	661	682	673	814	851	454	255	156	111	132	143	544
	음년	243	644	845	746	781	762	423	326	313	714	515	616	651	672	683	414	451	854	655	556	511	532	543	144
416	양년	413	316	323	724	525	626	661	682	673	814	851	454	255	156	111	132	143	544	215	116	151	172	183	584
	음년	423	326	313	714	515	616	651	672	683	414	451	854	655	556	511	532	543	144	215	116	151	172	183	584

원괘효	남녀	49세	50세 51세 52세 53세 .54세 55세 .56세 57세 58세 .59세 .	60세 61세 62세 63세 64세 65세 66세 67세 68세 .69세	70세 .71세 72세
351	양년	..134.	171.574.775.876.831.812.823.424.335.312.	115.216.251.272.283.684.885.136.143.246.	281.262.253.
	음년	..534.	571.174.375.476.431.412.423.824.135.112.	315.416.451.472.483.884.685.236.243.146.	181.162.153.
352	양년	..535.	636.671.652.663.264.736.743.846.881.862.	853.454.255.156.771.374.331.312.323.724.	525.626.661.
	음년	..535.	636.671.652.663.264.836.843.746.781.762.	753.354.155.256.731.334.371.352.363.764.	565.666.621
353	양년	..536.	571.552.563.164.365.631.234.271.252.263.	664.865.766.721.612.623.224.425.326.361.	643.546.533.
	음년	..536.	571.552.563.164.365.671.274.231.212.223.	624.825.726.761.612.623.224.425.326.361.	633.536.543.
354	양년	..531.	512.523.124.325.426.552.563.164.365.466.	421.573.676.683.284.485.386.341.322.313.	174.375.476.
	음년	..531.	512.523.124.325.426.552.563.164.365.466.	421.583.686.673.274.475.376.331.312.323.	174.375.476.
355	양년	..512.	715.732.743.344.145.246.281.262.523.626.	613.214.415.316.351.372.383.114.315.416.	451.472.483.
	음년	..532.	735.712.723.324.125.226.261.282.513.616.	623.224.425.326.361.382.373.114.315.416.	451.472.483.
356	양년	..533.	134.335.436.471.452.144.345.446.481.462.	453.545.522.725.826.861.882.873.474.275.	646.633.536.
	음년	..533.	134.335.436.471.452.144.345.446.481.462.	453.745.722.525.626.661.682.673.274.475.	546.533.636.
361	양년	..475.	376.331.312.323.724.235.212.415.316.351.	372.383.784.585.136.171.152.163.564.765.	271.674.631.
	음년	..875.	776.731.712.723.324.435.412.215.116.151.	172.183.584.785.136.171.152.163.564.765.	231.634.671.
362	양년	..552.	563.164.736.771.752.763.364.165.871.474.	431.412.423.824.625.526.561.812.823.424.	225.126.161.
	음년	..552.	563.164.736.771.752.763.364.165.831.434.	471.452.463.864.665.566.521.812.823.424.	225.126.161.
363	양년	..581.	561.553.154.355.456.531.134.171.152.163.	564.765.866.821.512.523.124.325.426.461.	543.646.633.
	음년	..681.	662.653.254.455.356.571.174.131.112.123.	524.725.826.861.512.523.124.325.426.461.	533.636.643.
364	양년	..224.	425.326.652.663.264.465.366.321.683.586.	573.174.375.476.431.412.423.274.475.376.	331.312.323.
	음년	..224.	425.326.652.663.264.465.366.321.683.586.	583.184.385.486.441.422.413.274.475.376.	331.312.323.
365	양년	..823.	424.225.126.161.182.613.516.523.124.325.	426.461.482.473.214.415.316.351.372.383.	815.832.635.
	음년	..843.	444.245.146.181.162.623.526.513.114.315.	416.451.472.483.214.415.316.351.372.383.	615.632.835.
366	양년	..371.	352.244.445.346.381.362.353.845.822.625.	526.561.582.573.174.375.546.581.562.336.	553.154.355.
	음년	..336.	371.352.244.445.346.381.362.353.645.622.	825.726.761.782.773.374.175.546.581.562.	553.154.355.
371	양년	..175.	276.231.212.223.624.135.236.271.252.263.	664.336.343.446.481.462.453.854.655.556.	371.774.731.
	음년	..575.	676.631.612.623.224.135.236.271.252.263.	664.436.443.346.381.362.353.754.555.656.	331.734.771.
372	양년	..616.	651.672.683.284.485.536.543.646.681.662.	653.254.455.356.571.174.131.112.123.524.	725.826.861.
	음년	..816.	851.872.883.484.285.636.643.546.581.561.	553.154.355.456.531.134.171.152.163.564.	765.866.821.
373	양년	..763.	364.165.871.474.431.412.423.824.625.526.	561.812.823.424.225.126.161.833.736.743.	344.145.246.
	음년	..763.	364.165.831.434.471.452.463.864.665.566.	521.812.823.424.225.126.161.843.746.733.	334.135.236.
374	양년	..324.	125.226.752.763.364.165.266.221.783.886.	873.474.275.176.131.112.123.374.175.276.	231.212.223.
	음년	..324.	125.226.752.763.364.165.266.221.773.876.	883.484.285.186.141.122.113.374.175.276.	231.212.223.
375	양년	..523.	124.325.426.461.482.713.816.823.424.225.	126.161.182.173.314.115.216.251.272.283.	515.616.651.
	음년	..543.	144.345.446.481.462.723.826.813.414.215.	116.151.172.183.314.115.216.251.272.283.	515.616.651.
376	양년	..236.	271.252.344.145.246.281.262.253.545.646.	681.662.653.254.846.833.736.771.752.763.	364.165.266.
	음년	..236.	271.252.344.145.246.281.262.253.545.646.	681.662.653.254.746.733.836.871.852.863.	464.265.166.
381	양년	..512.	523.124.235.136.171.152.163.564.336.371.	352.363.764.565.471.874.831.812.823.424.	225.126.161.
	음년	..112.	123.524.235.136.171.152.163.564.336.371.	352.363.764.565.431.834.871.852.863.464.	265.166.121.
382	양년	..783.	384.185.536.571.552.563.164.365.671.274.	231.212.223.624.825.726.761.612.623.224.	425.326.361.
	음년	..583.	184.385.536.571.552.563.164.365.631.234.	271.252.263.664.865.766.721.612.623.224.	425.326.361.
383	양년	..454.	255.156.771.374.331.312.323.724.525.626.	661.712.723.324.125.226.261.733.836.843.	444.245.146.
	음년	..354.	155.256.731.334.371.352.363.764.565.666.	621.712.723.324.125.226.261.743.846.833.	434.235.136.
384	양년	..852.	863.464.265.166.121.873.776.783.384.185.	286.241.222.213.474.275.176.131.112.123.	675.576. 531.
	음년	..852.	863.464.265.166.121.883.786.773.374.175.	276.231.212.223.474.275.176.131.112.123.	675.576. 531.
385	양년	..346.	381.362.823.726.713.314.115.216.251.272.	283.414.215.116.151.172.183.615.516.551.	572.583.184.
	음년	..326.	361.382.813.716.723.324.125.226.261.282.	273.414.215.116.151.172.183.615.516.551.	572.583.184.
386	양년	..444.	245.146.181.162.153.645.546.581.562.553.	154.746.781.762.753.354.155.841.444.481.	462.453.854.
	음년	..444.	245.146.181.162.153.645.546.581.562.553.	154.746.781.762.753.354.155.881.484.441.	422.413.814
411	양년	..144.	345.446.481.462.453.545.522.725.826.861.	882.873.474.275.646.633.536.571.552.563.	164.365.466.
	음년	..144.	345.446.481.462.453.545.722.525.626.661.	882.673.274.475.546.533.636.671.652.663.	264.465.366.
412	양년	..145.	246.281.262.253.654.346.333.436.471.452.	463.864.665.566.381.784.741.722.713.314.	115.216.251.
	음년	..145.	246.281.262.253.654.446.433.336.371.352.	363.764.565.666.341.744.781.762.753.354.	155.256.211.
413	양년	..146.	181.162.153.554.755.241.644.681.662.653.	254.455.356.311.222.213.614.815.716.751.	233.634.835.
	음년	..146.	181.162.153.554.755.281.684.641.622.613.	214.415.316.351.222.213.614.815.716.751.	233.634.835.
414	양년	..141.	122.113.514.715.816.162.153.554.755.856.	811.173.574.775.876.831.812.184.141.544.	745.846.881.
	음년	..141.	122.113.514.715.816.162.153.554.755.856.	811.173.574.775.876.831.812.584.541.144.	345.446.481.
415	양년	..122.	325.342.333.734.535.636.671.652.113.514.	715.816.851.872.524.561.164.365.466.421.	442.433.834.
	음년	..142.	345.322.313.714.515.616.651.672.113.514.	715.816.851.872.124.161.564.765.866.821.	842.833.434.
416	양년	..133.	236.243.644.845.746.781.762.753.534.571.	174.375.476.431.412.423.824.135.112.315.	416.451.472.
	음년	..143.	246.233.634.835.736.771.752.763.134.171.	574.775.876.831.812.823.424.335.312.115.	216.251.272.

원괘효	남녀	73세 74세 75세 76세 .77세 .78세 .79세	80세 81세 82세 83세 84세 85세 86세 87세 88세 .89세	90세 91세 92세 93세 94세 .95세 96세
351	양년	..654.855.756.171.574.531.512.	523.124.325.426.461.112.123.524.725.826.	861.133.236.243.644.845.746.
	음년	..554.755.856.131.534.571.552.	563.164.365.466.421.112.123.524.725.826.	861.143.246.233.634.835.736.
352	양년	..712.723.324.125.226.261.733.	836.843.444.245.146.181.162.153.334.135.	236.271.252.263.
	음년	..712.723.324.125.226.261.743.	846.833.434.235.136.171.152.163.334.135.	236.271.252.263.
353	양년	..144.345.446.481.462.453.234.	435.336.371.352.363.835.812.615.516.551.	572.583.184.385.
	음년	..134.335.436.471.452.463.234.	435.336.371.352.363.635.612.815.716.751.	772.783.384.185.
354	양년	..431.412.423.775.752.555.656.	611.632.643.244.445.576.583.686.641.622.	613.214.415.316.
	음년	..431.412.423.575.552.755.856.	811.832.843.444.245.676.683.586.541.522.	513.114.315.416.
355	양년	..515.532.735.836.871.852.863.	464.265.616.623.526.561.582.573.174.375.	476.511.114.151.172.183.584.
	음년	..715.732.535.636.671.652.663.	264.465.516.523.626.661.682.673.274.475.	376.551.154.111.132.143.544.
356	양년	..571.552.563.164.365.466.541.	144.181.162.153.554.755.856.811.522.513.	114.315.416.451.
	음년	..671.652.663.264.465.366.581.	184.141.122.113.514.715.816.851.522.513.	114.315.416.451.
361	양년	..612.623.224.425.326.361.212.	223.624.825.726.761.233.136.143.544.745.	846.881.862.853
	음년	..652.663.264.465.366.321.212.	223.624.825.726.761.243.146.133.534.735.	836.871.852.863.
362	양년	..833.736.743.344.145.246.281.	262.253.434.235.136.171.152.163.	
	음년	..843.746.733.334.135.236.271.	252.263.434.235.136.171.152.163.	
363	양년	..234.435.336.371.352.363.134.	335.436.471.452.463.535.512.715.816.851.	872.883.484.285.
	음년	..244.445.346.381.362.353.134.	335.436.471.452.463.735.712.515.616.651.	672.683.284.485.
364	양년	..675.652.855.756.711.732.743.	344.145.576.531.512.523.124.325.	
	음년	..875.852.655.556.511.532.543.	144.345.576.531.512.523.124.325.	
365	양년	..536.571.552.563.164.365.516.	551.572.583.184.385.611.214.251.272.283.	684.885.786.741.
	음년	..736.771.752.763.364.165.516.	551.572.583.184.385.651.254.211.232.243.	644.845.746.781.
366	양년	..641.244.281.262.253.654.855.	756.711.622.613.214.415.316.351.	
	음년	..681.284.241.222.213.614.815.	716.751.622.613.214.415.316.351.	
371	양년	..712.723.324.125.226.261.312.	323.724.525.626.661.333.436.443.844.645.	546.581.562.553.
	음년	..752.763.364.165.266.221.312.	323.724.525.626.661.343.446.433.834.635.	536.571.552.563.
372	양년	..512.523.124.325.426.461.533.	636.643.244.445.346.381.362.353.134.335.	436.471.452.463.
	음년	..512.523.124.325.426.461.543.	646.633.234.435.336.371.352.363.134.335.	436.471.452.463.
373	양년	..281.262.253.434.235.136.171.	152.163.635.536.571.552.563.164.	
	음년	..271.252.263.434.235.136.171.	152.163.635.536.571.552.563.164.	
374	양년	..575.676.631.612.623.224.776.	783.886.841.822.813.414.215.116.	
	음년	..575.676.631.612.623.224.876.	883.786.741.722.713.314.115.216.	
375	양년	..672.683.284.816.823.726.761.	782.773.374.175.276.711.314.351.372.383.	784.585.686.641.
	음년	..672.683.284.716.723.826.861.	882.873.474.275.176.751.354.311.332.343.	744.545.646.681.
376	양년	..741.344.381.362.353.754.555.	656.611.722.713.314.115.216.251.	
	음년	..781.384.341.322.313.714.515.	616.651.722.713.314.115.216.251.	
381	양년	..412.423.824.625.526.561.433.	336.343.744.545.646.681.662.653.	
	음년	..412.423.824.625.526.561.443.	346.333.734.535.636.671.652.663.	
382	양년	..633.536.543.144.345.446.481.	462.453.234.435.336.371.352.363.	
	음년	..643.546.533.134.335.436.471.	452.463.234.435.336.371.352.363.	
383	양년	..181.162.153.334.135.236.271.	252.263.535.636.671.652.663.264.	
	음년	..171.152.163.334.135.236.271.	252.263.535.636.671.652.663.264.	
384	양년	..512.523.124.776.731.712.723.	324.125.	
	음년	..512.523.124.776.731.712.723.	324.125.	
385	양년	..716.751.772.783.384.185.811.	414.451.472.483.884.685.586.541.	
	음년	..716.751.772.783.384.185.851.	454.411.432.443.844.645.546.581	
386	양년	..655.556.511.822.813.414.215.	116.151.	
	음년	..615.516.551.822.813.414.215.	116.151.	
411	양년	..541.144.181.162.153.554.755.	856.811.522.513.114.315.416.451.533.134.	335.436.471.452.
	음년	..581.184.141.122.113.514.715.	816.851.522.513.114.315.416.451.533.134.	335.436.471.452.
412	양년	..322.313.714.515.616.651.333.	734.535.636.671.652.344.381.784.585.686.	641.622.613.214.
	음년	..322.313.714.515.616.651.333.	734.535.636.671.652.744.781.384.185.286.	241.222.213.614.
413	양년	..736.771.752.244.281.284.485.	386.341.322.313.714.245.222.425.326.361.	382.373.774.575.
	음년	..736.771.752.644.681.684.885.	786.741.722.713.314.445.422.225.126.161.	182.173.574.775.
414	양년	..862.853.454.385.362.165.266.	221.242.233.634.835.186.173.276.231.212.	223.624.825.726.
	음년	..462.453.854.185.162.365.466.	421.442.433.834.635.286.273.176.131.112.	123.524.725.826.
415	양년	..125.142.345.446.481.462.453.	854.655.226.213.116.151.172.183.584.785.	886.121.524.561.582.573.174.
	음년	..325.342.145.246.281.262.253.	654.855.126.113.216.251.272.283.684.885.	786.161.564.521.542.533.134.
416	양년	..725.826.861.316.351.372.383.	784.585.451.854.811.832.843.444.245.146.	181.412.215.232.243.644.845.
	음년	..725.826.861.316.351.372.383.	784.585.411.814.851.872.883.484.285.186.	141.432.235.212.223.624.825.

원괘효	남녀	1세. 2세. 3세. 4세. 5세. 6세. 7세. 8세. 9세	10세.11세.12세.13세14세15세16세17세18세19세	20세21세22세.23세24세
421	양년..	421.824.861.882.873.474.275.176.131.	442.245.222.213.614.815.716.751.772.413.	814.615.516.551.572.
	음년..	461.864.821.842.833.434.235.136.171.	422.225.242.233.634.835.736.771.752.413.	814.615.516.551.572.
422	양년..	422.225.242.233.634.835.736.771.752.	413.814.615.516.551.572.824.861.464.265.	166.121.142.133.534.
	음년..	442.245.222.213.614.815.716.751.772.	413.814.615.516.551.572.424.461.864.665.	566.521.542.533.134.
423	양년..	413.814.615.516.551.572.424.461.864.	665.566.521.542.533.134.225.126.161.182.	173.574.326.361.382.
	음년..	413.814.615.516.551.572.824.861.464.	265.166.121.142.133.534.225.126.161.182.	173.574.326.361.382.
424	양년..	424.461.864.665.566.521.542.533.134.	225.126.161.182.173.574.326.361.382.373.	774.575.461.864.821.
	음년..	824.861.464.265.166.121.142.133.534.	225.126.161.182.173.574.326.361.382.373.	774.575.421.824.861.
425	양년..	225.126.161.182.173.574.326.361.382.	373.774.575.421.824.861.882.873.474.275.	176.131.442.245.222.
	음년..	225.126.161.182.173.574.326.361.382.	373.774.575.461.864.821.842.833.434.235.	136.171.422.225.242.
426	양년..	326.361.382.373.774.575.421.824.861.	882.873.474.275.176.131.442.245.222.213.	614.815.716.751.772.
	음년..	326.361.382.373.774.575.461.864.821.	842.833.434.235.136.171.422.225.242.233.	634.835.736.771.752.
431	양년..	431.834.871.852.863.464.265.166.121.	412.423.824.625.526.561.443.346.333.734.	535.636.671.652.663.
	음년..	471.874.831.812.823.424.225.126.161.	412.423.824.625.526.561.433.336.343.744.	545.646.681.662.653.
432	양년..	412.423.824.625.526.561.433.336.343.	744.545.646.681.662.653.834.871.474.275.	176.131.112.123.524.
	음년..	412.423.824.625.526.561.443.346.333.	734.535.636.671.652.663.434.471.874.675.	576.531.512.523.124.
433	양년..	433.336.343.744.545.646.681.662.653.	834.871.474.275.176.131.112.123.524.235.	136.171.152.163.564.
	음년..	443.346.333.734.535.636.671.652.663.	434.471.874.675.576.531.512.523.124.235.	136.171.152.163.564.
434	양년..	434.471.874.675.576.531.512.523.124.	235.136.171.152.163.564.336.371.352.363.	764.565.471.874.831.
	음년..	834.871.474.275.176.131.112.123.524.	235.136.171.152.163.564.336.371.352.363.	764.565.431.834.871.
435	양년..	235.136.171.152.163.564.336.371.352.	363.764.565.431.834.871.852.863.464.265.	166.121.412.423.824.
	음년..	235.136.171.152.163.564.336.371.352.	363.764.565.471.874.831.812.823.424.225.	126.161.412.423.824.
436	양년..	336.371.352.363.764.565.431.834.871.	852.863.464.265.166.121.412.423.824.625.	526.561.443.346.333.
	음년..	336.371.352.363.764.565.471.874.831.	812.823.424.225.126.161.412.423.824.625.	526.561.433.336.343.
441	양년..	441.844.881.862.853.454.255.156.111.	422.413.814.615.516.551.433.834.635.536.	571.552.844.881.484.
	음년..	481.884.841.822.813.414.215.116.151.	422.413.814.615.516.551.433.834.635.536.	571.552.444.481.884.
442	양년..	422.413.814.615.516.551.433.834.635.	536.571.552.444.481.884.685.586.541.522.	513.114.245.146.181.
	음년..	422.413.814.615.516.551.433.834.635.	536.571.552.844.881.484.285.186.141.122.	113.514.245.146.181.
443	양년..	433.834.635.536.571.552.444.481.884.	685.586.541.522.513.114.245.146.181.162.	153.554.346.381.362.
	음년..	433.834.635.536.571.552.844.881.484.	285.186.141.122.113.514.245.146.181.162.	153.554.346.381.362.
444	양년..	444.481.884.685.586.541.522.513.114.	245.146.181.162.153.554.346.381.362.353.	754.555.481.884.841.
	음년..	844.881.484.285.186.141.122.113.514.	245.146.181.162.153.554.346.381.362.353.	754.555.441.844.881.
445	양년..	245.146.181.162.153.554.346.381.362.	353.754.555.441.844.881.862.853.454.255.	156.111.422.413.814.
	음년..	245.146.181.162.153.554.346.381.362.	353.754.555.481.884.841.822.813.414.215.	116.151.422.413.814.
446	양년..	346.381.362.353.754.555.441.844.881.	862.853.454.255.156.111.422.413.814.615.	516.551.433.834.635.
	음년..	346.381.362.353.754.555.481.884.841.	822.813.414.215.116.151.422.413.814.615.	516.551.433.834.635.
451	양년..	411.432.443.844.645.546.452.255.272.	283.684.885.786.741.722.463.366.353.754.	555.656.611.632.643
	음년..	411.432.443.844.645.546.472.275.252.	263.664.865.766.721.742.453.356.363.764.	565.666.621.642.633.
452	양년..	452.255.272.283.684.885.786.741.722.	463.366.353.754.555.656.611.632.643.454.	411.814.615.516.551.
	음년..	472.275.252.263.664.865.766.721.742.	453.356.363.764.565.666.621.642.633.854.	811.414.215.116.151.
453	양년..	453.356.363.764.565.666.621.642.633.	854.811.414.215.116.151.172.183.584.255.	156.111.132.143.544.
	음년..	463.366.353.754.555.656.611.632.643.	854.411.814.615.516.551.572.583.184.255.	156.111.132.143.544.
454	양년..	454.411.814.615.516.551.572.583.184.	255.156.111.132.143.544.356.311.332.343.	744.545.411.432.443.
	음년..	854.811.414.215.116.151.172.183.584.	255.156.111.132.143.544.356.311.332.343.	744.545.411.432.443.
455	양년..	255.156.111.132.143.544.356.311.332.	343.744.545.411.432.443.844.645.546.452.	255.272.283.684.885.
	음년..	255.156.111.132.143.544.356.311.332.	343.744.545.411.432.443.844.645.546.472.	275.252.263.664.865.
456	양년..	356.311.332.343.744.545.411.432.443.	844.645.546.452.255.272.283.684.885.786.	741.722.463.366.353.
	음년..	356.311.332.343.744.545.411.432.443.	844.645.546.472.275.252.263.664.865.766.	721.742.453.356.363.
461	양년..	421.442.433.834.635.536.462.265.282.	273.674.875.776.731.712.453.854.655.556.	511.532.864.821.424.
	음년..	421.442.433.834.635.536.482.285.262.	253.654.855.756.711.732.453.854.655.556.	511.532.464.421.824.
462	양년..	462.265.282.273.674.875.776.731.712.	453.854.655.556.511.532.864.821.424.225.	126.161.182.173.574.
	음년..	482.285.262.253.654.855.756.711.732.	453.854.655.556.511.532.464.421.824.625.	526.561.582.573.174.
463	양년..	453.854.655.556.511.532.464.421.824.	625.526.561.582.573.174.265.166.121.142.	133.534.366.321.342.
	음년..	453.854.655.556.511.532.482.285.262.	225.126.161.182.173.574.265.166.121.142.	133.534.366.321.342.
464	양년..	464.421.824.625.526.561.582.573.174.	265.166.121.142.133.534.366.321.342.333.	734.535.421.442.433.
	음년..	864.821.424.225.126.161.182.173.574.	265.166.121.142.133.534.366.321.342.333.	734.535.421.442.433.
465	양년..	265.166.121.142.133.534.366.321.342.	333.734.535.421.442.433.834.635.536.462.	265.282.273.674.875.
	음년..	265.166.121.142.133.534.366.321.342.	333.734.535.421.442.433.834.635.536.482.	285.262.253.654.855.
466	양년..	366.321.342.333.734.535.421.442.433.	834.635.536.462.265.282.273.674.875.776.	731.712.453.854.655.
	음년..	366.321.342.333.734.535.421.442.433.	834.635.536.482.285.262.253.654.855.756.	711.732.453.854.655.

원패효	남녀	25세 26세 27세 28세 29세 30세 31세 32세 33세 34세 35세 36세 37세 38세 39세 40세 41세 42세 43세 44세 45세 46세 47세 48세
421	양년	..424.461.864.665.566. 521.542.533.134.225.126.161.182.173.574. 326.361.382.373.774.575.244.445.346.
	음년	..824.861.464.265.166. 121.142.133.534.225.126.161.182.173.574. 326.361.382.373.774.575.244.445.346.
422	양년	..225.126.161.182.173. 574.326.361.382.373.774.575.421.824.861. 882.873.474.275.176.131.245.146.181.
	음년	..225.126.161.182.173. 574.326.361.382.373.774.575.461.864.821. 842.833.434.235.136.171.245.146.181.
423	양년	..373.774.575.461.864. 821.842.833.434.235.136.171.422.225.242. 233.634.835.736.771.752.246.233.136.
	음년	..373.774.575.421.824. 861.882.873.474.275.176.131.442.245.222. 213.614.815.716.751.772.146.133.236.
424	양년	..842.833.434.235.136. 171.422.225.242.233.634.835.736.771.752. 413.814.615.516.551.572.241.222.213.
	음년	..882.873.474.275.176. 131.442.245.222.213.614.815.716.751.772. 413.814.615.516.551.572.241.222.213.
425	양년	..213.614.815.716.751. 772.413.814.615.516.551.572.424.461.864. 665.566.521.542.533.134.242.445.422.
	음년	..233.634.835.736.771. 752.413.814.615.516.551.572.824.861.464. 265.166.121.142.133.534.222.425.442.
426	양년	..413.814.615.516.551. 572.424.461.864.665.566.521.542.533.134. 225.126.161.182.173.574.243.146.133.
	음년	..413.814.615.516.551 .572.824.861.464.265.166.121.142.133.534. 225.126.161.182.173.574.233.136.143.
431	양년	..434.471.874.675.576. 531.512.523.124.235.136.171.152.163.564. 336.371.352.363.764.565.344.145.246.
	음년	..834.871.474.275.176. 131.112.123.524.235.136.171.152.163.564. 336.371.352.363.764.565.344.145.246.
432	양년	..235.136.171.152.163. 564.336.371.352.363.764.565.431.834.871. 852.863.464.265.166.121.345.322.125.
	음년	..235.136.171.152.163. 564.336.371.352.363.764.565.471.874.831. 812.823.424.225.126.161.145.122.325.
433	양년	..336.371.352.363.764. 565.431.834.871.852.863.464.265.166.121. 412.423.824.625.526.561.346.381.362.
	음년	..336.371.352.363.764. 565.471.874.831.812.823.424.225.126.161. 412.423.824.625.526.561.346.381.362.
434	양년	..812.823.424.225.126. 161.412.423.824.625.526.561.433.336.343. 744.545.646.681.662.653.341.322.313.
	음년	..852.863.464.265.166. 121.412.423.824.625.526.561.443.346.333. 734.535.636.671.652.663.341.322.313.
435	양년	..625.526.561.443.346. 333.734.535.636.671.652.663.434.471.874. 675.576.531.512.523.124.342.145.122.
	음년	..625.526.561.433.336. 343.744.545.646.681.662.653.834.871.474. 275.176.131.112.123.524.322.125.142.
436	양년	..734.535.636.671.652. 663.434.471.874.675.576.531.512.523.124. 235.136.171.152.163.564.343.446.433.
	음년	..744.545.646.681.662. 653.834.871.474.275.176.131.112.123.524. 235.136.171.152.163.564.333.436.443.
441	양년	..285.186.141.122.113. 514.245.146.181.162.153.554.346.381.362. 353.754.555.444.245.146.181.162.153.
	음년	..685.586.541.522.513. 114.245.146.181.162.153.554.346.381.362. 353.754.555.444.245.146.181.162.153.
442	양년	..162.153.554.346.381. 362.353.754.555.481.884.841.822.813.414. 215.116.151.245.222.425.326.361.382.
	음년	..162.153.554.346.381. 362.353.754.555.441.844.862.853.454. 255.156.111.445.422.225.126.161.182.
443	양년	..353.754.555.481.884. 841.822.813.414.215.116.151.422.413.814. 615.516.551.346.333.436.471.452.463.
	음년	..353.754.555.441.844. 881.862.853.454.255.156.111.422.413.814. 615.516.551.446.433.336.371.352.363.
444	양년	..822.813.414.215.116. 151.422.413.814.615.516.551.433.834.635. 536.571.552.441.422.413.814.615.516.
	음년	..862.853.454.255.156. 111.422.413.814.615.516.551.433.834.635. 536.571.552.441.422.413.814.615.516.
445	양년	..615.516.551.433.834. 635.536.571.552.844.881.484.285.186.141. 122.113.514.422.225.242.233.634.835.
	음년	..615.516.551.433.834. 635.536.571.552.444,481.884.685.586.541. 522.513.114.442.245.222.213.614.815.
446	양년	..536.571.552.844.881. 484.285.186.141.122.113.514.245.146.181. 162.153.554.433.336.343.744.545.646.
	음년	..536.571.552.444,481. 884.685.586.541.522.513.114.245.146.181. 162.153.554.346.333.734.535.636.
451	양년	..454.411.814.615.516. 551.572.583.184.255.156.111.132.143.544. 356.311.332.343.744.545.544.581.184.
	음년	..854.811.414.215.116. 151.572.183.584.255.156.111.132.143.544. 356.311.332.343.744.545.144.181.584.
452	양년	..572.583.184.255.156. 111.132.143.544.356.311.332.343.744.545. 411.432.443.844.645.546.545.646.681.
	음년	..172.183.584.255.156. 111.132.143.544.356.311.332.343.744.545. 411.432.443.844.645.546.545.646.681.
453	양년	..356.311.332.343.744. 545.411.432.443.844.645.546.452.255.272. 283.684.885.786.741.722.546.581.562.
	음년	..356.311.332.343.744. 545.411.432.443.844.645.546.472.275.252. 263.664.865.766.721.742.546.581.562.
454	양년	..844.645.546.452.255. 272.283.684.885.786.741.722.463.366.353. 754.555.656.611.632.643.541.522.513.
	음년	..844.645.546.472.275. 252.263.664.865.766.721.742.453.356.363. 764.565.666.621.642.633.541.522.513.
455	양년	..786.741.722.463.366. 353.754.555.656.611.632.643.454.411.814. 615.516.551.572.583.184.542.745.722.
	음년	..766.721.742.453.356. 363.764.565.666.621.642.633.854.811.414. 215.116.151.172.183.584.522.725.742.
456	양년	..754.555.656.611.632. 643.454.411.814.615.516.551.572.583.184. 255.156.111.132.143.544.543.646.633.
	음년	..764.565.666.621.642. 633.854.811.414.215.116.151.172.183.584. 255.156.111.132.143.544.533.636.643.
461	양년	..225.126.161.182.173. 574.265.166.121.142.133.534.366.321.342. 333.734.535.244.281.684.885.786.741.
	음년	..625.526.561.582.573. 174.265.166.121.142.133.534.366.321.342. 333.734.535.644.681.284.485.386.341.
462	양년	..265.166.121.142.133. 534.366.321.342.333.734.535.421.442.433. 834.635.536.645.546.581.562.553.154.
	음년	..265.166.121.142.133. 534.366.321.342.333.734.535.421.442.433. 834.635.536.645.546.581.562.553.154.
463	양년	..333.734.535.421.442. 433.834.635.536.482.285.262.253.654.855. 756.711.732.546.533.636.671.652.663.
	음년	..333.734.535.421.442. 433.834.635.536.462.265.282.273.674.875. 776.731.712.546.633.533.571.552.563.
464	양년	..834.635.536.482.285. 262.253.654.855.756.711.732.453.854.655. 556.511.532.641.622.613.214.415.316.
	음년	..834.635.536.462.265. 282.273.674.875.776.731.712.453.854.655. 556.511.532.641.622.613.214.415.316.
465	양년	..776.731.712.453.854. 655.556.511.532.864.821.424.225.126.161. 182.173.574.622.825.842.833.434.235.
	음년	..756.711.732.453.854. 655.556.511.532.464.421.824.625.526.561. 582.573.174.642.845.822.813.414.215.
466	양년	..556.511.532.864.821. 424.225.126.161.182.173.574.265.166.121. 142.133.534.633.536.543.144.345.446.
	음년	..556.511.532.464.421. 824.625.526.561.582.573.174.265.166.121. 142.133.534.643.546.533.134.335.436.

원괘효	남녀	49세	50세 51세 52세 53세 .54세 55세 .56세 57세 58세 .59세.	60세 61세 62세 63세 64세 65세 66세 67세 68세 .69세	70세 .71세 72세
421	양년	..381.	362.353.845.822.625.526.561.582.573.174.	375.546.581.562.553.154.355.641.244.281.	262.253.654.
	음년	..381.	362.353.645.622.825.726.761.782.773.374.	175.546.581.562.553.154.355.681.284.241.	222.213.614.
422	양년	..162.	153.554.346.381.362.353.754.555.481.884.	841.822.813.414.215.116.151.422.413.814.	615.516.551.
	음년	..162.	153.554.346.381.362.353.754.555.441.844.	881.862.853.454.255.156.111.422.413.814.	615.516.551.
423	양년	..171.	152.163.564.765.866.141.544.581.562.553.	154.355.456.411.122.113.514.715.816.851.	133.534.735.
	음년	..271.	252.263.664.865.766.181.584.541.522.513.	114.315.416.451.122.113.514.715.816.851.	133.534.735.
424	양년	..614.	815.716.262.253.654.855.756.711.273.674.	875.776.731.712.684.641.244.445.346.381.	362.353.754.
	음년	..614.	815.716.262.253.654.855.756.711.273.674.	875.776.731.712.284.241.644.845.746.781.	762.753.354.
425	양년	..413.	814.615.516.551.572.213.614.815.716.751.	772.224.261.664.865.766.721.742.733.334.	425.442.245.
	음년	..433.	834.635.536.571.552.213.614.815.716.751.	772.624.661.264.465.366.321.342.333.734.	225.242.445.
426	양년	..534.	735.836.871.852.863.234.271.674.875.776.	731.712.723.324.435.412.215.116.151.172.	183.584.785.
	음년	..544.	745.846.881.862.853.634.671.274.475.376.	331.312.323.724.235.212.415.316.351.372.	383.784.585.
431	양년	..281.	262.253.545.646.681.662.653.254.846.833.	736.771.752.763.364.165.266.741.344.381.	362.353.754.
	음년	..281.	262.253.545.646.681.662.653.254.746.733.	836.871.852.863.464.265.166.781.384.341.	322.313.714.
432	양년	..226.	261.282.273.674.875.146.133.236.271.252.	263.664.865.766.181.584.541.522.513.114.	315.416.451.
	음년	..426.	461.482.473.874.675.246.233.136.171.152.	163.564.765.866.141.544.581.562.553.154.	355.456.411.
433	양년	..353.	754.555.481.884.841.822.813.414.215.116.	151.422.413.814.615.516.551.433.834.635.	536.571.552.
	음년	..353.	754.555.441.844.881.862.853.454.255.156.	111.422.413.814.615.516.551.433.834.635.	536.571.552.
434	양년	..714.	515.616.362.353.754.555.656.611.373.774.	575.676.631.612.784.741.344.145.246.281.	262.253.654.
	음년	..714.	515.616.362.353.754.555.656.611.373.774.	575.676.631.612.384.341.744.545.646.681.	662.653.254.
435	양년	..113.	514.715.816.851.872.313.714.515.616.651.	672.324.361.764.565.666.621.642.633.234.	125.226.261.
	음년	..133.	534.735.836.871.852.313.714.515.616.651.	672.724.761.364.165.266.221.242.233.634.	125.226.261.
436	양년	..834.	635.536.571.552.563.334.371.774.575.676.	631.612.623.224.135.236.271.252.263.664.	436.443.346.
	음년	..844.	645.546.581.562.553.734.771.374.175.276.	231.212.223.624.135.236.271.252.263.664.	336.343.446.
441	양년	..645.	546.581.562.553.154.746.781.762.753.354.	155.841.444.481.462.453.854.655.556.511.	822.813.414.
	음년	..645.	546.581.562.553.154.746.781.762.753.354.	155.881.484.441.422.413.814.615.516.551.	822.813.414.
442	양년	..373.	774.575.146.181.162.153.554.755.281.684.	641.622.613.214.415.316.351.222.213.614.	815.716.751.
	음년	..173.	574.775.146.181.162.153.554.755.241.644.	681.662.653.254.455.356.311.222.213.614.	815.716.751.
443	양년	..864.	665.566.381.784.741.722.713.314.115.216.	251.322.313.714.515.616.651.333.734.535.	636.671.652.
	음년	..764.	565.666.341.744.781.762.753.354.155.256.	211.322.313.714.515.616.651.333.734.535.	636.671.652.
444	양년	..462.	453.854.655.556.511.473.874.675.576.531.	512.484.441.844.645.546.581.162.153.554.	285.186.141.
	음년	..462.	453.854.655.556.511.473.874.675.576.531.	512.884.441.244.245.146.181.162.153.554.	285.186.141.
445	양년	..736.	771.752.413.814.615.516.551.572.824.861.	464.265.166.121.142.133.534.225.126.161.	182.173.574.
	음년	..716.	751.772.413.814.615.516.551.572.424.461.	864.665.566.521.542.533.134.225.126.161.	182.173.574.
446	양년	..681.	662.653.834.871.474.275.176.131.112.123.	524.235.136.171.152.163.564.336.371.352.	363.764.565
	음년	..671.	652.663.434.471.874.675.576.531.512.523.	124.235.136.171.152.163.564.336.371.352.	363.764.565.
451	양년	..385.	486.441.422.413.814.145.122.325.426.461.	482.473.874.675.246.233.136.171.152.163.	564.765.866.
	음년	..785.	886.841.822.813.414.345.322.125.226.261.	282.273.674.875.146.133.236.271.252.263.	664.865.766.
452	양년	..662.	653.254.846.833.736.771.752.763.364.165.	266.781.384.341.322.313.714.515.616.651.	722.713.314.
	음년	..662.	653.254.746.733.836.871.852.863.464.265.	166.781.384.341.322.313.714.515.616.651.	722.713.314.
453	양년	..553.	154.355.681.284.241.222.213.614.815.716.	751.622.613.214.415.316.351.633.234.435.	336.371.352.
	음년	..553.	154.355.641.244.281.262.253.654.855.756.	711.622.613.214.415.316.351.633.234.435.	336.371.352.
454	양년	..114.	315.416.562.553.154.355.456.411.573.174.	375.476.431.412.184.385.486.441.422.413.	785.762.565.
	음년	..114.	315.416.562.553.154.355.456.411.573.174.	375.476.431.412.184.385.486.441.422.413.	585.562.765
455	양년	..713.	314.115.216.251.272.513.114.315.416.451.	472.124.325.426.461.482.473.525.542.745.	846.881.862.
	음년	..733.	334.135.236.271.252.513.114.315.416.451.	472.124.325.426.461.482.473.725.742.545.	646.681.662.
456	양년	..234.	435.336.371.352.363.134.335.436.471.452.	463.535.512.715.816.851.872.883.484.285.	636.643.546.
	음년	..244.	445.346.381.362.353.134.335.436.471.452.	463.735.712.515.616.651.672.683.284.485.	536.543.646.
461	양년	..722.	713.314.445.422.225.126.161.182.173.574.	775.146.181.162.153.554.755.241.644.681.	662.653.254.
	음년	..322.	313.714.245.222.425.326.361.382.373.774.	575.146.181.162.153.554.755.281.684.641.	622.613.214.
462	양년	..746.	781.762.753.354.155.841.444.481.462.453.	854.655.556.511.822.813.414.215.116.151.	833.434.235.
	음년	..746.	781.762.753.354.155.881.484.441.422.413.	814.615.516.551.822.813.414.215.116.151.	833.434.235.
463	양년	..264.	465.366.541.144.181.162.153.554.755.856.	811.522.513.114.315.416.451.533.134.335.	436.471.452.
	음년	..164.	365.466.581.184.141.122.113.514.715.816.	851.522.513.114.315.416.451.533.134.335.	436.471.452.
464	양년	..662.	653.254.455.356.311.673.274.475.376.331.	312.284.485.386.341.322.313.685.662.865.	766.721.742.
	음년	..662.	653.254.455.356.311.673.274.475.376.331.	312.284.485.386.341.322.313.885.862.665.	566.521.542.
465	양년	..136.	171.152.613.214.415.316.351.372.224.425.	326.361.382.373.825.842.645.546.581.562.	553.154.355.
	음년	..116.	152.172.613.214.415.316.351.372.224.425.	326.361.382.373.625.642.845.746.781.762.	753.354.155.
466	양년	..481.	462.453.234.435.336.371.352.363.835.812.	615.516.551.572.583.184.385.536.571.552.	563.164.365.
	음년	..471.	452.463.234.435.336.371.352.363.635.612.	815.716.751.772.783.384.185.536.571.552.	563.164. 365.

원괘효	남녀	73세74세75세76세.77세.78세.79세	80세81세82새83세84세85세86세87세88세.89세.	90세91세92세93세94세.95세96세
421	양년.. 음년..	855.756.711.622.613.214.415. 815.716.751.622.613.214.415.	316.351.633.234.435.336.371.352. 316.351.633.234.435.336.371.352.	
422	양년.. 음년..	433.834.635.536.571.552.444. 433.834.635.536.571.552.844.	481.884.685.586.541.522.513.114. 881.484.285.186.141.122.113.514.	
423	양년.. 음년..	836.871.852.544.581.184.385. 836.871.852.144.181.584.785.	486.441.422.413.814.145.122.325.426.461. 886.841.822.813.414.345.322.125.226.261.	482.473.874.675. 282.273.674.875.
424	양년.. 음년..	285.262.465.366.321.342.333. 485.462.265.166.121.142.133.	734.535.186.141.122.113.514.715. 534.735.186.141.122.113.514.715.	
425	양년.. 음년..	146.181.162.153.554.755.126. 346.381.362.353.754.555.126.	161.182.173.574.775.221.624.661.682.673. 161.182.173.574.775.261.664.621.642.633.	274.475.376.331. 234.435.336.371.
426	양년.. 음년..	136.171.152.163.564.765.231. 136.171.152.163.564.765.271.	634.671.652.663.264.465.366.321.212.223. 674.631.612.623.224.425.326.361.212.223.	624.825.726.761. 624.825.726.761.
431	양년.. 음년..	555.656.611.722.713.314.115. 515.616.651.722.713.314.115.	216.251.733.334.135.236.271.252. 216.251.733.334.135.236.271.252.	
432	양년.. 음년..	122.113.514.715.816.851.133. 122.113.514.715.816.851.133.	534.735.836.871.852.144.181.584.785.886. 534.735.836.871.852.544.581.184.385.486.	841.822.813.414. 441.422.413.814.
433	양년.. 음년..	444.481.884.685.586.541.522. 844.881.484.285.186.141.122.	513.114.245.146.181.162.153.554. 113.514.245.146.181.162.153.554.	
434	양년.. 음년..	185.286.241.222.213.614.386. 185.286.241.222.213.614.486.	373.476.431.412.423.824.625.526. 473.376.331.312.323.724.525.626.	
435	양년.. 음년..	282.273.674.426.413.316.351. 282.273.674.326.313.416.451.	372.383.784.585.686.321.724.761.782.773. 472.483.884.685.586.361.764.721.742.733.	374.175.276.231. 334.135.236.271.
436	양년.. 음년..	381.362.353.754.555.656.331. 481.462.453.854.655.556.371.	734.771.752.763.364.165.266.221.312.323. 774.731.712.723.324.125.226.261.312.323.	724.525.626.661. 724.525.626.661.
441	양년.. 음년..	215.116.151.833.434.235.136. 215.116.151.833.434.235.136.	171.152. 171.152.	
442	양년.. 음년..	233.634.835.736.771.752.244. 233.634.835.736.771.752.644.	281.684.885.786.741.722.713.314. 681.284.485.386.341.322.313.714.	
443	양년.. 음년..	344.381.784.585.686.641.622. 744.781.384.185.286.241.222.	613.214.145.246.281.262.253.654. 213.614.145.246.281.262.253.654.	
444	양년.. 음년..	122.113.514.386.341.322.313. 122.113.514.386.341.322.313.	714.515. 714.515.	
445	양년.. 음년..	326.361.382.373.774.575.421. 326.361.382.373.774.575.461.	824.861.882.873.474.275.176.131. 864.821.842.833.434.235.136.171.	
446	양년.. 음년..	431.834.871.852.863.464.265. 471.874.831.812.823.424.225.	166.121.412.423.824.625.526.561. 126.161.412.423.824.625.526.561.	
451	양년.. 음년..	141.544.581.562.553.154.355. 181.584.541.522.513.114.315.	456.411.122.113.514.715.816.851.133.534. 416.451.122.113.514.715.816.851.133.534.	735.836.871.852. 735.836.871.852.
452	양년.. 음년..	115.216.251.733.334.135.236. 115.216.251.733.334.135.236.	271.252.344.145.246.281.262.253. 271.252.344.145.246.281.262.253.	
453	양년.. 음년..	244.445.346.381.362.353.645. 244.445.346.381.362.353.845.	622.825.726.761.782.773.374.175. 822.625.526.561.582.573.174.375.	
454	양년.. 음년..	666.621.642.633.234.435.586. 866.821.842.833.434.235.686.	573.676.631.612.623.224.425.326. 673.576.531.512.523.124.325.426.	
455	양년.. 음년..	853.454.255.626.613.516.551. 653.254.455.526.513.616.651.	572.583.184.385.486.521.124.161.182.173. 672.683.284.485.386.561.164.121.142.133.	574.775.876.831. 534.735.836.871.
456	양년.. 음년..	581.561.553.154.355.456.531. 681.662.653.254.455.356.571.	134.171.152.163.564.765.866.821.512.523. 174.131.112.123.524.725.826.861.512.523.	124.325.426.461. 124.325.426.461.
461	양년.. 음년..	455.356.311.222.213.614.815. 415.316.351.222.213.614.815.	716.751.233.634.835.736.771.752. 716.751.233.634.835.736.771.752,	
462	양년.. 음년..	136.171.152.444.245.146.181. 136.171.152.444.245.146.181.	162.153. 162.153.	
463	양년.. 음년..	144.345.446.481.462.453.545. 144.345.446.481.462.453.745.	522.725.826.861.882.873.474.275. 722.525.626.661.682.673.274.475.	
464	양년.. 음년..	733.334.135.586.541.522.513. 533.134.335.586.541.522.513.	114.315. 114.315.	
465	양년.. 음년..	526.561.582.573.174.375.621. 526.561.582.573.174.375.661.	224.261.282.273.674.875.776.731. 264.221.242.233.634.835.736.771.	
466	양년.. 음년..	631.234.271.252.263.664.865. 671.274.231.212.223.624.825.	766.721.612.623.224.425.326.361. 726.761.612.623.224.425.326.361.	

원괘효	남녀	1세. 2세. 3세.4세. 5세. 6세.7세 8세 9세	10세.11세.12세.13세14세15세16세17세18세19세	20세21세22세.23세24세
471	양년	431.412.423.824.625.526.452.463.864.	665.566.521.473.376.383.784.585.686.641.	622.613.874.831.434.
	음년	431.412.423.824.625.526.452.463.864.	665.566.521.483.386.373.774.575.676.631.	612.623.474.431.834.
472	양년	452.463.864.665.566.521.473.376.383.	784.585.686.641.622.613.874.831.434.235.	136.171.152.163.564.
	음년	452.463.864.665.566.521.483.386.373.	774.575.676.631.612.623.474.431.834.635.	536.571.552.563.164.
473	양년	473.376.383.784.585.686.641.622.613.	874.831.434.235.136.171.152.163.564.275.	176.131.112.123.524.
	음년	483.386.373.774.575.676.631.612.623.	474.431.834.635.536.571.552.563.164.275.	176.131.112.123.524.
474	양년	474.431.834.635.536.571.552.563.164.	275.176.131.112.123.524.376.331.312.323.	724.525.431.412.423.
	음년	874.831.434.235.136.171.152.163.564.	275.176.131.112.123.524.376.331.312.323.	724.525.431.412.423.
475	양년	275.176.131.112.123.524.376.331.312.	323.724.525.431.412.423.824.625.526.452.	463.864.665.566.521.
	음년	275.176.131.112.123.524.376.331.312.	323.724.525.431.412.423.824.625.526.452.	463.864.665.566.521.
476	양년	376.331.312.323.724.525.431.412.423.	824.625.526.452.463.864.665.566.521.473.	376.383.784.585.686.
	음년	376.331.312.323.724.525.431.412.423.	824.625.526.452.463.864.665.566.521.483.	386.373.774.575.676.
481	양년	441.422.413.814.615.516.462.453.854.	655.556.511.473.874.675.576.531.512.484.	441.844.645.546.581.
	음년	441.422.413.814.615.516.462.453.854.	655.556.511.473.874.675.576.531.512.884.	841.844.245.146.181.
482	양년	462.453.854.655.556.511.473.874.675.	576.531.512.484.441.844.645.546.581.562.	553.154.285.186.141.
	음년	462.453.854.655.556.511.473.874.675.	576.531.512.884.841.444.245.146.181.162.	153.554.285.186.141.
483	양년	473.874.675.576.531.512.484.441.844.	645.546.581.562.553.154.285.186.141.122.	113.514.386.341.322.
	음년	473.874.675.576.531.512.884.841.444.	245.146.181.162.153.554.285.186.141.122.	884.841.444.245.146.
484	양년	484.441.844.645.546.581.562.553.154.	285.186.141.122.113.514.386.341.322.313.	714.515.441.422.413.
	음년	884.841.444.245.146.181.162.153.554.	285.186.141.122.113.514.386.341.322.313.	714.515.441.422.413.
485	양년	285.186.141.122.113.514.386.341.322.	313.714.515.441.422.413.814.615.516.462.	453.854.655.556.511.
	음년	285.186.141.122.113.514.386.341.322.	313.714.515.441.422.413.814.615.516.462.	453.854.655.556.511.
486	양년	386.341.322.313.714.515.441.422.413.	814.615.516.462.453.854.655.556.511.473.	874.675.576.531.512.
	음년	386.341.322.313.714.515.441.422.413.	814.615.516.462.453.854.655.556.511.473.	874.675.576.531.512.
511	양년	511.114.151.172.183.584.785.886.841.	532.735.712.723.324.125.226.261.282.513.	616.623.224.425.326.
	음년	551.154.111.132.143.544.745.846.881.	512.715.732.743.344.145.246.281.262.523.	626.613.214.415.316.
512	양년	512.715.732.743.344.145.246.281.262.	523.626.613.214.415.316.351.372.383.114.	315.416.451.472.483.
	음년	532.735.712.723.324.125.226.261.282.	513.616.623.224.425.326.361.382.373.114.	315.416.451.472.483.
513	양년	513.616.623.224.425.326.361.382.373.	114.315.416.451.472.483.715.732.535.636.	671.652.663.264.465.
	음년	523.626.613.214.415.316.351.372.383.	114.315.416.451.472.483.515.532.735.836.	871.852.863.464.265.
514	양년	114.315.416.451.472.483.515.532.735.	836.871.852.863.464.265.616.623.526.561.	582.573.174.375.476.
	음년	114.315.416.451.472.483.715.732.535.	636.671.652.663.264.465.516.523.626.661.	682.673.274.475.376.
515	양년	515.532.735.836.871.852.863.464.265.	616.623.526.561.582.573.174.375.476.511.	114.151.172.183.584.
	음년	715.732.535.636.671.652.663.264.465.	516.523.626.661.682.673.274.475.376.551.	154.111.132.143.544.
516	양년	516.523.626.661.682.673.274.475.376.	551.154.111.132.143.544.745.846.881.512.	715.732.743.344.145.
	음년	616.623.526.561.582.573.174.375.476.	511.114.151.172.183.584.785.886.841.532.	735.712.723.324.125.
521	양년	521.124.161.182.173.574.775.876.831.	542.745.722.713.314.115.216.251.272.513.	114.315.416.451.472.
	음년	561.164.121.142.133.534.735.836.871.	522.725.742.733.334.135.236.271.252.513.	114.315.416.451.472.
522	양년	522.725.742.733.334.135.236.271.252.	513.114.315.416.451.472.124.325.426.461.	482.473.725.742.545.
	음년	542.745.722.713.314.115.216.251.272.	513.114.315.416.451.472.124.325.426.461.	482.473.525.542.745.
523	양년	513.114.315.416.451.472.124.325.426.	461.482.473.525.542.745.846.881.862.853.	454.255.626.613.516.
	음년	513.114.315.416.451.472.124.325.426.	461.482.473.725.742.545.646.681.662.653.	254.455.526.513.616.
524	양년	124.325.426.461.482.473.525.542.745.	846.881.862.853.454.255.626.613.516.551.	572.583.184.385.486.
	음년	124.325.426.461.482.473.725.742.545.	646.681.662.653.254.455.526.513.616.651.	672.683.284.485.386.
525	양년	525.542.745.846.881.862.853.454.255.	626.613.516.551.572.583.184.385.486.521.	124.161.182.173.574.
	음년	725.742.545.646.681.662.653.254.455.	526.513.616.651.672.683.284.485.386.561.	164.121.142.133.534.
526	양년	526.513.616.651.672.683.284.485.386.	561.164.121.142.133.534.735.836.871.522.	725.742.733.334.135.
	음년	626.613.516.551.572.583.184.385.486.	521.124.161.182.173.574.775.876.831.542.	745.722.713.314.115.
531	양년	531.134.171.152.163.564.765.866.821.	512.523.124.325.426.461.543.646.633.234.	435.336.371.352.363.
	음년	571.174.131.112.123.524.725.826.861.	512.523.124.325.426.461.533.636.643.244.	445.346.381.362.353.
532	양년	512.523.124.325.426.461.533.636.643.	244.445.346.381.362.353.134.335.436.471.	452.463.735.712.515.
	음년	512.523.124.325.426.461.543.646.633.	234.435.336.371.352.363.134.335.436.471.	452.463.535.512.715.
533	양년	533.636.643.244.445.346.381.362.353.	134.335.436.471.452.463.735.712.515.816.	651.672.683.284.485.
	음년	543.646.633.234.435.336.371.352.363.	134.335.436.471.452.463.535.512.715.816.	851.872.883.484.285.
534	양년	134.335.436.471.452.463.535.512.715.	816.851.872.883.484.285.636.643.546.581.	561.553.154.355.456.
	음년	134.335.436.471.452.463.735.712.515.	616.651.672.683.284.485.536.543.646.681.	662.653.254.455.356.
535	양년	535.512.715.816.851.872.883.484.285.	636.643.546.581.561.553.154.355.456.531.	134.171.152.163.564.
	음년	735.712.515.616.651.672.683.284.485.	536.543.646.681.662.653.254.455.356.571.	174.131.112.123.524.
536	양년	536.543.646.681.662.653.254.455.356.	571.174.131.112.123.524.725.826.861.512.	523.124.325.426.461.
	음년	636.643.546.581.561.553.154.355.456.	531.134.171.152.163.564.765.866.821.512.	523.124.325.426.461.

원괘효	남녀	25세 26세 .27세 28세 .29세	30세 .31세 32세 33세 34세 35세 36세 .37세 38세 39세	40세 41세 42세 43세 44세 .45세 .46세 47세 48세
471	양년	235.136.171.152.163.	564.275.176.131.112.123.524.376.331.312.	323.724.525.344.381.784.585.686.641.
	음년	635.536.571.552.563.	164.275.176.131.112.123.524.376.331.312.	323.724.525.744.781.384.185.286.241.
472	양년	275.176.131.112.123.	524.376.331.312.323.724.525.431.412.423.	824.625.526.545.522.725.826.861.882.
	음년	275.176.131.112.123.	524.376.331.312.323.724.525.431.412.423.	824.625.526.745.722.525.626.661.682.
473	양년	376.331.312.323.724.	525.431.412.423.824.625.526.452.463.864.	665.566.521.746.781.762.753.354.155.
	음년	376.331.312.323.724.	525.431.412.423.824.625.526.452.463.864.	665.566.521.746.781.762.753.354.155.
474	양년	824.625.526.452.463.	864.665.566.521.483.386.373.774.575.676.	631.612.623.741.722.713.314.115.216.
	음년	824.625.526.452.463.	864.665.566.521.473.376.383.784.585.686.	641.622.613.741.722.713.314.115.216.
475	양년	473.376.383.784.585.	686.641.622.613.874.831.434.235.136.171.	152.163.564.722.525.542.533.134.335.
	음년	483.386.373.774.575.	676.631.612.623.474.431.834.635.536.571.	552.563.164.742.545.522.513.114.315.
476	양년	641.622.613.874.831.	434.235.136.171.152.163.564.275.176.131.	112.123.524.733.836.843.444.245.146.
	음년	631.612.623.474.431.	834.635.536.571.552.563.164.275.176.131.	112.123.524.743.846.833.434.235.136.
481	양년	162.153.554.285.186.	141.122.113.514.386.341.322.313.714.515.	844.881.484.285.186.141.122.113.514.
	음년	162.153.554.285.186.	141.122.113.514.386.341.322.313.714.515.	444.481.884.685.586.541.522.513.114.
482	양년	122.113.514.386.341.	322.313.714.515.441.422.413.814.615.516.	845.822.625.526.561.582.573.174.375.
	음년	122.113.514.386.341.	322.313.714.515.441.422.413.814.615.516.	645.622.825.726.761.782.773.374.175.
483	양년	313.714.515.441.422.	413.814.615.516.462.453.854.655.556.511.	846.833.736.771.752.763.364.165.266.
	음년	313.714.515.441.422.	413.814.615.516.462.453.854.655.556.511.	746.733.836.871.852.863.464.265.166.
484	양년	814.615.516.462.453.	854 655.556.511.473.874.675.576.531.512.	841.822.813.414.215.116.862.853.454.
	음년	814.615.516.462.453.	854 655.556.511.473.874.675.576.531.512.	841.822.813.414.215.116.862.853.454.
485	양년	473.874.675.576.531.	512.484.441.844.645.546.581.562.553.154.	842.645.622.613.214.415.316.351.372.
	음년	473.874.675.576.531.	512.884.441.444.245.146.181.162.153.554.	822.625.642.633.234.435.336.371.352.
486	양년	484.441.844.645.546.	581.562.553.154.285.186.141.122.113.514.	843.746.733.334.135.236.271.252.263.
	음년	884.841.444.245.146.	181.162.153.554.285.186.141.122.884.841.	833.736.743.344.145.246.281.262.253.
511	양년	361.382.373.114.315.	416.451.472.483.715.732.535.636.671.652.	663.264.465.516.523.626.661.682.673.
	음년	351.372.383.114.315.	416.451.472.483.515.532.735.836.871.852.	863.464.265.616.623.526.561.582.573.
512	양년	515.532.735.836.871.	852.863.464.265.616.623.526.561.582.573.	174.375.476.511.114.151.172.183.584.
	음년	715.732.535.636.671.	652.663.264.465.516.523.626.661.682.673.	274.475.376. 551.154.111.132.143.544.
513	양년	516.523.626.661.682.	673.274.475.376.551.154.111.132.143.544.	745.846.881.512.715.732.743.344.145.
	음년	616.623.526.561.582.	573.174.375.476.511.114.151.172.183.584.	785.886.841.532.735.712.723.324.125.
514	양년	511.114.151.172.183.	584.785.886.841.532.735.712.723.324.125.	226.261.282.513.616.623.224.425.326.
	음년	551.154.111.132.143.	544.745.846.881.512.715.732.743.344.145.	246.281.262.523.626.613.214.415.316.
515	양년	785.886.841.532.735.	712.723.324.125.226.261.282.513.616.623.	224.425.326.361.382.373.114.315.416.
	음년	745.846.881.512.715.	732.743.344.145.246.281.262.523.626.613.	214.415.316.351.372.383.114.315.416.
516	양년	246.281.262.523.626.	613.214.415.316.351.372.383.114.315.416.	451.472.483.515.532.735.836.871.852.
	음년	226.261.282.513.616.	623.224.425.326.361.382.373.114.315.416.	451.472.483.715.732.535.636.671.652.
521	양년	124.325.426.461.482.	473.525.542.745.846.881.862.853.454.255.	626.613.516.551.572.583.184.385.486.
	음년	124.325.426.461.482.	473.725.742.545.646.681.662.653.254.455.	526.513.616.651.672.683.284.485.386.
522	양년	646.681.662.653.254.	455.526.513.616.651.672.683.284.485.386.	561.164.121.142.133.534.735.836.871.
	음년	846.881.862.853.454.	255.626.613.516.551.572.583.184.385.486.	561.124.161.182.173.574.775.876.831.
523	양년	551.572.583.184.385.	486.521.124.161.182.173.574.775.876.831.	542.745.722.713.314.115.216.251.272.
	음년	651.672.683.284.485.	386.561.164.121.142.133.534.735.836.871.	522.725.742.733.334.135.236.271.252.
524	양년	521.124.161.182.173.	574.775.876.831.542.745.722.713.314.115.	216.251.272.513.114.315.416.451.472.
	음년	561.164.121.142.133.	534.735.836.871.522.725.742.733.334.135.	236.271.252.513.114.315.416.451.472.
525	양년	775.876.831.542.745.	722.713.314.115.216.251.272.513.114.315.	416.451.472.124.325.426.461.482.473.
	음년	735.836.871.522.725.	742.733.334.135.236.271.252.513.114.315.	416.451.472.124.325.426.461.482.473.
526	양년	236.271.252.513.114.	315.416.451.472.124.325.426.461.482.473.	725.742.545.646.681.662.653.254.455.
	음년	216.251.272.513.114.	315.416.451.472.124.325.426.461.482.473.	525.542.745.846.881.862.853.454.255.
531	양년	134.335.436.471.452.	463.535.512.715.816.851.872.883.484.285.	636.643.546.581.561.553.154.355.456.
	음년	134.335.436.471.452.	463.735.712.515.616.651.672.683.284.485.	536.543.646.681.662.653.254.455.356.
532	양년	616.651.672.683.284.	485.536.543.646.681.662.653.254.455.356.	571.174.131.112.123.524.725.826.861.
	음년	816.851.872.883.484.	285.636.643.546.581.561.553.154.355.456.	531.134.171.152.163.564.765.866.821.
533	양년	536.543.646.681.662.	653.254.455.356.571.174.131.112.123.524.	725.826.861.512.523.124.325.426.461.
	음년	636.643.546.581.561.	553.154.355.456.531.134.171.152.163.564.	765.866.821.512.523.124.325.426.461.
534	양년	531.134.171.152.163.	564.765.866.821.512.523.124.325.426.461.	543.646.633.234.435.336.371.352.363.
	음년	571.174.131.112.123.	524.725.826.861.512.523.124.325.426.461.	533.636.643.244.445.346.381.362.353.
535	양년	765.866.821.512.523.	124.325.426.461.543.646.633.234.435.336.	371.352.363.134.335.436.471.452.463.
	음년	725.826.861.512.523.	124.325.426.461.533.646.643.244.445.346.	381.362.353.134.335.436.471.452.463.
536	양년	533.636.643.244.445.	346.381.362.353.134.335.436.471.452.463.	735.712.515.616.651.672.683.284.485.
	음년	543.646.633.234.435.	336.371.352.363.134.335.436.471.452.463.	535.512.715.816.851.872.883.484.285.

원괘효	남녀	49세	50세	51세	52세	53세	54세	55세	56세	57세	58세	59세	60세	61세	62세	63세	64세	65세	66세	67세	68세	69세	70세	71세	72세
471	양년	622	613	214	145	246	281	262	253	654	446	433	336	371	352	363	764	565	666	341	744	781	762	753	354
	음년	222	213	614	145	246	281	262	253	654	346	333	436	471	452	463	864	665	566	381	784	741	722	713	314
472	양년	873	474	275	646	633	536	571	552	563	164	365	466	541	144	181	162	153	554	755	856	811	522	513	114
	음년	673	274	475	546	533	636	671	652	663	264	465	366	581	184	141	122	113	514	715	816	851	522	513	114
473	양년	841	444	481	462	453	854	655	556	511	822	813	414	215	116	151	833	434	235	136	171	152	444	245	146
	음년	881	484	441	422	413	814	615	516	551	822	813	414	215	116	151	833	434	235	136	171	152	444	245	146
474	양년	762	753	354	155	256	211	773	374	175	276	231	212	384	185	286	241	222	213	585	686	641	622	613	214
	음년	762	753	354	155	256	211	773	374	175	276	231	212	384	185	286	241	222	213	585	686	641	622	613	214
475	양년	436	471	452	713	314	115	216	251	272	324	125	226	261	282	273	525	526	661	682	673	274	826	813	716
	음년	416	451	472	713	314	115	216	251	272	324	125	226	261	282	273	525	526	661	682	673	274	726	713	816
476	양년	181	162	153	334	135	236	271	252	263	535	636	671	652	663	264	836	843	746	781	762	753	354	155	256
	음년	171	152	163	334	135	236	271	252	263	535	636	671	652	663	264	736	743	846	881	862	853	454	255	156
481	양년	245	146	181	162	153	554	346	381	362	353	754	555	441	844	881	862	853	454	255	156	111	422	413	814
	음년	245	146	181	162	153	554	346	381	362	353	754	555	481	884	841	822	813	414	215	116	151	422	413	814
482	양년	546	581	562	553	154	355	641	244	281	262	253	654	855	756	711	622	613	214	415	316	351	633	234	435
	음년	546	581	562	553	154	355	681	284	241	222	213	614	815	716	751	622	613	214	415	316	351	633	234	435
483	양년	741	344	381	362	353	754	555	656	611	722	713	314	115	216	251	733	334	135	236	271	252	344	145	246
	음년	781	384	341	322	313	714	515	616	651	722	713	314	115	216	251	733	334	135	236	271	252	344	145	246
484	양년	255	156	111	873	474	275	176	131	112	484	285	186	141	122	113	685	586	541	522	513	114	786	741	722
	음년	255	156	111	873	474	275	176	131	112	484	285	186	141	122	113	685	586	541	522	513	114	786	741	722
485	양년	813	414	215	116	151	172	424	225	126	161	182	173	625	526	561	582	573	174	726	761	782	773	374	175
	음년	813	414	215	116	151	172	424	225	126	161	182	173	625	526	561	582	573	174	726	761	782	773	374	175
486	양년	434	235	136	171	152	163	635	536	571	552	563	164	736	771	752	763	364	165	831	434	471	452	463	864
	음년	434	235	136	171	152	163	635	536	571	552	563	164	736	771	752	763	364	165	871	474	431	412	423	824
511	양년	274	475	376	154	355	456	411	432	443	755	772	575	676	631	612	623	224	425	556	563	666	621	642	633
	음년	174	375	476	154	355	456	411	432	443	555	572	775	876	831	812	823	424	225	656	663	566	521	542	533
512	양년	785	886	841	155	256	211	232	243	644	456	463	366	321	342	333	734	535	636	311	332	343	744	545	646
	음년	745	846	881	155	256	211	232	243	644	456	363	466	421	442	433	834	635	536	311	332	343	744	545	646
513	양년	246	281	262	156	111	132	143	544	745	211	232	243	644	845	746	272	475	452	463	864	665	566	521	542
	음년	226	261	282	156	111	132	143	544	745	211	232	243	644	845	746	252	455	472	483	884	685	586	541	522
514	양년	361	382	373	151	554	511	532	543	144	345	446	481	112	315	332	343	744	545	646	681	662	113	226	213
	음년	351	372	383	111	541	551	572	583	184	385	486	441	132	335	312	323	724	525	626	661	682	113	216	223
515	양년	451	472	483	152	163	564	765	866	821	183	286	273	674	875	776	731	712	723	174	131	534	735	836	871
	음년	451	472	483	152	163	564	765	866	821	173	276	283	684	885	786	741	722	713	574	531	134	335	436	471
516	양년	863	464	265	153	554	755	856	811	832	564	521	124	325	426	461	482	473	874	165	182	385	486	441	422
	음년	663	264	465	153	554	755	856	811	832	164	121	524	725	826	861	882	873	474	365	382	185	286	241	222
521	양년	254	455	356	311	332	343	655	672	875	776	731	712	723	324	125	556	511	532	543	144	345	611	632	643
	음년	254	455	356	311	332	343	855	872	675	576	531	512	523	124	325	556	511	532	543	144	345	611	632	643
522	양년	255	156	111	132	143	544	356	311	332	343	744	545	411	432	443	844	645	546	452	255	272	283	684	885
	음년	255	156	111	132	143	544	356	311	332	343	744	545	411	432	443	844	645	546	472	275	252	263	664	865
523	양년	156	163	266	221	242	233	634	835	736	111	132	143	544	745	846	172	375	352	363	764	565	666	621	642
	음년	256	263	166	121	142	133	534	735	836	111	132	143	544	745	846	152	355	372	383	784	585	686	641	622
524	양년	211	614	651	672	683	284	485	386	341	232	435	412	423	824	625	526	561	582	213	116	123	524	725	826
	음년	251	654	611	632	643	244	445	346	381	212	415	432	443	844	645	546	581	562	223	126	113	514	715	816
525	양년	275	252	455	356	311	332	343	744	545	176	131	112	123	524	725	231	212	223	624	825	726	725	742	545
	음년	475	452	255	156	111	132	143	544	745	176	131	112	123	524	725	231	212	223	624	825	726	525	542	745
526	양년	253	654	855	756	711	732	264	221	624	825	726	761	782	773	374	465	482	285	186	141	122	113	514	715
	음년	253	654	855	756	711	732	664	621	224	425	326	361	382	373	774	265	282	485	386	341	322	313	714	515
531	양년	354	155	256	211	232	243	555	656	611	632	643	244	756	763	866	821	842	833	434	235	136	711	732	743
	음년	354	155	256	211	232	243	555	656	611	632	643	244	856	863	766	721	742	733	334	135	236	711	732	743
532	양년	155	172	375	476	431	412	423	824	625	256	263	166	121	142	133	534	735	836	111	132	143	544	745	846
	음년	355	372	175	276	231	212	223	624	825	156	163	266	221	242	233	634	835	736	111	132	143	544	745	846
533	양년	356	311	332	343	744	545	411	432	443	844	645	546	452	255	272	283	684	885	786	741	742	463	366	353
	음년	356	311	332	343	744	545	411	432	443	844	645	546	472	275	252	263	664	865	766	721	742	453	356	363
534	양년	311	714	751	772	783	384	185	286	241	332	135	112	123	524	725	826	861	882	313	416	423	824	625	526
	음년	351	754	711	732	743	344	145	246	281	312	115	132	143	544	745	846	881	862	323	426	413	814	615	516
535	양년	352	363	764	565	666	621	373	476	483	884	685	586	541	522	513	774	731	334	135	236	271	252	263	664
	음년	352	363	764	565	666	621	383	486	473	874	675	576	531	512	523	374	331	734	535	636	671	652	663	264
536	양년	353	754	555	656	611	632	364	321	724	525	626	661	682	673	274	165	266	221	242	233	634	466	453	356
	음년	353	754	555	656	611	632	764	721	324	125	226	261	282	273	674	165	266	221	242	233	634	366	353	456

|---|---|---|---|---|
471	양년	..155.256.211.322.313.714.515.	616.651.333.734.535.636.671.652.	
	음년	..115.216.251.322.313.714.515.	616.651.333.734.535.636.671.652.	
472	양년	..315.416.451.533.134.335.436.	471.452.144.345.446.481.462.453.	
	음년	..315.416.451.533.134.335.436.	471.452.144.345.446.481.462.453.	
473	양년	..181.162.153.645.546.581.562	.553.154.	
	음년	..181.162.153.645.546.581.562.	553.154.	
474	양년	..786.773.876.831.812.823.424.	225.126.	
	음년	..886.873.776.731.712.723.324.	125.226.	
475	양년	..751.772.783.384.185.286.721.	324.361.382.373.774.575.676.631.	
	음년	..851.872.883.484.285.186.761.	364.321.342.333.734.535.636.671.	
476	양년	..731.334.371.352.363.764.565.	666.621.712.723.324.125.226.261.	
	음년	..771.374.331.312.323.724.525.	626.661.712.723.324.125.226.261.	
481	양년	..615.516.551.433.834.635.536.	571.552.	
	양년	..615.516.551.433.834.635.536.	571.552.	
482	양년	..336.371.352.244.445.346.381.	362.353.	
	음년	..336.371.352.244.445.346.381.	362.353.	
483	양년	..281.262.253.545.646.681.662.	653.254.	
	음년	..281.262.253.545.646.681.662.	653.254.	
484	양년	..713.314.115.		
	음년	..713.314.115.		
485	양년	..821.424.461.482.473.874.675.	576.531.	
	음년	..861.464.421.442.433.834.635.	536.571.	
486	양년	..665.566.521.812.823.424.225.	126.161.	
	음년	..625.526.561.812.823.424.225.	126.161.	
511	양년	..234.435.336.511.532.543.144.	345.446.572.775.752.763.364.165.266.221.	242.553.656.663.264.465.366.
	음년	..134.335.436.511.532.543.144.	345.446.552.755.772.783.384.185.286.241.	222.563.666.653.254.455.356.
512	양년	..352.155.172.183.584.785.886.	841.822.363.466.453.854.655.556.511.532.	543.354.311.714.515.616.651.
	음년	..372.175.152.163.564.765.866.	821.842.353.456.463.864.665.566.521.542.	533.754.711.314.115.216.251.
513	양년	..253.156.163.564.765.866.821.	842.833.654.611.214.415.316.351.372.383.	784.255.272.475.376.331.312.
	음년	..263.166.153.554.755.856.811.	832.843.254.211.614.815.716.751.772.783.	384.455.472.275.176.131.112.
514	양년	..614.815.716.751.772.783.114.	151.554.755.856.811.832.843.444.315.332.	135.236.271.252.263.664.865.
	음년	..624.825.726.761.782.773.514.	551.154.355.456.411.432.443.844.115.132.	335.436.471.452.463.864.665.
515	양년	..852.863.464.375.352.155.256.	211.232.243.644.845.176.183.286.241.222.	213.614.815.716.131.112.123.
	음년	..452.463.864.175.152.355.456.	411.432.443.844.645.276.283.186.141.122.	113.514.715.816.131.112.123
516	양년	..413.814.615.266.253.156.111.	132.143.544.745.846.121.142.133.534.735.	836.162.365.382.373.774.575.
	음년	..213.614.815.166.153.256.211.	232.243.644.845.746.121.142.133.534.735.	836.182.385.362.353.754.555.
521	양년	..244.445.346.672.875.852.863.	464.265.166.121.142.653.556.563.164.365.	466.421.442.433.
	음년	..244.445.346.652.855.872.883.	484.285.186.141.122.663.566.553.154.355.	456.411.432.443.
522	양년	..786.741.722.463.366.353.754.	555.566.611.632.643.454.411.814.615.516.	551.572.583.184.
	음년	..766.721.742.453.356.363.764.	565.666.621.642.633.854.811.414.215.116.	151.172.183.584
523	양년	..153.256.263.664.865.766.721.	742.733.554.511.114.315.416.451.472.483.	884.155.172.375.476.431.412.
	음년	..163.266.253.654.855.756.711.	732.743.154.111.514.715.816.851.872.883.	484.355.372.175.276.231.212.
524	양년	..861.882.873.614.651.254.455.	356.311.332.343.744.215.232.435.336.371.	352.363.764.565.116.151.172.
	음년	..851.872.883.214.251.654.855.	756.711.732.743.344.415.432.235.136.171.	152.163.564.765.116.151.172.
525	양년	..646.681.662.653.254.455.526.	513.616.651.672.683.284.485.386.561.164.	121.142.133.534.
	음년	..846.881.862.853.454.255.626.	613.516.551.572.583.184.385.486.521.124.	161.182.173.574.
526	양년	..166.121.142.133.534.735.221.	242.233.634.835.736.262.465.482.473.874.	675.576.531.512.
	음년	..166.121.142.133.534.735.221.	242.233.634.835.736.282.485.462.453.854.	655.556.511.532.
531	양년	..344.145.246.772.575.552.563.	164.365.466.421.442.753.856.863.464.265.	166.121.142.133.
	음년	..344.145.246.752.555.572.583.	184.385.486.441.422.763.866.853.454.255.	156.111.132.143.
532	양년	..152.355.372.383.784.585.686.	641.622.163.266.253.654.855.756.711.732.	743.154.111.514.715.816.851.
	음년	..172.375.352.363.764.565.666.	621.642.153.256.263.664.865.766.721.742.	733.554.511.114.315.416.451.
533	양년	..754.555.656.611.632.643.454.	411.814.615.516.551.572.583.184.255.156.	111.132.143.544.
	음년	..764.565.666.621.642.633.854.	811.414.215.116.151.172.183.584.255.156.	111.132.143.544.
534	양년	..561.582.573.714.751.354.155.	256.211.232.243.644.115.216.251.272.283.	684.316.323.426.461.482.473.
	음년	..551.572.583.314.351.754.555.	656.611.632.643.244.115.216.251.272.283.	684.416.423.326.361.382.373.
535	양년	..175.276.231.212.223.624.376.	383.486.441.422.413.814.615.516.331.312.	323.724.525.626.
	음년	..175.276.231.212.223.624.476.	483.386.341.322.313.714.515.616.331.312.	323.724.525.626.
536	양년	..311.332.343.744.545.646.321.	342.333.734.535.636.362.165.182.173.574.	775.876.831.812.
	음년	..411.432.443.844.645.546.321.	342.333.734.535.636.382.185.162.153.554.	755.856.811.832.

원괘효	남녀	1세. 2세. 3세. 4세. 5세. 6세. 7세 8세. 9세	10세.11세.12세.13세14세15세16세17세18세19세	20세21세22세.23세24세
541	양년..	541.144.181.162.153.554.755.856.811.	522.513.114.315.416.451.533.134.335.436.	471.452.144.345.446.
	음년..	581.184.141.122.113.514.715.816.851.	522.513.114.315.416.451.533.134.335.436.	471.452.144.345.446.
542	양년..	522.513.114.315.416.451.533.134.335.	436.471.452.144.345.446.481.462.453.545.	522.725.826.861.882.
	음년..	522.513.114.315.416.451.533.134.335.	436.471.452.144.345.446.481.462.453.745.	722.525.626.661.682.
543	양년..	533.134.335.436.471.452.144.345.446.	481.462.453.545.522.725.826.861.882.873.	474.275.646.633.536.
	음년..	533.134.335.436.471.452.144.345.446.	481.462.453.745.722.525.626.661.682.673.	274.475.546.533.636.
544	양년..	144.345.446.481.462.453.545.522.725.	826.861.882.873.474.275.646.633.536.571.	552.563.164.365.466.
	음년..	144.345.446.481.462.453.745.722.525.	626.661.682.673.274.475.546.533.636.671.	652.663.264.465.366.
545	양년..	545.522.725.826.861.882.873.474.275.	646.633.536.571.552.563.164.365.466.541.	144.181.162.153.554.
	음년..	745.722.525.626.661.682.673.274.475.	646.633.536.571.652.663.264.465.366.581.	184.141.122.113.514.
546	양년..	546.533.636.671.652.663.264.465.366.	541.144.181.162.153.554.755.856.811.522.	513.114.315.416.451.
	음년..	646.633.536.571.552.563.164.365.466.	581.184.141.122.113.514.715.816.851.522.	513.114.315.416.451.
551	양년..	511.532.543.144.345.446.552.755.772.	783.384.185.286.241.222.563.666.653.254.	455.356.311.332.343.
	음년..	511.532.543.144.345.446.572.775.752.	763.364.165.266.221.242.553.656.663.264.	465.366.321.342.333.
552	양년..	552.755.772.783.384.185.286.241.222.	563.666.653.254.455.356.311.332.343.154.	355.456.411.432.443.
	음년..	572.775.752.763.364.165.266.221.242.	553.656.663.264.465.366.321.342.333.154.	355.456.411.432.443.
553	양년..	553.656.663.264.465.366.321.342.333.	154.355.456.411.432.443.755.772.575.676.	631.612.623.224.425.
	음년..	563.666.653.254.455.356.311.332.343.	154.355.456.411.432.443.555.572.775.876.	831.812.823.224.225.
554	양년..	154.355.456.411.432.443.555.572.775.	876.831.812.823.424.225.656.663.566.521.	542.533.134.335.436.
	음년..	154.355.456.411.432.443.755.772.575.	676.631.612.623.224.425.556.563.666.621.	.642.633.234.435.336.
555	양년..	555.572.775.876.831.812.823.424.225.	656.663.566.521.542.533.134.335.436.511.	532.543.144.345.446.
	음년..	755.772.575.676.631.612.623.224.425.	556.563.666.621.642.633.234.435.336.511.	532.543.144.345.446.
556	양년..	556.563.666.621.642.633.234.435.336.	511.532.543.144.345.446.572.775.752.763.	364.165.266.221.242.
	음년..	656.663.566.521.542.533.134.335.436.	511.532.543.144.345.446.552.755.772.783.	384.185.286.241.222.
561	양년..	521.542.533.134.335.436.562.765.782.	773.374.175.276.231.212.553.154.355.456.	411.432.164.365.466.
	음년..	521.542.533.134.335.436.582.785.762.	753.354.155.256.211.232.553.154.355.456.	411.432.164.365.466.
562	양년..	562.765.782.773.374.175.276.231.212.	553.154.355.456.411.432.164.365.466.421.	442.433.765.782.585.
	음년..	582.785.762.753.354.155.256.211.232.	553.154.355.456.411.432.164.365.466.421.	442.433.565.582.785.
563	양년..	553.154.355.456.411.432.164.365.466.	421.442.433.565.582.785.886.841.822.813.	414.215.666.653.556.
	음년..	553.154.355.456.411.432.164.365.466.	421.442.433.765.782.585.686.641.622.613.	214.415.566.553.656.
564	양년..	164.365.466.421.442.433.565.582.785.	886.841.822.813.414.215.666.653.556.511.	532.543.144.345.446.
	음년..	164.365.466.421.442.433.765.782.585.	686.641.622.613.214.415.566.553.656.611.	632.643.244.445.346.
565	양년..	565.582.785.886.841.822.813.414.215.	666.653.556.511.532.543.144.345.446.521.	542.533.134.335.436.
	음년..	765.782.585.686.641.622.613.214.415.	566.553.656.611.632.643.244.445.346.521.	542.533.134.335.436.
566	양년..	566.553.656.611.632.643.244.445.346.	521.542.533.134.335.436.582.785.762.753.	354.155.256.211.232.
	음년..	666.653.556.521.542.533.134.335.446.	521.542.533.134.335.436.562.765.782.773.	374.175.276.231.212.
571	양년..	531.512.523.124.325.426.552.563.164.	365.466.421.573.676.683.284.485.386.341.	322.313.174.375.476.
	음년..	531.512.523.124.325.426.552.563.164.	365.466.421.583.686.673.274.475.376.331.	312.323.174.375.476.
572	양년..	552.563.164.365.466.421.573.676.683.	284.485.386.341.322.313.174.375.476.431.	412.423.775.752.555.
	음년..	552.563.164.365.466.421.583.686.673.	274.475.376.331.312.323.174.375.476.431.	412.423.575.552.755.
573	양년..	573.676.683.284.485.386.341.322.313.	174.375.476.431.412.423.775.752.555.656.	611.632.643.244.445.
	음년..	583.686.673.274.475.376.331.312.323.	174.375.476.431.412.423.575.552.755.856.	811.832.843.444.245.
574	양년..	174.375.476.431.412.423.575.552.755.	856.811.832.843.444.245.676.683.586.541.	522.513.114.315.416.
	음년..	174.375.476.431.412.423.775.752.555.	656.611.632.643.244.445.576.583.686.641.	622.613.214.415.316.
575	양년..	575.552.755.856.811.832.843.444.245.	676.683.586.541.522.513.114.315.416.531.	512.523.124.325.426.
	음년..	775.752.555.656.611.632.643.244.445.	576.583.686.641.622.613.214.415.316.531.	512.523.124.325.426.
576	양년..	576.583.686.641.622.613.214.415.316.	531.512.523.124.325.426.552.563.164.365.	466.421.583.686.673.
	음년..	676.683.586.541.522.513.114.315.416.	531.512.523.124.325.426.552.563.164.365.	466.421.573.676.683.
581	양년..	541.522.513.114.315.416.562.553.154.	355.456.411.573.174.375.476.431.412.184.	385.486.441.422.413.
	음년..	541.522.513.114.315.416.562.553.154.	355.456.411.573.174.375.476.431.412.184.	385.486.441.422.413.
582	양년..	562.553.154.355.456.411.573.174.375.	476.431.412.184.385.486.441.422.413.585.	562.765.866.821.842.
	음년..	562.553.154.355.456.411.573.174.375.	476.431.412.184.385.486.441.422.413.785.	762.565.666.621.642.
583	양년..	573.174.375.476.431.412.184.385.486.	441.422.413.585.562.765.866.821.842.833.	434.235.686.673.576.
	음년..	573.174.375.476.431.412.184.385.486.	441.422.413.785.762.565.666.621.642.633.	234.435.586.573.676.
584	양년..	184.385.486.441.422.413.585.562.765.	866.821.842.833.434.235.686.673.576.531.	512.523.124.325.426.
	음년..	184.385.486.441.422.413.785.762.565.	666.621.642.633.234.435.586.573.676.631.	612.623.224.425.326.
585	양년..	585.562.765.866.821.842.833.434.235.	686.673.576.531.512.523.124.325.426.541.	522.513.114.315.416.
	음년..	785.762.565.666.621.642.633.234.435.	586.573.676.631.612.623.224.425.326.541.	522.513.114.315.416.
586	양년..	586.573.676.631.612.623.224.425.326.	541.522.513.114.315.416.562.553.154.355.	456.411.573.174.375.
	음년..	686.673.576.531.512.523.124.325.426.	541.522.513.114.315.416.562.553.154.355.	456.411.573.174.375.

원괘효	남녀	25세 26세 27세 28세 29세	30세 31세 32세 33세 34세 35세 36세 37세 38세 39세	40세 41세 42세 43세 44세 45세 46세 47세 48세
541	양년	..481.462.453.745.722.	525.626.661.682.673.274.475.546.533.636.	671.652.663.264.465.366.454.255.156.
	음년	..481.462.453.545.522.	725.826.861.882.873.474.275.646.633.536.	571.552.563.164.365.466.454.255.156.
542	양년	..873.474.275.646.633.	536.571.552.563.164.365.466.541.144.181.	162.153.554.755.856.811.455.472.275.
	음년	..673.274.475.546.533.	636.671.652.663.264.465.366.581.184.141.	122.113.514.715.816.851.255.272.475.
543	양년	..571.552.563.164.365.	466.541.144.181.162.153.554.755.856.811.	522.513.114.315.416.451.456.463.366.
	음년	..671.652.663.264.465.	366.581.184.141.122.113.514.715.816.851.	522.513.114.315.416.451.356.363.466.
544	양년	..541.144.181.162.153.	554.755.856.811.522.513.114.315.416.451.	533.134.335.436.471.452.451.854.811.
	음년	..581.184.141.122.113.	514.715.816.851.522.513.114.315.416.451.	533.134.335.436.471.452.411.814.851.
545	양년	..755.856.811.522.513.	114.315.416.451.533.134.335.436.471.452.	144.345.446.481.462.453.452.463.864.
	음년	..715.816.851.522.513.	114.315.416.451.533.134.335.436.471.452.	144.345.446.481.462.453.452.463.864.
546	양년	..533.134.335.436.471.	452.144.345.446.481.462.453.545.522.725.	826.861.882.873.474.275.453.854.655.
	음년	..533.134.335.436.471.	452.144.345.446.481.462.453.745.722.525.	626.661.682.673.274.475.453.854.655.
551	양년	..154.355.456.411.432.	443.555.572.775.876.831.812.823.424.225.	656.663.566.521.542.533.134.335.436.
	음년	..154.355.456.411.432.	443.755.772.575.676.631.612.623.224.425.	556.563.666.621.642.633.234.435.336.
552	양년	..555.572.775.876.831.	812.823.424.225.656.663.566.521.542.533.	134.335.436.511.532.543.144.345.446.
	음년	..755.772.575.676.631.	612.623.224.425.556.563.666.621.642.633.	234.435.336.511.532.543.144.345.446.
553	양년	..556.563.666.621.642.	633.234.435.336.511.532.543.144.345.446.	572.775.752.763.364.165.266.221.242.
	음년	..656.663.566.521.542.	533.134.335.436.511.532.543.144.345.446.	552.755.772.783.384.185.286.241.222.
554	양년	..511.532.543.144.345.	446.552.755.772.783.384.185.286.241.222.	563.666.653.254.455.356.311.332.343.
	음년	..511.532.543.144.345.	446.572.775.752.763.364.165.266.221.242.	553.656.663.264.465.366.321.342.333.
555	양년	..552.755.772.783.384.	185.286.241.222.563.666.653.254.455.356.	311.332.343.154.355.456.411.432.443.
	음년	..572.775.752.763.364.	165.266.221.242.553.656.663.264.465.366.	321.342.333.154.355.456.411.432.443.
556	양년	..553.656.663.264.465.	366.321.342.333.154.355.456.411.432.443.	755.772.575.676.631.612.623.224.425.
	음년	..563.666.653.254.455.	356.311.332.343.154.355.456.411.432.443.	555.572.775.876.831.812.823.424.225.
561	양년	..421.442.433.765.782.	585.686.641.622.613.214.415.566.553.656.	611.632.643.244.445.346.654.611.214.
	음년	..421.442.433.565.582.	785.886.841.822.813.414.215.666.653.556.	511.532.543.144.345.446.254.211.614.
562	양년	..686.641.622.613.214.	585.686.553.656.611.632.643.244.445.346.	521.542.533.134.335.436.655.556.511.
	음년	..886.841.822.813.414.	215.666.653.556.511.532.543.144.345.446.	521.542.533.134.335.436.655.556.511.
563	양년	..511.532.543.144.345.	446.521.542.533.134.335.436.562.765.782.	773.374.175.276.231.212.656.663.566.
	음년	..611.632.643.244.445.	346.521.542.533.134.335.436.582.785.762.	753.354.155.256.211.232.556.563.666.
564	양년	..521.542.533.134.335.	436.562.765.782.773.374.175.276.231.212.	553.154.355.456.411.432.611.214.251.
	음년	..521.542.533.134.335.	436.582.785.762.753.354.155.256.211.232.	553.154.355.456.411.432.651.254.211.
565	양년	..562.765.782.773.374.	175.276.231.212.553.154.355.456.411.432.	164.365.466.421.442.433.652.663.264.
	음년	..582.785.762.753.354.	155.256.211.232.553.154.355.456.411.432.	164.365.466.421.442.433.652.663.264.
566	양년	..553.154.355.456.411.	432.164.365.466.421.442.433.565.582.785.	886.841.822.813.414.215.653.254.455.
	음년	..553.154.355.456.411.	432.164.365.466.421.442.433.765.782.585.	686.641.622.613.214.415.653.254.455.
571	양년	..431.412.423.775.752.	555.656.611.632.643.244.445.576.583.686.	641.622.613.214.415.316.754.711.314.
	음년	..431.412.423.575.552.	755.856.811.832.843.444.245.676.683.586.	541.522.513.114.315.416.354.311.714.
572	양년	..656.611.632.643.244.	445.576.583.686.641.622.613.214.415.316.	531.512.523.124.325.426.755.772.575.
	음년	..856.811.832.843.444.	245.676.683.586.541.522.513.114.315.416.	531.512.523.124.325.426.755.572.775.
573	양년	..576.583.686.641.622.	613.214.415.316.531.512.523.124.325.426.	552.563.164.365.466.421.756.711.732.
	음년	..676.683.586.541.522.	513.114.315.416.552.563.164.365.466.421.	573.676.683.284.485.386.756.711.732.
574	양년	..531.512.523.124.325.	426.552.563.164.365.466.421.573.676.683.	284.485.386.341.322.313.751.354.311.
	음년	..531.512.523.124.325.	426.552.563.164.365.466.421.583.686.673.	274.475.376.331.312.323.711.314.351.
575	양년	..552.563.164.365.466.	421.573.676.683.284.485.386.341.322.313.	174.375.476.431.412.423.752.763.364.
	음년	..552.563.164.365.466.	421.583.686.673.274.475.376.331.312.323.	174.375.476.431.412.423.752.763.364.
576	양년	..274.475.376.331.312.	323.174.375.476.431.412.423.575.552.755.	856.811.832.843.444.245.753.354.155.
	음년	..284.485.386.341.322.	313.174.375.476.431.412.423.775.752.555.	656.611.632.643.244.445.753.354.155.
581	양년	..585.562.765.866.821.	842.833.434.235.686.673.576.531.512.523.	124.325.426.454.411.814.615.516.551.
	음년	..785.762.565.666.621.	642.633.234.435.586.573.676.631.612.623.	224.425.326.854.811.414.215.116.151.
582	양년	..833.434.235.686.673.	576.531.512.523.124.325.426.541.522.513	.114.315.416.655.672.875.776.731.712.
	음년	..633.234.435.586.573.	676.631.612.623.224.425.326.541.522.513.	114.315.416.855.872.675.576.531.512.
583	양년	..531.512.523.124.325.	426.541.522.513.114.315.416.562.553.154.	355.456.411.756.763.866.821.842.833.
	음년	..631.612.623.224.425.	326.541.522.513.114.315.416.562.553.154.	355.456.411.856.863.766.721.742.733.
584	양년	..541.522.513.114.315.	416.562.553.154.355.456.411.573.174.375.	476.431.412.811.414.451.472.483.884.
	음년	..541.522.513.114.315.	416.562.553.154.355.456.411.573.174.375.	476.431.412.851.454.411.432.443.844.
585	양년	..562.553.154.355.456.	411.573.174.375.476.431.412.184.385.486.	441.422.413.852.863.464.265.166.121.
	음년	..562.553.154.355.456.	411.573.174.375.476.431.412.184.385.486.	441.422.413.852.863.464.265.166.121.
586	양년	..476.431.412.184.385.	486.441.422.413.785.762.565.666.621.642.	633.234.435.853.454.255.156.111.132.
	음년	..476.431.412.184.385.	486.441.422.413.585.562.765.866.821.842.	842.833.434.853.454.255.156.111.132.

원괘효	남녀	49세	50세 51세 52세 53세 .54세 55세 .56세 57세 58새 .59세.	60세 61세 62세 63세 64세 65세 66세 67세 68세.69세	70세 .71세 72세
541	양년	..111.	132.143.655.556.511.532.543.144.756.711.	732.743.344.145.811.832.843.444.245.146.	872.675.652.
	음년	..111.	132.143.655.556.511.532.543.144.756.711.	732.743.344.145.811.832.843.444.245.146.	852.655.672.
542	양년	..176.	131.112.123.524.725.156.111.132.143.544.	745.211.232.243.644.845.746.252.455.472.	483.884.685.
	음년	..376.	331.312.323.724.525.156.111.132.143.544.	745.211.232.243.644.845.746.272.475.452.	463.864.665.
543	양년	..321.	342.333.734.535.636.311.332.343.744.545.	646.352.155.172.183.584.785.886.841.822.	363.466.453.
	음년	..421.	442.433.834.635.536.311.332.343.744.545.	646.372.175.152.163.564.765.866.821.842.	353.456.463.
544	양년	..832.	843.444.245.146.181.412.215.232.243.644.	845.746.781.762.423.326.313.714.515.616.	651.672.683.
	음년	..872.	883.484.285.186.141.432.235.212.223.624.	825.726.761.782.413.316.323.724.525.626.	661.682.673.
545	양년	..665.	566.521.483.386.373.774.575.676.631.612.	623.474.431.834.635.536.571.552.563.164.	275.176.131.
	음년	..665.	566.521.473.376.383.784.585.686.641.622.	613.874.831.434.235.136.171.152.163.564.	275.176.131.
546	양년	..556.	511.532.864.821.424.225.126.161.182.173.	574.265.166.121.142.133.534.366.321.342.	333.734.535.
	음년	..556.	511.532.464.421.824.625.526.561.582.573.	174.265.166.121.142.133.534.366.321.342.	333.734.535.
551	양년	..154.	111.514.715.816.851.872.883.484.355.372.	175.276.231.212.223.624.825.156.163.266.	221.242.233.
	음년	..554.	511.114.315.416.451.472.483.884.155.172.	375.476.431.412.423.824.625.256.263.166.	121.142.133.
552	양년	..555.	656.611.632.643.244.756.763.866.821.842.	833.434.235.136.711.732.743.344.145.246.	772.575.552.
	음년	..555.	656.611.632.643.244.856.863.766.721.742.	733.334.135.236.711.732.743.344.145.246.	752.555.572.
553	양년	..556.	511.532.543.144.345.611.632.643.244.445.	346.652.855.872.883.484.285.186.141.122.	663.566.553.
	음년	..556.	511.532.543.144.345.611.632.643.244.445.	346.672.875.852.863.464.265.166.121.142.	653.556.563.
554	양년	..511.	114.151.172.183.584.785.886.841.532.735.	712.723.324.125.226.261.282.513.616.623.	224.425.326.
	음년	..551.	154.111.132.143.544.745.846.881.512.715.	732.743.344.145.246.281.262.523.626.613.	214.415.316.
555	양년	..552.	563.164.365.466.421.573.676.683.284.485.	386.341.322.313.174.375.476.431.412.423.	775.752.555.
	음년	..552.	563.164.365.466.421.583.686.673.274.475.	376.331.312.323.174.375.476.431.412.423.	575.552.755.
556	양년	..553.	154.355.456.411.432.164.365.466.421.442.	433.565.582.785.886.841.822.813.414.215.	666.653.556.
	음년	..553.	154.355.456.411.432.164.365.466.421.442.	433.765.782.585.686.641.622.613.214.415.	566.553.656.
561	양년	..415.	316.351.372.383.784.255.272.475.376.331.	312.323.724.525.156.111.132.143.544.745.	211.232.243
	음년	..815.	716.751.772.783.384.455.472.275.176.131.	112.123.524.725.156.111.132.143.544.745.	211.232.243.
562	양년	..532.	543.144.756.711.732.743.344.145.811.832.	843.444.245.146.852.655.672.683.284.485.	386.321.342.
	음년	..532.	543.144.756.711.732.743.344.145.811.832.	843.444.245.146.852.655.672.683.284.485.	386.341.322.
563	양년	..521.	542.533.134.335.436.511.532.543.144.345.	446.552.755.772.783.384.185.286.241.222.	563.666.653.
	음년	..621.	642.633.234.435.336.511.532.543.144.345.	446.572.775.752.763.364.165.266.221.242.	553.656.663.
564	양년	..232.	243.644.845.746.781.612.815.832.843.444.	245.146.181.162.623.526.513.114.315.416.	451.472.483.
	음년	..272.	283.684.885.786.741.632.835.812.823.424.	225.126.161.182.613.516.523.124.325.426.	461.482.473.
565	양년	..465.	366.321.683.586.573.174.375.476.411.412.	423.274.475.376.331.312.323.675.652.855.	756.711.732.
	음년	..465.	366.321.673.576.583.184.385.486.441.422.	413.274.475.376.331.312.323.875.852.655.	556.511.532.
566	음년	..356.	311.332.264.465.366.321.342.333.865.882.	685.586.541.522.513.114.315.566.521.542.	533.134.335
	양년	..356.	311.332.264.465.366.321.342.333.665.682.	885.786.741.722.713.114.315.566.521.542.	533.134.335
571	양년	..115.	216.251.272.283.684.155.256.211.232.243.	644.356.363.466.421.442.433.834.635.536.	311.332.343.
	음년	..515.	616.651.672.683.284.155.256.211.232.243.	644.456.463.366.321.342.333.734.535.636.	311.332.343.
572	양년	..676.	631.612.623.224.425.556.563.666.621.642.	633.234.435.336.511.532.543.144.345.446.	572.775.752.
	음년	..876.	831.812.823.424.225.656.663.566.521.542.	533.134.335.436.511.532.543.144.345.446.	552.755.772.
573	양년	..743.	344.145.811.832.843.444.245.146.872.675.	652.663.264.465.366.321.342.853.756.763.	364.165.266.
	음년	..743.	344.145.811.832.843.444.245.146.872.655.	672.683.284.485.386.341.322.863.766.753.	354.155.256.
574	음년	..332.	343.744.545.646.681.712.515.532.543.144.	345.446.481.462.723.826.813.414.215.116.	151.172.183.
	양년	..372.	383.784.585.686.641.732.535.512.523.124.	325.426.461.482.713.816.823.424.225.126.	161.172.173.
575	양년	..165.	266.221.783.886.873.474.275.176.131.112.	123.374.175.276.231.212.223.575.676.631.	612.623.224.
	음년	..165.	266.221.773.876.883.484.285.186.141.122.	113.374.175.276.231.212.223.575.676.631.	612.623.224.
576	양년	..256.	211.232.364.165.266.221.242.233.565.666.	621.642.633.234.866.853.756.711.732.743.	344.145.246.
	음년	..256.	211.232.364.165.266.221.242.233.565.666.	621.642.633.234.766.753.856.811.832.843.	444.245.146.
581	양년	..572.	583.184.255.156.111.132.143.544.356.311.	332.343.744.545.411.432.443.844.645.546.	452.255.272.
	음년	..172.	183.584.255.156.111.132.143.544.356.311.	332.343.744.545.411.432.443.844.645.546.	472.275.252.
582	양년	..723.	324.125.556.511.532.543.144.345.611.632.	643.244.445.346.672.875.852.863.464.265.	166.121.142.
	음년	..523.	124.325.556.511.532.543.144.345.611.632.	643.244.445.346.652.855.872.883.484.285.	186.141.122.
583	양년	..434.	235.136.711.732.743.344.145.246.772.575.	552.563.164.365.466.421.442.753.856.863.	464.265.166.
	음년	..334.	135.236.711.732.743.344.145.246.752.555.	572.583.184.385.486.441.422.763.866.853.	454.255.156.
584	양년	..685.	586.541.832.615.632.623.224.425.326.361.	382.813.716.723.324.125.226.261.282.273.	414.215.116.
	음년	..645.	546.581.812.615.632.643.244.445.346.381.	362.823.726.713.314.115.216.251.272.283.	414.215.116.
585	양년	..873.	776.783.384.185.286.241.222.213.474.375.	176.131.112.123.675.576.531.512.523.124.	776.731.712.
	음년	..883.	786.773.374.175.276.231.212.223.474.375.	176.131.112.123.675.576.531.512.523.124.	776.731.712.
586	양년	..464.	265.166.121.142.133.665.566.521.542.533.	134.766.721.742.733.334.135.821.842.833.	434.235.136.
	음년	..464.	265.166.121.142,133.665.566.521.542.533.	134.766.721.742.733.334.135.821.842.833.	434.235.136

원괘효	남녀	73세 74세 75세 76세 .77세 .78세 .79세	80세 81세 82세 83세 84세 85세 86세 87세 88세 .89세	90세 91세 92세 93세 94세 .95세 96세
541	양년	..663.264.465.366.321.342.853.	756.763.364.165.266.221.242.233.	
	음년	..683.284.485.386.341.322.863.	766.753.354.155.256.211.232.243.	
542	양년	..586.541.522.263.166.153.554.	755.856.811.832.843.254.211.614.815.716.	751.772.783.384.
	음년	..566.521.542.253.156.163.564.	765.866.821.842.833.654.611.214.415.316.	351.372.383.784.
543	양년	..854.655.556.511.532.543.354.	311.714.515.616.651.672.683.284.155.256.	211.232.243.644.
	음년	..864.665.566.521.542.533.754.	711.314.115.216.251.272.283.684.155.256.	211.232.243.644.
544	양년	..414.451.854.655.556.511.532.	543.144.215.116.151.172.183.584.316.351.	372.383.784.585.
	음년	..814.851.454.255.156.111.132.	143.544.215.116.151.172.183.584.316.351.	372.383.784.585
545	양년	..112.123.524.376.331.312.323.	724.525.431.412.423.824.625.526.	
	음년	..112.123.524.376.331.312.323.	724.525.431.412.423.824.625.526.	
546	양년	..421.442.433.834.635.536.462.	265.282.273.674.875.776.731.712.	
	음년	..421.442.433.834.635.536.482.	285.262.253.654.855.756.711.732.	
551	양년	..634.835.736.111.132.143.544.	745.846.172.375.352.363.764.565.666.621.	642.153.256.263.664.865.766.
	음년	..534.735.836.111.132.143.544.	745.846.152.355.372.383.784.585.686.641.	622.163.266.253.654.855.756.
552	양년	..563.164.365.466.421.442.753.	856.863.464.265.166.121.142.133.354.155.	256.211.232.243.
	음년	..583.184.385.486.441.422.763.	866.853.454.255.156.111.132.143.354.155.	256.211.232.243.
553	양년	..164.365.466.421.442.433.254.	455.356.311.332.343.855.872.675.576.531.	512.523.124.325.
	음년	..154.355.456.411.432.443.254.	455.356.311.332.343.655.672.875.776.731.	712.723.324.125.
554	양년	..361.382.373.114.315.416.451.	472.483.715.732.535.636.671.652.663.264.	465.516.523.626.661.682.673.
	음년	..351.372.383.114.315.416.451.	472.483.715.532.735.836.871.652.863.464.	265.616.623.526.561.582.573.
555	양년	..656.611.632.643.244.445.576.	583.686.641.622.613.214.415.316.531.512.	523.124.325.426.
	음년	..856.811.832.843.444.245.676.	683.586.541.522.513.114.315.416.531.512.	523.124.325.426.
556	양년	..511.532.543.144.345.446.521.	542.533.134.335.436.562.765.782.773.374.	175.276.231.212.
	음년	..611.632.643.244.445.346.521.	542.533.134.335.436.582.785.762.753.354.	155.256.211.232.
561	양년	..644.845.746.272.475.452.463.	864.665.566.541.522.263.166.153.554.755.	856.811.832.843.
	음년	..644.845.746.252.455.472.483.	884.685.586.521.542.253.156.163.564.765.	866.821.842.833.
562	양년	..853.756.763.364.165.266.221.	242.233.454.255.156.111.132.143.	
	음년	..863.766.753.354.155.256.211.	232.243.454.255.156.111.132.143.	
563	양년	..254.455.356.311.332.343.154.	355.456.411.432.443.555.572.775.876.831.	812.823.424.225.
	음년	..264.465.366.321.342.333.154.	355.456.411.432.443.755.772.575.676.631.	612.623.224.425.
564	양년	..214.415.316.351.372.383.615.	632.835.736.771.752.763.364.165.516.551.	572.583.184.385.
	음년	..214.415.316.351.372.383.815.	832.635.536.571.552.563.164.365.516.551.	572.583.184.385.
565	양년	..743.344.145.576.531.512.523.	124.325.631.612.623.224.425.326.	
	음년	..543.144.345.576.531.512.523.	124.325.631.612.623.224.425.326.	
566	양년	..621.642.633.234.435.336.662.	865.882.873.474.275.176.131.112.	
	음년	..621.642.633.234.435.336.682.	885.862.853.454.255.156.111.132.	
571	양년	..744.545.646.372.175.152.163.	564.765.866.821.842.353.456.463.864.665.	566.521.542.533.
	음년	..744.545.646.352.155.172.183.	584.785.886.841.822.363.466.453.854.655.	556.511.532.543.
572	양년	..763.364.165.266.221.242.553.	656.663.264.465.366.321.342.333.154.355.	456.411.432.443.
	음년	..783.384.185.286.241.222.563.	666.653.254.455.356.311.332.343.154.355.	456.411.432.443.
573	양년	..221.242.233.454.255.156.111.	132.143.655.556.511.532.543.144.	
	음년	..211.232.243.454.255.156.111.	132.143.655.556.511.532.543.144.	
574	음년	..314.115.216.251.272.283.515.	616.651.672.683.284.716.723.826.861.882.	873.474.275.176.
	양년	..314.115.216.251.272.283.515.	616.651.672.683.284.816.823.726.761.782.	773.374.175.276.
575	양년	..776.783.886.841.822.813.414.	215.116.731.712.723.324.125.226.	
	음년	..876.883.786.741.722.713.314.	115.216.731.712.723.324.125.226.	
576	양년	..721.742.733.334.135.236.762.	565.582.573.174.375.476.431.412.	
	음년	..721.742.733.334.135.236.782.	585.562.553.154.355.456.411.432.	
581	양년	..283.684.885.786.741.722.463.	366.353.754.555.656.611.632.643.	
	음년	..263.664.865.766.721.742.453.	356.363.764.565.666.621.642.633.	
582	양년	..653.556.563.164.365.466.421.	442.433.254.455.356.311.332.343.	
	음년	..663.566.553.154.355.456.411.	432.443.254.455.356.311.332.343.	
583	양년	..121.142.133.354.155.256.211.	232.243.555.656.611.632.643.244.	
	음년	..111.132.143.354.155.256.211.	232.243.555.656.611.632.643.244.	
584	양년	..151.172.183.615.516.551.572.	583.184.716.751.772.783.384.185.	
	음년	..151.172.183.615.516.551.572.	583.184.716.751.772.783.384.185.	
585	양년	..723.324.125.831.812.823.424.	225.126.	
	음년	..723.324.125.831.812.823.424.	225.126.	
586	양년	..862.665.682.673.274.475.376.	331.312.	
	음년	..882.685.662.653.254.455.356.	311.332.	

원괘효	남녀	1세. 2세. 3세. 4세. 5세. 6세. 7세 8세 9세	10세.11세.12세.13세14세15세16세17세18세19세	20세21세22세.23세24세
611	양년..	611.214.251.272.283.684.885.786.741.	632.835.812.823.424.225.126.161.182.613.	516.523.124.325.426.
	음년..	651.254.211.232.243.644.845.746.781.	612.815.832.843.444.245.146.181.162.623.	526.513.114.315.416.
612	양년..	612.815.832.843.444.245.146.181.162.	623.526.513.114.315.416.451.472.483.214.	415.316.351.372.383.
	음년..	632.835.812.823,424.225.126.161.182.	613.516.523.124.325.426.461.482.473.214.	415.316.351.372.383.
613	양년..	613.516.523.124.325.426.461.482.473.	214.415.316.351.372.383.815.832.635.536.	571.552.563.164.365.
	음년..	623.526.513.114.315.416.451.472.483.	214.415.316.351.372.383.615.632.835.736.	771.752.763.364.165.
614	양년..	214.415.316.351.372.383.615.632.835.	736.771.752.763.364.165.516.551.572.583.	184.385.651.254.211.
	음년..	214.415.316.351.372.383.815.832.635.	536.571.552.563.164.365.516.551.572.583.	184.385.611.214.251.
615	양년..	615.632.835.736.771.752.763.364.165.	516.551.572.583.184.385.651.254.211.232.	243.644.835.746.781.
	음년..	815.832.635.536.571.552.563.164.365.	516.551.572.583.184.385.611.214.251.272.	283.684.885.786.741.
616	양년..	516.551.572.583.184.385.611.214.251.	272.283.684.885.786.741.632.835.812.823.	424.225.126.161.182.
	음년..	516.551.572.583.184.385.651.254.211.	232.243.644.845.746.781.612.815.832.843.	444.245.146.181.162.
621	양년..	621.224.261.282.273.674.875.776.731.	642.845.822.813.414.215.116.152.172.613.	214.415.316.351.372.
	음년..	661.264.221.242.233.634.835.736.771.	622.825.842.833.434.235.136.171.152.613.	214.415.316.351.372.
622	양년..	622.825.842.833.434.235.136.171.152.	613.214.415.316.351.372.224.425.326.361.	382.373.825.842.645.
	음년..	642.845.822.813.414.215.116.152.172.	613.214.415.316.351.372.224.425.326.361.	382.373.625.642.845.
623	양년..	613.214.415.316.351.372.224.425.326.	361.382.373.625.642.845.746.781.762.753.	354.155.526.561.582.
	음년..	613.214.415.316.351.372.224.425.326.	361.382.373.825.842.645.546.581.562.553.	154.355.526.561.582.
624	양년..	224.425.326.361.382.373.625.642.845.	746.781.762.753.354.155.526.561.582.573.	174.375.661.264.221.
	음년..	224.425.326.361.382.373.825.842.645.	546.581.562.553.154.355.526.561.582.573.	174.375.621.224.261.
625	양년..	625.642.845.746.781.762.753.354.155.	526.561.582.573.174.375.661.264.221.242.	233.634.835.736.771.
	음년..	825.842.645.546.581.562.553.154.355.	526.561.582.573.174.375.621.224.261.282.	273.674.875.776.731.
626	양년..	526.561.582.573.174.375.621.224.261.	282.273.674.875.776.731.642.845.822.813.	414.215.116.152.172.
	음년..	526.561.582.573.174.375.661.264.221.	242.233.634.835.736.771.622.825.842.833.	434.235.136.171.152.
631	양년..	631.234.271.252.263.664.865.766.721.	612.623.224.425.326.361.643.546.533.134.	335.436.471.452.463.
	음년..	671.274.231.212.223.624.825.726.761.	612.623.224.425.326.361.633.536.543.144.	345.446.481.462.453.
632	양년..	612.623.224.425.326.361.633.536.543.	144.345.446.481.462.453.234.435.336.371.	352.363.835.812.615.
	음년..	612.623.224.425.326.361.643.546.533.	134.335.436.471.452.463.234.435.336.371.	352.363.635.612.815.
633	양년..	633.536.543.144.345.446.481.462.453.	234.435.336.371.352.363.835.812.615.516.	551.572.583.184.385.
	음년..	643.546.533.134.335.436.471.452.463.	234.435.336.371.352.363.635.612.815.716.	751.772.783.384.185.
634	양년..	234.435.336.371.352.363.635.612.815.	716.751.772.783.384.185.536.571.552.563.	164.365.671.274.231.
	음년..	234.435.336.371.352.363.835.812.615.	516.551.572.583.184.385.536.571.552.563.	164.365.631.234.271.
635	양년..	635.612.815.716.751.772.783.384.185.	536.571.552.563.164.365.671.274.231.212	.223.624.825.726.761.
	음년..	835.812.615.516.551.572.583.184.385.	536.571.552.563.164.365.631.234.271.252.	263.664.865.766.721.
636	양년..	536.571.552.563.164.365.631.234.271.	252.263.664.865.766.721.612.623.224.425.	326.361.643.546.533.
	음년..	536.571.552.563.164.365.671.274.231.	212.223.624.825.726.761.612.623.224.425.	326.361.633.536.543.
641	양년..	641.244.281.262.253.654.855.756.711.	622.613.214.415.316.351.633.234.435.336.	371.352.244.445.346.
	음년..	681.284.241.222.213.614.815.716.751.	622.613.214.415.316.351.633.234.435.336.	371.352.244.445.346.
642	양년..	622.613.214.415.316.351.633.234.435.	336.371.352.244.445.346.381.362.353.645.	622.825.726.761.782.
	음년..	622.613.214.415.316.351.633.234.435.	336.371.352.244.445.346.381.362.353.845.	822.625.526.561.582.
643	양년..	633.234.435.336.371.352.244.445.346.	381.362.353.645.622.825.726.761.782.773.	374.175.546.581.562.
	음년..	633.234.435.336.371.352.244.445.346.	381.362.353.845.822.625.526.561.582.573.	174.375.546.581.562.
644	양년..	244.445.346.381.362.353.645.622.825.	726.761.782.773.374.175.546.581.562.553.	154.355.681.284.241.
	음년..	244.445.346.381.362.353.845.822.625.	526.561.582.573.174.375.546.581.562.553.	154.355.641.244.281.
645	양년..	645.622.825.726.761.782.773.374.175.	546.581.562.553.154.355.681.284.241.222.	213.614.815.716.751.
	음년..	845.822.625.526.561.582.573.174.375.	546.581.562.553.154.355.641.244.281.262.	253.654.855.756.711.
646	양년..	546.581.562.553.154.355.641.244.281.	262.253.654.855.756.711.622.613.214.415.	316.351.633.234.435.
	음년..	546.581.562.553.154.355.681.284.241.	222.213.614.815.716.751.622.613.214.415.	316.351.633.234.435.
651	양년..	611.632.643.244.445.346.652.855.872.	883.484.285.186.141.122.663.566.553.154.	355.456.411.432.443.
	음년..	611.632.643.244.445.346.672.875.852.	863.464.265.166.121.142.653.556.563.164.	365.466.421.442.433.
652	양년..	652.855.872.883.484.285.186.141.122.	663.566.553.154.355.456.411.432.443.254.	455.356.311.332.343.
	음년..	672.875.852.863.464.265.166.121.142.	653.556.563.164.365.466.421.442.433.254.	455.356.311.332.343.
653	양년..	653.556.563.164.365.466.421.442.433.	254.455.356.311.332.343.855.872.675.576.	531.512.523.124.325.
	음년..	663.566.553.154.355.456.411.432.443.	254.455.356.311.332.343.655.672.875.776.	731.712.723.324.125.
654	양년..	254.455.356.311.332.343.655.672.875.	776.731.712.723.324.125.556.511.532.543.	144.345.611.632.643.
	음년..	254.455.356.311.332.343.855.872.675.	576.531.512.523.124.325.556.511.532.543.	144.345.611.632.643.
655	양년..	655.672.875.776.731.712.723.324.125.	556.511.532.543.144.345.611.632.643.244.	445.346.672.875.852.
	음년..	855.872.675.576.531.512.523.124.325.	556.511.532.543.144.345.611.632.643.244.	445.346.652.855.872.
656	양년..	556.511.532.543.144.345.611.632.643.	244.445.346.652.855.872.883.484.285.186.	141.122.663.566.553.
	음년..	556.511.532.543.144.345.611.632.643.	244.445.346.672.875.852.863.464.265.166.	121.142.653.556.563.

원괘효	남녀	25세 26세 .27세 28세 .29세 .	30세 .31세 32세 33세 34새 35세 36세 .37세 38세 39세	40세 41세 42세 43세 44세 .45세 .46세 47세 48세
611	양년	.461.482.473.214.415.	316.351.372.383.815.832.635.536.571.552.	563.164.365.516.551.572.583.184.385.
	음년	.451.472.483.214.415.	316.351.372.383.615.632.835.736.771.752.	763.364.165 516.551.572.583.184.385.
612	양년	.615.632.835.736.771.	752.763.364.165.516.551.572.583.184.385.	651.254.211.232.243.644.845.746.781.
	음년	.815.832.635.536.571.	552.563.164.365.516.551.572.583.184.385.	611.214.251.272.283.684.885.786.741.
613	양년	.516.551.572.583.184.	385.611.214.251.272.283.684.885.786.741.	632.835.812.823.424.225.126.161.182.
	음년	.516.551.572.583.184.	385.651.254.211.232.243.644.845.746.781.	612.815.832.843.444.245.146.181.162.
614	양년	.232.243.644.845.746.	781.612.815.832.843.444.245.146.181.162.	623.526.513.114.315.416.451.472.483.
	음년	.272.283.684.885.786.	741.632.835.812.823.424.225.126.161.182.	613.516.523.124.325.426.461.482.473.
615	양년	.612.815.832.843.444.	245.146.181.162.623.526.513.114.315.416.	451.472.483.214.415.316.351.372.383.
	음년	.632.835.812.823.424.	225.126.161.182.613.516.523.124.325.426.	461.482.473.214.415.316.351.372.383.
616	양년	.613.516.523.124.325.	426.461.482.473.214.415.316.351.372.383.	815.832.635.536.571.552.563.164.365.
	음년	.623.526.513.114.315.	416.451.472.483.214.415.316.351.372.383.	615.632.835.736.771.752.763.364.165.
621	양년	.224.425.326.361.382.	373.625.642.845.746.781.762.753.354.155.	526.561.582.573.174.375.264.465.366.
	음년	.224.425.326.361.382.	373.825.842.645.546.581.562.553.154.355.	526.561.582.573.174.375.264.465.366.
622	양년	.546.581.562.553.154.	355.526.561.582.573.174.375.621.224.261.	282.273.674.875.776.731.265.166.121.
	음년	.746.781.762.753.354.	155.526.561.582.573.174.375.661.264.221.	242.233.634.835.736.771.265.166.121.
623	양년	.573.174.375.661.264.	221.242.233.634.835.736.771.622.825.842.	833.434.235.136.171.152.266.253.156.
	음년	.573.174.375.621.224.	261.282.273.674.875.776.731.642.845.822.	813.414.215.116.152.172.166.153.256.
624	양년	.242.233.634.835.736.	771.622.825.842.833.434.235.136.171.152.	613.214.415.316.351.372.261.664.621.
	음년	.282.273.674.875.776.	731.642.845.822.813.414.215.116.152.172.	613.214.415.316.351.372.221.624.661.
625	양년	.622.825.842.833.434.	235.136.171.152.613.214.415.316.351.372.	224.425.326.361.382.373.262.253.654.
	음년	.642.845.822.813.414.	215.116.152.172.613.214.415.316.351.372.	224.425.326.361.382.373.262.253.654.
626	양년	.613.214.415.316.351.	372.224.425.326.361.382.373.625.642.845.	746.781.762.753.354.155.263.166.153.
	음년	.613.214.415.316.351.	372.224.425.326.361.382.373.825.842.645.	546.581.562.553.154.355.263.156.163.
631	양년	.234.435.336.371.352.	363.835.812.615.516.551.572.583.184.385.	536.571.552.563.164.365.364.165.266.
	음년	.234.435.336.371.352.	363.635.612.815.716.751.772.783.384.185.	536.571.552.563.164.365.364.165.266.
632	양년	.516.551.572.583.184.	385.536.571.552.563.164.365.671.274.231.	212.223.624.825.726.761.365.382.185.
	음년	.716.751.772.783.384.	185.536.571.552.563.164.365.631.234.271.	252.263.664.865.766.721.165.182.385.
633	양년	.536.571.552.563.164.	365.631.234.271.252.263.664.865.766.721.	612.623.224.425.326.361.366.321.342.
	음년	.536.571.552.563.164.	365.671.274.231.212.223.624.825.726.761.	612.623.224.425.326.361.366.321.342.
634	양년	.212.223.624.825.726.	761.612.623.224.425.326.361.633.536.543.	144.345.446.481.462.453.361.764.721.
	음년	.252.263.664.865.766.	721.612.623.224.425.326.361.643.546.533.	134.335.436.471.452.463.321.724.761.
635	양년	.612.623.224.425.326.	361.633.536.543.144.345.446.481.462.453.	234.435.336.371.352.363.362.353.754.
	음년	.612.623.224.425.326.	361.643.546.533.134.335.436.471.452.463.	234.435.336.371.352.363.362.353.754.
636	양년	.144.345.446.481.462.	453.234.435.336.371.352.363.835.812.615.	516.551.572.583.184.385.363.466.453.
	음년	.134.335.436.471.452.	463.234.435.336.371.352.363.635.612.815.	716.751.772.783.384.185.353.466.463.
641	양년	.381.362.353.845.822.	625.526.561.582.573.174.375.546.581.562.	553.154.355.464.265.166.121.142.133.
	음년	.381.362.353.645.622.	825.726.761.782.773.374.175.546.581.562.	553.154.355.464.265.166.121.142.133.
642	양년	.773.374.175.546.581.	562.553.154.355.681.284.241.222.213.614.	815.716.751.265.282.485.386.341.322.
	음년	.573.174.375.546.581.	562.553.154.355.641.244.281.262.253.654.	855.756.711.465.482.285.186.141.122.
643	양년	.553.154.355.681.284.	241.222.213.614.815.716.751.622.613.214.	415.316.351.366.353.456.411.432.443.
	음년	.553.154.355.641.244.	281.262.253.654.855.756.711.622.613.214.	415.316.351.466.453.356.311.332.343.
644	양년	.222.213.614.815.716.	751.622.613.214.415.316.351.633.234.435.	336.371.352.421.824.861.882.873.474.
	음년	.262.253.654.855.756.	711.622.613.214.415.316.351.643.234.435.	336.371.352.461.864.821.842.833.434.
645	양년	.622.613.214.415.316.	351.633.234.435.336.371.352.244.445.346.	381.362.353.462.453.854.655.556.511.
	음년	.622.613.214.415.316.	351.633.234.435.336.371.352.244.445.346.	381.362.353.462.453.854.655.556.511.
646	양년	.336.371.352.244.445.	346.381.362.353.845.822.625.526.561.582	.573.174.375.453.356.363.764.565.666.
	음년	.336.371.352.244.445.	346.381.362.353.645.622.825.726.761.782.	773.374.175.463.366.353.754.555.656.
651	양년	.254.455.356.311.332.	343.655.672.875.776.731.712.723.324.125.	556.511.532.543.144.345.564.521.124.
	음년	.254.455.356.311.332.	343.855.872.675.576.531.512.523.124.325.	556.511.532.543.144.345.164.121.524.
652	양년	.655.672.875.776.731.	712.723.324.125.556.511.532.543.144.345.	611.632.643.244.445.346.565.666.621.
	음년	.855.872.675.576.531.	512.523.124.325.556.511.532.543.144.345.	611.632.643.244.445.346.565.666.621.
653	양년	.556.511.532.543.144.	345.611.632.643.244.445.346.652.855.872.	883.484.285.186.141.122.566.521.542.
	음년	.556.511.532.543.144.	345.611.632.643.244.445.346.672.875.852.	863.464.265.166.121.142.566.521.542.
654	양년	.244.445.346.672.875.	852.863.464.265.166.121.142.653.556.563.	164.365.466.421.442.433.561.164.121.
	음년	.244.445.346.652.855.	872.883.484.285.186.141.122.663.566.553.	154.355.456.411.432.443.521.124.161.
655	양년	.863.464.265.166.121.	142.653.556.563.164.365.466.421.442.433.	254.455.356.311.332.343.562.553.154.
	음년	.883.484.285.186.141.	122.663.566.553.154.355.456.411.432.443.	254.455.356.311.332.343.562.553.154.
656	양년	.164.365.466.421.442.	433.254.455.356.311.332.343.855.872.675.	576.531.512.523.124.325.563.666.653.
	음년	.154.355.456.411.432.	443.254.455.356.311.332.343.655.672.875.	776.731.712.723.324.125.553.656.663.

원괘효	남녀	49세	50세51세52세53세.54세55세.56세57세58세.59세.	60세61세62세63세64세65세66세67세68세.69세	70세.71세72세
611	양년	..164.	365.466.421.442.433.565.582.785.886.841.	822.813.414.215.666.653.556.511.532.543.	144.345.446.
	음년	..164.	365.466.421.442.433.765.782.585.686.641.	622.613.214.415.566.553.656.611.632.643.	244.445.346.
612	양년	..165.	266.221.242.233.634.366.353.456.411.432.	443.844.645.546.321.342.333.734.535.636.	382.185.162.
	음년	..165.	266.221.242.233.634.466.453.356.311.332.	343.744.545.646.321.342.333.734.535.636.	362.165.182.
613	양년	..166.	121.142.133.534.735.221.242.233.634.835.	736.262.465.482.473.874.675.576.531.512.	253.654.855.
	음년	..166.	121.142.133.534.735.221.242.233.634.835.	736.282.485.462.453.854.655.556.511.532.	253.654.855.
614	양년	..121.	524.561.582.573.174.375.476.431.142.345.	322.313.714.515.616.651.672.113.514.715.	816.851.872.
	음년	..161.	564.521.542.533.134.335.436.471.122.325.	342.333.734.535.636.671.652.113.514.715.	816.851.872.
615	양년	..162.	153.554.755.856.811.173.574.775.876.831.	812.184.141.544.745.846.881.862.853.454.	385.362.165.
	음년	..162.	153.554.755.856.811.173.574.775.876.831.	812.584.541.144.345.446.481.462.453.854.	185.162.365.
616	양년	..153.	256.263.664.865.766.721.742.733.554.511.	114.315.416.451.472.483.884.155.172.375.	476.431.412.
	음년	..163.	266.253.654.855.756.711.732.743.154.111.	514.715.816.851.872.883.484.355.372.175.	276.231.212.
621	양년	..321.	342.333.865.882.685.586.541.522.513.114.	315.566.521.542.533.134.335.621.642.633.	234.435.336.
	음년	..321.	342.333.865.882.685.586.541.522.513.114.	315.566.521.542.533.134.335.621.642.633.	234.435.336.
622	양년	..142.	133.534.366.321.342.333.734.535.421.442.	433.834.635.536.482.285.262.253.654.855.	756.711.732.
	음년	..142.	133.534.366.321.342.333.734.535.421.442.	433.834.635.536.462.265.282.273.674.875.	776.731.712.
623	양년	..111.	132.143.544.745.846.121.142.133.534.735.	836.162.365.382.373.774.575.676.631.612.	153.554.755.
	음년	..211.	232.243.644.845.746.121.142.133.534.735.	836.182.385.362.353.754.555.656.611.632.	153.554.755.
624	양년	..642.	633.234.435.336.371.222.425.442.433.834.	635.536.571.552.213.614.815.716.751.772.	624.661.264.
	음년	..682.	673.274.475.376.331.242.445.422.413.814.	615.516.551.572.213.614.815.716.751.772.	624.661.264.
625	양년	..855.	756.711.273.674.875.776.731.712.684.641.	244.445.346.381.362.353.754.285.262.465.	366.321.342.
	음년	..855.	756.711.273.674.875.776.731.712.284.241.	644.845.746.781.762.753.354.485.462.265.	166.121.142.
626	양년	..554.	755.856.811.832.843.254.211.614.815.716.	751.772.783.384.455.472.275.176.131.112.	123.524.725.
	음년	..564.	765.866.821.842.833.654.611.214.415.316.	351.372.383.784.255.272.475.376.331.312.	323.724.525.
631	양년	..221.	242.233.565.666.621.642.633.234.866.853.	756.711.732.743.344.145.246.721.742.733.	334.135.236.
	음년	..221.	242.233.565.666.621.642.633.234.766.753.	865.811.832.843.444.345.146.721.742.733.	334.135.236.
632	양년	..286.	241.222.213.614.815.166.153.256.211.232.	243.644.845.746.121.142.133.534.735.836.	182.385.362.
	음년	..486.	441.422.413.814.615.266.253.156.111.132.	143.544.745.846.121.142.133.534.735.836.	162.365.382.
633	양년	..333.	734.535.421.442.433.834.635.536.482.285.	262.253.654.855.756.711.732.453.854.655.	556.511.532.
	음년	..333.	734.535.421.442.433.834.635.536.462.265.	282.273.674.875.776.731.712.453.854.655.	556.511.532.
634	양년	..742.	733.334.135.236.271.322.125.142.133.534.	735.836.871.852.313.714.515.616.651.672.	724.761.364.
	음년	..782.	773.374.175.276.231.342.145.122.113.514.	715.816.851.872.313.714.515.616.651.672.	324.361.764.
635	양년	..555.	656.611.373.774.575.676.631.612.784.741.	344.145.246.281.262.253.654.185.286.241.	222.213.614.
	음년	..555.	656.611.373.774.575.676.631.612.384.341.	744.545.646.681.662.653.254.185.286.241.	222.213.614.
636	양년	..854.	655.556.511.532.543.354.311.714.515.616.	651.672.683.284.155.256.211.232.243.644.	456.463.366.
	음년	..864.	665.566.521.542.533.754.711.314.115.216.	251.272.283.684.155.256.211.232.243.644.	356.363.466.
641	양년	..665.	566.521.542.533.134.766.721.742.433.334.	135.821.842.833.434.235.136.862.665.682.	673.274.475.
	음년	..665.	566.521.542.533.134.766.721.742.433.334.	135.821.842.833.434.235.136.882.685.662.	653.254.455.
642	양년	..313.	714.515.166.121.142.133.534.735.221.242.	233.634.835.736.282.485.462.453.854.655.	556.511.532.
	음년	..113.	514.715.166.121.142.133.534.735.221.242.	233.634.835.736.262.465.482.473.874.675.	576.531.512.
643	양년	..844.	645.546.321.342.333.734.535.636.382.185.	162.153.554.755.856.811.832.353.754.555.	656.611.632.
	음년	..744.	545.646.321.342.333.734.535.636.362.165.	182.173.574.775.876.831.812.353.754.555.	656.611.632.
644	양년	..275.	176.131.442.245.222.213.614.815.716.751.	772.413.814.615.516.551.572.424.461.864.	665.566.521.
	음년	..235.	136.171.422.225.242.233.634.835.736.771.	752.413.814.615.516.551.572.824.861.464.	265.166.121.
645	양년	..473.	874.675.576.531.512.484.441.844.645.546.	581.562.553.154.285.186.141.122.113.514.	386.341.322.
	음년	..473.	874.675.576.531.512.884.841.444.245.146.	181.162.153.554.285.186.141.122.113.514.	386.341.322.
646	양년	..621.	642.633.854.811.414.215.116.151.172.183.	584.255.156.111.132.143.544.356.311.332.	343.744.545.
	음년	..611.	632.643.454.411.814.615.516.551.572.583.	184.255.156.111.132.143.544.356.311.332.	343.744.545.
651	양년	..325.	426.461.482.473.874.165.182.385.486.441.	422.413.814.615.266.253.156.111.132.143.	544.745.846.
	음년	..725.	826.861.882.873.474.365.382.185.286.241.	222.213.614.815.166.153.256.211.232.243.	644.845.746.
652	양년	..642.	633.234.866.853.756.711.732.743.344.145.	246.721.742.733.334.135.236.762.565.582.	573.174.375.
	음년	..642.	633.234.766.753.865.811.832.843.444.345.	146.721.742.733.334.135.236.782.585.562.	553.154.355.
653	양년	..533.	134.335.621.642.633.234.435.336.682.885.	862.853.454.255.156.111.132.653.254.455.	356.311.332.
	음년	..533.	134.335.621.642.633.234.435.336.682.865.	882.873.474.275.176.131.112.653.254.455.	356.311.332.
654	양년	..142.	133.534.735.836.871.522.725.742.733.334.	135.236.271.252.513.114.315.416.451.472.	124.325.426.
	음년	..182.	173.574.775.876.831.542.745.722.713.314.	115.216.251.272.513.114.315.416.451.472.	124.325.426.
655	양년	..355.	456.411.573.174.375.476.431.412.184.385.	486.441.422.413.785.762.565.666.621.642.	633.234.435.
	음년	..355.	456.411.573.174.375.476.431.412.184.385.	486.441.422.413.585.562.765.866.821.842.	833.434.235.
656	양년	..254.	455.356.311.332.343.154.355.456.411.432.	443.555.572.775.876.831.812.823.424.225.	656.663.566.
	음년	..264.	465.366.321.342.333.154.355.456.411.432.	443.755.772.575.676.631.612.623.224.425.	556.563.666.

원괘효	남녀	73세 74세 75세 76세 .77세 .78세 .79세	80세 81세 82세 83세 84세 85세 86세 87세 88세 .89세	90세 91세 92세 93세 94세 .95세 96세
611	양년	..521.542.533.134.335.436.562.	765.782.773.374.175.276.231.212.553.154.	355.456.411.432.
	음년	..521.542.533.134.335.436.582.	785.762.753.354.155.256.211.232.553.154.	355.456.411.432.
612	양년	..153.554.755.856.811.832.353.	754.555.656.611.632.364.321.724.525.626.	661.682.673.274.
	음년	..173.574.775.876.831.812.353.	754.555.656.611.632.764.721.324.125.226.	261.282.273.674.
613	양년	..756.711.732.664.621.224.425.	326.361.382.373.774.265.282.485.386.341.	322.313.714.515.
	음년	..756.711.732.264.221.624.825.	726.761.782.773.374.465.482.285.186.141.	122.113.514.715.
614	양년	..124.161.564.765.866.821.842.	833.434.325.342.145.246.281.262.253.654.	855.126.113.216.251.272.283.
	음년	..524.561.164.365.466.421.442.	433.834.125.142.345.446.481.462.453.854.	655.226.213.116.151.172.183.
615	양년	..266.221.242.233.634.835.186.	173.276.231.212.223.624.825.726.141.122.	113.514.715.816.
	음년	..466.421.442.433.834.635.286.	273.176.131.112.123.524.725.826.141.122.	113.514.715.816.
616	양년	..423.824.625.256.263.166.121.	142.133.534.735.836.111.132.143.544.745.	846.152.355.372.383.784.585.
	음년	..223.624.825.156.163.266.221.	242.233.634.835.736.111.132.143.544.745.	846.172.375.352.363.764.565.
621	양년	..662.865.882.873.474.275.176.	131.112.653.254.455.356.311.332.	
	음년	..682.885.862.853.454.255.156.	111.132.653.254.455.356.311.332.	
622	양년	..453.854.655.556.511.532.464.	421.824.625.526.561.582.573.174.	
	음년	..453.854.655.556.511.532.864.	821.424.225.126.161.182.173.574.	
623	양년	..856.811.832.564.521.124.325.	426.461.482.473.874.165.182.385.486.441.	422.413.814.615.
	음년	..856.811.832.164.121.524.725.	826.861.882.873.474.365.382.185.286.241.	222.213.614.815.
624	양년	..465.366.321.342.333.734.225.	242.445.346.381.362.353.754.555.126.161.	182.173.574.775.
	음년	..465.366.321.342.333.734.425.	442.245.146.181.162.153.554.755.126.161.	182.173.574.775.
625	양년	..333.734.535.186.141.122.113.	514.715.241.222.213.614.815.716.	
	음년	..133.534.735.186.141.122.113.	514.715.241.222.213.614.815.716.	
626	양년	..156.111.132.143.544.745.211.	232.243.644.845.746.252.455.472.483.884.	685.586.541.522.
	음년	..156.111.132.143.544.745.211.	232.243.644.845.746.272.475.452.463.864.	665.566.521.542.
631	양년	..762.565.582.573.174.375.476.	431.412.753.354.155.256.211.232.	
	음년	..782.585.562.553.154.355.456.	411.432.753.354.155.256.211.232.	
632	양년	..353.754.555.656.611.632.153.	554.755.856.811.832.164.121.524.725.826.	861.882.873.474.
	음년	..373.774.575.676.631.612.153.	554.755.856.811.832.564.521.124.325.426.	461.482.473.874.
633	양년	..464.421.824.625.526.561.582.	573.174.265.166.121.142.133.534.	
	음년	..864.821.424.225.126.161.182.	173.574.265.166.121.142.133.534.	
634	양년	..165.266.221.242.233.634.125.	226.261.282.273.674.426.313.416.451.472.	483.884.685.586.
	음년	..565.666.621.642.633.234.125.	226.261.282.273.674.426.413.316.351.372.	383.784.585.686
635	양년	..386.373.476.431.412.423.824.	625.526.341.322.313.714.515.616.	
	음년	..486.473.376.331.312.323.724.	525.626.341.322.313.714.515.616.	
636	양년	..321.342.333.734.535.636.311.	332.343.744.545.646.352.155.172.183.584.	785.886.841.822.
	음년	..421.442.433.834.635.536.311.	332.343.744.545.646.372.175.152.163.564.	765.866.821.842.
641	양년	..376.331.312.853.454.255.156.	111.132.	
	음년	..356.311.332.853.454.255.156.	111.132.	
642	양년	..253.654.855.756.711.732.664.	621.224.425.326.361.382.373.774.	
	음년	..253.654.855.756.711.732.264.	221.624.825.726.761.782.773.374.	
643	양년	..364.321.724.525.626.661.682.	673.274.165.266.221.242.233.634.	
	음년	..764.721.324.125.226.261.282.	273.674.165.266.221.242.233.634.	
644	양년	..542.533.134.225.126.161.182.	173.574.326.361.382.373.774.575.	
	음년	..142.133.534.225.126.161.182.	173.574.326.361.382.373.774.575.	
645	양년	..313.714.515.441.422.413.814.	615.516.845.822.625.	
	음년	..313.714.515.441.422.413.814.	615.516.645.622.825.	
646	양년	..411.432.443.844.645.546.452.	255.272.283.684.885.786.741.722.	
	음년	..411.432.443.844.645.546.472.	275.252.263.664.865.766.721.742.	
651	양년	..121.142.133.534.735.836.162.	365.382.373.774.575.676.631.612.153.554.	755.856.811.832.
	음년	..121.142.133.534.735.836.182.	385.362.353.754.555.656.611.632.153.554.	755.856.811.832.
652	양년	..476.431.412.753.354.155.256.	211.232.364.165.266.221.242.233.	
	음년	..456.411.432.753.354.155.256.	211.232.364.165.266.221.242.233.	
653	양년	..264.465.366.321.342.333.665.	682.885.786.741.722.713.314.115.	
	음년	..264.465.366.321.342.333.865.	882.685.586.541.522.513.114.315.	
654	양년	..461.482.473.725.742.545.646.	681.662.653.254.455.526.513.616.651.672.	683.284.485.386.
	음년	..431.482.473.525.542.745.846.	881.862.853.454.255.626.613.516.551.572.	583.184.385.486.
655	양년	..586.573.676.631.612.623.224.	425.326.541.522.513.114.315.416.	
	음년	..686.673.576.531.512.523.124.	325.426.541.522.513.114.315.416.	
656	양년	..521.542.533.134.335.436.511.	532.543.144.345.446.552.755.772.783.384.	185.286.241.222.
	음년	..621.642.633.234.435.336.511.	532.543.144.345.446.572.775.752.763.364.	165.266.221.242.

원괘효	남녀	1세. 2세. 3세. 4세. 5세. 6세. 7세 8세 9세	10세.11세.12세.13세14세15세16세17세18세19세	20세21세22세.23세24세
661	양년	..621.642.633.234.435.336.662.865.882.	873.474.275.176.131.112.653.254.455.356.	311.332.264.465.366.
	음년	..621.642.633.234.435.336.682.885.862.	853.454.255.156.111.132.653.254.455.356.	311.332.264.465.366.
662	양년	..662.865.882.873.474.275.176.131.112.	653.254.455.356.311.332.264.465.366.321.	342.333.865.882.685.
	음년	..682.885.862.853.454.255.156.111.132.	653.254.455.356.311.332.264.465.366.321.	342.333.865.682.885.
663	양년	..653.254.455.356.311.332.264.465.366.	321.342.333.865.682.885.786.741.722.713.	314.115.566.521.542.
	음년	..653.254.455.356.311.332.264.465.366.	321.342.333.865.882.685.586.541.522.513.	114.315.566.521.542.
664	양년	..264.465.366.321.342.333.665.682.885.	786.741.722.713.314.115.566.521.542.533.	134.335.621.642.633.
	음년	..264.465.366.321.342.333.865.882.685.	586.541.522.513.114.315.566.521.542.533.	134.335.621.642.633.
665	양년	..665.682.885.786.741.722.713.314.115.	566.521.542.533.134.335.621.642.633.234.	435.336.682.885.862.
	음년	..865.882.685.586.541.522.513.114.315.	566.521.542.533.134.335.621.642.633.234.	435.336.662.865.882.
666	양년	..566.521.542.533.134.335.621.642.633.	234.435.336.662.865.882.873.474.275.176.	131.112.653.254.455.
	음년	..566.521.542.533.134.335.621.642.633.	234.435.336.682.885.862.853.454.255.156.	111.132.653.254.455.
671	양년	..631.612.623.224.425.326.652.663.264.	465.366.321.673.576.583.184.385.486.441.	422.413.274.475.376.
	음년	..631.612.623.224.425.326.652.663.264.	465.366.321.683.586.573.174.375.476.431.	412.423.274.475.376.
672	양년	..652.663.264.465.366.321.673.576.583.	184.385.486.441.422.413.274.475.376.331.	312.323.875.852.655.
	음년	..652.663.264.465.366.321.683.586.573.	174.375.476.431.412.423.274.475.376.331.	312.323.675.652.855.
673	양년	..673.576.583.184.385.486.441.422.413.	274.475.376.331.312.323.875.852.655.556.	511.532.543.144.345.
	음년	..683.586.573.174.375.476.431.412.423.	274.475.376.331.312.323.675.652.855.756.	711.732.743.344.145.
674	양년	..274.475.376.331.312.323.675.652.855.	756.711.732.743.344.145.576.531,512.523.	124.325.631.612.623.
	음년	..274.475.376.331.312.323.875.852.655.	556.511.532.543.144.345.576.531,512.523.	124.325.631.612.623.
675	양년	..675.652.855.756.711.732.743.344.145.	576.531,512.523.124.325.631.612.623.224.	425.326.652.663.264.
	음년	..875.852.655.556.511.532.543.144.345.	576.531,512.523.124.325.631.612.623.224.	425.326.652.663.264.
676	양년	..576.531,512.523.124.325.631.612.623.	224.425.326.652.663.264.465.366.321.673.	576.583.184.385.486.
	음년	..576.531,512.523.124.325.631.612.623.	224.425.326.652.663.264.465.366.321.683.	586.573.174.375.476.
681	양년	..641.622.613.214.415.316.662.653.254.	455.356.311.673.274.475.376.331.312.284.	485.386.341.322.313.
	음년	..641.622.613.214.415.316.662.653.254.	455.356.311.673.274.475.376.331.312.284.	485.386.341.322.313.
682	양년	..662.653.254.455.356.311.673.274.475.	376.331.312.284.485.386.341.322.313.685.	662.865.766.721.742.
	음년	..662.653.254.455.356.311.673.274.475.	376.331.312.284.485.386.341.322.313.685.	862.665.566.521.542.
683	양년	..673.274.475.376.331.312.284.485.386.	341.322.313.685.662.865.766.721.742.733.	334.135.586.541.522.
	음년	..673.274.475.376.331.312.284.485.386.	341.322.313.885.862.665.566.521.542.533.	134.335. 586.541.522.
684	양년	..284.485.386.341.322.313.685.662.865.	766.721.742.733.334.135.586.541.522.513.	114.315.641.622.613.
	음년	..284.485.386.341.322.313.885.862.665.	566.521.542.533.134.335.586.541.522.513.	114.315.641.622.613.
685	양년	..685.662.865.766.721.742.733.334.135.	586.541.522.513.114.315.641.622.613.214.	415.316.662.653.254.
	음년	..885.862.665.566.521.542.533.134.335.	586.541.522.513.114.315.641.622.613.214.	415.316.662.653.254.
686	양년	..586.541.522.513.114.315.641.622.613.	214.415.316.662.653.254.455.356.311.673.	274.475.376.331.312.
	음년	..586.541.522.513.114.315.641.622.613.	214.415.316.662.653.254.455.356.311.673.	274.475.376.331.312.
711	양년	..711.314.351.372.383.784.585.686.641.	732.535.512.523.124.325.426.461.482.713.	816.823.424.225.126.
	음년	..751.354.311.332.343.744.545.646.681.	712.515.532.543.144.345.446.481.462.723.	826.813.414.215.116.
712	양년	..712.515.532.543.144.345.446.481.462.	723.826.813.414.215.116.151.172.183.314.	115.216.251.272.283.
	음년	..732.535.512.523.124.325.426.461.482.	713.816.823.424.215.116.151.172.183.314.	115.216.251.272.283.
713	양년	..713.816.823.424.225.126.161.182.173.	314.115.216.251.272.283.515.616.651.672.	683.284.816.823.726.
	음년	..723.826.813.414.215.116.151.172.183.	314.115.216.251.272.283.515.616.651.672.	683.284.716.723.826.
714	양년	..314.115.216.251.272.283.515.616.651.	672.683.284.716.723.826.861.882.873.474.	275.176.751.354.311.
	음년	..314.115.216.251.272.283.515.616.651.	672.683.284.816.823.726.761.782.773.374.	175.276.711.314.351.
715	양년	..515.616.651.672.683.284.716.723.826.	861.882.873.474.275.176.751.354.311.332.	343.744.545.646.681.
	음년	..515.616.651.672.683.284.816.823.726.	761.782.773.374.175.276.711.314.351.372.	383.784.585.686.641.
716	양년	..716.723.826.861.882.873.474.275.176.	751.354.311.332.343.744.545.646.681.712.	515.532.543.144.345.
	음년	..816.823.726.761.782.773.374.175.276.	711.314.351.372.383.784.585.686.641.732.	535.512.523124.325.
721	양년	..721.324.361.382.373.774.575.676.631.	742.545.522.513.114.315.416.451.472.713.	314.115.216.251.272.
	음년	..761.364.321.342.333.734.535.636.671.	722.525.542.533.134.335.436.471.452.713.	314.115.216.251.272.
722	양년	..722.525.542.533.134.335.436.471.452.	713.314.115.216.251.272.324.125.226.261.	282.273.525.626.661.
	음년	..742.545.522.513.114.315.416.451.472.	713.314.115.216.251.272.324.125.226.261.	282.273.525.626.661.
723	양년	..713.314.115.216.251.272.324.125.226.	261.282.273.525.626.661.682.673.274.726.	713.816.851.872.883.
	음년	..713.314.115.216.251.272.324.125.226.	261.282.273.525.626.661.682.673.274.826.	813.716.751.772.783.
724	양년	..324.125.226.261.282.273.525.626.661.	682.673.274.726.713.816.851.872.883.484.	285.186.761.364.321.
	음년	..324.125.226.261.282.273.525.626.661.	682.673.274.826.813.716.751.772.783.384.	185.286.721.324.361.
725	양년	..525.626.661.682.673.274.726.713.816.	851.872.883.484.285.186.761.364.321.342.	333.734.535.636.671.
	음년	..525.626.661.682.673.274.826.813.716.	751.772.783.384.185.286.721.324.361.382.	373.774.575.676.631.
726	양년	..726.713.816.851.872.883.484.285.186.	761.364.321.342.333.734.535.636.671.722.	525.542.533.134.335.
	음년	..826.813.716.751.772.783.384.185.286.	721.324.361.382.373.774.575.676.631.742.	545.522.513.114.315.

원괘효	남녀	25세	26세	27세	28세	29세	30세	31세	32세	33세	34세	35세	36세	37세	38세	39세	40세	41세	42세	43세	44세	45세	46세	47세	48세
661	양년	321	342	333	865	882	685	586	541	522	513	114	315	566	521	542	533	134	335	264	221	624	825	726	761
	음년	321	342	333	665	682	885	786	741	722	713	314	115	566	521	542	533	134	335	664	621	224	425	326	361
662	양년	586	541	522	513	114	315	566	521	542	533	134	335	621	642	633	234	435	336	665	566	521	542	533	134
	음년	786	741	722	713	314	115	566	521	542	533	134	335	621	642	633	234	435	336	665	566	521	542	533	134
663	양년	533	134	335	621	642	633	234	435	336	682	885	862	853	454	255	156	111	132	566	553	656	611	632	643
	음년	533	134	335	621	642	633	234	435	336	662	865	882	873	474	275	176	131	112	666	653	556	511	532	543
664	양년	234	435	336	682	885	862	853	454	255	156	111	132	653	254	455	356	311	332	621	224	261	282	273	674
	음년	234	435	336	662	865	882	873	474	275	176	131	112	653	254	455	356	311	332	661	264	221	242	233	634
665	양년	853	454	255	156	111	132	653	254	455	356	311	332	264	465	366	321	342	333	662	653	254	455	356	311
	음년	873	474	275	176	131	112	653	254	455	356	311	332	264	465	366	321	342	333	662	653	254	455	356	311
666	양년	356	311	332	264	465	366	321	342	333	865	882	685	586	541	522	513	114	315	653	556	563	164	365	466
	음년	356	311	332	264	465	366	321	342	333	665	682	885	786	741	722	713	314	115	663	566	553	154	355	456
671	양년	331	312	323	875	852	655	556	511	532	543	144	345	576	531	512	523	124	325	364	321	724	525	626	661
	음년	331	312	323	675	652	855	756	711	732	743	344	145	576	531	512	523	124	325	764	721	324	125	226	261
672	양년	556	511	532	543	144	345	576	531	512	523	124	325	631	612	623	224	425	326	565	582	785	886	841	822
	음년	756	711	732	743	344	145	576	531	512	523	124	325	631	612	623	224	425	326	765	782	585	686	641	622
673	양년	576	531	512	523	124	325	631	612	623	224	425	326	652	663	264	465	366	321	766	721	742	733	334	135
	음년	576	531	512	523	124	325	631	612	623	224	425	326	652	663	264	465	366	321	766	721	742	733	334	135
674	양년	224	425	326	652	663	264	465	366	321	683	586	573	174	375	476	431	412	423	721	324	361	382	373	774
	음년	224	425	326	652	663	264	465	366	321	673	576	583	184	385	486	441	422	413	761	364	321	342	333	734
675	양년	465	366	321	683	586	573	174	375	476	431	412	423	274	475	376	331	312	323	762	753	354	155	256	211
	음년	465	366	321	673	576	583	184	385	486	441	422	413	274	475	376	331	312	323	762	753	354	155	256	211
676	양년	441	422	413	274	475	376	331	312	323	875	852	655	556	511	532	543	144	345	753	856	863	464	265	166
	음년	431	412	423	274	475	376	331	312	323	675	652	855	756	711	732	743	344	145	763	866	853	454	255	156
681	양년	685	662	865	766	721	742	733	334	135	586	541	522	513	114	315	864	821	424	225	126	161	182	173	574
	음년	885	862	665	566	521	542	533	134	335	586	541	522	513	114	315	464	421	824	625	526	561	582	573	174
682	양년	733	334	135	586	541	522	513	114	315	641	622	613	214	415	316	865	882	685	586	541	522	513	114	315
	음년	533	134	335	586	541	522	513	114	315	641	622	613	214	415	316	665	682	685	786	741	722	713	314	115
683	양년	513	114	315	641	622	613	214	415	316	662	653	254	455	356	311	866	853	756	711	732	743	344	145	246
	음년	513	114	315	641	622	613	214	415	316	662	653	254	455	356	311	766	753	856	811	832	843	444	245	146
684	양년	214	415	316	662	653	254	455	356	311	673	274	475	376	331	312	861	464	421	442	433	834	635	536	571
	음년	214	415	316	662	653	254	455	356	311	673	274	475	376	331	312	821	424	461	482	473	874	675	576	531
685	양년	455	356	311	673	274	475	376	331	312	284	485	386	341	322	313	862	853	454	255	156	111	873	474	275
	음년	455	356	311	673	274	475	376	331	312	284	485	386	341	322	313	862	853	454	255	156	111	873	474	275
686	양년	284	485	386	341	322	313	685	662	865	766	721	742	733	334	135	863	766	753	354	155	256	211	232	243
	음년	284	485	386	341	322	313	885	862	665	566	521	542	533	134	335	853	756	763	364	165	266	221	242	233
711	양년	161	182	173	314	115	216	251	272	283	515	616	651	672	683	284	816	823	726	761	782	773	374	175	276
	음년	151	172	183	314	115	216	251	272	283	515	616	651	672	683	284	716	723	826	861	882	873	474	275	176
712	양년	515	616	651	672	683	284	716	723	826	861	882	873	474	175	276	751	354	311	332	343	744	545	646	681
	음년	515	616	651	672	683	284	716	823	726	761	782	773	374	175	276	711	314	351	372	383	784	585	686	641
713	양년	761	782	773	374	175	276	711	314	351	372	383	784	585	686	641	732	535	512	523	124	325	426	461	482
	음년	861	882	873	474	275	176	751	354	311	332	343	744	545	646	681	712	515	532	543	144	345	446	481	462
714	양년	332	343	744	545	646	681	712	515	532	543	144	345	446	481	462	723	826	813	414	215	116	151	172	183
	음년	372	383	784	585	686	641	732	535	512	523	124	325	426	461	482	713	816	823	424	225	126	151	172	183
715	양년	712	515	532	543	144	345	446	481	462	723	826	813	414	215	116	151	172	183	314	115	216	251	272	283
	음년	732	535	512	523	124	325	426	461	482	713	816	823	424	225	126	161	182	173	314	115	216	251	272	283
716	양년	446	481	462	723	826	813	414	215	116	151	172	183	314	115	216	251	272	283	515	616	651	672	683	284
	음년	426	461	482	713	816	823	424	225	126	161	182	173	314	115	216	251	272	283	515	616	651	672	683	284
721	양년	324	125	226	261	282	273	525	626	661	682	673	274	726	713	816	851	872	883	484	285	186	274	475	376
	음년	324	125	226	261	282	273	525	626	661	682	673	274	826	813	716	751	772	783	384	185	286	274	475	376
722	양년	682	673	274	826	813	716	751	772	783	384	185	286	721	324	361	382	373	774	575	676	631	275	176	131
	음년	682	673	274	726	713	816	851	872	883	484	285	186	761	364	321	342	333	734	535	636	671	275	176	131
723	양년	484	285	186	761	364	321	342	333	734	535	636	671	722	525	542	533	134	335	436	471	452	276	283	186
	음년	384	185	286	721	324	361	382	373	774	575	676	631	742	545	522	513	114	315	416	451	472	276	183	286
724	양년	342	333	734	535	636	671	722	525	542	533	134	335	436	471	452	713	314	115	216	251	272	271	674	631
	음년	382	373	774	575	676	631	742	545	522	513	114	315	436	471	452	713	314	115	216	251	272	231	634	671
725	양년	722	525	542	533	134	335	436	471	452	713	314	115	216	251	272	324	125	226	261	282	273	272	475	452
	음년	742	545	522	513	114	315	436	451	472	713	314	115	216	251	272	324	125	226	261	282	273	252	455	472
726	양년	436	471	452	713	314	115	216	251	272	324	125	226	261	282	273	525	626	661	682	673	274	273	674	875
	음년	416	451	472	713	314	115	216	251	272	324	125	226	261	282	273	525	626	661	682	673	274	273	674	875

원괘효	남녀	49세	50세	51세	52세	53세	54세	55세	56세	57세	58세	59세	60세	61세	62세	63세	64세	65세	66세	67세	68세	69세	70세	71세	72세
661	양년	782	773	374	465	482	285	186	141	122	113	514	715	166	121	142	133	534	735	221	242	233	634	835	736
	음년	382	373	774	265	282	485	386	341	322	313	714	515	166	121	142	133	534	735	221	242	233	634	835	736
662	양년	766	721	742	433	334	135	821	842	833	434	235	136	862	665	682	673	274	475	376	331	312	853	454	255
	음년	766	721	742	433	334	135	821	842	833	434	235	136	882	685	662	653	254	455	356	311	332	853	454	255
663	양년	244	445	346	521	542	533	134	335	436	582	785	762	753	354	155	256	211	232	553	154	355	456	411	432
	음년	144	345	446	521	542	533	134	335	436	562	765	782	773	374	175	276	231	212	553	154	355	456	411	432
664	양년	875	776	731	642	845	822	813	414	215	116	152	172	613	214	415	316	351	372	224	425	326	361	382	373
	음년	835	736	771	622	825	842	833	434	235	136	171	152	613	214	415	316	351	372	224	425	326	361	382	373
665	양년	673	274	475	376	331	312	284	485	386	341	322	313	685	662	865	766	721	742	733	334	135	586	541	522
	음년	673	274	475	376	331	312	284	485	386	341	322	313	885	862	665	566	521	542	533	134	335	586	541	522
666	양년	421	442	433	254	455	356	311	332	343	855	872	675	576	531	512	523	124	325	556	511	532	543	144	345
	음년	411	432	443	254	455	356	311	332	343	655	672	875	776	731	712	723	324	125	556	511	532	543	144	345
671	양년	682	673	274	165	266	221	242	233	634	466	453	356	311	332	343	744	545	646	321	342	333	734	535	636
	음년	282	273	674	165	266	221	242	233	634	366	453	456	411	432	443	844	645	546	321	342	333	734	535	636
672	양년	813	414	215	666	653	556	511	532	543	144	345	446	521	542	533	134	335	436	562	765	782	773	374	175
	음년	613	214	415	566	553	656	611	632	643	244	445	346	521	542	533	134	335	436	582	785	762	753	354	155
673	양년	821	842	833	434	235	136	862	665	682	673	274	475	376	331	312	853	454	255	156	111	132	464	265	166
	음년	821	842	833	434	235	136	882	685	662	653	254	455	356	311	332	853	454	255	156	111	132	464	265	166
674	양년	575	676	631	742	545	522	513	114	315	416	451	472	713	314	115	216	251	272	324	125	226	261	282	273
	음년	535	636	671	722	525	542	533	134	335	436	471	452	713	314	115	216	251	272	324	125	226	261	282	273
675	양년	773	374	175	276	231	212	384	185	286	241	222	213	585	686	641	622	613	214	786	773	876	831	812	823
	음년	773	374	175	276	231	212	384	185	286	241	222	213	585	686	641	622	613	214	886	773	776	731	712	723
676	양년	121	142	133	354	155	256	211	232	243	555	656	611	632	643	244	856	863	766	721	742	733	334	135	236
	음년	111	132	143	354	155	256	211	232	243	555	656	611	632	643	244	756	763	866	821	842	833	434	235	136
681	양년	265	166	121	142	133	534	366	321	342	333	734	535	421	442	433	834	635	536	462	265	282	273	674	875
	음년	265	166	121	142	133	534	366	321	342	333	734	535	421	442	433	834	635	536	482	285	262	253	654	855
682	양년	566	521	542	533	134	335	621	642	633	234	435	336	662	865	882	873	474	275	176	131	112	653	254	455
	음년	566	521	542	533	134	335	621	642	633	234	435	336	682	885	862	853	454	255	156	111	132	653	254	455
683	양년	721	742	733	334	135	236	762	565	582	573	174	375	476	431	412	753	354	155	256	211	232	364	165	266
	음년	721	742	733	334	135	236	782	585	562	553	154	355	456	411	432	753	354	155	256	211	232	364	165	266
684	양년	822	625	642	633	234	435	336	371	352	813	414	215	116	151	172	424	225	126	161	182	173	625	526	561
	음년	842	645	622	613	214	415	316	351	372	813	414	215	116	151	172	424	225	126	161	182	173	625	526	561
685	양년	176	131	112	484	285	186	141	122	113	685	586	541	522	513	114	786	741	722	713	314	115	841	822	813
	음년	176	131	112	484	285	186	141	122	113	685	586	541	522	513	114	786	741	722	713	314	115	841	822	813
686	양년	454	255	156	111	132	143	655	556	511	532	543	144	756	711	732	743	344	145	811	832	843	444	245	146
	음년	454	255	156	111	132	143	655	556	511	532	543	144	756	711	732	743	344	145	811	832	43	444	245	146
711	양년	174	375	476	431	412	423	575	552	755	856	811	832	843	444	245	676	683	586	541	522	513	114	315	416
	음년	174	375	476	431	412	423	775	752	555	656	611	632	643	244	445	576	583	686	641	622	613	214	415	316
712	양년	175	276	231	212	223	624	376	383	486	441	422	413	814	615	516	331	312	323	724	525	626	352	363	764
	음년	175	276	231	212	223	624	476	483	386	341	322	313	714	515	616	331	312	323	724	525	626	352	363	764
713	양년	176	131	112	123	524	725	231	212	223	624	825	726	252	263	664	865	766	721	273	176	183	584	785	886
	음년	176	131	112	123	524	725	231	212	223	624	825	726	252	263	664	865	766	721	283	186	173	574	775	876
714	양년	131	534	571	552	563	164	365	466	421	112	123	524	725	826	861	143	246	233	634	835	736	771	752	763
	음년	171	574	531	512	523	124	325	426	461	112	123	524	725	826	861	133	236	243	644	845	746	781	762	753
715	양년	152	355	372	383	784	585	686	641	622	163	266	253	654	855	756	711	732	743	154	111	514	715	816	851
	음년	172	375	352	363	764	565	666	621	642	153	256	263	664	865	766	721	742	733	554	511	114	315	416	451
716	양년	173	574	775	876	831	812	184	141	544	745	846	881	862	853	454	385	362	165	266	221	242	233	634	835
	음년	173	574	775	876	831	812	584	541	144	345	446	481	462	453	854	185	162	365	466	421	442	433	834	635
721	양년	331	312	323	875	852	655	556	511	532	543	144	345	576	531	512	523	124	325	631	612	623	224	425	326
	음년	331	312	323	675	652	855	756	711	732	743	344	145	576	531	512	523	124	325	631	612	623	224	425	326
722	양년	112	123	524	376	331	312	323	724	525	431	412	423	824	625	526	452	463	864	665	566	521	483	386	373
	음년	112	123	524	376	331	312	323	724	525	431	412	423	824	625	526	452	463	864	665	566	521	473	376	383
723	양년	141	122	113	514	715	816	131	112	123	524	725	826	152	163	564	765	866	821	173	276	283	684	885	786
	음년	241	222	213	614	815	716	131	112	123	524	725	826	152	163	564	765	866	821	183	286	273	674	875	776
724	양년	612	623	224	425	326	361	212	223	624	825	726	761	233	136	143	544	745	846	881	862	853	634	671	274
	음년	652	663	264	465	366	321	212	223	624	825	726	761	243	146	133	534	735	836	871	852	863	234	271	674
725	양년	463	864	665	566	521	542	253	156	163	564	765	866	821	842	833	654	611	214	415	316	351	372	383	784
	음년	483	884	685	586	541	522	263	166	153	564	755	856	811	832	843	254	211	614	815	716	751	772	783	384
726	양년	776	731	712	684	641	244	445	346	381	362	353	754	285	262	465	366	321	342	333	734	535	186	141	122
	음년	776	731	712	284	241	644	845	746	781	762	753	354	485	462	265	166	121	142	133	534	735	186	141	122

원괘효	남녀	73세 74세 75세 76세 .77세 .78세 .79세	80세 81세 82세 83세 84세 85세 86세 87세 88세 .89세.	90세 91세 92세 93세 94세 .95세 96세
661	양년	..262.465.482.473.874.675.576.	531.512.253.654.855.756.711.732.	
	음년	..282.485.462.453.854.655.556.	511.532.253.654.855.756.711.732.	
662	양년	..156.111.132.464.265.166.121.	142.133.	
	음년	..156.111.132.464.265.166.121.	142.133.	
663	양년	..164.365.466.421.442.433.565.	582.785.886.841.822.813.414.215.	
	음년	..164.365.466.421.442.433.765.	782.585.686.641.622.613.214.415.	
664	양년	..625.642.845.746.781.762.753.	354.155.526.561.582.573.174.375.	
	음년	..825.842.645.546.581.562.553.	154.355.526.561.582.573.174.375.	
665	양년	..513.114.315.641.622.613.214.	415.316.	
	음년	..513.114.315.641.622.613.214.	415.316.	
666	양년	..611.632.643.244.445.346.652.	855.872.883.484.285.186.141.122.	
	음년	..611.632.643.244.445.346.672.	875.852.863.464.265.166.121.142.	
671	양년	..362.165.182.173.574.775.876.	831.812.353.754.555.656.611.632.	
	음년	..382.185.162.153.554.755.856.	811.832.353.754.555.656.611.632.	
672	양년	..276.231.212.553.154.355.456.	411.432.164.365.466.421.442.433.	
	음년	..256.211.232.553.154.355.456.	411.432.164.365.466.421.442.433.	
673	양년	..121.142,133.665.566.521.542.	533.134.	
	음년	..121.142,133.665.566.521.542.	533.134.	
674	양년	..525.626.661.682.673.274.726.	713.816.851.872.883.484.285.186.	
	음년	..525.626.661.682.673.274.826.	813.716.751.772.783.384.185.286.	
675	양년	..424.225.126.741.722.713.314.	115.216.	
	음년	..324.125.226.741.722.713.314.	115.216.	
676	양년	..711.732.743.344.145.246.752.	555.572.583.184.385.486.441.422.	
	음년	..711.732.743.344.145.246.772.	575.552.563.164.365.466.421.442.	
681	양년	..776.731.712.453.854.655.556.	511.532.	
	음년	..756.711.732.453.854.655.556.	511.532.	
682	양년	..356.311.332.264.465.366.321.	342.333.	
	음년	..356.311.332.264.465.366.321.	342.333.	
683	양년	..221.242.233.565.666.621.642.	633.234.	
	음년	..221.242.233.565.666.621.642.	633.234.	
684	양년	..582.573.174.726.761.782.773.	374.175.	
	음년	..582.573.174.726.761.782.773.	374.175.	
685	양년	..414.215.116.		
	음년	..414.215.116.		
686	양년	..852.655.672.683.284.485.386.	341.322	
	음년	..872.675.652.663.264.465.366.	321.342.	
711	양년	..531.512.523.124.325.426.552.	563.164.365.466.421.573.676.683.284.485.	386.341.322.313.
	음년	..531.512.523.124.325.426.552.	563.164.365.466.421.583.686.673.274.475.	376.331.312.323.
712	양년	..565.666.621.383.486.473.874.	675.576.531.512.523.374.331.734.535.636.	671.652.663.264.
	음년	..565.666.621.373.476.483.884.	685.586.541.522.513.774.731.334.135.236.	271.252.263.664.
713	양년	..841.822.813.674.631.234.435.	336.371.352.363.764.275.252.455.356.311.	332.343.744.545.
	음년	..831.812.823.274.231.634.835.	736.771.752.763.364.475.452.255.156.111.	132.143.544.745.
714	양년	..134.171.574.775.876.831.812.	823.424.335.312.115.216.251.272.283.684.	885.136.143.246.281.262.253.
	음년	..534.571.174.375.476.431.412.	423.824.135.112.315.416.451.472.483.884.	685.236.243.146.181.162.153.
715	양년	..872.883.484.355.372.175.276.	231.212.223.624.825.156.163.266.221.242.	233.634.835.736.111.132.143.
	음년	..472.483.884.155.172.375.476.	431.412.423.824.625.256.263.166.121.142.	133.534.735.836.111.132.143.
716	양년	..186.173.276.231.212.223.624.	825.726.141.122.113.514.715.816.162.153.	554.755.856.811.
	음년	..286.273.176.131.112.123.524.	725.826.141.122.113.514.715.816.162.153.	554.755.856.811.
721	양년	..652.663.264.465.366.321.673.	576.583.184.385.486.441.422.413.	
	음년	..652.663.264.465.366.321.683.	586.573.174.375.476.431.412.423.	
722	양년	..774.575.676.631.612.623.474.	431.834.635.536.571.552.563.164.	
	음년	..784.585.686.641.622.613.874.	831.434.235.136.171.152.163.564.	
723	양년	..741.722.713.574.531.134.335.	436.471.452.463.864.175.152.355.456.411.	432.443.844.645.
	음년	..731.712.723.174.131.534.735.	836.871.852.863.464.375.352.155.256.211.	232.243.644.845.
724	양년	..475.376.331.312.323.724.235.	212.415.316.351.372.383.784.585.136.171.	152.163.564.765.
	음년	..875.776.731.712.723.324.435.	412.215.116.151.172.183.584.785.136.171.	152.163.564.765.
725	양년	..255.272.475.376.331.312.323.	724.525.156.111.132.143.544.745.211.232.	243.644.845.746.
	음년	..455.472.275.176.131.112.123.	524.725.156.111.132.143.544.745.211.232.	243.644.845.746.
726	양년	..113.514.715.241.222.213.614.	815.716.262.253.654.855.756.711.	
	음년	..113.514.715.241.222.213.614.	815.716.262.253.654.855.756.711.	

원괘효	남녀	1세. 2세. 3세. 4세. 5세. 6세. 7세 8세 9세	10세.11세.12세.13세14세15세16세17세18세19세	20세21세22세.23세24세
731	양년.. 음년..	731.334.371.352.363.764.565.666.621. 771.374.331.312.323.724.525.626.661.	712.723.324.125.226.261.743.846.833.434. 712.723.324.125.226.261.733.836.843.444.	235.136.171.152.163. 245.146.181.162.153.
732	양년.. 음년..	712.723.324.125.226.261.733.836.843. 712.723.324.125.226.261.743.846.833.	444.245.146.181.162.153.334.135.236.271. 434.235.136.171.152.163.334.135.236.271.	252.263.535.636.671. 252.263.535.636.671.
733	양년.. 음년..	733.836.843.444.245.146.181.162.153. 743.846.833.434.235.136.171.152.163.	334.135.236.271.252.263.535.636.671.652. 334.135.236.271.252.263.535.636.671.652.	663.264.836.843.746. 663.264.736.743.846.
734	양년.. 음년..	334.135.236.271.252.263.535.636.671. 334.135.236.271.252.263.535.636.671.	652.663.264.736.743.846.881.862.853.454. 652.663.264.836.843.746.781.762.753.354.	255.156.771.374.331. 155.256.731.334.371.
735	양년.. 음년..	535.636.671.652.663.264.736.743.846. 535.636.671.652.663.264.836.843.746.	881.862.853.454.255.156.771.374.331.312. 781.762.753.354.155.256.731.334.371.352.	323.724.525.626.661. 363.764.565.666.621
736	양년.. 음년..	736.743.846.881.862.853.454.255.156. 836.843.746.781.762.753.354.155.256.	771.374.331.312.323.724.525.626.661.712. 731.334.371.352.363.764.565.666.621.712.	723.324.125.226.261. 723.324.125.226.261.
741	양년.. 음년..	741.344.381.362.353.754.555.656.611. 781.384.341.322.313.714.515.616.651.	722.713.314.115.216.251.733.334.135.236. 722.713.314.115.216.251.733.334.135.236.	271.252.344.145.246. 271.252.344.145.246.
742	양년.. 음년..	722.713.314.115.216.251.733.334.135. 722.713.314.115.216.251.733.334.135.	236.271.252.344.145.246.281.262.253.545. 236.271.252.344.145.246.281.262.253.545.	646.681.662.653.254. 646.681.662.653.254.
743	양년.. 음년..	733.334.135.236.271.252.344.145.246. 733.334.135.236.271.252.344.145.246.	281.262.253.545.646.681.662.653.254.746. 281.262.253.545.646.681.662.653.254.846.	733.836.871.852.863. 833.736.771.752.763.
744	양년.. 음년..	344.145.246.281.262.253.545.646.681. 344.145.246.281.262.253.545.646.681.	662.653.254.746.733.836.871.852.863.464. 662.653.254.846.833.736.771.752.763.364.	265.166.781.384.341. 165.266.741.344.381.
745	양년.. 음년..	545.646.681.662.653.254.746.733.836. 545.646.681.662.653.254.846.833.746.	871.852.863.464.265.166.781.384.341.322. 771.752.763.364.165.266.781.384.341.322.	313.714.515.616.651. 313.714.515.616.651.
746	양년.. 음년..	746.733.836.871.852.863.464.265.166. 846.833.736.771.752.763.364.165.266.	781.384.341.322.313.714.515.616.651.722. 741.344.381.362.353.754.555.656.611.722.	713.314.115.216.251. 713.314.115.216.251.
751	양년.. 음년..	711.732.743.344.145.246.752.555.572. 711.732.743.344.145.246.772.575.552.	583.184.385.486.441.422.763.866.853.454. 563.164.365.466.421.442.753.856.863.464.	255.156.111.132.143. 265.166.121.142.133.
752	양년.. 음년..	752.555.572.583.184.385.486.441.422. 772.575.552.563.164.365.466.421.442.	763.866.853.454.255.156.111.132.143.354. 753.856.863.464.265.166.121.142.133.354.	155.256.211.232.243. 155.256.211.232.243.
753	양년.. 음년..	753.856.863.464.265.166.121.142.133. 763.866.853.454.255.156.111.132.143.	354.155.256.211.232.243.555.656.611.632. 354.155.256.211.232.243.555.656.611.632.	643.244.856.863.766. 643.244.756.763.866.
754	양년.. 음년..	354.155.256.211.232.243.555.656.611. 354.155.256.211.232.243.555.656.611.	632.643.244.756.763.866.821.842.833.434. 632.643.244.856.863.766.721.742.733.334.	235.136.711.732.743. 135.236.711.732.743.
755	양년.. 음년..	555.656.611.632.643.244.756.763.866. 555.656.611.632.643.244.856.863.766.	821.842.833.434.235.136.711.732.743.344. 721.742.733.334.135.236.711.732.743.344.	145.246.772.575.552. 145.246.752.575.572.
756	양년.. 음년..	756.763.866.821.842.833.434.235.136. 856.863.766.721.742.733.334.135.236.	711.732.743.344.145.246.772.575.552.563. 711.732.743.344.145.246.752.555.572.583.	164.365.466.421.422. 184.385.486.441.422.
761	양년.. 음년..	721.742.733.334.135.236.762.565.582. 721.742.733.334.135.236.782.585.562.	573.174.375.476.431.412.753.354.155.256. 553.154.355.456.411.432.753.354.155.256.	211.232.364.165.266. 211.232.364.165.266.
762	양년.. 음년..	762.565.582.573.174.375.476.431.412. 782.585.562.553.154.355.456.411.432.	753.354.155.256.211.232.364.165.266.221. 753.354.155.256.211.232.364.165.266.221.	242.233.565.666.621. 242.233.565.666.621.
763	양년.. 음년..	753.354.155.256.211.232.364.165.266. 753.354.155.256.211.232.364.165.266.	221.242.233.565.666.621.642.633.234.766. 221.242.233.565.666.621.642.633.234.866.	753.856.811.832.843. 853.756.711.732.743.
764	양년.. 음년..	364.165.266.221.242.233.565.666.621. 364.165.266.221.242.233.565.666.621.	642.633.234.766.753.865.811.832.843.444. 642.633.234.866.853.756.711.732.743.344.	345.146.721.742.733. 145.246.721.742.733.
765	양년.. 음년..	565.666.621.642.633.234.766.753.865. 565.666.621.642.633.234.866.853.756.	811.832.843.444.345.146.721.742.733.334. 711.732.743.344.145.246.721.742.733.334.	135.236.782.585.562. 135.236.762.565.582.
766	양년.. 음년..	766.753.856.811.832.843.444.245.146. 866.853.756.711.732.743.344.145.246.	721.742.733.334.135.236.782.585.562.553. 721.742.733.334.135.236.762.565.582.573.	154.355.456.411.432. 174.375.476.431.412.
771	양년.. 음년..	731.712.723.324.125.226.752.763.364. 731.712.723.324.125.226.752.763.364.	165.266.221.773.876.883.484.285.186.141. 165.266.221.783.886.873.474.275.176.131.	122.113.374.175.276. 112.123.374.175.276.
772	양년.. 음년..	752.763.364.165.266.221.773.876.883. 752.763.364.165.266.221.783.886.873.	484.285.186.141.122.113.374.175.276.231. 474.275.176.131.112.123.374.175.276.231.	212.223.575.676.631. 212.223.575.676.631.
773	양년.. 음년..	773.876.883.484.285.186.141.122.113. 783.886.873.474.275.176.131.112.123.	374.175.276.231.212.223.575.676.631.612. 374.175.276.231.212.223.575.676.631.612.	623.224.876.883.786. 623.224.776.783.886.
774	양년.. 음년..	374.175.276.231.212.223.575.676.631. 374.175.276.231.212.223.575.676.631.	612.623.224.776.783.886.841.822.813.414. 612.623.224.876.883.786.741.722.713.314.	215.116.731.712.723. 115.216.731.712.723.
775	양년.. 음년..	575.676.631.612.623.224.776.783.886. 575.676.631.612.623.224.876.883.786.	841.822.813.414.215.116.731.712.723.324. 741.722.713.314.115.216.731.712.723.324.	125.226.752.763.364. 125.226.752.763.364.
776	양년.. 음년..	776.783.886.841.822.813.414.215.116. 876.883.786.741.722.713.314.115.216.	731.712.723.324.125.226.752.763.364.165. 731.712.723.324.125.226.752.763.364.165.	266.221.783.886.873. 266.221.773.876.883.

원괘효	남녀	25세	26세	27세	28세	29세	30세	31세	32세	33세	34세	35세	36세	37세	38세	39세	40세	41세	42세	43세	44세	45세	46세	47세	48세
731	양년	334.	135.	236.	271.	252.	263.	535.	636.	671.	652.	663.	264.	736.	743.	846.	881.	862.	853.	454.	255.	156.	374.	175.	276.
	음년	334.	135.	236.	271.	252.	263.	535.	636.	671.	652.	663.	264.	836.	843.	746.	781.	762.	753.	354.	155.	256.	374.	175.	276.
732	양년	652.	663.	264.	836.	843.	746.	781.	762.	753.	354.	155.	256.	731.	334.	371.	352.	363.	764.	565.	666.	621.	375.	352.	155.
	음년	652.	663.	264.	736.	743.	846.	881.	862.	853.	454.	255.	156.	771.	374.	331.	312.	323.	724.	525.	626.	661.	175.	152.	355.
733	양년	781.	762.	753.	354.	155.	256.	731.	334.	371.	352.	363.	764.	565.	666.	621.	712.	723.	324.	125.	226.	261.	376.	331.	312.
	음년	881.	862.	853.	454.	255.	156.	771.	374.	331.	312.	323.	724.	525.	626.	661.	712.	723.	324.	125.	226.	261.	376.	331.	312.
734	양년	352.	363.	764.	565.	666.	621.	712.	723.	324.	125.	226.	261.	733.	836.	843.	444.	245.	146.	181.	162.	153	371.	774.	731.
	양년	312.	323.	724.	525.	626.	661.	712.	723.	324.	125.	226.	261.	743.	846.	833.	434.	235.	136.	171.	152.	163.	331.	734.	771.
735	양년	712.	723.	324.	125.	226.	261.	733.	836.	843.	444.	245.	146.	181.	162.	153.	334.	135.	236.	271.	252.	263.	372.	175.	152.
	음년	712.	723.	324.	125.	226.	261.	743.	846.	833.	434.	235.	136.	171.	152.	163.	334.	135.	236.	271.	252.	263.	352.	155.	172.
736	양년	733.	836.	843.	444.	245.	146.	181.	162.	153.	334.	135.	236.	271.	252.	263.	535.	636.	671.	652.	663.	264.	373.	774.	575.
	음년	743.	846.	833.	434.	235.	136.	171.	152.	163.	334.	135.	236.	271.	252.	263.	535.	636.	671.	652.	663.	264.	373.	774.	575.
741	양년	281.	262.	253.	545.	646.	681.	662.	653.	254.	846.	833.	736.	771.	752.	763.	364.	165.	266.	474.	275.	176.	131.	112.	123.
	음년	281.	262.	253.	545.	646.	681.	662.	653.	254.	746.	733.	836.	871.	852.	863.	464.	265.	166.	474.	275.	176.	131.	112.	123.
742	양년	746.	733.	836.	871.	852.	863.	464.	265.	166.	781.	384.	341.	322.	313.	714.	515.	616.	651.	275.	252.	455.	356.	311.	332.
	음년	846.	833.	736.	771.	752.	763.	364.	165.	266.	741.	344.	381.	362.	353.	754.	555.	656.	611.	475.	452.	255.	156.	111.	132.
743	양년	464.	265.	166.	781.	384.	341.	322.	313.	714.	515.	616.	651.	722.	713.	314.	115.	216.	251.	376.	383.	486.	441.	422.	413.
	음년	364.	165.	266.	741.	344.	381.	362.	353.	754.	555.	656.	611.	722.	713.	314.	115.	216.	251.	476.	483.	386.	341.	322.	313.
744	양년	322.	313.	714.	515.	616.	651.	722.	713.	314.	115.	216.	251.	733.	334.	135.	236.	271.	252.	431.	834.	871.	852.	863.	464.
	음년	362.	353.	754.	555.	656.	611.	722.	713.	314.	115.	216.	251.	733.	334.	135.	236.	271.	252.	471.	874.	831.	812.	823.	424.
745	양년	722.	713.	314.	115.	216.	251.	733.	334.	135.	236.	271.	252.	344.	145.	246.	281.	262.	253.	452.	255.	272.	283.	684.	885.
	음년	722.	713.	314.	115.	216.	251.	733.	334.	135.	236.	271.	252.	344.	145.	246.	281.	262.	253.	472.	275.	252.	263.	664.	865.
746	양년	733.	334.	135.	236.	271.	252.	344.	145.	246.	281.	262.	253.	545.	646.	681.	662.	653.	254.	473.	874.	675.	576.	531.	512.
	음년	733.	334.	135.	236.	271.	252.	344.	145.	246.	281.	262.	253.	545.	646.	681.	662.	653.	254.	473.	874.	675.	576.	531.	512.
751	양년	354.	155.	256.	211.	232.	243.	555.	656.	611.	632.	643.	244.	756.	763.	866.	821.	842.	833.	434.	235.	136.	574.	531.	134.
	음년	354.	155.	256.	211.	232.	243.	555.	656.	611.	632.	643.	244.	856.	863.	766.	721.	742.	733.	334.	135.	236.	174.	131.	534.
752	양년	555.	656.	611.	632.	643.	244.	756.	763.	866.	821.	842.	833.	434.	235.	136.	711.	732.	743.	344.	145.	246.	575.	676.	631.
	음년	555.	656.	611.	632.	643.	244.	856.	863.	766.	721.	742.	733.	334.	135.	236.	711.	732.	743.	344.	145.	246.	575.	676.	631.
753	양년	721.	742.	733.	334.	135.	236.	711.	732.	743.	344.	145.	246.	752.	555.	572.	583.	184.	385.	486.	441.	422.	576.	531,	512.
	음년	821.	842.	833.	434.	235.	136.	711.	732.	743.	344.	145.	246.	772.	575.	552.	563.	164.	365.	466.	421.	442.	576.	531,	512.
754	양년	344.	145.	246.	772.	575.	552.	563.	164.	365.	466.	421.	442.	753.	856.	863.	464.	265.	166.	121.	142.	133.	571.	174.	131.
	음년	344.	145.	246.	752.	555.	572.	583.	184.	385.	486.	441.	422.	763.	866.	853.	454.	255.	156.	111.	132.	143.	531.	134.	171.
755	양년	563.	164.	365.	466.	421.	442.	753.	856.	863.	464.	265.	166.	121.	142.	133.	354.	155.	256.	211.	232.	243.	572.	775.	752.
	음년	583.	184.	385.	486.	441.	422.	763.	866.	853.	454.	255.	156.	111.	132.	143.	354.	155.	256.	211.	232.	243.	552.	755.	772.
756	양년	753.	856.	863.	464.	265.	166.	121.	142.	133.	354.	155.	256.	211.	232.	243.	555.	656.	611.	632.	643.	244.	573.	174.	375.
	음년	763.	866.	853.	454.	255.	156.	111.	132.	143.	354.	155.	256.	211.	232.	243.	555.	656.	611.	632.	643.	244.	573.	174.	375.
761	양년	221.	242.	233.	565.	666.	621.	642.	633.	234.	866.	853.	756.	711.	732.	743.	344.	145.	246.	274.	231.	634.	835.	736.	771.
	음년	221.	242.	233.	565.	666.	621.	642.	633.	234.	766.	753.	865.	811.	832.	843.	444.	345.	146.	674.	631.	234.	435.	336.	371.
762	양년	642.	633.	234.	866.	853.	756.	711.	732.	743.	344.	145.	246.	721.	742.	733.	334.	135.	236.	675.	576.	531.	512.	523.	124.
	음년	642.	633.	234.	766.	753.	865.	811.	832.	843.	444.	345.	146.	721.	742.	733.	334.	135.	236.	675.	576.	531.	512.	523.	124.
763	양년	444.	245.	146.	721.	742.	733.	334.	135.	236.	782.	585.	562.	553.	154.	355.	456.	411.	432.	576.	583.	686.	641.	622.	613.
	음년	344.	145.	246.	721.	742.	733.	334.	135.	236.	762.	565.	582.	573.	174.	375.	476.	431.	412.	676.	683.	586.	541.	522.	513.
764	양년	334.	135.	236.	782.	585.	562.	553.	154.	355.	456.	411.	432.	753.	354.	155.	256.	211.	232.	631.	234.	271.	252.	263.	664.
	음년	334.	135.	236.	762.	565.	582.	573.	174.	375.	476.	431.	412.	753.	354.	155.	256.	211.	232.	671.	274.	231.	212.	223.	624.
765	양년	553.	154.	355.	456.	411.	432.	753.	354.	155.	256.	211.	232.	364.	165.	266.	221.	242.	233.	652.	855.	872.	883.	484.	285.
	음년	573.	174.	375.	476.	431.	412.	753.	354.	155.	256.	211.	232.	364.	165.	266.	221.	242.	233.	672.	875.	852.	863.	464.	265.
766	양년	753.	354.	155.	256.	211.	232.	364.	165.	266.	221.	242.	233.	565.	666.	621.	642.	633.	234.	673.	274.	475.	376.	331.	312.
	음년	753.	354.	155.	256.	211.	232.	364.	165.	266.	221.	242.	233.	565.	666.	621.	642.	633.	234.	673.	274.	475.	376.	331.	312.
771	양년	231.	212.	223.	575.	676.	631.	612.	623.	224.	876.	883.	786.	741.	722.	713.	314.	115.	216.	374.	331.	734.	535.	636.	671.
	음년	231.	212.	223.	575.	676.	631.	612.	623.	224.	776.	783.	886.	841.	822.	813.	414.	215.	116.	774.	731.	334.	135.	236.	271.
772	양년	612.	623.	224.	876.	883.	786.	741.	722.	713.	314.	115.	216.	731.	712.	723.	324.	125.	226.	575.	552.	755.	856.	811.	832.
	음년	612.	623.	224.	776.	783.	886.	841.	822.	813.	414.	215.	116.	731.	712.	723.	324.	125.	226.	775.	752.	555.	656.	611.	632.
773	양년	741.	722.	713.	314.	115.	216.	731.	712.	723.	324.	125.	226.	752.	763.	364.	165.	266.	221.	776.	731.	712.	723.	324.	125.
	음년	841.	822.	813.	414.	215.	116.	731.	712.	723.	324.	125.	226.	752.	763.	364.	165.	266.	221.	776.	731.	712.	723.	324.	125.
774	양년	324.	125.	226.	752.	763.	364.	165.	266.	221.	783.	886.	873.	474.	275.	176.	131.	112.	123.	731.	334.	371.	352.	363.	764.
	음년	324.	125.	226.	752.	763.	364.	165.	266.	221.	773.	876.	883.	484.	285.	186.	141.	122.	113.	771.	374.	331.	312.	323.	724.
775	양년	165.	266.	221.	783.	886.	873.	474.	275.	176.	131.	112.	123.	374.	175.	276.	231.	212.	223.	752.	555.	572.	583.	184.	385.
	음년	165.	266.	221.	773.	876.	883.	484.	285.	186.	141.	122.	113.	374.	175.	276.	231.	212.	223.	772.	575.	552.	563.	164.	365.
776	양년	474.	275.	176.	131.	112.	123.	374.	175.	276.	231.	212.	223.	575.	676.	631.	612.	623.	224.	773.	374.	175.	276.	231.	212.
	음년	484.	285.	186.	141.	122.	113.	374.	175.	276.	231.	212.	223.	575.	676.	631.	612.	623.	224.	773.	374.	175.	276.	231.	212.

원괘효	남녀	49세	50세 51세 52세 53세 .54세 55세 .56세 57세 58세 .59세 .	60세 61세 62세 63세 64세 65세 66세 67세 68세 .69세	70세 .71세 72세
731	양년	..231.	212.223.575.676.631.612.623.224.876.883.	786.741.722.713.314.115.216.731.712.723.	324.125.226.
	음년	..231.	212.223.575.676.631.612.623.224.776.783.	886.841.822.813.414.215.116.731.712.723.	324.125.226.
732	양년	..256.	211.232.243.644.845.176.183.286.241.222.	213.614.815.716.131.112.123.524.725.826.	152.163.564.
	음년	..456.	411.432.443.844.645.276.283.186.141.122.	113.514.715.816.131.112.123.524.725.826.	152.163.564.
733	양년	..323.	724.525.431.412.423.824.625.526.452.463.	864.665.566.521.483.386.373.774.575.676.	631.612.623.
	음년	..323.	724.525.431.412.423.824.625.526.452.463.	864.665.566.521.473.376.383.784.585.686.	641.622.613.
734	양년	..712.	723.324.125.226.261.312.323.724.525.626.	661.333.436.443.844.645.546.581.562.553.	734.771.374.
	음년	..752.	763.364.165.266.221.312.323.724.525.626.	661.343.446.433.834.635.536.571.552.563.	334.371.774.
735	양년	..163.	564.765.866.821.842.353.456.463.864.665.	566.521.542.533.754.711.314.115.216.251.	272.283.684.
	음년	..183.	584.785.886.841.822.363.466.453.854.655.	556.511.532.543.354.311.714.515.616.651.	672.683.284.
736	양년	..676.	631.612.784.741.344.145.246.281.262.253.	654.185.286.241.222.213.614.386.373.476.	431.412.423.
	음년	..676.	631.612.384.341.744.545.646.681.662.653.	254.185.286.241.222.213.614.486.473.376.	331.312.323.
741	양년	..675.	576.531.512.523.124.776.731.712.723.324.	125.831.812.823.424.225.126.852.863.464.	265.166.121.
	음년	..675.	576.531.512.523.124.776.731.712.723.324.	125.831.812.823.424.225.126.852.863.464.	265.166.121.
742	양년	..343.	744.545.176.131.112.123.524.725.231.212.	223.624.825.726.252.263.664.865.766.721.	283.186.173.
	음년	..143.	544.745.176.131.112.123.524.725.231.212.	223.624.825.726.252.263.664.865.766.721.	273.176.183.
743	양년	..814.	615.516.331.312.323.724.525.626.352.363.	764.564.666.621.383.486.473.874.675.576.	531.512.523.
	음년	..714.	515.616.331.312.323.724.525.626.352.363.	764.564.666.621.373.476.483.884.685.586.	541.522.513.
744	양년	..265.	166.121.412.423.824.625.526.561.443.346.	333.734.535.636.671.652.663.434.471.874.	675.576.531.
	음년	..225.	126.161.412.423.824.625.526.561.433.336.	343.744.545.646.681.662.653.834.871.474.	275.176.131.
745	양년	..786.	741.722.463.366.353.754.555.656.611.632.	643.454.411.814.615.516.551.572.583.184.	255.156.111.
	음년	..766.	721.742.453.356.363.764.565.666.621.642.	633.854.811.414.215.116.151.172.183.584.	255.156.111.
746	양년	..484.	441.844.645.546.581.562.553.154.285.186.	141.122.113.514.386.341.322.313.714.515.	441.422.413.
	음년	..884.	841.444.245.146.181.162.153.554.285.186.	141.122.884.841.444.245.146.313.714.515.	441.422.413.
751	양년	..335.	436.471.452.463.864.175.152.355.456.411.	432.443.844.645.276.283.186.141.122.113.	614.815.716.
	음년	..735.	836.871.852.863.464.375.352.155.256.211.	232.243.644.845.176.183.286.241.222.213.	614.815.716.
752	양년	..612.	623.224.876.883.786.741.722.713.314.115.	216.731.712.723.324.125.226.752.763.364.	165.266.221.
	음년	..612.	623.224.776.783.886.841.822.813.414.215.	116.731.712.723.324.125.226.752.763.364.	165.266.221.
753	양년	..523.	124.325.631.612.623.224.425.326.652.663.	264.465.366.321.683.586.573.174.375.476.	431.412.423.
	음년	..523.	124.325.631.612.623.224.425.326.652.663.	264.465.366.321.673.576.583.184.385.486.	441.422.413.
754	양년	..112.	123.524.725.826.861.512.523.124.325.426.	461.533.636.643.244.445.346.381.362.353.	134.335.436.
	음년	..152.	163.564.765.866.821.512.523.124.325.426.	461.543.646.633.234.435.336.371.352.363.	134.335.436.
755	양년	..763.	364.165.266.221.242.553.656.663.264.465.	366.321.342.333.154.355.456.411.432.443.	755.772.575.
	음년	..783.	384.185.286.241.222.563.666.653.254.455.	356.311.332.343.154.355.456.411.432.443.	555.572.775.
756	양년	..476.	431.412.184.385.486.441.422.413.785.762.	565.666.621.642.633.234.435.586.573.676.	631.612.623.
	음년	..476.	431.412.184.385.486.441.422.413.585.562.	765.866.821.842.833.434.235.686.673.576.	531.512.523.
761	양년	..752.	763.364.475.452.255.156.111.132.143.544.	745.176.131.112.123.524.725.231.212.223.	624.825.726.
	음년	..352.	363.764.275.252.455.356.311.332.343.744.	545.176.131.112.123.524.725.231.212.223.	624.825.726.
762	양년	..776.	731.712.723.324.125.831.812.823.424.225.	126.852.863.464.265.166.121.873.776.783.	384.185.286.
	음년	..776.	731.712.723.324.125.831.812.823.424.225.	126.852.863.464.265.166.121.883.786.773.	374.175.276.
763	양년	..214.	415.316.531.512.523.124.325.426.552.563.	164.365.466.421.583.686.673.274.475.376.	331.312.323.
	음년	..114.	315.416.531.512.523.124.325.426.552.563.	164.365.466.421.573.676.683.284.485.386.	341.322.313.
764	양년	..865.	766.721.612.623.224.425.326.361.643.546.	533.134.335.436.471.452.463.234.435.336.	371.352.363.
	음년	..825.	726.761.612.623.224.425.326.361.633.536.	543.144.345.446.481.462.453.234.435.336.	371.352.363.
765	양년	..186.	141.122.663.566.553.154.355.456.411.432.	443.254.455.356.311.332.343.655.672.875.	776.731.712.
	음년	..166.	121.142.653.556.563.164.365.466.421.442.	433.254.455.356.311.332.343.855.872.675.	576.531.512.
766	양년	..284.	485.386.341.322.313.685.662.865.766.721.	742.733.334.135.586.541.522.513.114.315.	641.622.613.
	음년	..284.	485.386.341.322.313.885.862.665.566.521.	542.533.134.335.586.541.522.513.114.315.	641.622.613.
771	양년	..652.	663.264.175.276.231.212.223.624.476.483.	386.341.322.313.714.515.616.331.312.323.	724.525.626.
	음년	..252.	263.664.175.276.231.212.223.624.376.383.	486.441.422.413.814.615.516.331.312.323.	724.525.626.
772	양년	..843.	444.245.676.683.586.541.522.513.114.315.	416.531.512.523.124.325.426.552.563.164.	365.466.421.
	음년	..643.	244.445.576.583.686.641.622.613.214.415.	316.531.512.523.124.325.426.552.563.164.	365.466.421.
773	양년	..831.	812.823.424.225.126.852.863.464.265.166.	121.873.776.783.384.185.286.241.222.213.	474.375.176.
	음년	..831.	812.823.424.225.126.852.863.464.265.166.	121.883.786.773.374.175.276.231.212.223.	474.375.176.
774	양년	..565.	666.621.712.723.324.125.226.261.743.846.	833.434.235.136.171.152.163.334.135.236.	271.252.263.
	음년	..525.	626.661.712.723.324.125.226.261.733.836.	843.444.245.146.181.162.153.334.135.236.	271.252.263.
775	양년	..486.	441.422.763.866.853.454.255.156.111.132.	143.354.155.256.211.232.243.555.656.611.	632.643.244.
	음년	..466.	421.442.753.856.863.464.265.166.121.142.	133.354.155.256.211.232.243.555.656.611.	632.643.244.
776	양년	..384.	185.286.241.222.213.585.686.641.622.613.	214.786.773.876.831.812.823.424.225.126.	741.722.713.
	음년	..384.	185.286.241.222.213.585.686.641.622.613.	214.886.873.776.731.712.723.324.125.226.	741.722.713.

원괘효	남녀	73세74세75세76세.77세.78세.79세	80세81세82세83세84세85세86세87세88세.89세.	90세91세92세93세94세.95세96세
731	양년 음년	..752.763.364.165.266.221.773. ..752.763.364.165.266.221.783.	876.883.484.285.186.141.122.113. 886.873.474.275.176.131.112.123.	
732	양년 음년	..765.866.821.183.286.273.674. ..765.866.821.173.276.283.684.	875.776.731.712.723.174.131.534.735.836. 885.786.741.722.713.574.531.134.335.436.	871.852.863.464. 471.452.463.864.
733	양년 음년	..474.431.834.635.536.571.552. ..874.831.434.235.136.171.152.	563.164.275.176.131.112.123.524. 163.564.275.176.131.112.123.524.	
734	양년 음년	..175.276.231.212.223.624.135. ..575.676.631.612.623.224.135.	236.271.252.263.664.336.343.446.481.462. 236.271.252.263.664.436.443.346.381.362.	453.854.655.556. 353.754.555.656.
735	양년 양년	..155.256.211.232.243.644.356. ..155.256.211.232.243.644.456.	363.466.421.442.433.834.635.536.311.332. 463.366.321.342.333.734.535.636.311.332.	343.744.545.646. 343.744.545.646.
736	양년 음년	..824.625.526.341.322.313.714. ..724.525.626.341.322.313.714.	515.616.362.353.754.555.656.611. 515.616.362.353.754.555.656.611.	
741	양년 음년	..873.776.783.384.185.286.241. ..883.786.773.374.175.276.231.	222.213. 212.223.	
742	양년 음년	..574.775.876.831.812.823.274. ..584.785.886.841.822.813.674.	231.634.835.736.771.752.763.364. 631.234.435.336.371.352.363.764.	
743	양년 음년	..374.331.734.535.636.671.652. ..774.731.334.135.236.271.252.	663.264.175.276.231.212.223.624. 263.664.175.276.231.212.223.624.	
744	양년 음년	..512.523.124.235.136.171.152. ..112.123.524.235.136.171.152.	163.564.336.371.352.363.764.565. 163.564.336.371.352.363.764.565.	
745	양년 음년	..132.143.544.356.311.332.343. ..132.143.544.356.311.332.343.	744.545.411.432.443.844.645.546. 744.545.411.432.443.844.645.546.	
746	양년 음년	..814.615.516.462.453.854.655. ..814.615.516.462.453.854.655.	556.511. 556.511.	
751	양년 음년	..131.112.123.524.725.826.152. ..131.112.123.524.725.826.152.	163.564.765.866.821.173.276.283.684.885. 163.564.765.866.821.183.286.273.674.875.	786.741.722.713. 776.731.712.723.
752	양년 음년	..773.876.883.484.285.186.141. ..783.886.873.474.275.176.131.	122.113.374.175.276.231.212.223. 112.123.374.175.276.231.212.223.	
753	양년 음년	..274.475.376.331.312.323.675. ..274.475.376.331.312.323.875.	652.855.756.711.732.743.344.145. 852.655.556.511.532.543.144.345.	
754	양년 음년	..471.452.463.735.712.515.616. ..471.452.463.535.512.715.816.	651.672.683.284.485.536.543.646.681.662. 851.872.883.484.285.636.643.546.581.561.	653.254.455.356. 553.154.355.456.
755	양년 음년	..676.631.612.623.224.425.556. ..876.831.812.823.424.225.656.	563.666.621.642.633.234.435.336.511.532. 663.566.521.542.533.134.335.436.511.532.	543.144.345.446. 543.144.345.446.
756	양년 음년	..224.425.326.541.522.513.114. ..124.325.426.541.522.513.114.	315.416.562.553.154.355.456.411. 315.416.562.553.154.355.456.411.	
761	양년 음년	..252.263.664.865.766.721.273. ..252.263.664.865.766.721.283.	176.183.584.785.886.841.822.813. 186.173.574.775.876.831.812.823.	
762	양년 음년	..241.222.213.474.375.176.131. ..231.212.223.474.375.176.131.	112.123. 112.123.	
763	양년 음년	..174.375.476.431.412.423.575. ..174.375.476.431.412.423.775.	552.755.856.811.832.843.444.245. 752.555.656.611.632.643.244.445.	
764	양년 음년	..835.812.615.516.551.572.583. ..635.612.815.716.751.772.783.	184.385.536.571.552.563.164.365. 384.185.536.571.552.563.164.365.	
765	양년 음년	..723.324.125.556.511.532.543. ..523.124.325.556.511.532.543.	144.345.611.632.643.244.445.346. 144.345.611.632.643.244.445.346.	
766	양년 음년	..214.415.316.662.653.254.455. ..214.415.316.662.653.254.455.	356.311. 356.311.	
771	양년 음년	..352.363.764.564.666.621.373. ..352.363.764.564.666.621.383.	476.483.884.685.586.541.522.513. 486.473.874.675.576.531.512.523.	
772	양년 음년	..573.676.683.284.485.386.341. ..583.686.673.274.475.376.331.	322.313.174.375.476.431.412.423. 312.323.174.375.476.431.412.423.	
773	양년 음년	..131.112.123.675.576.531.512. ..131.112.123.675.576.531.512.	523.124. 523.124.	
774	양년 음년	..535.636.671.652.663.264.736. ..535.636.671.652.663.264.836.	743.846.881.862.853.454.255.156. 843.746.781.762.753.354.155.256.	
775	양년 음년	..756.763.866.821.842.833.434. ..856.863.766.721.742.733.334.	235.136.711.732.743.344.145.246. 135.236.711.732.743.344.145.246.	
776	양년 음년	..314.115.216.762.753.354.155. ..314.115.216.762.753.354.155.	256.211. 256.211.	

원괘효	남녀	1세. 2세. 3세. 4세. 5세. 6세. 7세. 8세. 9세. 10세.11세.12세.13세14세15세16세17세18세19세 20세21세22세.23세24세
781	양년	..741.722.713.314.115.216.762.753.354. 155.256.211.773.374.175.276.231.212.384. 185.286.241.222.213.
	음년	..741.722.713.314.115.216.762.753.354. 155.256.211.773.374.175.276.231.212.384. 185.286.241.222.213.
782	양년	..762.753.354.155.256.211.773.374.175. 276.231.212.384.185.286.241.222.213.585. 686.641.622.613.214.
	음년	..762.753.354.155.256.211.773.374.175. 276.231.212.384.185.286.241.222.213.585. 686.641.622.613.214.
783	양년	..773.374.175.276.231.212.384.185.286. 241.222.213.585.686.641.622.613.214.786. 773.876.831.812.823.
	음년	..773.374.175.276.231.212.384.185.286. 241.222.213.585.686.641.622.613.214.886. 873.776.731.712.723.
784	양년	..384.185.286.241.222.213.585.686.641. 622.613.214.786.773.876.831.812.823.424. 225.126.741.722.713.
	음년	..384.185.286.241.222.213.585.686.641. 622.613.214.886.873.776.731.712.723.324. 125.226.741.722.713.
785	양년	..585.686.641.622.613.214.786.773.876. 831.812.823.424.225.126.741.722.713.314. 115.216.762.753.354.
	음년	..585.686.641.622.613.214.886.873.776. 731.712.723.324.125.226.741.722.713.314. 115.216.762.753.354.
786	양년	..786.773.876.831.812.823.424.225.126. 741.722.713.314.115.216.762.753.354.155. 256.211.773.374.175.
	음년	..886.873.776.731.712.723.324.125.226. 741.722.713.314.115.216.762.753.354.155. 256.211.773.374.175.
811	양년	..811.414.451.472.483.884.685.586.541. 832.635.612.623.224.425.326.361.382.813. 716.723.324.125.226.
	음년	..851.454.411.432.443.844.645.546.581. 812.615.632.643.244.445.346.381.362.823. 726.713.314.115.216.
812	양년	..812.615.632.643.244.445.346.381.362. 823.726.713.314.115.216.251.272.283.414. 215.116.151.172.183.
	음년	..832.635.612.623.224.425.326.361.382. 813.716.723.324.125.226.261.282.273.414. 215.116.151.172.183.
813	양년	..813.716.723.324.125.226.261.282.273. 414.215.116.151.172.183.615.516.551.572. 583.184.716.751.772.
	음년	..823.726.713.314.115.216.251.272.283. 414.215.116.151.172.183.615.516.551.572. 583.184.716.751.772.
814	양년	..414.215.116.151.172.183.615.516.551. 572.583.184.716.751.772.783.384.185.811. 414.451.472.483.884.
	음년	..414.215.116.151.172.183.615.516.551. 572.583.184.716.751.772.783.384.185.851. 454.411.432.443.844.
815	양년	..615.516.551.572.583.184.716.751.772. 783.384.185.811.414.451.472.483.884.685. 586.541.832.635.612.
	음년	..615.516.551.572.583.184.716.751.772. 783.384.185.851.454.411.432.443.844.645. 546.581.812.615.632.
816	양년	..716.751.772.783.384.185.811.414.451. 472.483.884.685.586.541.832.635.612.623. 224.425.326.361.382.
	음년	..716.751.772.783.384.185.851.454.411. 432.443.844.645.546.581.812.615.632.643. 244.445.346.381.362.
821	양년	..821.424.461.482.473.874.675.576.531. 842.645.622.613.214.415.316.351.372.813. 414.215.116.151.172.
	음년	..861.464.421.442.433.834.635.536.571. 822.625.642.633.234.435.336.371.352.813. 414.215.116.151.172.
822	양년	..822.625.642.633.234.435.336.371.352. 813.414.215.116.151.172.424.225.126.161. 182.173.625.526.561.
	음년	..842.645.622.613.214.316.351.372. 813.414.215.116.151.172.424.225.126.161. 182.173.625.526.561.
823	양년	..813.414.215.116.151.172.424.225.126. 161.182.173.625.526.561.582.573.174.726. 761.782.773.374.175.
	음년	..813.414.215.116.151.172.424.225.126. 161.182.173.625.526.561.582.573.174.726. 761.782.773.374.175.
824	양년	..424.225.126.161.182.173.625.526.561. 582.573.174.726.761.782.773.374.175.821. 424.461.482.473.874.
	음년	..424.225.126.161.182.173.625.526.561. 582.573.174.726.761.782.773.374.175.861. 464.421.442.433.834.
825	양년	..625.526.561.582.573.174.726.761.782. 773.374.175.821.424.461.482.473.874.675. 576.531.842.645.622.
	음년	..625.526.561.582.573.174.726.761.782. 773.374.175.861.464.421.442.433.834.635 .536.571.822.625.642.
826	양년	..726.761.782.773.374.175.821.424.461. 482.473.874.675.576.531.842.645.622.613. 214.415.316.351.372.
	음년	..726.761.782.773.374.175.861.464.421. 442.433.834.635.536.571.822.625.642.633. 234.435.336.371.352.
831	양년	..831.434.471.452.463.864.665.566.521. 812.823.424.225.126.161.843.746.733.334. 135.236.271.252.263.
	음년	..871.474.431.412.423.824.625.526.561. 812.823.424.225.126.161.843.746.733.334. 135.236.271.252.263.
832	양년	..812.823.424.225.126.161.833.736.743. 344.145.246.281.262.253.434.235.136.171. 152.163.635.536.571.
	음년	..812.823.424.225.126.161.843.746.733. 334.135.236.271.252.263.434.235.136.171. 152.163.635.536.571.
833	양년	..833.736.743.344.145.246.281.262.253. 434.235.136.171.152.163.635.536.571.552. 563.164.736.771.752.
	음년	..843.746.733.334.135.236.271.252.263. 434.235.136.171.152.163.635.536.571.552. 563.164.736.771.752.
834	양년	..434.235.136.171.152.163.635.536.571. 552.563.164.736.771.752.763.364.165.831. 434.471.452.463.864.
	음년	..434.235.136.171.152.163.635.536.571. 552.563.164.736.771.752.763.364.165.871. 474.431.412.423.824.
835	양년	..635.536.571.552.563.164.736.771.752. 763.364.165.831.434.471.452.463.864.665. 566.521.812.823.424.
	음년	..635.536.571.552.563.164.736.771.752. 763.364.165.871.474.431.412.423.824.625. 526.561.812.823.424.
836	양년	..736.771.752.763.364.165.831.434.471. 452.463.864.665.566.521.812.823.424.225. 126.161.843.746.733.
	음년	..736.771.752.763.364.165.871.474.431. 412.423.824.625.526.561.812.823.424.225. 126.161.833.736.743.
841	양년	..841.444.481.462.453.854.655.556.511. 822.813.414.215.116.151.833.434.235.136. 171.152.444.245.146.
	음년	..881.484.441.422.413.814.615.516.551. 822.813.414.215.116.151.833.434.235.136. 171.152.444.245.146.
842	양년	..822.813.414.215.116.151.833.434.235. 136.171.152.444.245.146.181.162.153.645. 546.581.562.553.154.
	음년	..822.813.414.215.116.151.833.434.235. 136.171.152.444.245.146.181.162.153.645. 546.581.562.553.154.
843	양년	..833.434.235.136.171.152.444.245.146. 181.162.153.645.546.581.562.553.154.746. 781.762.753.354.155.
	음년	..833.434.235.136.171.152.444.245.146. 181.162.153.645.546.581.562.553.154.746. 781.762.753.354.155.
844	양년	..444.245.146.181.162.153.645.546.581. 562.553.154.746.781.762.753.354.155.841. 444.481.462.453.854.
	음년	..444.245.146.181.162.153.645.546.581. 562.553.154.746.781.762.753.354.155.881. 484.441.422.413.814.
845	양년	..645.546.581.562.553.154.746.781.762. 753.354.155.841.444.481.462.453.854.655. 556.511.822.813.414.
	음년	..645.546.581.562.553.154.746.781.762. 753.354.155.881.484.441.422.413.814.615. 516.551.822.813.414.
846	양년	..746.781.762.753.354.155.841.444.481. 462.453.854.655.556.511.822.813.414.215. 116.151.833.434.235.
	음년	..746.781.762.753.354.155.881.484.441. 422.413.814.615.516.551.822.813.414.215. 116.151.833.434.235.

원괘효	남녀	25세	26세	27세	28세	29세	30세	31세	32세	33세	34세	35세	36세	37세	38세	39세	40세	41세	42세	43세	44세	45세	46세	47세	48세
781	양년	585	686	641	622	613	214	786	773	876	831	812	823	424	225	126	874	831	434	235	136	171	152	163	564
	음년	585	686	641	622	613	214	886	873	776	731	712	723	324	125	226	474	431	834	635	536	571	552	563	164
782	양년	786	773	876	831	812	823	424	225	126	741	722	713	314	115	216	875	852	655	556	511	532	543	144	345
	음년	886	873	776	731	712	723	324	125	226	741	722	713	314	115	216	675	652	855	756	711	732	743	344	145
783	양년	424	225	126	741	722	713	314	115	216	762	753	354	155	256	211	876	883	786	741	722	713	314	115	216
	음년	324	125	226	741	722	713	314	115	216	762	753	354	155	256	211	776	783	886	841	822	813	414	215	116
784	양년	314	115	216	762	753	354	155	256	211	773	374	175	276	231	212	871	474	431	412	423	824	625	526	561
	음년	314	115	216	762	753	354	155	256	211	773	374	175	276	231	212	831	434	471	452	463	864	665	566	521
785	양년	155	256	211	773	374	175	276	231	212	384	185	286	241	222	213	872	675	652	663	264	465	366	321	342
	음년	155	256	211	773	374	175	276	231	212	384	185	286	241	222	213	852	655	672	683	284	485	386	341	322
786	양년	276	231	212	384	185	286	241	222	213	585	686	641	622	613	214	873	474	275	176	131	112	484	285	186
	음년	276	231	212	384	185	286	241	222	213	585	686	641	622	613	214	873	474	275	176	131	112	484	285	186
811	양년	261	282	273	414	215	116	151	172	183	615	516	551	572	583	184	716	751	772	783	384	185	184	385	486
	음년	251	272	283	414	215	116	151	172	183	615	516	551	572	583	184	716	751	772	783	384	185	184	385	486
812	양년	615	516	551	572	583	184	716	751	772	783	384	185	811	414	451	472	483	884	685	586	541	185	286	241
	음년	615	516	551	572	583	184	716	751	772	783	384	185	851	454	411	432	443	844	645	546	581	185	286	241
813	양년	783	384	185	851	454	411	432	443	844	645	546	581	812	615	632	643	244	445	346	381	362	186	141	122
	음년	783	384	185	811	414	451	472	483	884	685	586	541	832	635	612	643	244	445	346	381	362	186	141	122
814	양년	685	586	541	832	635	612	623	224	425	326	361	382	813	716	723	324	125	226	261	282	273	181	584	541
	음년	645	546	581	812	615	632	643	244	445	346	381	362	823	726	713	314	115	216	251	272	283	141	544	581
815	양년	623	224	425	326	361	382	813	716	723	324	125	226	261	282	273	414	215	116	151	172	183	182	385	362
	음년	643	244	445	346	381	362	823	726	713	314	115	216	251	272	283	414	215	116	151	172	183	182	365	382
816	양년	813	716	723	324	125	226	261	282	273	414	215	116	151	172	183	615	516	551	572	583	184	183	286	273
	음년	823	726	713	314	115	216	251	272	283	414	215	116	151	172	183	615	516	551	572	583	184	173	276	283
821	양년	424	225	126	161	182	173	625	526	561	582	573	174	726	761	782	773	374	175	284	485	386	341	322	313
	음년	424	225	126	161	182	173	625	526	561	582	573	174	726	761	782	773	374	175	284	485	386	341	322	313
822	양년	582	573	174	726	761	782	773	374	175	861	464	421	442	433	834	635	536	571	285	186	141	122	113	514
	음년	582	573	174	726	761	782	773	374	175	821	424	461	482	473	874	675	576	531	285	186	141	122	113	514
823	양년	821	424	461	482	473	874	675	576	531	842	645	622	613	214	415	316	351	372	186	173	276	231	212	223
	음년	861	464	421	442	433	834	635	536	571	822	625	642	633	234	435	336	371	352	286	273	176	131	112	123
824	양년	675	576	531	842	645	622	613	214	415	316	351	372	813	414	215	116	151	172	241	644	681	662	653	254
	음년	635	536	571	822	625	642	633	234	435	336	371	352	813	414	215	116	151	172	281	684	641	622	613	214
825	양년	613	214	415	316	351	372	813	414	215	116	151	172	424	225	126	161	182	173	262	465	482	473	874	675
	음년	633	234	435	336	371	352	813	414	215	116	151	172	424	225	126	161	182	173	282	485	462	453	854	655
826	양년	813	414	215	116	151	172	424	225	126	161	182	173	625	526	561	582	573	174	273	176	183	584	785	886
	음년	813	414	215	116	151	172	424	225	126	161	182	173	625	526	561	582	573	174	283	186	173	574	775	876
831	양년	434	235	136	171	152	163	635	536	571	552	563	164	736	771	752	763	364	165	384	185	286	241	222	213
	음년	434	235	136	171	152	163	635	536	571	552	563	164	736	771	752	763	364	165	384	185	286	241	222	213
832	양년	552	563	164	736	771	752	763	364	165	871	474	431	412	423	824	625	526	561	185	162	365	466	421	442
	음년	552	563	164	736	771	752	763	364	165	831	434	471	452	463	864	665	566	521	385	362	265	266	221	242
833	양년	763	364	165	871	474	431	412	423	824	625	526	561	812	823	424	225	126	161	386	341	322	313	714	515
	음년	763	364	165	831	434	471	452	463	864	665	566	521	812	823	424	225	126	161	386	341	322	313	714	515
834	양년	665	566	521	812	823	424	225	126	161	843	746	733	334	135	236	271	252	263	341	744	781	762	753	354
	음년	625	526	561	812	823	424	225	126	161	833	736	743	334	145	246	281	262	253	381	784	741	722	713	314
835	양년	225	126	161	843	746	733	334	135	236	271	252	263	434	235	136	171	152	163	362	165	182	173	574	775
	음년	225	126	161	833	736	743	344	145	246	281	262	253	434	235	136	171	152	163	382	185	162	153	554	755
836	양년	334	135	236	271	252	263	434	235	136	171	152	163	635	536	571	552	563	164	373	476	483	884	685	586
	음년	344	145	246	281	262	253	434	235	136	171	152	163	635	536	571	552	563	164	383	486	473	874	675	576
841	양년	181	162	153	645	546	581	562	553	154	746	781	762	753	354	155	484	285	186	141	122	113	685	586	541
	음년	181	162	153	645	546	581	562	553	154	746	781	762	753	354	155	484	285	186	141	122	113	685	586	541
842	양년	746	781	762	753	354	155	841	444	481	462	453	854	655	556	511	485	462	265	166	121	142	133	534	735
	음년	746	781	762	753	354	155	881	484	441	422	413	814	615	516	551	285	262	465	366	321	342	333	734	535
843	양년	841	444	481	462	453	854	655	556	511	822	813	414	215	116	151	886	473	376	331	312	323	724	525	626
	음년	881	484	441	422	413	814	615	516	551	822	813	414	215	116	151	386	373	476	431	412	423	824	625	526
844	양년	655	556	511	822	813	414	215	116	151	833	434	235	136	171	152	481	884	841	822	813	414	215	116	151
	음년	615	516	551	822	813	414	215	116	151	833	434	235	136	171	152	441	844	881	862	853	454	255	156	111
845	양년	215	116	151	833	434	235	136	171	152	444	245	146	181	162	153	482	285	262	253	654	855	756	711	732
	음년	215	116	151	833	434	235	136	171	152	444	245	146	181	162	153	462	265	282	273	674	875	776	731	712
846	양년	136	171	152	444	245	146	181	162	153	645	546	581	562	553	154	483	386	373	774	575	676	631	612	623
	음년	136	171	152	444	245	146	181	162	153	645	546	581	562	553	154	473	376	383	784	585	686	641	622	613

원괘효	남녀	49세	50세 51세 52세 53세 .54세 55세 .56세 57세 58세 .59세 .	60세 61세 62세 63세 64세 65세 66세 67세 68세 .69세	70세 .71세 72세
781	양년..	275.	176.131.112.123.524.376.331.312.323.724.	525.431.412.423.824.625.526.452.463.864.	665.566.521.
	음년..	275.	176.131.112.123.524.376.331.312.323.724.	525.431.412.423.824.625.526.452.463.864.	665.566.521.
782	양년..	576.	531,512.523.124.325.631.612.623.224.425.	326.652.663.264.465.366.321.673.576.583.	184.385.486.
	음년..	576.	531,512.523.124.325.631.612.623.224.425.	326.652.663.264.465.366.321.683.586.573.	174.375.476.
783	양년..	731.	712.723.324.125.226.752.763.364.165.266.	221.773.876.883.484.285.186.141.122.113.	374.175.276.
	음년..	731.	712.723.324.125.226.752.763.364.165.266.	221.783.886.873.474.275.176.131.112.123.	374.175.276.
784	양년..	812.	823.424.225.126.161.843.746.733.334.135.	236.271.252.263.434.235.136.171.152.163.	635.536.571.
	음년..	812.	823.424.225.126.161.843.746.733.334.135.	236.271.252.263.434.235.136.171.152.163.	635.536.571.
785	양년..	853.	756.763.364.165.266.221.242.233.454.255.	156.111.132.143.655.655.511.532.543.144.	756.711.732.
	음년..	863.	766.753.354.155.256.211.232.243.454.255.	156.111.132.143.655.655.556.511.532.543.144.	756.711.732.
786	양년..	141.	122.113.685.586.541.522.513.114.786.741.	722.713.314.115.841.822.813.414.215.116.	862.853.454.
	음년..	141.	122.113.685.586.541.522.513.114.786.741.	722.713.314.115.841.822.813.414.215.116.	862.853.454.
811	양년..	441.	422.413.785.762.565.666.621.642.633.234.	435.586.573.676.631.612.623.224.425.326.	541.522.513.
	음년..	441.	422.413.585.762.565.866.821.842.833.434.	235.686.673.576.531.512.523.124.325.426.	541.522.513.
812	양년..	222.	213.614.486.473.376.331.312.323.724.625.	526.341.322.313.714.515.616.362.353.754.	555.656.611.
	음년..	222.	213.614.386.373.476.431.412.423.824.625.	526.341.322.313.714.515.616.362.353.754.	555.656.611.
813	양년..	113.	514.715.241.222.213.614.815.716.262.253.	654.855.756.711.273.674.875.776.731.712.	684.641.244.
	음년..	113.	514.715.241.222.213.614.815.716.262.253.	654.855.756.711.273.674.875.776.731.712.	284.241.644.
814	양년..	522.	513.114.315.416.451.122.113.514.715.816.	851.133.534.735.836.871.852.544.581.184.	785.886.841.
	음년..	562.	553.154.355.456.411.122.113.514.715.816.	851.133.534.735.836.871.852.144.181.584.	385.486.441.
815	양년..	353.	754.555.656.611.632.153.554.755.856.811.	832.164.121.524.725.826.861.882.873.474.	365.382.185.
	음년..	373.	774.575.676.631.612.153.554.755.856.811.	832.564.521.124.325.426.461.482.473.874.	165.182.385.
816	양년..	674.	875.776.731.712.723.174.131.534.735.836.	871.852.863.464.375.352.155.256.211.232.	243.644.845.
	음년..	684.	885.786.741.722.713.574.531.134.335.436.	471.452.463.864.175.152.355.456.411.432.	443.844.645.
821	양년..	685.	662.865.766.721.742.733.334.135.586.541.	522.513.114.315.641.622.613.214.415.316.	662.653.254.
	음년..	885.	862.665.566.521.542.533.134.335.586.541.	522.513.114.315.641.622.613.214.415.316.	662.653.254.
822	양년..	386.	341.322.313.714.515.441.422.413.814.615.	516.462.453.854.655.556.511.473.874.675.	576.531.512.
	음년..	386.	341.322.313.714.515.441.422.413.814.615.	516.462.453.854.655.556.511.473.874.675.	576.531.512.
823	양년..	624.	825.726.141.122.113.514.715.816.162.153.	554.755.856.811.173.574.775.876.831.812.	584.541.144.
	음년..	524.	725.826.141.122.113.514.715.816.162.153.	554.755.856.811.173.574.775.876.831.812.	184.141.544.
824	양년..	455.	356.311.222.213.614.815.716.751.233.634.	835.736.771.752.644.681.284.485.386.341.	322.313.714.
	음년..	415.	316.351.222.213.614.815.716.751.233.634.	835.736.771.752.244.281.684.885.786.741.	722.713.314.
825	양년..	576.	531.512.253.654.855.756.711.732.664.621.	224.425.326.361.382.373.774.265.282.485.	386.341.322.
	음년..	556.	511.532.253.654.855.756.711.732.264.221.	624.825.726.761.782.773.374.465.482.285.	186.141.122.
826	양년..	841.	822.813.674.631.234.435.336.371.352.363.	764.275.252.455.356.311.332.343.744.545.	176.131.112.
	음년..	831.	812.823.274.231.634.835.736.771.752.763.	364.475.452.255.156.111.132.143.544.745.	176.131.112.
831	양년..	585.	686.641.622.613.214.786.773.876.831.812.	823.424.225.126.741.722.713.314.115.216.	762.753.354.
	음년..	585.	686.641.622.613.214.886.873.776.731.712.	723.324.125.226.741.722.713.314.115.216.	762.753.354.
832	양년..	433.	834.635.286.273.176.131.112.123.524.725.	826.141.122.113.514.715.816.162.153.554.	755.856.811.
	음년..	233.	634.835.186.173.276.231.212.223.624.825.	726.141.122.113.514.715.816.162.153.554.	755.856.811.
833	양년..	441.	422.413.814.615.516.462.453.854.655.556.	511.473.874.675.576.531.512.484.441.844.	645.546.581.
	음년..	441.	422.413.814.615.516.462.453.854.655.556.	511.473.874.675.576.531.512.884.841.444.	245.146.181.
834	양년..	155.	256.211.322.313.714.515.616.651.333.734.	535.636.671.652.744.781.384.344.381.784.	585.686.614.
	음년..	115.	216.251.322.313.714.515.616.651.333.734.	535.636.671.652.344.381.784.744.781.384.	185.286.214.
835	양년..	876.	831.812.353.754.555.656.611.632.764.721.	324.125.226.261.282.273.674.165.266.221.	242.233.634.
	음년..	856.	811.832.353.754.555.656.611.632.364.321.	724.525.626.661.682.673.274.165.266.221.	242.233.634.
836	양년..	541.	522.513.774.731.334.135.236.271.252.263.	664.175.276.231.212.223.624.376.383.486.	441.422.413.
	음년..	531.	512.523.374.331.734.535.636.671.652.663.	264.175.276.231.212.223.624.476.483.386.	341.322.313.
841	양년..	522.	513.114.786.741.722.713.314.115.841.822.	813.414.215.116.862.853.454.255.156.111.	873.474.275.
	음년..	522.	513.114.786.741.722.713.314.115.841.822.	813.414.215.116.862.853.454.255.156.111.	873.474.275.
842	양년..	186.	141.122.113.514.715.241.222.213.614.815.	716.262.253.654.855.756.711.273.674.875.	776.731.712.
	음년..	186.	141.122.113.514.715.241.222.213.614.815.	716.262.253.654.855.756.711.273.674.875.	776.731.712.
843	양년..	341.	322.313.714.515.616.362.353.754.555.656.	611.373.774.575.676.631.612.784.741.344.	145.246.281.
	음년..	341.	322.313.714.515.616.362.353.754.555.656.	611.373.774.575.676.631.612.784.741.344.	545.646.681.
844	양년..	422.	413.814.615.516.551.433.834.635.536.571.	552.444.481.884.685.586.541.522.513.114.	245.146.181.
	음년..	422.	413.814.615.516.551.433.834.635.536.571.	552.844.881.484.285.186.141.122.113.514.	245.146.181.
845	양년..	453.	854.655.556.511.532.464.421.824.625.526.	561.582.573.174.265.166.121.142.133.534.	366.321.342.
	음년..	453.	854.655.556.511.532.864.821.424.225.126.	161.182.173.574.265.166.121.142.133.534.	366.321.342.
846	양년..	474.	431.834.635.536.571.552.563.164.275.176.	131.112.123.524.376.331.312.323.724.525.	431.412.423.
	음년..	874.	831.434.235.136.171.152.163.564.275.176.	131.112.123.524.376.331.312.323.724.525.	431.412.423.

원괘효	남녀	73세74세75세76세.77세.78세.79세	80세81세82세83세84세85세86세87세88세.89세.	90세91세92세93세94세.95세96세
781	양년	..473.376.383.784.585.686.641.	622.613.	
	음년	..483.386.373.774.575.676.631.	612.623.	
782	양년	..441.422.413.274.475.376.331.	312.323.	
	음년	..431.412.423.274.475.376.331.	312.323.	
783	양년	..231.212.223.575.676.631.612.	623.224.	
	음년	..231.212.223.575.676.631.612.	623.224.	
784	양년	..552.563.164.736.771.752.763.	364.165.	
	음년	..552.563.164.736.771.752.763.	364.165.	
785	양년	..743.344.145.811.832.843.444.	245.146.	
	음년	..743.344.145.811.832.843.444.	245.146.	
786	양년	..255.156.111.		
	음년	..255.156.111..		
811	양년	..114.315.416.562.553.154.355.	456.411.573.174.375.476.431.412.	
	음년	..114.315.416.562.553.154.355.	456.411.573.174.375.476.431.412.	
812	양년	..373.774.575.676.631.612.384.	341.744.545.646.681.662.653.254.	
	음년	..373.774.575.676.631.612.784.	741.344.145.246.281.262.253.654.	
813	음년	..445.346.381.362.353.754.285.	262.465.366.321.342.333.734.535.	
	음년	..845.746.781.762.753.354.485.	462.265.166.121.142.133.534.735.	
814	양년	..822.813.414.345.322.125.226.	261.282.273.674.875.146.133.236.271.252.	263.664.865.766.
	음년	..422.413.814.145.122.325.426.	461.482.473.874.675.246.233.136.171.152.	163.564.765.866.
815	양년	..286.241.222.213.614.815.166.	153.256.211.232.243.644.845.746.121.142.	133.534.735.836.
	음년	..486.441.422.413.814.615.266.	253.156.111.132.143.544.745.846.121.142.	133.534.735.836.
816	양년	..176.183.286.241.222.213.614.	815.716.131.112.123.524.725.826.152.163.	564.765.866.821.
	음년	..276.283.186.141.122.113.514.	715.816.131.112.123.524.725.826.152.163.	564.765.866.821.
821	양년	..455.356.311.673.274.475.376.	331.312.	
	음년	..455.356.311.673.274.475.376.	331.312.	
822	양년	..484.441.844.645.546.581.562.	553.154.	
	음년	..884.841.444.245.146.181.162.	153.554.	
823	양년	..345.446.481.462.453.854.185.	162.365.466.421.442.433.834.635.	
	음년	..745.846.881.862.853.454.385.	362.165.266.221.242.233.634.835.	
824	양년	..245.222.425.326.361.382.373.	774.575.146.181.162.153.554.755.	
	음년	..445.422.225.126.161.182.173.	574.775.146.181.162.153.554.755.	
825	양년	..313.714.515.166.121.142.133.	534.735.156.111.132.143.544.745.	
	음년	..113.514.715.166.121.142.133.	534.735.156.111.132.143.544.745.	
826	양년	..123.524.725.231.212.223.624.	825.726.252.263.664.865.766.721.	
	음년	..123.524.725.231.212.223.624.	825.726.252.263.664.865.766.721.	
831	양년	..155.256.211.773.374.175.276.	231.212.	
	음년	..155.256.211.773.374.175.276.	231.212.	
832	양년	..173.574.775.876.831.812.184.	141.544.745.846.881.862.853.454.	
	음년	..173.574.775.876.831.812.584.	541.144.345.446.481.462.453.854.	
833	양년	..562.553.154.285.186.141.122.	113.514.	
	음년	..162.153.554.285.186.141.122.	884.841.	
834	양년	..145.246.281.262.253.654.346.	333.436.471.452.463.864.665.566.	
	음년	..145.246.281.262.253.654.446.	433.336.371.352.363.764.565.666.	
835	양년	..366.353.456.411.432.443.844.	645.546.321.342.333.734.535.636.	
	음년	..466.453.356.311.332.343.744.	545.646.321.342.333.734.535.636.	
836	양년	..814.615.516.331.312.323.724.	525.626.352.363.764.564.666.621.	
	음년	..714.515.616.331.312.323.724.	525.626.352.363.764.564.666.621.	
841	양년	..176.131.112.		
	음년	..176.131.112.		
842	양년	..284.241.644.845.746.781.762.	753.354.	
	음년	..684.641.244.445.346.381.362.	353.754.	
843	양년	..262.253.654.185.286.241.222.	213.614.	
	음년	..662.653.254.185.286.241.222.	213.614.	
844	양년	..162.153.554.346.381.362.353.	754.555.	
	음년	..162.153.554.346.381.362.353.	754.555.	
845	양년	..333.734.535.421.442.433.834.	635.536.	
	음년	..333.734.535.421.442.433.834.	635.536.	
846	양년	..824.625.526.452.463.864.665.	566.521.	
	음년	..824.625.526.452.463.864.665.	566.521.	

원괘효	남년	1세. 2세. 3세. 4세. 5세. 6세. 7세. 8세. 9세.	10세.11세.12세.13세14세15세16세17세18세19세	20세21세22세23세24세
851	양년	..811.832.843.444.245.146.852.655.672.	683.284.485.386.341.322.863.766.753.354.	155.256.211.232.243.
	음년	..811.832.843.444.245.146.872.675.652.	663.264.465.366.321.342.853.756.763.364.	165.266.221.242.233.
852	양년	..852.655.672.683.284.485.386.341.322.	863.766.753.354.155.256.211.232.243.454.	255.156.111.132.143.
	음년	..872.675.652.663.264.465.366.321.342.	853.756.763.364.165.266.221.242.233.454.	255.156.111.132.143.
853	양년	..853.756.763.364.165.266.221.242.233.	454.255.156.111.132.143.655.556.511.532.	543.144.756.711.732.
	음년	..863.766.753.354.155.256.211.232.243.	454.255.156.111.132.143.655.556.511.532.	543.144.756.711.732.
854	양년	..454.255.156.111.132.143.655.556.511.	532.543.144.756.711.732.743.344.145.811.	832.843.444.245.146.
	음년	..454.255.156.111.132.143.655.556.511.	532.543.144.756.711.732.743.344.145.811.	832.843.444.245.146.
855	양년	..655.556.511.532.543.144.756.711.732.	743.344.145.811.832.843.444.245.146.852.	655.672.683.284.485.
	음년	..655.556.511.532.543.144.756.711.732.	743.344.145.811.832.843.444.245.146.872.	675.652.663.264.465.
856	양년	..756.711.732.743.344.145.811.832.843.	444.245.146.852.655.672.683.284.485.386.	341.322.863.766.753.
	음년	..756.711.732.743.344.145.811.832.843.	444.245.146.872.675.652.663.264.465.366.	321.342.853.756.763.
861	양년	..821.842.833.434.235.136.862.665.682.	673.274.475.376.331.312.853.454.255.156.	111.132.464.265.166.
	음년	..821.842.833.434.235.136.882.685.662.	653.254.455.356.311.332.853.454.255.156.	111.132.464.265.166.
862	양년	..862.665.682.673.274.475.376.331.312.	853.454.255.156.111.132.464.265.166.121.	142.133.665.566.521.
	음년	..882.685.662.653.254.455.356.311.332.	853.454.255.156.111.132.464.265.166.121.	142.133.665.566.521.
863	양년	..853.454.255.156.111.132.464.265.166.	121.142.133.665.566.521.542.533.134.766.	721.742.733.334.135.
	음년	..853.454.255.156.111.132.464.265.166.	121.142.133.665.566.521.542.533.134.766.	721.742.733.334.135.
864	양년	..464.265.166.121.142.133.665.566.521.	542.533.134.766.721.742.433.334.135.821.	842.833.434.235.136.
	음년	..464.265.166.121.142.133.665.566.521.	542.533.134.766.721.742.433.334.135.821.	842.833.434.235.136.
865	양년	..665.566.521.542.533.134.766.721.742.	433.334.135.821.842.833.434.235.136.862.	665.682.673.274.475.
	음년	..665.566.521.542.533.134.766.721.742.	433.334.135.821.842.833.434.235.136.882.	685.662.653.254.455.
866	양년	..766.721.742.733.334.135.821.842.833.	434.235.136.862.665.682.673.274.475.376.	331.312.853.454.255.
	음년	..766.721.742.733.334.135.821.842.833.	434.235.136.882.685.662.653.254.455.356.	311.332.853.454.255.
871	양년	..831.812.823.424.225.126.852.863.464.	265.166.121.873.776.783.384.185.286.241.	222.213.474.275.176.
	음년	..831.812.823.424.225.126.852.863.464.	265.166.121.883.786.773.374.175.276.231.	212.223.474.275.176.
872	양년	..852.863.464.265.166.121.873.776.783.	384.185.286.241.222.213.474.375.176.131.	112.123.675.576.531.
	음년	..852.863.464.265.166.121.883.786.773.	374.175.276.231.212.223.474.375.176.131.	112.123.675.576.531.
873	양년	..873.776.783.384.185.286.241.222.213.	474.375.176.131.112.123.675.576.531.512.	523.124.776.731.712.
	음년	..883.786.773.374.175.276.231.212.223.	474.375.176.131.112.123.675.576.531.512.	523.124.776.731.712.
874	양년	..474.275.176.131.112.123.675.576.531.	512.523.124.776.731.712.723.324.125.831.	812.823.424.225.126.
	음년	..474.275.176.131.112.123.675.576.531.	512.523.124.776.731.712.723.324.125.831.	812.823.424.225.126.
875	양년	..675.576.531.512.523.124.776.731.712.	723.324.125.831.812.823.424.225.126.852.	863.464.265.166.121.
	음년	..675.576.531.512.523.124.776.731.712.	723.324.125.831.812.823.424.225.126.852.	863.464.265.166.121.
876	양년	..776.731.712.723.324.125.831.812.823.	424.225.126.852.863.464.265.166.121.873.	776.783.384.185.286.
	음년	..776.731.712.723.324.125.831.812.823.	424.225.126.852.863.464.265.166.121.883.	786.773.374.175.276.
881	양년	..841.822.813.414.215.116.862.853.454.	255.156.111.873.474.275.176.131.112.484.	285.186.141.122.113.
	음년	..841.822.813.414.215.116.862.853.454.	255.156.111.873.474.275.176.131.112.484.	285.186.141.122.113.
882	양년	..862.853.454.255.156.111.873.474.275.	176.131.112.484.285.186.141.122.113.685.	586.541.522.513.114.
	음년	..862.853.454.255.156.111.873.474.275.	176.131.112.484.285.186.141.122.113.685.	586.541.522.513.114.
883	양년	..873.474.275.176.131.112.484.285.186.	141.122.113.685.586.541.522.513.114.786.	741.722.713.314.115.
	음년	..873.474.275.176.131.112.484.285.186.	141.122.113.685.586.541.522.513.114.786.	741.722.713.314.115.
884	양년	..484.285.186.141.122.113.685.586.541.	522.513.114.786.741.722.713.314.115.841.	822.813.414.215.116.
	음년	..484.285.186.141.122.113.685.586.541.	522.513.114.786.741.722.713.314.115.841.	822.813.414.215.116.
885	양년	..685.586.541.522.513.114.786.741.722.	713.314.115.841.822.813.414.215.116.862.	853.454.255.156.111.
	음년	..685.586.541.522.513.114.786.741.722.	713.314.115.841.822.813.414.215.116.862.	853.454.255.156.111.
886	양년	..786.741.722.713.314.115.841.822.813.	414.215.116.862.853.454.255.156.111.873.	474.275.176.131.112.
	음년	..786.741.722.713.314.115.841.822.813.	414.215.116.862.853.454.255.156.111.873.	474.275.176.131.112.

97세.98세.99세.100.101.102.103.104.105세.

원괘효	남년		
111	양년	..513.616.623.	224.425.326.361.382.373.
	음년	..523.626.613.	214.415.316.351.372.383.
112	양년	..314.351.754.	555.656.611.632.643.244.
	음년	..714.751.354.	155.256.211.232.243.644.
113	양년	..215.232.435.	336.371.352.363.764.565.
	음년	..415.432.235.	136.171.152.163.564.765.
114	양년	..156.163.266.	221.242.233.634.835.736.
	음년	..256.263.166.	121.142.133.534.735.836.
115	양년	..131.534.571.	552.563.164.365.466.421.
	음년	..171.574.531.	512.523.124.325.426.461

여기서부터 97세 이상 105세의 유년 변화도를 삽입하여 두었으니 이용에 차질이 없기를 바란다.
아래 886 즉 坤卦 6호동(원당) 이하에서부터 97세 이상의 년령이 있는 卦爻는 이와 같이 넣어 두었으므로 97세의 년령이 있는 괘효는 모두 이와 같이 찾아보기 바란다.

원과효	남녀	25세.26세.27세.28세.29세.	30세.31세.32세.33세.34세.35세.36세.37세.38세.39세.	40세.41세.42세.43세.44세.45세.46세.47세.48세
851	양년	.454.255.156.111.132.	143.655.556.511.532.543.144.756.711.732.	743.344.145.184.141.544.745.846.881.
	음년	.454.255.156.111.132.	143.655.556.511.532.543.144.756.711.732.	743.344.145.584.141.544.345.446.481.
852	양년	.655.556.511.532.543.	144.756.711.732.743.344.145.811.832.843.	444.245.146.585.686.641.622.613.214.
	음년	.655.556.511.532.543.	144.756.711.732.743.344.145.811.832.843.	444.245.146.585.686.641.622.613.214.
853	양년	.743.344.145.811.832.	843.444.245.146.872.675.652.663.264.465.	366.321.342.586.541.522.513.114.315.
	음년	.743.344.145.811.832.	843.444.245.146.852.655.672.683.284.485.	386.341.322.586.541.522.513.114.315.
854	양년	.852.655.672.683.284.	485.386.341.322.863.766.753.354.155.256.	211.232.243.541.144.181.162.153.554.
	음년	.872.675.652.663.264.	465.366.321.342.853.756.763.364.165.266.	221.242.233.581.184.141.122.113.514.
855	양년	.386.341.322.863.766.	753.354.155.256.211.232.243.454.255.156.	111.132.143.562.765.782.773.374.175.
	음년	.366.321.342.853.756.	763.364.165.266.221.242.233.454.255.156.	111.132.143.582.785.762.753.354.155.
856	양년	.354.155.256.211.232.	.243.454.255.156.111.132.143.655.556.511.	532.543.144.573.676.683.284.485.386.
	음년	.364.165.266.221.242.	.233.454.255.156.111.132.143.655.556.511.	532.543.144.583.686.673.274.475.376.
861	양년	.121.142.133.665.566.	521.542.533.134.766.721.742.433.334.135.	684.641.244.445.346.381.362.353.754.
	음년	.121.142.133.665.566.	521.542.533.134.766.721.742.433.334.135.	284.241.644.845.746.781.762.753.354.
862	양년	.542.533.134.766.721.	742.433.334.135.821.842.833.434.235.136.	685.586.541.522.513.114.786.741.722.
	음년	.542.533.134.766.721.	742.433.334.135.821.842.833.434.235.136.	685.586.541.522.513.114.786.741.722.
863	양년	.821.842.833.434.235.	136.862.665.682.673.274.475.376.331.312.	686.673.576.531.512.523.124.325.426.
	음년	.821.842.833.434.235.	136.882.685.662.653.254.455.356.311.332.	586.573.676.631.612.623.224.425.326.
864	양년	.862.665.682.673.274.	475.376.331.312.853.454.255.156.111.132.	681.284.241.222.213.614.815.716.751.
	음년	.882.685.662.653.254.	455.356.311.332.853.454.255.156.111.132.	641.244.281.262.253.654.855.756.711.
865	양년	.376.331.312.853.454.	255.156.111.132.464.265.166.121.142.133.	682.885.862.853.454.255.156.111.132.
	음년	.356.311.332.853.454.	255.156.111.132.464.265.166.121.142.133.	662.865.882.873.474.275.176.131.112.
866	양년	.156.111.132.464.265.	166.121.142.133.665.566.521.542.533.134.	683.586.573.174.375.476.431.412.423.
	음년	.156.111.132.464.265.	166.121.142.133.665.566.521.542.533.134.	673.576.583.184.385.486.441.422.413.
871	양년	.131.112.123.675.576.	531.512.523.124.776.731.712.723.324.125.	784.741.344.145.246.281.262.253.654.
	음년	.131.112.123.675.576.	531.512.523.124.776.731.712.723.324.125.	384.341.744.545.646.681.662.653.254.
872	양년	.512.523.124.776.731.	712.723.324.125.831.812.823.424.225.126.	785.762.565.666.621.642.633.234.435.
	음년	.512.523.124.776.731.	712.723.324.125.831.812.823.424.225.126.	585.562.765.866.821.842.833.434.235.
873	양년	.723.324.125.831.812.	823.424.225.126.852.863.464.265.166.121.	786.741.722.713.314.115.841.822.813.
	음년	.723.324.125.831.812.	823.424.225.126.852.863.464.265.166.121.	786.741.722.713.314.115.841.822.813.
874	양년	.852.863.464.265.166.	121.873.776.783.384.185.286.241.222.213.	781.384.341.322.313.714.515.616.651.
	음년	.852.863.464.265.166.	121.883.786.773.374.175.276.231.212.223.	741.344.381.362.353.754.555.656.611.
875	양년	.873.776.783.384.185.	286.241.222.213.474.375.176.131.112.123.	782.585.562.553.154.355.456.411.432.
	음년	.883.786.773.374.175.	276.231.212.223.474.375.176.131.112.123.	762.565.582.573.174.375.476.431.412.
876	양년	.241.222.213.474.375.	176.131.112.123.675.576.531.512.523.124.	783.886.873.474.275.176.131.112.123.
	음년	.231.212.223.474.375.	176.131.112.123.675.576.531.512.523.124.	773.876.883.484.285.186.141.122.113.
881	양년	.685.586.541.522.513.	114.786.741.722.713.314.115.484.441.844.	645.546.581.562.553.154.285.186.141.
	음년	.685.586.541.522.513.	114.786.741.722.713.314.115.884.841.444.	245.146.181.162.153.554.285.186.141.
882	양년	.786.741.722.713.314.	115.841.822.813.414.215.116.685.662.865.	766.721.742.733.334.135.586.541.522.
	음년	.786.741.722.713.314.	115.841.822.813.414.215.116.885.862.665.	566.521.542.533.134.335.586.541.522.
883	양년	.841.822.813.414.215.	116.862.853.454.255.156.111.786.773.876.	831.812.823.424.225.126.741.722.713.
	음년	.841.822.813.414.215.	116.862.853.454.255.156.111.886.873.776.	731.712.723.324.125.226.741.722.713.
884	양년	.862.853.454.255.156.	111.873.474.275.176.131.112.841.444.481.	462.453.854.655.556.511.822.813.414.
	음년	.862.853.454.255.156.	111.873.474.275.176.131.112.881.484.441.	422.413.814.615.516.551.822.813.414.
885	양년	.873.474.275.176.131.	112.484.285.186.141.122.113.862.665.682.	673.274.475.376.331.312.853.454.255.
	음년	.873.474.275.176.131.	112.484.285.186.141.122.113.882.685.662.	653.254.455.356.311.332.853.454.255.
886	양년	.484.285.186.141.122.	113.685.586.541.522.513.114.873.776.783.	384.185.286.241.222.213.474.375.176.
	음년	.484.285.186.141.122.	113.685.586.541.522.513.114.883.786.773.	374.175.276.231.212.223.474.375.176.

		97세.98세.99세.	100.101.102.103.104.105세.	
116	양년	.122.325.342.	333.734.535.636.671.652.	
	음년	.142.345.322.	313.714.515.616.651.672.	
121	양년	..461.482.473.		
	음년	..451.472.483.		
122	양년	.532.543.144.		
	음년	.132.143.544.		
123	양년	..115.132.335.	436.471.452.463.864.665.	
	음년	..315.332.135.	236.271.252.263.664.865.	
124	양년	..143.544.745.		
	음년	..143.544.745.		

원괘효	남녀	49세	50세	51세	52세	53세	54세	55세	56세	57세	58세	59세	60세	61세	62세	63세	64세	65세	66세	67세	68세	69세	70세	71세	72세
851	양년	..862. 853.454.385.362.165.266.221.242.233.634. 835.186.173.276.231.212.223.624.825.726. 141.122.113.
	음년	..462. 453.854.185.162.365.466.421.442.433.834. 635.286.273.176.131.112.123.524.725.826. 141.122.113.
852	양년	..786. 773.876.831.812.823.424.225.126.741.722. 713.314.115.216.762.753.354.155.256.211. 773.374.175.
	음년	..886. 873.776.731.712.723.324.125.226.741.722. 713.314.115.216.762.753.354.155.256.211. 773.374.175.
853	양년	..641. 622.613.214.415.316.662.653.254.455.356. 311.673.274.475.376.331.312.284.485.386. 341.322.313.
	음년	..641. 622.613.214.415.316.662.653.254.455.356. 311.673.274.475.376.331.312.284.485.386. 341.322.313.
854	양년	..755. 856.811.522.513.114.315.416.451.533.134. 335.436.471.452.144.345.446.481.462.453. 745.722.525.
	음년	..715. 816.851.522.513.114.315.416.451.533.134. 335.436.471.452.144.345.446.481.462.453. 545.522.725.
855	양년	..276. 231.212.553.154.355.456.411.432.164.365. 466.421.442.433.765.782.585.686.641.622. 613.214.415.
	음년	..256. 211.232.553.154.355.456.411.432.164.365. 466.421.442.433.565.582.785.886.841.822. 813.414.215.
856	양년	..341. 322.313.174.375.476.431.412.423.775.752. 555.656.611.632.643.244.445.576.583.686. 641.622.613.
	음년	..331. 312.323.174.375.476.431.412.423.575.552. 755.856.811.832.843.444.245.676.683.586. 541.522.513.
861	음년	..285. 262.465.366.321.342.333.734.535.186.141. 122.113.514.715.241.222.213.614.815.716. 262.253.654.
	양년	..485. 462.265.166.121.142.133.534.735.186.141. 122.113.514.715.241.222.213.614.815.716. 262.253.654.
862	양년	..713. 314.115.841.822.813.414.215.116.862.853. 454.255.156.111.862.853.454.255.156.111. 873.474.275.
	음년	..713. 314.115.841.822.813.414.215.116.862.853. 454.255.156.111.862.853.454.255.156.111. 873.474.275.
863	양년	..541. 522.513.114.315.416.562.553.154.355.456. 411.573.174.375.476.431.412.184.385.486. 441.422.413.
	음년	..541. 522.513.114.315.416.562.553.154.355.456. 411.573.174.375.476.431.412.184.385.486. 441.422.413.
864	양년	..622. 613.214.415.316.351.633.234.435.336.371. 352.244.445.346.381.362.353.645.622.825. 726.761.782.
	음년	..622. 613.214.415.316.351.633.234.435.336.371. 352.244.445.346.381.362.353.845.822.625. 526.561.582.
865	양년	..653. 254.455.356.311.332.264.465.366.321.342. 333.665.682.885.786.741.722.713.314.115. 566.521.542.
	음년	..653. 254.455.356.311.332.264.465.366.321.342. 333.865.882.685.586.541.522.513.114.315. 566.521.542.
866	양년	..274. 475.376.331.312.323.675.652.855.756.711. 732.743.344.145.576.531,512.523.124.325. 631.612.623.
	음년	..274. 475.376.331.312.323.875.852.655.556.511. 532.543.144.345.576.531,512.523.124.325. 631.612.623.
871	양년	..185. 286.241.222.213.614.386.373.476.431.412. 423.824.625.526.341.322.313.714.515.616. 362.353.754.
	음년	..185. 286.241.222.213.614.486.473.376.331.312. 323.724.525.626.341.322.313.714.515.616. 362.353.754.
872	양년	..586. 573.676.631.612.623.224.425.326.541.522. 513.114.315.416.562.553.154.355.456.411. 573.174.375.
	음년	..686. 673.576.531.512.523.124.325.426.541.522. 513.114.315.416.562.553.154.355.456.411. 573.174.375.
873	양년	..414. 215.116.862.853.454.255.156.111.873.474. 275.176.131.112.484.285.186.141.122.113. 685.586.541.
	양년	..414. 215.116.862.853.454.255.156.111.873.474. 275.176.131.112.484.285.186.141.122.113. 685.586.541.
874	양년	..722. 713.314.115.216.251.733.334.135.236.271. 252.344.145.246.281.262.253.545.646.681. 662.653.254.
	음년	..722. 713.314.115.216.251.733.334.135.236.271. 252.344.145.246.281.262.253.545.646.681. 662.653.254.
875	양년	..753. 354.155.256.211.232.364.165.266.221.242. 233.565.666.621.642.633.234.766.753.865. 811.832.843.
	음년	..753. 354.155.256.211.232.364.165.266.221.242. 233.565.666.621.642.633.234.866.853.756. 711.732.743.
876	양년	..374. 175.276.231.212.223.575.676.631.612.623. 224.776.783.886.841.822.813.414.215.116. 731.712.723.
	음년	..374. 175.276.231.212.223.575.676.631.612.623. 224.876.883.786.741.722.713.314.115.216. 731.712.723.
881	양년	..122. 113.514.386.341.322.313.714.515.441.422. 413.814.615.516.462.453.854.655.556.511. 473.874.675.
	음년	..122. 113.514.386.341.322.313.714.515.441.422. 413.814.615.516.462.453.854.655.556.511. 473.874.675.
882	양년	..513. 114.315.641.622.613.214.415.316.662.653. 254.455.356.311.673.274.475.376.331.312. 284.485.386.
	음년	..513. 114.315.641.622.613.214.415.316.662.653. 254.455.356.311.673.274.475.376.331.312. 284.485.386.
883	양년	..314. 115.216.762.753.354.155.256.211.773.374. 175.276.231.212.384.185.286.241.222.213. 585.686.641.
	음년	..314. 115.216.762.753.354.155.256.211.773.374. 175.276.231.212.384.185.286.241.222.213. 585.686.641.
884	양년	..215. 116.151.833.434.235.136.171.152.444.245. 146.181.162.153.645.546.581.562.553.154. 746.781.762.
	음년	..215. 116.151.833.434.235.136.171.152.444.245. 146.181.162.153.645.546.581.562.553.154. 746.781.762.
885	양년	..156. 111.132.464.265.166.121.142,133.665.566. 521.542.533.134.766.721.742.433.334.135. 821.842.833.
	음년	..156. 111.132.464.265.166.121.142,133.665.566. 521.542.533.134.766.721.742.433.334.135. 821.842.833.
886	양년	..131. 112.123.675.576.531.512.523.124.776.731. 712.723.324.125.831.812.823.424.225.126. 852.863.464.
	음년	..131. 112.123.675.576.531.512.523.124.776.731. 712.723.324.125.831.812.823.424.225.126. 852.863.464.

97세.98세.99세.100.101.102.103.104.105세.

원괘효	남녀	내용
125	양년	..465.366.321.
	음년	..425.326.361
126	양년	..536.571.552.
	음년	..516.551.572
131	양년	..161.182.173.
	음년	..151.172.183.
132	양년	..114.151.554. 755.856.811.832.843.444.
	음년	..514.551.154. 355.456.411.432.443.844.
133	양년	..172.183.584.
	음년	..172.183.584.

원괘효	남녀 73세 74세 75세 76세 .77세 .78세 .79세 80세 81세 82세 83세 84세 85세 86세 87세 88세 .89세. 90세 91세 92세 93세 94세 .95세 96세
851	양년..514.715.816.162.153.554.755. 856.811.173.574.775.876.831.812. 음년..514.715.816.162.153.554.755. 856.811.173.574.775.876.831.812.
852	양년..276.231.212.384.185.286.241. 222.213. 음년..276.231.212.384.185.286.241. 222.213.
853	양년..685.662.865.766.721.742.733. 334.135. 음년..885.862.665.566.521.542.533. 134.335.
854	양년..626.661.682.673.274.475.546. 533.636.671.652.663.264.465.366. 음년..826.861.882.873.474.275.646. 633.536.571.552.563.164.365.466.
855	양년..566.553.656.611.632.643.244. 445.346.521.542.533.134.335.436. 음년..666.653.556.511.532.543.144. 345.446.521.542.533.134.335.436.
856	양년..214.415.316.531.512.523.124. 325.426.552.563.164.365.466.421. 음년..114.315.416.552.563.164.365. 466.421.573.676.683.284.485.386.
861	음년..855.756.711.273.674.875.776. 731.712. 양년..855.756.711.273.674.875.776. 731.712.
862	양년..176.131.112. 음년..176.131.112.
863	양년..585.562.765.866.821.842.842. 833.434. 음년..785.762.565.666.621.642.633. 234.435.
864	양년..773.374.175.546.581.562.553. 154.355. 음년..573.174.375 546.581.562.553. 154.355.
865	양년..533.134.335.621.642.633.234. 435.336. 음년..533.134.335.621.642.633.234. 435.336.
866	양년..224.425.326.652.663.264.465. 366.321. 음년..224.425.326.652.663.264.465. 366.321.
871	양년..555.656.611.373.774.575.676. 631.612. 음년..555.656.611.373.774.575.676. 631.612.
872	양년..476.431.412.184.385.486.441. 422.413. 음년..476.431.412.184.385.486.441. 422.413.
873	양년..522.513.114. 음년..522.513.114.
874	양년..746.733.836.871.852.863.464. 265.166. 음년..846.833.736.771.752.763.364. 165.266.
875	양년..444.345.146.721.742.733.334. 135.236. 음년..344.145.246.721.742.733.334. 135.236.
876	양년..324.125.226.752.763.364.165. 266.221. 음년..324.125.226.752.763.364.165. 266.221.
881	양년..576.531.512. 음년..576.531.512.
882	양년..341.322.313. 음년..341.322.313.
883	양년..622.613.214. 음년..622.613.214.
884	양년..753.354.155. 음년..753.354.155.
885	양년..434.235.136. 음년..434.235.136.
886	양년..265.166.121. 음년..265.166.121.
	97세.98세.99세.100.101.102.103.104.105세.
134	양년..834.635.536. 음년..734.535.636.
135	양년..125.226.261 음년..165.266.221.
136	양년..836.871.852. 음년..816.851.872.
142	양년..732.743.344. 음년..332.343.744.
143	양년..272.283.684. 음년..272.283.684.

원괘효	남녀	97세 98세 99세	100.101.102.103.104.105세	원괘효	남녀	97세 98세 99세	100.101.102.103.104.105세
151	양년..123.226.213. 앵년..113,216.223.	614.815.716.751.772.783. 624.825.726.761.782.773.		335	양년..185.286.241. 음년..145.246.281.		
152	양년..251.272.283. 음년..251.272.283.			351	양년..781.762.753. 음년..771.752.763.		
153	양년..763.364.165. 음년..563.164.365.			355	양년..785.886.841. 음년..745.846.881.		
154	양년..234.435.336. 음년..134.335.436.			415	양년..375.476.431. 음년..335.436.471.		
155	양년..765.866.821. 음년..725.826.861.			416	양년..725.826.861. 음년..725.826.861.		
156	양년..236.271.252. 음년..216.251.272.			511	양년..321.342.333. 음년..311.332.343.		
161	양년..861.882.873. 음년..851.872.883.			512	양년..672.683.284. 음년..272.283.684.		
163	양년..863.464.265. 음년..663.264.465.			513	양년..323.724.525. 음년..123.524.725.		
171	양년..561.582.573. 음년..551.572.583.			514	양년..116.123.226. 음년..216.223.126.	261.282.273.674.875.776. 161.182.173.574.775.876.	
172	양년..451.472.483. 음년..451.472.483.			515	양년..524.725.826. 음년..524.725.826.		
211	양년..416.451.472. 음년..416.451.472.			516	양년..676.631.612. 음년..656.611.632.		
212	양년..642.633.234. 음년..242.233.634.			523	양년..423.824.625.. 음년..223.624.825.		
213	양년..353.754.555. 음년..153.554.755.			524	양년..183.584.785. 음년..183.584.785.		
214	양년..644.845.746. 음년..544.745.846.			532	양년..872.883.484. 음년..472.483.884.		
215	양년..355.456.411. 음년..315.416.451.			535	양년..874. 675.576. 음년..774. 575.676.		
216	양년..132.335.312. 음년..112.315.332.	343.744.545.646.681.662. 323.724.525.626.661.682.		551	양년..721.742.733. 음년..711.732.743.		
223	양년..453.854.655. 음년..253.654.855..			554	양년..274.475.376. 음년..174.375.476.		
226	양년..546.581.562.. 음년..526.561.582.			614	양년..684.885.786. 음년..584.785.886.		
232	양년..842.833.434. 음년..442.433.834.			616	양년..686.641.622. 음년..666.621.642.		
236	양년..846.881.862. 음년..826.861.882.			714	양년..654.855.756. 음년..554.755.856.		
251	양년..816.851.872 음년..816.851.872			715	양년..544.745.846. 음년..544.745.846.		
256	양년..246.281.262. 음년..226.261.282.						
311	양년..381.362.353. 음년..371.352.363.						
312	양년..612.623.224. 음년..212.223.624.						
313	양년..383.784.585. 음년..312.323.724.						
314	양년..614.815.716. 음년..514.715.816.						
315	양년..111.541.551. 음년..151.554.511.	572.583.184.385.486.441. 532.543.144.345.446.481.					
316	양년..715.816.851. 음년..715.816.851.						
323	양년..483.884.685. 음년..283.684.885.						
325	양년..485.386.341. 음년..445.346.381.						
332	양년..812.823.424. 음년..412.423.824.						

▌易象(역상)과 길흉

작명방법12.의 變卦易象法(변괘역상법)에서 성명의 획수로 작괘하여 얻은 本卦(본괘)에 동효를 정하여 해당 爻를 변화(양효→음효, 음효→양효)시켜 변형된 之卦(지괘)를 얻게 되는데, 이러한 본괘……지괘, 즉 변화된 새로운 卦(之卦) 풀이를 4언절구로 縮約(축약)한 것을 우리말로 곁들였다.

— 여기서 之卦는 얻어진 大成卦(대성괘)의 여섯 爻중에서 아래의 초효부터 순차적으로 2爻, 3爻, 4爻, 5爻, 上爻가 동(動爻)하여 다른 괘로 변한 것을 말하는 것이다.

— 작괘방법과 동효산정은 통칭 일본식과 같다. 즉 성명합수 상괘, 명자합수 하괘 위 수의 합으로 동효인 것이다.

— 先後天易象法(선후천역상법)에서 연령별로 유년을 보는 괘변도를 활용함에 있어서는 3단위 숫자로 전환해야 하는데 아래와 같이 하면 된다.

例) 첫페이지   乾 － 同人이라면
乾은 11 (上卦와 下卦가 乾으로 乾은 數字 1 해당, 2兌 3火…卦名앞에 한자로 數字 記載됨)
다음의 同人은 2,
(乾卦의 2爻인 양효가 변하여 음효가 되어 ☰ (乾) → ☲ 同人)
그러므로 숫자로는 112가 된다.(다른 경우도 같다.)

乾 － 大有 115   履 － 訟 121   履 － 兌 126

여기에서의 순서는 아래와 같이 각각 선천팔괘순에 一貞八悔(일정팔회)하였고 初爻부터 上爻로 변화한 것이다.

先天八卦순 － 1乾天　　2兌澤　　3離火　　4震雷

　　　　　　　5巽風　　6坎水　　7艮山　　8坤地

一貞八悔예　　11重天乾　　12天澤履　　13天火同人　　14天雷无妄

　　　　　　　15天風姤　　16天水訟　　17天山遯　　18天地否

變卦(변괘 乾)　　初爻 姤　　2爻 同人　　3爻 履

　　　　　　　　4爻 小畜　　5爻 大有　　上爻 夬

※ 이렇게 이 역상과 길흉을 책 말미에 부록으로 둔 것은 앞에서의 작명밥법 12. 변
　괘역상법으로 활용하는 것은 물론, 작명방법 16. 선후천역상법에서 유년의 길흉을
　보는 하락이수 유년괘효변화도의 해설용으로도 충분히 활용이 가능하기 때문이니
　적의 이용하기 바랍니다.

一一. 重天乾(중천건)

乾…姤　聰明機略　功成業就　총명하고 기략이 있으니 공업을 능히 성취한다.
　　　　身旺財旺　何羨陶朱　신수 재수가 모두 왕성하니 어찌 「도주」를 부러워하리요
乾…同人　見龍在田　時機未到　용이 밭둑에 보이는 상이니 시기가 아직 이르다.
　　　　先困後吉　終成大器　먼저 곤하고 뒤에 길한 운이니 결국에는 크게 성취하리라.
乾…履　范增奇計　擧珱鴻門　나를 음해하는 자 있으니 항시 근신 조심하라.
　　　　人多欺我　辛苦不休　사람마다 나를 속이니 곤액이 떠나지 아니한다.
乾…小畜　繡衣夜行　泣蘭改琴　비단옷 입고 밤길 걷는 격이요 처자의 액이 있도다.
　　　　怪變層生　憂愁不絶　괴이한 일이 자주 일어나니 근심 걱정 끊일 날이 없다.
乾…大有　在家心亂　出亦不快　집에 있으면 심란하고 나가도 또한 불쾌하다.
　　　　有志未成　空然歲月　뜻을 두고 이루지 못하니 공연히 시간만 낭비한다.
乾…夬　初雖吉祥　後分不可　처음은 비록 운이 좋으나 후분은 그렇지 아니하다.
　　　　功成身退　衰運可知　공을 이루고 물러서는 격이니 운이 쇠함을 알겠더라.

一二. 天澤履(천택이)

履…訟　君唱臣和　萬物得意　군신의 뜻이 맞으니 모든 일이 순조롭다.
　　　　鍊金成器　先困後榮　금을 단련하여 그릇을 이루니 우선은 곤하나 뒤에 영화롭다.
履…无妄　見魚未釣　憂心自生　고기를 보고도 잡지 못하니 근심이 자연 생긴다.
　　　　東馳西驅　行商得吉　동서에 분주히 다니는 운이니 행상으로 생애는 적합하다.
履…乾　足踏虎尾　其危可知　호랑이 꼬리를 밟은 형상이니 그 위태함을 알겠도다.
　　　　苦無叩盒　人間一別　만일 부부가 이별수가 아니면 다른 인간과 이별하리라.
履…中孚　浪靜波平　順水行船　풍랑이 고요하게 멈췄으니 순조롭게 발전한다.
　　　　鑿地得金　勞後成富　땅을 파서 금을 얻으니 수고후에 부자가 되리라.
履…暌　家中不和　財亦不旺　집안에 불화가 있으며 재물 또한 넉넉지 못하다.
　　　　東西奔走　虛送光陰　동서에 분주하며 세월만 헛되이 보낸다.
履…兌　家有小憂　漸次消盡　집안에 약간의 근심이 있으나 점차로 사라진다.
　　　　春色弄花　乃得榮華　봄을 즐기고 꽃을 희롱함이니 마침내 영화를 얻으리라.

一三. 天火同人(천화동인)

同人…遯　隱士出世　事必紛亂　숨어있던 사람이 세상에 나오니 일에 반드시 어지러움이 있다.
　　　　動則不利　守靜身安　움직이면 이롭지 못하니 가만히 있으면 신세가 편하다.
同人…乾　君臣際會　餘慶彬彬　군신이 제회하니 남은 경사가 빈빈하도다.
　　　　頭揷桂花　錦衣還鄕　머리에 계화를 꽂았으니 벼슬하여 금의환향하리라.
同人…无妄　二人各心　事必紛亂　두사람이 마음을 달리하니 일에 반드시 어지러움이 있다.
　　　　勞而無功　不如不作　수고하나 공이 없으니 시작하지 않음만 못하다.
同人…家人　茫茫大海　一片孤舟　망망한 대해에 한쪼각 외로운 배로다.
　　　　事多力盡　何免困厄　일은 많고 기운은 진하니 어찌 곤액을 면하리요.
同人…離　靑山歸路　步步茫茫　청산에 돌아가는 길은 걸음마다 바쁘다.
　　　　雖有身困　衣食不窮　비록 일신은 곤고하나 의식은 궁핍하지 않으리라.
同人…革　金榜雁塔　姓名赫赫　금방안탑에 성명이 빛난다.
　　　　臥牛草場　財名雙全　소가 풀밭에 누운 격이니 재물과 명성이 같이 높으리라.

一四. 天雷无妄(천뢰무망)

无妄…否　堂上堂下　憂患不絶　부모와 자녀에게 우환이 끊이지 않는다.
　　　　朝得暮散　權道生涯　아침에 얻고 저녁에 잃으니 권도 살림에 불과하다.
无妄…履　一得一失　吉凶難分　한번 얻고 한번 잃으니 길흉을 분간키 어렵다.
　　　　貴人暗助　以此揚名　귀인이 암암리에 도와주니 이로서 명성을 드날리리다.
无妄…同人　猛虎出林　衆人皆驚　맹호가 숲에서 나오니 뭇사람이 다 놀랜다.
　　　　守分營農　初困後泰　분수를 지키고 농사 지으라 처음은 곤하니 뒤에 태평하다.
无妄…益　磨琢成器　方成棟樑　갈고 갋아 그릇이 되니 바야흐로 큰 인물이 되었다.
　　　　夫和婦順　父嚴子孝　부부가 화목할 것이요 부자간에 인륜이 밝으리라.
无妄…噬嗑　種豆得豆　種瓜得瓜　콩 심은데 콩 얻고 오이 심은데 오이 얻는다.
　　　　論之吉凶　勞怠結果　길흉을 말하건대 부지런하고 게으른 데 있도다.
无妄…隨　智謀超凡　守舊待時　지모가 출중하나 옛것을 지키고 때를 기다리라.
　　　　月中桂花　來春得榮　월중계화는 때를 만나 영화를 얻었다.

一五. 天風姤(천풍구)

姤…乾	家神逢空	變怪將出	가신이 공망을 만났으니 변괴가 장차 생기리라.
	千金散盡	不然喪敗	천금의 재산을 없앨 것이요 그렇지 않으면 식구가 사망한다.
姤…遯	青山暮雨	兒子何逝	청산의 저른 빗속에 어린 아이들은 어디 가는고
	父子相別	不然疾患	부자간에 이별수요 불연이면 질병이 이르리라.
姤…訟	苦非膝患	堂上之憂	자녀들의 근심이 아니면 부모의 근심이 있다.
	莫信誘言	言甘事敗	남의 꾀임에 속지 마라 말은 달고 일은 실패한다.
姤…巽	青氈遺業	飄落狂風	부모조상의 유산은 갑자기 다 날려 보낸다.
	東奔西走	赤手成家	동서에 분주하며 적수성가하는 운이로다.
姤…鼎	犬吠天台	上憂難色	진술이 상충하니 부모의 근심이 있도다.
	以眞易假	失神自嘆	진짜로 가짜를 바꾸니 실신하고 자탄한다.
姤…大過	必有天台	身居塵土	마음은 높은 곳에 있으나 몸은 진흙속에 있다.
	弄千半成	不如始作	천을 희롱하다 반을 이루니 시작 않음만 못하다.

一六. 天水訟(천수송)

訟…履	天功神德	財祿兼備	하늘과 신령의 공덕으로 재록이 겸비한다.
	金榜掛掛	得意丈夫	문과에 급제하여 장부의 큰 뜻을 이루었도다.
訟…否	四顧雲塞	明月難見	사방에 구름이 쌓였으니 밝은 달을 보기 어렵다.
	天地無綠	親友欺我	부모와 인연이 없고 친구는 나를 속인다.
訟…姤	樂山樂水	生涯淡泊	산수를 벗삼아 세월하니 생애가 담박하도다.
	畫虎爲狗	損業可知	범을 그리다가 개가 되었으니 사업 손실을 알겠더라.
訟…渙	風打危舟	月落高山	풍랑이 뱃전을 몰아치니 달은 고산에 떨어진다.
	以羊易牛	欲心太過	양을 주고 소와 바꾸고자 하니 그 욕심이 지나치도다.
訟…未濟	三龍戲水	弄財千金	세 용이 물에서 노니 천금의 재물을 희롱한다.
	厄消福至	富豪之命	액이 사라지고 복이 이르니 부호의 운명이로다.
訟…困	喜神助我	順理成功	희신이 나를 도우니 순조롭게 성공한다.
	瀟上雁行	同棲分飛	소상강 기러기는(형제간) 동서로 분리하리다.

一七. 天山遯(천산둔)

遯…同人	林逐林間	乘機成功	돼지를 숲에서 쫓는 격이니 때를 타서 성공한다.
	與人同心	大業必成	사람과 더불어 마음을 같이하니 큰 업을 이루리라.
遯…姤	山中失路	不分東西	산중에서 길을 잃었으니 동서를 알지 못한다.
	火中投金	損財之像	불속에 금을 던지는 격이니 손재할 상이로다.
遯…否	家平身健	家榮自得	집안이 평안하고 몸이 건전하다. 부귀영화를 자연 얻는다.
	文昌輝煌	文科及第	문창성이 휘황하게 빛나니 문과에 급제하리라.
遯…漸	鳳化爲鷄	不如前運	봉을 그리다가 닭이 되니 그전만 같지 못하다.
	夫婦相別	不然克子	부부간에 이별할 운이요 불연이면 자녀를 실패한다.
遯…旅	商山四皓	一人何歸	상산의 네 노인 가운데 한 사람은 어디 갔는고
	智足力足	但缺時機	지혜도 있고 역량도 있으나 다만 기회를 만나지 못했다.
遯…咸	渡水逢人	得金西廂	물을 건너 귀인을 만남이요 세상에서 금을 얻은 격이다.
	雨順風調	五穀豊登	천후가 순조로우니 오곡이 풍등하리라.

一八. 天地否(천지비)

否…无妄	厄在河伯	勿近江海	액이 하백(물귀신)에 있으니 물에 가까이 말라.
	榮而無功	僅僅生涯	수고하나 공이 없으니 근근이 생애하리라.
否…訟	兩人相論	一害一得	두 사람이 의론함에 이해가 반반이다.
	前路暗黑	欲進不能	앞길은 캄캄하니 나가고자 하나 나가지 못한다.
否…遯	守分安靜	小財可取	분수를 지키고 안정하면 작은 재물은 얻을 수 있다.
	蘭宮秋色	膝下有憂	자손궁에 액이 미치니 슬하의 근심이 있으리라.
否…觀	貴人何在	往東必逢	귀인이 어느 곳에 있는고 동방에 가면 상봉한다.
	龍得深澤	家和人盛	용이 깊은 연못을 얻었으니 집안이 화목하고 인구 번성한다.
否…晋	月滿東山	憂患消盡	동산에 달이 밝으니 우환이 자연 사라진다.
	初困後泰	簣土成山	처음은 곤하고 뒤에 태평하니 삼태기 흙이 산을 이루었다.
否…萃	東奔西走	一無所得	동서에 분주하나 한 가지도 얻은바 없도다.
	家敗財散	身多困厄	집안이 패하고 재물이 흩어지니 일신의 곤액이 많으리라.

二一. 澤天夬(택천쾌)

夬…大過　二人合心 因人成事　두 사람이 마음을 합하니 사람으로 인해 성사한다.
　　　　　必成大器 財帛綿綿　반드시 크게 성공하여 재백이 면면하리라.
夬…革　　雙月照我 姬在妥鄕　쌍월이 내몸에 비치니 기쁨이 타향에 있도다.
　　　　　十年勤苦 終得成加　십년을 근고함이 마침내 성공을 하였다.
夬…夬　　成敗多端 喜中生憂　성패가 다단하니 기쁜 가운데 근심이 있다.
　　　　　發矢不中 費力無加　화살을 쏘아 맞지 않으니 힘만 들고 공이 없도다.
夬…需　　以女得財 偶然之財　여자로 인하여 재물을 얻으니 우연한 재물이로다.
　　　　　十中一成 勞多功少　열 가지 중에 한 가지 이루니 수고는 많고 공은 적도다.
夬…大壯　萬事歸虛 家無宜科　만사가 허사로 돌아가고 집안에 조그마한 벼슬도 없다.
　　　　　運否身困 財消人難　운이 막히고 몸이 곤하니 재물이 사라지고 인구가 떠난다.
夬…乾　　掘地得金 衣食豊滿　땅을 파서 금을 얻으니 의식이 풍만하다.
　　　　　出入生喜 人多助我　출입하여 좋은 일이 있으니 사람들의 도움이 많도다.

二二. 重澤兌(중택태)

兌…困　　佳人一歸 淚沾春宮　미인이 한번 돌아감에 눈물을 춘궁에 적신다.
　　　　　散金得寶 先失後得　금을 헤치고 보배를 얻으니 먼저는 잃고 뒤에 얻는다.
兌… 隨　　不孝父母 但知妻財　부모에게는 불효하고 다만 아내와 재물을 안다.
　　　　　難倫孛子 必受其罪　인륜을 어지럽히는 자식이니 반드시 그 죄를 받으리라.
兌…夬　　門戶不吉 口舌是非　집안에 불길한 일이 있고 구설시비가 분분하도다.
　　　　　深澤潛龍 未得其珠　깊은 못에 연용이 잠겼으나 구슬 얻지 못하여 조화가 없다.
兌…節　　水滿恩澤 得財如意　물이 은택에 가득하니 재물 얻음이 여의하도다.
　　　　　可蒙天恩 福祿享受　임금의 은혜를 입게 되니 복록을 누리게 되리라.
兌…歸妹　堂上有憂 失母可畏　부모의 근심이 있으니 모친을 잃을까 두렵다.
　　　　　水物合一 北路得財　물과 물이 하나로 합하니 북녘에서 재물을 얻는다.
兌…履　　逢秋無獲 心多虛脫　가을을 만나 수확이 없으니 마음이 허탈하도다.
　　　　　足踏虎尾 危在其中　호랑이 꼬리를 밟은 형상이니 위험이 그 가운데 있다.

二三. 澤火革(택화혁)

革…咸	千金一身 老來無子	천금같은 한 몸이 노래에 자식이 없도다.
	花根欲移 損財可畏	꽃뿌리를 옮기려 하니 손재수가 두렵다.
革…夬	往東往西 事不如意	동서로 왕래하나 일이 뜻과 같지 않도다.
	雖得其財 非義之物	비록 재물을 얻게 되나 의리 아닌 재물이로다.
革…隨	天佑神助 吉祥有期	하늘이 돕고 신이 도우니 길상을 기약하리라.
	門戶至慶 喜滿一家	문호에 경사가 이르니 기쁨이 집안에 가득하도다.
革…旣濟	去舊從新 心快身安	옛것을 버리고 새 것을 쫓으니 마음이 쾌하고 몸이 편하다.
	日就月將 事事如意	날로 나가고 달로 자라니 일마다 뜻과 같으리라.
革…豊	來失去失 骨肉之害	오나가나 실뿐이요 골육의 피해도 있도다.
	雖得財利 兩人分利	비록 재물 얻음이 있으나 두 사람이 나누어 갖는 격이다.
革…同人	秋水動關 悲歌一曲	추수가 관을 음직이니 슬픈 노래 한 곡조로다.
	四處無助 獨行險境	사방에 도움이 없으니 홀로 험지에 행하게 된다.

二四. 澤雷隨(택뢰수)

隨…萃	蛟龍得珠 造化無窮	교룡이 구슬을 얻었으니 조화가 무궁하도다.
	功成業就 名振四方	공업을 성취하니 이름을 사방에 떨친다.
隨…兌	兩事有心 一得一失	두 가지 일에 마음을 두니 하나는 잃고 하나는 얻는다.
	隱盜窺墻 損財可畏	도적이 숨어서 담을 엿보니 손재수가 두렵다.
隨…革	南婁罷兵 講讀兵書	남루에 군사를 파하고 병서를 강독한다.
	家內泰平 田庄買入	집안이 태평하니 전장을 사들이게 된다.
隨…屯	商業生涯 東西聚金	상업으로 생애하면 동서에서 돈을 모으리라.
	一有不幸 膝下之憂	한 가지 불행한 일이 있으니 슬하의 근심이 있도다.
隨…震	小人得財 君子得祿	소인은 재물을 얻을 것이요 군자는 관록을 얻는다.
	進退生喜 可知榮華	진퇴마다 기쁨이 생기니 가히 영화로움을 알겠더라.
隨…无妄	綿綿壽福 可知平生	수복이 면면하니 평생의 행복이로다.
	草閣多金 子孫獻慶	초각에는 재물이 많고 자손은 경사를 올린다.

二五. 澤風大過(택풍대과)

大過…夬	天地交泰	初月如生	천지가 교태하니 초생달 나오는 것 같도다.
	淑金逢火	乃得成器	금이 불을 만났으니 단련하여 큰 그릇을 이루었도다.
大過…咸	錦衣夜行	人不知我	비단옷 입고 밤길 걸으니 남은 알아주지 않는다.
	草嘆初困	可得後榮	처음 곤액을 탄식마라 후분의 영화는 있으리라.
大過…困	吉也凶也	難吉難凶	길한 것이냐 흉한 것이냐 길흉을 분별키 어렵다.
	事有兩處	得失相半	일이 두 곳에 생겼으니 득실이 반반이로다.
大過…井	莫嘆運遲	春蘭秋菊	운이 늦음을 탄식마라 간간 그 때가 따로 있도다.
	妄動必愼	其害非輕	망녕된 일을 삼가라 그 해가 가볍지 않으리라.
大過…恒	一事二心	心緖之難	한 가지 일에 두 마음이니 심서가 지리하도다.
	性如火急	每受其害	성품이 불같이 급하니 매양 그 해를 받으리라.
大過…姤	虎入陷穽	凶兆可知	범이 함정에 빠졌으니 흉조를 가히 알겠도다.
	勿近是非	無罪有厄	시비를 가까이 마라 죄가 없어도 그 액이 있다.

二六. 澤水困(택수곤)

困…兌	困不自濟	三歲不見	곤궁을 헤쳐나지 못하니 삼년이나 빠져 있다.
	成事瓦解	未免困窮	성사되려는 일이 와해되니 곤궁함을 면치 못하리라.
困…萃	困于酒食	中有慶也	주식에 곤궁하다 중간에는 경사가 있으리라.
	近貴發福	出入權門	귀인을 가까이 하여 발복하니 권문에 출입 한다.
困…大過	不祥之運	家庭散亂	상서롭지 못한 운이니 가정이 산란하리라.
	數或不吉	妻妾之變	수가 혹 불길하면 처첩에 변이 되리라.
困…坎	處正終吉	時有小吝	정도에 처하면 길하나 때로 부끄러움이 있다.
	金車不利	恐致事故	차가 불리하니 사고가 발생 될까 두렵다.
困…解	切鼻去足	求益反損	코 베이고 다리 잘리니 이익 구하다 손해 본다.
	數或不吉	獄刑喪祭	수가 혹 불길하면 감옥 형벌 초상 제사 있다.
困…訟	利有攸往	商旅則吉	갈바를 두면 이로워 상업 여행이면 좋으리라.
	若無憂驚	服制可畏	만일 근심 놀램이 없으면 복제가 우려된다.

二七. 澤山咸(택산함)

咸…革	霜前花光 望後月色	서리 전의 꽃빛이요 보름후 달빛이라.
	運漸衰退 新業不吉	운이 점차 쇠퇴함이니 새로운 사업은 불길하다.
咸…大過	家憂層生 他事何就	집안의 우환이 거듭 생기니 다른 일인들 어찌 이루리요.
	先治家事 後榮外事	먼저 집안일을 다스리고 뒤에 다른 일을 경영하라.
咸…萃	非戰而勝 機略超凡	싸우지 않고 승리하니 기략이 뛰어나도다.
	立身揚名 壽福無窮	서공에서 이름을 드날리니 수복이 무궁하리라.
咸…蹇	平生之業 得失相半	평생의 사업은 손해와 이익이 반반이로다.
	一有困心 子孫之患	또 한 가지 마음이 괴로움은 자손의 근심이 있음이라.
咸…小過	喜星照身 運吉身旺	희성이 몸에 비치니 운이 길하고 몸이 건강하다.
	一得一散 衣貧不貧	얻고 잃음이 반반이다. 의식은 가난치 않으리라.
咸…遯	家道不齊 兄弟不睦	집안이 절도가 없으며 형제가 화목치 못하도다.
	事多魔障 妻悲兒痛	일에 장애가 많으며 처자의 슬픔이 있도다.

二八. 澤地萃(택지취)

萃…隨	甘雨一施 萬物生光	단비가 한번 내리니 만물이 생광을 발휘한다.
	身登甲榜 文武之材	몸이 과거에 오르니 문무 겸전한 재목이로다.
萃…困	才智聰敏 燈下辛苦	재지가 총민하나 벼슬길이 아득하다.
	莫嘆此恨 人在其命	벼슬 못함을 탄하지 말라. 사람마다 맡은 운명이 있다.
萃…咸	才智過人 禾斗何遲	재지가 뛰어나나 벼슬길은 멀고 멀다.
	七顚八起 終德榮華	칠전팔기의 노력을 하면 마침내 영화를 얻게 되리라.
萃…比	魚變成龍 閑事得位	고기가 변하여 용이 되니 한가한 선비가 벼슬을 얻는다.
	仰受天恩 聲聞一國	임금의 은혜를 우러러 받드니 그 명성이 일국에 떨친다.
萃…豫	身着玉帶 皇恩罔極	몸에 옥대를 띠었으니 황은이 망극하도다.
	錦上添花 手弄千金	비단위에 수를 놓았으니 손으로 천금을 희롱하리라.
萃…否	白楊空山 鳴呼其身	백양의 공산에 그 신세가 처량하도다.
	財星雖照 香火誰傳	재물은 있으나 자식이 없으니 조상의 봉사를 뉘게 전하랴.

三一. 火天大有(화천대유)

大有…鼎　雷行大成　羣聞四海　우뢰를 크게 일으킴에 무리 소리가 사해에 울린다.
　　　　　寅卯之年　損財必愼　인묘의 해에 손재수를 조심하라.
大有…離　明月妻亭　夫婦相別　달밝은 정자에서 부부가 이별한다.
　　　　　自下克上　凌上逢敗　아래 사람이 위를 이기니 반드시 패가 보리라.
大有…睽　東西奔走　食少事煩　동서에 분주하나 식소사번하도다.
　　　　　勞心焦思　晩年得意　노심초사한 공덕이 있으면 만년에 뜻을 세우리라.
大有…大畜　莫誇運盛　落葉秋山　운세가 성하다 자랑마라 때는 이미 지나갔도다.
　　　　　積德布施　庶免橫厄　덕을 쌓고 은혜를 베풀으라 이러한 횡액을 면하리라.
大有…乾　伊尹耕畝　日夜勞心　이윤이 밭을 매는 상이니 밤낮으로 수고롭기만 하다.
　　　　　基逢凶星　家亂財消　기지에 흉성을 만났으니 집안이 소란하고 재물은 흩어진다.
大有…大壯　月落空山　天地暗黑　달이 공산에 떨어지니 천지가 암흑이로다.
　　　　　千里長沙　客愁淒凉　천리땅 귀양살이에 나그네의 신세 처량하다.

三二. 火澤睽(화택규)

睽…未濟　明珠沉海　龍失其力　명주가 바다에 잠겼으니 용이 그 힘을 얻었다.
　　　　　意高心大　運塞不起　뜻은 높고 마음은 크나 운이 막혀 일어나지 못한다.
睽…噬嗑　到處春風　心快身安　도처에 춘풍이니 마음이 상쾌하고 몸은 편하다.
　　　　　財官雙美　富名自得　재물과 벼슬운이 다 좋으니 부와 명예를 자연 얻는다.
睽…大有　祖上遺業　日消月敗　조상의 유산은 날과 달로 실패한다.
　　　　　東西奔走　赤手成家　동서에 분주하며 적수로 성공하리라.
睽…損　東失西得　一喜一悲　동에서 잃고 서에 얻으니 한번 기쁘고 한번 슬프다.
　　　　　初婚不利　再婚偕老　초혼은 이롭지 못하나 재혼은 해로하리라.
睽…履　緣木求魚　一無成就　나무에서 물고기를 구하는 격이니 하나도 되는 일이 없다.
　　　　　必煩事違　有始無終　마음은 번잡하고 일은 어긋나니 처음은 있고 끝이 없도다.
睽…歸妹　大人居官　小人富足　대인은 벼슬에 오르고 소인은 부자가 된다.
　　　　　川流不息　漸入佳境　냇물은 쉬지 않나니 점점 좋은 곳으로 들어간다.

三三. 重火離(중화리)

離…旅 　琴宮論之 夫婦反目 　금슬궁을 말하건대 부부사이가 좋지 못하다.
　　　　捨金取沙 以眞易假 　금을 버리고 모래를 취하니 참으로 거짓을 바꿈이다.
離…大有 事有東妻 必在西窓 　일은 동루에 있는데 마음은 서창에 있다.
　　　　三才不合 都無成就 　운과 환경과 실력이 맞지 않으니 도무지 성취됨이 없다.
離…噬嗑 生少克多 凶勝吉祥 　생은 적고 극은 많으니 흉이 길상을 이긴다.
　　　　長男無烟 損土之數 　장남집에 연기가 없으니 토지를 손실하는 운수로다.
離…賁 　經亂立身 大明出東 　어려움을 겪고 입신하니 밝은 태양이 동에 솟는다.
　　　　吉中生憂 進退愼之 　길한 가운데도 근심이 생기니 나아가고 물러섬을 조심하라.
離…同人 青雲逢空 大材無用 　벼슬길이 공을 만났으니 큰 재목이 쓸곳 없도다.
　　　　千里駿馬 閑臥草場 　천리나 달리는 준마가 풀밭에 한가히 누었도다.
離…豊 　妖鬼做侵 殃反兒孫 　요귀가 뜰에 침입하니 재앙이 자손에게 미친다.
　　　　顧頭東西 一思去定 　머리를 동서로 돌리니 한 가지 생각도 결정 못한다.

三四. 火雷噬嗑(화뢰서합)

噬嗑…晋 黃甲脫床 功成名振 　황갑을 상위에 벗어 놓으니 공을 이루고 이름을 떨침이라.
　　　　知進無退 百事皆宜 　나갈줄만 알고 물러섬이 없으니 백사에 모두 마땅하다.
噬嗑…睽 初運不好 田財多損 　초년운은 좋지 않으니 토재와 재산의 손해 있다.
　　　　龍得其珠 晚成大器 　용이 구슬을 얻은 격이니 늦게 큰 성공이 있으리라.
噬嗑…離 好事多魔 先凶後吉 　좋은 일에 마가 많으니 먼저 흉하고 뒤에 길하다.
　　　　傍人猜忌 暗中損財 　곁에 사람이 시기하니 모르는 가운데 손재한다.
噬嗑…頤 事必三省 急則必財 　일에 임하여 자세히 살피라 서두르면 실패한다.
　　　　忠言甘受 前程無難 　충언을 달게 받아들이면 전정에 어려움이 없으리라.
噬嗑…无妄 災生水火 其物愼之 　재앙은 물과 불에 있으니 물과 불을 조심하라.
　　　　意志不固 無事頭緒 　의지가 굳지 못하니 일에 두서가 없다.
噬嗑…震 性如火急 解如春雪 　성품이 불갈이 급하나 풀리기는 눈과 같도다.
　　　　心本不善 人皆忌我 　마음이 본래 착하지 못하니 사람마다 나를 싫어한다.

三五. 火風鼎(화풍정)

鼎…大有	家道不利 妻憂子患	집안에 불리한 일이 있으니 처자의 근심이로다.
	朋友多助 小事可成	벗의 도움이 많으니 사소한 일은 성취하리라.
鼎…旅	平生所悔 養虎爲患	평생의 후회되는 일은 범을 길러 화를 입음이라.
	事有歸空 晩年得安	일이 허사로 돌아가나 말년에는 편안하리라.
鼎…未濟	臨事無主 不如不營	일에 임하여 주장이 없으니 경영하지 않음만 못하다.
	無月廣野 歸路難分	달에는 광야에 돌아갈 길을 분별 못한다.
鼎…蠱	青山埋兒 膝下之厄	청산에 어린이를 묻으니 슬하의 액이로다.
	兩虎相爭 不知生死	두 범이 서로 싸우니 생사를 알지 못한다.
鼎…姤	早失天地 一身無依	일찍 부모를 이별하고 일신의 의지가 없도다.
	自手努力 可得致財	스스로 노력하라 가히 재물은 모이리라.
鼎…恒	早苗不雨 承露寄生	가물은 싹에 비가 오지 않으니 이슬을 받아 간신히 산다.
	四顧無親 事多力盡	사방을 돌아봐도 친한 이 없으며 일은 많고 힘은 다하였다.

三六. 火水未濟(화수미제)

未濟…睽	臨江無舟 欲渡未渡	강에 임하여 배가 없으니 건너고자 하나 건너지 못한다.
	怪變層生 每哭青山	괴변이 거듭 생기니 매양 청산에 가서 운다.
未濟…晋	澤變爲山 魚及災變	못이 변하여 산이 되니 물고기에게 재앙이 미친다.
	堤防生孔 危險將至	제방둑에 구멍이 생기니 위험이 장차 이르리라.
未濟…鼎	蹇脚登山 身苦事遲	저는 발로 산에 오르는 격이니 몸이 곤하고 일은 느리다.
	一生論之 別無喜事	일생운을 말하건대 별로 기쁜일이 없으리라.
未濟…蒙	花不得春 天地朦朧	꽃이 봄을 만나지 못하니 천지가 어둡고 어둡다.
	良馬伏櫪 伯樂未顧	재주와 덕망이 있을지라도 알선해주는 사람이 없다.
未濟…訟	子肯其父 嗚呼人事	아들이 아비를 배반하니 인사중에 가장 슬픈 일이로다.
	何受風霜 積年安泰	어찌하여 풍상이 많은고 여러 해 뒤에는 평안하다.
未濟…解	風雲之場 蹇馬渡水	풍운이 일어나는 곳에 절름발이 말이 물을 건넌다.
	誰怨誰仇 自作之孼	누구를 원망하리요 스스로 만든 허물이로다.

三七. 火山旅(화산여)

旅…離	老虎下山 群兎弄之	늙은 범이 산에서 내려오니 무리 토끼가 희롱한다.
	家內不睦 東西放浪	집안이 화목치 못하니 동서에 방랑하리라.
旅…鼎	以道守分 生涯無厄	도로서 분수를 지키면 생애중에 액이 없으리라.
	晚年得意 蘭庭有慶	만년에 뜻을 얻으며 자손궁에도 경사 있으리라.
旅…晋	意志堅固 金石可透	의지가 견고하니 금석도 가히 뚫는다.
	群木茂盛 鬱鬱蒼蒼	군목이 무성하니 울울창창하도다.
旅…艮	智慧超衆 事機必成	지혜가 출중하니 무슨 일에나 성취한다.
	東西出入 一身無暇	동서에 출입하니 일신이 한가할 때가 없도다.
旅…遯	憂在家中 堂上堂下	근심이 집안에 있으니 부모와 자녀의 일이로다.
	每事慎之 後悔莫及	매사를 조심하라 후회하나 미치지 못한다.
旅…小過	出耶修耶 利在其中	산이나 물이나 이익이 그 가운데 있도다.
	營事皆違 衣食不裕	경영사가 모두 어긋나니 의식이 넉넉지 못하리라.

三八. 火地晋(화지진)

晋…噬嗑	秋鼠入庫 衣食豊足	가을 쥐가 노적에 드니 의식이 풍족하도다.
	立身揚名 富貴兼全	입신양명하여 부귀를 겸해 누리리라.
晋…未濟	學劍之後 睢水得意	검을 배운 뒤에 수수에서 뜻을 얻었다.
	家道漸昌 金銀滿箱	가도가 점점 창성하니 금은이 상자에 가득하리라.
晋…旅	好機不偶 英雄無功	좋은 기회를 만나지 못하여 영웅이 공을 세우지 못한다.
	財少命薄 客地徘徊	재물이 적고 운명이 박하니 객지에 나가 배회한다.
晋…剝	病樹近風 倒木直前	병든 나무에 바람을 맞혔으니 쓰러지기 직전이로다.
	緣木求魚 徒費心力	나무에 올라 물고기를 구하니 한갓 심력만 소모한다.
晋…否	吳山楚水 行色忙忙	산천을 두루 다니려니 행색이 바쁘다.
	事無頭緒 因人見敗	일에 두서가 없으며 남으로 인하여 해를 본다.
晋…豫	家神招禍 堂上有厄	가신이 재앙을 일으키니 부모에게 액이 있도다.
	財敗頻煩 困窮何免	재물 패함이 빈번하니 곤궁함을 어찌 면하리오.

四一. 雷天大壯(뇌천대장)

大壯…恒　身逢耗星 財敗難色　몸에 손해별을 만났으니 재물 패함을 면치 못한다.
　　　　膝下無子 香火何傳　슬하에 자손이 없으니 선조 봉사를 누구에게 전하랴.
大壯…豊　洛城風起 桃花欲落　낙양성에 바람이 일어나니 도화꽃이 떨어지려 한다.
　　　　身位居空 何望貴顯　신궁이 공망에 거하니 귀현함을 어찌 바라리요.
大壯…歸妹　親人之害 及於我身　친한 사람의 해가 내 몸에도 미친다.
　　　　出帆海上 風浪突起　해상을 출발하니 풍랑이 돌연 일어난다.
大壯…泰　二金相生 莫憂平生　두 금이 생해주니 평생 일을 근심치 마라.
　　　　速步玉堂 卓立高位　빨리 걸어 옥당에 이르니 높은 벼슬을 오르리라.
大壯…夬　白晝失物 誰怨誰仇　백주에 실물하니 누굴 원망하리요.
　　　　物空子空 何多風霜　물도 공이요 자손도 공이니 어찌하여 풍상이 많은고.
大壯…大有　兩人合心 因人成事　두 사람이 합심하니 남으로 인하여 성사한다.
　　　　二金逢火 必成大器　두 금이 불을 만났으니 반드시 큰 그릇을 이루리라.

四二. 雷澤歸妹(뇌택귀매)

歸妹…解　自叛恩人 一乞空門　스스로 은인을 배반하니 한번 공문에 의지한다.
　　　　改過遷善 可保平安　잘못을 고치고 착한 일 하면 가히 평안함을 보전하리라.
歸妹…震　貪財好色 多致四怨　재물을 탐하고 색을 좋아하니 은원관계를 많이 맺으리라.
　　　　蘭宮受剋 子女之禍　자궁에 극을 받으니 자녀의 재앙이로다.
歸妹…大壯　莫嘆困厄 自作之孼　곤액을 탄식마라 스스로 만든 과실이로다.
　　　　功業未成 災變漸至　공업을 이루지 못하니 재변이 점차 일어난다.
歸妹…臨　妻憂子患 心思混亂　처자의 우환이 있으니 심사가 혼란하다.
　　　　碌之浮生 不知安分　녹록한 부생이 안분을 알지 못한다.
歸妹…兌　上敬下愛 其德咸頌　위를 공경하고 아래를 사랑하니 그 덕을 다 칭송한다.
　　　　天佑神助 家昌身榮　하늘이 돕고 신이 도우니 집안이 창성하고 일신을 영귀한다.
歸妹…暌　才智超凡 身登兩榜　재주와 지혜가 비범하니 문무과에 급제한다.
　　　　家神亂動 怪變突起　가신이 발동되니 괴변이 돌연 일어나리라.

四三. 雷火豊(뇌화풍)

豊…小過　龍劍出匣　鎭壓邊疆　용검이 칼집에서 나오니 변강을 진압한다.
　　　　　功業成就　名振四方　공업을 성취하니 이름을 사방에 떨치리라.
豊…大壯　先難後易　努而後成　먼저는 어렵고 뒤에 쉬우니 수고한 뒤 성공한다.
　　　　　祥雲照家　喜慶滿堂　상서가 집에 비치니 기쁨이 집안에 가득하다.
豊…震　　勢窮力盡　天何不顧　운세가 궁하고 기운이 진하니 하늘은 어찌 돌보지 않는고.
　　　　　莫貪過慾　知分則安　지나친 욕심을 탐하지 마라 분수를 알면 편안하리라.
豊…明夷　材劍入蜀　沛公善遇　칼을 집고 촉나라에 들어가니 패공이 잘 대우한다.
　　　　　天祿隨身　先困難色　천록이 몸에 따르나 초년 곤액은 면치 못하리라.
豊…革　　臥龍耕田　上通上達　와룡이 밭을 가는 격이니 천문지리를 통달하였다.
　　　　　財官雙美　人間快事　재관이 쌍미하니 인간의 쾌한 일이로다.
豊…離　　親人操心　笑中藏刀　친한 사람을 조심하라 웃음 속에 칼을 감추었다.
　　　　　苦非自薦　奇才無用　자신이 천거하지 않으면 기묘한 재주가 쓸데없도다.

四四. 重雷震(증뢰진)

震…豫　　一得二失　損財之數　하나를 얻고 둘을 잃으니 손재할 운수로다.
　　　　　是非爭起　勿貪虛慾　시지가 다투어 일어나니 허욕을 탐하지 마라.
震…歸妹　初年之數　兩後竹筍　초년의 운수는 비온 뒤에 죽순같도다.
　　　　　運漸衰退　欲起不能　운이 점차 쇠퇴하니 일어나고자 하나 일어나지 못한다.
震…豊　　一門不睦　不信他事　한 집안이 화목치 못하니 다른 일은 말해 무엇하리요.
　　　　　東西奔走　身病可畏　동서에 분주할 것이요 신병도 두렵도다.
震…復　　老龍得水　名利晩成　늙은 용이 물을 얻었으니 명리를 늦게 이룬다.
　　　　　以文得財　安過平生　글로써 재물을 얻으니 평생을 편안히 지내리라.
震…隨　　老鼠入庫　難多不取　늙은 쥐가 창고에 든 격이니 비록 많으나 취하지 못한다.
　　　　　偶然東人　中道害我　우연히 동쪽 사람을 만나 중도에 해를 입으리라.
震…噬嗑　田宅逢空　東西奔走　전택이 공을 만났으니 동서에 분주한다.
　　　　　必煩身困　堂上有憂　마음은 괴롭고 몸은 곤하며 부모의 근심도 있으리라.

四五. 雷風恒(뇌풍항)

恒…大壯　有財無孫 家庭寂寞　재물은 있으나 자손이 없으니 가정이 적막하도다.
　　　　　勞而無功 風霜重重　수고하나 공이 없으니 풍상이 중중하리라.
恒…小過　鳳得其雛 飛入雲天　봉이 그 새끼를 얻어 하늘에 나는 격이다.
　　　　　春花己發 秋實欲圓　봄꽃이 이미 피었으니 가을 열매가 둥글고자 한다.
恒…解　　濟江無船 憂心自生　강을 건너려니 배가 없음에 근심이 자연 생기도다.
　　　　　事多不成 衣食不足　일에 이루지 못함이 많으니 의식도 부족하다.
恒…升　　求謀不得 好戰無功　꾀를 구하나 얻지 못하고 싸움을 좋아하나 공이 없도다.
　　　　　其心大拙 得財易失　그 마음이 크게 졸하여 재물을 얻어도 잃기 쉬우리라.
恒…大過　身進螢閣 別有榮光　몸이 형각에 나가니 별로히 영광이 있도다.
　　　　　財帛豊登 生計有通　재백이 풍등하니 생계가 통달함이 있으니라.
恒…鼎　　驟雨東至 凶事可知　소나기가 동으로 이르니 흉함을 가히 알겠도다.
　　　　　官運雖好 無得有失　관운은 비록 좋으나 얻는 건 없고 잃는 것만 있다.

四六. 雷水解(뇌수해)

解…歸妹　家神逢空 吉變爲凶　가신의 공을 만났으니 길이 변하여 흉이 된다.
　　　　　口舌是非 身厄重重　구설과 시비가 많고 신액도 중중하리라.
解…豫　　動則不利 靜則平安　움직이면 불리하고 안정하면 편안하다.
　　　　　中後之運 小得橫財　중년후의 운수는 약간의 횡재 있으리라.
解…恒　　以馬換牛 損益不分　말을 주고 소를 바꾸니 손해와 이익을 구분 못한다.
　　　　　事多心煩 欲休未休　일은 많고 마음은 번잡하니 쉬고자 하나 쉬지 못한다.
解…師　　天地相生 非貴則富　천지가 상생하니 귀가 아니면 부자로다.
　　　　　文書發動 買入田庄　문서가 발동하니 전장을 사들이게 되리라.
解…困　　莫遊東方 是非口舌　동방에 가지마라 시비와 구설이로다.
　　　　　初困後泰 白首榮華　처음은 곤하고 뒤에 태평하니 백수에 영화 있으리라.
解…未濟　擇山擇水 運非於斯　산을 찾고 물을 가리나 운수는 좋지 못하도다.
　　　　　不息努力 營事可成　쉬지 않고 노력하면 경영지사가 성공하리라.

四七. 雷山小過(뇌산소과)

小過…豊	累次遷墓	必成其禍	여러 번 무덤을 옮기니 반드시 그 화를 당한다.
	經營四方	一無成事	사방에 경영하는 바는 하나도 되는 일이 없다.
小過…恒	到處是非	累見血光	도처에 시비가 일어나니 여러 번 핏빛을 본다.
	在家守分	庶無此厄	분수를 지켜 집안에 있으라 무릇 이러한 액을 면하리라.
小過…豫	出入無碍	事事如意	나가나 들어오나 장애가 없으니 일마다 여의하다.
	金入爐中	必成大器	금이 용광로에 들어가니 반드시 큰 그릇을 이룬다.
小過…謙	初運不利	田宅有損	초년운은 불리하니 전택의 손해가 있도다.
	得失相半	衣食不窮	얻고 잃은 것이 반반이다 의식은 궁하지 않으리라.
小過…咸	行於世間	藝術生涯	세간에 행세함에는 예술로 생애한다.
	外財何得	得處還失	바깥 재물을 어찌 얻을고 얻는 곳에서 다시 잃는다.
小過…旅	好運未到	事事耗散	좋은 일이 이르지 않으니 일마다 손해로다.
	身有疾病	不然子敗	몸에 질병이 있을 것이요 불연이면 자손을 실패한다.

四八. 雷地豫(뇌지예)

豫…震	若非身病	八人可畏	만일 신병이 아니면 화재수를 조심하라.
	策謀不實	終無所得	책모가 견실치 못하니 종내 소득이 없으리라.
豫…解	喜對大顔	可知立身	기쁘게 임금을 대하니 벼슬 얻음을 알겠더라.
	功成業就	家道中興	공업을 성취하니 가도를 중흥시키리라.
豫…小過	上下和睦	一家泰平	상하가 화목하니 집안이 태평하도다.
	田宅漸增	家道隆昌	전택이 점점 증진되니 가도가 융창한다.
豫…坤	不顧富貴	何事垂淚	부귀를 돌아보지 않는데 눈물흘림은 웬일인고.
	幸免子厄	晩有子慶	다행이 자액을 면하면 늦게 자손의 경사 있으리라.
豫…萃	利在何處	田土增進	이익이 어느 곳에 있는고 전토가 증진된다.
	勿近是非	意外困厄	시비를 가까이 마라 의외의 곤액을 당하리라.
豫…晋	日月失光	早失父母	일월이 빛을 잃었으니 조실부모할 운이로다.
	身遊他關	空拳得財	몸이 타관에 노니 빈손으로 재물을 얻으리니.

五一. 風天小畜(풍천 소축)

小畜…巽 喜事在家 田土有光 기쁜 일이 집안에 있으니 전토의 영광로다.
　　　　 子女滿堂 衣風豊餘 자녀들이 집안에 가득할 것이요 의식이 풍족하리라.
小畜…家人 踰山涉水 風霜重重 산을 넘고 물을 건너니 풍상이 중중하다.
　　　　 橫厄可畏 每事愼之 횡액수가 두려우니 매사를 조심하라.
小畜…中孚 陰衰陽長 夫婦反目 음은 쇠하고 양은 성하니 부부가 불화하도다.
　　　　 運漸衰退 妄動不可 운이 점차 쇠퇴하니 망동함은 불가하다.
小畜…乾 一進一退 非凶非吉 한번 나가고 한번 물러서니 길도 아니요 흉도 아니다.
　　　　 三人合心 欲奪人物 세 사람이 합심하여 남의 물건을 뺏는다.
小畜…大畜 二人同居 意不相合 두 사람이 같이 거하나 뜻이 서로 맞지 않는다.
　　　　 石中蘊玉 誰能琢之 돌가운데 서린 옥을 누가 능히 쪼으리요.
小畜…需 身旺財旺 一家太平 몸이 왕하고 재물이 왕하니 일가가 태평하도다.
　　　　 舍己從人 得而不失 남의 뜻을 따르면 얻어도 잃지도 않는다.

五二. 風澤中孚(풍택 중부)

中孚…渙 有吉無吉 見利不利 길함이 있는 듯하나 길한 것 없고 이로운 듯하나 이로움이 없다.
　　　　 意雖得合 二心徘徊 뜻이 비록 합하나 마음이 한결같지 않도다.
中孚…益 一得一泄 心緖多亂 한번 얻고 한번 잃으니 심사가 산란하다.
　　　　 淫謀雖成 所望難得 음모는 비록 이루었으나 소망을 얻기 어렵다.
中孚…小畜 初無風景 終見春光 처음에 풍경이 없으나 마침내 봄빛을 보리라.
　　　　 以小生財 小劤大得 작은 것으로 재물이 생기니 작은 힘으로 크게 얻는다.
中孚…履 楚漢相爭 各心有力 초나라 한나라가 싸우니 각각 심력 있도다.
　　　　 若不知足 得失相半 만일 족함을 알지 못하면 득실이 반반이로다.
中孚…損 如鳥焚巢 進退維谷 새가 동우리에 불사름 같으니 나가지도 못한다.
　　　　 外人納財 堂憂必起 외인의 재물을 드리니 부모의 근심이 있으리라.
中孚…節 鷰豈登天 折翼且凶 쥐꼬리라 어찌 하늘을 오르리요 날개가 부러지고 흉하리라.
　　　　 守分安靜 不然逢厄 분수를 지키고 안정하라 불연이면 액을 만나리라.

五三. 風火家人(풍화가인)

家人…漸	深林日昏	飢虎下山	깊은 숲에 날이 저무니 주린 범이 산에서 내려온다.
	以下克上	人必不成	아래로서 위를 극하니 일을 반드시 이루지 못하리라.
家人…小畜	紛紛世事	可惜無光	세상일이 분분하니 생광 없는 것이 아깝도다.
	散金東西	一切莊益	동서에 재물이 흐를 것이요 한번 상처수 있으리라.
家人…益	夫婦不和	凡事皆違	부부간에 불화하니 범사가 다 어긋난다.
	暗窺人財	反損我物	가만히 남의 재물을 엿보면 도리어 내 물건을 잃는다.
家人…同人	風雲相會	聚散無常	풍운이 서로 모으니 모이고 흩어짐이 무상하다.
	莫近外人	黃金散盡	타인을 가까이 마라 황금을 모두 없앤다.
家人…貴	堂上堂下	憂心悼悼	부모와 자녀에게 근심과 슬픔이 있도다.
	莫近女色	事有失敗	여색을 가까이 마라 일에 실패가 있으리라.
家人…旣濟	官祿臨身	人多仰視	관록이 몸에 임하니 사람마다 우러러 본다.
	如干財數	或聚或散	약간의 재물은 혹 모이고 혹 흩어진다.

五四. 風雷益(풍뢰익)

益…觀	家道雖創	蘭庭可憂	가도는 비록 창립하나 자손의 근심이 있도다.
	平生産業	先損後成	평생의 산업은 먼저 손실하고 뒤에 이루리라.
益…中孚	名利雙全	此外何望	명성과 재물이 쌍전하니 이밖에 무엇을 바리리요.
	重到喜事	家道有昌	기쁜 일이 거듭 이르러 가도가 창성하리라.
益…家人	玉石難辨	事無踪跡	옥석을 가리기 어려우니 일에 자취가 없다.
	未得科慶	安中有災	벼슬에 오르지 못하니 평안한 가운데 재앙이 있다.
益…无妄	燈下辛苦	終得科名	근고하게 공부하면 마침내 과거에 합격한다.
	以行正道	雖損無益	바른 도리를 행하나 손해만 있고 이익이 없다.
益…噬嗑	如狂如醉	善計不出	미친 것 같고 취한 것도 같으니 좋은 계교가 나오지 않는다.
	失匣南城	學劒無用	좋은 기회를 놓쳤으니 배운 역량이 무용이다.
益…屯	渭水罷釣	己成功名	위수에 낚시를 그만두니 이미 공명을 성취한다.
	進退逢吉	田宅有先	나가며 물러서며 길함이 있으니 토지도 널리 장만하리라.

五五. 重風巽 (중풍손)

巽…小畜　虎榜雁塔　姓名赫赫　무과에 급제하니 성명이 빛난다.
　　　　一振武名　四海安泰　한번 무예를 떨치니 사해가 평안하리라.

巽…漸　　僧道行商　不知分守　중이 장사하는 격이니 분수를 알지 못함이라.
　　　　先察其機　可保安樂　먼저 그 기틀을 살피면 가히 안락함을 보전하리라.

巽…渙　　智窮力盡　欲起不能　지혜가 궁하고 힘이 진하니 일어나고자 하나 일어나지 못하다.
　　　　桂月高明　厄消福至　계월이 높이 밝으니 액이 사라지고 복이 이른다.

巽…姤　　在家生憂　出外心快　집에 있으면 근심이요 밖에 나가면 마음이 즐겁다.
　　　　有志四方　井魚出海　사방에 뜻을 두었으니 우물고기가 바다에 나가는 격이다.

巽…大過　初志未成　有意兩處　처음 뜻을 이루지 못하니 뜻이 두 갈래로 나뉜다.
　　　　身厄可畏　勿近水邊　신액이 두려우니 수변을 가까이 마라.

巽…井　　上佑下輔　足過平生　위와 아래에서 도와주니 족히 평생을 지낸다.
　　　　二人合心　萬物結實　두 사람의 마음을 합하니 만물이 열매를 맺는다.

五六. 風水渙 (풍수환)

渙…中孚　老龍失珠　造化不施　늙은 용이 구슬을 잃었으니 조화를 부리지 못한다.
　　　　志高事違　可知困苦　뜻은 높고 일은 어긋나니 가히 곤고함을 알리로다.

渙…觀　　鑿地千丈　黃金不出　땅을 천장이나 뚫어도 황금이 나오지 않는다.
　　　　運本不好　碌碌生涯　운이 본래 좋지 않으므로 녹녹한 생애를 마치리라.

渙…巽　　發失不中　事多失敗　화살을 쏘아 맞지 않으니 일마다 실패한다.
　　　　以下克上　家內紛亂　아래로서 위를 극하니 집안에 분란이 생기리라.

渙…訟　　牛耕春田　池魚弄珠　소는 봄밭을 갈고 연못 고기는 구슬을 희롱한다.
　　　　貴人來助　祥福一至　귀인이 와서 도우니 상서로운 복이 날로 이르리라.

渙…蒙　　捕風捉月　立名乘世　바람을 잡고 달을 잡으니 때를 타서 출세한다.
　　　　靑山暮雨　飢狗難吠　청산의 저무는 비에 주린 개가 짖기 어렵다.

渙…坎　　北虎入穽　巨海難濟　북호가 함정에 드니 큰 바다를 거느리기 어렵다.
　　　　東食西宿　僅僅生涯　동에 먹고 서에 자니 근근이 생애하리라.

五七. 風山漸(픙산점)

漸…家人	平地得玉 營事順成	평지에서 옥을 얻으니 경영하는 일이 순조롭다.
	門戶平安 優遊度日	문호가 평안하니 넉넉히 놀며 세월을 보내리라.
漸…巽	積少成大 衣食豊足	적은 걸 쌓아 큰 걸 이루니 의식이 풍족하도다.
	一有不快 家患間有	한 가지 불쾌한 것이 있으니 집안의 우환이 간간 있음이라.
漸…觀	狂風吹東 落花紛紛	광풍이 동에서 불어오니 낙화가 분분하도다.
	意外怪變 獨坐長嘆	의외의 괴변이 있으니 홀로 앉아 길게 탄식하리라.
漸…遯	病松枝上 杜鵑哀鳴	병든 소나무 가지 위에 두견새가 슬피운다.
	子孫之事 費物無窮	자손의 일로 재물 낭비가 많으리라.
漸…艮	運不通泰 前程漸塞	운이 통태하지 않으니 전정이 점차 막힌다.
	雙眉一嚬 淚沾靑山	두 눈썹을 한번 찡그리니 눈물을 청산에 적시리라.
漸…蹇	有志未行 一事難成	뜻을 두고 행하지 않으니 한 가지 일도 이루지 못한다.
	人生難百 何多風霜	인생은 백년을 살기 어려운데 풍상은 어이하야 많은고.

五八. 風地觀(픙지관)

觀…益	財失兒失 嗚呼身世	재물도 잃고 자손도 잃으니 신세가 슬프도다.
	是非如雲 口舌紛紛	시비는 구름같이 일어나고 구설도 분분하리라.
觀…渙	他人之事 無端得談	타인의 일로 무단히 득담을 듣는다.
	於南於北 亂走無得	남북으로 어지럽게 왕래하나 얻는 것은 없도다.
觀…漸	莫嘆時晚 先否後泰	때가 늦음을 탄식마라 앞은 비색하나 뒤에 태평하다.
	鵲報喜信 膝下之慶	까치가 기쁜 소식을 전하니 슬하의 경사 있으리라.
觀…否	求財利成 田土何論	재물을 구함에 이익을 이루니 전토는 말해 무엇하리요.
	科星難照 財祿豊盈	벼슬은 얻기 어려우나 재물은 풍족하리라.
觀…剝	楚漢相對 范增虛老	초한이 상대하니 범증이 헛되이 늙었도다.
	他人之害 及于我子	타인의 해가 내 자식에게 미친다.
觀…比	靑山歸路 隨彼白雲	청산 돌아가는 길이 저 구름을 따른다.
	若無人敗 古家難守	만일 사람 실패가 없으면 옛집을 지키기 어렵다.

六一. 水天需(수천수)

需…井	南西雨鳥 爭被一枝	남서 두 마리 새가 한 가지에 다투어 앉는다.
	金爐水滿 何成大器	금로에 물이 가득하니 어찌 큰 그릇을 이루리요.
需…旣濟	平生所營 事事遲鈍	평생의 경영하는 바는 일마다 더디고 느리다.
	靑雲無光 白衣難色	청운에 빛이 없으니 벼슬을 얻기 어렵다.
需…節	寂寞孤月 獨坐凄凉	적막하고 외로운 달빛 아래 처량히 홀로 앉았다.
	世上萬事 皆歸空虛	세상만사는 모두 공허로 돌아간다.
需…夬	秋山月暗 雁影難分	가을 산에 달이 어두우니 기러기 그림자를 분별키 어렵다.
	何好富貴 其祿歸虛	어찌 부귀를 좋아하리요 그 녹이 허사로 돌아간다.
需…泰	身否名泰 閑坐求財	신수는 비색하고 이름만 크니 한가히 앉아 재물 구하는 격이다.
	萬事歸虛 所業難就	만사가 헛된 것으로 되니 사업을 성취키 어렵다.
需…小畜	寶兮土兮 欲換文章	보배와 토지로 문장을 바꾸고자 한다.
	只信財帛 凌人逢敗	다만 재물만 믿고 남을 능멸하면 실패한다.

六二. 水澤節(수택절)

節…坎	春水滿澤 必受天恩	봄물이 못을 가득 채웠으니 반드시 벼슬에 오리리라.
	身旺財旺 何事憂之	몸이 왕성하고 재운도 왕성하니 무엇을 근심하리요.
節…屯	世事浮雲 東西徘徊	세상일이 뜬구름 같으니 동서로 배회한다.
	鳳失其雛 憂心不離	봉이 그 새끼를 잃었으니 근심이 떠나지 않으리라.
節…需	吉神來助 小物必得	길신이 와서 도우니 작은 재물은 반드시 얻는다.
	榮華到門 子孫昌盛	영화가 문에 이르니 자손도 창성하리라.
節…兌	萬里登程 僅取小物	만리길을 등정하여 간신히 조금 얻는다.
	一身雖煩 有始無終	일신이 비록 번거로우나 처음만 있고 끝맺음이 없다.
節…臨	平生論之 碌碌終身	평생 운을 말하건대 별수 없이 생애한다.
	大志未成 小物可取	큰 뜻을 이루지 못하나 작은 물건은 얻으리라.
節…中孚	人情相違 欲成不成	인정이 서로 어긋나니 이루고자 하나 이루지 못한다.
	兄弟之事 財散土空	형제간의 일로 재물과 토지를 손실한다.

六三. 수화기제 (수화기제)

旣濟…蹇　夫婦之間 再娶難色　부부 사이에 재취함을 면키 어렵다.
　　　　蘭宮秋色 膝下有患　자손궁에도 액이 미치니 슬하의 근심이 있으리라.
旣濟…需　小憂在堂 衣食不貧　작은 근심이 부모에 있으나 의식은 가난치 않도다.
　　　　菊花秋開 晚年小成　국화는 가을에 피나니 만년에 작은 성취 있으리라.
旣濟…屯　天興其祿 早年登科　하늘이 그 녹을 주니 일찍 등과할 수로다.
　　　　春回再三 家滿祥瑞　봄이 두세 번 돌아오니 집안에 상서가 가득하리라.
旣濟…革　春入園中 桃李開花　봄이 꽃동산에 들어오니 도화 이화에 꽃이 핀다.
　　　　身帶文券 田庄廣置　몸에 문권을 대었으니 토지를 널리 장만하리라.
旣濟…明夷　勞多無功 虛度歲月　수고는 많으나 공이 없으니 헛되이 세월만 보낸다.
　　　　是非爭訴 損財不少　시비와 쟁송으로 손재도 적지 않으리라.
旣濟…家人　若非登科 困厄臨身　만일 벼슬에 오르지 못하면 곤액이 몸에 임한다.
　　　　田土之事 文書相爭　전토의 일로 문서로 소송한다.

六四. 水雷屯 (수뢰둔)

屯…比　古木花殘 身病可畏　고목에 꽃이 쇠잔하니 신병이 두렵도다.
　　　物散難防 財上有意　물건 흩어짐을 막기 어려우니 손재수를 주의하라.
屯…節　運逢天地 生道莫門　운이 천지에 만났으니 생활하기가 순조롭다.
　　　功名事業 雖遲可成　벼슬이나 사업은 비록 늦으나 성취하리라.
屯…旣濟　身陷險中 求財不成　몸이 험한 곳에 빠지니 재물 구하나 이루지 못한다.
　　　名利未就 恒有不快　명리를 성취 못하니 항상 불쾌한 마음 있으리라.
屯…隨　見喜不喜 離妻喪子　기쁨을 보고 기뻐할 줄 모르니 처자를 이별한 탓이다.
　　　缺月復滿 損後多得　이지러진 달이 다시 둥그니 손해 뒤에 많이 얻으리라.
屯…復　小利難得 大謀何言　적은 이익도 얻기 어려운데 큰뜻은 일러 무엇하랴.
　　　陰陽約合 晚年有光　음양이 서로 합하니 만년은 영광이 있다.
屯…益　運如回春 百草生光　운이 봄 돌아옴 같으니 매초가 생광을 얻었다.
　　　財官俱吉 求則可得　재관이 같이 길하니 구하면 가히 얻으리라.

六五. 水風井(수풍정)

井…需　家中無憂 淸福咸至　집안에 근심이 없으니 청복이 모두 이른다.
　　　　佳娘作配 百年之樂　어여쁜 여인과 짝을 지었으니 백년의 즐거움이로다.
井…蹇　以土成山 勞後成富　흙으로 산을 이루니 노력한 뒤에 부자 된다.
　　　　春鳥閑鳴 可知其樂　봄새가 한가롭게 우니 그 즐거움을 알겠더라.
井…坎　莫近酒色 損財得病　주색을 가까이 마라 재물을 잃고 병을 얻는다.
　　　　東西四方 四顧無親　동서 사방에 사방을 봐도 친한 이가 없다.
井…大過　東得西失 不知其足　동에 얻고 서에 잃으니 그 족함을 알지 못한다.
　　　　吝財小用 終也成富　재물을 아끼고 적게 쓰며 마침내는 부자가 된다.
井…升　百矢一中 成功至難　백번쏘아 하나를 맞추니 성공이 지극히 어렵도다.
　　　　散之千金 仰天大笑　천금이나 흩어지니 하늘을 보고 크게 웃는다.
井…巽　玉堂欲頹 哀淚南飛　옥당이 무너지고자 하니 슬픈 눈물이 남에 나른다.
　　　　有聲難啼 身守空林　조화를 부리지 못하니 만사 허사가 되리라.

六六. 重水坎(중수감)

坎…節　深海採薪 陸地行舟　깊은 바다에서 나무를 캐고 육지에서 배를 젓는다.
　　　　東西有急 狼敗忽起　동서에 급변이 있으니 낭패수가 홀연 생긴다.
坎…比　身涉重灘 財消身厄　몸이 거듭 여울을 건너니 재물이 사라지고 신액이 있다.
　　　　祖業雖敗 自手成家　조업은 비록 실패하나 자수성가하리라.
坎…井　車破船敗 欲進不能　수레가 깨지고 배가 부서졌으니 나가려 하나 나가지 못한다.
　　　　比厄不輕 子厄何事　이러한 액도 가볍지 않은데 자손의 액은 웬일인고.
坎…困　十年經營 眼前無成　십년이나 경영해도 눈앞에 성취를 보지 못한다.
　　　　莫嘆初困 終得平安　초년의 곤고를 탄식마라 마침내는 평안을 얻으리라.
坎…師　運勢否塞 春夢不成　운수가 비색하니 봄꿈을 이루지 못한다.
　　　　雖無成就 守靜身安　비록 성취는 없으나 가만히 있으면 편하리라.
坎…渙　利見山水 秋月春風　이로움을 산수를 봄에 가을달과 봄바람 같도다.
　　　　莫失時機 去則不來　시기를 잃지 마라 지나면 다시 오지 않는다.

六七. 水山蹇(수산건)

蹇…旣濟	蹇脚登山 徒費努力	저는 다리로 산에 오르려 하니 한갓 노력만 허비한다.
	莫出他關 散之千金	타관에 나가 살지마라 천금의 재산을 손실한다.
蹇…井	身否力盡 困厄可知	신운이 비색하고 힘이 다하니 곤액을 알리로다.
	蘭枝秋色 多産多敗	자손궁에 액이 이르니 많이 낳고 많이 실패한다.
蹇…比	暗中抱劒 愼之其厄	모르게 칼을 품은 자 있으나 그 액을 조심하라.
	是非口舌 不然水火	시비와 구설수도 있으며 불연이 물과 불로 놀래리라.
蹇…咸	大成難望 守分則吉	큰 성공은 바라기 어려우니 분수를 지키면 길하다.
	聚散無常 衣食不乏	모이고 흩어짐이 무상하다 의식은 궁핍치 않으리라.
蹇…謙	有聲無功 名大實少	소리만 있고 공이 없으니 이름만 크고 실속이 적다.
	勿貪外財 反爲損失	밖의 재물을 탐내지 마라 오히려 손실이 있으리라.
蹇…漸	水變爲地 田土有利	물이 변하여 토지가 되었으니 전토에 이익이 있도다.
	友人助我 財利可得	친구가 나를 도우니 재물을 가히 얻으리라.

六八. 水地比(수지비)

比…屯	狂風忽起 營事多魔	광풍이 홀연 일어나니 경영사에 마가 많도다.
	若無官厄 損財可畏	만일 관액이 없으면 손재수가 두렵다.
比…坎	身登玉堂 五福兼全	몸이 옥당에 오르니 오복을 겸전한다.
	貴人必助 手弄千金	귀인이 나를 도와주니 손으로 천금을 희롱하리라.
比…蹇	平生之厄 口舌劒難	평생의 액은 구설과 검난이로다.
	雖日忠良 失志奈何	비록 충량한 사람이나 뜻을 잃었으니 어찌하리요.
比…萃	無端風雨 花落紛紛	무단한 풍우로 꽃 떨어짐이 분분하도다.
	憂在荊宮 厄及膝下	근심은 아내궁에 있고 액은 슬하에 미친다.
比…坤	雲鶴齊飛 必受恩澤	운학이 날으니 반드시 은택을 받으리라.
	平生所業 僅僅自生	평생의 소업은 근근이 생애하리라.
比…觀	花堂埃生 一涙衰涙	화당에 띠끌이 일어나니 한번 눈물을 더한다.
	雖云正心 赤手奈何	비록 마음은 바르다 하나 적수로 어이하리요.

七一. 山天大畜(산천대축)

大畜…蠱　勞以無功　心身困苦　수고하나 공이 없으니 마음과 몸이 곤고할 따름이다.
　　　　　偏愛子孫　反誤其子　자손을 편벽되이 사랑하면 오히려 아들을 그르친다.
大畜…賁　平生所憂　落眉之厄　평생의 근심하는 바는 눈썹밑에 떨어진 액이로다.
　　　　　事事不利　可憐身世　일마다 불리하니 신세가 가련하다.
大畜…損　因緣相遇　位尊祿大　인연이 서로 만나니 벼슬이 높고 녹이 크도다.
　　　　　功名富貴　可得志機　공명과 부귀로 가히 뜻을 얻음이라.
大畜…大有　春深玉樹　可期功名　봄이 옥수에 깊었으니 가히 공명을 기약하리라.
　　　　　往東得物　手弄千金　동으로 가서 재물을 얻으니 손으로 천금을 희롱한다.
大畜…小畜　功高德重　可輔士民　공이 높고 덕이 중하니 가히 백성을 도우리라.
　　　　　事君以忠　位臨三公　임금을 섬기되 충성을 다하니 지위는 삼공에 이른다.
大畜…泰　一月不長　堂上之憂　일월이 길지 못하니 부모의 근심이로다.
　　　　　祖業難守　赤手成家　조업은 지키기 어려우니 적수성가 할 운이로다.

七二. 山澤損(산택손)

損…蒙　天涯涕淚　一身無後　천애에 눈물을 흘리니 일신의 뒤가 없도다.
　　　　心神未定　東西漂流　심신을 안정 못하니 동서에서 표류한다.
損…頤　青氈世業　飄落狂風　청전의 세업은 광풍에 표락함과 같도다.
　　　　意在兩處　分子之像　뜻이 두 곳에 있으니 아들을 나눌 상이라.
損…大畜　臨船白江　時雨順風　배를 백강에 임함에 좋은 비와 순한 바람이로다.
　　　　東風吹花　必受其澤　동풍이 꽃에 부니 반드시 그 혜택을 받는다.
損…睽　殘花枯木　不知春風　고목에 꽃이 쇠잔하니 춘풍의 좋은 것을 모른다.
　　　　憂心日生　不得其失　근심된 마음이 날로 생기니 그 잃은 것을 얻지 못한다.
損…中孚　僅避狼危　更踏虎尾　간신히 이리의 위험은 피하니 다시 범의 꼬리를 밟는다.
　　　　每事違心　家空無物　매사에 마음을 어기니 집안에 재산이 궁핍하다.
損…臨　難欲求財　事不穩當　재물을 구하고자 하니 일이 온당치 못하도다.
　　　　用之何處　恒在憂中　어느 곳에 쓰는고 항시 근심 가운데 있으리라.

七三. 山火賁(산화비)

賁…艮	龍澤水渴 造化難施	용의 못에 물이 마르니 조화를 부리기 어렵다.
	奔走四方 勞勞小得	사방에 분주하며 수고롭게 약간 얻으리.
賁…大畜	畫鳳畫虎 金蘭有香	봉을 그리고 용을 그리니 금난초는 향기 있다.
	揚名天下 門戶多慶	이름을 천하에 드날리니 문호에 경사가 많으리라.
賁…頤	雨順風調 四海平安	비가 순하고 바람이 곱게 부니 천하가 모두 평안하다.
	天寵我才 立志成功	임금이 내 재주를 아껴주니 뜻을 세워 성공하리라.
賁…離	百事不成 空手搖扇	백사를 이루지 못하니 빈손으로 부채질 한다.
	在家不快 出外有利	집에 있으면 불쾌하나 밖에 나가면 유익하다.
賁…家人	一事皆口 臨事不然	한 일이 입에 있으니 일을 당하여 말과 다르다.
	雖有家憂 明有更圓	비록 집안에 근심이 있으나 명월이 다시 둥글어진다.
賁…明夷	立志成功 揚名四海	뜻을 세워 성공하니 이름을 사해에 드날린다.
	日就月將 喜滿一家	일취월장하니 가정에 기쁨이 가득하리라.

七四. 山雷頤(산뢰이)

頤…剝	觀光落魂 探化損神	관광하다 혼이 빠지고 꽃을 탐하다 정신을 잃는다.
	歲月如流 何日成就	세월은 멈추지 않는 법인데 어느 날 성취하랴.
頤…損	進退無常 紅塵虛步	진퇴가 무상하니 홍진에 헛걸음친다.
	分花東西 一身勞碌	꽃을 동서에 나누니 일신이 노록하도다.
頤…賁	好運不通 馬脚多病	좋은 운수가 통하지 않으니 말 다리에 병이 많은 것 같다.
	四方徘徊 事必無期	사방으로 배회하니 일에 기약이 없다.
頤…噬嗑	錦衣夜行 榮財未得	비단옷 입고 밤길 걷는 격이요 재물을 경영하니 얻지 못한다.
	家庭不安 骨肉四散	집안이 불안하니 골육이 사방으로 흩어진다.
頤…益	所恨未就 見喜不喜	소한을 성취 못하니 좋은 것을 봐도 기쁜 줄 모른다.
	一無生意 葉世入山	하나도 살 뜻이 없으니 세상을 버리고 산에 들어간다.
頤…復	臨山臨水 萬物始生	산을 임하고 물을 임하니 만물이 비로소 생한다.
	功名可成 名利雙全	공명을 가히 성취하니 명예와 재물이 쌍전하다.

七五. 山豊蠱(산풍고)

蠱…大畜　採花東風　美哉春風　동풍에 꽃을 따니 아름답다 춘풍이여.
　　　　　受人恩澤　財福豊盈　나의 혜택을 입으니 재복이 풍영하리라.

蠱…艮　　平生所畏　橫厄之數　평생의 두려운 횡액을 당할 운이로다.
　　　　　不顧家産　奔走四方　집안을 돌보지 않고 사방에 분주하리라.

蠱…蒙　　生平勞碌　終無成富　일생을 노록하나 마침내도 부자가 안된다.
　　　　　白玉無光　白髮有愁　백옥이 빛이 없으니 백발이 되도록 근심이 있다.

蠱…鼎　　弱馬馱重　何渡長江　약한 말에 짐이 무거우니 어찌 장강을 건느리요.
　　　　　聰明不足　事機難察　총명이 부족하매 일의 기틀을 살피기 어렵다.

蠱…漸　　早失萱堂　自手成家　일찍 부모를 이별하고 자수성가 할 운이로다.
　　　　　膝下多慶　晩年得安　슬하에 경사가 많으니 만년에는 편안하리라.

蠱…升　　印物傷我　可知刑厄　인물이 나를 상하니 형액임을 알겠도다.
　　　　　月色未明　閨房有愁　월색이 밝지 못하니 부부궁의 근심이 있으리라.

七六. 山水蒙(산수몽)

蒙…損　　杜鵑啼血　月枝空梁　두견새의 피눈물이 부질없이 달 가지에 물든다.
　　　　　周遊四方　損財頻繁　사방에 두루 다니며 손재만 빈번하리라.

蒙…剝　　心無主官　營事多虛　마음에 주관이 없으니 경영사가 허망하다.
　　　　　飛鳥傷翼　欲飛不能　나르는 새가 날개를 상했으니 날고자 하나 날지 못한다.

蒙…蠱　　背明向暗　不見好日　밝음을 등지고 어둠을 향하니 좋은 날빛을 보지 못한다.
　　　　　在內心亂　出外生喜　집에 있으면 심란하고 밖에 나가면 기쁨이 생긴다.

蒙…未濟　父母之事　一哭青山　부모의 일로 한번 청산에 운다.
　　　　　晩年之數　財滿倉廩　만년의 운수는 재물이 창고에 가득하리라.

蒙…渙　　財物之事　一門不睦　재물로 인하여 친척과 화목치 못하리라.
　　　　　虛名遠聞　外富內貧　허명만 멀리 들리니 밖은 부자요 안은 가난하다.

蒙…師　　善養父母　名聞隣近　부모를 잘 봉양하니 이름이 인근에 들린다.
　　　　　平生所業　家道平平　평생의 소업은 가도가 평평하리라.

七七. 重山艮(중산간)

艮…賁	重水連疊 無舟難行	물이 첩첩이 연했는데 배가 없어 건너지 못한다.
	雖有得財 風波忽起	비록 재물은 얻으나 풍파가 갑자기 일어난다.
艮…蠱	莫恃藝術 時事遲遲	재주만을 믿지 마라 세상일은 더디고 느리다.
	吉凶上半 食少事煩	길흉이 상반한 운인데 식소사번하리라.
艮…剝	兩虎一兎 一觸卽發	두 범에 토끼 하나이니 일촉즉발의 판세로다.
	每事讓步 庶免身厄	매사에 양보하면 신액은 면하게 되리라.
艮…旅	月落三更 天地暗黑	달이 삼경에 떨어지니 천지가 암흑이로다.
	男則喪配 女命離夫	남자는 상처수요 여자는 남편과 이별하리라.
艮…漸	功名有機 磨劍待時	공명은 기회가 있으니 칼을 갈고 때를 기다린다.
	莫嘆初中 末分威振	초·중년의 운을 탄식마라 말년은 위엄을 떨치리라.
艮…謙	早知出處 英雄好事	일찍 나갈 곳을 아는 것은 영웅의 좋은 일이로다.
	快脫紅塵 得意洋洋	즐겁게 홍진을 벗어나니 득의양양 하리라.

七八. 山地剝(산지박)

剝…頤	商山石果 逢秋難摘	상산과 석과는 가을에도 따기 어렵다.
	諸營之事 有頭無尾	경영하는 일마다 머리만 있고 꼬리가 없도다.
剝…蒙	死地得生 父母之恩	사지에서 생을 얻음은 부모님의 은혜로다.
	東方不吉 西方成就	동방은 불길하고 서방은 성취한다.
剝…艮	初雖散敗 終得好運	처음은 비록 실패하나 마침내는 좋은 운을 얻는다.
	人多助我 立志成功	사람이 나를 도와주니 세운 뜻을 성공하리라.
剝…晋	赤壁火功 曹操大敗	적벽강 화공으로 조조가 대패한다.
	心神未定 徘徊四海	심신을 안정치 못하니 사해를 배회하리라.
剝…觀	世事如夢 精神昏迷	세상일이 꿈결 같으니 정신이 혼미하도다.
	田土日散 疾病何故	전토를 날로 없애는데 질병은 또 웬일인고.
剝…坤	以下剋上 必見災殃	아랫사람이 위를 극하니 반드시 재앙을 만나리라.
	順理無害 逆理則亡	이치를 순히 하면 해가 없고 도리를 거스리면 망한다.

八一. 地天泰(지천태)

泰…升 　千里江湖 無得徘徊 　천리 강호에 배회하나 얻는 것은 없다.
　　　　謀事不成 口舌何事 　꾀하는 일은 이루지 못하는데 구설은 웬일인고.
泰…明夷 寂莫孤月 與子徘徊 　적막한 외로운 달에 친구와 더불어 배회하는 격이다.
　　　　古林風歇 落花無聲 　고림에 바람이 개이니 떨어지는 꽃이 소리 없도다.
泰…臨 　先靈夢格 更覓舊墓 　선령이 꿈에 이르니 다시 구묘를 찾으리라.
　　　　和風三月 離子他鄉 　화풍 삼월에 아들을 타향에서 이별한다.
泰…大壯 暗雲蔽月 天地未明 　어둔 구름이 달을 가리니 천지가 밝지 못하다.
　　　　如干財物 皆歸虛地 　약간의 재물은 모두 허지로 돌아간다.
泰…比 　名大實小 心恒不滿 　이름만 크고 실속이 적으니 마음에 항상 불만이 있다.
　　　　萬物歸虛 所業難望 　만물은 헛된 것으로 돌아가니 소업을 이루기 어려우리라.
泰…大畜 財祿隨身 求則必得 　재록이 몸에 따르니 구하면 반드시 얻는다.
　　　　只信財物 凌人逢敗 　다만 재물만 믿고 사람을 업신여기면 실패한다.

八二. 地澤臨(지택림)

臨…師 　一身否塞 未得其意 　일신이 비색이니 그 뜻을 얻지 못한다.
　　　　若非身病 膝下有厄 　만일 신병이 아니면 슬하의 액이 있으리라.
臨…復 　居家則富 居官則貴 　집에 거하면 부자의 운명이요 벼슬에 나가면 귀히 된다.
　　　　積巧乃用 名利雙全 　공 쌓은 것을 이에 쓰니 명망과 재물이 쌍전하리라.
臨…泰 　洋洋春水 變作哀淚 　양양한 물결은 슬픈 눈물로 변하였다.
　　　　在家愁心 出外生喜 　집에 있으면 근심이 있고 밖에 나가면 기쁨이 생긴다.
臨…歸妹 智謀雖足 誹謗操心 　지모가 비록 족하나 남의 비방 듣는 것을 조심하라.
　　　　雖日成財 損多生少 　비록 재물은 모인다 하나 손해는 많고 생기는 것은 적다.
臨…節 　登身科甲 其慶入門 　몸이 벼슬길에 오르니 그 경사가 집안에 들어온다.
　　　　雖日巧名 隱厄間間 　벼슬 공명은 누린다 하나 숨은 액은 간간히 있으리라.
臨…損 　落木迎春 風雨何事 　마른 나무가 봄을 만났는데 비바람은 웬일인고.
　　　　產業盡散 萬事無心 　산업이 모두 흩어지니 만사에 마음이 없다.

八三. 地火明夷(지화명이)

明夷…謙　困鳥沾雨 有翼難飛　곤한 새가 비에 젖었으니 날개는 있으나 날지 못한다.
　　　　　人生難百 何多風霜　인생은 백년을 살기 어려운데 풍상은 어이하여 많은고.
明夷…泰　有事障碍 心急意忙　일마다 장애가 있으니 마음이 조급하다.
　　　　　菊花秋開 晩年安泰　국화가 가을에 피는 것같이 만년에야 편안하리라.
明夷…復　駿馬傷足 何達千里　준마가 발이 상했으니 어찌 천리길을 갈 수 있으리요.
　　　　　古基無益 他鄕遂意　옛터는 이익이 없으나 타향에서 뜻을 이루리라.
明夷…豊　七縱七擒 諸葛之德　일곱 번 잡아 일곱 번 놓아주니 제갈공명의 덕망이로다.
　　　　　雖有官貴 哀傷未色　비록 벼슬은 귀히 되나 슬픈 상처는 면치 못한다.
明夷…旣濟　與人同心 財利必得　사람과 더불어 마음을 같이하니 재물을 반드시 얻는다.
　　　　　雖無巧名 生平安樂　비록 벼슬은 못할지라도 일생동안 안락하리라.
明夷…賁　一足登船 其危可知　한쪽 발로 배에 오르니 그 위험함을 알겠더라.
　　　　　經營之事 有損無益　경영하는 일에는 손해만 있고 이익이 없다.

八四. 地雷復(지뢰복)

復…坤　家有怪變 哀淚不絶　집에 괴변이 있으니 슬픈 눈물이 끊기지 않는다.
　　　　有運否塞 都無成事　신운이 비색하니 도무지 되는 일이 없다.
復…臨　玉堂金谷 晩年得意　옥당과 금곡이니 만년에 뜻을 얻는다.
　　　　東西往來 以商爲業　동서로 왕래하며 장사로 업을 삼으리라.
復…明夷　秋風古林 先破後得　가을바람이 옛 수풀에 부니 먼저 실패하고 뒤에 얻는다.
　　　　厄年去後 靑雲有路　액년이 지난 뒤에는 벼슬길도 있으리라.
復…震　厄有初年 早子難養　액이 초년에 있으니 이른 아들은 기르기 어렵다.
　　　　龍失其珠 靑雲難登　용이 여의주를 잃은 상이니 벼슬에 오르기 어려우리라.
復…屯　直針釣魚 終日無得　곧은 바늘로 낚시질하니 종일토록 얻음이 없다.
　　　　偶失其志 南歸一笑　우연히 그 뜻을 잃고 남방에 돌아가 한번 웃는다.
復…頤　中心未定 晝思夜夢　중심을 안정 못하니 밤낮으로 번민한다.
　　　　欲求難得 運何否塞　구하고자 하나 얻기 어려우니 운이 어찌 비색한고.

八五. 地風升(지풍승)

升…泰	立功揚名 泣雨蘭庭	공을 세우고 이름을 날리나 슬픔이 자손궁에 있도다.
	一喜一悲 吉凶難分	한번 기쁘고 한번 슬프니 길흉을 분별키 어렵다.
升…謙	千里有光 得意春風	천리까지 광채가 있으니 춘풍에 뜻을 얻는다.
	上下和樂 一家泰平	상하가 화락하니 일가가 태평하리라.
升…師	莊子叩盆 乙酉難偕	장자가 동이를 두드리는 격이니 부부간에 해로하기 어렵다.
	有志四方 虛度光陰	뜻을 사방에 두었으니 헛되이 세월만 보낸다.
升…恒	舊江魚躍 黃鳥爛色	구강에는 고기가 놀고 꾀꼬리는 빛이 찬란하다.
	以小成大 田庄廣置	작은 것으로 큰 걸 바꾸니 토지를 넓게 장만한다.
升…井	殘木逢秋 明春遼遼	쇠잔한 나무에 가을을 만났으니 새봄이 멀고 멀다.
	千斤壓身 欲起不能	천근 무게가 몸을 누르는 것 같으니 일어나려 해도 일어나지 못한다.
升…蠱	於東於西 無往不利	동이건 서이건 가는 곳마다 이롭다.
	如此好運 一有心苦	이와 같이 좋은 운이라 하나 한 가지 마음의 괴로움이 있다.

八六. 地水師(지수사)

師…臨	堯舜之心 大澤觀魚	요순의 마음으로 큰못의 고기를 보는 격이로다.
	邊疆敵侵 一戰不避	변강에 적이 침범하니 한번 싸움을 피치 못하리라.
師…坤	春夢一驚 方察己身	봄꿈이 한번 놀래니 드디어 지신을 살펴본다.
	蛇得其穴 平生無事	뱀이 그 구멍을 얻은 격이니 평생 무사하게 지내리라.
師…升	進退皆憂 吉變成凶	나가나 물러서나 근심이요 길함이 변하여 흉액이 된다.
	心無定處 何日功就	마음을 정할 곳 없으니 어느 날 공을 이루리요.
師…解	帶劒出征 蠻卒皆驚	칼을 차고 출정하니 오랑캐가 모두 놀랜다.
	功成威振 丈夫快事	공을 이루고 위엄을 떨치니 장부의 쾌한 일이로다.
師…坎	井魚出海 先困後泰	우물 고기가 바다로 나가니 먼저는 곤하고 뒤에 태평하다.
	東西兩方 以文得物	동서 두 방위에서 글로써 재물을 얻는다.
師…蒙	若無知足 吉變爲凶	족한 줄을 알지 못하여 오히려 흉액이 있다.
	勞心勞力 衣食足足	몸과 마음을 수고하라 의식은 족족하리라.

八七. 地山謙(지산겸)

謙…明夷	以商爲業	衣食不貧	장사로 업을 삼으면 의식은 궁하지 않다.
	一有家憂	早子難養	한 가지 집안의 근심 있으니 이른 아들은 기르기 어렵다.
謙…升	高山植木	逢風自枯	높은 산에 나무를 심었으나 바람을 만나 말라버린다.
	琴宮有厄	生離死別	부부궁에 액이 있으니 생이·사별하게 되리라.
謙…坤	驥逢伯樂	豈不美哉	준마가 백락을 만났으니 어찌 아름답지 않으랴.
	雖吉官位	家亂難免	비록 벼슬길은 길하나 집안의 분란은 면키 어렵다.
謙…小過	初年不好	一身無依	초년은 좋지 못하니 일신의 의지 없도다.
	風霜多年	小得平安	풍상을 많이 겪은 뒤 조그마한 안정은 얻는다.
謙…蹇	非義勿貪	得而招災	의가 아닌 것을 탐하지 마라 얻으나 재앙을 초래한다.
	守分知足	何憂厄難	분수를 지키고 족함을 알면 어찌 액난을 근심하리요.
謙…艮	本無祖德	幼年困窮	본래 조상의 덕이 없으니 초년은 곤궁하도다.
	身雖多困	努力成財	몸은 비록 곤함이 많을지라도 노력하면 재물이 모이리라.

八八. 重地坤(중지곤)

坤…復	君前受命	棟梁之材	임금 앞에 명을 받으니 국가의 동량재목이로다.
	以德敎化	萬人稱頌	덕으로 교화하니 만인이 칭송하리라.
坤…師	滿月欲虧	運數漸退	둥근 달이 이지러지려 하니 운수가 점차 물러간다.
	老將力衰	功業何成	노장의 힘이 쇠진하니 공업을 어찌 이루리요.
坤…謙	事在兩處	一事未決	일이 두 곳에 있으니 하나도 해결짓지 못한다.
	人多欺我	其害不少	사람이 나를 속이니 그 해가 적지 않도다.
坤…豫	天地無德	雁飛東西	부모의 덕이 없을 것이요 형제간도 이별하리라.
	先吉後凶	田土散敗	먼저 길하고 뒤에 흉한 격이니 전토를 산패하리라.
坤…比	上下不睦	事亦不順	상하가 화목치 못하니 일도 또한 순조롭지 않다.
	隱厄來侵	欲避不能	숨은 액이 침노하니 피할래야 피하지 못한다.
坤…剝	身帶官祿	早揷桂花	몸에 관록을 띠었으니 일찍 과거에 합격한다.
	長安大道	意氣洋洋	장안 대도에 의기가 양양하리라.

▌384爻辭斷訣(효사단결)

주역 효사의 길하고 흉함을 가늠하고자 할 때 어려운 原文(원문)의 해설서로는 이 해하기 어렵고 그 내용이 너무 많아 직접 활용하는 데는 엄두조차 내지 못할 정도임은 누구나 느끼는 바이다.

이 斷訣(한마디로 말한 비결)은 효사의 주요 문장을 四言節句(사언절구)로 줄여서 표현하였으니 우리 같은 凡人(범인)들로서는 다행한 일인 듯 싶어 知冠의 번역을 구하여 싣게 된 것이다.

본서의 핵심적인 작명 방법인 先後天易象法(선후천역상법)의 流年別(나이별) 주역 卦 · 爻를 세자리 숫자로 도표화한 부록의 하락이수 유년괘효변화도에 대한 간단한 해석으로 우선 사용하기 바라며, 같은 부록의 뒷자리에 있는 之卦(본괘가 動爻로 변한 괘)로 된 2개 사언절구의 變卦易象法(변괘역상법)의 역상과 길흉을 함께 보아 종합 판단하기 바랍니다.

인용한 嚴先生의 周易身數(신수는 년운, 流年과 같은 뜻) 중 가인괘 六二부터 上九 의 효사는 앞의 명이괘의 2~6爻분과 동일한 내용으로 잘못 되었기 知冠이 부득이 原意(원의)에 좇아 作句(작구)하였음을 부언한다.

▶ 乾(중천건)

初九 陽氣在下로다 方生萬物하니 春風和融이라.
　　　영기가 아래에 있도다. 바야흐로 만물을 생하니 봄바람도 화창하다.

九二 利見大人이니 隨時進行하면 無不便宜니라.
　　　대인을 보는 것이 이롭다. 수시로 진행하면 편리하지 않는 것이 없다.

九三 君子乾乾이니 貴而不驕하면 蒼生可濟로다.
　　　군자가 부지런하고 부지런하니 높아도 교만하지 않으면 창생을 가히 구제하리로다.

九四 或躍在淵이니 進退得宜하여 可得天寵이라.
　　　혹 뛰거나 못에 있으니 진퇴를 마땅하게 하면 가히 임금의 총애를 얻으리라.

九五 雲龍風虎라 勿偏勿執하면 大得其志로다.
　　　구름은 용을 따르고 바람은 호랑이를 따르니 치우치지 말고 고집하지 않으면 크게 그의 뜻을 얻으리라.

上九 亢龍偕極이니 知退徐進하면 乃陞其堂이라.
　　　너무 과한 용이니 함께 다하여 물러날 줄을 알아 서서히 나아가면 이
　　　내 그의 당에 오르리라.

▶ **坤(중지곤)**

初六 履霜至氷이니 馴致其道하면 可期後榮이로다.
　　　서리를 밟게 되면 얼음 얼 것도 이르니 그의 도에 순히 하여 이루면
　　　가히 뒷날의 영화를 기약하리라.

六二 直以方也니 柔順正固하여 莫行分外하라.
　　　곧고도 모나니 유순하고 올곧고 견고하여 분수밖에 일은 행하지 말라.

六三 含章可貞이니 知時發程커든 自由其志하라.
　　　아름다움을 함축하고 가히 올곧으니 때를 알아 길을 나서거든 스스로
　　　그 뜻에 말미암으리라.

六四 無譽無咎니 愼是無害라 女道有光이로다.
　　　명예도 없고 허물도 없으니 이렇게 조심을 하면 여인의 도에도 광채는
　　　있으리라.

六五 正位居體니 萬事和順하여 大業可成이라.
　　　바른 지위에 몸소 있으니 만사가 화순하여 대업을 가히 이루리라.

上六 龍戰于野니 永貞其道라야 乃有其終이라.
　　　용이 들에서 싸우니 그 도에 길고 올곧아야 이에 그의 온전한 마침도
　　　있으리라

▶ **屯(수뢰둔)**

初九 雲雷其屯이니 紫陌春風에 馳馬前進이라.
　　　구름과 천둥이 둔이니 서울의 봄바람에 말달리며 전진하리라.

六二 女子有貞이라 錐錐鳴鴈이 旭日是早로다.
　　　여자에 올곧음이 있느니라. 송곳의 잘못으로 보고 기러기 짝지어 소리
　　　내 우니 뜨는 해도 일러라.

六三 逐鹿林中이라. 逐而不得이면 必有羞吝하리라.
　　　숲 속에서 사슴을 쫓는다. 쫓다가 얻지를 못하면 반드시 부끄러운 욕이
　　　있으리라.

六四 乘馬班如니 有御前進하면 直到長安이라.

말을 타고도 나아가지 못하니 십복을 두고 전진하면 곧 바로 장안에
도착하리라.

九五 德施未光이라 小營可期요 大計反凶이라.
덕을 베푸는 것이 광채가 없느니라. 적게 경영한 것은 기약할 수 있으
나 큰 계책이면 도리어 흉하다.

上六 婦乘健馬라. 進無所之하니 憂懼奈何오.
부인이 건장한 말을 탔다. 나아가려 해도 갈 곳이 없으니 근심과 두려
움을 어찌하리.

▶ 蒙(산수몽)

初六 發蒙用刑이라 不知飢飽하니 百歲不老아.
어린이의 개발에 형벌을 사용한다. 굶주리고 배고픔을 모르니 백세라도
늙지 않으랴.

九二 納婦有吉이라 年少青春에 雲梯可期로다.
부인을 들이면 좋으리라. 나이 젊어 청춘에 과거에 오르리로다.

六三 勿用取女라 一領紫袍를 姮娥成剪하라.
여인을 취하지 말 것이다. 한번 입은 관복의 도포를 항아가 잘라버린다.

六四 困蒙無路라 四顧無路하니 修錬成眞하라.
어리석음에 곤궁하여 길이 없느니라. 사방을 돌아보아도 길이 없으니
수련하여 참됨을 이루라.

六五 童蒙元吉이라 三寶門墻에 自有住脚이라.
어린이의 어리석음이라. 삼보의 문 당장에 자연 다리가 머물러 있으리라.

上九 利用禦寇라 奔波一世에 萬事都休라.
원수를 방어하는 것이 이롭다. 분주한 세상에서 만사가 모두 허사로다.

▶ 需(수천수)

初九 需郊無咎라 歸宗反本이면 不犯難行이라.
교외들에서 기다린다. 본 바탕에 돌아가 근으로 돌이키면 어려운 행동
은 범하지 않으리라.

九二 需沙有言이라 天涯風霜이 如何歸家오.
물가 모래에서 기다리니 말을 듣는다. 천애의 풍상이니 여하히 집으로 돌
아가리오.

九三 沈疴全快라 雷門一震하니 體健身輕이라.
　　　병이 잠긴 몸이 완전 쾌차하다. 벼락이 한번 진동하니 체도 건장하고
　　　몸도 가벼워라.
六四 順時有祿이라 勿忘財馬하고 任用家畜이라.
　　　때를 따르니 녹도 있다. 재물과 녹을 잊지 않고 가축을 맡아 쓴다.
九五 需于酒食이라 無人知我하니 酒食是可라.
　　　주식에서 기다린다. 나를 알아준 사람이 없으니 술밥이나 먹는 것이 가
　　　하다.
上六 龍鳳一會라 巳酉丑歲에 轉禍爲福이라.
　　　용과 봉이 한번 모이니 사유축년에 전화위복된다.

▶ 訟(천수송)

初六 小言明辯이니 不永所事는 訟不可長이라.
　　　다소 말이 있으나 밝게 변론을 하니 작은 일도 길게 하지 않으면 소송
　　　은 길게 하는 것이 불가하다.
九二 訟明曲直이라 旗幟分明하니 永遠典程이라.
　　　송사에 곡직이 밝혀지니라. 기치가 분명하니 영원한 법전의 길이다.
六三 舊德明明이라 出關唱凱하니 三箭太平이라.
　　　옛 덕이 밝게 밝으리라. 전장에 나가서 개선을 부르니 세 화살이 태평하
　　　여라.
九四 紫電呈祥이라 亥午年月에 必成名祿이라.
　　　붉은 번개 빛이 상서를 드리니 해오년월에 반드시 명예와 녹을 이루리라.
九五 元吉中正이라. 不染紅塵하고 天地長存이라.
　　　크게 길하여 중정하다 세상에 물들지 않고 천지가 오래 건재하다.
上九 福星照臨이라 意外得訟하니 龍飛千載라.
　　　복성이 비치고 임한다. 의외로 송사를 얻게 되니 용은 천년을 나르리라.

▶ 師(지수사)

初六 出師以律하니 子鼠申猴에 貴人扶助라.
　　　군사를 내보낼 때 율법으로 할지니 자의 쥐와 신의 원숭이에 귀인이
　　　부조한다.

九二　承寵承命이라　威令赫赫에　日光當天이라.

하늘의 총애 계승하고 명을 계승한다. 위엄과 명령이 혁혁하니 햇빛도 하늘에 떠 있네.

六三　陰陽陣勢라　烽燧六關에　敵陣相對라.

음양이 진치는 형세이다. 봉화는 여섯 관문에 적진과 상대하리라.

六四　出師有功이라　破陣捉賊하고　蔭遺子孫이라.

군사를 내면 공이 있다. 진을 깨고 도적을 잡고 음덕이 자손에 끼치리라.

六五　堅壁不出히라.　六丁神將이　來護爾門이라.

견실한 성벽이니 나가지 말라. 육정의 신장이 와서 너의 문을 보호하리라.

上六　有賞有罰이라　申酉庚辛에　傷神陷刑이로다.

상도 있고 벌도 있다. 신유와 경신에 신을 상하고 형벌에 빠진다.

▶ 比(수지비)

初六　吉中有欠이라　丙丁巳午에　形容憔悴라.

좋은 가운데도 흠은 있다. 병정과 사오에 형용이 초췌하다.

六二　船行不利라.　不牢蓬蒿면　惡事相遭라.

배로 다니는 것이 불리하다. 쑥대를 견고하게 하지 않으면 나쁜 일이 서로 만나리라.

六三　匪人同船이라　若當四季면　可以得免이라.

사람이 아닌 것과 배를 같이 탄다. 만일 사계절을 만나면 가히 면하게 되리라.

六四　比賢貞吉이라　夢見貴人하니　喜待子丑이라.

어진 분과 친하니 올곧고 길하다. 꿈에 귀인을 보니 기쁘게 자축을 기다리라.

九五　位在顯貴라　子丑之年에　萬事亨通이라.

지위가 현저히 귀하게 되는데 있다. 자축의 해에 만사가 형통한다.

上六　無首無終이라.　虎在眼前하니　可畏急症이라.

머리도 없고 끝도 없다. 호랑이 눈앞에 있으니 가히 급증이 두렵다.

▶ 小畜(풍천소축)

初九　靜吉動凶이라　卯未之年에　必有大害라.

안정하면 길하고 움직이면 흉하다. 묘미의 해에 반드시 큰 해가 있다.

九二　龍躍海門이라　頭角生成하니　行雲施雨라.

　　　용이 해문에서 뛴다. 머리와 뿔이 성하니 구름을 만들고 비를 베푼다.

九三　不義得財라　外婦相對하니　本妻反目이로다.

　　　불의로 재물을 얻는다. 밖에 부인과 상대하니 부부간에 반목이로다.

六四　先困後達이라　未年月日에　好事可成이라.

　　　처음은 곤궁하고 뒤에 발달된다. 미년월일에 좋은 일이 가히 성취된다.

九五　富以其隣이라　弦月漸圓하니　萬邦其覿라.

　　　부자를 그의 이웃으로 한다. 상현달이 점차로 원만하여지니 만방에서 그를 보리라.

上九　圓月旣望하니　四美俱存에　何必蹉跎오.

　　　둥근달 이미 보름이니 네 가지 아름다움이 모두 보존하여 하필이며 넘어지리.

▶ **履(천택리)**

初九　素履獨行이라　寺僧聞鷄하고　千里登程이라.

　　　본래 밟아 가는 데로 홀로 간다. 절에 중이 닭소리를 듣고 천리 길에 오른다.

九二　修道出脚이라　擎天神謀는　坦道可行이니라.

　　　도를 닦으려 길을 나선다. 하늘을 떠받히는 신의 꾀는 탄탄한 길을 가리라.

六三　魚不受釣라　妄履虎尾하니　袁術稱帝라.

　　　물고기도 낚시를 받아드리지 않는다. 망령되게 호랑이 꼬리를 밟으니 원술이 제왕이라 칭한다.

九四　愬愬終吉이라　可進可退를　猛省免憂라.

　　　두려워하고 조심하여야 결국에 吉하다. 나아가야 하는가 물러서야 하는가를 깊이 반성하여야 근심을 면한다.

九五　快履斷行이라　知進不進이　空落迷觀이라.

　　　통쾌하게 밟아 가고 단행한다. 나아갈 줄은 알고 나아가지 않으니 공연히 미혹한 곳으로 떨어진다.

上六　濟世大慶이라　三千已綠하고　四海盡知라.

　　　세상 구제하는 큰 경사로다. 삼천을 이미 기록하고 사해가 모두 알도다.

▶ 泰(지천태)

初九　拔茅征吉이라 逢蛇逢虎에 爭雄上步ㅣ라.

　　　때 뿌리를 뽑듯이 나아가니 길하다. 뱀을 만나고 범을 만나니 영웅을
　　　다투며 위로 걸어간다.

九二　包荒光大라 籌前講策하고 大下軍令이라.

　　　거칠고 황폐함을 포용하여 광대하다. 앞을 헤아리고 대책을 강구하니
　　　크게 군령이 내린다.

九三　無往不復하니 何事躊躇오 飄然一往하라.

　　　가고 돌아오지 않음이 없으니 무슨 일을 주저하리오. 표연히 한번 가리라.

六四　乘虛踏實이라 若逢豺狼이면 卽斬可決인저.

　　　허를 타고 실을 밟는다. 만일에 시랑을 만나면 곧 베 버리고 결단하는
　　　것이 가하리라.

六五　天門勝會라 仙客共賞하면 大暢九韶라.

　　　천문에 뛰어나게 모인다. 선객으로 함께 감상을 하면 크게 여러 음악이
　　　화창하리라.

上六　泰往否來라 人在水濱이라도 何畏家畜고.

　　　통태함은 가고 부색이 온다. 사람은 물가에 있더라도 어찌 가축을 두려
　　　워 할고.

▶ 否(천지비)

初六　拔茅以彙라 志在愛君하여 妄動必禍라.

　　　때를 뽑되 무리로 한다. 뜻을 임금을 사랑하는데 있어 망동하면 반드시
　　　화가 되리라.

六二　掘地求金이라. 辰戌丑未에 福星來照라.

　　　땅을 파서 쇠를 구한다. 진술축미에 복성이 와서 비치리라.

六三　包羞安分하라 卯亥未寅에 天必福善이라.

　　　안고 있는 것이 부끄러움뿐이다. 안분하라 묘해미인에 하늘은 반드시
　　　선한 복을 주리라.

九四　敬守天命하라 妄行非義하면 狐猿延禍라.

　　　공경하여 천명을 지키라 함부로 비리를 행하면 여우와 원숭이도 화가
　　　계속 된다.

九五　外威內强이라　人競逐虎에　倍加心力이라.

밖으로는 위엄이 있고 안으로 강하다. 사람이 다투어 호랑이를 쫓으니 배나 심력이 더해진다.

上九　否後可泰라. 槐柳雖茂나　恐入燃料라.

비색한 뒤에 통태하게 된다. 회나무와 버들이 비록 무성하나 연료가 들어갈까 두렵다.

▶ **同人(천화동인)**

初九　出門同人이라　木逢金剋하여　終成棟樑이라.

문 밖에 나가서 남들과 동지 됨이라. 나무가 금극을 만나서 결국에 동량을 이루리라.

六二　憑欄更度하라　伏衡駕軛하고　錠步天垣이로다.

난간을 의지하여 다시 헤아린다. 저울대에 엎드리고 멍에에 오르니 신선이 하늘 담장에 걸어간다.

九三　聰明在位하라　嫁女蔭子하고　更受皇恩이라.

총명으로 자리에 있다. 시집간 여인에 음덕의 아들이 다시 황은을 받으리라.

九四　對敵衝營이라　設壇拜將에　號令分明하라.

적을 대하여 군영을 친다. 단을 설치하고 장군에 배례하니 호령은 분명히 하라.

九五　危地得安이라　安不忘危라야　其可得安인저.

위태로운 자리에서 편안을 얻는다. 편안하여도 위태로움을 잊지 않아야 그 가히 편안을 얻을 것이다.

上九　檻中起火라　豫防得力이라야　滅火成康이라.

우리 속에 불이 일어난다. 예방에 힘을 얻어야 불도 꺼지고 편안을 이루리라.

▶ **大有(화천대유)**

初九　無交無害라　陌鹿風動에　水飄火消라.

해로운데 사귀지를 아니한다. 언덕 사슴에 바람이 동함에 물도 나부끼고 불도 꺼진다.

九二 星斗光輝라 大車以載하니 桂香遍地라.
북두별이 빛나니라. 큰 수레에 실으니 계수나무 향기 땅에 깔리리라.

九三 明堂享器라 鏤金遇火하니 鍛鍊成名이라.
명당에 제사지낸 그릇이라. 쇠불이에 불을 만나니 단련하여 이름을 이룬다.

九四 木嘘火炎이라 寒熱相侵에 疾苦作症이라.
나무 화염을 분다. 한열이 서로 침범 하니 질고로 병을 만든다.

六五 信以發志라 池魚千年에 乘風搏飛라.
신의로써 뜻을 펴리라. 못의 고기 천년에 바람을 타고서 치며 나르리라.

上九 天祐元吉이라 猴鄕逢妖하여 性和心通이라.
하늘이 도와 크게 길하리라. 원숭이 고향의 요귀를 만나서 성은 화평하고 마음은 통리라.

▶ 謙(지산겸)

初六 用涉大川이라 土木相制하니 南滅西生이라.
큰 내를 건너리라. 흙과 나무가 서로 견제를 하니 남에서 멸망하고 서에서 태어나리라.

六二 中心自得이라 深井流源은 萬人日沒이라.
중심을 자득하리라. 깊은 샘에서 흐르는 근원은 만인이 날로 침몰하리라.

九三 勞謙終吉이라 鬼病沈淹타가 遇金脫瘁라.
수고롭고 겸손하니 결국에 길하리. 귀신 병에 침엄타가 금을 만나 낫게 되리라.

六四 撝謙遵則아 寅午之年에 福祿幷臻이리라.
겸손을 휘두르고 법을 따른다. 인오의 해에 복과 록이 아울러 이르리라.

六五 星日象馬라 天上積靈으로 萬物生輝라.
별과 해가 말을 형상한다. 천상에 쌓인 영혼으로 만물이 빛을 내리라.

上六 寶宮挾矢라 射下穿楊하니 簇羅列疆이라.
보배 궁에 화살을 끼니 아래로 쏘아 버들을 뚫으니 활촉 벌려서 터에 진열 되리라.

▶ 豫(뢰지예)

初六 鳴豫志窮이라. 驚賊自脚에 神飛九天이라.
즐거움을 울리니 뜻이 궁하리라. 놀랜 도적에 발을 디디니 신은 구천에 나르리라.

六二 介石貞吉이라 衝來橫去에 衆兵投地라.
절개 돌과 같아 올곧고 길하다. 충하여 오고 횡으로 가니 여러 병사 투항하는 땅이로다.

六三 由豫大得이라 星宿循環에 次第光輝라.
즐거움으로 말미암아 크게 얻는다. 성수가 순환함에 차례로 빛나리라.

九四 合龍泉劍이라 天有其道하니 誅强除暴라.
용으로 합당하고 샘의 칼이라 하늘에도 그 도가 있으니 강하면 베고 폭도를 제거하리라.

六五 地神助靈이라 其死不死는 輔國安民이라.
지신이 신령을 돕는다. 그 죽을 것 같으나 죽지 않음은 나라를 돕고 백성을 편안하게 한다.

上六 冥豫至禍라 天涯隔鴈하니 家人眼穿이로다.
즐거움에 어두우니 화가 이른다. 천애 막힌 기러기이니 집사람이 눈에 뚫어진다.

▶ **隨(택뢰수)**

初九 出門有功이라 一六生成하니 變化在七이라.
문에 나가 사귀어 공이 있다. 16이 생성하니 변화는 7에 있다.

六二 小得大失이라 二七成火하니 火生火滅이라.
적은 것 얻고는 큰 것을 잃는다. 27이 불을 이루니 불은 생겼다 불로 없어진다.

六三 春枝秋根이라 春夏生枝하니 秋折其根이라.
봄 가지요 가을 뿌리이다. 봄여름에 가지가 생기니 가을에 그 뿌리가 꺾인다.

九四 水旺成氷이라 貪多無已하면 反成其咎라.
수왕하면 얼음이 된다. 탐이 많아 말지를 않으면 도리어 그 허물을 이루게 된다.

九五 孚于嘉吉이라 早起孜孜하니 天人共助라.
아름다운 미더움이니 吉하리라. 일찍 일어나 부지런하니 하늘과 사람이 공조한다.

上六 龍游澄波라 雲蒸雷與하니 造化多端이로다.
　　용은 맑은 물결에 헤엄친다. 구름이 찌는 듯 우레와 더불으니 조화가
　　많고 많다.

▶ **蠱(산풍고)**

初六 子幹父蠱라 勃然風雨에 無處安眠이라.
　　아들이 아버지의 일을 주간하니, 갑작스런 풍우에 편히 잠잘 곳이 없으
　　리라.

九二 黃鐘大呂라 幹母之蠱하니 任自得中이리라.
　　황종과 대려라 어머니의 일을 주간하니 책임은 자연 중도를 얻으리라.

九三 騎大宛馬라 子承其父하니 卯年多吉이라.
　　크고 완연한 말을 탄다. 아들이 그 아버지를 계승하니 묘년에 길이 많다.

六四 任職守規라. 元首股肱이 一德同心이라.
　　직위를 맡아 법규를 지킨다. 원수로 파과 다리가 되어 일덕으로 동심한다.

六五 子承父譽라 隱虎一嘯에 山鳥皆驚이라.
　　아들이 아버지의 명예를 계승한다. 숨은 호랑이 한번 휘파람 함에 산새
　　들이 모두 놀란다.

上九 龍子得鱗이라 高尙其志하고 不事王侯라.
　　용의 새끼가 비늘을 얻는다. 그의 뜻을 고상하게하고 왕후도 섬기지 않
　　는다.

▶ **臨(지택림)**

初九 提劍斬賊이라 攻秦擊曹는 孰不同心고.
　　칼을 들어 도적을 벤다. 진나라를 공격하고 조나라를 치는 것은 누구와
　　마음이 같지 않으리.

九二 臨陣有禮라 直馳前程하면 標名凌天이라.
　　진영에 임하여 예의가 있다. 곧 바로 전정으로 달리면 나타난 이름은
　　하늘도 능멸한다.

六三 謹愼勿望하라. 火熾金傷에 恐傷人命인저.
　　조심하고 삼가 바라지 말라. 불이 성하면 쇠도 상하니 인명을 상할까
　　두렵다.

六四　明珠沈海라　一經龍戲하면　曜日光天이라.
　　　명주가 바다에 잠긴다. 한번 용의 작란을 지나면 밝은 날에 하늘에 빛난다.

六五　英雄展志라. 驅馳四方타가 得見天日이라.
　　　영웅이 뜻을 편다. 사방 몰고 다니다가 하늘의 해를 얻어 보리라.)

九六　志士得時라　金鷄一聲에　起舞者誰오.
　　　지사가 때를 얻는다. 금계가 한번 소리함에 일어나 춤추는 자는 누구인고.

▶ 觀(풍지관)

初六　花發長安이라　春風馳馬에　加鞭生光이라.
　　　꽃피는 장안이라 봄바람에 말을 달리니 채찍질 하는데도 빛이 나리라.

六二　水湧風動이라　載舟覆舟는　利在女闕이라.
　　　물은 솟고 바람은 동한다. 재에 타니 배가 뒤집히는 이익은 여인의 엿
　　　보는데 있다.

六三　春花秋菊이라　風打雨飄하고　凌霜傲雪이라.
　　　봄에 꽃이요 가을 국이다. 바람이 치고 비도 나부끼니 서리를 능멸하고
　　　눈에도 아랑곳 하지 않으리라.

六四　龍施甘雨라. 旱餘甘霖은　滿地歡聲이라.
　　　용이 단비를 베푼다. 가뭄 나머지 단비가 내리니 환성이 땅에 가득하여라.

九五　觀我生民하라　修身向善하면　蘭桂叢林이라.
　　　나의 생민을 보라. 수신하며 선을 향하면 난초에 계수의 총림이어라.

上九　志何不平고　一穴明堂이　嘴大猴鄕이라.
　　　뜻이 왜이라 불평한고 한 혈의 명당이 부리도 큰 원숭이 고향이어라.

▶ 噬嗑(화뢰서합)

初九　水火相妨이라　反爲參用하면　旣濟是良이라.
　　　수화가 서로 방해한다. 돌이키고 참작하여 사용하면 기제가 이 좋을 것
　　　이라.

六二　魚在釜中이라　只因吞餌하여　所以受苦라.
　　　물고기 솥 안에 있어라 다만 미끼를 삼켜서 때문에 고통을 받으리라.

六三　淡味不厭이라　二更三點에　伴回故鄕이라.
　　　담담한 맛 싫어하지 않는다. 이경의 세 점에 짝하여 고향으로 돌아온다.

九四　候陰氣寒이라　一般景物이　漸爲凋殘이라.

　　계절 그늘에 기도 차갑다. 일반의 경치와 만물이 점차로 이울어 떨어져
　　간다.

六五　陽極陰生이라　草木至此에　欣欣向榮이라.

　　양이 다하여 음이 생긴다. 초목이 여기에 이르면 기쁘게도 영화로 향하
　　리라.

上九　何校滅耳라　不聞喜報하면　快受其殃이라.

　　형틀을 메고 귀를 없앤다. 기쁜 소식을 듣지 못하면 곧바로 그의 재앙
　　을 받으리라.

▶ 賁(산화비)

初九　舍車徒行이라　萬花開春하니　勿失好機하라.

　　차를 버리고 발로 걸어간다. 만가지 꽃이 봄을 여니 호기를 잃지 말라.

六二　龍劍射光이라　願及天河하여　要濯肺肝이라.

　　용검이 빛을 쏘느니라. 원은 은하에 미쳐 중요하게 폐와 간을 씻어라.

九三　月下望娥라　會有佳約하여　數問夜期라.

　　달 아래에서 선녀를 바라본다. 모여 가약이 있어 자주 밤에 기약을 묻네.

六四　漏催鷄唱이라　行渡前津에　無量其程이라.

　　시계는 닭 울기를 재촉한다. 배타고 앞 나루에 건너가니 헤아릴 수 없
　　는 그 길이로다.

六五　蛇化爲龍이라　雲行雨施에　超忽在前이라.

　　뱀도 변하여 용이 된다. 구름이 행하고 비를 내리니 홀연히 앞에 있네.

上九　月上中天이라　萬里無雲하니　勳封秦凱라.

　　달은 중천에 오르리라. 만리에 구름이 없으니 고운을 봉하고 진나라는
　　개선하네.

▶ 剝(산지박)

初六　剝床以足이라　金火受傷에　百練自光이라.

　　상을 깎되 써 발이로다. 금화가 상해를 받음에 백번을 단련하여 스스로
　　빛나리라.

六二　剝床滅貞이라　何時謝塵고　入玄訪道하라.

　　상을 떨어뜨려 올곧음을 깎는다. 어느 때나 진세를 사직할고 현문에 들

어가 도를 찾누나.

六三 上下兩情이라 猶豫其間에 萬事無成이라.
　　상하로 두 정이어라. 유예하는 그 사이에 만사도 성취가 없어라.

六四 莫戀家鄉하라 可切近災하고 邊塞揚武로다.
　　집과 고향에 연연하지 말라. 재앙이 절박함에 와있고 국경에서는 무로
　　날린다.

六五 茅屋松竹이라 麋鹿長遊에 淸趣誰侵고.
　　띠 집에 송죽이라. 사슴들이 오래 노니는데 미록장유에 깨끗한 취미를
　　누가 침범할고.

上九 得興刹廬라 丹爐火候에 一擧飛昇이라.
　　차도 얻고 집도 깎인다. 붉은 화로불 시절에 일거에 날아오르리라.

▶ 復(지뢰복)

初九 一樹風雨라 止留根蔕하고 花落塵埃라.
　　한 나무의 비바람이여라. 머물러 머무른 뿌리와 꼭지이고 꽃은 먼지로
　　떨어지네.

六二 鵬搏萬里라 山谷養眞타가 一朝風起라.
　　붕새는 만리를 치고 가고 산골에 참을 기르다가 하루아침에 바람이 일어라.

六三 玉質金相이라 磨琢成章하여 獻享明堂이라.
　　옥 바탕에 금의 상이라. 갈고 쪼아 문채를 이루어서 받쳐 명당에 배향한다.

六四 春發百花라 驚風時動하니 飄香十里라.
　　봄에 피는 백가지 꽃이로다. 놀랜 바람이 때로 움직이니 나부끼는 향기 십
　　리여라.

六五 外張內磬이라 源遠流長이오 根深葉茂라.
　　밖으로 벌리고 안으로는 소리한다. 근원이 멀어야 흐름도 길고 뿌리가
　　깊어야 잎이 무성하다.

上六 風送藤閣이라 西南有明하니 正遇知音이로다.
　　바람은 등왕각으로 보낸다. 서남이 유명하니 정히 지음을 만나리로다.

▶ 无妄(천뢰무망)

初九 深林開花라 不知安分하니 莫要遠賒라.
　　깊은 숲에 핀 꽃이다. 안분할 줄을 모르니 먼 재물을 요하지 말라.

六二　帶錢下楊이라　平生打志는　西北邀遊라.

　　　돈을 따고 내리는 버들이다. 평생에 뜻을 두드리고 서북에 초대하여 논다.

六三　浮花怎果오　根苦葉焦에　幸有螟蛉이라.

　　　뜨는 꽃 어찌하여 과일인고? 뿌리 고통하고 잎도 메말라 다행으로 명령을 있으리라.

九四　青春難再라　失今不爲면　更待何時오.

　　　청춘은 두 번이 아니다. 지금 일도 하지 않으면 다시 어느 때를 기다리리오.

九五　英豪顯名이라　若逢龍虎면　得意發迹이라.

　　　영웅호걸 명성이 드러난다. 만일 용호를 만나면 뜻을 얻고 자취도 피어나리라.

上九　仙庄煉丹이라　一超苦海하여　仙庄萬年이라.

　　　선장에 련단한다. 한번 고해를 뛰어 넘어 신선의 전장은 만년이라.

▶ **大畜(산천대축)**

初九　駕舟順風하라　不牽其舵면　休有憩登岸이라.

　　　배를 순풍에 떠나라 그 키를 끌지 않으면 쉬어 언덕에 올라 쉬게 되리라.

九二　秋霜夏火라　世情冷暎은　達者可超니라.

　　　가을 서리 여름에 불이다. 세상 정은 차갑게 비치니 달통하여 가히 초월하리라.

九三　良馬逐往이라　花榮不久오　松柏長春이라.

　　　좋은 말로 쫓아간다. 꽃의 영화도 오래지 않고 소나무와 잣나무만이 장춘이어라.

六四　曲水流觴이라　春風富貴가　最非尋常이라.

　　　굽은 물 흐름을 감상한다. 봄바람에 부귀가 가장 심상치 않아라.

六五　大慶必悲라　春花爭妍터니　秋葉何凋오.

　　　큰 경사 반드시 슬퍼라. 봄꽃이 다투어 예쁘더니 가을 잎은 왜 시드는고.

上九　騎馬羊觴이라　猿啼旅店하고　鷄鳴渡津이라.

　　　말 타고 양을 감상한다. 원숭이 우는 나그네 상점에 닭이 우니 나루를 건너리.

► 頤(산뢰이)

初九 用楫濟川이라 一帆順風에 千里眉睫이라.
　　노를 사용하여 내를 거느니라. 헌 돛대의 순풍에 천리를 깜작할 사이에
　　가네.

六二 鳥捷風數라 審視回翔하여 別尋樹木이라.
　　새도 빠르고 바람도 자주 분다. 살피고 머리 들러 보며 다른 나무를 찾
　　네.

六三 黑夜行路라 直待天明하여 方能進步라.
　　참참한 밤에 길을 간다. 하늘이 밝기를 바로 기다려 바야흐로 능히 걸
　　음을 걸어가네.

六四 虎視耽耽이라 名利關心하여 百態千態라.
　　호시탐탐한다. 명리에 관심하여 천태만상이로다.

六五 百祥自來라 無意得者는 受亨自豐이라.
　　모든 상서가 스스로 온다. 생각 없이 얻은 것으로 형통하여 자연 풍성
　　하리라.

上九 陽生陰杜라 數歸五五하니 大有福慶이라.
　　양이 생하고 음은 막힌다. 수가 55로 돌아오니 하니 큰 복과 경사가 있
　　다.

► 大過(택풍대과)

初六 龍潛于淵이라 四陽回動하니 飛龍在天이라.
　　못에 용이 숨어있다. 사양이 회동하니 나르는 용은 하늘에 있다.

九二 雲梯可升이라 駿馬加鞭에 前程萬里라.
　　구름다리를 가히 오르리라. 준마에 채찍을 가하니 앞길은 만리로다.

九三 三冬水旺이라 氷冷回運은 溫暖時光이라.
　　삼동에 수왕이라 얼음이 차가운데 운이 돌아오니 따뜻함이 비쳐 때로
　　빛나리라.

九四 志氣蟲烈이라 立功成名하니 可謝天地로다.
　　지기가 세차게 우뚝하다. 공명을 성립하나 거하 천지도 사양하리로다.

九五 枯楊生華라 虎嘯風林하고 龍歸大海라.
　　마른 버들에 꽃이 핀다. 수풀에 호랑이가 휘파람하고 용은 대해로 돌아
　　온다.

上六　龍生五瓜라 登雲掀雲하니 天晴日皎라.
　　　용에 다섯 발톱이 났다. 구름에 오르고 구를 걷으니 하늘도 개이고 날
　　　이 밝아라.

▶ 坎(중수감)

初六　心堅石穿이라 入坎失道하니 不與世何오.
　　　마음 견실하면 돌도 뚫는다. 구덩이 들어가 길을 잃으니 세상과 더불으
　　　지 않으니 어이하리오.

九二　九秋霜菊이라 凋殘無蕊나 分外有香이라.
　　　구월이 서리에 국화이다. 시들어 떨어지니 꽃은 없고 분외에 향기만이
　　　있어라.

六三　端坐正門이라 造宅安堵하니 人財綿亘이라.
　　　정문에 단정이 앉아 있다. 집을 짓고 안도하니 사람과 재물이 오래 가
　　　리라.

六四　剛柔相際라 一個秘訣을 莫說於人하라.
　　　강유가 서로 교제한다. 하나의 비결을 남에게 말하지 말라.

九五　靈丹濟世라 一斷紅塵하고 隨上天際라.
　　　영단으로 세상을 구제한다. 한번 홍진을 끊고 따라 하늘로 오른다.

上六　獨行不可라 二三知己로 共籌太平하라.
　　　혼자 가면 불가하다. 23의 지기로 함께 태평헤아리라.

▶ 離(중화리)

初九　敬之無咎라 只信消息하고 怎可出首아.
　　　조심하면 허물이 없으리라. 다만 소식만을 믿고 어찌 먼저 나올 수 있으랴.

六二　黑夜有明이라 若不奔投면 空生左世고저.
　　　참참한 밤에 밝아진다. 만일 분주히 던지지 않으면 공연히 세상을 잘못
　　　살리라.

九三　不缶而歌라 魚龍出沒에 雲雷活潑이라.
　　　장구를 두들겨 노래하지 않는다. 고기와 용이 출몰함에 구름과 우레가
　　　활발하리라.

九四 禽鳳獸麟이라 施德施恩하여 天下泰平이라.
날짐승이라면 봉이요 짐승이라면 기린이다. 덕을 숭상하고 은혜를 베풀어 천하가 태평하다.

六五 闢土開疆이라 坐看收穫하니 黍稷稻粱이라.
땅을 열고 터를 연다. 앉아 수확을 보니 기장과 벼이다.

上九 天門掛榜이라 馬嘶芳草하고 秋高鹿鳴이라.
천문에 방을 단다. 방초에 말이 울고 가을이 깊으니 사슴도 우네.

▶ 咸(택산함)

初六 水降火昇이라 子午調停하니 飽滿金丹이라.
물은 내려오고 불은 오른다. 자오로 조정하니 금단이 가득하다.

六二 鶯遷喬木이라 萬花深處에 落落長松이라.
꾀꼬리가 높은 나무로 옮겨간다. 모든 꽃 깊은 곳에 낙낙장송이로다.

九三 道成德立이라 孜孜修善하니 世人仰見이라.
도에 이르고 덕이 선다. 부지런히 도를 닦으니 세인이 우러러 본다.

九四 雲梯月下라 折桂才子가 효효爭見이라.
구름 사이에 달이 내려온다. 계수를 꺾는 재자가 서서 다투어 본다.

九五 十來十餘라 閒過時光하니 無計長久라.
열이 오면 열이 남는다. 한가로이 세월을 보내고 계책도 없이 장구하다.

上六 忽怨久遲하라 西北之角에 揚眉吐氣라.
문득 원망하다 오래 가리라. 서북의 뿔에 눈썹을 세우고 기를 토한다.

▶ 恒(뢰풍항)

初六 步登玉堂이라 節屬深秋하여 錦衣還鄉이라.
걸어서 옥당에 오른다. 절서는 깊은 가을에 이르러서 금의환향한다.

九二 功成蔭後라 太白西現하니 此地承恩이라.
성공하고 음덕을 받은 뒤이다. 태백이 서쪽에 나타나니 이곳에서 천은을 입는다.

九三 冶金成器라 平地一聲에 驚天動地로다.
쇠를 단련하여 그릇을 이룬다. 평지의 한 소리에 하늘도 놀래고 땅이 움직인다.

九四　正道潤步라　田而無禽하니　大踏前程이라.
　　　정도로 여유롭게 건너간다. 사냥하여도 날짐승이 없으니 크게 전정을 밟아 간다.

六五　耕鑿永樂이라　婦吉從一이오　夫莫從婦하라.
　　　농사하고 샘을 파서 영원히 즐긴다. 부인은 하나를 따라 길하고 남편은 부인을 따르지 말라.

上六　春草生長이라　水流源淸하니　天地平寧이라.
　　　봄풀이 생장한다. 물 흐르고 근원도 맑으니 천지가 안녕하다.

▶ **遯(천산돈)**

初六　不往何灾오　榮者恩恩하고　尋者碌碌이라.
　　　가지 않는데 무슨 재앙이리오. 영화자는 총총하고 찾는 자는 녹녹하다.

六二　勿尋舊轍하라　再加新車하여　穩步康衢하라.
　　　옛날의 흔적은 찾지를 말라. 재차로 새 차를 만들어 편안히 강녕의 거리를 걸으리라.

九三　大笑虛聲이라　其間英俊이　黃泉名譽다.
　　　크게 헛소리로 웃는다. 그 사이 영웅은 황천의 명예이다.

九四　恩添雨露라　輝後光前에　改門更戶로다.
　　　승은이 비와 이슬로 촉촉이 더해진다. 빛남은 뒤요 앞에 광영이니 문호를 고치리로다.

九五　嘉遯貞吉이아.　躬耕勞神이나　其樂陶陶라.
　　　아름다운 물러섬이니 몸소 농사하고 정신을 수고롭게 하나 그 즐거움은 도도하다.

上九　圖新更舊라.　故轍非良이니　猛回爲景하라.
　　　시도를 새롭게 한다. 옛 자취가 좋지 않으니 용감히 돌이켜야 밝게 된다.

▶ **大壯(뢰천대장)**

初九　煥乎文章이라　火烈水洋하니　交濟其美로다.
　　　文章이 빛나리라. 불 세차고 물 넘치니 사귀어 구제하는 것이 아름답게 된다.

九二　貞吉以中이라 非虎非龍은 上下不容이라.
　　　올 곧고 길하여 중으로써 한다. 범이 아니고 용도 아닌 것은 上下를 포
　　　용하지 않음이다.

九三　三元運轉이라 日月大明하고 雲霧都掃라.
　　　삼원이 운전을 한다. 해와 달이 크게 밝고 운무를 모두 쓸어버린다.

九四　擎天標名이라 早急起程하여 前去結盟하라.
　　　하늘로 들어 올려 이름을 표한다. 조급하게 길을 나서 앞으로 가 명세
　　　를 맺는다.

六五　奔馬鳴鼓라 天門地戶에 陣勢相對로다.
　　　말 달리고 북 울린다. 천문과 지호에 진세로 상대한다.

上六　馳馬紅塵이라 龍蛇奔馳하여 齊入雲臺라.
　　　홍진에 말을 달린다. 용과 뱀이 분주히 달려서 일제히 운대에 이른다.

▶ 晉(화지진)

初六　生死難辨이라 縛來奮犬하니 可喜伏制라.
　　　생사를 판단하기 어렵다. 흥분한 개 묶여오니 복종하여 제압하는 것은
　　　가히 기쁘다.

六二　兎死狗烹이라 雖人發蹤이나 走逐一般이라.
　　　토끼 잡으면 개는 삶아 먹는다. 비록 사람이 자취를 펴는 것은 달아나
　　　고 쫓는 것이 일반이다.

六三　入山擒虎라 出隅揚威에 何怕人多오.
　　　산에 들어가 범을 사로잡는다. 모퉁이에서 나와 위엄을 떨치는데 어찌
　　　가람이 많음을 두려워하리오.

九四　那得眞仙고 一入玄門하니 津津有益이라.
　　　어떻게 참된 신선 얻을까? 한번 현문에 드니 진진하게 유익됨이 있다.

六五　直到天衢라 牛身犀尾로 到頭來止라.
　　　곧 바로 하늘 거리에 이른다. 소의 몸에 물소의 꼬리로 머리에 이르러
　　　서 그치게 된다.

上九　修鍊成眞이라 功名雖好나 何如仙道오.
　　　수련하여 참을 이룬다. 공명이 비록 좋으나 어찌 선도와 같으리오.

▶ **明夷(지화명이)**

初九　錦袍對壘라　君子于行은　三日不食이라.

　　　비단 도포로 성체를 대한다. 군자의 행실에 3일을 먹지 않는다.

六二　順以則吉이라　玄中奧妙는　顯隱應兆라.

　　　순하고 법 되기 때문이다. 현묘하게 맞은 오묘함은 나타나고 숨기는 응
　　　험의 조짐이다.

九三　仙班列名이라　悟出妙理하면　仙道最靈이라.

　　　신선의 반열이 이를 나열한다. 묘리를 깨쳐 내면 선도에서 가장 신령하
　　　리라.

六四　心堅到京이라　建勳早回하여　茅屋養精이라.

　　　마음 결실하게 서울에 이른다. 공훈 세우고 일찍 돌아와 모옥에서 정령
　　　을 기른다.

六五　祿馬其動이라　快着先鞭하여　勿誤前程하라.

　　　녹마가 그 공훈이라. 통쾌하게 먼저 채찍을 가하여 전정을 그르치지 말라.

上六　龍生頭角이라　興雲施雨하여　救濟蒼生이라.

　　　용의 머리에 뿔이 생겼다. 구름을 일으키고 비를 베풀어 창생을 구제한
　　　다.

▶ **家人(풍화가인)**

初九　立志未變이라　火勢雖熾하나　有水鎭壓이라.

　　　뜻 세워 변치 않는다. 불의 세가 비록 성하나 물이 있어야 진압한다.

六二　無有遂成이라　營謀有成이니　資糧有增이라.

　　　성취하는 일이 없다. 경영하고 꾀하여 성공을 이루니 재물과 양식이 증
　　　가 되리라.

九三　婦子嘻嘻니라　笑樂無節이면　終至敗家니라.

　　　부인 자녀가 희희덕거린다. 웃고 즐겨함이 절제가 없으면 결국에 패가
　　　하리라.

六四　富家大吉이라　超遷有地하며　登試受賞이라.

　　　가정이 부자니 대길하다. 초월하여 영전할 자리 있고 시험에 들고 상을
　　　받는다.

九五　交相愛也이라　貴人提携하니　和氣盈門이라.

　　　사귀어 서로 사랑함이다. 귀인이 제휴하여 주니 화기가 가정에 가득하다.

上九 有孚威如니라 正身爲本하면 營謀稱意니라.
　　　미더움을 두고 위엄으로 한다. 자신을 바르게 함으로 근본을 삼으면 경
　　　영하고 꾀하는 일도 뜻대로 된다.

▶ 睽(화택규)

初九 喪馬勿逐하라 水雲無定하니 榮辱無虞라.
　　　말을 상실하면 쫓아가지 말라 물과 구름이 정처가 없으니 영욕에 근심
　　　이 없다.

九二 憂事自散이라 申子辰局에 萬事自足이라.
　　　근심된 일 스스로 흩어진다. 신자진국에 만사가 자족하다.

六三 无初有終이라 辛苦就養하면 功成業創이라.
　　　처음은 없고 끝이 있다. 고생으로 양육하여 나아가면 공을 이루고 업을
　　　창성하리라.

九四 葵花向日이라 忠志傾丹에 樂享太半이라.
　　　해바라기 해를 향한다. 충성된 뜻 일편단심이니 즐거움으로 태반을 누
　　　리리라.

六五 直往有慶이라 走狗追兎에 事在急速이라.
　　　곧 바로 가니 경사가 있으리라. 개는 달려 토끼를 쫓으니 일은 급속에
　　　있다.

上九 疑亡則吉이라 紵茅索綯는 必見盈倉이라.
　　　의심이 살아지면 길하다. 띠로 두르고 세끼를 얽으니 반드시 창고 가득
　　　하리라.

▶ 蹇(수산건)

初六 往蹇來譽라 擎天大志는 千里揚武로다.
　　　나아가면 어렵고 돌아오면 명예이다. 하늘을 들어 올릴 큰 뜻 천리에
　　　무용을 떨치도다.

六二 蹇蹇无尤라 君臣同險은 欲救蒼生이라.
　　　험난에 어려워야 허물이 없다. 군신이 함께 험난함은 창생을 구제하고
　　　자 함이다.

九三　往蹇來喜라　月圓月缺은　把門可見이라.

　　나아가면 어렵고 오면 기쁘다. 달도 차면 기울게 됨을 문을 잡고서 가히 볼 것이다.

六四　合力以濟라　到頭酌量하여　無得咨嗟하라.

　　합력하여 구제한다. 시작에 이르러 참작하고 헤아려 한탄이 없도록 하라.

九五　雲梯立脚이라　月中丹桂를　時來可攀이라.

　　구름다리에 서있다. 달 속에 붉은 계수나무를 때가오니 불잡을 만 하다.

上六　貴人在內라　香瞼紅枝를　奪得爲早하라.

　　귀인이 안에 있다. 향기로운 눈꺼풀에 붉은 가지를 빼앗아 얻는 것이 일찍 된다.

▶ 解(뢰수해)

初六　剛柔相際라　馳馬長安에　花明花謝라.

　　강유가 서로 교제한다. 말을 장안에 달리니 꽃이 밝고 꽃도 사례한다.

九二　功成身退라　腰帶金印하고　笑傲烟霞로다.

　　공을 이루고 몸은 물러난다. 허리에 금인을 띠고 뽀얀 안개를 웃으며 거닐어라.

六三　負乘寇至라　走遇惡狗하니　急思可避라.

　　짐질 것이 타면 도적이 이른다. 달아나다 사나운 개를 만나니 급히 생각하여 피하는 것이 가하다.

九四　神藥久效라　三服神劑라야　固得長生이라.

　　신약은 오랜 효능이 있다. 세 번을 신약을 먹어야 진실로 장생하게 되리라.

六五　折木成樑이라　繩直準平하여　始逢勛名이라.

　　나무를 꺾어 동량을 이룬다. 먹줄은 곧고 법은 공평하여 비로소 공훈의 이름을 만난다.

上六　高墉射隼이라　南賊北侵하니　奮力共制하라.

　　높은 담 언덕에 매새를 쏜다. 남쪽 도적에 북쪽도 침범하니 힘을 분발하여 함께 제지한다.

► 損(산택손)

初九 金威消魔라 邪滅正生하니 牢記免悔하라.
　　　금의 위엄으로 마를 소멸한다. 삿됨을 없애고 바름이 생기니 견고하게
　　　기억하여야 후회를 면한다.

九二 金蠟冶衰라 遇火成名타가 火候必飛라.
　　　금납으로 쇠를 도야한다. 불을 만나 그릇을 이루다가 불의 절후에 반드
　　　시 날으리라.

六三 三損一得이라 春長秋凋에 可見根牢라.
　　　셋을 덜고 하나를 얻는다. 봄에 자라고 가을이 시드니 뿌리가 견실함을
　　　가히 보리라.

六四 損疾可喜라 天將明了어늘 其何空老오.
　　　병을 덜어야 가히 기쁘다. 하늘도 장차 밝아지거늘 그 어찌 공연히 늙
　　　으리오.

六五 馳駿入城이라 三天結社하고 四海知名이라.
　　　준마로 달려 입성한다. 삼천에 결사하고 사해에는 명성을 안다.

上九 月朗風淸이라 兩兩映發하니 大得其志로다.
　　　달을 밝고 바람도 맑다. 쌍쌍이 빛을 발하니 크게 그 뜻을 얻으리로다.

► 益(풍뢰익)

初九 靈丹益壽라 木長春天하고 水流大海라.
　　　영단이 수를 더한다. 봄 하늘에 나무 자라고 물은 대해로 흐른다.

六二 或益十朋이라 河淸海晏하고 地久天長이라.
　　　혹 유익하려면 열이 짝하는 것이다. 하수 맑아 바다 편안하고 땅도 오
　　　래에 하늘도 장구하다.

六三 玉兔昇東이라 萬里無雲하니 海天一碧이라.
　　　달이 동으로 오른다. 만리에 구름 없으니 바다와 하늘도 하나 같이 푸
　　　르다.

六四 江漢朝宗이라 志在公益에 自患不誠하라.
　　　강한의 조종이라 뜻이 공익에 있으니 스스로 성실하지 못함을 근심한다.

九五 如養池水라 不惠其德이면 如魚在釜라.
　　　못 물에다 기르는 것 같다. 그 덕이 자애롭지 않으면 물고기가 가마에
　　　있는 것과 같다.

上九 潛龍見雲이라 擊自外來하니 雲合飛上이라.
　　숨은 용이 구름을 본다. 밖으로부터 와서 치니 구름과 합하여 날은다.

▶ 夬(택천쾌)

初九 知勝可決이라 凶方可避오 吉方可趨로다.
　　이길 것을 알아서 가결한다. 흉방은 피하는 것이 가하고 길방은 쫓는
　　것이 가하다.

九二 知時識勢라 太白西旺하니 可以用兵이라.
　　때를 알고 형세를 안다. 태백이 서쪽에 왕하니 가히 써 용병하리라.

九三 獨行夬夬라 奮威揚武하니 賊酋膽落이라.
　　홀로 행하여 처결을 통쾌하게 한다. 위엄을 떨치고 무용을 날리니 적
　　추장도 낙담한다.

九四 險道思難하라 不受苦艱하면 難爲人上이라.
　　험한 길 어려움을 생각하라 고난을 받지 않으면 사람의 위가 되기 어렵다.

九五 天高有梯라 必見高低니 快騎勿遲하라.
　　하늘이 높아도 사다리가 있다. 반드시 높고 낮음을 볼 것이니 통쾌하게
　　타고 더디지 말라.

上六 木榮擎天이라 春茂雖艶이나 恐有秋凋라.
　　나무 번영하여 하늘을 부여잡는다. 봄 무성하여 비록 고우나 가을에 시
　　들까 두려움도 있다.

▶ 姤(천풍구)

初六 魚果兼葉이라 其味淡泊하니 耐久如何오.
　　물고기 과일에 잎을 겸하였다. 그 맛이 담박하니 오래 참는 것이 어떠
　　하리오.

九二 社內除奸하라 點起遲行하면 日月其逝라.
　　사내에 간사움을 제거하라 점점이 일어나 더디게 행하면 해와 달이 가
　　게 되리라.

九三 一樹花開라 無人認根하면 達者先捨라.
　　한 나무에 꽃이 열린다. 뿌리를 아는 이 없으면 달통한자가 먼저 버린다.

九四　零水成氷이라　盜聽者聾하고　盜視者盲이라.
　　　차가운 물이 얼음이 된다. 도청자는 귀를 먹고 도적질로 보는 자는 눈이 먼다.

九五　龍下甘霖이라　沛然四隅하고　好濟蒼生이라.
　　　용이 단 비속으로 내린다. 사방에 주룩주룩 오고 좋게 창생을 구제한다.

上九　姤角上窮이라　一把長劒하고　斬魔折群이라.
　　　만남에 뿔은 위로 궁하다. 한번 긴 칼을 잡고 마귀를 베고 무리를 꺾는다.

▶ 萃(택지취)

初九　虎搏馬舞라　望者失色하고　一握爲笑라.
　　　범이 치고 말이 춤춘다. 바라보는 자가 실색하고 한 바탕 웃으리라.

六二　龍蛇競逐이라　太白現西하니　龍飛蛇戮이라.
　　　용과 뱀이 다투어 쫓아간다. 태백이 서쪽에 나타나니 용은 나르고 뱀을 죽인다.

六三　狂夫遲悔라　三仙出世하니　西海盡知라.
　　　미친 지아비는 늦게 후회한다. 삼선이 출세하니 서해에서 모두 알리라.

九四　精齋精藝라　到頭成功하니　急回勿誤하라.
　　　정을 공경하여 예에 정밀하다. 도두에 성공하니 금이 돌이키고 그르치지 말라.

九五　栽花待春이라　東風嫋嫋하니　遍滿天街로다.
　　　꽃을 심어 봄을 기다린다. 동풍이 산들거리니 하늘 거리에 두루 가득하여라.

上六　佩劒登殿이라　覆護三山하여　永垂一件하라.
　　　칼을 차고 궁전에 오른다. 삼산을 덮고 보호하여 영원히 한 건을 드리우리라.

▶ 升(지풍승)

初六　鶯遷喬木이라　蛟龍申爪하니　出沒海島라.
　　　꾀꼬리 높은 나무로 옮겨간다. 도마뱀 발톱을 거듭하니 해도로 출몰한다.

九二　允升大吉이라　立幟四方하고　雷鼓轟轟이라.
　　　진실로 하여 오름이니 대길하다. 사방에 기를 세우고 북소리도 요란하다.

九三　升取虛邑이라　竹索係舟하니　一鼓前進하라.

텅빈 고을에 올라서 취한다. 대나무 새끼줄로 배를 메니 한 북소리에 전진 하라.

六四　妙訣靈丹이라　隨人一服하니　卽時笑傲라.

묘결과 령단이라 사람을 따라 한번 복종하니 즉시로 거만하게 웃는다.

六五　寶鼎丹城이라　水火相濟하니　掀天揚地라.

보배 솥의 단성이다. 수화상제하니 하늘에 치켜들고 땅에 날린다.

上六　兒啼有恤이라　不知何客이　早朝來救라.

어린이 울어 구휼이 있다. 어느 손님인지 모르는데 이를 아침에 와서 구원한다.

▶ 困(택수곤)

初六　應時得志라　一刻少延하면　無處下脚이라.

시기에 순응하여 뜻을 얻는다. 일각이라도 조금 지연하면 득지라 다리 를 내려놓을 곳이 없다.

九二　酒食有慶이라　水時際遇터니　遇火聊存이라.

주식에 경사가 있다. 물의 때에 만나게 되더니 불을 만나 존재하게 된다.

六三　入宮無妻라　風起日照하니　奇訣照看하라.

집에 들어도 아내가 없다. 바람이 일고 해가 비치니 기이한 비결을 비 추어 본다.

九四　圓月被雲이라　萬籟無聲에　魂魄朦朧이라.

둥근 달이 구름에 덮인다. 모든 통소에 소리가 없어 혼백이 몽롱하다.

九五　萬里無運이라　步出西域하여　擧眼見日이라.

만리에 운이 없다. 걸어 서역으로 나가서 눈을 들고 해를 본다.

上六　金鷄報曉라　帽帶直至하니　朝門將曉라.

금계가 새벽을 알린다. 모자를 띠고 곧바로 이르니 아침 문도 장차 새 벽일세.

▶ 井(수풍정)

初六　天涯知己라　勿得遲延하고　靜夜思忖하라.

천애에 지기이다. 지연하지 말고 고요한 밤에 헤아려 생각하라.

九二　衆犬顧主라 礪齒磨牙러니 遇主擺尾로다.
　　　여러 개가 주인을 돌아본다. 이를 갈고 어금니를 연마하더니 주인 만나자 꼬리를 흔든다.

九三　鼠驚於猫라 得穴自寧터니 忽傷殘生이라.
　　　쥐가 고양이에 놀란다. 구멍을 얻어야 자연 안녕하더니 홀연히 남은 생명을 상하리라.

六四　修井無咎라 榮辱禍福은 念頭要眞이라.
　　　샘을 수리하면 허물이 없다. 영욕이나 화복은 염두에 참을 요한다.

九五　寒泉可食이라 風來月到하니 意味儘有라.
　　　차가운 샘을 먹을 수가 있다. 바람이오고 달도 이르니 의미가 다 있다.

上六　元吉在上이라 妙訣修身하고 遙指渡津이라.
　　　크게 길함이 위에 있다. 묘결로 수신하고 멀리 건너는 나루를 가리킨다.

▶ 革(택화혁)

初九　不可有爲라 何勞求仙가 廣扶有數라.
　　　하기에는 불가하다. 어찌 수고롭게 신선을 구하는가? 널리 부조한 수가 있네.

六二　巳日嘉行이라 火生不滅하여 成玄更輝로다.
　　　해가 저물도록 아름다운 실행이라. 불이 생하고 불멸하여 현묘를 이루고 다시 빛나리로다.

九三　三就何之오 入山建屋하고 設幕立鼎이라.
　　　세 번 나아가고 어디 가리오. 입산하여 집을 세우고 막을 설치하고 솥은 세우리라.

九四　改命惟吉이라 順舟行速이오 逆則風波로다.
　　　명을 고쳐야 오직 길하다. 순주는 가는 것도 속하고 거슬리면 풍파로다.

九五　大人虎變이라 赤壁風帆에 東南消息이라.
　　　대인은 범으로 변한다. 적벽의 바람 돛대에 동남의 소식이로다.

上六　平地風波라 仗策前進하면 風波自止하리라.
　　　평지의 풍파라 지팡이에 의지하여 전진하면 풍파는 스스로 그치리라.

▶ 鼎(화풍정)

初六 得妾以子라 長安東北에 逢着天門이라.
　　　첩을 얻어 써 아들이라 장안의 동북에 천문으로 봉착한다.

九二 風起浪滔라 定把艄舵하고 勿爲徒鼓하라.
　　　바람 일어나 물결 넘친다. 안전하여 배를 붙들지만 한갓되게 북만 치지
　　　말라.

九三 投市賈售라 錠金貫錢으로 買得頭錢이라.
　　　시장에 던져져 장사를 하라. 은금으로 돈을 꿰고 사서 얻은 첫째 돈이로다.

九四 步入天台라 採藥仙童이 遙指洞府라.
　　　걸어서 천태에 들어간다. 약캐는 선동이 멀리 동부를 가리킨다.

六五 覺世炎凉이라 深思不覺하니 惱人腑臟이로다.
　　　세상의 차갑고 더움을 깨닫는다. 깊이 생각하는 것을 깨닫지 못하니 사
　　　람의 장부이로다.

上九 玉鉉在上이라 念苦覺眞하니 眞不喪靈이라.
　　　옥의 솥귀 위에 있다. 생각 괴로움으로 참을 깨달으니 참은 령을 상하
　　　지 않는다.

▶ 震(중뢰진)

初九 笑言啞啞라 緣人自回오 迷者不隨라.
　　　아하하고 웃는다. 사람으로 인연하여 스스로 돌아오고 미혹한자는 따르
　　　지 않는다.

六二 七日可得이라 能用呪符하니 賊膽盡驚이라.
　　　7일에야 가히 얻으리라. 능히 주문 부작을 쓰니 도적을 담이 큰 것에
　　　모두 놀랜다.

六三 震行无眚이라 仗策入城에 群邪望風이라.
　　　벼락이 쳐도 재앙은 없다 지팡이에 의지하여 입성함에 모든 삿된 무리
　　　들이 바람 같이 바라본다.

九四 悔望信志라 勇往前去하면 효睹榮身이라.
　　　후회와 바람 믿은 뜻이라, 용감히 가서 앞으로 가면 걸어서 영화로운
　　　몸이 되리라.

六五 危行无喪이라 性靈通神하고 慧眼照見이라.

위태롭게 행하면 상실은 없다. 성정이 신령하여 신과 통하고 혜안으로
비추어 본다.

上六 醒變隨時라 隨時變化하여 圓轉如神이라.]

깨이고 변함을 수시로 한다. 수시로 변화하여 원만하게 굴음이 신과도
같다.

▶ 艮(중산간)

初六 明星在天이라 武人之貞이니 驅馳萬里라.

밝은 별이 하늘에 있다. 무인의 올 곧음이니 만리를 달리리라.

六二 小心心心하라 一點眞性이 不滅不明이라.

적고 적은 마음이라 일점의 참된 성정이 불멸되지만 밝지 못하다.

九三 修道爲本이라 人苦沈淪에 何不猛省고.

수도로 근본을 삼는다. 사람의 고통에 빠져있으니 어찌 용감히 반성하
지 못 할고.

六四 艮止其身이라 求兎于海하고 求魚于山이라.

그 몸에 그쳐 있다. 토끼를 바다에서 구하고 물고기는 산에서 구한다.

六五 牛忙自奔이라 靈戚騎歌하고 田單尾焚이라.

소 바쁘게 스스로 날뛴다. 신령한 친척 노래를 타고 전단은 꼬리를 태
운다.

上九 雨澤萬國이라 豕白其蹄하고 月離于畢이라.

우택이 만국이라 돼지는 그 발굽이 희고 달은 해가 다하는데 떠나리라.

▶ 漸(풍산점)

初六 街持木魚라 不見齊公하고 却遇一丐라.

거리의 나무 고기를 가진다. 제공은 보지 않고 문득 한 거지를 만나리
라.

六二 參天拜地라 陰陽相聚하니 育物新民이라.

하늘에 참여하고 땅에 절한다. 음양이 서로 모이니 만물을 기르고 백성
을 새롭게 한다.

九三　騎兎廣漢이라　天香馥郁한데　玉杵抽還이라.

　　토끼는 넓은 은하에서 말을 탄다. 하늘의 향기 향기로움이 더하는데 옥의 절구에 뽑혀 돌아온다.

六四　火候丹城이라　神生形成하야　白日飛昇이라.

　　여름 절후의 단성이다. 신이 낳고 신형을 이루어야 백일도 날아오른다.

九五　龍盤虎鈕이라　一個神明으로　風雲際會라.

　　용은 서리고 범은 떠든다. 하나의 신명으로 바람과 구름이 모이는 것이다.

上九　風苦霜悲라　西有水船에　人如灰管이라.

　　바람 괴롭고 서리 슬퍼라. 서쪽의 물배에 사람은 재대롱 같구나.

▶ **歸妹(뢰택귀매)**

初九　爐火砂金이라　未失其趾하니　功到鼎成이라.

　　화로 불에 사금이라 그 자취를 잃지 않으니 미실기지하니 공은 이르러 솥을 형성한다.

九二　眇而能視라　春種夏榮하고　秋收冬藏이라.

　　애꾸로 능히 본다. 봄에 심어 여름에 꽃피며 가을에 추수하니 겨을은 갈무리한다.

六三　同心共濟라　他鄕知音에　大立勳名이라.

　　같은 마음으로 함께 구제한다. 타향에서 소식을 아니 크게 공명을 세운다.

九四　春日尋芳이라　却見花開하니　可摘可栽라.

　　봄날에 꽃다음을 찾는다. 문득 꽃피는 것을 보니 가히 딸만도 하고 심을 만도 하다.

六五　虎隱山林이라　一嘯振威하면　百獸盡驚이라.

　　범이 산림에 숨는다. 휘파람 한번으로 위용을 떨치면 백수는 모두 놀란다.

上六　龍吟雲興이라　爲文爲武하니　朝野摠歡이라.

　　용이 읊으면 구름도 일어난다. 문도 되고 무도 되니 조야에서 모두 즐거워하리라.

▶ 豊(뢰화풍)

初九 摽梅佳期라 寂寞香閨에 一惹情思로다.
표매의 아름다운 시기이다. 적막한 여인 집에 한번 정사가 야기된다.

六二 平步登梯라 共人指點에 捷徑甚寄라.
평탄한 걸음으로 사다리에 오른다. 사람과 함께 지점함에 첩경은 편히 의탁함이다.

九三 讀書登第라 鷄鳴犬吠터니 龍盤虎踞라.
독서하여 과제에 오른다. 닭이 울고 개도 짖더니 용이 소리고 범이 웅크리네.

九四 春水滌塵이라 馳馬紅塵에 共濟大事라.
봄물이 먼지를 씻는다. 홍진에 말을 달려 큰 일을 함께 구제한다.

六五 虛左從諫하라 避虎得趣하니 志似山丘이라.
저기를 비우고 간함을 따르라. 범을 피하여 뜻을 얻으니 뜻은 산언덕 같아라.

上六 龍頭三穴(鱗)이라 久旱施雨에 萬物回春이라.
용머리에 세 구멍이라. 오랜 가뭄에 비를 내리니 만물도 회춘된다.

▶ 旅(화산여)

初六 日斜星輝라 斜日西天에 星輝月迷라.
해 기울고 별이 빛난다. 기운 해 서족 하늘에 별은 빛나고 달이 희미하여라.

六二 朝天方正이라 羊腸已過에 穩步平地라.
아침 하늘도 방정하다. 구부러진 산길 이미 지남에 평온히 평지로 걸으리라.

九三 鼠安土穴이라 日中不窺하고 靜夜隨行이라.
쥐구멍에 편안하다. 한 낮에 도 엿보지 않고 고요한 밤에 수행한다.

九四 風雲際會라 東閣會開하고 嘉客唱歌라.
바람과 구름이 만나리라. 동쪽 집에 모임을 열고 가객은 창가를 한다.

六五 山上松亭이라 蒼然衝漢에 幹老枝長이라.
산꼭대기의 솔 정자이다. 푸르름이 은하를 찌르니 줄기 늙어도 가지는 길어라.

上九 鳥焚其巢이라 龍門跳浪이 虛躍萬丈이라.

　　새 등우리를 불태웠다. 용문에 파도는 뛰고 거짓 만장이나 뛰는 것 같아라.

▶ 巽(중풍손)

初六 進退志疑라 木落歸根하고 火滅入墓라.

　　진퇴에 뜻을 의심함이로다. 나뭇잎도 떨어져 뿌리로 돌아오고 불 꺼져 묘에 든다.

九二 火遭水剋이라 水勢滔滔하여 源遠流長이라.

　　불이 극되는 물을 만나다. 수세가 도도하여 근원이 머니 흐름도 길다.

九三 火生光芒이라 再延少頃에 天下流光이라.

　　불에 광망이 생긴다. 재차 만연하여 조금 있다 천하에 빛이 흐른다.

六四 蠱惑中心이라 靑牛山頭에 衆志猶惑이라.

　　중심을 의혹으로 좀먹는다. 청우가 산머리에 중지하니 오히려 의혹한다.

九五 丁卯斬奸이라 速行奸疊하라 不然遭毒이라.

　　정묘에 간사한 것을 벤다. 성체 구하는 것을 속행하라 아니면 독을 만난다.

上九 英雄除奸이라 天下混混하니 大奮雄心하라.

　　영웅이 간사한 것을 제거한다. 천하가 혼탁하니 크게 영웅심을 분발하라.

▶ 兌(중택태)

初九 日月相隨라 天下大明하니 內外無違라.

　　해와 달이 서로 따른다. 천하가 크게 밝으니 내외에 어김이 없다.

九二 追悔其損이라 再欲趨步나 勢不可得이라.

　　후회를 쫓아 그를 덜게 된다. 재차 따라 걷고자 하나 세를 얻기는 불가하다.

六三 李自開春이라 東風來到하니 對酒可歌라.

　　오얏이 스스로 봄을 연다. 봄바람이 와서 이르니 술을 대하고 노래를 한다.

九四 圮橋受書라 雖未得位나 得出資釜라.

　　무너진 다리에서 글을 받는다. 비록 지위는 얻지 못하나 나가 재물과 호신 장비는 얻으리라.

九五 開疆有秋라 黃牛闢土에 穀粟盈倉이라.

　　터를 여는 시기가 있다. 황우가 흙을 일구는데 곡식들이 창고에 가득하다.

上六 未光无意라 以猪祭天하니 雖傷得好라.

　　빛이 아니면 뜻도 없다. 돼지로 하늘에 제사하니 비록 상해되어도 좋음 얻으리라.

▶ 渙(풍수환)

初六 不出戶庭하라 日間多勞하고 夜間却安이라.

　　뜰로 나서지 말라. 낮에는 노력이 많고 밤에는 문득 편하리라.

九二 人不識緣이라 直待功成에 方能覺悟라.

　　사람은 인연을 알지 못한다. 곧바로 성공을 기다리는데 바야흐로 능히 깨닫게 된다.

六三 蛇可化龍이라 平地雷轟에 變化莫測이라.

　　뱀도 가히 용으로 변한다. 평지에 뇌성이 시끄러우니 변화를 측량하지 못한다.

六四 謗言勿計하라 碌碌浮生이 不知安分이라.

　　훼방하는 말을 꾀하지 말라. 녹녹한 삶이 안분을 알지 못한다.

九五 蔬飮自樂이라 膏粱珍味가 猶足幾人고.

　　나물에 물마시며 스스로 즐긴다. 고량진미가 오히려 만족함은 몇 사람인고.

上九 金人破夢이라 逢火有用이오 通水不知라.

　　금인이 꿈을 깬다. 불을 만나면 유용이오 물을 통함을 알지 못한다.

▶ 節(수택절)

初九 入山養眞이라 寒暑不問하고 榮辱不知라.

　　입산하여 참을 기른다. 더위와 추위를 불문하고 영욕을 알지 못한다.

九二 天步可行이라 六橋着意하니 前去分明이라.

　　하늘에 걸어 갈 수가 있다. 육교의 뜻을 부착하니 앞으로 가는 것이 분명하다.

六三 機緣大異라 卦爻已定에 干支相似라.

　　기틀에 인연함이 크게 다르다. 괘효가 이미 정해짐에 간지는 상사하다.

六四　萬里翺翔이라　金馬玉車로　穩步康衢라.

　　　만리에 비상을 한다. 금마와 옥으로 만든 수레로 안온하게 편안한 거리
　　　를 걸어간다.

九五　風險舟沈이라　巨浪排空에　神武不測이라.

　　　바람이 험하면 배도 잠긴다. 큰 물결 공중으로 헤치니 뛰어난 신덕을
　　　측량하지 못한다.

上六　炎生加風이라　火已將燃에　烈烈不滅이라.

　　　더위 생기면 바람도 더한다. 불이 이미 장차 타는데 열열하여 불멸한다.

▶ 中孚(풍택중부)

初九　求其所信하라　嶺月初出하여　中天皎潔이라.

　　　그의 소신 구하라 산봉우리에 달이 처음 나와 중천에서 교결하다.

九二　鶴鳴子和라　往釣于淵에　金鱗忽至로다.

　　　학 울고 새끼는 화답한다. 가서 못에서 낚시하니 금 비늘이 홀연히 이
　　　른다.

六三　調羹在鼎이라　鼎中滋味는　手品高强이라.

　　　조미한 국이 솥에 있다. 솥 안의 자미는 수제품이 고강하다.

六四　馬匹其亡이라　更闌水寒하니　魚不含餌라.

　　　말도 그 짝을 잃는다. 차단막 고치고 물도 차가우니 물고기 미끼도 삼
　　　키지 않는다.

九五　五湖泛舟라　中流砥柱에　揚淸激濁이라.

　　　오호에 배를 띄운다. 중류의 숫돌 기둥에 맑음 들치고 흐림도 친다.

上九　靑萍斬奸이라　先除鼠竊하고　倂戮狗偸라.

　　　푸른 부평이 간사함을 벤다. 먼저 좀도둑을 제거하고 아울러 개 도적도
　　　죽인다.

▶ 小過(뢰산소과)

初六　風掃雲霧라　萬里長空에　日月朗朗이라.

　　　바람이 많은 안개를 쓸어버린다. 만리 장공에 해와 달이 낭낭하다.

六二　羊腸塵路라　更不染塵하고　南北按排하라.

　　　구부러진 세상길이다. 다시 진세 물들지 않고 남북으로 안배하라.

九三 鍛鍊得力이라 遇火不傷이오 入水不溺이라.
　　단련하여 힘을 얻는다. 불을 만나도 상해되지 않고 물에 들어도 빠지지
　　않는다.
九四 破臘梅開라 三冬一枝가 先報春魁라.
　　섣달을 깨고 매화는 핀다. 겨울에 한 가지가 먼저 봄의 우두머리임을
　　알린다.
六五 春桃秋桂라 登龍登虎에 變化非常이라.
　　봄이 복숭아 가을 계수나무다. 용이 오르고 범에 오르니 변화가 비상하
　　다.
上六 避凶趨吉이라 苦節窮道에 達者可免이라.
　　흉을 피하고 길로 달린다. 외로운 절제 궁한 길에 달성하는 자라야 가
　　히 면하리라.

▶ 旣濟(수화기제)

初九 狗來兎嫌이라 巢穴隱身하고 不走山林이라.
　　개가 오면 토끼는 싫어한다. 둥우리와 구멍에 은신하고 산림으로 달아
　　나지 않는다.
六二 七日乃得이라 水火交濟에 自不相妨이라.
　　七日에야 이에 얻는다. 수화가 교제함에 자연 서로 방해하지 않는다.
九三 三陽吐氣라 春而生成타가 秋而歸根이라.
　　삼양이 기를 토한다. 봄에는 생성타가 가을에는 뿌리로 돌아간다.
六四 入山修道라 天下泰平하니 將軍斂甲이라.
　　입산하여 수도한다. 천하가 태평하니 장군이 갑주를 거둔다.
九五 運籌獻策하라 飛龍在天에 利見大人이라.
　　이리저리 꾀를 내어 계책을 드린다. 날으는 용이 하늘에 있으니 대인을
　　봄이 이롭다.
上六 馬劣善御하라 失策不顧하면 馳驅不調라.
　　못난 말도 어거는 잘한다. 채찍을 잃고 불고하면 달리고 부리는 것이
　　조절되지 않는다.

▶ 未濟(화수미제)

初六 一住二行이라 前有知音하니 莫誤前程하라.
　　　한번 머물고 두 번 간다. 앞에는 소리를 아는 자가 있으니 전정을 그르
　　　치지 말라.

九二 毒龍蟠石이라 呪法籙符하니 盤旋臥投라.
　　　독용(毒龍)이 돌에 서린다. 저두하는 법과 부적 책이니 돌아다니며 눕
　　　는다.

六三 欲靜又動이라 不如深穩하니 莫問榮辱하라.
　　　안정하려다 또 움직인다. 깊이 숨는 것만 못하니 영욕은 묻지 말라.

九四 勿焦勿暴하라 有運時到라. 言多則非니라.
　　　조하지도 사납게 굴지도 말라 운이 있어 때에 이르니 말이 많게 되면
　　　아닌 것이다.

六五 研究仙機라 豫非打疊커든 隨時變化하라.
　　　선기를 연구한다. 미리 치는 것이 겹치지 않았거든 수시로 변화를 하라.

上九 有靈有機라 不知靈機면 未來怎知오.
　　　신영도 기틀도 있다. 영기를 알지 못하면 미래를 어찌 알리오.

5. 人名用 漢字 (5032字)
劃數部 (字源五行, 曲劃附)

音部 (가나다順)

▌人名用 漢字 (인명용 한자)

— 호적법 제49조 제3항에서 "이름에는 한글 또는 통상 사용하는 한자를 사용해야 한다. 통상 사용하는 한자의 범위는 대법원 규정으로 정한다."(90.12.15 신설)고 하였다.

그 범위를 보면 교육용기초한자(중학생 및 고등학생용 상용한자 각 900字)와 이에 이름자로 사용빈도가 높은 추가한자와 허용된 同字(동자) 俗字(속자) 略字(약자)로 되어 있다. 따라서 이름에 쓰지 않는 死(사) 惡(악) 盜(도) 등이 포함되었음도 인식해야 될 줄 안다.

실제로는 시행령이 제정되고 인명용 한자 2854字를 대법원이 선정 발표한 1991. 4. 1일 이후부터 한글은 상관없지만 한자 성명은 제한적으로 사용이 가능하게 된 것이다.(인명용 한자란 姓을 제외한 이름(名)의 한자이므로 출생신고시 姓은 반드시 한자로 해야 하며 이름은 한자 또는 한글로도 신고 가능하다.)

따라서 초등학교 어린이는 개명이 쉬어지게 되었다.

— 두개이상의 음중 初音(초음)이 두음법칙 등으로 "ㄴ,ㄹ"인 한자는 각각 소리나는 대로 "ㅇ,ㄴ"으로 사용할 수 있으며 기타는 인정한 발음에 의한다.(內,내→나 불인정)

※ '91. 4. 1 이후 출생자는 선동렬 선동열 중 선택 가능하나 그 이전에는 선동렬만 가능하였다.

또 礻변과 示변, ⺾변과 ⧺변은 서로 바꾸어 쓸 수 있다.(福=福
草=草)

※ 인명용한자사전(李讚九 편저 金碩鎭 감수 明文堂 발행 2003. 10. 31.版)의 4875字에 2005. 1. 1 추가 157字를 합하면 5032字인 것으로 안다.

일러두기

▶ **劃數部(획수부)에서**

* 획수별로, 가나다순으로 배열하였으며 枚帳(매장)의 상단우측 ○안의 숫자(예①)는 해당 페이지의 획수를 기재하여 辭典的(사전적)으로 활용토록 하였다.

* 劃字(획자)옆 < >란의 五行은 획수의 수리오행(例 3劃火)이며 한자 상단의 숫자는 곡획수이고 옆 ( )안의 오행은 자원오행(예 干木)이다.
  ※字源五行(자원오행)은 원래 글자의 원천이 되는 易理五行(역리오행)을 가르키는 것이나, 劃이나 字에 따라 오행의 배치가 달라 극소수의 경우 二重論이 있다. (예 三,火-木   王,金-土)

* 또 한자와 병기된 ( )안의 한자는 약속자며, 새김에서 ( )안의 音은 본음과 다른 음을 넣었다.

* 당초 원본에는 기초한자를 黑色(흑색)으로 하고 추가한자를 靑色(청색), 동속자와 曲劃(곡획)은 赤色(적색)으로 다소 식별이 용이하도록 되었었으나 출판 편의상 전부 흑색으로 변환하였음을 양해바랍니다.

▶ **音部(음부)에서**

* 音別(음별) 한자중 기초한자 끝에는 ,(컴마)를 하여 추가한자와 大別(대별)하였다.
  (간혹 ,가 없는 音이 있는데 전부 추가한자인 것이며 약속자는 본자에 배열하였음)

人名用 漢字 (劃數部)

一劃 ＜木＞

4(木)　　1(木)

乙새을　一하나일

二劃 ＜木＞

6(金)　　4(金)　　4(土)　　4(金)　　　2(火)　　4(金)　　2(金)

乃이에내　刀칼도　力힘력　了마칠료(요)　卜점칠복　匕비수비　乂어질예

3(水)　2(木)　2(火)　3(木)　3(木)

又또우　二두이　人사람인　入들입　丁고무래정

三劃 ＜火＞

3(木)　　5(木)　　6(木)　　3(火)　　4(金)　　　4(水)　　4(水)

干방패간　巾수건건　乞빌걸　工장인공　久오래구　口입구　(口나라국)

7(火)　　6(土)　4(土)　　　3(木)　5(木)　4(水)　　6(水)

弓활궁　己몸기　女계집녀(여)　大큰대　万일만만　亡망할망　凡무릇범

3(土)　　6(土)　4(土)　　3(火)　3(木)　4(水)　　4(水)　　4(水)

士벼슬사　巳뱀사　山매산　三석삼　上위상　尸주검시　夕저녁석　小적을소

7(水)　　5(木)　　4(水)　　6(火)　　5(金)　　3(木)　　5(水)

也이끼야　兀우뚝할올　于어조사우　已이미이　刃칼날인　廾수물입　子아들자

附錄 : 641

④

5(金)   3(木)   4(木)   4(水)   3(水)   3(水)

勺 잔질할작 丈 어른장 才 재주재 叉 깍지낄차 川 내천 千 일천천

4(木)   3(土)   3(水)   5(水)   6(土)

寸 마디촌 土 흙토 下 아래하 孑 외로울혈 丸 알환

四劃 〈火〉

4(火)   4(土)   5(金)   8(水)   5(金)   7(火)   7(金)   6(金)

介 끼일개 犬 개견 公 귀공 孔 구멍공 戈 창과 仇 짝구 勾 글귀구 匀 고를균

4(金)   5(火)   6(水)   6(木)   6(火)   4(火)   7(木)

斤 근근 今 이제금 及 미칠급 內 안내 丹 붉을단(란) 斗 말두 屯 둔칠둔

6(火)   4(木)   4(木)   6(水)   6(水)   7(土)   6(金)   5(水)

毛 털모 木 나무목 文 글월문 (无)毋 없을무 勿 말물 反 돌이킬반 方 모방

6(土)   4(土)   4(木)   6(金)   4(水)   7(火)   7(水)

卞 성씨변 夫 지아비부 父 아비부 分 나눌분 不 아니불(부) 比 견줄비 四 넉사(실5획)

5(水)   6(水)   5(木)   4(木)   5(火)   4(火)   6(火)

少 젊을소 水 물수 手 손수 升 되승 心 마음심 什 열십(세간즙) 氏 성씨

6(金)   8(水)   6(火)   7(金)   5(金)   4(火)   5(火)

牙 어금니아 厄 재앙액 円 화폐엔 予 나여 刈 풀벨예 午 낮오 曰 가로왈

4(水)   8(木)   5(水)   4(土)   6(土)   5(水)   8(木)

夭 고울요 冗 번잡할용 友 벗우 牛 소우 尤 더욱우 云 이를운 弙 땅이름울

6(木)   6(水)   5(水)   7(土)   5(火)   4(火)   8(火)   5(火)

元 으뜸원 月 달월 尹 맏윤 允 진실로윤 以 써이 仁 어질인 引 끌인 日 날일

4(水)   8(火)   7(金)   4(水)   4(木)   8(土)   5(土)

壬 맡을임 仍 인할잉 切 끊을절(체) 井 샘정 爪 손발톱조 弔 조상할조 中 가운데중

4(土) 4(土) 5(土) 5(木) 4(火) 5(土) 4(火)
之갈지 止그칠지 支지탱할지 尺자척 天하늘천 丑소축 仄기울측

5(木) 4(木) 7(土) 5(木) 7(水) 7(水) 7(金)
夬터놓을쾌 太클태 巴땅이름파 片조각편 匹짝필 亢높아질항 兮어조사혜

5(木) 6(水) 4(火) 6(火) 8(火) 4(火) 5(水)
戶집호 互서로호 火불화 化화할화 幻허깨비환 爻형상효 凶흉할흉

5(火)
欠이지러질흠

五劃 ＜土＞

7(水) 8(水) 6(金) 5(土) 6(木) 6(水) 6(火) 6(水)
可옳을가 加더할가 刊책펴낼간 甘달감 甲답옷갑 去갈거 巨클거 古옛고

8(水) 9(水) 7(木) 6(木) 8(火) 8(水) 5(土)
叩두드릴고 尻꽁무니고 功공공 瓜오이과 巧공교할교 句글귀구 丘언덕구

7(水) 7(土) 8(水) 6(火) 6(火) 6(水) 5(火)
叫부르짖을규 奴종노 尼여승니 旦아침단 代대신할대 冬겨울동 仝한가지동

7(火) 5(金) 5(木) 6(土) 8(土) 8(金) 6(木) 8(木)
令명령할령 立설립(입) 末끝말 皿그릇명 母어미모 矛창모 目눈목 卯토끼묘

6(土) 5(木) 8(火) 5(土) 6(金) 6(木) 7(火)
戊다섯째천간무 未못할미 民백성민 半반틈반 白흰백 弁고깔변.떨변 丙남방병

5(木) 6(火) 7(水) 9(木) 5(水) 7(水) 5(火) 6(水)
本근본본 付줄부 北북녘북(배) 弗아니불 丕클비 氷어름빙 仕벼슬사 史사기사

8(水) 5(金) 5(木) 6(金) 6(火) 6(火) 8(水) 6(水)
司맡을사 乍잠간사 生날생 石돌석 仙신선선 世세상세 召부를소 囚가둘수

8(木)　　7(木)　　6(木)　　5(金)　　6(金)　　5(木)　　6(土)　　8(水)

永받들승　市저자시　示볼일시　矢화살시　申납신　失잃을실　央가운대앙　永길영

5(土)　　　　5(金)　　8(水土)　　4(金)　　　6(火)　　8(火)　　7(水)

五다섯오(실4획)　玉구슬옥　瓦질그릇와　王임금왕(실4획)　外밖외　凹오목할요　用쓸용

6(水)　　　9(火)　　6(木)　　　11(水)　　7(火)　　5(火)　　6(木)

右오른쪽우　幼어릴유　由말미암을유　孕아이밸잉　仔맡길자　仗기댈장　田밭전

6(火)　　5(土)　　5(火)　　5(木)　　6(水)　　8(水)　　6(木)　　8(土)

占점점　正바를정　左왼좌　主임금주　只다만지　叱꾸짖을질　且또차　此이차

7(木)　　9(木)7(木)　　5(金)　　5(火)　　8(水)　　7(木)　　7(土)

札편지찰　册(冊)책책　斥내칠척　仟일천천　凸뾰족할철　朮삽주뿌리출　出날출

9(木)　　　9(火)　　7(火水)　　6(혹7)(水)　　5(木)　　7(木)　　10(金)

充가득할충　他다를타　台별이름태　叭나팔팔　平평할평　布배포　包쌀포

7(金)　　6(火)　　6(土)　　5(金)　　7(火)　　7(水)　　8(木)　　6(金)

皮가죽피　必반드시필　疋필필　乏다할핍　玄검을현　穴구멍혈　兄맏형　乎온호

10(火)　　5(木)　　5(木)

弘클홍　禾벼화　卉풀훼

六劃 <土>

8(水)　　8(土)　　7(土)　　12(木)　　6(火)　　6(火)　　9(土)9(土)

各각각각　艮괘이름간　奸간음할간　坚땅이름갈　价착할개　件사건건　考(攷)

　　　7(土)　　6(金)　　8(火)　　7(土)　　6(火)　　7(土)　　9(木)

상고할고　曲굽을곡　共함께공　光빛광　匡광정광　交사귈교　臼확구　机책상궤

6(土)　　8(水)　　8(火)　　7(火)7(火)　　6(火)　　7(火)　　7(水)

圭서옥규　劤강할근　伋생각할급　亘(互)뻐칠궁　企꾀할기　伎재주기　吉길할길

6(木)8(木)　　　8(土)　　8(水)　　9(木)　　10(金)　　9(水)
年(秊(실8획))해년 老늙을로 多많을다 宅집댁(택) 旵이름돌 同한가지동

8(金)　　9(土)　　8(木)　　　4(土)　　　　7(水)
列벌릴렬렬 劣용률할렬(礼)예도례(禮略字) 六여섯륙(육)(실4획) 吏관리리(이)

6(火)　　8(土)　　8(水)　　7(土)　　9(金)　6(木)　6(木)　7(水)
卍일만만 妄망녕될망 名이름명 牟보리모 刎벨문 米쌀미 朴순박할박 百

　　7(火)　　10(土)　　9(水)　　6(火)8(火)　　8(火)　　7(土)
일백백 伐칠벌 犯범할범 氾넘칠범(실5획) 幷(幷)아우를병 伏엎질복 缶장군부

10(土)　8(土)　7(木)　9(水)　7(火)　8(木)　10(土)　8(혹9)(金)
妃왕비비 牝암빈 寺절사 死죽을사 似같을사 糸실사 色빛색 西서녘서

8(木)　7(火)　8(木)　8(木)　7(金)　9(木)　9(火)　7(土)
先먼저선 舌혀설 束묶을속 守지킬수 收거둘수 夙일찍숙 旬열흘순 戌개술,

　　9(木)　7(金)　8(火)　8(木)　9(火)　6(土)
수자리수 丞정승승 式법식 臣신하신 安편안안 仰우러를앙 羊양양

8(土)　7(水)　8(火)　7(火)　8(木)　10(火)　10(火)　11(水)
如같을여 亦또역 曳끌예 伍대오오 宇집우 羽깃우 旭빛날욱 危위태할위

8(水)　8(水)　7(火)　7(金)　7(木)　10(木)　6(火)　8(水)
有있을유 肉고기육 聿드디어율 戎되융 衣옷의 夷오랑캐이 耳귀이 而말이

　　14(金)　7(火)　8(木)　7(水)　6(火)　9(木)　7(木)
을이 弛늦을이 伊저이 印도장인 因인할인 任맡을임 字글자자 自스스로자

7(土)　6(木)　6(土)　8(木)　6(土)　6(水)　　7(火)
匠장인장 庄정중할장 在있을재 再두재 全온전전 汀물가정(실5획) 早일찍조

9(土)　8(火)　8(水)　6(水)　8(木)　6(水)　7(木)　7(火)
吊조문할조 兆조조 存있을존 州고을주 舟배주 朱붉을주 竹대죽 仲가운

　　5(水)　　10(土)　9(火)　7(土)　7(火)　8(木)
데중버금중 汁진액즙(실5획) 地땅지 旨뜻지 至이를지 次버금차 舛어기어질천

7(金)　　8(木)　　7(水)　　7(木)　　　10(木)　　9(木)　　7(水)
尖뾰족할첨 (艸)풀초 虫벌레충 打칠타(실5획) 朶떨기타 宅집택 吐토할토

7(水)　　9(火)　　7(水)　　7(火)　　　9(水)　　7(水)　　7(金)　　9(土)
合합할합 伉짝항 亥돼지해 行다닐행(항) 向향할향 血피혈 刑형벌형 好좋

8(水)　　6(火)　　7(水)　　9(木)　　6(火)　　　9(木)　　9(金)
을호 回돌아올회 灰재회 后황후후 朽썩을후 休이름다울휴 兇흉할흉 匈가슴

10(水)　　10(土)
흉 吃먹을흘 屹산우뚝할흘

七劃 ＜金＞

10(木)　10(木)　10(木)　　7(木)　　8(土)　　　9(木)　　6(水)
伽절가 角뿔각 却물리칠각 杆지레간 坎구덩이감 匣궤갑 江물강(실6획)

7(木)　　10(金)　　8(火)　　10(土)　　8(火)　　10(水)
杠깃대강 改고칠개 更다시갱(경) 坑구덩이갱 車수래거(차) 劫겁탈할겁

10(火)　11(火)　　10(火)　　9(木)　　8(金)　　8(水)　　8(水)
見볼견 冏빛날경 囧빛날경 系이를계 戒경계할계 告고할고 谷골곡

8(水)　　7(金)　　9(金)　　9(木)　　12(木)　　8(水)　　8(火)
困곤할곤 攻칠공 串습관관(곶) 宏클굉 究궁리할구 求구할구 灸지질구

11(木)　9(水)　　11(火)　　9(土)　　10(木)　　9(土)　　　11(火)
局판국 君임금군 糺꼴규 均고를균 克이길극 妗싱긋벙긋할금 忌꺼릴기

10(木)　　7(土)　　9(土)　　9(土)　　10(水)　　10(土)　　11(土)
杞구기자기 圻지경기 岐높을기 妓기생기 卵알난(란) 男사내남 努힘쓸노

10(水)　8(火)　　9(土)　　　8(火)　　9(木)　　9(火)　　7(木)
尿오줌뇨 但다만단 坍물이언덕칠담 旲햇빛대 禿대머리독 彤붉을동 杜막을두

8(木) 9(水) 9(土) 9(水) 9(火) 7(金)
豆 팥두 冷 찰랭 良 어질량(양) 呂 음률려(여) 伶 영리할령(영) 弄 희롱할롱

8(土) 8(金) 8(土) 9(木) 8(水) 9(火)
牢 굳을뢰 利 이로울리(이) 里 마을리(이) 李 오얏리(이) 吝 인색할린 忘 잊을망

7(火) 10(土) 11(木土) 7(土) 9(土) 7(火) 10(水)
忙 바쁠망(실6획) 每 매양매 免 면할면 牡 수컷모 妙 묘할묘 巫 무당무 吻 입술문

10(木) 7(火) 9(土) 9(火) 10(土) 9(土) 8(火) 9(水)
尾 꼬리미 伴 짝반 坊 터방 彷 거닐방 妨 방해할방 尨 삽살개방 伯 맏백 汎 뜰범

10(木) 11(金) 7(金) 9(水) 8(土) 8(水) 9(水)
(실6획) 机 나무범 別 분별별 兵 병사병 甫 클보 步 걸음보 否 아니부 孚 미쁠부

10(水) 11(火) 10(木) 8(木) 10(木) 10(火) 10(金) 7(水)
吩 뿜을분 佛 부처불 庇 덮을비 私 사사사 些 적을사 伺 살필사 刪 깎을산 汕 통

7(木) 7(木)9(木) 10(木) 7(水)
발산(실6획) 杉 삼나무삼 床(牀 (실8획)) 평상상 序 차례서 汐 저녁조수석(실6획)

9(火) 6(火) 8(木) 11(木) 8(水)
成 이룰성 伕 살필세, 익힐설(실6획) 宋 나라송 秀 빼어날수 豕 돼지시

8(火) 7(金) 9(火) 9(金) 9(水) 8(金) 8(火)
伸 펼신 辛 매울신 身 몸신 我 나아 冶 쇠불릴야 言 멀씀언 余 나여

7(水) 11(土) 11(火) 10(土) 9(水) 9(水)
汝 너여(실6획) 妤 아름다울여 役 부릴역 延 맞을연 吾 나오 汚 더러울오(실6획)

10(水) 10(木) 10(土) 10(土) 8(土) 10(水)
吳 오나라오 完 완전할완 妧 좋을완 岏 가파를완 妖 고울요 甬 물솟아오를용

8(火) 9(火) 8(木) 8(木) 7(火) 7(金) 9(金)
佑 도울우 旰 해돋을우 扜 당길우(실6획) 会 높을운 位 벼슬위 攸 바유 酉 닭유

⑦

8(水)	7(土)	9(水)	11(土)	8(金)	11(木)	10(火)

听웃을은 圻언덕은 吟읊을음 邑고울읍 矣어조사의 枻나무이름이 忍참을인

7(火)	8(土)	9(水)	7(火)	9(火)	9(土)	8(木)

佚안할일 妊아이밸임 孜부지런할자 作지을작 灼구울작 岑매뿌리잠 壯씩씩

7(木)	10(火)	8(木)	9(火)	9(火)	8(火)	8(火)

할장 杖지팡이장 災재앙재 材재목재 佇오래설저 低낮을저 赤붉을적 佃사냥

10(火)	7(金)	9(土)	8(水)	9(木)	8(土)

할전 甸경기전 玎옥소리정(실6획) 町밭두덕정 呈보일정 廷조정정 姘개집엄

7(火)	11(水)	10(土)	8(土)	7(火)	7(土)	7(火)

전할정 佂두려워할정 弟아우제 助도울조 足발족 佐도울좌 坐앉을좌 走달아

7(火)	8(火)	10(水)	7(土)	9(水)	8(土)	9(水)

날주 住머물주 志뜻지 池못지(실6획) 址터지 底숫돌지 辰별진(신) 肖어질초

8(木)	7(火)	9(火)	4(金)	8(土)	9(木)

村마디촌 忖헤아릴촌(실6획) 吹불취 七일곱칠(실2획) 妥온당할타 托밀칠탁

8(水)	10(金)	10(木)	8(金)	8(土)	8(金)	8(水)

(실6획) 吞삼킬탄 兌별태 兎토끼토 判판단할판 坂고개판 貝조개패 吠짖을폐

9(火)	9(木)	8(火)	9(火)	10(水)	8(火)	6(水)

佈펼포 杓자루표 佖가득할필 何어찌하 呀입벌릴하 旱가물한 汗땀한(실6획)

10(木)	9(水)	8(木)	7(木)	10(土)	7(火)	9(水)

罕드물한 含머금을함 杏은행행 夾낄협 亨형통할형 形얼굴형 汞수은홍

9(水)	12(水)	10(水)	9(木)

孝효도효 吼사자우는소리후 吸마실흡 希바랄희

八劃 <金>

8(火) 佳아름다울가　11(水) 呵꾸짖을가　10(金) 刻각할각　11(火) 侃굳셀간　7(金) 玕옥돌간(실7획)　10(土) 岬산허리갑

11(土) 岡메강　10(土) 羌되강　10(木) 居살거　8(火) 杰빼어날걸　8(水) 決정할결(실7획)　9(木) 抉당길결(실7획)

10(土) 京서울경　9(金) 庚일곱째천간경　11(土) 坰들경　9(火) 炅빛날경　10(水) 季끝계　10(木) 屆이를계　10(水) 固굳을고

10(土) 姑시어머니고　11(水) 孤외로울고　10(水) 呱아이가울고　9(火) 杲밝을고　9(土) 坤땅곤　12(火) 昆맏곤　8(水) 汩통할골(실7획)

10(水) 空빌공　8(火) 供이바지공　9(木) 果과실과　11(木) 官벼슬관　10(金) 刮쪼갤괄　10(水) 侊클광　8(土) 狂미칠광(실7획)

9(火) 昳비칠광　8(木) 卦점괘괘　10(火) 乖어그러질괴　9(金) 具갖출구　8(金) 玖검은옥돌구(실7획)　8(土) 垢언덕구　10(水) 咎허

11(土) 물구屈굽을굴　14(水) 穹높을궁　12(木) 卷책권　10(土) 券문서권　11(木) 糾살필규　10(火) 昑밝을금　8(金) 金쇠금(금)

10(木) 扱걷어가질급(실7획)　9(水) 汲물길을급(실7획)　8(金) 其그기　9(木) 技재주기(실7획)　10(土) 奇기이할기

10(金) 玘패옥기(실7획)　9(水) 汽김기(실7획)　7(水) 沂물이름기(실7획)　11(水) 肌살기(실6획)　9(火) 佶바를길

10(木) 柟매화나무남　9(火) 奈어찌내　10(火) 念생각념　14(火) 弩쇠노노　9(木) 杻싸리뉴　11(水) 沓유창할답　10(土) 坮대대

10(土) 岱대산대　10(金) 到이를도　11(土) 毒독독　12(火) 旽밝을돈　10(水) 沌막힐돈(실7획)　9(木) 東동녘동　8(木) 枓두공두

8(火)7(火) 來(来7획)올래　10(土) 兩두량　9(金) 戾허물려　10(水) 列찰렬　11(土) 岺고개령　11(土) 姈영리할령(영)　11(水) 囹옥령

⑧

10(火)　　11(火)　　10(火)　　10(水)　　8(木)
例 범식례(예) 彔 나무깎을록 侖 뭉치륜(윤) 肋 갈빗대륵(실6획) 林 숲을림(임)

11(木)　8(木)　9(土)　　11(水)　10(木)　12(火)　10(水)
罔 없을망 枚 줄기매 妹 손아래누이매 孟 맏맹 盲 소경맹 氓 백성맹 沔 물이름면

(실7획) 11(火)　11(水)　12(土)　7(水)　　8(土)　10(水)
明 밝을명 命 목숨명 姆 여선생모 沐 머리감을목(실7획) 牧 칠목 沒 빠질

12(水)　9(木)　　9(土)　　7(水)　　8(火)
몰(실7획) 歿 죽을몰 杳 아득할묘 武 굳셀무 汶 더럽힐문(실7획) 炆 연기날문

11(木)　9(水)　　10(土)　9(水)　9(火)　9(火)　12(土)
門 문문 沕 잠길물(실7획) 物 만물물 味 맛미 旻 하늘민 旼 온화할민 岷 산이름민

9(火)　　10(金)　11(木)　11(火)　10(木)　8(木)9(木)
忞 아름다울민 放 노을방 房 방방 昉 밝을방 枋 박달방 杯(盃)(실9획) 잔배

9(火)　　11(木)　9(木)　　13(木)　10(木)　　13(木)
佰 일백백 帛 비단백 秉 잡을병.벼묶음병 服 옷복 宓 엎드릴복,잠잠할밀 坴 땅이

8(木)　　9(土)　　8(木)　　10(水)　　8(金)　10(土)
름볼 奉 받들봉 府 마을부 扶 도울부(실7획) 咐 분부할부 斧 도끼부 阜 언덕부

8(木)　　9(水)　　11(火)　10(木)　　11(火)　12(火)
奔 달아날분 汾 물이름분(실7획) 忿 분할분 扮 잡을분(실7획) 昐 햇빛분 彿 방불

12(水)　9(土)　11(木)　　13(木)　10(木)　　13(木)
할불 朋 벗붕 卑 낮을비 批 깎을비(실7획) 非 아니비 枇 비자나무비 社 모일사

11(木)　9(火)　　9(火)　　8(水)　　11(木)　9(水)　12(木)
事 일사 使 하여금사 舍 집사 沙 모래사(실7획) 祀 제사사 疝 산증산 乷 음역자살

11(金)　9(土)　　10(水)　8(土)　10(土)10(土)　　10(水)
尙 오히려상 狀 형상상 抒 펼서(실7획) 昔 옛석 析 쪼갤석 姓 성성 所 처소소

9(木)　12(金)　　10(水)　8(土)　10(土)10(土)　　10(水)
松 솔송 刷 인쇄할쇄 受 받을수 垂 드리울수 岫(峀) 매뿌리수 叔 아재비숙

11(木)　　9(火)　　9(火)　　11(土)　　10(火)　　　10(水)　　　8(水)
承이을승 昇오를승 侍모실시 始비로소시 侁걷는모양신 呻끙끙거릴신 沁물

　　　　11(水)10(水)　　　11(土)　　9(土)　　9(土)아　12(火)8(火)
적실심(실7획) 兒(児(실7획))아이아 妸고울아 岳큰산악 岸언덕안 亞(亜실

　　　11(金)　　10(土)　　6(木)　　9(水)　　8(土)　　12(木)
7획)버금아 軋잇을알 岩바위암 艾쑥애(실6획) 夜밤야 厓언덕애 扼움킬액(실7획)

　8 (火)　　10(字)　　11(木)　　　11(水)　　11(火)　　　10(水)
佯거짓양 於어조사어 抑누를억(실7획) 奄문득엄 易바꿀역(쉬울이) 沇물흐를

　　　　12(水)　　8(火)　　9(水)　　　9(火)　　7(水)
연(실7획) 咏읊을영 炎불꽃염 汭물이름예(실7획) 旿대낮오 沃기름질옥(실7획)

10(火)　　14(木)　　8(火)　　9(火)　　7(水)　　　　8(木)
臥누울와 宛여전할완 往갈왕 旺왕성할왕 汪깊고넓을왕(실7획) 枉굽을왕

10(金)　　10(水)　　8(金)　　　8(水)　　　9(水)
盂밥그릇우 雨비우 玗옥돌우(실7획) 沄끓을운(실7획) 沅물이름원(실7획)

　9(土)　　10(火)　　12(水)　　11(火)　　8(水)　　　9(火)
委맡길위 侑권할유 乳젖유 昀햇빛윤 汩흐를율(실7획) 依의지할의할의

10(木)　　10(火)　　11(土)11(土)　　　11(金)　　9(火)　　　9(土)
宜마땅의 佾춤출일 姉(姊(실7획)누이자 刺찌를자(척) 炙김쪼일자(적) 狀배

　9(木)　　10(火)　　10(木)　　10(水)　　10(土)　　8(木)　　8(土)
長긴장 爭다툴쟁 底밑저 咀씹을저 姐아가시저 杵공이저 狄오랑캐적,악

　　　11(火)　　9(金)　　8(火)　　　8(木)　　　9(木)　　10(土)
공적(실7획) 的과녁적 典법전 佺산신이름전 折꺾을절(실7획) 店가게점 岵고

　9(木)　　9(金)　　8(火)　　9(土)　　11(金)　　8(金)　　10(木)
개점 定정할정 政정사정 征칠정 妌단정할정 制.제할제 卒군사졸 宗마루종

11(水) 9(土) 10(木) 8(火) 12(水) 9(金) 9(木) 7(水)
周두루주 姝예쁠주 宙집주 侏난장이주 呪주저할주 知알지 枝가지지 沚물

10(木) 9(火) 10(木) 11(火) 9(金) 10(火)
가지(실7획) 直곧을직 侄굳을질 帙책갑질 侘실심할차 刹절찰 昌창성창

8(木) 10(土) 9(土) 7(金) 9(土) 11(木) 10(木)10(木)
采캘채 妻아내처 坧기지척 玔옥고리천(실7획) 妾첩첩 帖문서첩 靑(青)푸

10(金) 9(木) 9(火) 12(土) 8(木) 10(火)
를청 初처음초 抄배낄초(실7획) 炒볶을초 岧산높을초 竺나라이름축 忠충성

8(水)7 9(水) 9(火) 10(火) 10(水)
충 沖(冲)(실6획)화할충(실7획) 取취할취 炊밥지을취 侈사치할치 沈잠길침

11(木) 8(火) 9(木) 8(土) 9(土)
(성심)(실7획) 枕벼개침 快쾌할쾌(실7획) 卓높을탁 坼터질탁 坦너그러울탄

10(木) 12(火) 7(水) 12(木) 10(土) 11(木)
宕골집탕 帑나라곳집탕 汰넘칠태(실7획) 投던질투(실7획) 妒투기할투 爬긁

11(木) 11(木) 10(土) 9(木) 10(木) 2(金)
글파 把잡을파(실7획) 杷비파나무파 坡언덕파 板널판 版인쇄판 八어덟팔(실

12(火) 8(土) 14(水) 9(木) 10(火) 11(木) 10(水)
2획) 佩찰패 坪들평 咆먹일포 表거죽표 彼저피 抗대항할항(실7획) 沆큰물

11(木) 11(水) 8(木) 11(土) 9(火) 14(木)
항(실7획) 杭건늘항.늘항 咍웃을해 幸다행행 享누릴향 侐고요할혁 弦활시위현

11(水) 14(水) 10(水) 12(혹13)(木) 9(火) 10(土) 13(木)
呟소리현 協화할협 呼부를호 虎범호 昊하늘호 岵산에숲질호 弧나무활호

10(金) 11(火) 11(火) 14(木) 9(水) 10(金) 10(水) 9(火)
或혹혹 昏어두울혼 忽문득홀 宖클홍 和화할화 効본받을효 肴안주효 欣기

9(火) 8(火) 7(火)
뻐할흔 昕해돋을흔 炘화끈거릴흔 忻기뻐할흔(실7획)

九劃 <水>

11(木)	12(木)	12(木)	10(木)	10(木)	9(水)	12(土)
柯 가지가	架 횃대가	枷 칼가	看 볼간	柬 분별할간	肝 간간(실7획)	姦 간음할간

9(木)	13(火)	9(木)	10(土)	11(木)	13(火)	9(木)	8(金)
竿 장대간	曷 어찌갈	柑 감귤감	姜 성강	舡 배강	皆 다개	疥 옴개	玠 큰홀게(실8획)

12(木)	10(火)	10(木)	12(木)	9(火)	12(火)
客 손객	炬 횃불거	拒 막을거(실8획)	建 세울건	怯 겁낼접(실8획)	俓 곧을경

14(金)	10(水)	10(土)	10(金)	11(火)	11(木)	10(金)
勁 굳셀경	癸 열째천간계	界 기경계	計 셈할계	係 걸릴계	契 맺을계(글)	故 연고고

10(木)	9(水)	9(木)	13(木)	9(火)	2(木)
枯 마를고	沽 살고(실8획)	科 과거과	冠 갓관	怪 괴이할괴(실8획)	拐 유인할괴

10(水)	10(土)	5(水)	12(木)
咬 씹을교	姣 예쁠교	九 아홉구(실2획)	拘 거리낄구

12(木)	12(土)	13(土)	10(土)	11(木)
枸 구기자구	狗 개구(실8획)	耆 늙은이구(耈와같음)	垢 때구	柩 널구

11(火)	11(木)	13(火)	10(土)	9(土)	12(土)
軍 군사군	芎 궁궁이궁(실7획)	軌 굴대궤	赳 헌걸찰규	奎 별규	昀 개간할균

13(金)	12(火)	13(金)	14(木)	9(木)	11	11(土)
剋 이길극	急 급할극	矜 자랑긍	紀 벼리기	祈 빌기	祇 토지신기(지)	姞 후직

12(木)	11(火)	10(木)	12(木)	10(木)	12(火)	11(水)
拏 이름길/잡을나	南 남녁남	奈 능금내	耐 견딜내	拈 잡을념(실8획)	怒 성낼노	泥

12(木)	13(金)	12(火)	12(土)	10(火)	10(木)
柅 진흙니(실8획)	段 충계단	象 결단할단	畓 논답	待 기다릴대	度 법도도(탁)

12(水)	12(土)	12(金)	11(金)	9(木)
突 부딪칠돌	垌 항아리동	剌 찰라(나)	刺 어그러질랄(음랄)	拉 꺾을랍(실8획)

⑨

13(火) 11(火) 12(火) 10(火)　　　10(水)
亮밝을량 侶짝려 昤날빛령 怜영리할령(실8획) 泠깨우칠령(실8획 음영)

12(木) 10(火) 10(火) 10(火)　　10(土)　9(木)　　　8(水)
柳버들류 律법률 俐속될리 俐영리할리 厘티끌리 抹뭉갤말(실8획) 沫물방

　　　　8(木)　　　　10(火)　　10(火) 15(金) 13(木)
울말(실8획) 芒가스랑이망(실7획) 昧어둘울매 面낯면 勉힘쓸면 眄겹눈질할면

9(木) 11(水) 12(火)　13(火) 10(金) 12(木)
某아무모 冒무릅쓸모 侮업신여길모 昴별묘 妙땅이름묘 拇엄지손가락무(실8

9(土)　　11(木) 8(金)　　　11(水)　　　12(金) 10(金)
획)美아름다울미 眉눈썹미 玟옥돌민(실8획) 泯빠질민(실8획) 敃강할민 砇

9(水)　　　10(木)　　　10(水)　　　9(木)　　　8(水)
옥돌민泊배댈박(실8획) 拍손벽칠박(실8획) 叛배반할반 拌버릴반(실8획) 泮

12(木)　　　9(木)　　14(金)　　9(木) 10(木) 8(水)
반궁반(실8획) 盼돌아볼반 拔뺄발(실8획) 勃활발할발 拜절배 柏잣백 泛뜰범

10(火)　　　9(水)　　10(水)　11(火) 11(木)　12(火)12(火)
(실8획)便문득변(편) 法법법(실8획) 屛병풍병 炳빛날병 柄자루병 昺(昺)

10(火)　10(土)　11(金) 9(火)　　10(金) 12(金) 13(木)
밝을병保보호할보 封봉할봉 負질부 赴다다를부 訃부고부 盆동이분 拂밀

　　13(火) 13(金) 12(木)　13(火)　13(火)13(火) 12(水)
칠불(실8획)飛날비 砒비상비 秕쭉정이비 嵔삼갈비 毗毘밝을비 沸끓을비

9(水)　　　　11(金)　　　　11(火) 10(木)
(실8획)泌샘물졸졸흐를비(실8획) 玭구슬이름빈(실8획)思생각사 査사실할사

10(水)　　　11(金) 11(木) 10(火) 12(金) 9(木) 10(水)
泗물이름사(실8획) 砂모래사 柶윳사 俟기다릴사 削깎을삭 衫적삼삼 相서로

9(木) 10(土) 9(土) 11(水) 11(木) 9(水)　　　11(木)
상庠학교상 峠고개상 牲희생생 叙차례서 宣배풀선 泄세어날설(실8획) 偰사람

11(木) 10(火) 8(火) 13(火) 11(水) 12(火)
의 이름설 省 살필성(생) 星 별성 性 성정성(실8획) 昭 밝을소 沼 늪소(실8획) 炤 밝을

12(木) 10(火) 13(水) 10(木) 10(木) 12(火) 10(水)
소 招 나무흔들릴소 俗 풍속속 帥 장수수 首 머리수 盾 방패순 徇 부릴순 沭 물이름술

10(火) 15(土) 12(木) 10(水) 11(木) 13(水) 11(水) 10(火)
(실8획) 是 이시 施 배풀시 柴 섶나무시 屎 똥시 柿 감시 屍 주검시 食 밥식 信 믿을신

11(木) 12(土) 11(火) 10(木) 10(土) 12(火) 9(火)
室 집실 甚 심할심 俄 잠깐아 押 누를압(실8획) 狎 참압할압(실8획) 昂 높을앙 快 원

11(水) 11(木) 13(木) 12(火) 9(火) 13(水) 10(土)
망할앙(실8획) 殃 재앙앙 哀 슬플애 約 대략약 易 별양 彦 선비언 疫 염병역 妍 고울연

9(水) 10(火) 12(水) 12(木) 11(水)
沿 물따라내려갈연(실8획) 衍 퍼질연 兗 바를연 染 물들일염 泳 헤엄칠영(실8획)

11(火) 15(水) 11(火) 11(木) 13(土) 10(金) 10(土)
映 비칠영 盈 찰영 俉 맞이할오 屋 집옥 瓮 독옹(용기) 玩 놀완(실8획) 娃 아름다운왜

9(土) 11(土) 11(金) 12(土) 13(木) 13(土)
歪 비틀왜 畏 드러울외 要 중요할요 姚 어여쁠요 拗 꺾을요(실8획) 勇 날랠용

12(火) 12(土) 12(木) 8(木) 10(火) 10(土)
俑 허수아비용 禹 우임금우 紆 얽힐우 芋 토란우(실7획) 昱 밝을욱 垣 담원

10(木) 12(金) 11(土) 9(水) 14(火) 12(木)
爰 이에원 韋 가죽위 威 위엄위 油 기름유(실8획) 幽 깊숙할유 柔 부드러울유

12(木) 13(火) 10(木) 10(土) 11(金) 14(水) 11(土)
宥 용서할유 俞 성유 柚 유자유 臾 잠깐유 玧 귀막는옥윤(실8획) 胤 맏윤 垠 끝

10(金) 8(水) 10(火) 14(土) 11(土) 11(水)
은 音 소리음 泣 울읍(실8획) 怡 기쁠이(실8획) 姨 이모이 姻 혼인인 咽 목구멍인

10(土) 10(土) 11(土) 11(水) 9(木) 10(火) 9(火)
(열) 姓 자식밸임 者 놈자 姿 맵시자 咨 물을자 芍 작약작(실7획) 昨 어제작 炸 불

⑨

10(金)	11(水)	11(木)	9(水)	10(土)

斫 터질작/쪼갤작　哉 어조사재　抵 막을저(실8획)　沮 막을저(실8획)　狙 원숭이저

10(火)	12(金)	10(火)	10(金)	12(火)	11(金)	9(木)

(실8획)畑 화전전　前 앞전　点 점점　貞 곧을정　亭 정자정　訂 고칠정　柾 나무정

9(火)	12(水)	12(金)	12(木)	10(火)	11(木)

炡 빛날정　穽 함정정　酊 비틀거릴정　帝 임금제　俎 제기조　拙 졸할졸(실8획)

10(木)	9(木)	8(水)	9(木)	12(水)	9(火)

柊 나무이름종　柱 기둥주　注 물댈주(실8획)　奏 아뢸주　胄 자손주　炷 심지주

10(土)	12(木)	9(木)	13(火)	10(土)	14(水)

姝 어여쁠주　紂 말고삐주　拄 떠받칠주(실8획)　俊 준걸준　重 무거울중　卽 곧즉

9(木)	11(水)	10(木)	10(水)	9(木)	10(水)

祉 복지　咫 짧을지　枳 탱자지　沚 섬지(실9획)　抮 휘어잡을진(실8획)　殄 멸할진

10(火)	11(土)	13(土)	13(火)	11(木)	10(木)	12(水)

昣 밝을진　姪 조카질　姹 자랑할차　昶 밝을창　柵 우리책　拓 열척(실8획)　泉 샘천

14(水)	9(水)	14(金)	12(木)	10(木)

穿 뚫을천　沾 젖을첨(실8획)　剃 털깎을체　招 부를초(실8획)　秒 초침초(벼까락묘)

10(火)	10(木)	9(木)	12(金)	10(火)	10(木)

促 재촉할촉　抽 뽑을추(실8획)　秋 가을추　酋 두목추　春 봄춘　治 다스릴치(실8획)

11(土)	11(金)	12(土)	11(水)	12(火)	13(木)	13(水)

峙 산우뚝설치　則 법칙칙　勅 칙서칙　柒 옻칠　侵 침노할침　拖 끌타(실8획)　咤 꾸짖

12(土)	9(木)	10(火)	13(木)	11(木)	12(火)	12(水)

을타 垛 언덕타　柝 목탁탁　炭 석탄탄　眈 즐길탐　泰 클태　怠 게으를태　殆 위태로울

10(水)	10(水)	12(木)	9(木)	8(水)

태 波 물결파(실8획)　沛 클패(실8획)　扁 작을편　枰 바둑판평　泙 물소리평(실8획)

14(木)	13(木)	13(木)	13(水)	10(火)

抱 안을포(실8획)　匍 엎드러질포　抛 던질포(실8획)　泡 물거품포(실8획)　怖 두러

12(水)　12(木)　11(木)　　9(水)　　　10(水)

울포 品 품수품 風 바람풍 披 헤칠피(실8획) 泌 개천물필(실8획) 河 물하(실8획)

10(火)　12(木)　11(水)　12(木)　11(水)　　10(土)　12(土)

昰 여름하 虐 사나울학 咸 다함 函 함함 哈 웃음소리합 缸 항아리항 巷 거리항

11(土)　9(水)　　11(水)　10(土)　12(水)　10(木)　10(金)

姮 항아항 肛 항문항(실7획) 咳 기침해 垓 계단해 孩 어릴해 香 향기향 革 가죽

10(木)　10(水)　　11(火)　12(火)　12(火)　10(火)

혁 奕 클혁 泫 물깊고넓을현(실8획) 炫 밝을현 眩 당혹할현 倪 염탐할현 恨 판매

10(火)　9(火)　10(土)　11(水)　12(火)　12(火)

할현(실8획) 頁 머리혈 俠 호협할협 型 거푸집형 洞 찰형(실8획) 炯 빛날형 胡 오

11(火)　10(土)　11(木)　13(水)　10(水)

랑캐호 晧 밝을호 狐 여우호(실8획) 紅 붉을홍 泓 물깊을홍(실8획) 虹 무지개홍

10(水)　12(木)　12(木)　14(木)　10(金)　11(水)

哄 떠들석할홍 奐 빛날환 宦 벼슬환 紈 비단환 皇 임금황 況 모양황(실8획)

13(水)　11(火)　10(火)　12(土)　12(火)　10(土)　14(木)

廻 돌회 徊 배회할회 侯 제후후 厚 두터울후 後 뒤후 垕 두터울후 紇 긇은실흘

13(土)　11(火)

姬 계집희 俙 비슷할희

十劃 <水>

12(木)　14(水)　11(金)　　13(水)　　9(金)　　　11(火)

家 집가 哥 노래할가 珂 옥이름가(실9획) 痂 헌데딱지가 珏 쌍옥각(실9획) 恪 삼갈

10(木)　10(水)　14(金)　12(火)　8(木)　　12(火)

각(실9획) 栞 깎을간 疳 감질병감 剛 강할강 個 낱개 芥 겨자개(실8획) 倨 거만할거

⑩

11(木)	12(木)	12(木)	12(木)	11(水)	12(土)

祛 물리칠거　虔 긍정할건　桀 홰걸　格 격식격　肩 어깨견(실8획)　缺 이지러질결

12(金)	10(土)	13(火)	12(火)	10(火)	14(水)	10(木)

兼 겸할겸　耕 갈경　徑 지름길경　倞 굳셀경　耿 깨끗할경　勍 굳셀경　桂 계수나무계

10(火)	14(火)	11(木)	10(土)	13(木)	14(水)

烓 화덕계　高 높을고　庫 창고고　羔 염소고　拷 매때릴고(실9획)　股 다리고(실8획)

12(火水)	14(金)	11(火)	14(火)	11(金)	10(木)	13(水)

哭 곡할곡　骨 뼈골　恭 공순공　恐 두려울공　貢 바칠공　拱 낄공(실9획)　蚣 지내공

11(木)	13(火)	11(木)	12(木)	13(木)	11(水)

括 묶을괄(실9획)　恝 걱정없을괄　洸 굳셀광(실9획)　框 배틀광　絋 넓을굉　肱 팔둑굉

10(木)	10(土)	11(火)	11(金)	13(木)	16(水)	11(木)

(실8획) 校 학교교　狡 교활할교(실9획)　俱 함께구　矩 법구　宮 집궁　躬 몸궁　拳 주먹권

14(火)	14(火)	12(木)	8(木)	12(木)	9(木)

倦 게으를권　鬼 귀신귀　根 뿌리근　芹 미나리근(실8획)　衾 옷금　芩 약이름금(실8획)

11(木)	14(木)	10(水)	12(水)	12(木)	14(金)

衿 옷깃금(실9획)　級 등급급　肯 즐길긍(실8획)　氣 기운기　豈 어찌기　記 기록

13(火)	13(土)	11(木)	11(木)	15(土)	12(木)

기起 일어날기　耆 늙은이기　桔 도라지길　拮 열심히일할길(실9획)　娜 아름다울나　拿 잡

14(土)	14(木)	12(木)	13(土)	10(火)

을나(拏俗字)多 깃발날릴나　納 드릴납　衲 장삼납(실9획)　娘 어머니낭　恬 편안념(실9획)

13(木)	12(木)	11(水)	12(木)	10(金)	10(火)	12(金)

紐 맬뉴(유)　爹 아비다　疸 황달달　唐 당나라당　玳 대모대(실9획)　徒 무리도　倒 넘

14(土)	12(木)	12(木)	11(水)	12(水)	13(木)

어질도 島 섬도　挑 돋을도(실9획)　桃 복숭아도　凍 얼동　洞 고을동(통)(실9획)　桐 오동동

11(水)	13(火)	11(木)	11(水)	12(火)

疼 아플동　炯 뜨거운모양동　芚 나무싹둔(실8획)　洛 물락(낙)(실9획)　烙 지질락

12(水) 涼 서늘할량(양)　12(火) 倆 재주량(양)　13(土) 旅 나그네려(여)　12(火) 烈 매울렬(열)　11(水) 冽 매섭게렬(열)(실9획)

11(金) 玲 옥소리령(영)(실9획)　10(火) 料 헤아릴료(요)　12(水) 流 흐를류(유)(실9획)　14(土) 留 머무를류(유)　12(火) 倫 차

11(木) 례륜(윤)　13(水) 栗 밤률(율)　12(水) 凌 업신여길릉　14(火) 唎 가는소리리　11(金) 离 남방리　12(火) 砬 약돌립　15(土) 馬 말마　娩 해산

13(水) 할만 杗 끝말　9(土) 邙 터망(실6획)　11(土) 埋 묻을매　14(木) 眠 잠잘면　12(木) 冥 어둘명　11(木) 洺 이름명(실9획)　11(木) 袂 소매

메(실9획)　12(木) 耗 빌모　10(木) 茅 나물모(실8획)　12(土) 畝 이랑무(묘)　13(火) 們 무리문　12(木) 紋 무늬문　12(木) 紊 얽힐문

11(水) 蚊 모기문　12(金) 珉 옥돌민(실9획)　10(金) 珀 호박박　14(金) 剝 깎을박　11(土) 畔 물가반　16(木) 般 본받을반　10(木) 芳 꽃다울방(실

13(土) 8획) 旁 곁방　14(木) 紡 자을방　12(水) 肪 기름방(실8획)　14(木) 舫 쌍배방　11(水) 蚌 조개방　12(火) 倣 본받을방　11(火) 倍 갑절배

10(火) 俳 광대배　15(字) 配 짝배　11(木) 栢 잣나무백　10(火) 倂 나란할병　10(金) 竝 아우를병　12(水) 病 병들병　9(水) 洑 보마기보(실9획)

12 12(土) 峯(峰) 봉우리봉　10(火) 俸 봉급봉　8(木) 芙 연꽃부(실8획)　10(金) 釜 가마부　12(金) 剖 쪼갤부　11(火) 俯 업드릴부

14(木) 紛 어지러울분　12(木) 粉 가루분　11(木) 芬 향기분(실8획)　13(水) 肥 살찔비(실8획)　11 11(木) 祕(秘) 숨길비

11(木) 匪 아니비　13(木) 粃 쭉정이비　13(土) 射 쏠사　14(木) 師 스승사　13(木) 紗 깁사　12(土) 娑 춤출사　15(水) 唆 꾀일사　13(木) 祠 사당사

13(水) 朔 초하루삭　11(金) 珊 산호산(실9획)　12(木) 芟 풀벨삼(실8획)　13(木) 桑 뽕나무상　13(木) 索 찾을색　12(木) 書 글서

13(火) 恕 용서할서　12(木) 栖 깃들일서　11(火) 徐 천천히할서　12(木) 席 자리석　11(木) 祏 섬석　15(木) 扇 부채선　13(水) 屑 조촐할설

11(水)　　13(木)　11(金)　　12(土)　13(土)　　13(木)　　11(水)

洩샐설((실9획)　閃피할섬　剡고을이름섬　城제성　娍헌걸찰성　宬도서실성　洗깨끗

　　12(木)　10(木)　　12(金)　　　　13(木)　13(木)　14(水)

할세(실9획)　素흴소　笑웃음소　玿아름다운옥소(실9획)　宵하늘소　梳빗소　孫손자

　12(木)　11(金)　11(水)　10(火)　9(水)　　　12(土)

손　衰쇠할쇠　釗힘쓸쇠　殊다를수　修닦을수　洙물가수(실9획)　狩순행할수(실9획)

15(木)　　14(水)　　12(水)　　　12(火)　　　13(木)　11(水)

純순수할순　殉따라죽을순　洵믿을순(실9획)　恂진실할순(실9획)　栒순나무순　巡순

　　　　11(木)　　　12(火)　12(火)　10(火)　　　12(水)

행할순(실7획)　拾주울습(십)(실9획)　乘탈승　時때시　恃믿을시(실9획)　豺늑대시

15(水)　12(火)　11(木)　　11(木)　　　　11(木)　10(土)

翅날개시　息쉴식　栻점치는판식　拭닦을식(실9획)　神귀신신　迅빠를신(실7획)

13(金)　12(土)　12(木)　9(木)　　　　2(水)　　　　10(木)

訊물을신　娠애밸신　宸집신　芯등심초심(실8획)　十열십(실2획)　芽움아(실8획)

13(土)　13(土)　　16(水)　　12(木)　13(火)　12(木)　　　11(木)

娥예쁠아　峨산높을아　啞벙어리아　案책상안　晏늦을안　按살필안(실9획)　秧모양

11(土)　18(金)　　9(水)　　11(火)　13(水)　13(火)　11(火)

埃티끌애　弱약할약　洋물양(실9획)　恙근심할양　圄옥어　俺클엄　烟연기연

13(木)　14(土)　　14(土)　　10(木)　　　13(火)　10(金)

宴잔치연　娟아름다울연　姸환할연　芮나라이름예(실8획)　倪도울예　珊옥돌예

　　13(火)　　14(土)　15(火)　17(土)　13(土)　16(土)

(실9획)烏가마귀오　娛즐길오　翁늙은이옹　邕화할옹　垸빠를완　窈고요할요

12(土)　12(木)　13(土)　11(火)　9(土)　　　11(火)　12(火)

辱욕될욕　容얼굴용　埇길돋을용　倭뻥돌왜　迂굽을우(실7획)　祐복우　彧빛날욱

12(木) 11(木) 9(木) 12(土) 12(水) 16(火) 12(木)
栯산앵두욱 耘김맬운 芸향풀운(실8획) 原근원원 員관원원 怨원망원 袁성원

10(水) 11(水) 11(木) 11(水) 12(火)
洹흐를원(실9획) 洧물이름유(실9획) 秞벼와기장무성할유 育기를육(실8획) 恩

17(金) 12(火) 11(水) 15(水) 8(木) 11(火)
은혜은 殷은나라은 倚의지할의 益더할익 蚓지렁이인 芢씨인(실8획) 恁생각할임

12(木) 14(火) 12(火) 13(水) 14(金) 11(木) 12(金)
芿풀싹잉(실7획) 茲이자 恣방자할자 疵흠자 酌잔질할작 奘클장 財재물재

11(木) 11(木) 11(水) 12(水) 10(木) 12(木) 11(金) 11(金)
宰재상재 栽심을재 疽등창저 展펼전 栓나무못전 庭뜰정 釘못정 祖할아비조

11(木) 13(火) 12(火) 10(金) 12(水) 13(水) 12(火) 10
租구실조 晁아침조 曹성씨조 祚복조조 蚤벼룩조 凋시들조 倧한배종 座자리좌

9(水) 10(木) 13 12(金) 14(土) 15(土) 10(水) 10(火)
洲물가주(실9획) 株그루주 酎酒술주 埈가파를준 峻높을준 准승인할준 隼매

15(木) 10(水) 13(火) 13(木) 11(木)
새준 純선두를준 症병증세증 烝무리증 拯건질증(실9획) 持가질지(실9획)

13(木) 12(金) 8(木) 13(金) 11(水)
指손가락지(실9획) 祗공경할지 芝지초지(실8획) 砥숫돌지 肢사지지(실8획)

8(木) 14(木) 14(木)11(木) 13(火)11(火) 10(水)
芷백지지(실8획) 紙종이지 眞(真)참진 晉(晋)진나라진 津나루진(실9획)

9(金) 10(木) 12(水) 11(土) 10(水) 10(水) 10(水)
珍보배진(실9획) 秦진나라진 唇놀랄진 畛두렁길진 疹홍역진 秩차례질 疾병질

11(木) 13(火) 11(火) 10(火) 13(水) 11(金) 12(火)
桎속박할질 朕나짐 借빌릴차 差어긋날차 窄좁을착 站우두커니설참 倉곳집창

12(火)	14(金)	12(水)	14(金)	11(火)	13(火)	12(水)
倡 여광대창	砦 웅타리채	凄 쓸쓸할처	剔 바를척	隻 새한마리척	倜 대범할척	哲 어질

13(水)	16(木)	13(土)	13(金)	12(木)	12(金)	11(水)
철哨 망볼초	芻 꼴추	畜 기를축	祝 빌축	衷 가운데충	珫 귀고리옥충(실9획)	臭 냄새취

12(火)	11(土)	11(火)	12(水)	10(金)	12(金)	11(火)
値 값치	致 이룰치	恥 부끄러울치	蚩 어리석을치	針 바늘침	砧 다딤이돌침	倬 클탁

13(金)	13(木)	12(金)	11(木)	11(土)	10(水)	13(金)
託 부탁할탁	耽 즐길탐	討 칠토	套 전례투	特 특별특	派 물갈래파(실9획)	破 깨트릴

	11(木)	12(水)	10(木)	16(金)	13(水)	13(水)	15(水)
파芭 파초파(실8획)	唄 염불소리패	秤 저울평	砲 대포포	哺 먹일포	圃 동산포	疱 부

13(水)	11(火)	12(水)	10(金)		12(火)	11(火)
르틀포豹 표범표	俵 흩어질표	疲 피곤	珌 칼장식옥필(실9획)	夏 여름하	恨 한할한

10(火)	10(火)		11(木)	15(木)		12(水)	12(木)
(실9획)恒(恆) 항상항(실9획)	桁 차꼬항	航 배로물건널항	奚 어찌해	害 해로울해

11(木)	10(火)	11(火)	14(土)	11(金)	13(木)	11(土)
核 씨핵	倖 요행행	軒 추녀헌	峴 고개현	玹 옥돌현(실9)	眩 아찔할현	峽 골짜기협

11(金)	9(木)	12(木)	9(水)	10(火)	11(金)
祜 복호	芦 부들호(실8획)	笏 홀기홀	洪 넓을홍(실9획)	烘 횃불홍	訌 어지러울홍

10(木)	11(木)	10(水)	13(火)	11(火)	13(火)
花 꽃화(실8획)	桓 군셀환	活 살활(실9획)	晃 밝을황	恍 황홀할황(실9획)	晄 밝을

9(火)	10(金)	13(水)	11(火)	11(金)	10(火)
황恢 클회(실9획)	效 본받을효	哮 큰소리낼효	候 기후후	訓 가르칠훈	烋 아름다울휴

10(火)	12(水)	14(金)	10(火)
恤 군심할휼(실9획)	洶 물소리흉(실9획)	訖 이를흘(끝낼글)	恰 흡족할흡(실9획)

10(水)

洽 젖을흡(실9획)

十一劃 <木>

14(火)7　　　11(木)　　　　12(木)　　　　15(木)　　12(木)

假(仮실6획)거짓가 苛 가혹할가(실9획) 茄 가지가(실9획) 袈 가사가 桿 줄기한

15(土)　　13(木)　　12(水)　　　　13(木)　　14(土)　15(土)

간 勘 헤아릴감 紺 보라빛감 胛 어깨쭉지갑(실9획) 康 편안할강 堈 언덕강 崗 매강

15(金)　14(火)　15(火)　　14(土)　14(土)　13(金)　　14(金)　14

乾 하늘건 健 건장헐건 偈 쉴게 堅 굳을견 牽 끌견 訣 이별할결 竟 마침경 頃

(火)　　　16(木)　　13(木)　　12(木)　　16(木)　15(火)　　　12(木)

기우러질경 卿 벼슬경 涇 물경(실10획) 梗 곧을경 絅 홑옷경 焗 빛날경(炯과同) 械 기

13(水)　　10(木)　　　12(金)　10(木)　　12(木)　14(火)

계계 啓 일께울계 苦 괴로울고(실9획) 皐 언덕고 苽 줄고(실9획) 梏 수갑곡 斛 열말들

16(土)　12(木)　13(木)　　10(金)　　　　14(金)14(木)

이곡 崑 매곤 梱 문지장곤 袞 곤룡포곤(袞同) 珙 크고둥근옥공(실10획) 貫 꿸관 梡 토

12(金)　　　13(金)　　　12(金)12(金)　15(土)　　12(木)

막나무관 珖 옥피리광(실10획) 敎(教)가르칠교 皎 힐교 救 구할구 區 구역구 苟 진

15(木)　14(木)　14(水)　9(水)　　　14(土)16(水)　12(木)

실로구(실9획) 寇 도적구 毬 공구 國 나라국(国) (実8획) 堀 굴굴 圈 우리권 眷 돌

14(火)　10(金)　　　12(金)　　　9(土)　　　11(土)　14(木)

볼권 規 법규 珪 모날규(실8획) 硅 유리만드는흙규 近 가까울근(실8획) 基 터기 寄 부

15(水)　　14(土)　　13(土)　　17(水)　11(土)　　12(金)　(실10획)

칠기 飢 주릴기 崎 산길험할기 埼 낭떨어지기 旣 이미기 那 어찌나(실8획) 珞 목걸이낙(락)

12(木) 捏 꼭찔을날(실10획)　14(火金) 訥 말더듬거릴눌　13(水) 匿 거숨길닉　13(水) 蛋 새알단　12(木) 袒 옷벗어맬단(실10획)

12(水) 啖 씹을담　13(水) 聃 귀바퀴없을담　13(木) 堂 집당　15(木) 帶 띠대　13(木) 袋 자루대　14(水) 豚 돼지돈　14(水) 動 움직일동

16(木) 兜 투구두　13(火) 得 얻을득　12(土) 嫌 고을람　12(水) 浪 물결랑(낭)(실10획)　15(水) 朗 밝을랑(낭)　13(土) 狼 이리랑(실

12(土) 10획)崍 산이름래　11(火) 徠 산이름래,올래　14(土) 略 간략할략　13(木) 梁 들보량(양)　13(木) 笭 작은놀령　13(土) 羚 영양

17(火) 령翎 날개령　13(火) 聆 들을령　12(水) 鹵 소금로(노)　15(土) 鹿 사슴록　14(火) 聊 애오라지료　14(木) 累 여러누(루)　14(土) 婁 별이

13(金) 름루琉 유리류(유)(실획)　14(土) 崙 산이름륜(윤)　13(火) 率 거느릴솔(비율률(율)　14(金) 勒 굴래륵　12(木) 梨 배리(이)

11(火) 俐 영리할리(이)(실10획)　11(水) 浬 해리리(실10　12(土) 犁 얼룩소리　12(土) 狸 삵리(貍同字)(실10획)　11(水) 湙 다다

11(木) 를리(이)(실10획)笠 삿갓립(입)　11(木) 粒 낟알립(입)　13(木) 麻 삼마　16(火) 晩 늦을만　14(土) 曼 길만　15(木) 挽 당길만

9(木) (실10획)茉 말리말(실9획)　14(水) 望 바랄망　14(木) 梅 매화매　12(木) 麥 보리맥　14(火) 覓 찾을멱　16(木) 冕 면류관면

13(木) 眸 눈동자모　12(木) 茅 띠모(실9획)　10(木) 苗 싹묘(실9획)　10(木) 茂 성할무(실9획)　16(土) 務 힘쓸무　15(水) 問 물을문

14(木) 梶 나무끝미　14(金) 敏 민첩할민　14(木) 密 빽빽할밀　14(木) 舶 큰배박　10(金) 班 나눌반(실10획)　10(土) 返 도라올반(실

13(木) 8획)絆 얽을반　14(金) 訪 찾을방　9(土) 邦 나라방(실7획)　12(土) 培 북돋을배　13(水) 背 등배(실9획)　11(火) 徘 배회할배

11(水) 胚애밸배(실9획)　13(木) 范성범(실9획)　14(木) 梵중의글범　13(土)15(土) 瓶瓶(실13획)병병　11(金) 珤보배보(寶古

15(金) 字)(실10획)　匐엉금엉금길복　12(火) 烽봉화봉　14(金) 副버금부　12(木) 符병부부　12(木) 浮뜰부(실10획)　16(土) 婦며느리

13(土) 부埠언덕부　12(土) 趺도사리고앉을부　16(土) 崩무너질붕　13(土) 婢계집종비　14(金) 貧가난할빈　11(火) 彬빛날빈　13(木) 斌빛날

10(水) 빈浜물가이름병(濱빈의略)(실10획)　11(土) 邠나라이름빈　12(火) 斜비낄사　15(水) 蛇뱀사　11(土) 邪간

사할사(실7획)　11(火) 徙옮길사　12(火) 赦놓을사　15(木) 梭북사　11(木) 産낳을산　15(金) 殺죽일살　14(火) 參석삼(참여할참)

15(木) 常항상상　11(金) 祥상서로울상　15(水) 商장사상　11(火) 爽상쾌할상　11(木) 笙생황생　12(水) 胥서로서(실9획)　13(金) 敍펼

11(木) 庶뭇서　17(木) 船배선　14(土) 旋돌선　12(金) 珗옥돌선(실10획)　13(水) 雪눈설　15(土) 高높을설　16(金) 設배풀설　11(水) 涉건널

14　14(火) 섭(실10획) 晟(晠)밝을성　14(木) 細가늘세　12(木) 笹가는대세　16(木) 紹이을소　15(水) 巢집소　11(水) 涑행국속(실

13(水) 10획)浪밥손(飡과同)　13(金) 訟송사할송　11(火) 悚두려울송(실10획)　12(木) 袖소매수(실10획)　12(土) 羞부끄

13(木) 러울수宿잘숙　16(水) 孰누구숙　13(金) 珣옥그릇순(실10획)　14(火) 術꾀술　14(土) 崇높을숭　13(土) 崧산웅장할숭

16(水) 習익힐습　14(金) 匙수저시　13(火) 偲굳셀시　13(土) 埴찰흙식　13(火) 晨새벽신　14(木) 紳벼슬아치신　12(火) 悉다실　14(金) 訝의심

16(土) 할아婀아리따울아　15(土) 堊백토악　14(木) 眼눈안　14(木) 庵암자암　15(水) 唵움켜먹을암　12(土) 崖낭떨어지애　15(土) 野들

⑪

13(火) 10(木) 11(水) 13(水) 14(火) 14(水)

야倻 땅이름야 若 같을약(야)(실9획) 痒 가려울양 魚 고기어 御 어거할어 唹 고요히

14(火) 14(火) 13(土) 12(金) 13(水) 14(木)

웃으어偃 쓰러질언 焉 어찌언 域 지경역 研 연마할연 涓 가릴연(실10획) 捐 버릴연

13(水) 14(木) 13(火) 14(火) 11(木)

(실10획) 涎 침연(실10획) 挻 당길연(실10획) 軟 연할연 悅 기쁠열(실10획) 苒 덧없

10(木) 12(土) 14(土) 15(土) 13(木)

을염(실9획) 英 꽃뿌리영(실9획) 迎 맞을영(실8획) 埸 성가퀴예 埶 재주예 梧 오동오

12(火) 14(火) 13(金) 12(水) 14(金) 13(水)

悟 깨달을오(실10획) 晤 만날오 敖 장대할오 浯 강이름오(실10) 訛 그릇될와 浣 씻을

15(土) 18(土) 14(木) 13(木) 11(水)

완(실10획) 婠 맵시예쁠완 婉 아름다울완 梡 도마완(관) 欲 하고자할욕 浴 목욕욕(실10획)

14(木) 13(水) 14(火) 12(金) 15(水) 15(土) 14(木)

庸 떳떳할용 涌 권할용(실10획) 偶 짝우 釪 요령우 雩 기우제우 勖 힘쓸욱 苑 동산원

16(木) 14(火) 12(水) 14(土) 12(水) 12(火) 12(木)

(실9획) 寃 원통원 偉 위대할위 胃 밥통위(실9획) 尉 벼슬위 唯 오직유 悠 멀유 庾 곳집유

13(土) 14(土) 12(金) 12(金) 13(木) 12(土)

婑 아리따울유 堉 기름진땅육 珢 옥돌은(실10획) 訢 공손할은 移 옮길이 異 다를이

10(金) 9(木) 15(水) 15 15(火) 13(木) 12(金)

珥 귀고리이(실10획) 苡 길경이이(실9획) 痍 상처이 翊翌 도울익 寅 동방인 訑 생각

16(木) 15(土) 16(金) 12(金) 14(土) 14(木) 11(木)

할임 紫 자주빛자 瓷 자기자 張 배풀장 章 글장 將 장수장 帳 휘장장 梓 가리나무재

11(木) 15(木) 14(木) 12(木) 13(土) 14(火) 13(火)

苧 모시저(실9획) 紵 모시저 寂 고요적 笛 저적 專 오로지전 悛 고칠전(실10획) 哲

11(水) 12(木) 14(火) 13(火) 12(火) 12(木)

밝을절浙 강이름절(실10획) 粘 끈끈할점 停 머물정 頂 정수리정 偵 정탐할정 桯 걸

12(水) 13(木) 13(木) 13(土) 13(火)
상정 涏곧을정(실10획) 旌기정 挺빼어날정(실10획) 埩밭갈정 彭조촐하게꾸밀정

15(木) 14(木) 14(火) 15(木) 14(木) 14(火) 14(火)
第차례제 祭제사제 悌공손할제(실10획) 梯사다리제 組짤조 鳥새조 彫새길조

15(水) 13(金) 11(木) 12(木) 13(金) 14(木) 13(木) 14(木)
窕안존할조 釣낚시조 條가지조 粗거칠조 曹무리조 眺바라볼조 族겨레족 終마

11(火) 11(木) 13(火) 10(金) 12(火) 14(木)
침종 從따를종 挫꺾을좌(실10획) 晝낮주 珠구슬주(실10획) 做지을주 紬명주주

14(水) 16(火) 15(火) 14(土) 11(木) 12(土)
浚깊을준(실10획) 晙밝을준 焌불땔준 埻관혁준 苗풀싹줄(실9획) 趾발가락지

12(木) 12(木) 11(木) 14(火) 14(水) 13(土)
振떨칠진(실10획) 振평고대진 袗홋옷진(실10획) 昣밝을진 窒막을질 執잡을집

12(木) 15(木) 14(火) 12(金) 14(木) 14(土)
捉잡을착(실10획) 紮감을찰 參참여할참 斬벨참 唱부를창 娼몸파는여자창

15(水) 11(火) 11(土) 12(木) 12(金) 12(金) 12(土)
窓창창 彩빛날채 埰식읍채 寀동관(同官)채 釵비녀채 責꾸짖을책(빛채) 媇여자

17(土) 13(金) 8(土) 11(金) 12(土) 14(水)
이름체 處곳처 戚겨레척 阡언덕천(실6획) 釧팔찌천 㓠달첨 涕눈물체(실10획)

13(木) 12(木) 12(金) 12(土) 14(火)
梢나무끝초 苕능소화초(실10획) 鈔좋은쇠초 邨마을촌(村과同)(실7획) 悤바쁠총

12(土) 13(土) 13(火) 13(木) 14(木) 12(水) 13(水)
崔높을최 娶장가들취 側곁측 厠뒷간측 梔치자나무치 痔치질치 浸잠길침(실10

12(水) 16(木) 13(水) 13(金) 13(水) 13(木) 11(木)
획)唾침타 舵키타 啄쪼을탁 貪탐할탐 胎아이밸태(실9획) 笞볼기칠태 苔이끼태

14(木) 11(土) 15(火) 14(土) 13(金) 14(木) 12(金)
(실9획)桶통통 堆쌓을퇴 偸훔칠투 婆할미파 販팔판 捌깨트릴팔(실10획) 敗패

⑪

11(水) 13(水) 12(土) 14(火)

浿할패물이름패(실10획) 悖어그러질패(실10획) 狽이리패(실10획) 烹삶을팽

14(火) 15(木) 13(水) 16(水) 12(水) 13(木)

偏치우칠편 閉닫을폐 肺허파폐(실9획) 胞패보포(실9획) 浦물가포(실10획) 捕잡

14(木) 16(木) 19(木) 13(火) 15(火) 13(木)

을포(실10획) 苞그령포(실9획) 袍핫옷포(실10획) 匏박포 票표표 彪범표 被덮을

12(土) 10(木) 11(火) 15(水) 13(金)

피(실10획) 畢다할필 芯향기필(실9획) 悍사나울한(실10획) 啣명함함(銜俗字) 盒합

13(金) 13(水) 15(火) 13(金) 12(金)

합 該그해 海바다해(실10획) 偕함께해 珦옥이름향(실10획) 許허락할허

12(火) 15(木) 13(金) 15(火) 15(木) 14(火) 10(水)

烆붉을혁 絃악기줄현 現나타날현(실10획) 晛햇발현 舷뱃전현 衒팔현 浹사무

11(木) 11(土) 9(土) 11(金)

칠협(실10획) 挾낄협(실10획) 狹좁을협(실10) 邢나라이름형(실7획) 珩.노리개형

12(火) 15(火) 11(水) 13(火) 16(木) 15(木) 12(水)

(실10획) 彗비혜 毫터럭호 浩물호(실10획) 晧밝을호 扈넓을호 瓠표주박호 滸물

15(土) 14(金) 15(火) 14(火) 14(木) 13(火)

가호(실10획) 婚혼인혼 貨재물화 晥깨끗할환 患근심환 凰봉황새황 悔뉘우칠회(실10획)

15(火) 14(木) 14(金) 13(火) 12(土) 13(水)

晦그믐회 梟올빼미효 珝옥이름후(실10획) 焄불김오를훈 畦밭두둑휴 痕흉터흔

14(火) 13(火)

晞바를희 烯불빛희

十二劃 〈木〉

13(火) 15(金) 16(土) 13(土) 15(火) 19(金)

街 거리가　訶 꾸짖을가　跏 책상다리할가　迦 막을가(실9획)　軻 수레가　殼 껍질각

16(木) 13(木) 17(水) 12(金) 14(土) 14(土) 10(土)

間 사이간　稈 짚간　喝 더위먹을갈　敢 구태어감　堪 견딜감　嵌 산깊을감　邯 땅이

18 17(金) 16(木) 15(木) 17(木) 16(水) 14(土)

름감(실8획)　强(強) 굳셀강　絳 붉을강　開 열개　凱 개선할개　喀 토할객　距

14(木) 13(金) 14(木) 11(土) 15(木)

떨어질거　据 일할거(실11획)　鈐 비녀장검　傑 뛰어날걸　迲 갈겁(실9획)　結 맺을결

15(火) 14(金) 15(水) 13(土) 13(火) 13(木) 15(木)

景 빛경　硬 굳을경　痙 심줄땅길경　堺 경계계　悸 두근거릴계(실11획)　棨 창계　袴 바

13(金) 13(火) 16(木) 14(木) 14(金) 15(木)

지고(실11획)　辜 허물고　雇 품살고　棍 몽둥이곤　控 당길공(실11획)　款 정성관　棺 널관

14(水) 13(木) 12(木) 16(火) 16(水) 14(木) 13(水)

胱 오줌통광(실10획)　筐 광주리광　掛 걸괘(실11획)　傀 클괴　喬 높을교　絞 목맬교　蛟

12(金) 10(土) 16(水) 15(木) 16(木)

교룡교　球 구슬구(실11획)　邱 언덕구(실8획)　窘 군색할군　掘 팔굴(실11획)　捲 거둘권

15(水) 14(土) 14(金) 15(火) 14(金) 16(金)

(실11획)　港 물돌아흐를권(실11획)　厥 그궐　貴 귀할귀　晷 그림자귀　鈞 근균　棘 멧대추

14(金) 15(土) 13(火) 16(木) 15(木) 14(水) 17(火)

나무극　戟 갈래진창극　勤 부지런할근　僅 겨우근　筋 힘줄근　給 줄급　期 기약기　幾 거의

11(水) 12(木) 13(木) 10(木) 14(火) 13(金)

기淇 물이름기(실11획)　棋 바둑기　棄 버릴기　祁 성할기(실8획)　碁 돌기　欺 속일기

15(水) 15(木) 14(水) 13(木) 15(火)

喫 마실끽　挈 붙잡을나　胗 성길나(실10획)　捺 누를날(실11획)　惱 괴로와할뇌(실

附錄 669

13(金) 鈕 인꼭지뉴(유) 14(木) 捻 비틀념(실11획) 17(水) 能 능할능(실10획) 10(木) 茶 차풀다(차)(실10획)

13(金) 短 짧을단 15(水) 單 홑단 11(水) 淡 맑을담(실11획) 14(金) 覃 미칠담 13(木) 答 대답답 14(木) 棠 팥배나무당 14(金) 貸 빌릴대

15(火) 悳 큰덕 14(金) 盜 도적도 13(土) 堵 담도 14(水) 屠 잡을도 12(火) 悼 슬퍼할도(실11획) 13(木) 掉 흔들도(실11획) 13(木) 棹 노도

14(水) 淘 일도(실11획) 14(火) 惇 도타울돈(실11획) 15(金) 敦 도타울돈 15(火) 焞 귀갑지지는불돈 13(金) 童 아이동 13(木) 棟 마

15(水) 롯대동 胴 큰창자동(실10획) 13(水) 痘 천연두두 9(土) 卧 치솟을두 15(金) 鈍 둔할둔 14(火) 登 오를등 13(木) 等 무리등

16(木) 喇 나팔라(나) 16(土) 絡 헌솜락(낙) 13(金) 嵐 람기람(남) 14(木) 琅 옥이름랑(실11획) 14(火) 掠 노략질할략(실11

15(木) 획) 量 헤아릴량 15(水) 裂 찢을렬 15(火) 勞 수고할로 12(水) 淚 눈물루(실11획) 16(金) 硫 유황류(유) 13(水) 淪 물놀이

륜(윤)(실11획) 13(金) 理 다스릴리(이)(실11획) 11(水) 痢 설사리(이) 11(木) 淋 물뿌릴림(임)(실11획)

13(土) 茫 넓을망(실10획) 14(金) 媒 중매매 14(木) 買 살매 13(水) 寐 잠잘매 15(土) 脈 맥맥(실10획) 15(木) 猛 사나울맹(실11획)

15(木) 棉 목화면 12(木) 楡 홈통명 16(木) 茗 차싹명(실10획) 14(木) 帽 모자모 12(火) 睦 화목할목 16(金) 無 없을무 13(金) 貿 무역할무

13(水) 珷 무부무(실11획) 13(土) 雯 구름무늬문 13(土) 媄 빛고울미 15(土) 嵋 깊은산미 15(土) 媚 아첨할미 15(木) 嵋 산이름미

16(火) 閔 민망할민 15(水) 悶 번민할민 13(水) 蜜 꿀밀 14(土) 博 넓을박 12(木) 迫 닥칠박(실9획) 21(火) 斑 얼룩반 13(土) 發 필

15(火) 跋 밟을발 11(土) 傍 곁방 15(木) 防 막을방(실7획) 12(木) 幇 도울방(幫과同) 13(火) 排 물리칠배(실11획) 13(土) 焙 불

13(木) 13(木) 15(土) 13(火) 13(土) 14(火) 10(木)

에쩔배 番차례번 筬떼벌 棅자루병 報갚을보 普넓을보 堡작은성보 復회복할복

10(木) 12(木) 12(木) 14(火) 15(木) 12(火)

(부) 茯복령복(실10획) 捧받들봉(실11획) 棒몽둥이봉 傅스승부 富부자부 焚불살

13(金) 15(水) 16(木) 14(火) 13(火) 17(金) 12(木)

을분 賁꾸밀분 雰안개분 棚시렁붕 備가출비 悲슬플비 費소비할비 斐오락가락할

12(木) 13(木) 12(金) 6(木) 16(金) 13(金) 13(木)

비 棐도지게비 斌빛날빈 斯이사 絲실사 詞말씀사 詐속일사 捨놀사(실11획)

13(木) 14(金) 12(火) 12(木) 14(金) 15(水) 15(水)

奢사치사 散흩을산 傘우산산 森나무빽빽할삼 釤창삽 象코끼리상 喪복입을상

16(火) 13(木) 15(木) 14(木) 14(木) 16(火)

翔날상 廂행랑상 甥생질생 捿깃드릴서(栖와同)(실11획) 棲살서 舒펼서

15(土) 16(土) 16(木) 13(土) 13(木) 11(水)

壻(婿)사위서 絮솜서(실9획) 犀물소서 黍기장서 淛일석(실11획) 晳밝을석

12(火) 13(水) 12(金) 15(火) 13(火金)

惜아낄석(실11획) 善착할선 琁아름다운옥선(실11획) 盛성할성 珹옥이름성(실11

13(金) 15(木) 14(金) 13(金) 16(木) 14(土)

획) 晠재물성 稅세금세 貰세낼세 訴하소연할소 掃쓸소(실11획) 疎성길소

13(水) 13(土) 13(水) 16(土) 13(木) 18(木)

消녹을소(실11획) 邵높을소(실8획) 甦소생할소(鯠俗字) 疏성길소 粟조속 巽패이

12(水) 13(火) 10(木) 13(水) 13(火)

름손 淞강이름송(실11획) 須모름지기수 授줄수(실11획) 琇옥돌수(실11획) 茱수유수

13(火) 15(木) 15(木) 13(木) 14(水) 15(火)

(실10획) 淑맑을숙(실11획) 順순할순 循돌순 筍죽순순 舜순임금순 荀사람이름

12(土) 16(土) 15(火) 14(木) 15(金) 14(土)

순(실10획) 淳순박할순(실11획) 焞밝을순 述지을술(실9획) 勝이길승 視볼시 猜시

15(土)　13(金)　14(木)　15(水)　14(木)　13(水)

媤 시집시(실11획) 弑 죽일시 植 심을식 殖 번식할식 寔 이식할식 深 깊을심(실11

15(金)　12(土)　14(火)　17(火)　16(木)　11(水)

획) 尋 찾을심 阿 언덕아(실8획) 雅 맑을아 惡 사나울악,미워할(오) 幄 휘장악 涯 물가

12(水)　13(木)　15(火)　15(土)　15(木)

애(실11획) 液 즙액(실11획) 掖 낄액(실11획) 馭 말부릴어 堰 방죽언 掩 가릴엄(실11

14(水)　12(木)　16(火)　16(金)　13(火)　14(水)

획) 淹 담글엄(실11획) 茹 먹을여(실10획) 暘 날흐릴역 硯 벼루연 然 그럴연 淵 못연

14(土)　15(火)　16(金)　15(土)　13(水)

(실11획) 堧 빈터연 焰 불당길염(燄과同字) 詠 읊을영 猊 사자예(실11획) 蛙 개구리와

14(金)　18(木)　11(土)　14(土)　10(木)

琓 옥이름완(실11획) 椀 주발완 阮 관이름완(실7획) 堯 요임금요 茸 무성할용(실10획)

14(火)　16(木)　15(土)　14(水)　13(火)　14(土)　14(火)

傛 익숙한모양용 寓 붙여살우 堣 모퉁이우 雲 구름운 雄 수컷웅 媛 예쁠원 越 넘을월

16(水)　16(金)　11(火)　17(水)　13(木)　15(火)　15(金)

圍 둘레위 爲 위할위 惟 오직유(실11획) 喩 비유할유 釉 광택유 閏 윤달윤 鈗 병기윤

12(土)　15(木)　11(水)　14(木)　14(金)　14(木)

阭 높을윤(실7획) 絨 융융 淫 음난음(실11획) 椅 의나무의 貳 두이 羡 벨이(실10획)

15(金)　15(木)　11(木)　15(金)　14(木)　10(木)

貽 줄이 絪 기운인 茵 자리인(실10획) 靭 질길인(靷과同字) 壹 하나일 荏 들깨임(실

15(金)　11(木)　13(火)　15(水)　19(水)　14(木)

10획) 剩 남을잉 茨 가시나무자(실10획) 雀 참새작 殘 해칠잔 孱 잔악할잔 棧 잔도잔

15(土)　15(木)　12(木)　14(木)　15(金)　12(土)　14(金)

場 마당장 掌 손바닥장 粧 단장할장 裁 판결할재 貯 쌓을저 邸 집저(실8획) 詛 주저

11(土)　15(木)　10(木)　12(木)　18(木)

할저 迪 나아갈적(실9획) 奠 제사지낼전 荃 겨자무침전(실10획) 筌 통발전 絶 끊을절

13(木) 　　13(木) 13(水) 　　　12(水) 　　　13(火)
接 뗄뗄접(실11획) 程 길정 淨 깨끗할정(실11획) 淀 물소리정(실11획) 情 뜻정(실11획)

15(火) 15(木) 　　13(金) 　　　14(火) 　　16(土) 12(金)
晶 수정정 幀 그림족자정 斑 옥돌정(실11획) 晸 해뜰정 婷 예쁠정 珵 패옥정(실11획)

13(土) 16(水) 15(水) 　　13(木) 　　　16(金) 16(木) 16(木) 12(土)
堤 방죽제 啼 울제 朝 아침조 措 들조(실11획) 詔 고할조 棗 대추조 尊 높을존 猝 갑

　　　14(木) 　　　13(水) 　　　　13(火) 　　　　13(金)
자기졸(실11획) 椶 종려나무종 淙 물소리종(실11획) 悰 즐거울종(실11획) 註 주낼주

13(水) 20(木) 　　16(土) 17(火) 13(水) 15(火) 14(火) 15(水)
蛛 거미주 粥 죽죽성죽 竣 마칠준 畯 농부준 衆 무리중 曾 일찍증 智 지혜지 脂 기름

　　　13(金) 　　13(火) 　　　14(水) 　　13(土) 10(土)
지(실10획) 診 볼진(진단) 軫 수레뒤턱나무진 蛭 거머리질 跌 넘어질질 迭 갈마들질

　　12(火) 　　　14(金) 13(土) 15(金) 15(金)
(실9획) 集 모일집,모을집(실10획) 硨 조개이름차 着 붙을착 創 비롯할창 做 들어날창

14(土) 　　　12(木) 　　13(木) 13(火) 　　　12(水)
猖 미쳐날뛸창(실11획) 採 캘채(실11획) 策 채찍책 悽 슬퍼할처(실11획) 脊 등성마루

13(水) 　　　16(水) 　　14(水) 12(水) 　　13(木)
척(실10획) 淺 얕을천(실11획) 喘 헐떡거릴천 喆 밝을철 添 더할첨(실11획) 捷 빠를첩

13(土) 14(金) 13(水)13(水) 　　15(火)15(火) 13(火)
(실11획) 堞 성가퀴첩 貼 붙을첩 淸(清) 맑을청(실11획) 晴(晴) 갤청 替 바꿀체

12(木) 13(木) 　　　15(火) 11(木) 　　12(火) 14(木)
楪 참나무채 茜 꼭두서니천(실10획) 超 뛸초 草 풀초(실10획) 焦 마를초 椒 산초나무

15(金) 14(木) 　　16(水) 14(金) 16(火) 　　14(水) 12(木)
硝 초삭초 稍 벼줄기끝초 貂 담비초 酢 초초 蜀 나라이름촉 最 가장최 推 밀추(실

12(木) 14(火) 15(木) 11(火) 　　　16(土) 17(水)
11획) 椎 뭉치추 軸 굴대축 筑 악기이름축 悴 파리할췌(실11획) 就 나아갈취 脆 무를

＠

⑫

| 15(水) | 13(水) | 14(火) | 14(木) | 12(土) |

취(실10획)淄 검은빛치(실11획)痴 어리석을치 晫 밝을탁 探 더듬을탐(실11획)邰 나

| 15(土) | 17(木) | 15(水) | 15(木) | 15(土) | 10(土) |

라이름태(실8획)跆 밟을태 統 거느릴통 痛 아플통 筒 대통통 跛 절뚝팔이파 阪 산비

| 13(金) | 14(木) | 13(火) | 13(金) | 13(金) | 16(木) |

탈판(실7획)鈑 금박판 牌 패패 彭 나라이름팽 貶 떨어뜨릴폄 評 평론할평 幅 폭폭

| 14(火) | 13(木) | 21(金) | 16(金) | 13(水) | 15(水) | 17(土) | 15(金) |

馮 성풍 筆 붓필 弼 도울필 賀 하례할하 寒 찰한 閑 한가할한 閒 한가할한 割 나눌할

| 15(水) | 15(水) | 14(水) | 13(火) | 11(木) | 15(木) | 12(火) |

涵 젖을함(실11획)喊 소리함 蛤 대합조개합 項 목항 荇 마름행(실10획)虛 빌허 焱 불

| 17(木) | 16(火) | 18(水) | 18(水) | 11(木) |

꽃혁絢 무늬현 睍 불거진눈현 脅 갈비협(실10획)脇 脅과同(실10획)荊 모형나무형(실10획)

| 14(火)12(火) | 12(水) | 17(木) | 14(金) | 15(火) | 15(水) |

惠(恵)(10획)은혜혜 淏 맑을호(실11획)壺 병호 皓 빛날호 惑 미혹할혹 混 섞을혼

| 14(火) | 16(水) | 13(土) | 13(木) | 14(土) |

(실11획)惚 황홀할홀(실11획)喚 부를환 黃 누루황 荒 거칠황(실10획)媓 여자이름황

| 13(土) | 13(火) | 11(水) | 12(木) | 15(水) | 13(水) |

堭 대궐황 徨 노닐황 淮 강이름회(실11획)茴 회향풀회(실10획)蛔 거위회 淆 뒤섞일

| 14(水) | 15(木) | 14(水) | 15(水) | 16(水) | 17 17(金) |

효(실11획)喉 목구멍후 帿 과녁후 嗅 맡을후 喧 의젖할훤 喙 부리훼 毁毁 해담(험

| 17(火) | 15(水) | 13(木) | 13(金) | 17(火) | 14(水) |

담)할훼 彙 무리휘 胸 가슴흉(실10획)黑 검을흑 欽 공경할흠 翕 합할흡 喜 기쁠희

| 14(木) |

稀 드물희

十三劃 ＜火＞

17(火) 暇 겨를가　16(土) 嫁 시집갈가　15(金) 賈 장사고　16(水) 脚 다리각(실11획)　14(木) 幹 줄기간　14(木) 揀 가릴간(실12획)

16(水) 渴 목마를갈(실12획)　14(水) 減 덜감(실12획)　16(火) 感 느낄감　16(金) 戡 칠감　14(金) 鉀 갑옷갑　17(木) 閘 물문갑　15(土) 畺 지

16(土) 경강 跭 우뚝설강　15(土) 塂 높고건조할개　14(木) 粳 매벼갱(秔과同)　13(水) 渠 돌거(실12획)　14(金) 鉅 클거　16(木) 楗 문

15(火) 지방건 愆 허물건　17(木) 揭 높이들게(실12획)　18(木) 絹 명주견　13(金) 鉗 칼겸　16(火) 傾 기울어질경　14(木) 莖 줄기경

16(水) (실11획) 敬 공경할경　16(水) 脛 정강이경(실11획)　18(木) 經 글경　15(金) 鼓 북고　15(水) 痼 고질고　16(金) 琨 옥돌곤(실

17(金) 12획) 誇 자랑할과　17(土) 跨 타넘을과　12(土) 适 빠를괄(실10획)　14(木) 罫 줄괘　17(土) 塊 덩어리괴　11(土) 郊 들교(실9

14(火) 획) 較 비교할교　19(火) 鳩 비들기구　16(木) 絿 급박할구　17(土) 舅 시아비구　16(金) 鉤 갈고랑이구　15(土) 群 무리군

15(木) 裙 치마군(실12획)　18(水) 窟 굴굴　19(金) 詭 속일궤　14(木) 揆 헤아릴규(실12획)　15(木) 筠 대나무균　17(木) 極 다할극

14(木) 禁 금할금　16(火) 禽 새금　14(金) 琴 거문고금(실12획)　12 14(金) 琪琦 옥이름기(실12획)　13(木) 祺 복기　17(水) 嗜 즐길기

16(土) 畸 뙈기밭기　14(金) 碁 바둑기　13(木) 棋 일주년기　14 15(火) 煖暖 따뜻할난　17(金) 酪 진한유즙낙(락)　20(木) 亂 어지러울

15(木) 난(란) 楠 녹나무남　14(水) 湳 물이름남(실12획)　17(火) 寧 편안녕　16(木) 祿 복녹(록)　17(金) 碌 돌모양록(녹)　15(土) 農 농

15(火水) 사농 湍 여울단(실12획)　16(土) 亶 믿을단　14(水) 湛 즐길담(실12획)　13(水) 痰 가래담　15(土) 塘 못당　16(土) 當 마땅당

13(水) 渡 건널도(실12획)　16(土) 跳 뛸도　13(土) 逃 도망할도(실10획)　14(土) 塗 바를도　16(木) 督 감독할독　17(火) 頓 조아릴돈

12(木) 荳 콩두(실11획)　17(木) 廊 복도랑(낭)　15(木) 粮 양식량(양)　15(木) 粱 기장량(양)　14(火) 煉 불릴련(연)　14(木) 廉 살필렴

(염) 16(水) 零 떨어질령(영)　15(金) 鈴 방울령(영)　16(土) 路 길로　18(木) 虜 포로로　16(火) 輅 수레로　16(金) 賂 뇌물줄뢰　15(水) 雷 우

뢰뢰(뇌) 18(土) 旒 깃발류(유)　16(木) 稜 모름릉　16(木) 楞 모릉　15(木) 裏(裡) 속리　14(木) 莉 말리리(이)(실11획)　12(木) 琳 옥

이름림(임)(실12획)　15(水) 痳 저릴마　12(木) 莫 아닐막(실12획)　11(木) 莽 우거질망(실11획)　13(火) 煤 그을음매

12(土) 陌 두렁맥(실9획)　15(水) 貃 북방종족맥　17(土) 盟 맹세맹　17(金) 酩 술취할명　16(土) 募 모을모　14(木) 描 그릴묘(실12

14((옥편14획)水) 渺 아득할묘(실12획)　14(土) 猫 고양이묘(실12획)　16(木) 楙 무성할무　16(火) 微 작을미　11(土) 迷 미혹할미(실

10획) 渼 물결무늬미(실12획)　15(木) 楣 문미미　14(水) 湄 물가미(실12획)　17(土) 嬄 착하고 아름다울미

17(火) 愍 근심할민　17(火) 磻 굳셀민　14(金) 鉑 금박박　19(水) 雹 누리박　15(水) 飯 밥반　16(火) 頒 반포할반　13(金) 鉢 바리발

17(水) 渤 바다이름발(실12획)　12(水) 湃 물결칠배(실12획)　14(火) 煩 번거로울번　13(金) 琺 법랑법(실12획)

15(木) 馚 갑자기향기날별　15(木) 補 도울보(실12획)　13(水) 湺 보보(실12획)　15(水) 蜂 벌봉　12(金) 琫 칼장식옥봉(실

11(土) 附 붙을부(실8획)　17(木) 艀 작은배부　13(木) 荴 풀이름부(실11획)　19(火) 鳬 오리부　18(金) 硼 봉산붕　15(金) 碑 비

15(金) 琵 비파비(실12획)　14(水) 痺 암메추라기비　17(火) 聘 맞을빙　19(水) 嗣 이을사　13(水) 渣 찌끼사(실12획)　15(火) 肆

12(木) 15(木) 15(火) 14(木) 12(木)

莎 방자할사 향부자사(실11획) 裟 가사사 煞 죽일살 揷(실12획) (揷) 꽂을삽(실11획)

15(火) 14(金) 16(火) 13(水) 15(水) 14(土) 15(火)

想 생각상 詳 자상할상 傷 상할상 湘 물이름상(실12획) 嗇 인색할색 塞 변방새(색) 暑

15(火) 13(木) 17(木) 14(金) 14(水) 14(土)

더울서 惰 지혜서(실12획) 筮 점대서 鼠 쥐서 鉐 놋석 渲 바림선(실12획) 羨 부러워할

14(火) 18(火) 16(金) 16(土) 15(木) 13(水)

선 愃 쾌할선(실12획) 僊 신선선 詵 많을선 跣 맨발선 楔 문설주설 渫 칠설(실12획)

14(火) 14(火) 13(火) 14(土) 15(木) 15(土) 18(金)

聖 聖 성인성 惺 깨달을성(실12획) 猩 성성이성(실12획) 筬 바디성 歲 해세 勢 기세세

16(土) 11(土) 15(火) 14(金) 13(水) 14(火)

塑 토우소 送 보낼송(실10획) 頌 칭송할송 碎 부술쇄 (脩) 포수(실11획) 愁 수심수

14(木) 16(土) 16(金) 16(木) 15(金) 16(火) 14(金)

睡 잠잘수 嫂 형수수 竪 세울수 綏 편안할수 酬 갚을수 肅 엄숙할숙 琡 옥이름숙(실

14(水) 14(木) 17(金) 15(火) 15(金) 18(土)

12획) 脣 입술순(실11획) 楯 난간순 詢 물을순 馴 길들일순 鉥 돗바늘술 嵩 높을숭

15(土) 15(金) 15(金) 13(水) 15(火) 13(金)

塍 밭두둑승 詩 글시 試 시험할시 湜 물맑을식(실12획) 軾 수레난간식 新 새로울신

11(木) 15(水) 16(火) 13(木) 16(水) 17(火)

莘 세신신(실11획) 蜃 조개신 衙 마을아 莪 지칭개아(실11획) 蛾 나비아 愕 놀랄악

15(木) 14(水) 15(火) 16(火) 16(金) 11(火)

(실12획) 握 쥘악(실12획) 渥 두터울악(실12획) 暗 어둘암 愛 사랑애 碍 거리낄애 耶

15(火) 15(木) 15(木) 15(木) 16(木)

어조사야(실8획) 惹 이끌야 揶 희롱지거리할야(실12획) 椰 야자나무야 爺 아비야 楊

16(木) 16(金) 17(火) 16(火) 15(水) 13(木) 16(土)

버들양 揚 오를양(실12획) 敭 들칠양 暘 해돋이양 煬 쬘양 痒 병어 業 업업 與 더불여

⑬

16(木) 12(土) 17(金) 15(火) 16(木) 16(木) 12(金)
艅배이름여 逆거스릴역(실10획) 鉛납연 煙연기연 筵자리연 椽서까래연 琰비취

15(火) 13(水) 19(木) 14(土) 17(火) 18(木)
옥염(실12획) 暎비칠영 渶물맑을영(실12획) 楹기둥영 塋무덤영 預미리예 裔후손

17(金) 17(水) 16(土) 15(火) 14(木) 14(金) 16(水)
예詣이를예 嗚탄식할오 塢둑오 傲거만할오 奧깊을오 珸옥돌오(실12획) 箟버들

17(水) 14(火) 13(金) 16(土) 15(火) 14(金) 16(水)
고리오 蜈지네오 項삼갈옥 鈺보배옥 媼할미온 雍화할옹 矮키작을왜 渦소용돌이

14(木) 18(金) 20(金) 16(水)
와(실12획) 莞빙그레웃을완(실11획) 琬홀완(실12획) 碗주발완(盌의俗字) 脘밥통완

16(火) 18(土) 15(土) 16(水) 16(火)
(실11획) 頑완고할완 嵬높을외 猥함부로외(실12획) 湧솟을용(실12획) 傭품팔이용

18(木) 17(火) 14(火) 13(土) 16(火) 16(水) 14
虞헤아릴우 愚어리석을우 煜빛날욱 郁문채날욱(실9획) 暈무리운 圓둥글원 援

(木) 15(水) 16(土) 13(水) 15(金) 15(水)
도울원(실12획) 園동산원 嫄계집이름원 湲물흐를원(실12획) 鉞도끼월 渭물이름위

14(木) 18(火) 16(土) 16(火)
(실12획) 裕넉넉할유(실12획) 愈더욱유 猶오히려유(실12획) 愉즐거울유(실12획)

17(木) 17(火木) 16(木) 16(土) 16(水) 12(金)
楡느티나무유 揄끌유(실12획) 楢졸참나무유 猷꾀할유 游헤엄칠유(실12획) 珛옥

15(水) 14(木) 15(土) 15(火) 16(火) 19(土)
같은돌유(실12획) 飮마실음 揖읍읍(실12획) 義옳을의 意뜻의 肄익힐이 嫛기쁠이

14(水) 18(金) 14(金) 15(木) 15(金) 16(火) 14(火)
湮잠길인(실12획) 靷가슴걸이인 賃품팔이임 稔풍년들임 資재물자 雌암자 煮삶

16(金) 15(木) 12(木) 6(木) 15(火) 14(水)
을자 盞잔잔 裝꾸밀장 莊장중할장(실11획) (庄)장중할장(실6획) 載실을재 渽맑을재

14(木)　13(水)　14(土)　14(木)　14(火)
(실12획)楮닥나무저　渚물가저(실12획)　猪돼지저(실12획)　箸젖가락저　雎물수리저

15(土)　15(金)　16(土)　12(木)　12(土)　17(水)
跡자취적　賊도적적　勣공적적　荻물억새적(실11획)　迹자취적(실10획)　電번개전

15(火)　14(金)　13(金)　17(土)　16(火)　14(金)　18(金)
傳전할전　詮선명할전　琠옥이름전(실12획)　塡메울전　煎달일전　鈿비녀전　殿큰집

18(金)　13(水)　14(木)　16(火)　13(金)　15(木)　15(水)
전剪자를전　湞물이름정(실12획)　楨쥐똥나무정　鼎솥정　鉦정정　靖편안할정　淳물

16(木)　15(金)　17(木)　17(木)　14(木)　17(火)
필정(실12획)　晴눈동자정　碇닻정　艇거룻배정　綎띠솔정　提들제(실12획)　照비칠조

11(土)　16(木)　14(金)　17(木)　12(水)
阻험할조(실8획)　稠빽빽할조　琮서옥이름종(실12획)　椶종려나무종　湊물모일주

14(金)　13(金)　17(火)　16(火)　14(木)　13(金)　15(木)
(실12획)　誅벨주　鉒쇳덜주　綢밝을주　雋영특할준　楫노즙(집)　鉁보배진　稙일찍심

18(水)　14(土)　15(火)　14(水)　14(土)　15(木)
은벼직　嗔성낼진　嫉시기할질　斟술따를짐　嗟탄식할차　嵯우뚝솟을차　粲흰쌀찬

14(火)　12(金)　15(火)　16(金)　15(木)　15(木)　14(木)
債빚채　琗주옥빛채(실12획)　僉다첨　詹이름첨　牒글씨판첩　睫속눈썹첩　楚초나라

18(金)　15(土)　14(火)　13(土)　13(木)　12(水)
초剿노곤할초　塚무덤총　催재촉최　追쫓을추(실10획)　楸개오동나무추　湫다할추

14(木)　14(水)　14(火)　16(木)　13(木)
(실12획)　椿참죽나무춘　測잴측(실12획)　惻슬퍼할측(실12획)　置둘치　稚어릴치

13(火)　19(火)　16(水)　16(水)　14(金)　14(火)
雉꿩치　馳달릴치　嗤웃을치　飭신칙할칙　琛보배침(실12획)　惰게으를타(실12획)

15(木)　13(土)　15(火)　13(金)　13(金)
楕길쭉할타　陀비탈질타(실8획)　馱실을타(태)　琢쫄탁(실12획)　琸사람이름탁(실12

| 17(水) | 14(土) | 15(水) | 13(土) | 15(金) |

획)脫벗을탈(실11획)塔탑탑湯넘어질탕(실12획)退물러날퇴(실10획)琶비파파

| 14(木) 14(火) | 15(水) | 16(金) | 15(木) 15(木) |

(실12획)稗피패愎괴팍할팍(실12획)脯포포(실11획)剽빼를표稟줄품豊풍성할

| 16(木) | 12(土) | 14(金) | 13(木) | 15(木)14(木) |

풍楓단풍나무풍陂비탈피(실8획)鉍창자루필荷연하(실11획)廈(厦)처마하

| 18(水) | 15(水) | 15(金) 18(木) | 17(木) | 18(火) 15(金) |

(실12획)嗃엄할학港항구항(실12획)該그해解풀해楷나무이름해歇쉴헐鉉솥

| 15(土) | 11(木) | 14(土) | 15(水) | 22(木) |

귀현嫌싫어할혐莢풀열매협逈멀형(실10획)湖호수호(실12획)號부루짖

| 16(金) | 14(水) | 16(土)14(土) | 15(金) 16(金) |

을호琥호박호(실12획)渾흐릴혼(실12획)畵(畫(실12획))그림화話말할화靴신

| 16(木) | 15(水) | 16(火) 14(火) | 13(火) |

화換바꿀환(실12획)渙흩어질환(실12획)煥빛날환煌빛날황惶두려워할황(실12획)

| 13(水) | 18(木) | 15(木) 16(金) 12(土) | 17(火) |

湟해자황(실12획)幌휘장황會모일회賄뇌물회逅만날후(실10획)煦따스하게

| 15(土) | 16(火) 16(火) | 15(火) | 18(金) 15(木) |

할후塤질나팔훈暈무리훈暄따뜻할훤煊따뜻할훤毁헐훼揮휘두를휘(실12획)

| 16(火) 15(火) 15(火) 19(火) | 15(金) |

暉빛휘輝빛날휘歆받을흠熙빛날희詰물을힐

十四劃 ＜火＞

| 18(水) | 19(金) | 19(木) 19(金) 18(金) | 17(金) 19(木) | 13(土) |

嘉아름다울가歌노래가閣집각碣비갈竭다할갈監볼감綱벼리강降내릴강

16(혹17획)水　　17(土)　　16(木)　15(火)　　　　15(火)
(항)(실9획)腔 빈속강(실12획)嫝 편안할강 箇 낱개 愷 즐거울개(실13획)慨 성낼개

17(火)　　18(土)　　14(火)　　　　　15(木)　　17(土)
(실13획)覡 박수격 甄 질그릇견 慊 찐덥지않을겸(실13획)箝 재갈먹일겸 境 지경경

15(土)　　　　18(火)　　15(水)　　16(金)　　19(金)　　19(火)
逕 소로경(실11획)輕 가벼울경 溪 시내계(실13획)誡 경계할계 敲 두드릴고 暠 힐고

18(木)　15(木)　15(木)　　　16(金)　　17(水)　　　　18(木)
(호)槁 마를고 皋 못고 菰 향초고(실12획)誥 고할고 滑 어지러울골(실13획)寡 적을

13(木)　　　　19(木)　　17(木)　15(木)　　　17(火)
과 菓 과일과(실12획)廓 둘레곽 管 피리관 菅 골풀관(실12획)愧 부끄러워할괴(실13획)

18(木)　　18(火)　　18(火)　　16(木)　　15(水)　　　　19(水)　　19(土)
槐 회나무괴 魁 으뜸괴 僑 높을교 構 얽을구 溝 봇도랑구(실13획)嘔 노래할구 嶇 험

13(土)　　　　20(木)　　14(木)　　　　14(土)　　　　19(金)
할구 逑 짝구(실11획)廐 마구구 菊 국화국(실12획)郡 고을군(실10획)鉤 가래귀

17(木)　　13(木)　　　15(土)　　13(木)　　　　19(水)
閨 도장방규 菌 버섯균(실12획)墐 매흙질할근 菫 노란진흙근(실12획)兢 삼갈긍

18(木)　14(木)　16(木)　17(火)　　19(木)　　14(土)
綺 비단기 箕 키기 旗 기기 暣 볕기운기 緊 굵게얽을긴 郎 사나이낭(랑)(실10획)

18(火)　　17(金)　　　　16(土)　　21(水)　　　　17(金)　　17(水)
寧 편안할녕 瑙 마노노(실13획)嫩 어릴눈 溺 빠질닉(실13획)端 바를단 團 둥글

15(木)　　17(土)　　18(水)　　13(土)　　　　18(土)　14(水)
단 對 대답할대 臺 돈대대 圖 그림도 途 길도(실11획)嶋 섬도 滔 물넘칠도(실13획)

16(木)　15(木)　　　18(木)　　　17(金)　　16(水)　　13(土)
睹 볼도 萄 포도도(실12획)搗 찧을도(실13획)銅 구리동 蝀 무지개동 逗 머무를두

15(木)　　　　　15(金)　　12(木)　　　　13(土)
(실11획)裸 벌거벗을라(실13획)辣 매울랄 萊 명아주래(실12획)連 연할련(연)(실11

⑭

17(火)　　　13(土)　　　　19(木)　　16(火)　　18(木)　　　18(水)
획)領옷깃령(영) 逞굳셀령(영)(실11획) 綠푸를록 僚동료료 廖공허할료(요) 屢창루

14(土)　　　　18(木)　　　17(水)　　　　　18(木)
陋좁을루(실9획) 榴석류나무류(유) 溜방울저떨어질류(유)(실13획) 綸낚시줄륜

14(火)　　　　　19(木)　　　15(木)　　　　17(木)　　16(木)
慄두려워할률(율)(실13획) 綾비단릉(능) 菱마름릉(능)(실12획) 幕막막 寞쓸쓸할막

19(火) 15(金)　19(木)　15(木)　　　　19(木)　　14(水)
輓끌만 韈버선말 網그물망 萌싹맹(실12획) 綿이어질면 滅멸망할멸(실13획)

16(金)　　18(火) 15(水)　　　17(火)　　15(火)
銘새길명 鳴울명 溟어두울명(실13획) 瞑어두울명 慏맘너그러울명(실13획)

18(水) 15(金)　　　15(土)　15(金)　　17(火) 18(火) 19(金)
貌얼굴모 瑁서옥모(실13획) 墓무덤묘 誣무고할무 聞드를문 頤강할민 碈옥돌민

15(木) 15(木)　16(火)　20(木)　　　20(木) 17(木)　16(水)
箔발박 粕찌개미박 駁얼룩말박 搬옮길반(실13획) 槃쟁반반 榜매방 滂비퍼부

15(木)15(木) 18(木)　16(金) 17(火)　13(木)
울방(실13획) 裵(裴)성배 閥공훈벌 罰죄벌 碧푸를벽 輔도울보 菩보리보(실

16(木) 14(火) 19(火) 13(土)　　　17(水)　16(水)
12획)福복복 僕종복 鳳봉새봉 逢만날봉(실11획) 腐썩을부 溥넓을부(실13획)

17(金) 15(水)　　　19(水)　16(金) 15(水)　　16(木)　18(火)
賦구실부 腑장부부(실12획) 孵알갈부 鼻코비 榧비자나무비 緋붉은빛비 翡물총

12(木)　　　15(水)　15(水)　　15(水)　　　16(金) 18(土)
새비菲엷을비(실12획) 蜚바퀴비 裨도울비(실13획) 脾지라비(실12획) 賓손빈 獅

18(水)　15(木) 20(金) 17(木)　17(木) 17(火) 19(水)
사자사(실13획) 飼먹일사 算셀산 酸초산 颯바람소리삽 裳치마상 像형상상 嘗맛

14(土)　　　16(木) 16(金)　　16(金)　　18(土) 13(土)
볼상塽높고밝은땅상 署관서서 瑞상서서(실13획) 誓맹세할서 墅농막서 逝갈서

16(金) 15(金)　19(火) 16(金) 18(土) 19(金)
(실11획)碩클석 瑄도리옥선 (실13획)煽부채선 銑끌선 嬋예쁠선 說말씀설

17(金) 14(金)　18(金) 16(木) 16(水)
,말유세할세誠정성성 瑆옥빛성 韶풍류이름소 搔긁을소(실13획) 溯거슬러

14(土) 15(火) 13(土) 16(木)
올라갈소(실13획)逍거닐소 愫정성소(실13획) 速빠를속(실11획) 損덜손(실

18(金) 17 8(水) 17(水) 14(金) 16(木)
13획)誦욀송 壽(寿)목숨수 需구할수 銖무게단수 搜찾을수(실13획)

17(水) 18(木) 20(土) 14(木) 14(金) 17(火) 16(木)
嗽기침수 綬인끈수 塾글방숙 菽콩숙(실12획) 瑟큰거문고슬(실13획) 僧중승 滕바디

17(水) 16(火) 17(火) 17(水) 18(木) 9(木) 15(火)
승飾꾸밀식 熄꺼질식 愼삼갈신(실13획) 腎콩팥신(실12획) 實(実8획)열매실 斡

15(木) 15(水) 17(水) 17(金) 18(土)
관리할알菴풀이름암(실12획) 腋겨드랑이액(실12획) 瘍종기양 語말씀어 嫣쌩긋웃

15(水) 18(火) 19(金) 17(土) 17(火)
을언演멀리흐를연(실13획) 鳶소리개연 說기꺼울열 厭싫을염 髥구렛나루염

17(火) 15(木)10(木) 14(金) 16(木) 18(金)
熀불빛이글어릴엽 榮(栄)영화영 瑛옥빛영(실13획) 睿깊고밝을예 誤그릇할오

18(木) 14(火) 15(水) 20(水) 16(水) 20(水)
寤깰오 頊삼갈옥(실13획) 溫따뜻할온(실13획) 窩움집와 窪웅덩이와 腕팔완

16(木) 16(火) 17(火) 15(水)
(실12획)搖흔들릴요(실13획) 僥바랄요 暚밝을요 溶질펀히흐를용(실13획)

16(木) 18(土) 17(土) 18(火) 16(火) 16(金)
榕뱅골보리용 踊뛸용 墉담용 瑢권할용 熔녹일용 瑀패옥우(실13획)

19(水) 17(木) 17(水) 16(火) 21(火) 15(水) 14(金)
霧물소리우 禑복우 殞죽을운 熉노란모양운 熊곰웅 源근원원(실13획) 瑗

⑭

17(火)　16(土)　　18(火)　13(木)

도리옥원(실13획) 愿삼갈원 猿원숭이원(실13획) 僞거짓위 萎마를위(실12획)

16(金)　　16(木)　19(金)　13(木)　　18(金)　20(火)

瑋옥이름위(실13획) 維바유 誘꾈유 萸수유유(실12획) 瑜美玉유 毓기를육

17(水)　　16(金)　20(水)　　22(火)　18(火)

潧물깊고넓을윤(실13획) 銀은은 澱강이름은(실13획) 慇괴로와할은 疑의심의

16(火)　17(水)　18(火)　18(金)　16(火)　14(水)

爾너이 飴엿이 熤사람이름익 認알인 㤧작은북인 溢넘칠일(실13획)

17(火)　19(火)　17(水)　17(木)　18(火)　14(水)

駬역마일 慈사랑자 滋부러날자(실13획) 綽너그러울작 臧착할장 滓찌끼재(실13

16(木)　13(木)　　13(土)　18(土)　18(火)

획)箏쟁쟁 菹채소절임저(실12획) 這이저(실11획) 嫡정실적 翟꿩적

14(金)　16(土)　16(木)　15(金)　16(木)　15(木)　18(土)

銓저울질할전 塼벽돌전 箋글전 截끊을절 精정밀미로울정 禎상서정 齊가지런할

14(金)　18(木)　16(火)　13(土)　16(火)　15(木)　제

제瑅제당옥제(실13획) 製지을제 肇칠조 造지을조(실11획) 趙나라조 種씨종

18(木)　15(木)　19(木)　17(水)　13(水)　16(土)

綜모을종 罪허물죄 綢얽힐주 嗾부추길주(수) 準법준(실13획) 逡뒤걸음질칠준

16(金)　16(水)　18(土)　16(金)　13(木)　16(金)

(실11획)誌기록할지 蜘거미지 塵띠끌진 賑구휼할진 溱많을진(실13획) 盡다

17(木)　14(木)　16(木)　17(木)　20(火)　15(土)

할진揎꽂을진(실13획) 榛개암나무진 箚차자차 搾짤착(실13획) 僭참람할참 塹구

17(木)　15(水)　18(火)　14(木)　15(火)

덩이참察살필찰 滄찰창(실13획) 暢펼창 菖창포창(실12획) 愴슬퍼할창(실13획)

16(木) 15(火)　15(水)　12(木)　16(木)　15(木)

槍창창 彰밝을창 脹배부를창(실12획) 菜나물채(실12획) 綵비단채 寨울짱채

20(木) 綴꿰맬철　17(火) 輒문득첩　14(木) 菁우거질청(실12획)　17(金) 銃총총총　19(木) 総거느릴총　13(土) 逐쫓을축(실11획)

14(金) 瑃옥이름춘(실13획)　12(木) 萃모일췌(실12획)　15(火) 聚모일취　18(火) 翠물총새취　20(木) 緇검은비단치

19(木) 寢잠잘침　16(木) 稱일컬을칭　18(金) 誕태어날탄　16(水) 嘆탄식할탄　17(木) 綻옷터질탄　15(木) 奪빼앗을탈

15(木) 搭탈탑(실13획)　19(木) 榻걸상탑　22(火) 態모양태　19(木) 颱태풍태　15(土) 通통할통(실11획)　17(木) 槌탈망치퇴(추)

16(土) 透통할투(실11획)　17(火) 頗자못파　12(木) 萍마름평(실12획)　20(水) 飽배부를포　14(土) 逋달아날포(실11획)

16(木) 馝향기로울필　16(金) 瑕티하(실13획)　18(水) 嘏클하　18(金) 碬숫돌하　13(土) 限한계한(실9획)　15(金) 銜재갈함　18(木) 閤쪽문합

19(土) 嫦항아항　16(火) 赫붉을혁　15(火) 熒등불형　17(水) 榮실개천형　17(水) 豪호걸호　16(金) 瑚산호호(실13획)　17(金) 酷혹독할혹

19(火) 魂넋혼　15(金) 瑋아름다운옥혼(실13획)　14(金) 鍙돌쇠뇌홍　12(木) 華꽃화(실12획)　18(木) 禍재화화

19(木) 廓둘레확　17(水) 滑미끄러울활(실13획)　18(土) 猾교활할활(실13획)　16(水) 潢물깊고넓을황(실13획)

17(木) 椻책상황　16(火) 愰밝을황(실13획)　16(火) 慌어렴풋할황(실13획)　18(金) 誨가르칠회　14(水) 匯물돌회

17(金) 劃그을획　18(金) 酵술밑효　19(火) 歆김이오를효　15(火) 熏연기낄훈　18(木) 携끌휴(실13획)　16(火) 憘기쁠희

20(火) 熙빛날희

十五劃 〈土〉

17(火)　17(木)　20(火)　23(火)　　17(木)　　19(木)
價값가　稼심을가　駕멍에가　慤성실할각　葛칡갈(실13획)　褐털옷갈(실14획)

20(水)　16(火)　18(火)　19(木)　18(水)
蝎독사갈　慷강개할강(실14획)　慨분개할개(실14획)　概대개개　漑물댈개(실14획)

18(土)　18(水)　17(火)　18(金)19(金)　18(火)　19(火)
踞웅크릴거　腱힘줄밑등건(실13획)　儉검소할검　劍(劒)칼검　頸빛날경　慶경사경

18(火)　18(金)　19(水)　20(木)　16(水)　19(金)　17(金)
儆경계할경　磎시내계　稿볏집고　穀곡식곡　滾흐릴곤(실14획)　鞏묶을공　課매길과

16(土)　20(木)　17(火)　19(木)　16(木)6(木)
郭성곽(실11획)　槨덧널곽　慣버릇관(실14획)　寬너그러울관　廣(広)넓을광

20(土)　20(火土)　16(水)　16(金)　20(火)　23(金)　20(火)
嬌아리따울교　嶠뾰족하게높을교　餃경단교　銶끌구　毆토할구　毆때릴구　駒망아지구

23(水)　14(木)　15(土)　18(木)　19(金)
窮다할궁　葵해바라기규(실13획)　逵한길규(실12획)　槻물푸래나무규　劇심할극

16(木)　15(水)　21(土)　19(火)　19(水)
槿무궁화나무근　漌맑을근(실14획)　畿경기기　駑둔할노　腦뇌뇌(실13획)

18(金)　21(木)　16(金)　19(土)　18(木)　17(火)　16(木)　18(土)
鬧시끄러울뇨　緞비단단　談말씀담　踏밟을답　幢기당　德덕덕　稻벼도　墩돈대돈

14(木)　18(土)　20(木)　15(木)
董바로잡을동(실13획)　嶝고개등　樂즐거울락,좋아할요,악　落떨어떨질락(낙)(실13획)

20(水)　18(金)　18(金)　17(木)　18(火)
螂사마귀랑(낭)　瑯고을이름랑(실14획)　諒믿을량(양)　樑들보량(양)　輛수레량(양)

19(火)　20(木)　18(木)　18(木)　16(火)　16(水)
慮생각할려(여)　閭이문려(여)　黎검을려(여)　練익힐련(연)　輦손수레련(연)　漣물놀

18(水) 18(金) 18(金) 16(金) 18(木)

이련(연)(실14획)魯노나라로(노) 論의론할론(논) 磊돌무더기뢰(뇌) 賚줄뢰(뇌) 寮

18(木) 17(水) 18(金) 18(金) 19(水)

벼슬아치료樓다락루(누) 漏셀루(실14획) 劉성류(유) 瑠유리류(유)(실14획) 瘤혹류

20(金) 18(火) 17(水) 18(木) 18(金)

(유)戮죽일륙(육) 輪바퀴륜(윤) 凜찰름(늠) 履신리(이) 璃유리리(이)(실14획)

18(木) 18(金) 16(金) 15(水) 16(木)

摩갈마 碼마노마 瑪마노마(실14획) 漠사막막(실14획) 萬일만만(실13획)

16(水) 17(火) 17(水) 19(火) 17(金)

滿찰만(실14획) 慢게으를만(실14획) 漫질펀할만(실14획) 輞바퀴테망 賣팔매

18(火) 19(火) 18(木) 15(木) 18(木) 17(火)

罵욕할매 魅도깨비매 緬가는실면 蔑업신여길멸(실13획) 瞑눈감을명 慕그리워할모

17(火) 17(木) 16(木) 18(木) 16(土) 19(火) 21(木)

暮저물모 摹베낄모(모방) 模법모 廟사당묘 墨먹묵 憫총명할민 緡낚시줄민

22(金) 22(金) 21(水) 16(火) 19(火) 19(金)

盤소반반 磐너럭바위반 瘢흉터반 髮터럭발 魃가물귀신발 磅돌떨어지는소리방

16(火) 19(木) 17(金) 20(火) 18(木) 15(木) 20(木)

輩무리배 褙속적삼배(실14획) 賠물어줄배 魄넋백 幡기번 樊울번 範법범

17(火) 19(金) 16(火) 16(木) 17(水)

僻후미질벽 劈쪼갤벽 軿거마소리병 褓포대기보(실14획) 腹배복(실13획)

17(木) 16(金) 17(火) 14(土) 18(金) 18(火)

複겹옷복(실14) 鋒칼끝봉 熢연기자욱할봉 部거느릴부(실11획) 敷펼부 駙곁마부

16(土) 17(水) 16(金) 19(木) 16(火) 19(火) 19(火)

墳무덤분 噴뿜을분 誹헐뜯을비 寫베낄사 僿잘게부술사 駟사마사 賜줄사

17(水)　　　　18(金)　　16(木)　　18(木)　　　18(金)　　　17(火)　　20(木)
滲 스밀삼(실14획)　賞 상줄상　箱 상자상　緒 실마리서　鋤 호미서　奭 클석　線 줄선

19(土)　　16(土)　　18(水)　　12(土)　　　　　14(木)
嬋 고울선　墡 백토선　腺 샘선(실13획)　陝 고울이름섬(실10획)　葉 성섭(실13획)잎엽

16(水)　　　　20(水)　　　17(水)　　17(金)　　18(金)　　16(金)　　17(水)
腥 비릴성(실13획)　嘯 휘파람소　瘙 종기소　銷 녹일소　數 셀수(삭)　誰 누구수　瘦 파리

16(水)　　　　　　19(金)　　16(金)　　21(火)　　19(金)　　　20(金)
할수 漱 양치질할수(실14획)　銹 녹쓸수　睟 재물수　熟 익울숙　諄 타이를순　醇 진한술순

19(水)　12(土)　　　16(水)　　17(木)　　17(水)　　　17(木)　　20(火)
蝨 이슬　陞 오를승(실10획)　嘶 울시　箍 대밥통식　蝕 좀먹을식　審 살필심　鴉 갈가마귀아

18　12(火)　　　　18(金)　　17(木)　　　　17(水)　　18(木)
鴈(雁)(실12획)기러기안　鞍 안장안　葯 구릿대잎약(실13획)　養 기를양　樣 모양양(상)

17(水)　　　　16(水)　　　　17(火)　　20(木)　　17(土)
漾 출렁거릴양(실14획)　漁 고기잡을어(실14획)　億 억억　緣 인연연　燃 아리잠직할연

19(火)　　22(金)　　18(火)　　16(金)　　20(水)　　19(金)
熱 더울열(렬)　閱 검열할열　影 그림자영　瑩 밝을영　潁 강이름영　銳 날카로울예

17(火)　17(土)　16(土)　　　16(金)　　　　17(水)　　20(水)
熬 볶을오　獒 개오　獄 옥옥(실14획)　瑥 사람이름온(실14획)　瘟 염병온　蝸 달팽이와

22(火)　22(火)　　18(木)　　17(水)　　　16(金)　　　　18(土)
甊 구경완　豌 완두완　緩 늦을완　腰 허리요(실13획)　瑤 아름다운옥요(실14획)　嶢 높을

17(水)　　　　18(火)　　16(金)　　　　19(火)　　　　13(土)
요 窯 기와굽는가마요　慾 욕심욕　瑢 패옥소리용(실14획)　憂 근심할우　郵 역참우(실11획)

17(木)　　　　15(土)　　　16(木)　　　20(木)　　19(火)　　16(木)
稶 서직무성할욱　院 담원(실10획)　援 패옥띠원　緯 씨위　慰 위로할위　葦 갈대위(실13획)

18(木)   19(水)   19(金)   17(金)

褘아름다울위(실14획) 蝟고슴도치위 誾온화할은 珢음은(실14획)

17(火) 18(金)   20(金)   19(火)   17(土)   20(金)   17(火)

儀거동의 誼옳을의 毅굳셀의 頤턱이 逸편안일(실12획) 磁자석자 暫잠시잠

17(木)   17(水)   16(木)   17(火)   15(水)

箴바늘잠 腸창자장(실12획) 葬장사지낼장(실13획) 暲해돋아올장 漳강이름장

     16(木)   18(木)   16(土)   20(水)   17(金)   14(木)

(실14획) 樟녹나무장 奬권면할장 獐노루장(실14획) 漿미음장 諍간할쟁 著분명할저

     19(木)   17(水)   18(木)   18(金)   18(木)

(실13획) 樗가죽나무저 滴떨어질적(실14획) 摘딸적(실14획) 敵원수적 廛가게전

18(木) 18(木)   20(木)   15(水)   17(水)   20(木)

箭화살전 篆전자전 節마디절 漸점점점(실14획) 蝶나비접 摺접을접(실14획)

17(金)   20(木)   16(金)   18(水)   13(土)   19(水)

鋌쇳덩이정 靚단장할정 鋥칼갈정 霆천둥소리정 除섬돌제(실10획) 嘲비웃을조

19(金)   17(木)   16(水)   16(火)   16(水)

調고를조 槽구유조 漕배로실어나를조(실14획) 慫권할종 腫부스럼종(실13획)

18(土)   17(火)   16(土)   17(木)   18(火)   17(木)

踪자취종 駐머무를주 週돌주(실12획) 廚부엌주 儁준걸준 俊큰준(실13획)

14(木)   17(土)   16(金)   18(木)   15(水)   19(木)

葺기울즙(실13획) 增더할증 誌새길지 摯잡을지 漬담글지(실14획) 稷기장직

13(土)   17(水)   13(土)   18(金)   17(金)15(金)

進나아갈진(실12획) 震벼락진 陣진칠진(실10획) 瑱귀막이옥진(실14획) 瑨(王晉)

     19(木)   20(木)   16(金)   18(木)   16(火)

아름다운돌진(실14획) 禛복받을진 瞋부름뜰진 質바탕질 緝낳을집 徵부를징

⑮

14(金)	16(金)	17(火)		17(火)	15(火)

瑳깨끗할차(실14) 磋갈차 慘참혹할참(실14획) (慚)부끄러울참 (慚(실14획))

18(木)	19(水)		17(水)	13(土)	14(水)

廠헛간창 漲불을창(실14획) 瘡부스럼창 陟오를척(실10획) 滌씻을척(실14획)

16(火)	17(水)	18(土)	18(金)	18(火)	20(火)

慼근심할척(실14획) 膌파리할척 踐밟을천 賤천할천 徹통할철 輟그칠철

19(金)	18	18(金)	20(木)	18(水)	15(土)

諂아첨할첨 請(請)청할청 締맺을체 滯막힐체(실14획) 逮미칠체(실12획)

18(金)	17(火)	18(木)	19(木)	19(土)	23(金)

醋초초 悤바쁠총(실14획) 摠모두총(실14획) 樞지도리추 墜덜어질추 皺주름추

13(木)	17(金)	17(火)	16(火)	17(金)	22(水)	19(木)

萩사철쑥추(실13획) 諏꾀할추 衝찌를충 趣달릴취 醉취할취 嘴부리취 層층층

16(金)	9(木)	20(火)	15(水)	19(土)	20(火)	22(金)

齒이치 幟기치 輜짐수레치 漆옷칠(실14획) 墮떨어질타 駝낙타타 彈탄알탄

17(金)	17(火)	18(火)	20(木)	18(木)	22(火)

歎탄식할탄 慟서럽게울통(실14획) 慝사특할특 編엮을편 篇책편 翩빨리날편

19(木)	24(木)	17(水)	15(土)	17(木)	17(木)

幣비단폐 廢폐할폐 弊해질폐 陛섬돌폐(실10획) 葡포도포(실13획) 褒포장할포

17(金)	17(火)	16(水)	17(木)	16(火)	19(水)

鋪펼포 暴사나울폭(포) 漂떠돌표(실14획) 標표표 慓날랠표(실14획) 蝦새우하

15(水)	19(木)	12(土)	19(水)	18(土)	19(水)

漢한수한(실14획) 緘봉할함 陜땅이름합, 좁을협(실10획) 餉건량향 墟터허 噓불허

19(金)	18(火)	15(金)	16(金)	17(火)	18(火)	16(金)

賢어질현 儇총명할현 鋏집게협 瑩밝을형 慧슬기로울혜 憓깨달을혜 鞋신혜

17(火) 曀별반짝일혜　18(木) 糊풀호　16(木) 葫마를호(실13획)　19(水) 蝴나비호　15(水) 滸물가호(실14획)　17(金) 皞밝을호

16(土) 嫿여자이름화　17(金) 確굳을확　20(金) (碻)굳을확　17(水) 蝗누리황　16(木) 篁대숲황　18(金) 皛나타날효　15(木) 萱원추리훤

(실13획)　18(火) 輝빛날휘　19(木) 麾대장기휘　19(土) 興일어날흥　18(土) 嬉즐길희

十六劃 <土>

18(金) 諫간할간　19(土) 墾따비할간　19(水) 澗산골물간(실15획)　16(木) 橄감람나무감　19(金) 鋼강철강　22(金) 彊굳셀강

16(木) 蓋(실14획)　12(水) (盖11획)덮을개　18(金) 鋸톱거　18(水) 黔검을검　19(火) 憩쉴게　20(水) 膈흉격격(실14획)

19(水) 潔깨끗할결(실15획)　18(火) 憬깨달을경(실15획)　20(火) 暻밝을경　20(火) 頸목경　22(金) 磬경쇠경　19(木) 稽머무를계

19(水) 膏살찔고(실14획)　18(金) 錮땜질할고　20(金) 錕붉은쇠곤　18(土) 過지날과(실13획)　20(水) 館집관　20(木) 橋다리교

25(水) 龜(거북구(귀),얼어터질균　18(土) 獗날뛸궐(실15획)　17(水) 潰무너질궤(실15획)　21(水) 窺엿볼규

23(木) 橘귤나무귤　16(金) 瑾아름다운옥근(실15획)　19(金) 錦비단금　20(水) 器그릇기　16(金) 鎮호미기　18(金) 錡솥기　21(木) 機틀기

15(金) 기琪피변꾸미개기(실15획)　19(土) 冀바랄기　18(金) 諾대답할낙　17(木) 撚비틀년(연)(실15획)

18(木) 撓어지러울뇨(요)(실15획)　19(土) 壇단단　14(土) 達통달할달(실13획)　16(金) 錟창담　19(火) 曇흐릴담　17(木) 撞칠당

18(木)　　15(土)　　　19(木)　　15(土)　　　16(土)

糖사탕당 道길도(실13)획 導이끌도 都도읍도(실12획) 陶질그릇도(실11획)

20(火)　18(金)　18(木)　　20(火)　　19(火)　　16(火)

覩볼도 賭걸도 篤도타울독 暾아침해돈 燉이글거릴돈 憧그리워할동(실15획)

16(水)　　　18(火)　18(火)　15(土)　　18(火)　18(木)

潼강이름동(실15획) 瞳동틀동 頭머리두 遁달아날둔(실13획) 燈등잔등 橙등자나무등

20(火)　　16(土)　　17(火)　　17(金)　　　17(火)

駱낙타락(나) 歷지낼력(역) 曆책력력(역) 璉호련련(연)(실15획) 憐불쌍히여길련

19(木)　　　20(水)　　19(金)　　20(金)

(연)(실15획) 撈잡을로(노)(실15획) 盧성노(로) 錄기록할록(녹) 賴힘입을뢰(뇌)

18(火)　　22(土)　　13(土)　　19(水)　　15(土)

燎횃불료(뇨) 龍용룡(용) (竜)(실10획) 瘻부스럼루(누) 陸뭍륙(육)(실11획)

18(金)　　18(木)　　16(土)　　　18(土)　　17(水)

錀금륜(윤) 廩곳집름(늠) 陵큰언덕릉(실11획) 屝바를리(윤) 潾맑을린(인)(실15획)

18(火)　　17(水)　　19(金)　19(木)　　20(土)　16(木)

燐도깨비불린(인) 霖장마림(임) 磨갈마 瞞속일만 冪덮을멱 蓂명협명(실14획)

19(水)　　17(金)　18(木)　　17(木)　　16(木)

螟마디충명 謀꾀할모 穆화목할목 夢꿈몽(실14획) 蒙입을몽(실14획)

16(木)　　　15(火)　　　17(火)　　18(火)

撫어루만질무(실15획) 憮어루만질무(실15획) 默묵묵할묵 躾예절가르칠미

18(火)　　18(水)　　　20(木)　18(水)

憫근심할민(실15획) 潤물졸졸흘러내린민(실15획) 縛묶을박 膊포박(실14획)

16(木)　　16(木)　　16(水)　　24(水)　　25(木)

撲칠박(실15획) 樸통나무박 潘뜨물반(실15획) 潑뿌릴발(실15획) 撥다스릴발(실15획)

19(水) 膀쌍배방(실14획)　17(木) 蒡인동녕쿨방(실14획)　14(土) 陪쌓아올릴배(실11획)　17(火) 燔구울번　18(土) 壁벽벽

16(金) 辨분변할변　16(金) 鉼관금병　16(水) 潽끓을보(실15획)　19(火) 輹복토복　19(火) 輻바퀴살복　16(火) 憤성낼분(실15획)

17(木) 奮떨칠분　19(火) 憊고달플비　18(火) 頻자주빈　18(火) 儐인도할빈　19(火) 憑기댈빙　20(木) 篩체사사　16(木) 蓑도롱이사(실14획)

16(木) 蒜달래산(실14획)　18(木) 撒뿌릴살(실15획)　15(水) 澁떫을삽(실15획)　19(木) 橡상수리나무상　20(金) 諝슬기서

19(金) 錫주석석　18(水) 潟갯펄석(실15획)　16(木) 蓆자리석(실14획)　18(金) 璇아름다운옥선(실15획)　17(金) 敾글잘쓸선

19(金) 醒깰성　18(火) 燒사를소　16(木) 篠조릿대소　18(木) 穌긁어모을소　18(木) 蓀향풀이름손(실14획)　18(木) 蒐꼭두서니수

(실14획) 18(木) 樹나무수　16(土) 遂이룰수(실13획)　21(火) 輸나눌수　14(木) 蓚수산수(실14획)　20(木) 橚나무줄지어설숙

19(水) 潚빠를숙(실15획)　19(木) 橓무궁화나무순　19(金) 錞악기이름순　16(木) 蒔모종낼시(실14획)　17(木) 蓍시초시

(실14획) 21(金) 諡시호시　19(金) 諶참심　19(水) 餓주릴아　19(土) 鄂땅이름악(실12획)　21(金) 謁아뢸알　21(木) 閼가로막을알

20(火) 鴨오리압　20(火) 鴦원앙앙　19(木) 縊목맬액　22(木) 蒻부들약(실14획)　20(木) 禦막을어　17(金) 諺상말언　17(土) 嶪높고엄할업

18(水) 餘남을여　17(火) 燃살을연　19(木) 燕제비연　22(木) 閻이문염　16(火) 燁빛날엽　17(火) 曄빛날엽　19(木) 穎이삭영　22(水) 豫미리예

19(火) 叡밝을예　20(水) 霓무지개예　19(木) 隸붙을예(례)　19(木) 橤꽃술예(례)　17(土) 壈물가오　20(木) 縕헌솜온　18(土) 甕막을옹

18(木) 橈꺾일요(뇨)　16(木) 蓉연꽃용(실14획)　17(土) 遇만날우(실13획)　16(土) 運운전운(실13획)　17(水) 澐큰물결일

⑯

19(金) 18(木) 24(火) 20(金) 17(土)
운(실15획)賱넉넉할운 橒나무무늬운 鴛원앙원 謂이를위를위 違어길위(실13획)

20 21(火) 18(金) 18(土) 19(火) 21(金) 20(土)
衛(衞)지킬위 諛아첨할유 遊놀유(실13획) 儒선비유 諭깨우칠유 蹂밟을유

18(土) 18(水) 15(水) 23(火) 21(水) 18(火)
逾넘을유(실13획) 潤젖을윤(실15획) (閏) 燏빛날율 融화할융 㒚남에게기댈은

15(土) 20(水) 19(金) 22(水) 21(水)16(水)
陰그늘음(실11획) 凝엉길응 諮물을자 潺물흐르는소리잔(실15획) 潛(潜)자맥질

16(金) 19(木) 18(金) 17(木) 18(金) 20(金)
할잠(실15획) 璋반쪽홀장(실15획) 縡일재 錚쇳소리쟁 積쌓을적 錢돈전 戰싸울전

18(水) 19(水) 17(金) 19(木)18(木) 20(金) 17(金)
霑젖을점 鮎메기점 整가지런할정 靜(静)고요할정 諪조정할정 錠제기이름정

18(金) 21(金) 20(土) 19(金) 18(水) 19(火) 15(金)
諸모들제 劑약지을제 蹄굽제 醍맑은술제 潮조수조(실15획) 雕독수리조 瑽패옥

18(土) 17(土) 15(土) 17(水)
소리종(실15획) 踵발굼치종 遒다가설주(실13획) (逎)(실11획) 澍모단비주(실15획)

17(火) 20(木) 21(木) 17(火) 18(火) 14(土)
輳모일주 寯준걸준 樽술통준 蒸찔증(실14획) 憎미워할증(실15획) 陳묵을진

22(木) 21(木) 17(土) 14(木) 15(水)15(水)
(실11획)縝삼실진 縉꽂을진 臻이를진 蓁우거질진(실14획) 潗(潗)샘솟을집(실15획)

18(火) 17(水) 17(金) 22(木) 20(水) 18(木)
輯모을집 澄맑을징(실15획) 錯섞일착 撰지을찬(실15획) 餐먹을찬 簒빼앗을찬

16(木) 20(木) 18(水) 19(木) 18(金)
蒼푸를창(실14획) 艙선창창 澈물맑을철(실15획) 撤거둘철(실15획) 諜염탐할첩

20(金) 16(木) 15(火) 18(木) 16(金) 16(金)
諦살필체 樵땔나무초 憔수척할초16(실15) 撮취할촬(실15획) 錐송곳추 錘저울추

19(木) 17(木) 18(金) 18(火) 19(木) 19(火) 18(火)
築쌓을축 蓄쌓을축(실14획) 瞻넉넉할춘 熾성할치 緻밸치 親친할친 憚꺼릴탄

19(木) 19(木) 18(木) 18(火)
(실15획)撐버팀목탱(실15획) 腿넙적다리퇴(실14획) 褪바랠퇴(실15획) 頹무너질퇴

23(木) 17(木) 18(金) 16(水) 17(土)
罷방면할파 播뿌릴파(실15획) 辦힘쓸판 澎물결부딪치는기세팽(실15획) 遍두루편

19(土) 16(木) 23(水) 19(火) 19(木) 20(金)
(실13획)嬖사랑할폐 蒲부들포(실14획) 鮑절인어물포 輻바퀴살통폭 瓢박표 諷욀풍

16(土) 17(土) 20(水)11(水) 20(金) 21(火)
逼닥칠핍(실13획) 遐멀하(실13획) 學(学)(실8획)배울학 謔희롱거릴학 翰날개한

18(水) 16(土) 19(火) 21(金) 19(火)
澣넓을한(실15획) 陷빠질함(실11획) 轅놀수레서로피할헌 諧화할해 駭놀랄해

21(金) 19(火) 20(木) 17(火) 19(火) 18(水) 17(火)
骸뼈해 憲법헌 縣고울현 頰뺨협 衡저울대형 螢반디형 憓사랑할혜(실15획)

17(水) 22(木) 18(木) 16(木) 19(水) 16(水)
澔넓을호(실15획) 縞명주호 蒿쑥호(실14획) 樺자작나무화 豁뚫린골활 潢웅덩이

15(土) 17(木) 19(火) 19(火)16(水) 18(火)
황(실15획)遑허둥거릴황(실13획) 橫가로횡 曉새벽효 勳(勛)(실12획)勳(실15

20(金) 20(金) 18(火) 18(火) 17(火) 18(木)
획)공훈 諱꺼리길휘 戱희롱희 熹성할희 爔성할희 憘기쁠희(실15획) 橲나무아름희

19(水) 20(土) 19(火)
噫탄식할희 羲숨희 憙기뻐할희

十七劃 〈金〉

21(火)	21(水)	22(金)	20(土)	18(木)	19(火)	20(金)
懇정성간	癎간기간	磵시내간	艱어려울간	瞰볼감	憾한할감(실16획)	講익힐강

19(木)	19(木)	20(木)	20(金)	19(土)	19(木)
橿나무이름강	糠겨강	據의거할거(실16획)	鍵열쇠건	蹇절건	檢봉합검

24(木)	19(水)	20(木)	18(土)	19(金)
擊부딪칠격	激물결부딪쳐흐를격(실16획)	檄격문격	遣보낼견(실14획)	謙겸손할겸

19(金)	21(木)	20(木)20(木)	18(土)	20(水)
璟옥광채날경(실16획)	擎들경	檠(橵)도지개경	階섬돌계(실12획)	谿시내계

21(金)	19(火)	21(水)	21(金)	21(水)	19(水)	20(金)
鍋노구솥과	顆낱알과	館객사관	矯바로잡을교	膠아교교(실15획)	鮫상어교	購살구

20(金)	21(火)	20(木)	20(木)	22(金)	23(金)
鞠공국	懃은근할근	擒사로잡을금(실16획)	檎능금금	璣구슬기(실16획)	磯물가기

18(水)	20(木)	21(金)	21(木)	20(火)
濃짙을농(롱)(실16획)	檀박달나무단	鍛쇠불릴단	擔맬담(실16획)	憺편안할담(실16획)

20(水)	18(木)	17(水)	16(土)
澹담박할담(실16획)	撻매질할달(실16획)	澾미끄러울달(실16획)	遝뒤섞일답(실14획)

20(水)	16(土)	19(水)	18(金)	19(土)	21(土)
螳사마귀당	隊대대(실12획)	黛눈썹먹대	鍍도금할도	蹈밟을도	獨홀로독(실16획)

19(木)	20(金)	21(水)	22(土)	17(木)
瞳눈동자동	謄베낄등	螺소라라(나)	勱힘쓸려(여)	蓮연밥련(연)(실15획)

23(火)	18(金)	17(水)	19(金)	20(水)
聯잇달련(연)	鍊불릴련(연)	濂내이름렴(염)(실16획)	斂거둘렴(염)	殮염할렴(염)

21(土)	18(水)	19(水)	22(木)
嶺재령(영)	澧강이름례(예)(실16획)	潞강이름로(노)(실16획)	擄사로잡을로(노)

18(水) 濃 질을롱(농)(실16획) 20(火) 儠 영락할뢰(뇌)(실16획) 19(水) 療 병고칠료(뇨) 19(木) 蓼 여뀌료(요)

(실15획) 暸 밝을료(요) 20(木) 縷 실루(누) 22(木) 蔞 쑥루(누)(실15획) 18(木) 褸 남루할누(루)(실16획) 20(木)

隆 클륭(융)(실12획) 15(土) 罹 근심리(이)(실16획) 17(木) 璘 옥빛린(인)(실16획) 18(金) 麟 기린린 22(土) 撛 구원 18(木)

臨 임할림(임)(실16획) 22(火) 膜 막막(실15획) 18(水) 蔓 덩쿨만(실15획) 18(木) 錨 닻묘 18(金) 懋 힘쓸무 21(火)

繆 얽을무 23(木) 彌(弥) 두루미(실8획) 23 謎 수수께끼미 14(金) 謐 고요할밀 19(金) 璞 옥돌박(실16획) 20(金) 16(金)

磻 강이름반 19(金) 謗 헐뜯을방 21(金) 繁 많을번 22(木) 磻 강이름번(반) 19(金) 擘 엄지손가락벽 20(木) 檗 황백나무벽 19(木)

暼 언뜻복별 20(木) 餠 떡병 18(水) 鍑 솥복 19(金) 蔔 무우복(실15획) 19(木) 蓬 쑥봉(실15획) 17(木) 縫 꿰맬봉 21(木)

膚 살갖부(실15획) 20(水) 賻 부의부 20(金) 糞 똥분 18(木) 繃 묶을봉 24(木) 嬪 아내빈 20(土) 騁 달릴빙 23(火) 謝 사례할사 21(金)

蔘 인삼삼(실15획) 18(木) 霜 서리상 19(水) 償 갚을상 20(火) 賽 굿할새 19(金) 嶼 섬서 20(土) 嶹 19(水) 鮮 고울선 禪 봉선선 20(木)

褻 더러울설 20(木) 藪 향풀설(실15획) 20(木) 燮 빛날섭 19(火) 聲 소리성 22(水) 遡 거슬러올라갈소(실14획) 18(土)

蔬 푸성귀소(실15획) 19(木) 謖 일어날속 22(金) 遜 겸손할손(실14획) 19(土) 隋 수나라수(실12획) 16(土)

雖 비록수 19(火) 燧 부싯돌수 19(火) 穗(穂) 이삭수(실15획) 19(목)17(木) 濉 물이름수(실16) 17(水) 蒓 순채순(실15 17(木)

21(木)　　18(水)　　　22(木)　　20(土)　　21(金)
瞬눈깜직일일순 膝무릎슬(실15획) 褶주름습(실16획) 嶽큰산악 鍔칼날악

21(水) 21(土) 21(木) 20(土) 21(火) 17(土) 20(木)
鮟아귀안 癌암암 闇닫힌문암 壓누를압 曖가릴애 陽볕양(실12획) 襄도울양

18(火)　　19(木)　　19(火) 21(木) 20(火)　18(金)
憶생각억(실16획) 檍감탕나무억 輿수레여 繹길연 營경영할영 鍈방울소리영

20(土)　　19(土)　　19(水)　　18(水)　　19(木)
嬰갓난아이영 嶸가파를영 霙진눈깨비영 濊깊을예(실16획) 擁안을옹(실16획)

20(金) 17(土)　　21(木)　17(火)　17(土)　　21(火)
謠노래요 遙멀요(실14획) 繇역사요 聳솟을용 隅모퉁이우(실12획) 優넉넉할우

18(木)　　16(土)　　20(火)　22(水)　21(金)　20(木)
蔚풀이름울(실15획) 遠멀원(실14획) 轅끌채원 孺젖먹이유 鍮놋쇠유 檃도지개은

19(木)　　18(火)　22(火)　19(金)　　15(木)
蔭그늘음(실15획) 應응할응 翼날개익 謚웃을익(시) 蔗사탕수수자(실15획)

20(土)18(土)　　　18(木)　　19(木) 20(土) 20(木) 22(木)
牆(墻)(실16획)담장 蔣줄장(실15획) 檣돛대장 齋집재 績짐쌈적 氈모전전

21(水)　　　20(火)　20(水)　19(水) 19(火)　18(木)
澱앙금전(실16획) 輾구를전 餞전별할전 點점점 頳아름다울정 檉위성류정

20(木)　　20(火)　19(木)　19(木)　19(木) 18(金) 23(火)
操잡을조(실16획) 燥마를조 糟전국조 簇조릿대족 縱놀종 鍾쇠북종 駿준마준

21(土)　17(金)　　18(木)　　　21(水)
噂기뻐할준 璡옥돌진(실16획) 蔯더위지기진(실15획) 膣새살돋을질(실15획)

18(土) 19(火) 18(水)　　　17(木)　　　20(木)
蹉넘어질차 燦빛(날찬) 澯맑을찬(실16획) 蔡거북채(실15획) 擅멋대로천(실16획)

20(土)　　18(金)　　　21(火)　22(木)　20(火)16(火)
遞갈마들체(실14획) 礁물에잠긴바위초 燭촛불촉 總거느릴총 聰(聡)(실14획)

18(木) 23(金) 21(土) 23(土) 21(木)
蔥 귀밝을총 파총(실15획) 醜 추할추 鄒 나라이름추(실13획) 趨 달릴추 縮 다스릴축

20(水) 18(木) 19(金) 20(水) 20(水) 17(水)
黜 물리칠출 穉 어릴치 鍼 침침 蟄 숨을칩 濁 흐릴탁(실16획) 澤 못택(실16획)

18(木) 21(水) 20(土) 21(金) 17(水) 20(土)
擇 가릴택(실16획) 霞 놀하 壑 골학 韓 나라이름한 澣 빨한(실16획) 嶨 높을한

20(火) 21(火) 20(土) 20(土) 20(土)
轄 비녀장할 懈 게우름해(실16획) 鄕 시골향(실13획) 蹊 지름질혜 壕 해자호

19(火) 21(水)21(水) 17(金) 15(土) 19(木)
鴻 큰기러기홍(실16획) 闊(濶) 트일활 璜 서옥황(실16획) 隍 해자황(실12획) 檜 노

18(木) 19(土) 22(水) 18(土) 22(火)
澮 봇도랑회(실16획) 獪 교활할회(실16획) 嚆 울릴효 燻 질나팔훈 燬 불훼

20(火) 22(木) 19(木)19(火)
徽 아름다울휘 虧 이지러질휴 禧 복희 燨 불희

十八劃 <金>

22(木) 23(金) 24(木) 20(金) 21(木) 21(木) 19(土)
簡 대쪽간 鞨 말갈갈 襁 포대기강(실17획) 鎧 갑옷개 擧 들거 瞼 눈꺼풀검 隔 사이틀

24(火) 19(金) 20金 22(火) 19(土) 20(木)
격(실13획) 鵑 두견견 鎌 낫겸 璥 경옥경(실17획) 鵠 고니곡 壙 광중광 蕎 매밀교(실

24(火) 19(土) 24(水) 23(金) 20(木) 22(金) 18(木)
16획) 翹 꼬리깃털교 舊 예구 軀 몸구 謳 노래구 瞿 볼구 鞠 국문할국 蕨 고사리궐

23(木) 21(木) 24(土) 23(水) 17(土) 20(金) 22(火)
(실16획) 闕 대궐궐 櫃 함궤 歸 돌아갈귀 竅 구멍규 隙 틈극(실13획) 謹 삼갈근 覲 뵐근

22(火) 20(火) 23(木) 20(火) 22(土) 27(金)
騎말탈기 騏말총이기 譏갈기 懦나약할나(실17획) 獰모질녕(영)(실17획) 斷끊을단

21(木) 19(木) 21(木) 20(金) 20(水)
簞대광주리단 蕁지모담(실16획) 擡들대(실17획) 戴일대 濤큰물결도(실17획)

21(火) 22(木) 19(土) 19(水) 20(水)
燾비출도 櫂노도 遯달아날둔(돈)(실15획) 曈달빛훤히치밀동((실16획) 濫퍼질람

22(木) 20(木) 20(木) 21(土) 23(金) 19(土)
(실17획)擥걸어잡을람 糧양식량(양) 禮예도례(예) 壘진루 謬그릇될류(유) 鳌

21(水) 20(水) 16(木) 23(火)
다스릴리(이) 鯉잉어리(이) 朦풍부할몽(실16획) 蕪거칠어질무(실16획) 鵡앵무새무

23(火) 20(水) 17(木) 20(金) 20(水) 20(木)
顝강할민 蟠서릴반 蕃우거질번(실16획) 璧둥근옥벽 癖적취벽 徹털별

20(火) 21(木) 21(金) 19(土) 19(水)
騈나란히할병 馥향기복 覆뒤집힐복 鄙더러울비(실14획) 濱물가빈(실17획)

20(木) 21(水) 24(木) 20(木) 19(火) 21(火) 19(水)
檳빈랑나무빈 殯염할빈 觴잔상 穡거둘색 雙쌍쌍 曙새벽서 膳반찬선(실16획)

21(木) 22(水) 22(木) 20(木) 22 19(金) 24(木)
繕기울선 蟬매미선 簫통소소 蕭맑은대쑥소(실16획) 鎖鎖쇠사슬쇄 繡수놓을수

20(金) 19(木) 18(金) 22(水)
璲패옥수(실17획) 蕣무궁화순(실16획) 璱푸른구슬슬(실17획) 濕축축할습(실17획)

20(火) 23(火) 24(火) 19(火) 16(土) 22(火)
燼깜북이불신 鵝거위아 顎얼굴높을악 顔얼굴안 隘좁을애(실13획) 額이마액

21(火) 18(水) 20(木) 23(土) 23(火) 22(火)
歟어조사여 濚물돌아나갈영(실17획) 穢더러울예 甕독옹 曜빛날요 燿빛날요

22(木)	21(水)	20(金)	18(木)	17(土)	23(火)

繞두를요 蟯요충요 鎔녹일용 蕓평지운(실16획) 隕떨어질운(실13획) 魏위나라위

20(木)	20(水)	23(水)	22(火)	21(金)

蔿애기풀위(실16획) 濡젖을유(실17획) 癒병나을유 曘햇빛유 贇예쁠윤(빈)

19(水)	20(木)	22(木)	22(火)	21(金)

濦예강이른은(실17획) 檼마룻대은 擬헤아릴의(실17획) 彛떳떳할이 爵벼슬작

24(木)	18(火)	23(金)	20(火)	19(土)	20(土)	22(金)

簪비녀잠 雜섞일잡 醬장장 儲쌓을저 適갈적(실15획) 蹟자취적 謫귀양갈적

21(火)	20(火)	20(水)	18(土)	20(金)

轉구를전 題표제제 濟건널제(실17획) 遭만날조(실5획) 璪면류관드림옥조(실17획)

21(火)	19(水)	23(木)	21(金)	22(木)	20(火)	22(金)

燽밝을주 濬깊을준(실17획) 繒비단증 贄폐백지 織짤직 職직업직 鎭진압진

16(土)	19(金)	24(水)	22(木)	19(土)

遮막을차(실15획) 璨빛날찬(실17획) 竄숨을찬 擦비빌찰(실17획) 蹠밟을척

22(木)	20(金)	16(木)	19(水)	24(火)	21(金)	21(土)

瞻볼첨 礎주추돌초 蕉파초초(실16획) 叢모일총 雛새끼추 鎚쇠망치추 魋대지를

21(水)	18(水)	21(金)	21(水)	22(木)

촉蟲벌레충 膵췌장췌(실16획) 贅혹췌 濯씻을탁(실17획) 擢뽑을탁(실17획)

19(木)	23(木)	19(水)	20(金)

蕩쓸어버릴탕(실16획) 闖말이문을나오는모양틈 膨부풀팽(실16획) 鞭채찍편

18(木)	23(金)	19(木)	21(木)	23(木)	20(火)	19(金)

蔽닳을폐(실16획) 斃죽을폐 豐풍년풍 檻우리함 闔문짝합 爀붉을혁 鎣줄형

18(木)	20(水)	22(金)	18(水)	20(金)

蕙혜초혜(실16획) 濠해자호(실17획) 鎬호경호 濩퍼질호(실17획) 環고리환

⑱,⑲

19(木)　　19(土)　　　　19(火)

(실17획)簧생황황 獲얻을획(실17획)燻연기낄훈

十九劃＜水＞

25(土)　19(木)　　　　19(土)　24(木)　　23(水)　　22(金)　　23(火)

疆지경강 薑생강강(실17획)羹국갱 繭고치견 鯨고래경 鏡거울경 鶊꾀꼬리경

　27(木)　25(水)　27(木)　21(火)　21(土)　　24(金)　22(木)　22(土)

繫맬계 鯤곤어곤 關빗장관 曠밝을광 壞무너질괴 轎가마교 麴누룩국 蹶넘어질궐

20(木)　　　23(土)　25(金)　20(火)　　21(水)　　　20(土)

襟옷깃금(실18획)麒기린기 譏나무랄기 難어려울난 膿고름농(실17획)鄲조나라서울

　　　23(水)　　22(金)　22(木)　23(金)　21(水)

단(실15획)膽쓸개담(실17획)譚이야기담 禱빌도 韜감출도 瀆도랑독(실18획)

22(木)　21(土)　24(水)　　19(土)　　　　25(土)

牘편지독 犢송아지독 臀볼기둔(실17획)鄧나라이름등(실15획)麗고울려(여)

23(木)　　24(木)　　23(水)　　　20(木)　26(土)

盧오두막집려(여)櫚종려나무려(여)濾거를려(여)(실18획)簾발렴(염)獵사냥렵

　　22(木)　　24(水)　　25(土)　　23(土)　19(土)

(엽)(실18획)櫓방패로(노)嚧웃을로(노)壟언덕롱(농)麓산기슭록(녹)遼멀료

22(金)　20(火)　　22(水)　　　22(火)　26(土)　　21(金)

(실16획)鏤새길루 類무리류(유)瀏맑을류(유)(실18획)離떠날리 嬴여윌리(이)鏋금만

25(水)　20(木)　　21(水)　　19(木)　　20(木)

霧안개무 薇고사리미(실17획)靡쓰러질미 薄엷을박(실17획)攀더위잡을반

30(金)　25(土)　21(金)　21(木)　26(火)　　21(水)　　20(金)

醱술괼발 龐클방 譜계보보 簿장부부 鵬붕새붕 臂팔비(실17획)璸구슬이름빈

㉒

21(木) 22(水) 24(金) 22(水) 20(金) 23(土)

(실18획)穦향기빈 顁쩡그릴빙 辭말씀사 寫쏟을사(실18획) 璽도장새 選가릴선

20(金) 19(木) 18(火)

(실16획)璿아름다운옥선(실18획)薛맑은대쑥설(실17획)暹해돋을섬(실16획)

23(水) 23(水) 23(土) 22(火) 22(金) 25(木) 24(水)

蟾두꺼비섬 霄하늘소 獸짐승수 鵝솔개수 璹옥그릇숙(실18획)繩줄승 蠅파리승

22(金) 17(木) 20(金) 20(水) 20(水)

識알식(지) 薪섶나무신(실17획) 璶옥돌신(실18획) 瀋즙심(실18획) 瀁내이름양

21(水) 24(水) 20(金) 22(金) 22(木)

(실18획)臆가슴억(실17획) 孽서자얼 瑍옥여(실18획) 礜돌이름여 繹풀어낼역

23(水) 23(木) 22(金) 22(金) 22(火) 19(土)

嚥삼킬연 擾어지러울요(실18획) 鏞종용 韻운운 願원할원 遺끼칠유(실16획)

19(木) 22(水) 23(火) 17(土) 19(木)

薏율무의(실17획) 蟻개미의 鵲까치작 障가로막을장(실14획) 薔장미장(실17획)

22(金) 24(火) 19(土) 19(土) 24(木)

鏑살촉적 顚꼭대기전 鄭나라정(실15획) 際사이제(실14획) 繰아청통견조

21(金) 23(土) 21(土) 22(木) 22(金) 18(土)

鏃살촉족 疇밭두둑주 遵쫓을준(실16획) 櫛빗즐,보낼즐 證증거증 遲늦을지(실16

22(金) 21(火) 23(金)16(金) 23(木) 20(木)

획)識표할지 懲헌날징 贊(賛)(실15획)도울찬 擲던질척(실18획) 薦천거할천

21(土) 23(火) 21(木) 23(水) 21(金) 26(木)

(실17획)遷옮길천(실16획) 轍바퀴자국철 簽농첨 鯖청어청 醮초례초 寵괼총

24(土) 23(水) 23(木) 27(木) 20(木) 23(金)

蹴찰축 癡어리석을치 攄펼터(실18획) 擺열릴파(실18획) 瓣외씨판 覇으뜸패

24(火) 21(火) 22(火) 20(水) 25(水) 29(水) 19(水)

騙속일편 爆터질폭 曝쬘폭 瀑폭포폭(실18획) 蟹게해 嚮향할향 瀅맑을형(실18

25(金) 20(金) 　　20(木) 　20(木) 　　　　23 　15(木)

획)醯초혜 譁시끄러울화 穫벼벨확 擴넓힐확(실18획) 繪(絵(실12획))그림회

1(水) 　　　22(木) 　　　　27(金)

膾회회(실17획) 薨죽을훙(실17획) 謫속일휼

二十劃 <水>

25(火) 　25(金) 　21(土) 　　　23(火) 　　23(金) 　　24(金)

覺깨달을각 釀추렴할갹 遽갑자기거(실17획) 騫어지러질건 瓊경옥경(실19획) 警

30(木) 　　22(木) 　　24(土) 　22(水) 　25(水) 　27(土)

경계할경 繼이을계 藁짚고(실18획) 勸권할권 饉흉년들근 競군셀긍 夔조심할기

24(土) 　　　23(水) 　25(水) 　24(火) 　22(木) 　　　23(火)

獺수달달(실19획) 黨무리당 竇구멍두 騰오를등 羅비단라(실19획) 懶게우를라

21(木) 　　　23(木) 　　　23(木) 　　　　24(金)

(실19획)藍쪽람(남)(실18획) 籃바구니람(남) 襤누더기람(남)(실19획) 礪숫돌려(여)

19(水) 　　　　26(金) 　　23(金) 　　24(金) 　　24(水)

瀝거를력(역)(실19획) 礫조약돌력(역) 齡나이령(영) 醴단술례(예) 露이슬로(노)

24(火) 　23(水) 　　　　25(水) 　　　23(水)

爐화로로(노) 瀘강이름로노(실19획) 瀧비올롱(농)(실19획) 瀨여울뢰(뇌)(실19획)

19(土) 　　　　24(水) 　22(木) 　　　22(木) 　26(火)

隣鄰이웃린(인)(실15획) 饅만두만 襪버선말(실19획) 麵밀가루면 鶩집올목

21(金) 　23(金)9(金) 　　24(水) 　23(金) 　21(水)

礬명반반 寶(宝(실8획))보배보 鰒전복복 譬비비할비 瀕물가빈(실19획)

24(木) 　　　　23(水) 　20(木) 　　　23(土) 　20(木)

繽어지러울빈(성한모양) 霰싸라기눈산 薩보살살(실18획) 孀과부상 薯참마서

20(木) (실18획)藇 아름다울서　21(火) (실18획)釋 풀석　21(金)鐥 복자선　25(金)贍 넉넉할섬　24(火)騷 떠들소

23(水)瀟 강이름소(실19획)　20(木)藎 조개풀신(실18획)　27(水)鰐 악어악　23(土)罌 양병앵　24(土)孃 계집애양

23(土)壤 흙양　22(火)嚴 엄할엄　22(金)譯 번역할역　25(火)曣 청명할연　27(水)瀛 바다영(실19획)　21(土)邀 멸요(실17획)

25(火)耀 빛날요　19(木)耤 깰개자(실18획)　22(木)藏 감출장(실18획)　22(土)躇 머뭇거릴저　22(金)齟 어긋날저

21(木)籍 서적적　23(水)癤 부스럼절　23(水)瀞 맑을정(실19획)　23(水)臍 배꼽제(실18획)　21(木)薺 냉이제(실18획)

24(土)躁 성급할조　21(金)鐘 종종　23(木)籌 투호살주　20(金)瓆 사람이름질(실19획)　20(金)鏶 판금집　23(木)纂 모을찬

26(木)闡 열천　27(木)觸 닿을촉　28(火)騶 말먹이는사람추　22(水)鰍 미꾸라지추　23(金)鬪 싸움투　25(木)飄 회오리바람표

20(土)避 피할피(실17획)　25(水)鰕 새우하　24(水)瀚 넓고큰모양한(실19획)　25(木)艦 싸움배함　23(水)鹹 짤함

21(水)瀣 이슬기운해(실19획)　23(土)邂 만날해(실17획)　23(木)櫶 나무이름헌　26(土)獻 바칠헌　25(火)懸 매달현20

24(金)譞 영리할현　26(木)馨 향기형　20(土)還 돌아올환(실17획)　21(火)懷 품을회(실19획)　21(金)鐄 종횡　25(金)斅 가르칠효

19(木)薰 향풀훈(실18획)　25(火)曦 햇빛희　24(土)犧 희생희　24(火)爔 불희20

二十一劃 <木>

26(金) 譴꾸짖을견　26(火) 鷄닭계　23(火) 顧돌아볼고　24(火) 轟울릴굉　27(火) 驅몰구　24(水) 饋먹일궤　27(水) 饑주릴기　22(火) 儺역귀쫓

24(金) 鑞을나鑞쇠사슬당　22(木) 藤등나무등(실19획)　25(水) 癩약물중독라(원음뢰)　25(火) 爛문드러질란(난)

25(木) 欄난간란(난)　24(水) 瀾물결란(난)(실20획)　27(火) 覽볼람(남)　28(水) 臘납향랍(납)(실19획)　29(水) 蠟밀랍(납)

27(火) 儷짝려(여)　22(木) 藜나라이름려(여)(실19획)　25(水) 蠣굴려(여)(실19획)　26(金) 瓏옥소리롱(농)(실20획)

28(火) 魔마귀마　23(土) 邈멀막(실18획)　21(土) 邁갈매(실18획)　24(火) 驀말탈맥　26(火)23(火) 飜(翻)(실18획))뒤칠번

20(木) 藩덮을번(실19획)　26(木) 闢열벽　24(水) 霹벼락벽　22(金) 辯말잘할변　28(土) 麝사향노루사　23(水) 饍반찬선　24(金) 齧물설

23(水) 殲다죽일섬　26(木) 續이을속　26(木) 屬엮을속　21(土) 隨따를수(실16획)　22(木) 藪늪수(실19획)　22(土) 邃깊을수

21(土) 隧길수(실16획)　25(火) 鶯꾀꼬리앵　24(木) 櫻앵두나무앵　24(木) 藥약약(실19획)　26(土) 躍뛸약

24(木) 攘물리칠양(실20획)　24(火) 輿수레여　23(水) 瀅물졸졸흐를영(실20획)　24(木) 藝재주예(실19획)　24(金) 譽기릴예

24(水) 饒넉넉할요　22(木) 藕연뿌리우21(실19획)　25(水) 瀷강이름익21(실20획)　25(水) 嚼씹을작　26(金) 臟장물장

25(土) 齎가저올재　25(木) 纏얽힐전　24(金) 鐫새길전　25(土) 躊머뭇거릴주　24(水) 蠢꿈틀거릴준　28(水) 饌반찬찬　21(火) 懺뉘우칠

23(金) 22(金) 25(火) 24(木) 25(火) 20(土)

鐵참(실20획) 鐸쇠철 驃방울탁 飆표절따표 鶴회리바람표 險학학 혐할험(실16획)

23(金) 25(火) 24(金) 24(水)

護보호할호 顥클호 鐶고리환 鰥홀아비환

二十二劃 <木>

25(金)25(金) 29(土) 26(水) 21(木) 23(水) 28(火)

鑑(鑒)거울감 龕감실감 鱇아귀강 藿콩잎곽(실20획) 灌물댈관(실21획) 驕교만할교

23(火) 29(火) 24(木) 27(水) 26(金)

懼두려워할구(실21획) 鷗갈매기구 權권세권 囊주머니낭 讀글읽을독. 귀절두, 토두

25(金) 28(火) 28(土) 24(木)

瓓옥광채란(난)(실21획) 轢삐걱거릴력(역) 孿아름다울련(연) 蘆갈대로(노)(실20획)

28(木) 28(水) 28(火) 23(木)

籠대그릇롱(농) 朧흐릿할롱(농)(실20획) 聾귀머거리롱(농) 藺골풀린(실20획)

28(土) 31(火) 27(水) 25(土) 24(水) 22(木)

彎뫼만 彎굽을만 鰻뱀장어만 邊가변(실19획) 癬옴선 攝당길섭(실21획)

22(木) 25(金) 24(火) 29(木) 25(木) 25(木)

蘇차조기소(실20획) 贖속바칠속 鬚수염수 襲엄습할습 禳제사이름양 穰볏대양

25(金) 24(火) 24(金) 23(木) 26(水)

齬어긋날어 儼의젓할엄 瓔구슬목거리영(실21획) 蘂꽃술예(실20획) 鰲자라오

24(木) 26(水) 21(火土) 24(木) 26(火)

蘊쌓을온(실20획) 饔아침밥옹 隱숨을은(실17획) 霒정하고볼응 懿아름다울의

22(土) 26(木) 22(木) 26(火) 28(水) 26(水)

邇 가까울이(실19획) 欌 장롱장 藷 사탕수수저(실20획) 顫 떨릴전 竊 훔칠절 霽 갤제

23(木) 25(金) 24(金) 27(土) 27(土) 24(火)

藻 말조(실20획) 鑄 쇠부어만들주 齪 악착할착 巑 높이솟을찬 疊 겹쳐질첩 聽 들을청

29(金) 30(水) 22(水) 25(金) 25(金) 26(火)

響 울릴향 饗 잔치할향 瀅 물이름형(실21획) 譓 슬기로울혜 歡 기뻐할환 驍 날랠효

23(金) 26(水)

鑂 금빛투색할훈 囍 쌍희희

二十三劃 〈火〉

28(火) 27(水) 24(金) 24(金) 25(木) 28(木)

驚 놀랄경 蠱 좀고 瓘 옥이름관(실22획) 鑛 쇳돌광 蘭 난초난(란)(실21획) 欒 나무이

29(火) 29(木) 29(火) 29(土) 27(火水)

름란(난) 戀 사모할련(연) 攣 걸릴련(연) 鷺 해오라기로(노) 麐 기린린(인) 鱗 비늘린

25(水) 23(木) 29(金) 27(水) 23(木)

(인) 黴 곰팡이미 蘗 황경나무벽(실21획) 變 변할변 鱉 자라별 蘚 이끼선(실21획)

26(木) 28(水) 30(金) 24(金) 26(土) 23(木)

纖 가늘섬 灑 뿌릴쇄(실22획) 髓 골수수 讐 원수수 巖 바위암 蘖 그루터기얼(실21획)

26(火) 29(金) 28(木) 30(水) 25(木) 27(木)

驛 역참역 釅 잔치연 纓 갓끈영 癰 악창옹 蘟 은총은(실21획) 攢 모일찬(실22획)

24(木) 29(金) 30(火) 23(水) 27(火) 29(火)20(火)

籤 제비첨 體 몸체 鷲 수리취 灘 여울탄(실22획) 驗 징험할험 顯(顕)(실18획)

25(金) 33(火)

나타날현 護 구할호 鷸 도요새휼

二十四劃 ＜火＞

27(土)　29(木)　　27(火)　28(火)　25(水)　28(水)

罐두레박관　攪어지러울교(실23획)　衢네거리구　羈굴레기　靂벼락력(역)　靈신령령

27(金)　30(水)　28(金)　29(金)　28(水)　30(土)25(土)

(영)　齷악착할악　靄아지랑이애　讓사양할양　釀빚을양　鹽소금염　艷(艶 실19획)

29(水)　32(水)　28(水)　　29(水)　28(木)　27(金)

고울염　鼇자라오　蠶누에잠　臟오장장(실22획)　癲미칠전　轞관대할차　瓚제기찬

26(金)　34(金)　31(金)　30(木)　30(水)　27(火)

(실23획)　讒참서참　讒참소할참　韆그네천　矗우거질촉　囑부탁할촉　驟달릴취

27(木)

攫붙잡을확(실23획)

二十五劃 ＜土＞

30(火)　32(木)　26(木)　　31(木)　　　31(木)

觀볼관　蠹독독　蘿무라(나)(실23획)　攬잡을람(남)(실24획)　欖감람나무람(남)

28(木)　31(水)　31(水)　31(木)　27(木)　28(水)

籬울타리리(이)　蠻오랑캐만　鼈자라별　纘이을찬　廳관청청　灝넓을호(실24획)

二十六劃 ＜土＞

27(土)　　32(火)　34(水)　31(金)24(金)

邏순행할라(나)(실23획)　驢나귀려(여)　灣물굽이만(실25획)　讚(讚 실22획)기릴찬

二十七劃 〈金〉

32(火)　　35(木)　　　31(土)　　　　31(金)

驥천리마기　纜닻줄람(남)　躪짓밟을린(인)　鑽끌찬

二十八劃 〈金〉

32(火)　　34(火)　　33(金)　　32(火)

戇어리석을당　鸚앵무새앵　鑿뚫을착　讙기뻐할환

二十九劃 〈水〉

37(火)　　34(木)

驪가라말려(여)　鬱막힐울

三十劃 〈水〉

38(火)

鸞난새란(난)

人名用 漢字 (音部)

가 음부 <木>

○가家佳街可歌加價假架暇嘉嫁稼賈駕伽迦柯,呵苛哥枷珂痂茄袈訶跏軻 ○각各角脚却閣覺刻殼珏恪殼,慤 ○간干間看刊肝幹簡姦懇艮侃杆玕竿諫揀墾栞,奸柬桿澗癇磵稈艱 ○갈渴葛,乫喝曷碣竭褐蝎鞨 ○감甘減感敢監鑑(鑒)勘堪瞰,坎嵌憾戡柑橄疳紺邯龕 ○갑甲鉀,匣岬胛閘 ○강江降講强(強)康剛鋼綱杠堈岡崗姜橿疆慷,畺彊糠絳羌腔舡薑襁鱇嬃踫 ○개改皆個(箇)開介慨概蓋(盖)价凱愷漑,塏恺疥芥豈鎧玠 ○객客,喀 ○갱更坑粳羹 ○갹醵 ○거去巨居車擧拒距拒據渠遽鉅(혹鋸)炬,倨据祛踞鋸 ○건建乾件巾虔健楗鍵,愆腱蹇騫 ○걸傑杰,乞桀 ○검儉劍(劒)檢,瞼鈐黔 ○겁劫怯法 ○게憩揭,偈 ○격格擊激隔檄,膈覡 ○견犬見堅肩絹遣牽鵑,甄繭譴 ○결決結潔缺訣,抉 ○겸兼謙鎌,慊箝鉗 ○경京景輕經庚耕敬驚慶競竟境鏡頃傾硬警徑卿倞鯨坰耿炅梗儆憬擎暻更俓涇璟瓊莖勁逕潁冏勍檾(橄),烱璥痙磬絅脛頸囧鶊 ○계癸季界計溪鷄系係戒械繼契桂啓階娃誡,堺屆悸棨磎稽繫谿 ○고古故固苦考(攷)高告枯姑庫孤鼓稿顧叩敲皐暠,呱尻拷槁沽痼睾羔股膏苽菰藁蠱袴誥賈辜錮雇杲 ○곡谷曲穀哭,斛梏鵠 ○곤困

坤昆崑琨錕,梱棍滾衮鯤 ○골骨,汨滑 ○공工功空共公孔供恭攻恐貢珙控,拱蚣蛩 ○과果課科過戈瓜誇寡菓,跨鍋顆 ○곽郭廓,槨藿 ○관官觀關館(舘)管貫慣冠寬款琯錧灌瓘梡,串棺罐菅 ○괄括,刮恝适 ○광光廣(広)鑛侊洸珖匡曠桄吷,壙狂筐胱 ○괘掛,卦罫 ○괴塊愧怪壞,乖傀拐槐魁 ○굉宏,紘肱轟 ○교交校橋敎(教)郊較巧矯僑喬嬌膠,咬嶠攪狡皎絞翹蕎蛟轎餃驕鮫姣 ○구九口求救究久句舊具俱區驅鷗苟拘狗丘懼龜構球坵玖矩邱銶鳩溝購軀耉枸,仇勾咎嘔垢寇嶇廐柩歐毆毬灸瞿絿臼舅衢謳逑鉤駒 ○국國(国)菊局鞠,鞫麴 ○군君郡軍群,窘裙 ○굴屈窟,堀掘 ○궁弓宮窮躬,穹芎 ○권卷權勸券拳圈眷,倦捲淃 ○궐厥闕,獗蕨蹶 ○궤軌,机櫃潰詭饋 ○귀貴歸鬼龜,句晷鮠 ○규叫規糾閨圭奎揆珪逵窺葵,槻硅竅糾赳閨糺 ○균均菌畇鈞,勻筠龜 ○귤橘, ○극極克劇剋隙,戟棘 ○근近勤根斤僅謹槿瑾墐漌僅嫤筋劤,懃芹菫覲饉 ○글契, ○금金今錦琴禁禽衾襟吟妗擒檎芩衿 ○급及給急級汲,伋扱 ○긍肯亘(互)兢矜, ○기己紀記起其基期氣技既忌旗奇寄騎豈器幾沂企機畿飢棄欺器淇琪琪棋祺錤騏麒玘崎杞埼琦綺錡箕岐汽沂圻耆璣磯冀驥嗜暣譏琪伎,夔妓朞畸碁祁祇羈機肌饑稘 ○긴緊, ○길吉佶桔姞,拮 ○김金, ○끽喫

나 음부<火>

○나那奈柰娜拏,儺喇懦拿挐方多胗 ○낙諾, ○난暖難煖,

○날捺,捏　○남南男楠湳,枏　○납納,衲　○낭娘,囊　○내內乃奈耐,柰　○녀女,　○년年,(秊)撚　○념念,捻恬拈　○녕寧,寗獰　○노怒奴努,弩瑙駑　○농農濃,膿　○뇌腦惱,　○뇨尿鬧撓　○눈嫩　○눌訥　○뉴紐鈕,杻　○능能,　○니泥,尼柅　○닉匿溺

다 음부 〈火〉

○다多茶,爹　○단丹但單短團端旦段斷壇檀鍛緞,亶彖湍簞蛋袒鄲　○달達,撻澾獺疸　○담談淡潭擔譚膽澹覃,啖坍憺曇湛痰聃蕁錟　○답答畓踏,沓遝　○당堂當唐糖黨塘鐺撞,幢戇棠螳　○대大代待隊帶對貸臺戴垈玳袋擡旲,坮岱黛　○댁宅,　○덕德(悳),　○도刀到度道島徒導渡都圖倒挑桃途稻跳逃陶盜逃堵塗棹濤燾禱鍍蹈,屠嶋悼掉搗櫂淘滔睹萄覩賭韜　○독獨督毒篤讀,瀆牘犢禿纛　○돈豚敦墩惇暾燉頓,焞旽沌　○돌突乭,　○동同洞銅動童冬東棟桐董凍潼垌瞳楝,仝憧疼胴朣瞳彤烔　○두斗豆頭杜枓,兜痘竇荳讀逗阧　○둔鈍屯遁,臀芚遯　○득得,　○등登燈等藤騰鄧謄,嶝橙

라 음부 〈火〉

○라羅螺,喇懶癩蘿裸邏剌　○락樂落絡洛珞酪,烙駱　○란卵亂蘭爛欄瀾璣,丹欒鸞　○랄刺辣　○람藍覽濫,嵐擥

攬欖籃纜襤姏　○랍拉臘蠟　○랑郎浪朗廊琅瑯,狼螂　○
래來(来)崍萊,徠　○랭冷,　○략略掠,　○량良兩梁量糧
諒樑涼亮倆,粮粱輛　○려麗旅慮勵黎閭呂侶,儷廬戾櫚濾礪
藜蠣驢驪　○력力歷曆,瀝礫轢靂　○련連蓮聯練鍊戀憐煉
璉,攣漣輦變　○렬列烈裂劣洌,挒　○렴廉濂簾斂,殮　○
렵獵,　○령令領嶺零靈伶玲姈吟鈴齡怜,囹岺笭羚翎聆逞泠
○례例禮(礼),澧醴隷　○로勞路老露爐魯盧鷺,撈擄櫓潞瀘
蘆虜輅鹵壚　○록祿綠錄鹿彔,碌菉麓　○론論,　○롱弄
瀧瓏籠,壟朧聾　○뢰雷賴瀨,儡牢磊賂賚　○료料了僚遼,寮
廖燎療瞭聊蓼　○룡龍(竜),　○루屢累樓淚漏,壘婁瘻縷蔞
褸鏤陋　○류柳留類流琉劉瑠硫,瘤旒榴溜瀏謬　○륙六
陸,戮　○륜倫輪侖崙綸,淪錀　○률率栗律,慄　○륭隆,
○륵勒肋　○름凜,廩　○릉陵綾菱稜,凌楞　○리里梨理
利李吏裏(裡)離履俚璃莉离俐悧,浬厘唎犁狸痢籬罹羸螯鯉
涖雇支　○린隣潾璘麟,吝燐藺躪鱗鄰鹿恡撛　○림臨林琳
霖淋,　○립立笠粒,砬

마 음부 <水>

○마馬麻磨磨瑪,摩痲碼魔　○막莫漠幕,寞膜邈　○만萬
滿晩慢漫蠻万曼蔓鏋,卍娩巒彎挽灣瞞輓饅鰻　○말末茉,秣
抹沫襪靺　○망亡忙忘望茫妄罔網,芒莽輞邙　○매每梅妹
媒賣買埋,寐昧枚煤罵邁魅　○맥麥脈,貊陌驀　○맹孟猛

盟盲萌,氓　　○멱冪覓　　○면免勉面眠綿冕棉,沔眄緬麵
○멸滅,蔑　○명名銘命明鳴銘冥溟,暝榠皿瞑茗蓂螟酩慏洺
○몌袂　○모母毛某模謀矛募慕暮貌冒摸牟謨,侮姆帽摹牡
瑁眸耗芼茅　　○목木目牧沐睦穆,鶩　　○몰沒,歿　　○몽夢
蒙,朦　　○묘卯妙苗墓廟描錨畝,昴杳渺猫玅　　○무戊茂武
務霧無(无)舞貿拇珷畝撫懋,巫憮楘母繆蕪誣鵡　○묵墨黙,
○문文問聞門汶炆紋,們刎吻紊蚊雯　　○물勿物,沕　　○미
米未味美尾迷微眉渼彌(弥)薇山美媄媚,嵋楣楣湄謎靡徽躾
嫩　　○민民敏憫玟旻旼閔珉愍岷忞愍敃潣暋頣泯砇,悶緡碈
潣頁　　○밀密蜜,謐

바 음부 〈水〉

○박泊拍博迫朴薄珀璞鉑舶撲,箔剝樸粕縛膊雹駁　　○반反
半班盤返叛飯般潘伴畔磐頒,拌搬攀斑槃泮瘢盼磻礬絆蟠
○발發拔髮鉢渤潑,勃撥跋醱魃　　○방方房傍倣放訪芳防妨
邦坊彷龐昉榜,厖幇旁枋滂磅紡肪膀舫蒡蚌謗　　　○배拜杯
(盃)倍培配背排輩湃陪裵(裴)湃,俳徘焙胚褙賠北　　　○백白
百伯栢(柏)佰帛,魄　○번番飜(翻)繁煩蕃,幡樊燔磻藩　　○
벌伐罰閥,筏　　○범凡犯範汎帆机氾范梵,泛　　○법法,琺
○벽壁碧璧闢,僻劈擘檗癖薜霹　　　○변變辨辯邊卞弁,便
○별別,彆驚鱉襒莂香今　○병丙病兵竝(並)屛幷(幷)倂棅軿餠
瓶(혹甁)炳柄昺(昺)秉,餅騈　○보保步報普補譜寶(宝)堡甫

輔菩潽,狀泙珛裸　○뵉福伏服復腹複卜馥鍑,僕匐宓茯葍覆　轐輻鰒　○본本,　○볼甍,　○봉奉逢峰(峯)蜂封鳳俸捧烽　琫棒熢蓬鋒,熢縫　○부夫扶父富部否副符附浮付府簿婦賦　膚赴負腐孚芙溥敷傅復,不俯剖咐埠孵斧缶腑孵莩訃賻跌釜　阜駙梟　○북北,　○분分紛粉奔憤墳奮汾芬盆,吩噴忿扮　昐焚糞賁雾　○불不佛弗拂,佛　○붕朋崩鵬,棚硼繃　○　비比非悲飛備費批鼻卑婢碑妃肥祕(秘)庇枇琵屝譬,丕匕匪　悲斐棐毖毗毘沸泌痺砒秕秕緋翡脾臂菲蜚裨誹鄙棐　○빈　貧賓頻彬斌濱嬪穦儐璸玭,顰檳殯浜瀕牝邠繽　○빙氷聘憑,　騁

사 음부 〈金〉

○사四巳士仕寺史使舍射謝師死私絲思事司詞蛇捨邪賜斜　詐社沙似査寫辭斯祀泗砂糸紗娑徙奢嗣赦,乍些伺俟傞唆　柶梭渣瀉獅祠篩肆莎蓑裟飼駟麝　○삭削朔,數索　○산　山産算散酸珊傘,刪汕疝蒜霰　○살殺薩,乷撒煞　○삼三　森參蔘杉衫,滲芟　○삽揷(挿),澁鈒颯　○상上尙想霜相　祥詳常裳賞床(牀)償象像嘗商傷喪桑狀庠湘箱翔爽塽,孀峠　廂橡觴樣　○쌍雙,　○새塞,璽賽　○색色索嗇穡,塞　○　생生,甥牲省笙　○서西序書緖署暑叙(敍)徐庶恕抒舒瑞棲　(栖)曙誓壻(婿)惝諝,墅嶼捿筮絮胥薯逝犀鋤黍鼠嶼薁　○　석石夕昔惜席釋析碩奭汐淅晳錫祏鉐,潟蓆　○선先仙善鮮

選船線宣旋禪扇渲琁瑄璇璿嬋羨銑墡愃膳繕珗嫙,僊敾煽癬
腺薛蟬詵跣鐥饍 　○설雪說設舌乭楔薛,屑泄洩渫褻齧鍥契
○섬暹蟾纖,刻殲贍陝閃 　○섭燮涉攝葉, 　○성姓性成城
誠盛省星聖聲惺晟(日成)珹娍悜醒瑆,宬猩筬腥聖胜 　○세
世洗歲勢細稅貰,笹說忕 　○소小少所訴掃疏蘇蔬消素笑召
昭燒騷沼炤紹邵韶巢疎遡柖玿,嘯塑宵搔梳溯瀟甦瘙篠簫蕭
逍銷愫穌雲骨 　○속俗速續束屬粟, 洓謖贖 　○손孫損遜
巽,蓀飧 　○솔率帥, ○송松送訟頌誦宋淞悚 　○쇄刷鎖,
殺灑碎鎖 　○쇠衰釗, 　○수水手受授首守收誰須雖愁樹壽
(寿)數修(脩)秀囚需帥殊隨輸遂洙睡獸琇銖繡隨垂粹穗(穂)
髓隋搜袖,嗽嫂岫(峀)戍漱燧狩璲瘦竪綏綬羞茱蒐蓚藪讐邃
酬銹隧鬚灘垂鳥睟 　　○숙叔淑肅宿孰熟塾琡璹橚,夙潚菽
○순旬純旬殉盾順瞬循屑巡洵珣筍荀舜淳諄錞醇火享,徇恂
栒楯橓蓴蕣詢馴 　○술戌述術,鉥 　○숭崇嵩,崧 　○슬瑟
膝璱,蝨 　○습習拾襲濕,褶 　○승乘承勝升昇僧丞陞繩,蠅
滕承塍 　○시市示是時詩施試視始矢侍柴恃,匙嘶媤尸屎屍
弑柿猜翅蒔蓍諡豕豺偲 　○씨氏, ○식食式植識息飾栻埴
殖湜軾寔,拭熄簛蝕 　○신身申神臣信辛新伸晨愼紳莘薪迅
訊,侁呻娠宸燼腎藎蜃辰璶 　○실失室實(実)悉, ○심心甚
深審尋沁沈,瀋芯諶 　○십十什拾,

아 음부 ＜土＞

○아兒(児)我牙芽亞(亜)阿雅餓娥峨衙砢,俄啞莪蛾訝鴉鵝婀 ○악惡岳樂堊嶽,幄愕握渥鄂鍔顎鰐齷 ○안安案眼岸鴈(雁)顔晏按,鞍鮟 ○알謁,斡軋閼 ○암巖(岩)暗庵菴,唵癌閣 ○압壓押鴨,狎 ○앙仰央殃昂鴦,怏秧 ○애愛哀涯厓崖艾,埃曖碍隘靄 ○액厄額液,扼掖縊腋 ○앵鶯櫻,罌鸚 ○야也夜野耶冶,倻惹揶椰爺若 ○약弱約藥若躍,葯蒻 ○양羊洋陽楊揚養樣讓壤襄孃漾,佯恙攘敭暘瀁煬痒瘍禳穰釀易 ○어魚漁於語御,圄瘀禦馭齬唹 ○억億憶抑檍,臆 ○언言焉諺彦,偃堰嫣 ○얼孼蘖 ○엄嚴奄俺掩,儼淹 ○업業嶪, ○엔円, ○여余餘如與汝輿予與,歟璵礖舻茹轝妤 ○역亦易域譯驛逆役疫域睗,繹 ○연研硯鉛演然燃煙(烟)延燃燕沿緣宴軟衍淵姸娟沇涓筵瑌姃,嚥堧捐挺椽涎縯鳶曣燃醼兗 ○열悅熱閱說,咽 ○염炎染鹽琰艶(艷),厭焰苒閻髯 ○엽葉燁曄煠, ○영永詠英營榮(栄)迎泳影映暎楹渶煐瑛濴盈鍈嬰瑩穎瓔咏,坱嶸潁瀯瀛纓霙 ○예豫預藝譽銳芮乂叡(睿,)倪刈曳汭濊猊穢蘂裔詣霓堄埶榮玼 ○오五吾午誤烏梧悟污嗚娛傲伍吳旿晤奧珸,俉塢墺寤惡懊敖澳熬獒筽蜈鰲鼇浯 ○옥玉屋獄沃鈺, ○온溫瑥穩媼,瘟縕蘊 ○올兀, ○옹翁雍甕擁,瓮甕癰邕饔 ○와瓦臥,渦窩窪蛙蝸訛 ○완完綏玩垸浣婉琬琓莞婠宛,梡椀碗翫脘腕豌阮頑妧岏 ○왈曰, ○왕王往旺汪枉, ○왜倭娃歪矮 ○외外畏,嵬巍猥 ○요要搖遙腰夭堯曜耀瑤樂饒姚

謠僥,凹妖嶢拗擾樂橈燿窈窯繇繞蟯邀嗂　○욕欲浴慾辱,縟褥　○용用勇容庸鎔溶瑢榕蓉湧涌埇踊墉鏞茸塘甬,俑傭冗慂熔聳俗　○우于宇右牛友雨遇愚憂又尤羽優佑祐郵玗寓迂盱禹瑀偶霒堣隅釪,盂禑紆芋藕虞雺扜　○욱旭昱煜郁項彧,勖栯稶　○운云雲運韻沄澐転暈会,暈標殞煩芸蕓隕　○울蔚,鬱乮　○웅雄熊,　○원元原院源願圓援遠園媛瑗苑轅愿嫄怨員袁垣洹沅婉,寃湲爰猿阮鴛褑　○월月越,鉞　○위位危爲偉威緯圍衛(衞)僞謂慰胃僞違委尉渭瑋韋魏暐,萎葦蔿蝟禕　○유由油酉有儒遺幼幽愈維惟乳唯悠侑洧宥誘猶遊柔裕庾兪楡喩瑜猷濡愉釉攸柚釉玉佳,孺揄楢游癒臾萸諛諭踰蹂逾鍮嚅婑　○육肉育堉,毓　○윤潤閏尹允玧鈗胤阭奫,贇闉昀　○율聿,燏汨　○융融,戎瀜絨　○은恩銀隱垠殷誾溵珢,慇濦听玉恩訢億圻蘟檼檃　○을乙,　○음音吟陰飮淫,蔭　○읍邑泣,揖　○응應膺鷹凝,目應　○의衣依義議矣儀意宜醫疑倚誼毅擬懿,椅巇薏蟻　○이二貳以已耳而移異移夷伊易弛怡彛(彜)爾珥頤,姨痍肄苡羡貽邇飴嫛杝　○익益翼翊瀷謚翌熤,　○인人引仁因忍認寅印刃姻,咽湮絪茵蚓靭靷梀茫　○일一日壹逸溢鎰馹佾,佚　○임壬任賃妊姙稔,荏恁言壬　○입入,卄　○잉剩,仍孕芿

자 음부 〈金〉
○자子字自者姉(姊)玆資姿恣刺仔慈紫雌磁滋藉瓷,咨孜炙

煮茨煮蔗疵諮　　○작作昨酌爵灼芍雀鵲,勺嚼斫炸綽　　○잔殘,孱棧潺盞　　○잠暫潛(潜)蠶箴,岑簪　　○잡雜,　　○장長場丈張章障裝莊(庄)牆(墙)將壯奬帳掌粧藏臟腸匠杖奘葬暲薔璋漳樟蔣,仗狀檣檣漿獐臟贓醬　　○재才材財在載裁再哉災栽宰梓縡齋滓,滓齎　　○쟁爭錚,箏諍　　○저著貯低底抵苧邸楮沮,佇儲咀姐杵樗狙渚猪疽箸紵菹諸詛躇這雎齟　　○적的赤寂適滴摘積績蹟籍笛敵跡賊迪,勣嫡翟荻謫迹鏑吊狄炙　　○전田全典前展錢電專傳轉戰佺栓詮銓琠甸塡殿奠荃雋(音준)顚,佃剪塼廛悛甎澱煎畑癲筌箋箭篆纏輾鈿鐫顫餞　　○절節絶切折哲,截浙癤竊　　○점店占點(点)漸,粘岾霑鮎　　○접接蝶,摺　　○정丁停頂井正政定貞程淨整情靜(静)精淨庭亭訂廷程征釘整汀玎町呈桯理娗偵湞幀楨禎珽挺綎鼎晶晸柾鉦淀錠鋌鄭靖靚鋥姃淳涏爭頁婷,旌檉瀞晴碇穽艇謭酊霆埩妍靑彡征　　○제弟第帝提題堤制齊際濟第製諸除祭悌梯提,劑啼臍薺蹄醍霽　　○조兆早組調造助祖弔燥操條朝潮照燥租鳥趙遭彫措晁窕祚曹肇詔釣眺,俎凋嘲棗曺槽漕爪璪稠粗糟繰藻蚤躁阻雕　　○족足族,簇鏃　　○존存尊,　　○졸卒拙,猝　　○종宗種鐘從縱終倧琮棕淙鍾悰綜璁,慫腫踪踵柊樅　　○좌左坐佐座,挫　　○죄罪,　　○주主注住朱宙走酒晝舟周株州洲柱胄奏湊炷註珠鑄疇週駐遒(酒)澍姝姝,侏做呪嗾廚籌紂紬綢蛛誅躊輳酎燽鈾拄裯　　○죽竹,粥　　○준準俊遵峻浚晙埈焌竣晙駿准濬雋儁埻隼,寯樽蠢逡純倰噂　　○줄茁,　　○중

中重仲衆, ○즉卽,即 ○즐櫛, ○즙汁,楫茸 ○증曾增
贈症證蒸憎烝甑,拯繒 ○지只支枝止之知地指志至紙持池
誌智遲旨沚址祉祇芝趾摯鋕脂,咫枳砥肢芷漬蜘識贄泜底
○직直織職稙稷, ○진辰眞(真)鎭振進盡陳陣珍璡軫震塵
瑱晉(晋)瑨(王晋)津璡秦軫抮診縝賑禛溱塡,唇嗔搢桭榛殄
畛疹瞋縉臻敶袗鉁眹蓁昣 ○질質秩疾姪瓆,侄叱嫉帙桎
窒膣蛭跌迭 ○짐斟朕 ○집集執什潗(潗)楫輯鏶,緝 ○
징徵懲澄,

차 음부 <金>
○차且次此借差車叉瑳,侘嗟嵯磋箚茶蹉遮硨韄姹 ○착着
錯捉,搾窄鑿齪 ○찬贊(賛)讚(讃)撰燦璨粲瓚澯纂纘鑽,竄
篡餐饌攢巑 ○찰察札,刹擦紮 ○참參慘慚(慙),僭塹懺斬
站讒讖 ○창昌唱倉創蒼滄暢窓昶廠倣彰菖,倡娼愴槍漲猖
瘡脹艙 ○채採彩菜債采埰蔡寀綵,寨砦釵琗採婇 ○책策責
冊(册),柵 ○처妻處悽,凄 ○척尺斥拓戚陟坧,倜刺剔慽
擲滌瘠脊蹠隻 ○천千天川泉踐淺薦仟阡遷賤,喘擅玔穿舛
釧闡韆茜 ○철鐵哲徹喆澈撤轍綴,凸輟 ○첨尖添僉瞻,
沾惉簽籤詹諂 ○첩妾帖捷,堞牒疊睫諜貼輒 ○청青(靑)
淸(氵靑)請(言靑)晴(日靑)廳聽,菁鯖 ○체體替締遞諦,切
剃涕滯逮 ○초草(艸)招肖超抄初礎樵焦蕉楚,剿哨憔梢椒
炒秒硝礁稍苕貂酢醋醮岧鈔 ○촉促燭觸,囑矗蜀 ○촌寸

附錄 : 721

村,忖邨　○충總聰(聡)寵叢銃,塚恩憁憁蔥総　○촬撮　○
최最催崔,　○추秋追推抽楸樞鄒錐錘醜,墜椎湫皺芻萩諏趨
酋鎚雛騶鰍　○축丑祝畜縮築蓄逐軸,竺筑蹙蹴　○춘春椿
瑃賰,　○출出,朮黜　○충充忠衝蟲(虫)珫沖(冲)衷,　○췌
萃,悴膵贅　○취取吹臭趣就醉翠聚,嘴娶炊脆驟鷲　○측
側測,仄厠惻　○층層,　○치治致齒値置恥稚熾峙雉馳,侈
嗤幟梔淄痔痴癡稱緇緻蚩輜　○칙則勅,飭　○친親,　○
칠七漆,柒　○침針侵浸寢沈枕琛,砧鍼　○칩蟄,　○칭稱,
秤

카 음부 〈木〉
○쾌快夬,

타 음부 〈火〉
○타　他打妥墮,咤唾惰拖朶楕舵陀馱駝　○탁濯琢濁托度
卓倬琸鐸晫託擢拓,啄坼度柝　○탄彈歎炭吞坦灘誕,嘆憚綻
○탈脫奪,　○탐探貪耽,眈　○탑塔,搭榻　○탕湯,宕帑糖
蕩　○태太泰怠殆態汰兌台胎邰,笞苔跆颱　○택宅澤擇垞
(音타),　○탱撑　○터攄　○토土吐兎討,　○통通統痛
桶,慟洞筒　○퇴退堆,槌腿褪頹　○투投透鬪,偸套妬　○
특特,慝　○틈闖

파 음부 <水>

파破波派頗罷播琶巴杷芭坡杷,婆擺爬跛　○판判板販版阪坂,瓣辦鈑　○팔八,叭捌　○패貝敗霸浿佩牌,唄悖沛狽稗　○팽彭澎,烹膨　○퍅愎　○편片便編篇遍扁偏,翩鞭騗　○폄貶　○평平評坪枰泙,萍　○폐幣廢閉肺弊蔽陛,吠嬖斃　○포布抱包胞飽浦捕葡褒砲鋪,佈匍匏咆哺圃怖抛暴泡疱脯苞蒲袍逋鮑　○폭暴爆幅,曝瀑輻　○표表票漂杓豹彪驃標,俵剽慓瓢飆飄　○품品稟,　○풍豊(豊)風楓,諷馮　○피皮彼疲被避,披陂　○필必筆匹畢弼泌毖祕苾鉍佖,疋　○핍逼乏

하 음부 <土>

○하下夏何河荷賀廈(廈)霞昰,瑕蝦遐鰕呀嘏碬　○학學(学)鶴,,壑虐謔嗃　○한閑寒恨限漢韓旱汗澣瀚翰閒,悍罕瀾嶰　○할割轄,　○함咸含陷函涵艦,唅喊檻緘銜鹹　○합合,哈盒蛤閤闔陝　○항恒(恆)巷航港抗項亢沆姮,伉嫦杭桁缸肛行降　○해害該海亥解奚諧偕楷,咳垓孩懈瀣蟹邂駭骸咍　○핵核,劾　○행行幸杏,荇倖　○향向香響鄕享珦,嚮餉饗　○허許虛墟,噓　○헌軒憲獻櫶,輲　○헐歇　○험驗險,　○혁革赫爀奕,焱血烞　○현絃現賢玄弦顯(顯)見峴縣懸睍泫炫玹鉉眩眩絢呟,俔睍舷衒　○혈血穴,子頁　○혐嫌　○협協脅俠峽浹挾,夾狹脇莢鋏頰　○형兄刑形亨螢型

附錄 723

邢珩洞炯衡澄瑩馨熒,榮瀅荊逈鎣　　○혜兮惠(惠)慧蕙彗譓惠憓,嘒蹊醯鞋　　○호戶乎呼好虎號湖互胡毫豪浩護晧皓滈昊淏濠灝祜扈鎬壺琥瑚頀顥壕濩湖,峼弧狐瓠糊縞芦葫蒿蝴皞　　○혹或惑,酷　　○혼婚混昏魂渾,琿　　○홀忽惚,笏　　○홍紅洪弘鴻泓烘虹鉷,哄汞訌　　○화火化花貨和話畵(畫)華禾禍嬅樺,譁靴　　○확確(碻)穫擴,廓攫　　○환換丸環還歡患喚奐渙煥晥幻桓鐶驩,宦紈鰥　　○활活闊(濶),滑猾豁　　○황黃皇況荒凰晃滉榥煌璜蝗堭熀,幌徨恍惶慌怳晄湟潢篁簧蝗遑隍　　○회回會灰悔懷廻恢晦檜澮繪,(繪)誨匯徊淮獪膾茴蛔賄　　○획劃獲,　　○횡橫鐄,宖　　○효孝效(効)曉洨爻驍斅,哮嚆梟淆肴酵皛歊　　○후後厚侯候喉后垕逅,吼嗅帿朽煦珝

○훈訓勳(勛勳)焄熏薰壎塤燻鑂,暈　　○훙薨　　○훤喧暄萱,煊　　○훼毀,卉喙燬　　○휘揮輝彙徽暉煇,諱麾　　○휴休携烋,畦虧　　○휼恤譎鷸　　○흉凶胸兇匈洶　　○흑黑,　　○흔欣炘昕,痕忻　　○흘屹,吃紇訖　　○흠欽,欠歆　　○흡吸洽恰翕,　　○흥興,　　○희希熙喜稀戲姬晞噫僖嬉禧憙熹凞羲曦熺爔俙橲,囍憘犧烯　　○힐詰,

漢字部首表(한자부수표)

一	丨	丶	丿	乙	亅	二	亠	人	儿	入	八	冂	冖	冫
한일	뚫을곤	점주	삐침	새을	갈고리궐	두이	돼지해머리	사람인	어진사람인발	들입	여덟팔	멀경몸	민갓머리	이수변

几	凵	刀	力	勹	匕	匚	匸	十	卜	卩	厂	厶	又	口
안석궤	위튼입구몸	칼도	힘력	쌀포몸	비수비	튼입구변	감출혜몸	열십	점복	병부절	민음호밑	마늘모	또우	입구밑

囗	土	士	夂	夊	夕	大	女	子	宀	寸	小	尢	尸	屮
큰입구몸	흙토	선비사	뒤져올치	천천히걸을쇠발발	저녁석	큰대	계집녀	아들자	갓머리	마디촌	작을소	절름발이왕	주검시엄	왼손좌

山	巛	工	己	巾	干	幺	广	廴	廾	弋	弓	彐	彡	彳
메산	개미허리	장인공	몸기	수건건	방패간	작을요	음호밑	민책받침	스물입발	주살익	활궁변	튼가로왈	터럭삼	두인변

心	戈	戶	手	支	攴	文	斗	斤	方	无	日	曰	月	木	欠
심방	창과	지게호	손수변	버틸지	등글월문	글월문	말두	날근	모방	없을무	날일	가로왈	달월	나무목	하품흠방

止	歹	殳	毋	比	毛	氏	气	水	火	爪	父	爻	爿	片	牙
그칠지	죽을사변	갖은둥글월문	말무	견줄비	터럭모	각시씨	기운기엄	물수	불화	손톱조머리	아비부	점괘효	장수장	조각편	어금니아

牛	犬	玄	玉	瓜	瓦	甘	生	用	田	疋	疒	癶	白	皮	皿	目
소우변	개견	검을현	구슬옥	오이과	기와와	달감	날생	쓸용	밭전	짝필	병질엄	필발머리	흰백	가죽피	그릇명	눈목

矛	矢	石	示	內	禾	穴	立	竹	米	糸	缶	网	羊	羽
창모	화살시	돌석	보일시	짐승발자국유	벼화	구멍혈	설립	대죽머리	쌀미	실사	장군부	그물망	양양	깃우

老	而	耒	耳	聿	肉	臣	自	至	臼	舌	舛	舟	艮	色
늙을로	말이을이	장기뢰	귀이	오직율	고기육	신하신	스스로자	이를지	절구구	혀설	어길천	배주	괘이름간	빛색

艸	虍	虫	血	行	衣	襾	見	角	言	谷	豆	豕	豸	貝
초두머리	범호엄	벌레훼	피혈	다닐행	옷의	덮을아	볼견	뿔각	말씀언	골곡	콩두	돼지시	갖은돼지시	조개패

赤	走	足	身	車	辛	辰	辵	邑	酉	釆	里	金	長	門
붉을적	달릴주	발족	몸신	수레거	매울신	별신	책받침	고을읍	닭유	분별할변	마을리	쇠금	길장	문문

阜	隶	隹	雨	靑	非	面	革	韋	韭	音	頁	風	飛	食
언덕부	미칠이	새추	비우	푸를청	아닐비	낯면	가죽혁	가죽위	부추구	소리음	머리혈	바람풍	날비	밥식

首	香	馬	骨	高	髟	鬥	鬯	鬲	鬼	魚	鳥	鹵	鹿	麥
머리수	향기향변	말마	뼈골	높을고	터럭발엄	싸움투	울창주창	솥력	귀신귀	울고기어	새조	소금밭로	사슴록	보리맥

麻	黃	黍	黑	黹	黽	鼎	鼓	鼠	鼻	齊	齒	龍	龜	龠
삼마	누를황	기장서	검을흑	바느질할치	맹꽁이맹	솥정	북고	쥐서	코비	가지런할제	이치	용룡	거북귀	피리약

■ 參考文獻 (無順)

周易作名法	李尙昱	著	李先生
易象姓名篇	鄭濬	著	鄭先生
姓名學秘法	秋松鶴	著	秋先生
姓名學全書	朴眞永	編著	朴先生
姓名判斷法	金栢滿	著	金先生
正統作名學	崔盛植	編	崔先生
四柱와姓名學	金于齊	著	
作名解名	朴興植	著	
作名보감	정보국	著	정先生
姓名學	南永源	著	南先生
福있은 이름은 어떻게짓는가	백운학	著	白선생
작명비법대사전	정청남 外	著	
作名學大全	嚴允文	著	
누가이름을 함부로짓는가	이우람 外	著	R氏
안현덕 新작명법	안현덕	著	安先生
성명학대전	백운곡	著	백선생
바른 작명학강의	맹정훈	著	맹선생
알기쉬운 作名辭典	강진태	編著	강선생
내게 꼭맞는 이름찾기	서우선	著	서선생
이름사전	이우각	著	
만국역리학	보덕	著	B스님
이름운세풀이	보덕	著	
姓名哲學(正名法 秘錄)	崔旭	著	旭先生
周易(上下經)	文明洙	著	眞山
周易(上下經)	宋忠錫	編譯	知冠

河洛理數		宋忠錫	編譯
河洛理數 上下		金秀吉 外	共譯
人名用 漢字辭典		李讚九	編著
성공하는 이름짓기사전		金倍成	著 김先生
좋은이름 내가짓는다		李秀漢	著 李교수
좋은이름과 만족한성생활		趙勇鶴	著 趙先生
測字法과 姓名學		金龍吉	著 K씨
周易身數		嚴允文	著 嚴先生
姓名大典		曺鳳佑	著 曺先生
姓名大學		蔡洙岩	著 蔡先生
컴퓨터 萬歲曆		金相淵	編著
名字吉凶 字解法		金赫濟	校閱 金선생
姓名鑑定秘訣		白雲松	著 松선생
易數四字評		金魯洙	編著
四柱總攬		秋松學	編著
八字術必殺枝		李 修	著
印章과 姓名學		崔允碩	著

‖ 著者後記(저자후기)

유난히 늦더위가 기승을 부리던 丙戌年초가을,

준비해 온 원고들을 챙기고 보았던 작명서들도 모아두고, 그간에 묻어 두었던 자료 바인더를 옆에 끼고 씨름하기를 정신없이 시작해 나갔다.

남들이 못 알아보는 깨알 같은 연필 글씨를 지우개로 색이 변하도록 고치기를 반복하였다. 그도 그럴 것이 같은 사안을 가지고 책에 따라 견해나 표현이 다른 터라, 나름대로 정리하고 맵시를 내느라고 분량을 넘기지도 못하면서 고생만 자심하였다.

누구나 그러겠지만 어떤 일을 열심히 하고 있으면 밤낮이 없는 것 같다.

피곤한 중에도 새벽에 눈이 떠져 두 세 시에 일어나기를 번번이 지내다보면, 생활의 리듬이 바뀌어 문득문득 날짜와 요일을 잊어버리기 일쑤였다.

밖에서는 올해 단풍이 유난히 빛깔이 좋다고 하던데, 시외버스 한 번 타면 가볼만한 명소를 그냥 머리속에 그려보며 지내다가, 이내 함박눈이 내리더니 때 이른 봄꽃들이 피었다고 법석이는 나들이에도 가지못하고, 비바람속 별난 무더위에 책과 동무하며 지겹고 지루하게 보낸것도 엊그제 같은데 어느새 옷깃을 스치는 한기가 느껴진다.

著者는 공직에 있었던 터라 컴맹은 아닌 편인데, 워드는 80타 정도 된다.

그러나 서투른 문서라도 만들어 본지도 7년여가 지났으니 까마득한 옛날 추억일 뿐, 지금은 아이디나 비밀번호 관리로 인터넷 뱅킹 정도의 활용뿐인 것은 숨김없는 사실이다. B5로 11호 크기 글자에 700페이지(스캔도 상당함)의, 기십만은 되고도 남을 방대한 문자와 숫자들 중 내 손으로 친 것은 하나도 없다. 워드치며 다니는 것이 고역이었는데 연필로 흐려 쓴 원고를 잘 소화해줘서 가능하게 된것같다.

사람이 의욕을 가지고 도전하면 웬만한 일은 가능한 것이 세상이치인가 보다. 저자가 직접 기획에서부터 최종 출판을 총괄하는 그저 하나뿐인 개인이다 보니 그 애로야 무지 많았고,

　솔직히 중도에 포기할 지도 모르는 갈등을 번득번득 지나치면서 황금돼지 띠 丁亥年(정해년) 劈頭(벽두)부터 마무리하려고 마음먹은 것이 작명방법 하나라도 더 찾아 다듬으려는 열정에 찬 마음도 순환하는 자연이 그렇듯 기복을 거치며 느슨해진 탓도 있었지만 꼬박 한해를 넘기고 말았다. 기쁘기도 하고 무언가 허전한 생각이 지워지지 않는다.

　책이 세상에 나가게 되면 욕도 먹을 거고, 공연히 해묵은 作名界의 시빗거리를 들출지 두려운 생각이 들어, 거창한 '작명백과사전' 출판 일에 도전한 자신감도 잠시 수그러든다.

　여러 분들이 도와준 덕택이지만 주위의 도움과 격려를 기대한다.

2007年 11月 15日

箮山　林炅桓 識

기문둔갑옥경

신비한 동양철학 32

가장 권위있고 우수한 학문 !

우리나라의 기문역사는 장구하지만 상세한 문헌은 전무한 상태라 이 책을 발간하기로 했다. 기문둔갑은 천문지리는 물론 인사명리 등 제반사에 관한 길흉을 판단함에 있어서 가장 우수한 학문이며 병법과 법술방면으로도 특징과 장점이 있다. 초학자는 포국편을 열심히 익혀 설국을 자유자재로 할 수 있도록 하고 개인의 이익보다는 보국안민에 일조하기 바란다.

· 도관 박흥식 저

정본·관상과 손금

신비한 동양철학 42

바로 알고 사람을 사귑시다

이 책은 관상과 손금은 인생을 행복으로 이끌기 위해 있다는 관점에서 다루었다. 그야말로 관상과 손금의 혁명이라고 할 수 있을 것이다. 여러분도 관상과 손금을 통한 예지력으로 인생의 참주인이 되기 바란다. 용기를 불어넣어 주고 행복을 찾게 하는 것이 참다운 관상과 손금술이다. 이 책으로 미래의 좋은 예지력을 한번쯤 발휘해 보기 바란다. 이 책이 일상사에 고민하는 분들에게 해결방법을 제시해 줄 것이다.

· 지창룡 감수

조화원약 평주 ●●●●●●●●●●

신비한 동양철학 35

명리학의 정통교본!

이 책은 자평진전, 난강망, 명리정종, 적천수 등과 함께 명리학의 교본에 해당하는 것으로 중국 청나라 때 나온 난강망이라는 책을 서낙오 선생께서 설명을 붙인 것이다. 기존의 많은 책들이 격국과 용신으로 감정하는 것과는 달리 십간십이지와 음양오행을 각각 자연의 이치와 춘하추동의 사계절의 흐름에 대입하여 인간의 길흉화복을 알 수 있게 했다.

• 동하 정지호 편역

龍의 穴·풍수지리 실기 100선 ●●●●●●●

신비한 동양철학 30

실전에서 실감나게 적용하는 풍수지리의 길잡이!

이 책은 풍수지리 문헌인 조선조 고무엽(古務葉) 태구승(泰九升) 부집필(父輯筆)로 된 만두산법(巒頭山法), 채성우의 명산론(明山論), 금랑경(錦囊經) 등을 알기 쉬운 주제로 간추려 풍수지리의 길잡이가 되고자 했다. 그리고 인간의 뿌리와 한 사람의 고유한 이름의 중요성을 풍수지리와 연관하여 살펴보아야 하기 때문에 씨족의 시조와 본관, 작명론(作名論)을 같이 편집했다.

• 호산 윤재우 저

동양철학전문출판 삼한

천직·사주팔자로 찾은 나의 직업

신비한 동양철학 34

역경없이 탄탄하게 성공할 수 있는 방법 !

잘 되겠지 하는 막연한 생각으로 의욕만 갖고 도전하는 것과 나에게 맞는 직종은 무엇이고 때는 언제인가를 알고 도전하는 것은 근본적으로 다르고, 결과 또한 다르다. 더구나 요즈음은 I.M.F.시대라 하여 모든 사람들이 정신까지 위축되어 생기를 잃어가고 있다. 이런 때 의욕만으로 팔자에도 없는 사업을 시작했다고 하자, 결과는 불을 보듯 뻔하다. 그러므로 이런 때일수록 침착과 냉정을 찾아 내 그릇부터 알고, 생활에 대처하는 지혜로움을 발휘해야 한다.

· 백우 김봉준 저

통변술해법

신비한 동양철학 ㉑

가닥가닥 풀어내는 역학의 비법 !

이 책은 역학에 대해 다 알면서도 밖으로 표출되지 않아 어려움을 겪는 사람들을 위한 실습서다. 특히 틀에 박힌 교과서적인 역술의 고정관념에서 벗어나, 한차원 높게 공부할 수 있도록 원리통달을 설명하는데 중점을 두었다. 실명감정과 이론강의라는 두 단락으로 나누어 역학의 진리를 설명했기 때문에 누구나 쉽게 이해할 수 있다. 역학계의 대가 김봉준 선생의 역서 「알기쉬운 해설·말하는 역학」의 후편이다.

· 백우 김봉준 저

주역육효 해설방법 上·下

신비한 동양철학 38

한 번만 읽으면 주역을 활용할 수 있는 책!

이 책은 주역을 해설한 것으로, 될 수 있는 한 여러 가지 사설을 덧붙이지 않고 주역을 공부하고 활용하는데 필요한 요건만을 기록했다. 따라서 주역의 근원이나 하도낙서, 음양오행에 대해서도 많은 설명을 자제했다. 다만 누구나 이 책을 한 번 읽어서 주역을 이해하고 활용할 수 있도록 하는데 중점을 두었다.

· 원공선사 저

사주명리학의 핵심

신비한 동양철학 ⑲

맥을 잡아야 모든 것이 보인다!

이 책은 잡다한 설명을 배제하고 명리학자들에게 도움이 될 비법만을 모아 엮었기 때문에 초심자가 이해하기에는 다소 어려운 부분도 있겠지만 기초를 튼튼히 한 다음 정독한다면 충분히 이해할 것이다. 신살만 늘어놓으며 감정하는 사이비가 되지말기를 바란다.

· 도관 박흥식 저

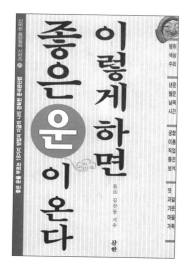

이렇게 하면 좋은 운이 온다

신비한 동양철학 ㉗

한 가정에 한 권씩 놓아두고 볼만한 책 !

좋은 운을 부르는 방법은 방위 · 색상 · 수리 · 년운 · 월운 · 날짜 · 시간 · 궁합 · 이름 · 직업 · 물건 · 보석 · 맛 · 과일 · 기운 · 마을 · 가축 · 성격 등을 정확하게 파악하여 자신에게 길한 것은 취하고 흉한 것은 피하면 된다. 간혹 예외인 경우가 있지만 극소수에 불과하고 대부분은 적중하기 때문에 좋은 효과를 본다. 이 책의 저자는 신학대학을 졸업하고 역학계에 입문했다는 특별한 이력을 갖고 있기 때문에 더 많은 화제가 되고 있다.

· 역산 김찬동 저

말하는 역학

신비한 동양철학 ⑪

신수를 묻는 사람 앞에서 말문이 술술 열린다!

이 책은 그토록 어렵다는 사주통변술을 이해하기 쉽고 흥미롭게 고담과 덕담을 곁들여 사실적인 인물을 궁금해 하는 사람에게 생동감있게 통변하고 있다. 길흉작용을 어떻게 표현하느냐에 따라 상담자의 정곡을 찔러 핵심을 끄집어내고 여기에 대한 정답을 내려주는 것이 통변술이다. 역학계의 대가 김봉준 선생의 역작이다.

· 백우 김봉준 저

술술 읽다보면 통달하는 사주학

신비한 동양철학 ㉗

술술 읽다보면 나도 어느새 도사 !

당신은 당신 마음대로 모든 일이 이루어지던가. 지금까지 누구의 명령을 받지 않고 내 맘대로 살아왔다고, 운명 따위는 믿지도 않고 매달리지 않는다고, 이렇게 말하는 사람들이 많다. 그러나 그것은 우주법칙을 모르기 때문에 하는 소리다.

· 조철현 저

참역학은 이렇게 쉬운 것이다

신비한 동양철학 ㉔

음양오행의 이론으로 이루어진 참역학서 !

수학공식이 아무리 어렵다고 해도 1, 2, 3, 4, 5, 6, 7, 8, 9, 0의 10개의 숫자로 이루어졌듯이, 사주도 음양과 목, 화, 토, 금, 수의 오행으로 이루어졌을 뿐이다. 그러니 용신과 격국이라는 무거운 짐을 벗어버리고 음양오행의 법칙과 진리만 정확하게 파악하면 된다. 사주는 단지 음양오행의 변화일 뿐이고, 용신과 격국은 사주를 감정하는 한가지 방법에 지나지 않는다.

· 청암 박재현 저

동양철학전문출판 **삼한**

나의 천운 운세찾기

신비한 동양철학 ⑫

놀랍다는 몽골정통 토정비결 !

이 책은 역학계의 대가 김봉준 선생이 놀랍다는 몽공토정비결을 연구 ·분석하여 우리의 인습 및 체질에 맞게 엮은 것이다. 운의 흐름을 알리고자 호운과 쇠운을 강조했으며, 현재의 나를 조명해보고 판단할 수 있도록 했다. 모쪼록 생활서나 안내서로 활용하기 바란다.

· 백우 김봉준 저

쉽게푼 역학

신비한 동양철학 ❷

쉽게 배워서 적용할 수 있는 생활역학서 !

이 책에서는 좀더 많은 사람들이 역학의 근본인 우주의 오묘한 진리와 법칙을 깨달아 보다 나은 삶을 영위하는데 도움이 될 수 있도록 가장 쉬운 언어와 가장 쉬운 방법으로 풀이했다. 역학계의 대가 김봉준 선생의 역작이다.

· 백우 김봉준 저

원토정비결

신비한 동양철학 53

반쪽으로만 전해오는 토정비결의 완전한 해설판

지금 시중에 나와 있는 토정비결에 대한 책들을 보면 옛날부터 내려오는 완전한 비결이 아니라 반쪽의 책이다. 그러나 반쪽이라고 말하는 사람이 없다. 그것은 주역의 원리를 모르기 때문이다. 따라서 늦은 감이 없지 않으나 앞으로의 수많은 세월을 생각하면서 완전한 해설본을 내놓기로 한 것이다.

· 원공선사 저

내가 보고 내가 바꾸는 DIY사주

신비한 동양철학 40

내가 보고 내가 바꾸는 사주비결！

이 책은 기존의 책들과는 달리 한 사람의 사주를 체계적으로 도표화시켜 한 눈에 파악할 수 있고, DIY라는 책 제목에서 말하듯이 개운하는 방법을 제시하고 있다. 초심자는 물론 전문가도 자신의 이론을 새롭게 재조명해 볼 수 있는 케이스 스터디 북이다.

· 석오 전 광 지음

동양철학전문출판 **삼한**

남사고의 마지막 예언

신비한 동양철학 29

이 책으로 격암유록에 대한 논란이 끝나기 바란다

감히 이 책을 21세기의 성경이라고 말한다. 〈격암유록〉
은 섭리가 우리민족에게 준 위대한 복음서이며, 선물이
며, 꿈이며, 인류의 희망이다. 이 책에서는 〈격암유록〉
이 전하고자 하는 바를 주제별로 정리하여 문답식으로
풀어갔다. 이 책으로 〈격암유록〉에 대한 논란은 끝나기
바란다.

· 석정 박순용 저

진짜부적 가짜부적

신비한 동양철학 7

부적의 실체와 정확한 제작방법

인쇄부적에서 가짜부적에 이르기까지 많게는 몇백만원
에 팔리고 있다는 보도를 종종 듣는다. 그러나 부적은
정확한 제작방법에 따라 자신의 용도에 맞게 스스로
만들어 사용하면 훨씬 더 좋은 효과를 얻을 수 있다.
이 책은 중국에서 정통부적을 연구한 국내유일의 동양
오술학자가 밝힌 부적의 실체와 정확한 제작방법을 소
개하고 있다.

· 오상익 저

한눈에 보는 손금

신비한 동양철학 52

논리정연하며 바로미터적인 지침서

이 책은 수상학의 연원을 초월해서 동서합일의 이론으로 집필했다. 그야말로 완벽하리만치 논리정연한 수상학을 정리한 것이다. 그래서 운명적, 철학적, 동양적, 심리학적인 면을 예증과 방편에 이르기까지 아주 상세하게 기술했다. 이 책은 수상학이라기 보다 한 인간의 바로미터적인 지침서 역할을 해줄 것이다. 독자 여러분의 꾸준한 연구와 더불어 인생성공의 지침서가 될 수 있을 것이다.

· 정도명 저

만세력 | 사륙배판 · 신국판
사륙판 · 포켓판

신비한 동양철학 45

찾기 쉬운 만세력

이 책은 완벽한 만세력으로 만세력 보는 방법을 자세하게 설명했다. 그리고 역학에 대한 기본적인 내용과 결혼하기 좋은 나이 · 좋은 날 · 좋은 시간, 아들 · 딸 태아감별법, 이사하기 좋은 날 · 좋은 방향 등을 부록으로 실었다.

· 백우 김봉준 저

동양철학전문출판 삼한

수명비결

신비한 동양철학 14

주민등록번호 13자로 숙명의 정체를 밝힌다

우리는 지금 무수히 많은 숫자의 거미줄에 매달려 허우적거리며 살아가고 있다. 1분·1초가 생사를 가름하고, 1등·2등이 인생을 좌우하며, 1급·2급이 신분을 구분하는 세상이다. 이 책은 수명리학으로 13자의 주민등록번호로 명예, 재산, 건강, 수명, 애정, 자녀운 등을 미리 읽어본다.

· 장충한 저

운명으로 본 나의 질병과 건강상태

신비한 동양철학 9

타고난 건강상태와 질병에 대한 대비책

이 책은 국내 유일의 동양오술학자가 사주학과 더불어 정통명리학의 양대산맥을 이루는 자미두수 이론으로 임상실험을 거쳐 작성한 표준자료다. 따라서 명리학을 응용한 최초의 완벽한 의학서로 질병을 예방하고 치료하는데 활용한다면 최고의 의사가 될 것이다. 또한 예방의학적인 차원에서 건강을 유지하는데 훌륭한 지침서로 현대의학의 새로운 장을 여는 계기가 될 것이다.

· 오상익 저

역산성명학

신비한 동양철학 ㉕

이름은 제2의 자신이다 !

이름에는 각각 고유의 뜻과 기운이 있어서 그 기운이 성격을 만들고 그 성격이 운명을 만든다. 나쁜 이름은 부르면 부를수록 불행을 부르고 좋은 이름은 부르면 부를수록 행복을 부른다. 만일 이름이 거지 같다면 아무리 운세를 잘 만나도 밥을 좀더 많이 얻어 먹을 수 있을 뿐이다. 이 책의 저자는 신학대학을 졸업하고 역학계에 입문했다는 특별한 이력을 갖고 있기 때문에 더 많은 화제가 되고 있다.

· 역산 김찬동 저

작명해명

신비한 동양철학 ㉖

누구나 쉽게 배워서 활용할 수 있는 체계적인 작명법 !

일반적인 성명학으로는 알 수 없는 한자이름, 한글이름, 영문이름, 예명, 회사명, 상호, 상품명 등의 작명방법을 여러 사례를 들어 체계적으로 분석하여 누구나 쉽게 배워서 활용할 수 있도록 서술했다.

· 도관 박흥식 저

동양철학전문출판 삼한

관상오행

신비한 동양철학 ⑳

한국인의 특성에 맞는 관상법!

좋은 관상인 것 같으나 실제로는 나쁘거나 좋은 관상
이 아닌데도 잘 사는 사람이 왕왕있어 관상법 연구에
흥미를 잃는 경우가 있다. 이것은 중국의 관상법만을
익히고, 우리의 독특한 환경적인 특징을 소홀히 다루었
기 때문이다. 이에 우리 한국인에게 알맞는 관상법을
연구하여 누구나 관상을 쉽게 알아보고 해석할 수 있
도록 자세하게 풀어놓았다.

·송파 정상기 저

물상활용비법

신비한 동양철학 31

물상을 활용하여 오행의 흐름을 파악한다!

이 책은 물상을 통하여 오행의 흐름을 파악하고, 운명
을 감정하는 방법을 연구한 책이다. 추명학의 해법을
연구하고 운명을 추리하여 오행에서 분류되는 물질의
운명 줄거리를 물상의 기물로 나들이 하는 활용법을
주제로 했다. 팔자풀이 및 운명해설에 관한 명리감정법
의 체계를 세우는데 목적을 두고 초점을 맞추었다.

·해주 이학성 저

운세십진법 · 本大路

신비한 동양철학 ❶

운명을 알고 대처하는 것은 현대인의 지혜다 !

타고난 운명은 분명히 있다. 그러니 자신의 운명을 알고 대처한다면 비록 운명을 바꿀 수는 없지만 충분히 향상시킬 수 있다. 이것이 사주학을 알아야 하는 이유다. 이 책에서는 자신이 타고난 숙명과 앞으로 펼쳐질 운명행로를 찾을 수 있도록 운명의 기초를 초연하게 설명하고 있다.

· 백우 김봉준 저

국운 · 나라의 운세

신비한 동양철학 ㉒

역으로 풀어본 우리나라의 운명과 방향 !

아무리 서구사상의 파고가 높다하기로 오천년을 한결같이 가꾸며 살아온 백두의 혼이 와르르 무너지는 지경에 왔어도 누구하나 입을 열어 말하는 사람이 없으니 답답하다. IMF라는 특수한 상황에서 불확실한 내일에 대한 해답을 이 책은 명쾌하게 제시하고 있다.

· 백우 김봉준

명인재
· ·

신비한 동양철학 43

신기한 사주판단 비법 !

살(殺)의 활용방법을 완벽하게 제시하는 책!

이 책은 오행보다는 주로 살을 이용하는 비법이다. 시중에 나온 책들을 보면 살에 대해 설명은 많이 하면서도 실제 응용에서는 무시하고 있다. 이것은 살을 알면서도 응용할 줄 모르기 때문이다. 그러나 이 책에서는 살의 활용방법을 완전히 터득해, 어떤 살과 어떤 살이 합하면 어떻게 작용하는지를 자세하게 설명하고 있다.

· 원공선사 지음

사주학의 방정식
· ·

신비한 동양철학 18

가장 간편하고 실질적인 역서 !

이 책은 종전의 어려웠던 사주풀이의 응용과 한문을 쉬운 방법으로 터득할 수 있게 하는데 목적을 두었고, 역학의 내용이 어떤 것이며 무엇이 어디에 속하는지를 알고자 하는데 있다.

· 김용오 저

현장 지리풍수

신비한 동양철학 48

현장감을 살린 지리풍수법

풍수를 업으로 삼는 사람들이 진(眞)과 가(假)를 분별할 줄 모르면서 24산의 포태사묘의 법을 익히고는 많은 법을 알았다고 자부하며 뽐내고 있다. 그리고는 재물에 눈이 어두워 불길한 산을 길하다 하고, 선하지 못한 물(水)을 선하다 하면서 죄를 범하고 있다. 이는 분수 밖의 것을 망녕되게 바라기 때문이다. 마음 가짐을 바로하고 고대 원전에 공력을 바치면서 산간을 실사하며 적공을 쏟으면 정교롭고 세밀한 경지를 얻을 수 있을 것이다.

· 전항수 · 주관장 편저

완벽 사주와 관상

신비한 동양철학 55

사주와 관상의 핵심을 한 권에

자연과 인간, 음양(陰陽)오행과 인간, 사계와 절후, 인상(人相)과 자연, 신(神)들의 이야기 등등 우리들의 삶과 관계되는 사실적 관계로만 역(易)을 설명해 누구나 쉽게 이해할 수 있도록 썼으며 특히 역(易)에 대한 관심과 흥미를 갖게 하고자 인상학(人相學)을 추록했다. 여기에 추록된 인상학(人相學)은 시중에서 흔하게 볼 수 있는 상법(相法)이 아니라 생활상법(生活相法) 즉 삶의 지식과 상식을 드리고자 했으니 생활에 유익함이 있기를 바란다.

· 김봉준 · 유오준 공저

동양철학전문출판 삼한

해몽 · 해몽법

신비한 동양철학 50

해몽법을 알기 쉽게 설명한 책

인생은 꿈이 예지한 시간적 한계에서 점점 소멸되어 가는 현존물이기 때문에 반드시 꿈의 뜻을 따라야 한다. 이것은 꿈을 먹고 살아가는 인간 즉 태몽의 끝장면인 죽음을 향해 달려가고 있는 인간이기 때문이다. 꿈은 우리의 삶을 이끌어가는 이정표와도 같기에 똑바로 가도록 노력해야 한다.

· 김종일 저

역점

신비한 동양철학 57

우리나라 전통 행운찾기

주역을 무조건 미신으로 치부해버리는 생각은 버려야 한다. 주역이 점치는 책에만 불과했다면 벌써 그 존재가 없어졌을 것이다. 그러나 오랫동안 많은 학자가 연구를 계속해왔고, 그 속에서 자연과학과 형이상학적인 우주론과 인생론을 밝혀, 정치 · 경제 · 사회 등 여러 방면에서 인간의 생활에 응용해왔고, 삶의 지침서로써 그 역할을 했다. 이 책은 한 번만 읽으면 누구나 역점가가 될 수 있으니 생활에 도움이 되길 바란다.

· 문명상 편저

명리학연구

신비한 동양철학 59

체계적인 명확한 이론

이 책은 명리학 연구에 핵심적인 내용만을 모아 하나의 독립된 장을 만들었다. 명리학은 분야가 넓어 공부를 하다보면 주변에 머무르는 경우가 많아, 주요 내용을 잃고 헤매는 경우가 많다. 그러므로 뼈대를 잡는 것이 중요한데, 여기서는 「17장. 명리대요」에 핵심 내용만을 모아 학문의 체계를 잡는데 용이하게 하였다.

· 권중주 저

쉽게 푼 풍수

신비한 동양철학 60

현장에서 활용하는 풍수지리법

산도는 매우 광범위하고, 현장에서 알아보기 힘들다. 더구나 지금은 수목이 울창해 소조산 정상에 올라가도 나무에 가려 국세를 파악하는데 애를 먹는다. 그러므로 사진을 첨부하니 많은 도움이 되길 바란다. 물론 결록에 있고 산도가 눈에 익은 것은 혈 사진과 함께 소개하니 참고하기 바란다. 이 책을 열심히 정독하면서 답산하면 혈을 알아보고 용산도 할 수 있을 것이다.

· 전항수 · 주장관 편저

동양철학전문출판 삼한

올바른 작명법

신비한 동양철학 61

세상의 부모들에게 가장 소중한 것이 무엇이냐고 물으면 누구든 자녀라고 할 것이다. 그런데 왜 평생을 좌우할 이름을 함부로 짓는가. 이름이 얼마나 소중한지를. 이름의 오행작용이 사람의 일생을 어떻게 좌우하는지를 모르기 때문이다. 세상만물은 음양오행의 영향을 받지 않는 것이 없다. 봄이 가면 여름이 오고, 여름이 가면 가을이 오고, 가을이 가면 겨울이 오고, 겨울이 가면 봄이 오는 것 또한 음양오행의 원리다.

· 이정재 저

신수대전

신비한 동양철학 62

흉함을 피하고 길함을 부르는 방법

신수를 보는 방법은 여러 가지가 있는데 대부분이 주역과 사주추명학에 근거를 둔다. 수많은 학설 중에서 몇 가지를 보면 사주명리, 자미두수, 관상, 점성학, 구성학, 육효, 토정비결, 매화역수, 대정수, 초씨역림, 황극책수, 하락리수, 범위수, 월영도, 현무발서, 철판신수, 육임신과, 기문둔갑, 태을신수 등이다. 역학에 정통한 고사가 아니면 제대로 추단하기 어려운데 엉터리 술사들이 넘쳐난다. 그래서 누구나 자신의 신수를 볼 수 있도록 몇 가지를 정리했다.

· 도관 박흥식

오행상극설과 진화론

신비한 동양철학 5

인간과 인생을 떠난 천리란 있을 수 없다

과학이 현대를 설정하여 설명하고 있으나 원리는 동양
철학에도 있기에 그 양면을 밝히고자 노력했다. 우주에
서 일어나는 모든 일을 과학으로 설명될 수는 없다.
비과학적이라고 하기보다는 과학이 따라오지 못한다고
설명하는 것이 더 솔직하고 옳은 표현일 것이다. 특히
과학분야에 종사하는 신의사가 저술했다는데 더 큰 화
제가 되고 있다.

• 김태진 저

사주학의 활용법

신비한 동양철학 17

가장 실질적인 역학서

우리가 생소한 지방을 여행할 때 제대로 된 지도가 있
다면 편리하고 큰 도움이 되듯이 역학이란 이와같은
인생의 길잡이다. 예측불허의 인생을 살아가는데 올바
른 안내자나 그 무엇이 있다면 그 이상 마음 든든하고
큰 재산은 없을 것이다.

• 학선 류래웅 저

동양철학전문출판 **삼한**

쉽게 푼 주역

신비한 동양철학 10

귀신도 탄복한다는 주역을 쉽고 재미있게 풀어놓은 책

주역이라는 말 한마디면 귀신도 기겁을 하고 놀라 자빠진다는데, 운수와 일진이 문제가 될까. 8×8=64괘라는 주역을 한 괘에 23개씩의 회답으로 해설하여 1472괘의 신비한 해답을 수록했다. 당신이 당면한 문제라면 무엇이든 해결할 수 있는 열쇠가 이 한 권의 책 속에 있다.

· 정도명 저

핵심 관상과 손금

신비한 동양철학 54

사람을 볼 줄 아는 안목과 지혜를 알려주는 책

오늘과 내일을 예측할 수 없을만큼 복잡하게 펼쳐지는 현실에서 살아남기 위해서는 사람을 볼줄 아는 안목과 지혜가 필요하다. 시중에 관상학에 대한 책들이 많이 나와있지만 너무 형이상학적이라 전문가도 이해하기 어렵다. 이 책에서는 누구라도 쉽게 보고 이해할 수 있도록 핵심만을 파악해서 설명했다.

· 백우 김봉준 저

진짜궁합 가짜궁합

신비한 동양철학 8

남녀궁합의 새로운 충격

중국에서 연구한 국내유일의 동양오술학자가 우리나라 역술가들의 궁합법이 잘못되었다는 것을 학술적으로 분석·비평하고, 전적과 사례연구를 통하여 궁합의 실체와 타당성을 분석했다. 합리적인 「자미두수궁합법」과 「남녀궁합」 및 출생시간을 몰라 궁합을 못보는 사람들을 위하여 「지문으로 보는 궁합법」 등을 공개한다.

· 오상익 저

좋은꿈 나쁜꿈

신비한 동양철학 15

그날과 앞날의 모든 답이 여기 있다

개꿈이란 없다. 꿈은 반드시 미래를 예언한다. 이 책은 프로이드의 정신분석학적인 입장이 아닌 미래판단의 근거에 입각한 예언적인 해몽학이다. 여러 형태의 꿈을 체계적으로 정리했으니 올바른 해몽법으로 앞날을 지혜롭게 대처해 보자. 모쪼록 각 가정에서 한 권씩 두고 이용하면 생활하는데 많은 도움이 될 것이다.

· 학선 류래웅 저

동양철학전문출판 삼한

완벽 만세력

신비한 동양철학 58

착각하기 쉬운 썸머타임 2도 인쇄

시중에 많은 종류의 만세력이 나와있지만 이 책은 단순한 만세력이 아니라 완벽한 만세경전으로 만세력 보는 법 등을 실었기 때문에 처음 대하는 사람이라도 쉽게 볼 수 있도록 편집되었다. 또한 부록편에는 사주명리학, 신살종합해설, 결혼과 이사택일 및 이사방향, 길흉보는 법, 우주천기와 한국의 역사 등을 수록했다.

· 백우 김봉준 저

周易 · 토정비결

신비한 동양철학 40

토정비결의 놀라운 비결

지금 시중에 나와 있는 토정비결에 대한 책들을 보면 옛날부터 내려오는 완전한 비결이 아니라 반쪽의 책이다. 그러나 반쪽이라고 말하는 사람이 없다. 그것은 주역의 원리를 모르기 때문이다. 따라서 늦은 감이 없지 않으나 앞으로의 수많은 세월을 생각하면서 완전한 해설본을 내놓기로 했다.

· 원공선사 저

음택양택 ......

신비한 동양철학 63

현세의 운·내세의 운

이 책에서는 음양택명당의 조건이나 기타 여러 가지를 설명하여 산 자와 죽은 자의 행복한 집을 만들 수 있도록 했다. 특히 죽은 자의 집인 음택명당은 자리를 옳게 잡으면 꾸준히 생기를 발하여 흥하나, 그렇지 않으면 큰 피해를 당하니 돈보다도 행·불행의 근원인 음양택명당에 관심을 기울여야 한다.

·전항수·주장관 지음

이런 집에 살아야 잘 풀린다 ......

신비한 동양철학 64

운이 트이는 좋은 집 알아보는 비결

힘든 상황에서 내 가족이 지혜롭게 대처하고 건강을 지켜주는, 한마디로 운이 트이는 집은 모두의 꿈일 것이다. 가족이 평온하게 생활할 수 있는 집, 나가서는 발전을 가져다 줄 수 있는 그런 집이 있다면 얼마나 좋을까? 그런 소망에 한 걸음이라도 가까워지려면 막연하게 운만 기대해서는 안 된다. '호랑이를 잡으려면 호랑이 굴로 들어가라' 는 속담이 있듯이 좋은 집을 가지려면 그만한 노력이 있어야 한다.

·강현술·박흥식 감수

사주에 모든 길이 있다

신비한 동양철학 65

사주를 간명하는데 조금이라도 도움이 되었으면 하는 바람에서 이 책을 쓰게 되었다. 간명의 근간인 오행의 왕쇠강약을 세분해서 설명했다. 그리고 대운과 세운, 세운과 월운의 연관성과, 십신과 여러 살이 운명에 미치는 암시와, 십이운성으로 세운을 판단하는 방법을 설명했다.

· 정담 선사 편저

사주학

신비한 동양철학 66

5대 원서의 핵심과 실용

이 책은 사주학을 체계적으로 공부하려는 학도들을 위해 꼭 알아야 할 내용과 용어를 수록하는데 중점을 두었다. 이 학문을 공부하려고 찾아온 사람들에게 여러 가지 질문을 던져보면 거의 기초지식이 시원치 않다. 그런 상태로 사주를 읽으려니 제대로 될 리가 없다. 이 책으로 용어와 제반지식을 터득하면 빠른 시일에 소기의 목적을 이룰 수 있을 것이다.

· 글갈 정대엽 저

주역 기본원리

신비한 동양철학 67

주역의 기본원리를 통달할 수 있는 책

이 책에서는 기본괘와 변화와 기본괘가 어떤 괘로 변했을 경우 일어날 수 있는 내용들을 설명하여 주역의 변화에 대한 이해를 돕는데 주력하였다. 그러나 그런 내용을 구분할 수 있는 방법을 전부 다 설명할 수는 없기에 뒷장에 간단하게설명하였고, 다른 책들과 설명의 차이점도 기록하였으니 참작하여 본다면 조금이나마 도움이 될 것이다.

· 원공선사 편저

사주특강

신비한 동양철학 68

자평진전과 적천수의 재해석

이 책은 『자평진전(子平眞詮)』과 『적천수(滴天髓)』를 근간으로 명리학(命理學)의 폭넓은 가치를 인식하고, 실전에서 유용한 기반을 다지는데 중점을 두고 썼다. 일찍이 『자평진전(子平眞詮)』을 교과서로 삼고, 『적천수(滴天髓)』로 보완하라는 서낙오(徐樂吾)의 말에 깊이 공감한다.

청월 박상의 편저

동양철학전문출판 삼한

복을 부르는방법

신비한 동양철학 69

나쁜 운을 좋은 운으로 바꾸는 비결

개운하는 방법은 여러 가지가 있으나, 이 책의 비법은 축원문을 독송하는 것이다. 독송이란 소리내 읽는다는 뜻이다. 사람의 말에는 기운이 있는데, 이 기운은 자신에게 돌아온다. 좋은 말을 하면 좋은 기운이 돌아오고, 나쁜 말을 하면 나쁜 기운이 돌아온다. 이 책은 누구나 어디서나 쉽게 비용을 들이지 않고 좋은 운을 부를 수 있는 방법을 실었다.

· 역산 김찬동 편저

인터뷰 사주학

신비한 동양철학 70

쉽고 재미있는 인터뷰 사주학

얼마전까지만 해도 사주학을 취급하는 사람들은 미신을 다루는 부류로 취급되었다. 그러나 지금은 하루가 다르게 이 학문을 공부하는 사람들이 폭증하고 있는 것으로 보인다. 젊은 층에서 사주카페니 사주방이니 사주동아리니 하는 것들이 만들어지고 그 모임이 활발하게 움직이고 있다는 점이 그것을 증명해준다. 그뿐 아니라 대학원에는 역학교수들이 점차로 증가하고 있다.

· 글갈 정대엽 편저

육효대전

신비한 동양철학 37

정확한 해설과 다양한 활용법

동양의 고전 중에서도 가장 대표적인 것이 주역이다. 주역은 옛사람들이 자연의 법칙을 거울삼아 인간이 생활을 영위해 나가는 처세에 관한 지혜를 무한히 내포하고, 피흉추길하는 얼과 슬기가 함축된 점서)인 동시에 수양·과학서요 철학·종교서라고 할 수 있다.

· 도관 박흥식 편저

사람을 보는 지혜

신비한 동양철학 73

관상학의 초보에서 완성까지

현자는 하늘이 준 명을 알고 있기에 부귀에 연연하지 않는다. 사람은 마음을 다스리는 심명이 있다. 마음의 명은 자신만이 소통하는 유일한 우주의 무형의 에너지이기 때문에 잠시도 잊으면 안된다. 관상학은 사람의 상으로 이런 마음을 살피는 학문이니 잘 이해하여 보다 나은 삶을 삶을 영위할 수 있도록 노력해야 한다.

· 이부길 편저

동양철학전문출판 **삼한**

명리학 | 재미있는 우리사주

신비한 동양철학 74

사주 세우는 방법부터 용어해설 까지!!

몇 년 전 『사주에 모든 길이 있다』가 나온 후 선배 제현들께서 알찬 내용의 책다운 책을 접했다면서 매월 한 번만이라도 참 역학의 발전을 위하여 학술세미나를 열자는 제의를 받았다. 그러나 사주의 작성법을 설명하지 않아 독자들에게 많은 질타를 받고 뒤늦게 이 책을 출판하기로 결심했다. 이 책은 한글만 알면 누구나 역학과 가까워질 수 있도록 사주 세우는 방법부터 실제 간명, 용어해설에 이르기까지 분야별로 엮었다.

·정담 선사 편저

성명학 | 바로 이 이름

신비한 동양철학 75

사주의 운기와 조화를 고려한 이름짓기

사람은 누구나 타고난 운명, 즉 숙명이라는 것이 있다. 숙명인 사주팔자는 선천운이고, 성명은 후천운이 되는 것으로 이름을 지을 때는 타고난 운기와의 조화를 고려함이 중요하다. 따라서 역학에 대한 깊은 이해가 선행되어야 함은 지극히 당연한 일이다. 부연하면 작명의 근본은 타고난 사주에 운기를 종합적으로 분석하여 부족한 점을 보강하고 결점을 개선한다는 큰 뜻이 있다고 할 수 있다.

·정담 선사 편저

운을 잡으세요 | 改運秘法

신비한 동양철학 76

염력강화로 삶의 문제를 해결한다!

염력(念力)이 강한 사람은 운명을 개척하며 행복하게 살고, 염력이 약한 사람은 운명의 노예가 되어 불행하게 살아간다. 때문에 행복과 불행은 누가 주는 것이 아니라 자기 자신이 만든다고 할 수 있다. 한 마디로 말해 의지의 힘, 즉 염력이 운명을 바꾸는 것이다. 이 책에서는 이러한 염력을 강화시켜 삶에서 일어나는 문제를 해결하는 방법을 알려준다. 누구나 가벼운 마음으로 읽고 실천한다면 반드시 목적을 이룰 수 있을 것이다.

· 역산 김찬동 편저

작명정론

신비한 동양철학 77

이름으로 보는 역대 대통령이 나오는 이치

사주팔자가 네 기둥으로 세워진 집이라면 이름은 그 집을 대표하는 문패라고 할 수 있다. 사람은 태어나면서 사주를 통해 운을 타고나고 이름이 주어진 순간부터 명(命)이 작용한다. 사주와 이름이 곧 운명을 결정한다는 것이다. 따라서 이름을 지을 때는 사주의 격에 맞추어야 한다. 사주 그릇이 작은 사람이 원대한 뜻의 이름을 쓰면 감당하지 못할 시련을 자초하게 되고 오히려 이름값을 못할 수 있다. 즉 분수에 맞는 이름으로 작명해야 하기 때문에 사주의 올바른 분석이 필요하다.

· 청월 박상의 편저

동양철학전문출판 삼한

원심수기 통증예방 관리비법

신비한 동양철학 78

쉽게 배워 적용할 수 있는 통증관리법

이 책을 세상에 내놓는 것은 우리 전통 민중의술도 세상의 그 어떤 의술에 못지 않게 아주 훌륭한 치료술이 있고 그 전통이 수백 년, 또는 수천 년을 내려오면서 전해지고 있는데 현재 사회를 보면 무조건 외국에서 들어온 것만이 최고라고 하는 식으로 하여 우리의 전통 민중의술을 뿌리째 버리려고 하는데 문제가 있는 것 같기에 우리것을 지키고자 하는데 그 첫째의 목적이 있다 할 수 있을 것이다.

· 원공 선사 저

사주비기

신비한 동양철학 79

역학으로 보는 대통령이 나오는 이치 ! !

이 책에서는 고서의 이론을 근간으로 하여 근대의 사주들을 임상하여, 적중도에 의구심이 가는 이론들은 과감하게 탈피하고 통용될 수 있는 이론만을 수용했다. 따라서 기존 역학서의 아쉬운 부분들을 충족시키며 일반인도 열정만 있으면 누구나 자신의 운명을 감정하고 피흉취길할 수 있는 생활지침서로 활용할 수 있을 것이다.

청월 박상의 편저

찾기 쉬운 명당

신비한 동양철학 44

풍수지리의 모든 것 !

이 책은 가능하면 쉽게 풀려고 노력했고, 실전에 도움이 되도록 했다. 특히 풍수지리에서 방향측정에 필수인 패철(佩鐵)사용과 나경(羅經) 9층을 각 층별로 간추려 설명했다. 그리고 이 책에 수록된 도설, 즉 오성도, 명산도, 명당 형세도 내거수 명당도, 지각(枝脚)형세도, 용의 과협출맥도, 사대혈형(穴形) 와겸유돌(窩鉗乳突)형세도 등은 국립중앙도서관에 소장된 문헌자료인 만산도단, 만산영도, 이석당 은민산도의 원본을 참조했다.

·호산 윤재우 저

명리입문

신비한 동양철학 41

명리학의 필독서 !

이 책은 자연의 기후변화에 의한 운명법 외에 명리학도들이 궁금해 했던 인생의 제반사들에 대해서도 상세하게 기술했다. 따라서 초보자부터 심도있게 공부한 사람들까지 세심히 읽고 숙독해야 하는 책이다. 특히 격국이나 용신뿐 아니라 십신에 대한 자세한 설명, 조후용신에 대한 보충설명, 인간의 제반사에 대해서는 독보적인 해설이 들어 있다. 초보자들에게는 더할 수 없이 훌륭한 길잡이가 될 것이다.

·동하 정지호 편역

음파메세지(氣) 성명학

신비한 동양철학 51

새로운 시대에 맞는 새로운 성명학

지금까지의 모든 성명학은 모순의 극치를 이루고 있다. 이제 새로운 시대에 맞는 음파메세지(氣) 성명학이 탄생했으니 차근차근 읽어보고 복을 계속 부르는 이름을 지어 사랑하는 자녀가 행복하고 아름다운 삶을 살아갈 수 있도록 하는데 도움이 되었으면 한다.

· 청암 박재현 저

정법사주

신비한 동양철학 49

독학과 강의용 겸용의 책

이 책은 사주추명학을 연구하고자 하는 분들에게 심오한 주역의 이해를 돕고자 하는 의도에서 시작되었다. 음양오행의 상생상극에서부터 육친법과 신살법을 기초로 하여 격국과 용신 그리고 유년판단법을 활용하여 운명판단에 첩경이 될 수 있도록 했고, 추리응용과 운명감정의 실례를 하나 하나 들어가면서 독학과 강의용 겸용으로 엮었다.

· 원각 김구현 저

사주대성 ·············

신비한 동양철학 33

초보에서 완성까지

이 책은 과거 현재 미래를 모두 알 수 있는 비결을 실었다. 그러나 모두 터득한다는 것은 어려울 것이다. 역학은 수천 년간 동방의 석학들에 의해 갈고 닦은 철학이요 학문이며, 정신문화로서 영과학적인 상수문화로서 자랑할만한 위대한 학문이다.

· 도관 박흥식 저

해몽정본 ·············

신비한 동양철학 36

꿈의 모든 것 !

막상 꿈해몽을 하려고 하면 내가 꾼 꿈을 어디다 대입시켜야 할지 모를 경우가 많았을 것이다. 그러나 이 책은 찾기 쉽고, 명료하며, 최대한으로 많은 갖가지 예를 들었으니 꿈해몽을 하는데 어려움이 없을 것이다.

· 청암 박재현 저

육효점 정론

신비한 동양철학 80

육효학의 정수!

이 책은 주역의 원전소개와 상수역법의 꽃으로 발전한 경방학을 같이 실어 독자들의 호기심을 충족시키는데 중점을 두었습니다. 주역의 원전으로 인화의 처세술을 터득하고, 어떤 사안의 답은 육효법을 탐독하여 찾으시기 바랍니다.

· 효명 최인영 편역